JN219481

龍谷大学アジア仏教文化研究叢書4

編集復刻版

# 資料集・戦時下「日本仏教」の国際交流

## 第Ⅲ期　中国仏教との提携

第7巻

編者　龍谷大学アジア仏教文化研究センター
「戦時下「日本仏教」の国際交流」研究班(G1・UB・S2)
中西直樹(代表)・林行夫・吉永進一・大澤広嗣

不二出版

〈復刻にあたって〉

一、巻数は第Ⅱ期からの継続になります。
一、原本を適宜縮小し、２面付けで収録しました。
一、原本の状態により判読困難な箇所があります。
一、資料の中に、人権の視点から見て不適切な語句・表現・論、現在から見て明らかな学問上の誤りがある場合でも、歴史的資料の復刻という性質上、そのまま収録しました。

（不二出版）

〈第7巻　収録内容〉

昭和拾年十二月三十日印刷納本
昭和拾壹年一月五日發行

# 日華佛教

第一卷
第一號

日華佛教學會發行

# 日華佛教　第一號　目次

日華佛教學會發會式（立てるは藤井草宣氏）
昭和十年七月十一日　於東京小石川傳通會館

# 日華佛教學會創立ノ趣旨

中華ト日本ノ交渉ハ千數百年ノ歴史ヲ有ツテ居ルガ、近代ニ至ツテ反ツテ其ノ關係ハ稀薄ニナツタ。近世ニ至リ少數ノ先覺者出デ、復興ヲ企テタガ、未ダ十全ノ域ニ達シテ居ナイ。之ハ兩國ノ佛教徒ノ間ニ相互ニ往來シテ自由ニ研究シ、以テ融和向上ニ資スベキ連絡機關ガ缺ケテ居タカラデアル。

吾等ハ特ニ佛教ガ日華ヲ結合スルニ最モ有力ナル精神的紐帶デアルコトニ鑑ミ、玆ニ「日華佛教學會」(中國ニ於テハ「中日佛教學會」ト云フ)ヲ發起シ、兩國ノ佛教徒ノ多年ニ亘ル希望ニ添フテ必要ナル諸種ノ具體的事業ヲ開始スルコト、ナツタ。依テ普ク日華兩國ノ有志諸賢ノ贊助ト後援トヲ願求スルヤ切ナルモノガアル。

昭和拾年 / 中華民國廿四年 七月十一日

# 中華佛教觀察記

會長　柴田一能

## 一

私今回初めて支那に参つた者として大それた事は申せないが、僅か四十日餘りの旅行であつたに拘らず、従來色々な書籍、新聞、雑誌等で想像して居つた支那と、實際見た支那とは、「百聞一見に如かず」と云ふ諺のやうに、僅かに一見に過ぎないけれども、その一見が非常に私の心を動かしたのである。此の事實から考へて、必らずや諸君にも早かれ遅かれ支那の見學、觀察をお願ひしたいのである。

私は唯外面に現はれて居るものだけを見、ホンの上ツ面だけを通つて來た觀察にすぎないから所謂皮相の見であつて、深く支那の國民性を研究し、數十回支那を往復された支那通から見れば、固より本當の處を摑んでゐないに相違ない。東京出發前に後藤先生の「支那通」と云ふ本、この書を唯一の水先案内とした。「通」と云ふ中にも三義ありと申して、後藤先生のやうなのは本當の支那通、私の四十日餘り行つたのは通り一遍と云ふ通――一遍だけ通つたと云ふ通、第三には藤井草宣君のやうに度々支那に通ふ――三遍でも五遍でも通ふと云ふ通で、「通に三義あり」と云ふ事を聞いたが、一遍通り通つて來た私でも、四十日間全部を觀察に當てるなれば、多少の御報告が出來たかも知れないが、それさへも出來なかつたのである。といふわけは山東省の青島には毎年、佛教聯合會、佛教青年聯合會、佛教婦人聯合會――青島の五宗派、六箇寺所屬の青年會、婦人會がその宗派を論ぜず、五宗派の青年會、婦人會が聯合して四年前から佛教講習會を開催し來つたのである。今年は日蓮宗が講師を出す番に當つてゐた所、私が昨年誤つて佛青の國際會議の會長となつたために、支那にまでも私の名前が知られてゐたらしいので、その結果、聯合會でも、あの柴田一能師なら、異議なしとなつて、白羽の矢が飛んで來たやうな譯である。それで何んとか繰合せて來て貰ひたいと青島蓮長寺の大橋文妙師から書面もあり、遂にその熱心にほだされて参つた次第であつて、多數有志の見送りを受けて勇ましく東京驛を出發し、神戸から長江丸に乗り最初塘沽に上陸しそれから汽車で天津に着いて、そこで四日間居つて北支の空氣を吸らてゐた。

## 二

天津から北平に行つた。悲しい哉今は北京とは言はないで北平――これは實に何んとも云へず寂しい氣がしたけれども、實際見るに足るものは、何んと云つても北京即ち北平であります。これ又滞留四日間であつた。

北平を一番北の打止めとして南に下り濟南に行き、それから折角の事であるから、是非曲阜――孔子聖人の生れた處で、今もその七十七代の末孫孔德成君が健在であると云ふ事で、曲阜に行つて會見する事になつた。

更に泰安まで戻つて中西旅館と云ふのを見付け、これは案外！ 日本人の旅館がある、有りがたいと思つて行つたら中西旅館と云ふ支那人の旅館で、其處で南京虫にさんざん御馳走をしてしまつた。翌朝轎を雇つて泰山に登り、初めて山を語る資格を得た譯である。この泰山と佛教との關係を何かに書いてみたいと思つてゐながら其のまゝになつて居るが、そのうちに私の見た「泰山と佛教との關係」に就て諸君の高教を仰ぎたいと思つてゐる。何しろ表面だけの事で何等御參考になるやうな事もあるまいが自分の氣のついた點を發表してみたいと思つてゐる。泰山を下つて再び濟南に歸り、それから青島に二週間逗留した。御存知の如く青島は日獨戰爭の結果十年間を軍制を布いてゐたと云ふ事で、青島の支那人は、日本人の實力を眞實に知つて居るので、極めて從順であるやうに見へた。七分が日本、三分が支那、七分三分の兼ね合ひと云ふやうな感じで、青島なら此のまゝ永住してもいゝと云ふ氣持になつた事から察しても、二週間の間如何に持てたかと云ふ事の想像をして頂きたい。更に慰勞會と云ふ事で加藤島と云ふ港内の島に船をよせて、一日ピクニックに案内され、加藤島の植込の日蔭に莚を布き、山海の珍味を盛つた辨當を開いて談笑したことでした。

## 三

青島を發つて海路上海に向つた。船よりも陸を行つた方がと云ふ事であつたが、何しろ切詰めた日程であつたので、與へられた豫定通り正直に船行としたのである。上海十二日間の滯在中陸戰隊や在留民に對する色々慰問の講演とか上海事變殉難者の墓參とか、それに日華佛教學會の特派員と云ふ肩書の下に、日華親善佛教使節と云ふやうな使命もあり、これは無論國家として外交上、政治上からドンドン工作を進めてやつて貰はなければならないけれども、政治上であり外交上であるだけに、今日尚ほ傳統的の精神を持ち續けて居る支那であるから、向ふの人の意見をも段々聽

いてみた上でなければ輕々にはやれない。實際中華の要人と云ふ程の要人には會はなかつたが、その代りに李鴻章の息子さんと云つても五十九歲の立派な紳士で、李經邁と云ふ方、これは大槻茂と云ふ報知新聞の特派員で且つ日蓮宗の信者が、李經邁さんと豫て懇意にして居つた所から、今度日蓮宗の柴田一能と云ふ坊さんが來るのであるが、日清戰爭の勇士であると云ふ事を紹介したらしい。實は日清戰爭の一方の大立物は俺の老爺だから、さう云ふやうな因緣の上からも是非その古勇士に會つてみたい。是非紹介しろと云ふ事になつた。大槻君もとんだ事を言つたわいと後悔したらしいけれども、私に何とか都合しろと云ふ事になり、一晩泊りで杭州に行く筈の處を日歸りに縮めて、時間を拵へ、丁度九月七日の日に李大人の本邸を訪ねたが、實に壯大な邸であり、殊に長男の方の李國超君も立派な若紳士で、最近結婚して新家庭を造られ、貴公子とは斯ふ云ふ人を言ふのだらうと、男ながらも見惚れて居たやうな譯であつた。十月の下旬にこの李鴻章の孫に當たる新夫婦が日本の「紅葉」を見に來られる譯で、その時には御馳走になつたお禮に何んとかして案内するつもりで居る。さう云ふ思ひ掛けないやうな慶びもあつた譯けである。この李經邁と云ふ人は聞けば青年時代、亞米利加の大學を卒業し、英語も非常に流暢であつて私も古いながら英語で話をした。支那語は日清戰爭の時、少しばかり覺えたが、爾來四十年も經つてゐて通用覺束ない。この十月には子供が御國に參りますから何分宜しくと云ふ事で態々その子息を呼んで倶に食卓に就かせられたと云ふやうな事もあつた。細かい話をする時間がないから割愛するが、實は廬山に往けば政治上の要人にも會へるし太虛法師にも會へるだらうと思つてゐたが、泰山に登つたり、青島に二週間を費したりして居るうちに廬山は散會になり、太虛法師も浙江の自分の住職寺の方に歸つたと云ふ事――太虛法師は日本佛教にも非常に理解があり、今春好村君、墨禪法師も會見してゐるので、

私も是非會見したいと思つたが、時間がなくて遂に殘念乍らその機會を得なかつた。

上海では非常に阮鑑光氏にお世話になつた。阮氏は現在上海の鐘紡の公大、第二工場の支那の職工を訓練、指導する役目を持つて居られる。阮氏は鄕の李大人の話と同じやうに、世が世なら我々は容易く傍にも寄れない程の良い地位を得て居る人だとのこと。阮君は非常な佛教の篤信者であるが私と固く握手をして、其の喜びを新たにせられたのであつた。

## 四

上海に居る間に文人墨客の必らず訪づれると云ふ蘇州へ行つた。專門の畫家には杭州よりも蘇州の方が價値があると云ふ事で、現に歸路上海丸で京都の若狭物外先生と同室となり、記念として、「千里獨行」とでも言ふべき大な蟹の一枚色紙を書いて貰つた。この畫伯も矢張り後藤先生のやうに、支那服を着て、純粹の支那の風土人情を繪にするために度々渡支されたのである。所が支那服を着て居た爲に、支那の巡警に怪しまれ、いろいろうるさく訊問の揚句手帳など一切取上げられたが、軍事探偵ではないと云ふ事で、放免されたけれども、それで嫌になり、急に止めて歸るのだとの事であつた。私は青島で支那服を拵へて、船中で着用し、歸朝後も、それを着用に及んで方々へ挨拶に行つた譯である。何處に行つてもよく似合ふ、よく似合ふと、褒められるので、これは何うしても支那に因緣が深いのだなと思つた。出來るならばもう一遍、イヤ何度でも行きたいと非常に支那に關心を持つやうになつた。

從つて佛教視察と言つても、右樣な忙しい旅行で、雜用を足しつゝ北は北平南は南京の間を唯鐵道で往來したに止まり特別に佛教使節の任務を遂行する事は出來なかつた譯だが北平では法源寺の梵月和尙に會つた。その先代は支那切つての學者と評判された道階大和尙と云つた人で、大分著書も出て居るとの事、その後を繼いで居る梵月和尙も、北平の廣濟寺で唯識の講師をして居ると云ふ事である。その弟子と見る可き七八十名の中に濰塵と云ふ青年僧があつた。日華佛教學會で世話をしてゐる釋塋禪君の紹介で、私が天津に着いた時に手紙が着いて居つて、是非ともお目に掛りたい、今から樂しみにして待つてゐます。北平着の折停車場にお迎へする筈であるが、法要のために出られないが惡からず云々と、實に鄭重な言葉で書いてあつた。其法源寺に行つた處が、梵月和尙が非常に待遇してくれ、その靑年僧にも會ひ、是非日本に留學したいと云ふ熱心の溢れた志願書を書き和尙が判を押したものを持つて來たが、學會の方でも履歴書を見て、これは將來見込みがあると云ふので明春から留學を許す事になつた。

## 五

其翌日有名な喇嘛寺に詣り、丁度百二三十名の僧が法要中であり、いゝ處に來合せたと云ふ事であつた。

昨年日本に來た印度のナーラダ、ラフラと云ふ學僧が支那に渡り、丁度上海で研究して居つた。世界佛教居士林と相並んで有名な佛教淨業社、これは有名な佛教團體であつて、王一亭居士の居士林とは違つて社交的の意味を持つて居る團體であつて、關絅氏が副會長をして居り、日本にも留學した人で、英語も頗る流暢であつて、私の肩書が日蓮宗管長代理とある所から、日蓮宗に關する質問續發し、例へば日蓮宗は法華經に依つて建てられたものであると云ふと、天台大師の法華經による宗旨は既に支那にある。傳教大師が支那に來てそれを學んだのである。それと是れとはどう違ふかと云ふやうな事の質問を受けた。天台と日蓮との相違如何と云ふ質問は至る處で受けた。それから上海清凉寺を兼務してゐる清海大和尚――この人は常州の本寺清凉寺が建築中であるので、時々上海に出張され、丁度この時に滯在中で、今晩夜行で常州に歸ると云ふ矢先きをお目にかゝることを得た。其處で日、印、支――印度を代表してナーラダ君、支那を代表して清海大和尚、日本を代表して不肖柴田一能――三國の會同が實現した譯である。それから普光と云ふ人に會つたが、この人は長崎で多少日本語を習つたと云ふ事で、この人に會つたのは不幸ではなく極めて幸福であつた。この青年僧は法華經の研究に熱中し、これが終つたら日本に行きたい日本にも法華經を所依した宗旨があると云ふ事を大槻君から聞いて居つたので是非貴下にお目にかゝりたいと思つて居たが、幸ひ師匠の清海和尚と共にお目にかゝつて嬉しいと和尚を紹介してくれた。當年七十二歲の見上げるやうな大和尚で、破鐘の如き大音であつて臨濟宗の和尚である事が判つた。若し一喝食はされたら陳へ上つてしまひさうな氣がした。圖らずも日、印、支の大會とは言へないが、小會位は慥かに開かれた譯であると云ふ事で、大笑の中に閉會した。

中華民國の現在及び將來を考へると矢張り大乘佛教の精神で現在の中華の國難を――國難は日本だけの事ではない――救はねばならない。それには日華佛教徒が、佛教と云ふものを土臺にして精神的親善の途を開き、東洋平和の大事業に餘程の努力をしなければならぬと感ずる次第であつて、日本佛教の責任も決して輕々しいものではないと思ふ。深かい事は知らないが、私の見た中華佛教の狀態では容易な事ではないと思ふ。さうかと云つて手を着けないでおけば何時まで經つても社會生活とかけ離れた山林佛教か、然らざれば道教化した墮落的市井佛教の脚を洗ふことは出來まいと思ふ。

# 四段階を經たる日華佛教交涉史斷片

藤井草宣

## 一、三國同盟の提唱

日支兩國の鎖國の夢破れ、兩國の交涉が漸く再開されんとする明治六年(同十二年)、東本願寺の僧小栗栖香頂が、大志を抱いて上海に渡り次で北京に到つて、日支印の三國は、皆に佛教國なれば、三國同盟して以て、西力の東漸を防止せんといふ大理想案を提唱した。不幸にして時機到らざれば、小栗栖は北京龍泉寺本然について專ら北京語を習ひ、又た別に喇嘛教の研究を行ひ、且つ五臺山に登嶺して翌年歸國した。是れ光輝ある「日支佛教再交史」の第一段階である。

## 二、淸國開教の決行

小栗栖が、歸國後の一ヶ年間に準備した計劃は何であつたか。即ち「淸國開教」これである。彼は「北京護法論」一冊「喇嘛教沿革」三冊及び漢譯の「眞宗要旨」の三書を著した。その一と二とは日本國内の有志に對する報告と宣傳であり、その第三は正しく淸國開教の教科書であつた。東本願寺法主及び石川舜台と外務卿寺島宗則は正しく彼の良き後援者であつた。明治九年夏、上海英租界北京路に於て「上海別院」開院式が行はれ來賓として、日本領事、日本居留民と支那の僧侶、儒者、官紳數百名がこれに列席した。次でその九月には江蘇教校を別院內に開設し、日本より派遣せる青年開教使を養成することとなり、又た一方に同じく居留民の爲めに育嬰堂を開設してこれに簡易小學校を附屬せしめた。翌十年には谷了然は北上し、北京皇覺寺內に直隷教校を創立し、大喇嘛章嘉呼圖克圖と提携して蒙古、滿洲の開教を志したのである。この計劃の實行は、實に明治十九年の荒尾精の漢口樂善堂の事業にも先行するものでたゞに佛教運動のみならず、日本の對支文化事業の第一聲第一着手であつた。

又た明治三十一年に及べば、福建省廈門の東本願寺教堂加藤廣海の事業及び漳州、泉州、淡水等の布教狀態は相當に進んでゐた。三十二年（光緒二十五年）には、東本願寺は、杭州日文學堂、杭州開導小學校、南京金陵東文學堂、蘇州文學堂、などが成立し、頗る活氣あるものがあつた。又た曹洞宗の僧水野梅曉は、上海の東亞同文學院を卒業するや直ちに天童寺住持敬安と計つて、明治三十六年春、湖南の南岳の長老笠雲を訪ね、長沙に「湖南僧學堂」を開設した。然るにこれらは何れも、時局のため數年にして中止のやむなきに至つた。そして、後は、居留民の葬祭に任ずるの僧侶が、殘るに過ぎないこととなつた。爾來今日まで、徒らに開教の名は存して、その實は失せたのである。以上が其の第二段の歷史である。

## 三、布教權問題の大害

その後に起つたものが、外交談判による內地布教權獲得の企圖であるが、これは大正四年（民國四年）の事件として、失敗に歸した。それが後に遺したものは、支那が日本佛教に對して永く猜疑の眼を以て見るに至つた大害である。これその第三段である。

## 四、東亞佛教大會の決議

而して、最後の解決は示された。それは、その後十年間に、支那に於ける佛教界には、僧侶及び居士の中に幾多の新人が輩出した、確かに佛教復興の見込がある。依つて彼らをして蹶起せしめ、支那の佛教とその佛教史蹟寶物を保護せしめ、而して彼らをして支那民衆を指導せしむることが可能であるといふことが分つたので東亞佛教大會の開催となつたのである。これその第四段の歷史である。大會は大正十四年十一月のことであつて、約三十名に近い支那佛教徒が參加し、之に臺灣朝鮮等からも十餘名の參加者があり、日本佛教は十三宗五十八派を擧げて熱誠をこめ、東京の增上寺で開會した。當時の各部の決議を一覽せば、

一、教義研究部決議（部長木村泰賢）

1、交換教授（各宗最高學者の來往）

2、交換研究（文書交換）

3、交換學生（語學及專門）

右說明――要するに、今後は學問的に日華兩國を聯結した、純粹なる佛教々義の研究に關して、相互に握手したいといふ考である。勿論今後に於ける學問は、凡て一國のみで出來るものでない。國際的に行はなければ佛教の研究

は完成しない。就中、日華の兩國は今後益々提携して、研究の歩を進めねばならぬ。

二、教義宣傳部決義（部長加藤咄堂）

第一、東亞佛教徒は相提携して世界的宣傳を試み、佛陀の慈光をして全人類に遍照せしめんことを期す。

右の目的を達するが爲め

一、歐文佛教書の刊行

二、歐文佛教雜誌の刊行

三、世界各地に對する傳道師の派遣

右の實施方法は別に委員を設けて愼重企劃せしむ。

第二、大聖釋尊降誕の聖日を期し、佛教徒は一齊に降誕祭花祭を行ひ、之を以て全人類の習俗せらしめんことを期す。

此外、三、教育事業部決議（部長高楠順次郎）四、社會事業部決議（部長渡邊海旭）等に亘つて、それ〴〵有益なる事項が夥しく公表されれた。是れが、日支兩國の代表者が一堂に集合協議して、拍手裡に決定された事柄であり、その代表者は期して之を實現せんと契つたのである。これ、日支兩國佛教徒の關係の最後の斷案であつて、最早や、吾々、後輩は、此の決議を實現し實行すればよいのである。（予の昭和三年支那留學を爲せるも此の趣旨に基いたのである。）

## 五、日華佛教學會の出動

吾々「日華佛教學會」は、上記の東亞佛教大會の精神を繼承し、その決議の全部を實現せんと欲するものである。而して、已に悉く此の決議に基いて行動しつつあるのである。因に上の東亞佛教大會に出席せる支那側代表には、武昌佛學院長太虛法師、北平法源寺住持道階法師、上海世界佛教居士林々長王一亭居士、北平、三時學會學長韓淸淨居士、北平華北居士々林長胡瑞霖居士、南京支那内學院揚鶴慶、馮越如雨居士、ハルビン極樂寺住持倓虛法師等の各方面の代表者を含んでゐる。これらの人々は、爾來十有餘年後の今日も猶ほ支那佛教界の重鎭である。而して、今回吾々が「日華佛教學會」（一名、中日佛教學會）を發起するや、既に死亡せる人々は別として、悉く、これらの人々が賛助員として立たれたといふ事は、洵に愉快極まることである。而して、吾々の學會は、實は上海、北平、厦門、其他の支那の土地に於て數年以來提唱計劃され、而も支那側佛教徒の有志より促進されて成立したといふ一事をも茲に發表して、以て大方の御推察と御援助とを得たいのである。

（註）右の文章はさる七月十一日東京小石川區表町傳通會館にて催したる日華佛教學會發會式に於ける開會の辭である。

# 中日佛教學會設立的我見

墨 禪

本會自去年發起以來，及到今天纔得成立：在這一點上，已可看見本會籌備的愼重和周到了。而其經過的情形已如好村春輝氏的報告之中。今天本席以一個籌備員的資格在這裡說幾句話吧。

現在世界上的宗教及其教義的深奧的，則莫過於佛教了：而佛教的傳佈最普遍的而且深入於一般民衆的心理之間的，要算是東亞了：而東亞各國除了錫蘭暹羅緬甸之外，要算是日本和中華民國最盛了。可是錫蘭暹羅緬甸雖然是一個佛教的國家，但他是一個小乘的佛教，小乘佛教，雖亦能解決一部分自我人生問題，但和現代世界的思想潮流似乎不能應赴裕餘之慨！況且我們中日兩國國民的思想都趨向於大乘的：並要徹底的普遍的打破這個宇宙人生之謎的，方可應現在世界思想潮流的需求，則莫過於大乘佛教了。有人或說：中日的政治以及世界的政治，都已走上極危險的時期了，若說能够離開政治和經濟以外的宗教力量來謀轉圜，或者可以能够轉換現在這個重大危機的局面，方可以救濟人生的苦痛！

若從普通的宗教上來說：則世界上各個宗教團體，他都有一個很密切的聯絡往來的機關，所以其所向無阻。而獨我佛教則沒有這樣的組織，殊覺遺憾！　復從佛教教義上來考研起來，也沒有彼此爾我一宗一派一寺一院格々不入礙難往還的意義？本席在今年三月春期休暇返國的時候，所遇到的中國南北各地的佛教大德長老，僉謂宗教本來沒有彼此疆域畯嚴的區別，尤其是對於佛教的研究，故凡我佛教學徒無不樂與相從的。



若從兩國佛教的現狀方面來說：則中日兩國的佛教至少也有八十萬以上的僧侶和四億以上的信徒，及其很豐富的寺院財產，高深佛教的學理。苟能把這些力量都聯合起來，彼此都在一塊兒相互研究的發展，誠能左右世界上的經濟政治學術危險的可能，世界的平和，實唯我佛教是賴吧。更加將來世界佛教教化重大的責任，而捨我中日多數佛教信衆以外，還有什麼人呢!?

若從兩國佛教本身上來說吧：大家便都說：『日本佛教是偏於知的，中華佛教是偏於行的。』其實這樣的說法未免都是一往皮相的錯誤。如我中華佛教的行持，吾人對之殊覺慚愧得很！　誠不足爲日本及其他佛教的模範！　日本各宗派中亦不乏有堅苦卓絕之行者：像福田堯頴王山隆延等長老，即是我中華佛教裡面，亦是不可都得的人物！　日本現代佛教的教育，固然發達，若和我國隋唐及印度教學發達史的數量來比較，亦殊多損色！況且中華民國佛教之中亦不乏有專門研究有素的精深學者。所以有人說：『現在日本佛教的學者是很博大的，中華佛教的學者是很精深的？』那末，若從大處來看：則中日佛教亦都有其獨特之長，亦都有其缺漏不全的點！　若彼此都能補偏屬長調和溝通起來，大家還須深入經藏協力研究發揮振興光大的必要，所以要有中日佛教學會的組織吧！

若就本會的本身上來說：則學會的組織，彷彿像一部機械般，現有的役員亦彷彿像該機械的管理員，其他材料等々，仍須要兩國大德知識的努力和指導，方可製造出很圓滿的無缺的眞美善的佛教吧！　幸得現在日本亦有南傳大藏經的飜譯，中華民國亦正從事於西藏佛典飜譯的工作，想不久的將來，中日佛教於教學上，必有很大的發展，中日佛教的革新，亦必有望吧？　本會正於這個時候居間成立，能够把這個互相溝通起來，這個責任的重大，更不言而知了。在這一點，本席今天對於兩國佛教並今天出席的大德，共同努力的微意吧！

# 中日佛教之比較觀

大醒

## 一

我的脚初踏到日本的國土，眼與耳纔和日本的一切事物接觸，雖不同劉老老進大觀園一樣，但我的心靈震撼得自己都聽得到響！　爲什麽？　感到了不可名狀的慚愧啊！　以後，看見了日本的佛教事業，把牠與中國的佛教事業一比較，慚愧在心頭上簡直同一塊重量的石頭一樣了！

## 二

以前聽說日本有位學者說過：「印度是佛的佛教，中國是法的佛教，日本是僧的佛教」。其實後面的兩句話顚倒了。我到日本去一看，纔知道原來中國是「僧」的佛教，日本是「法」的佛教。不信嗎？　日本的佛法，不能說牠不興；日本的僧侶，說他是居士，我想也沒有什麽不妥當？　可是中國呢？　各省各縣各鄉各村都看見所謂圓領方袍的僧侶，而「法」却早已就沒有裝在「僧」的軀殼裏了！





## 三

在以前日本有位井上圓了他著了一本書，書名叫做佛教活論。我想如果我們要求寫一冊描寫中國近代佛教的史書，那很可以把書名稱作「佛教死論」。

## 四

日本許多佛寺都辦有社會事業，如什麽學校、醫院、幼稚園、婦人會等等，他們在慈善的方面首先總要把佛教的牌子擡出，而他們自身佛教的事——如文化教育等是已經先行做好了的。中國可不然了，自從有一班號稱慈善家的人混入了佛門，近來時聞有辦慈善之名，可是糟透了，一班糊塗和尙跟在慈善家的居士們後面跑，都成了「數典忘祖」之流，反置佛教本身「家業」於不顧；這樣，與其說是他們一味的討好於社會，毋寧說是慈善家的孝順信徒！

## 五

日本佛教的大學與專門學校有十幾處，每年以學士資格卒業的僧侶至少有四五百人，這是各宗辦學的恩惠，這也是他們爲師長的慈悲吧（日本亦有從別姓子弟來薙度爲徒者）。中國的佛寺很多，不但沒有大如和專門學校，　連完完全全的中學都沒有一個；青年學僧的遭際，——受其師長的待遇，是如何呢？　我在日本有幾次想到這里，會替我們青年學僧流了不少的淚！

## 六

有一天，在一個茶會席上，日本朋友問我：「普陀山與高野山差不多，爲什麼普陀山不辦大學？」我却厚起臉皮來回答他們：「敝國的普陀山上沒有樹，貴國的高野山他在樹木上的出產每年能賣三十萬至八十萬。」我不這樣說法怎樣說呢？

## 七

我在國內跑過的大小叢林佛寺約有二三百處，除去兩三處有明版藏經和三五尊古銅佛像以外，很少見到有隋唐時代的法物。走到日本，凡是有所謂「國寶」的一個佛寺裏大概都有一兩件中國隋唐時代的法物，當然的也皆作爲他們的「國寶」了。

## 八

我早就知道日本的僧侶富於美術思想，把佛教的美術成爲專門的學問在認眞研究。到了日本之後，遊覽各地佛寺，參觀各大書店，到處都看到美術的建築，美術的雕塑，美術的裝飾，以及美術的專書。而在中國現代的佛寺中，實在找不出一點有美術價値的東西。就說佛像吧，中國佛殿上的佛像，背後照例都是不雕刻的，所以我常常說如被刀割去了半背似的；日本的佛像就沒有這種幼稚不通的毛病。

## 九

日本僧侶公開食肉娶妻，視爲應分之事，我知道這絕不能用戒律去和他們說什麼比丘的資格的；於是與日本朋友一談到這個問題，我總說這是國家政治與僧侶習慣上的關係。我也曾大意對人這樣說過：「僧侶做社會事業，在謀職業上自力自給，那是很好的，不過關於戒律也要顧到一些纔好。」誰知道也有人這樣的回答：「日本僧侶食肉娶妻，是公開的；中國的僧侶食肉娶妻，不過是不願意把人家知道罷了！」

## 十

在日本許多認爲國寶的法物中，我最讚善不置的，是小型的舍利塔；單是塔的樣式，我看見的足有七八十種之多。在這些舍利塔中間至少有大半是中國去的。可憐我在中國一個也沒有看見過，僅有的寧波阿育王寺的一個舍利塔也覺得太粗笨了。

## 十一

今年東京有一位淨土宗的信徒——友松圓諦氏，他是多年弘揚淨土最力而最有權威的著作家，他忽然做了一篇文章反對淨土，大說其西方極樂世界是虛無的。說來也有點奇怪，因此，他反來還得到更多的人崇拜。我有一天正想去看他，他適在前一夜往京都去了，據說到車站送他的人有三百多；因爲日本人已目爲他是一位佛教的怪傑了。當時我這樣想：這個人與這件事如其發生在中國，一般人的眼光不曉得是怎麼樣呢？

## 十二

日本佛教各宗之間有些是融洽的，也有些是相對立的，他們在暗中也有戰鬪；可是他們戰的略是在文化教育的各方面，比方甲宗發行刊物或創辦學校，乙宗馬上會跟在後頭辦得比甲宗還要好。中國僧徒可不然了，只有在意氣上財勢上比高下，你若辦文化教育等事，站在你對方的人只會力圖破壞和搗亂。拿這一件事來比較，中國佛教實在是沒落了！

## 十三

談玄法師他同我在東京一跑進書店的門，他就憤然的感歎着說：「中國現代的佛教在文化方面至少要相差日本的佛教四十年，日本四十年前出版的佛書比現在中國佛教中的書籍還要多要好」！

## 十四

凡一種事要得他好，制度（法則）良好大有關係，中國佛寺的衰敗，就是沒有一種善良而合乎時代需要的制度！僧侶如一盆散沙，各人自掃門前雪，無一件事能協力合作。日本的佛寺是有系統的，如曹洞一宗大小末寺多至一萬七千餘寺都是一個系統的。日本一宗的僧徒，皆依一宗之管長一人薙度，餘可想知。

## 十五

日本僧侶各有職業，在現前經濟的時代，於經濟獨立的原則上，這是對的，不能一定稱爲「俗化」。因爲如果遂行佛制，事實上現前的時代已不是二千五百年前印度佛教特興的時代。中國僧侶的職業，除修持研究者不計外，經懺一門，能否依靠他當作正當的職業與生活，在現在也成爲問題了！

## 十六

中國一般的佛教徒對於日本的僧侶，有兩種批評：一說是不守戒律，一說是太俗化。日本一般的佛教徒對於中國的僧侶，也有兩種批評：一說是無信仰心，一說是沒有知識。我認爲全有錯誤！　我以爲要對中日兩國的佛教及僧侶加以批評，非從全中國或全日本的佛教歷史去研討一番不可，因爲中國與日本的佛教現狀不相同的原因，並不是用簡單的話語可以概括的。所以日本有許多佛教徒他們要我批評日本佛教，我都沒有說什麼話，深恐開口便錯。

## 十七

回到上海，去訪範成法師，他問我：「這一次遊日本對於佛教教育有什麼感想？」我說：「日本的佛教教育，中國的佛教教育固然不能同他去比較，而中國的佛教教育也完全沒有可以採取他的地方。」他問我：「爲什麼？」我說：「根本上中國佛教就沒有組織；我們國家的政府對於佛教壓根兒也就不管不問，簡直把我們出家的僧衆不當做國民看待，日本不是這樣的。」

## 十八

日本僧侶他們得到受高等教育的機會，得到國家的種種助緣，且有多量的研究參考資料，一個研究的人員，上有指導員，下有助手，他們的成績自然會蒸蒸日上。回顧中國僧侶所處的環境，眞是相懸天壤。中國僧侶人材之所以缺乏，固然是佛教徒自身未能設化造就之故，但是我們國家的政府也要負一半的責任！　現在，我們看看人家回過頭來再看看自己，說空話也無濟於事，我們中國的僧侶——青年學僧爲愛護弘揚之計，眼面前祇有一條「埋頭苦幹」狹窄的路，不必去求趕上人家，只求其能够自樹自立把中國佛教整興起來就好了！　這是我觀察日本佛教以後的一點感想。

民國二十四年九月十五日在揚洲抄出



# 中國佛教歷訪記

好村春基
墨禪

釋墨禪（留日中華民國僧、東京大正大學在學中）及び好村春基は中華民國佛教現狀の視察、並に日華佛教學會創立準備の目的を以て去る三月十三日渡華し、爾來、上海、杭州、寧波、普陀山、蘇州、南京、武昌、漢口、北平、天津を經て略々所期の目的を果し、四月廿七日歸國した。但し好村は蘇州に於て健康を害し、中途にして歸國の止むなきに至つたので、南京以後は墨禪が好村を代理し單獨にて各地を歷訪した。左にその經過の概要を報告する。

昭和拾年三月十二日。長崎にて長崎丸に乘船。

三月十三日（水）午後四時上海上陸、太虛法師代理、王一亭居士代理、押田興壯氏夫妻、阮紫陽氏、高觀如氏らの出迎へがあつた。午後五時より上海功德林にて中華佛教界の第一人者太虛法師に面會した。且つ同功德林で上海佛教界の人々百餘人が太虛法師及び私等の歡迎會を催されたのでそれに出席し、日華佛教の提携について一場の挨拶をした。夜施高塔路の押田興壯氏宅にて宿泊。

三月十四日（木）午前王一亭氏邸を訪問し、王氏父子に面會し歡待された。王一亭氏は日本に於ける澁澤翁に相當する名望家で、且つ在家の佛教信者として、代表的な人である。正午上海功德林にて商務印書館の黃警頑氏、佛學書局の沈彬翰氏、公大の阮紫陽氏、菩提學會の高觀如氏らの共同發起になる歡迎午餐會に出席した。午後三時、日本領事館を訪れ訪華の挨拶及び護照下附の手續きをした。午後四時、上海雪竇寺にて太虛法師と會見し、日華佛教學會の今後の事業について重要な打ち合せをした。夜萬歲館を訪問し、日本金を支那金に替へる。押田氏宅にて宿泊。

三月十五日（金）曇後晴、午前、上海の西本願寺、東本願寺、商務印書館を訪問す。午後佛學書局、佛教淨業社、中國佛教會、世界佛教居士林を參觀す。夕刻、汽車にて上海北站を發ち夜十一時杭州に着いた。杭州功德林にて宿泊した。

三月十六日（土）快晴、午前中西湖を巡遊す。三潭印月、淨慈寺、劉莊を參觀す。靈隱寺に宿泊。靈隱寺は宋代五山の一である。

三月十七日（日）曇後小雨、午前中、下天竺寺、中天竺寺、上天竺寺を參拜す。午後大仁寺（石屋洞）、水樂洞、煙霞洞、開化寺（六和塔）、雲栖寺、定慧寺に參拜す。雲栖寺は明代淨土教の高僧蓮池大師が止住した寺で今も淨土教の本山である。夜杭州功德林に歸つて宿泊す。

三月十八日（月）雨後曇、早朝杭州を發し錢塘江站より急行自動車にて寧波に向ふ。途中曹娥江站にて汽車に乘換へ午後三時寧波に着す。延慶寺に到り芝峰法師、住持靜安和尚に歡迎さる。延慶寺は宋代天台學の巨匠知禮法師が止住した所である。同寺にて宿泊す。

三月十九日（火）陰晴不定。寒冷、朝七時寧波を發し、自動車にて阿育王寺に到る。同寺は佛舍利を奉安した支那有數の名山である。當日は折よく涅槃會に當り、一千の僧侶が參集して法要を嚴修してゐた。午後轎にて天童寺に赴く。同寺は阿育王寺と共に宋代五山の一つであつて、日本の道元禪師が修行した寺である。天童寺に宿泊。

三月二十日（水）曇寒氣嚴、朝七時天童寺を發し轎にて阿育王寺に至り、それより自動車にて寧波に歸還す。晝前七塔寺に參拜す。夕刻延慶寺に着す。夜八時天台宗の名寺觀宗寺に參拜し、同寺内の觀宗弘法研究社の學僧約百人に迎へられて一場の感想を述ぶ、同寺は數年前物故した天台の高僧諦閑法師によつて開創されたのである。夜九時延慶寺にて張汝釗女史の來訪を受く。日本の岡本かの子女史に相當する人である。延慶寺にて宿泊。

三月二十一日（木）曇、小雨、霰、寒冷、早朝延慶寺を出發し、奉化の雪竇寺に行く。臨濟宗の名刹で且つ太虛法師の住職する寺である。蔣介石氏の歸依深い寺である。寺内及び飛雪亭、妙高臺等を參觀す。降雪あり、寒し。寺を辭し蔣介石氏の母堂の廟に參拜す。蔣介石氏の建設した武嶺學校（小中學校）を參觀した。設備は





立派であつた。夕刻寧波延慶寺に歸還す。夕食後寧波佛教孤兒院を訪問す。孤兒百八十人。延慶寺にて宿泊。

三月二十二日（金）晴、早朝延慶寺發。船にて普陀山に赴く。午後四時普陀山に着す。普陀山は舟山列島中にある觀音菩薩の靈場で支那四大名山の一である。開祖は日本人惠鍔である。同山中第一の普濟寺に到り前住持埜照法師に會見す。報本堂に宿泊す。

三月二十三日（土）曇、雨、朝五時半起床。轎にて後寺の法雨寺、潮音洞を參觀す。海岸の風景は絕佳である。但し好村はこの數日來の寒冷に當てられ、意氣消沈す。上海歸還の心切なり、午前九時半上海への直航船「舟山」に乘る船中にて宿泊。

三月二十四日（日）曇、朝六時上海着。上陸して法藏寺を參觀す。近代的の建築樣式で設備が行き屆き東京の築地本願寺を聯想さす。午前十時押田氏宅に歸還す。大阪每日新聞社上海支局を訪問す。午後二時菩提學會を訪問し、高觀如氏、主任湯瀛銘氏に會ふ。湯氏は北京政府時代湖南省長たりし人、かつてパリーに留學したことある由。中華學藝社を參觀す。主として日本に留學した人々で建設した會館である。東京の學士會館に近し。午後七時慈善事業團體の仁濟堂を訪問し、菩提學會の總務屈文六氏と會見す。屈氏は北京政府時代の内務大臣であつた人。夜押田家にて宿泊。

三月二十五日（月）晴、風邪の氣味あり。午前中内山書店を訪問し主人より支那人の日本書籍購讀の傾向など聞く。内山書店は上海隨一の日本書籍店である。午後押田家に妙心寺派上海別院主任の伊藤正侗氏の來訪を受く。會談後發熱す。夜押田夫妻より上海事變に關する話を聞く。夜十一時押田家にて就寢。

三月二十六日（火）曇、昨夜安眠し身體の調子稍良好。併し未だ爽快の域に達せず、午前中「上海一覽」「上海の佛教團體」「海潮音」を讀み原稿執筆の準備をする。押田家にて宿泊。

三月二十七日（水）曇、朝高野山上海別院の主任楠山宥照師を訪問す。師は在上海日本佛教團の今年の當番である。公大第二廠の阮鑑光先生を訪問す。不在。萬歲館にて漢口行きの費用を兩替えする。午後一時より王一亭邸に於ける午餐會に出席し王一亭居士、令息王傳濤氏の歡待を受く。特に日華佛教學會に對する資助を受く。夕刻仁濟堂主任許世英氏その他を訪問す。夜七時より日本人俱樂部にて在上海日本佛教團の歡迎晩餐會に出席す。夜押田家にて宿泊。

三月二十八日（木）雨、朝九時上海の日本總領事館を訪問し、中田祕書及び總領事石射猪太郎氏に面會し、旅行の經過を報告す。午後佛租界の段棋瑞氏を訪問し、日華佛教學會に對する贊助を得。夜八時より九時半まで上海西本願寺別院にて「佛教は現代に何を寄與し得るか」の演題にて講演す。押田家にて宿泊。

三月二十九日（金）晴、朝、雪竇寺下院を訪問し、亮全法師と會見す。同文書院に到り教授山田岳陽先生と會見す。午後上海市政府に赴き、市長呉鐵城氏を訪問す。不在。觀音像及び書籍を寄贈す。午後四時、汽車にて上海發、夕刻六時蘇州定光寺に着し同寺にて宿泊す。

三月三十日（土）曇、寒冷、午後蘇州城内の隆慶寺、報國寺を參拜す。報國寺にて印光法師に面謁す。印光法師は現代淨土宗第一の高僧である。夕刻報恩寺に參拜す。同寺は三國時代呉王孫權の創立にかゝる名寺である。午後六時靈鷲寺に到り晩餐を饗應さる。夜浴場に行き定光寺に歸へる。發熱し甚だしく惡寒を覺ゆ。

三月三十一日（日）晴、風冷、朝附近の維達醫師（蘇州黄鸝坊橋弄）の診察を受く。右肺尖を惡くし數日靜養を要する由。よつて同病院に入院す。安靜す。

四月一日（月）快晴、正午報恩寺に於て昭三老和尚を初め呉縣佛教會主席等が集まつて我々兩人を歡迎する用意をしてゐられるとの事にて好意默し難く、病を押して出席す。續いて午後三時、章丙麟先生をその自宅に訪問し、日華佛教學會に對する贊助を受く。

四月二日（火）快晴、病院のベッドに臥床し今後の旅行について種々思案を巡らす。出來得れば豫定のコースを大要にても濟ませたい。それが不可能なれば南京、天津、北平を廻つて歸りたい。それも不可なればせめて南京だけを訪れて上海から歸國したいと。

四月三日（水）曇、終日臥床す。熱は下降す、されど醫師は今後の旅行は全部斷念し、數日の後歸國し保養するやうに勸める。

四月四日（木）曇、病院の庭を散歩出來るやうになる。

四月五日（金）晴、稍元氣を恢復す。但し南京以後の旅行は無理なので、遂に歸國することに決心し、南京以後は墨禪法師に代理して貰ふことにする。夜、蘇州隆慶寺住持含蓮法師の懇請により、同寺の晩餐會に出席す。

四月六日（土）晴、早朝墨禪法師と共に蘇州を出發し上海に赴き萬歳館に投宿す。

四月七日（日）曇、墨禪法師と別れ好村は長崎丸に乗船歸國す。





四月八日（月）長崎に上陸、それより好村は郷里廣島縣呉市溝路町に歸着し、四月末日まで靜養す。

× × ×

以下は好村を代理せる釋墨禪法師の行動經過である。

四月八日（月）午前上海市廳に呉鐵城市長を訪問。日華佛教學會に對する贊助を求む。午後四時汽車にて南京に向ふ。夜十二時南京着。南京の中國佛學會（中山路萬壽寺内）に宿泊。

四月九日（火）黄懺華氏（國民政府立法院祕書）彭養光氏（立法院委員）鄺子安氏（實業家）寧達蘊居士（覺花園主）をそれぞれ歷訪し、日華佛教學會に對する贊助を受く。

四月十日（水）午前中司法院を訪れ、寧墨公氏、洪陸東氏（司法院常務次長）と會見す。午後梅光羲氏（最高法院々長）を訪問す。中山公園、中山陵參拜。

四月十一日（木）午前八時乗船し漢口に向ふ。

四月十二日（金）船中

四月十三日（土）船中

四月十四日（日）午後漢口に着し、漢口佛教正信會に行く。同會の張夢良居士に面會す。夜武昌佛學院に赴き同院教授法舫法師、大醒法師等と會見す。大醒法師は五月日本來訪の豫定につき旅行の打合せをする。同院にて宿泊。

四月十五日（月）武昌東湖文化村に新設せられた私立文化高級農科職業學校を訪問し、同校長唐祖培先生と會見す。同先生は佛教信者である。同校生徒約百人に對して「日本農村と佛教」の講演を行ふ。午後東湖に新設された武漢大學を參觀し、夕刻武昌佛學院に歸還す。同夜歡迎會が行はれ、唐大圓居士（佛學院教授）羅奉僧（佛教正信會副會長）賀民範居士（菩提精舍教授）等に面會しそれぞれ日華佛教學會に對する贊助を受く。因に武昌佛學院には世界佛學苑圖書館があつて現代中華に於ける佛教學の有力な一根據地である。

四月十六日（火）朝、武昌佛學女衆院を訪問し、教務主任揚德馨女史、女教授、蔡超羨女史に面會す。續いて世界佛教學苑董事長方本仁居士（前湖北省民政廳長）に會ふ。午後武昌菩提精舍の釋恒實法師に會ふ。夜同舍の歡迎晩餐會に臨み約三十人に對して日本佛教に關する講演をする。夜武昌佛學院寄泊。

四月十七日（水）朝、武昌發漢口に赴く。紅十字會々長王道鑅居士を訪問す。佛教主義の病院長である。八敬學院（尼衆學校）を訪れ、釋慈圓尼、釋體眞尼に面會す。夕刻佛教正信會の歡迎晩餐會に出席す。會長李子寬居士、副會長鐘益亭居士、羅奉僧居士等と會見す。同夜十一時漢口發北平に向ふ。

四月十八日（木）汽車中

四月十九日（金）汽車中

四月二十日（土）午後五時北平着。法源寺に赴き住持梵月和尚及び滌塵法師に面會す。同寺宿泊。

四月二十一日（日）朝北長街の三時學會を訪問し、韓哲武居士に面會す。次いで西華門の大良醫院を訪問、院長楊明塵先生と會見す。大良醫院は佛教の慈善病院である。北海公園、北平圖書館を參觀す。午後西牌樓の廣濟寺を訪問住持顯宗和尚及び現明老和尚に面會す。雍和宮及び柏林寺を參拝す。夜、周叔迦先生（北平大學教授）龍泉寺の覺先法師に面會す。法源寺宿泊。

四月二十二日（月）午前休養。午後北平功德林にて北平大學佛教研究會の學生金北溟君外十名と會食す。午後故宮博物院を參觀す。夜法源寺宿泊。

四月二十三日（火）午前故宮博物院參觀。午後四時北平發、午後七時天津着、日本租界の中日密教研究會に行き中野義照氏に面會す。同會にて宿泊。

四月二十四日（水）午前孫潤宇居士（天津市顧問）訪問、東本願寺天津別院主任安田涗然師に會見、高凌霨（中日密教研究會會長前國務總理）鄭顯智氏（佛教學者）傅立魚氏（大公報編輯）と會見す。夜許丹氏（中日密教研究會教授）と會見す。天津功德林にて張伯麟氏（同功德林理事）高綏卿氏（同祕書）翟茀青氏（同理事）に會見し、それぞれ日華佛教學會に對する贊助を受く。

四月二十五日（木）午前曹汝霖居士（前北平政府交通總長）孫傳芳氏、徐顯瑞氏に面會す。午後靳雲鵬居士（前國務總理）に面會し日華佛教學會への贊助を受く。夜乘船し日本に向ふ。

四月二十六日（金）船中

四月二十七日（土）夜門司着。

以　上





# 日華佛教學會に關し太虛法師との打ち合せ事項

太虛法師は中華民國佛教界の最も有力なる指導者であるため、好村、墨禪法師は三月十四日上海雪竇寺下院にて太虛法師と會見し日華佛教學會に關し、左の打ち合せをした。

一、日華佛教學會組織の件

（イ）日本側會の組織

（ロ）中華側會の組織

太虛法師曰く「日本側先づ組織して欲しく、會長は高楠、鈴木（大）、常盤等の諸博士の內何れも宜敷しい、中華側は今夏大醒、常惺等渡日の上で決定する。」

二、佛教留學生交換の件

（イ）日本の學生が支那寺院に居住し留學する件

太虛法師曰く「日本青年佛教徒にして寺院にて修業する意志があれば何時でも出來る、食費宿泊費は一切不要で、たゞ若干の被服費、小遣があれば足りる。支那の寺院は教理研究には不充分だが、日本留學生が入つて修業するに適する寺院は尠くない。」

（ロ）中華の青年僧侶が日本に留學する件

太虛法師曰く「支那より日本への留學生は來春あたりより正式に行ふ。但し肉食妻帶の寺へ入ることは困る。」

三、佛教學者交換の件

（イ）每年廬山に於ける佛教講習會に日本側の學者、高僧を派遣する件

太虛法師曰く「高楠、鈴木、常盤、佐伯、鷲尾氏等の方々が來られるのは甚だ宜敷しい。但し只今廬山の大林寺は講堂を建築中なので今夏は廬山では開かない。本年は五月南京、七月北平で講演會を行ふ。南京、北平の何れに出席下さつてもよろしい。來年からは新築した廬山の講堂で行ふから是非出席を願ひ度い。」

（ロ）中華の佛教學者及び高僧の日本行の件

太虛法師曰く「自分は今年は日本へ行けないが、來年になれば行ける、日本の佛教大學、佛教團體よりの希望があれば喜んで行く。」

四、佛教視察團交換の件

太虛法師曰く「本年夏大醒、法舫、張汝釗、常惺、芝峰の中數人が日本佛教視察に行く、大醒の日本訪

問は五月より遲れるかも知れない。」

五、中華寺院を東京に建設する件

太虚法師曰く「非常に結構で中華僧侶が住職するやうにしたい。」

六、佛書交換の件

（イ）新刊の中華佛書を日本譯して出版すること

（ロ）新刊の日本佛書を中華譯して出版すること

太虚法師曰く「佛學書局とも連絡して隨時行ふやうにしたい。」

七、南傳大藏經中華譯の件

太虚法師曰く「阿含律論は漢譯あり、大史島史等從來なき文獻は中華譯して出版してよろしい。世界佛學苑圖書館の人々と日本の人と協力してやつてよろしい。」

## 日華佛教學會に對する中華民國側賛助者

好村春基、釋墨禪兩人が去る昭和十年三月中旬より四月下旬に亘り日華佛教學會に對して中國佛教界の有力者の賛助を求めたる結果左記の諸氏が賛助員たることを承諾し各々賛助芳名錄に署名せられた：

| | | |
|---|---|---|
| 段 祺 瑞 | | 前執政 |
| 蔣 作 賓 | | 駐日大使 |
| 許世英居士 | 上 海 | 前北京政府總務大臣 |
| 王一亭居士 | 同 | 實業家大護法家 |
| 劉仁航居士 | 同 | 王一亭居士令息 |
| 顧馨一居士 | 同 | 「慈航畫報」主幹 |
| 聞蘭亭居士 | 同 | 大實業家 |
| 阮鑑光居士 | 同 | （紫陽）發起人 |
| 高觀如居士 | 同 | 發起人　佛學書局編輯 |
| 沈彬翰居士 | 同 | 同　經理 |
| 何子培居士 | 同 | 同　編輯 |
| 釋克全法師 | 同 | 雪竇寺下院監院 |
| 湯薌銘居士 | 同 | 前湖南省長菩提學會理事 |
| 釋印光法師 | 蘇 州 | 淨土教第一の高僧 |
| 釋昭三法師 | 同 | 報恩寺方丈 |
| 釋道恒法師 | 同 | 蘇州佛教會長 |
| 釋允化法師 | 同 | 報恩寺現住持 |
| 釋月池法師 | 同 | 藥草庵住持 |
| 章炳麟居士 | 同 | 大儒者 |



| | | |
|---|---|---|
| 姚志尙居士 | 同 | 醫院長 |
| 釋寄蓮法師 | 同 | 隆慶寺住持 |
| 釋顯徵法師 | 同 | 同　執事 |
| 釋深晦法師 | 同 | 同 |
| 黃懺華居士 | 南 京 | 國民政府立法院祕書 |
| 杉山仁雅師 | 上 海 | 日蓮宗主任 |
| 柚山宥照師 | 同 | 眞言宗主任 |
| 伊藤正倜師 | 同 | 妙心寺別院主任 |
| 荒木卽成師 | 同 | 本派本願寺 |
| 太虛法師 | 奉 化 | 雪竇寺住持 |
| 芝峰法師 | 寧 波 | 延慶寺講師 |
| 靜安法師 | 同 | 同　住持 |
| 張汝釗女史 | 同 | 佛教思想家 |
| 源巃法師 | 同 | 阿育王寺住持 |
| 瑩照法師 | 普陀山 | 普濟寺前住持 |
| 嚴康澄居士 | 南 京 | 實業家 |
| 勵子安居士 | 同 | |
| 覺花園王 | 同 | 佛化新青年運動者 |
| 大鎭法師 | 同 | 中國佛學會 |
| 李師曾居士 | 同 | 同 |
| 大覺法師 | 同 | （明治大學卒業） |
| 寧墨公居士 | 同 | 武　官 |
| 彭養光居士 | 同 | 立法院委員 |
| 賀民範居士 | 武 昌 | 菩提精舍教授 |
| 李有秋居士 | 同 | 佛教信者 |
| 羅奉僧居士 | 漢 口 | 佛教正信會副會長 |
| 唐大圓居士 | 同 | 東方文化學院長佛學院教授 |
| 唐法化居士 | 武 昌 | 文化高級農科學校々長 |
| 劉妙嚴居士 | 同 | 同 |
| 楊德鑒女居士 | 同 | 佛教女學院長 |
| 蔡超爽居士 | 同 | 同　教授 |
| 方本仁居士 | 同 | 前湖北省民政廳長世界佛學苑董事長 |
| 釋恒寶法師 | 同 | 菩提精舍 |
| 王道鐸居士 | 漢 口 | 紅十字會々長 |
| 釋慈圓尼 | 武 昌 | 八敬學院教授 |
| 釋體眞尼 | 同 | 同 |
| 王述曾居士 | 漢 口 | 同 |
| 黃之根居士 | 漢 陽 | 佛教正信會主任 |
| 王文彬居士 | 漢 口 | 佛教正信會 |
| 陳永清居士 | 同 | 同 |
| 鐘耀亭居士 | 同 | 同 |
| 劉大烈居士 | 武 昌 | 同 |

| | | |
|---|---|---|
| 周浩雲居士 | 同 | 同 |
| 兪子敬居士 | 同 | 同 |
| 馬華廷居士 | 同 | 同 |
| 劉徹如居士 | 同 | 同 |
| 胡德成居士 | 同 | 同 |
| 王奉持居士 | 同 | 同 |
| 蕭靜堂居士 | 同 | 同 |
| 憂致賢居士 | 武昌 | 同 |
| 陳善馨居士 | 同 | 同 |
| 法舫法師 | 同 | 同 |
| 大醒法師 | 同 | 同 |
| 楊明塵居士 | 同 | 同 |
| 韓哲武居士 | 北平 | 三時學會 |
| 釋顯宗法師 | 同 | 廣濟寺住持 |
| 釋現明法師 | 同 | 同 前住持 |
| 周叔迦居士 | 同 | 北平大學教授 |
| 覺先法師 | 同 | 龍泉寺前住持 |
| 梵月法師 | 同 | 法源寺住持 |
| 孫潤宇居士 | 天津 | 市顧問 |
| 安田泥然師 | 同 | 東本願寺輪番 |
| 中野義照師 | 同 | 中日密教研究會教授 |
| 片山弘道師 | 同 | 同 |
| 安原賢道師 | 同 | 同 |
| 高凌霨居士 | 同 | 前國務總理同學校長 |
| 鄭顯智居士 | 同 | 前大官佛教學者 |
| 傳立魚居士 | 同 | 大公報記者 |
| 許丹居士 | 同 | 中日密教研究會教授 |
| 張伯麟居士 | 同 | 佛教功德林理事 |
| 高紱卿居士 | 同 | 同 |
| 翟第青居士 | 同 | 同 |
| 李唐民居士 | 同 | 前大官 |
| 孫傳芳居士 | 同 | 同 |
| 曹汝霖居士 | 同 | 前北京政府交通總長 |
| 徐顯瑞居士 | 同 | 同 |
| 靳雲鵬居士 | 同 | 前國務總理 |
| 殷樂天居士 | 同 | 居士林 |
| 山田謙吉先生 | 上海 | 同文書院教授 |
| 高西賢正師 | 同 | 東本願寺輪番 |
| 久畑文雄師 | 同 | 淨土宗別院主任 |
| 押田興莊居士 | 同 | 實業家 |

以上



# 長安に旅しての感慨

結城令聞

## 一

私の今回の支那遊歴は、八月中旬より十月下旬に至る約二ケ月餘の期間であり、其の範圍は、北平に根據をかまへて、河北、山東、山西、河南、陝西の五省に亘る。私の研究してゐる唯識より眺めると、楞伽、地論兩系統の唯識は先づ河南を中心としての思想であり、玄奘の法相唯識や、智儼、法藏の華嚴唯識は陝西長安を發源地としてゐるのであるから、自分としては、その研究の上より云ふも、是非共踏まねばならぬ土地へ這入ることが出來たので誠に愉快であつた。廣東は常盤先生のお供をして昭和三年の暮に既に訪ねたのであつて、旁々それらのことも自然に思ひ起されたことである。支那旅行に關する感慨としては實に複雜多樣なものがあるが、其の中、日華佛教學會の會員として、自らも感じ、又會員諸兄にも是非共訴へてみたいと思ふものを一二書き綴ることとする。

## 二

今回の旅行は一行六名、其の中で長安、洛陽等を訪ねたのは三名であるが、六名の中で、佛教の研究者は自分一人であり、他は悉く他の方面の支那研究者である。自分一人のみが佛教研究者であるから、他の人々と際立つて旅行中に於ける佛教者としての有難さと云ふものがはつきりとして浮び上つてくる。それは、あの危險な支那奥地の旅行に於てでさへ、佛教史蹟として訪ねる支那寺院に辿りつくとき、吾々は常にそこに絶對の安息所を發見することが出來るのである。貧困である田舎の寺には、如何にもみすぼらしい住持が住つてゐる。然るに學問の有無、物資の貧富などは問題でなく、そこに辿り着いて、自分は佛教徒であり、佛教史研究の爲めにはる〴〵參詣したのであると云ふ來意を告げると、そのとたんに人種の差別を超へ國境を越へ、同一佛道に乘じた一味和合のお互であると云ふ默契が無言の裡に成立し、誠になごやかな氣合の融通を感ずるのである。だから自分は、途中の困苦、危險に逢着しつゝも常に行き着いた時の此の佛教者のみに味へる有難さを感謝しつゝ突進したのであつた。開封の河南佛學苑に於ても、長安の大興善寺に於ても全く斯うした氣持で充滿してゐたが、取りわけ長安城外の華嚴寺でしみ〴〵と感ぜしめられたのであつた。華嚴寺の住持は果安と云ひ、甘粛省涼州の人である。

## 三

海を隔てて論じてゐると日支佛教徒の提携も仲々議論の多い問題となるが、前述の如く、膝を突き合せて語り合ふと、同乘佛道一味和合と云ふ融和がわけもなく成立するのである。令法久住、爲法不爲身と云ふ佛教者の誓願が根本になつて居れば、道は如何樣にも開ける樣である。今後の旅行で大いに感じたことの一つは、日本の佛教徒たるものは、支那の佛教徒と提携すると同時に、更に進んで、佛教の名に於て支那の大衆に大いに呼びかけねばならぬと思つ

たことである。自分は幸にも、單に佛教史蹟のみならず、儒教、道教、回々教等に關係のある所をも訪ねることが出來たのであるが、荒廢の最も甚だしいものは何と云つても孔子を祭る文廟であり、次に佛教の寺院であつたと思ふ。而して常に活氣を呈し、嚴然として犯し難い威容を備へてゐるものは回教の寺院であつた。形の大小を云ふのでなく現に生きてゐるか死んでゐるかの問題に就いてである。その理由は極めて明瞭で、要は民衆と寺との關係の密度如何にある樣である。故に吾々が、日本佛教の母胎である支那佛教を愛し、その遺蹟の保存を全からしめるには、單なる佛教者との提携より、更に進んでその重要性を民衆に呼びかけなければならないのである。長安の石佛寺を、直ちに唐青龍寺の跡と決定するには問題があるが、兎に角、長安の人々は、此の石佛寺を青龍寺だと決め、佛教の聖跡として非常に尊んでゐる。大慈恩寺や大興善寺や、さては大薦福寺等に比較すると、石佛寺の規模の小なること、品格の落ちることとは比較にならない程であるが、それでも、それらの大寺にも増して此の寺の存在を誇りとしてゐるのである。ところがその誇りは、實は日本人の呼びかけからである。現に石佛寺の壁に大正十三年の和田辨瑞師の題詞、大正十四年の加地哲定師の題詞があり、何れも日本僧空海上人の密乘傳受のことを記し、その荒廢の久しきを嘆ぜられてゐる。後に朱子橋居士が支那の人々に檄を飛して此の寺の崇仰すべきを告げ、而して巨財を投じて大修理を爲したのは、實に日本僧の題詞を見、日本佛教界の青龍寺に對する渴仰の念の熱烈なるもののあるのに動かされた結果である。單に眞言が長安佛教であるばかりではない。法相も華嚴も律も三論も、何れも長安を發源地としてゐるのである。念佛と雖も光明大師善導の長安佛教である。或は台密も亦長安より相承したものである。禪は河南に起つてゐる。吾々は青龍寺の尊さを敎へると共に、更に長安の一切佛教の尊さを敎へ度いと思ひ、大いに力說したのであつた。若し

日本佛敎徒よりして支那の佛敎僧並に居士、更には佛敎を解せざる人々に對しても、大いにその尊崇すべきを敎へたならば、必ずや貢獻すべきところがあらうと思ふ。

四

佛敎寺院は、一度は特志家によつて復興せしめられる樣であるが、何か事があると、わけもなく軍隊等の侵入に委ねてゐる。ところが回敎の寺院を見て廻つた吾々には、未だ一回と雖もそこが軍隊に占領せられてゐるのを見たことがない。それはその寺を取り卷いて住してゐる回敎徒の力によるのである。若し佛敎寺院にして、一般大衆と提携し一般大衆歸依の中心となつてゐたならば、決して軍の占領などを許すものではない。今俄に支那の寺が、大衆信仰の中心となれと云ふ註文は困難であるにしても、吾々としては、吾々の力の及ぶ程度のものとして、一般大衆に對し、せめてもその尊いこと、大切なことを知らしめる必要があると思ふ。日華佛敎學會などは、その點最も都合のよい地位を占めてゐるのであるから、支那の人々と接觸して、折にふれてその目的を達成せられんことを切望してやまない。これ今回の旅行に於ける感慨のその二である。

# 日華佛敎彙報

## 本會經營の東亞語學院に就て

東亞に於ける日支の使命愈々重大性を加ふる時、東亞諸民族の間に日本語を普及し通用せしむると同時に日本國民の東亞諸國語、特に就中中華語を習得することが、極めて緊要なるを痛感するものであります。

本會は玆に鑑みるところあり、同志と相謀りて東亞語學院を開設し、本秋九月中華民國の留日學生を中心に日本語班を開講し、目下五十餘名の留學生を收容し、更に十一月より日本學生の爲めに支那語班を開始してゐる次第であります。

而して今日亞細亞諸國民の日本に留學する者、日に月に多きを加へつゝありますが、中でも中華民國の留學生は現在七千人近くに達して居る有樣であります。此の傾向は今後日支關係の好轉と共に一層拍車を加へらるべく、本學院の將來は實に期して俟つべきものありと存じます。

併し何分にも準備足らざりし結果、設備不定、敎室老朽狹隘であることは誠に遺憾とする所であります。だがそれにも拘らず學生間に於て比較的好評を博して居りますことは、一に諸先生を始め同志一同が、眞に日華兩國の將來を想ひ、亞細亞民族の復興の爲めに一生を賭するの堅き決意を以て起つて居る爲め、その熱誠が自然、學生の間に感應する結果の齎らす所でせうか。然し自ら省みて汗顔に堪へざる次第であります。願くば吾々の足らざる所を指導し鞭韃して頂いて、一日も早くその完全を期し得る様致し度いと存じます。偏に各位の御後援の程を祈る次第であります。

## 東亞語學院招生簡章

一、宗旨　本院爲中華民國留日學生學習日語起見特聘學識高深富有經驗之講師選擇日用教科運用最新教授方法以期最短期內養成會話閱書作文之能力爲宗旨

二、班次　暫定專修高級二班毎班依其程度之高低相次教授

三、課程　各班課程如下

| 專修班 科目 | 時數（每週） | 高級班 科目 | 時數（每週） |
|---|---|---|---|
| 讀本 | 一二 | 同上 | 八 |
| 文法 | 四 | 同上 | 六 |
| 會話 | 六 | 同上 | 六 |
| 作文 | 一 | 同上 | 二 |
| 書取 | 一 | 同上 | 二 |

四、教材
（A）專修班
讀本　新撰日本語教科書
文法　日本口語文法（惟第一個月不授文法得改授讀本）
會話　注重日常會話練習隨時採用課外教材
（B）高級班
讀本　口語文法兼授論文與文藝文（講義）
文法　前一個月授口語後二個月授文語及口語（講義）
會話　日常會話

五、期間　第一期　自四月六日至八月末日、第二期　自九月六日至十二月末日　第三期　自一月六日至三月末日

六、學費　第一期十六圓、第二期十六圓、第三期十二圓（另繳報名費一圓）

七、講師　（順不同）
外務省囑託 日華佛教學會常任理事　岩村成允
好村春輝
日華佛教學會理事　久保田覺巳
日華佛教學會常任理事　藤井草宣
專修大學講師　井田啓勝
同文書院出身　宗内鴻
朱麗春

八、報名處　於本院内

東京市神田區三崎町一丁目七番地
**東亞語學院**
電話九段一六三三番



---

# 大醒法師の訪日と「日本佛教視察記」の著作

中國佛教界の新人大醒法師は本會常務理事藤井草宣氏を頼つて五月七日神戸に着し、藤井氏の案内によつて大阪、京都、奈良、高野山、越前、名古屋、豐橋、東京、鎌倉、日光等を約一ケ月に亘つて歴訪し、その犀利な批評眼を以て日本佛教を視察して六月初旬歸國した。歸國後同法師は江蘇省淮北の名刹淸江覺津寺の住職となり、同寺に於て『日本佛教視察記』を執筆中である。

大醒法師は太虛法師の門弟中、異數の俊秀であつて、中國佛教界に大きな感化力を持つてゐるから、同師の『日本佛教視察記』は日本佛教の紹介に大いに役立つであらう。

大醒法師は訪日に當つて豫め左の目的を定めてゐたが、我々はこれを見ても同師の頭の良さとその氣魄を知ることが出來る。

一、日本佛教十三宗大本山の參拜、並に各宗管長及び高僧の訪問
二、日本各宗大小佛寺の組織と僧尼の生活の實況視察
三、日本各宗大學及び專門學校の參觀、並に各學校長と教授の訪問
四、日本佛教の各種刊行物——日報、雜誌、及び各重要出版物の調査
五、日本各地の佛教史蹟の參觀
六、日本佛教各種事業の參觀

七、日本佛教界の有名著作家——高楠、常盤、鈴木、
水野、矢吹、小野等の如き諸先生の訪問

最後に、大醒法師の略歷は左の通りである。

中華民國江蘇省東臺縣人で今年（昭和十年）三十六歳、號を隨緣又は僧懺と稱す。武昌佛學院（太虛法師開創）を卒業、民國十七年（昭和三年）福建省厦門、南普陀寺内の閩南佛學院教務主任及び代理院長（院長太虛法師）となり五ヶ年間、これが經營に當り、その間『現代僧伽』（月刊）誌を刊行し令名あり、民國二十二年（昭和八年）の秋武昌に至り、武昌佛學院教授となり、『海潮音』誌編輯長となつた。著書に『口業集』一名『佛教批判集』、『地藏經說要』、『八指頭陀評傳』、『空過日記』各一册あり。又『寶燦經』、『靈山大師集』、『蓮池大師集』、『憨山大師集』、『紫柏大師集』、『藕益大師集』等の編纂刊行がある。

---

# 日本密教の傳法灌頂を受了した談玄法師と黃燿邦居士

## 中國密教の復興を志す

武昌佛學院教授、釋談玄法師（三六歳）は昭和九年夏、渡日し高野山に於て玉山阿闍梨に就て東密を修し、更に東京に於ては前大正大學長福田尭頴大僧正について台密の教相と事相を、大森亮順大僧正について傳法灌頂を受了した。

之と前後して東京帝國大學文學部出身の黃燿邦氏（三一歳）は豐山派の小野塚阿闍梨について東密を修し、更に前記の福田、大森の大僧正について台密の傳法灌頂を受了した。

兩人は各々密教に關する書籍を千數百册荷造りして去る十二月十四日、横濱發のエンプレス・オブ・ジャパン號で歸國した。歸國後、談玄師は武昌佛學院に於て今後約三ヶ年間、閉關し（一室に閉ぢ籠ること）て密教に關する書籍を讀破して自己の思想體系をまとめる豫定である。黃燿邦氏は郷里の江西省三湖に一應歸り、更に南京に出て政府の教育行政に參與する豫定であるが、傍ら密教の信仰に基いて社會に貢献したいと云つてゐる。



中國に於て密教はこの數百年来地を拂つて居り、最近西藏密教は若干輸入されたが、中國傳來の純密は却つて日本に保存されてゐる。談、黃兩氏はこれを傳へて本國の密教復興に資することにしてゐるが、これは日本佛教交渉史の上から云つて特筆すべき事件であると思ふ。左は送別の席上、鷲尾順敬博士が兩氏に呈せられた臨別の詩である。

末法澆漓奈此時　世情時態薄氷危　中華日本多龍象
誰是人天大導師　贈談玄法師

中華佛教閱歷二千年、法運有通塞思之輒慨然、慧命
細如縷一脉誰所傳化益彼群類荷擔重双肩
談玄法師黃燿邦學士留學業成歸中華送別席上卒然賦贈
呈
昭和十年十二月　日本鷲尾順敬草

---

# 藤井草宣氏の渡支

本會常務理事藤井草宣一氏は左の日程により臺灣及び南支の佛教視察の途に上つた。

# 南支及び臺灣佛教事情視察日程

| | |
|---|---|
| 十月三十一日 | 神戸出帆 |
| 十一月四日 | 基隆着、臺北に向ふ |
| 五日 | 臺北にて臺灣佛教大會に臨む |
| 六日 | 豐原の居士林を訪ふ |
| 七日 | 基隆發 |
| 八日 | 福州着、福州居士林を訪ふ |
| 九日 | 黃檗山萬福寺に登禮 |
| 十日 | 滯　在 |
| 十一日 | 鼓山湧泉寺に登拜、同佛學院を訪ふ |
| 十二日 | 滯在研究 |
| 十三日 | 同 |
| 十四日 | 福州より厦門に向ふ |
| 十五日 | 厦門に至る、本願寺教堂に入る |
| 十六日 | 視察研究 |
| 十七日 | 南普陀寺に詣で閩南佛學院を訪ふ |
| 十八日 | 滯在研究 |
| 十九日 | 厦門出發、汕頭に向ふ |

二十日　船　中
二十一日　汕頭着、密教重興會を訪ふ
二十二日　潮州開元寺を禮拜し嶺東佛學院を訪ふ
二十三日　滯在研究
二十四日　潮州より廣東に向ふ
二十五日　廣東着、六榕寺を訪ふ
二十六日　九龍の古刹を參詣
二十七日　香港東蓮覺苑、人海燈社を訪ふ
二十八日　滯在研究
二十九日　香港發廈門再訪
十二月初旬　上海行
正月中旬　日本歸着。

右は豫定表にして船舶の都合にて多少の伸縮ある筈

---

# 臺灣佛教大會に於ける日華佛教學會の祝詞

左は去る十一月五日より臺北に於て行はれた臺灣佛教大會に對して本會より送つたメッセージである。

## 祝　詞

神田惠雲

茲に臺灣始政四十週年紀念の好機に當り、內臺佛教徒一千餘名倶會一處して融和親善の實を示さるゝは洵に祝賀に堪えざる處なり。此の絕好の機會に於て、われらの多年の宿志の一端を披瀝して大方の一顧を希はんとす。

抑々わが聖德太子以來、日本文化の根幹を爲せる佛教は亦隣邦中華民國々民の最高指導精神たりし事實は何人も知る處なるも、然も此の兄弟たる兩國佛教々徒は近世に入り、明末以來三百餘年の間全く、その交涉聯絡中絕され兩國の同信同敎徒の協力的事業を耳にする事極めて稀なりしなり。是れ東亞文明史上に於ける一大奇怪事といふべし。然るに今や日本及び中華民國の青年佛教徒の間に在て信仰上及び學問上に於て相提携せんとする同志漸くその數を加へ相糾合し相倶に來往を開始したるは吾等の最も愉快と爲す處なり。幸哉又た今日此地に於て斯る盛大なる大會の下に內臺佛教徒が融合一致、益々其の美果を固めんとせらるゝは、實に吾等の感泣止む能はざるものなり。願くは百尺竿頭更に一步を進め大乘佛教本來の平等的精神と此の大會の成果とを齎して以て直ちに隣邦大陸佛教徒との提携を促進し、東亞の保全と世界平和の實動に邁進せん事を希求せざるを得ざるなり。

之を以て謹んで祝詞に代ふ。

以　上



# 日華佛教學會

## 會　誌

昭和九年八月十五日　東京市神田區猿樂町の日華學會にて藤井草宣、神田慧雲、釋墨禪、好村春基等にて「日華佛教研究會」の創立を申し合はせ、その趣意書及び會則の草案を作る。

九月四日　京都の知恩院を根據とし、林彥明氏らを中心に「日華佛教研究會」創立の計畫が發表せられる。

九月二十日　東京の日華佛教研究會の創立について全日本佛教青年會聯盟の諸幹部に諒解を求む。

十月九日　本會の創立について日本外務省文化事業部の諒解を求む。

十月十五日　京都の日華佛教研究會と合同し得るか否かについて神林周道氏(京都側)と好村(東京側)と會見す。

十月十九日　東京と京都との合同は急速に不可能なので我々の會は「日華佛教學會」と改め、京都の「日華佛教研究會」とは友誼的關係を保つ方針を取る。

十一月一日　釋談玄法師、黃輝邦居士が天台密教を傳修したい熱望を抱いてゐるので、東京谷中天王寺の福田堯穎僧正に師事することを懇請し、承諾を受く。福田僧正は前大正大學々長である。

十一月五日　好村、九州八幡市の佛教濟世軍總本部に赴き、幹部より日華佛教學會に對する贊助を受く。

十一月十日　好村、大阪の福田宏一氏と共に天王寺、東西本願寺別院その他大阪佛教界の樞要の人々を訪れ、本會に對する諒解を求む。

十一月十一日　好村、藤井、名古屋に赴き、椎尾博士、成瀨賢秀氏を初め名古屋の有力な佛教徒より本會創立に對する贊助を受く。

十一月十八日　東京市神田區三崎町の本會準備事務所にて在京第一回發起人會を開く、中島裁之、藤井惠照、後藤朝太郞、福井康順、井上義澄、釋談玄、釋墨禪、黃輝邦、松浦龍鏤、神田正法、好村春輝等出席準備方針を定む。

十一月二十一日　墨禪、談玄、黃輝邦、好村の四人で麻布の中華民國公使館を訪れ、蔣公使に本會への贊助を乞ふ。承諾さる。

十一月二十二日　日華學會の砂田主事に會し、本會創立の諒解を受く。

十一月二十九日　藤井、大阪に赴き、大阪佛教界の有力者と懇談し、本會への賛助を得。
十二月七月　釋尊成道の記念のために東洋事情講演會を開き、支那の實寫映畫を公開す。
昭和十年一月九日　好村の渡支決定す。
一月十日　墨禪法師と好村、矢吹博士を訪問「三階敎の研究」の中華譯について諒解を受く。
一月十五日　豐橋より市石洪山氏上京、會事務所に宿泊し、上野圖書館に通つて「支那佛敎寺名山名集」の原稿完成に努力す。
二月十三日　好村、墨禪佛敎聯合會を訪問し、兩人の渡支並に日華佛敎學會の準備に對して佛聯の諒解を受く。
二月十四日　未明本會事務所に强盜押入る。時恰も黃輝邦氏佛前にて善惡因果經讀誦中であつた。賊に因果經を示して敎誡したが肯んぜず、物を攫めて逃走、直ちに捕へらる。善惡因果經の實演である。
三月七日　好村、墨禪渡支のため、東京を出發す。
三月八日　好村、墨禪、大阪の福田宏一氏初め支那關係の人々十數氏と會見し、日華の文化的提携について示敎を受く。
三月十三日　好村、墨禪上海着。上海功德林にて太虛法師に面閲し、上海佛敎界の人々數十人に紹介さる。

三月十四日　午前中王一亭居士をその邸宅に訪問、午後上海雪竇寺下院にて太虛法師と會見し、それ〴〵日華佛敎學會の創立並びに將來の事業に關して懇切なる指導を受く。
三月二十日　寗波延慶寺にて芝峰法師、張聖慧女史と會見す。
三月廿七日　上海日本人倶樂部にて在上海日本各宗聯合會の歡迎晩餐を受く。
四月八日　好村健康を害し、歸國す。
四月二十七日　墨禪法師南京、武漢、北平、天津の有力佛敎者を歷訪して日本に歸來す。
四月廿八日　好村、墨禪、大阪の福田宏一氏、豐橋の藤井草宣氏を訪問し、日華佛敎學會の發會等打ち合はす。
五月七日　全日本佛靑聯盟並に日華佛敎學會の共同主催にて好村、墨禪の歡迎會が東京神田中華第一樓にて行はる。本日大醒法師神戶に着す。大醒法師は太虛法師の高弟にて「海潮音」の編輯長、訪日の目的は約一ヶ月半の期間にて日本佛敎の視察のためである。藤井草宣氏同道す。
五月中　南京、支那內學院一派及び太虛法師系の間に中日佛敎學會に關する一大論爭行はる。



六月一日　東京傳通會館にて中國の大醒法師、談玄法師印度のナトラダ比丘、ラーフラ比丘の歡迎會を催す。夜大醒法師離京、歸國の途に就く。
七月十一日　東京傳通會館にて本會の發會式を擧行す。參會者數十人。盛大であつた。
七月十六日　傳通會館にて第一回の理事會を開催し、理事長に福井康順氏就任す。
七月三十日　本會顧問柴田一能先生渡支さる。
八月中旬　本會常務理事結城令聞氏、東方文化學院の派遣にて佛敎視察のために渡支す。
八月三十日　神田愛光舍にて北平師範大學敎授王桐齡先生、靑島大學敎授張煦先生の歡迎會を行ふ。
九月十五日　柴田一能先生歸京さる。
九月二十八日　藤井草宣氏上京。
九月二十九日　談玄法師高野山より歸京。
十月一日　談玄法師、黃輝邦居士、台密の傳法灌頂を受けるために東京淺草寺に入る。
十月四日　傳通會館で日華佛敎座談會を行ふ。柴田一能大村桂巖、坪上貞二、岩村成允諸氏の外五十餘名出席。
十月十日　中華學生のため東亞日語學院第一班を開始す。
十月下旬　結城令聞氏歸國さる。

十月三十日　談玄法師、黃輝邦居士の台密傳法谷中天王寺にて完了す。
十一月一日　南京政府行政院長汪兆銘氏暴漢に狙擊され重傷を受けたりと。重大なるショックを受く。東亞日語學院第二班を開く。
十一月十五日　神田區西神田北平にて結城令聞氏の歸朝歡迎會を兼ね第二回理事會を行ふ。本會々長に柴田一能師を推擧す。
十一月二十一日　日華佛敎學會事務所にて柴田會長を中心に第三回理事會を開き、會則、事業、豫算等を協議す。
十二月十四日　東密、台密の傳法灌頂を完了した釋談玄法師並に黃輝邦居士の送別會を本會事務所にて行ふ。談玄法師、黃輝邦氏エンプレス・オブ・ジャパン號にて歸國の途に就く。
十二月二十日　中華僧慧雲法師が政治的嫌疑にて臺灣官憲に捕へられ獄中死亡したとの報導は誤りにて生存中なることを確め得たので、その釋放運動を進める。

以上

# 日華佛教學會々則

## 1 總 則

第一條 本會ハ日華佛教學會ト稱ス。中華民國ニ於テハ中日佛教學會ト稱ス

第二條 本會ハ日華佛教徒ノ連絡融和並ニ相互研究ノ機關タラシムルヲ以テ目的トス

第三條 本會ノ事務所ハ日本東京並ニ中華民國ニ本部ヲ置キ日華各地ニ支部ヲ設ク

## 2 事 業

第四條 本會ハ第二條ノ目的ヲ達成スルタメ左記ノ事業ヲ行フ

一、日華佛教學者ノ交換教授
二、日華佛教留學生ノ交換
三、日華佛教徒並ニ一般日華人士ノ視察見學旅行ノ斡旋
四、日本語及ヒ英語ソノ他語學教授
五、一般華語教授
六、中華佛教書ノ日本語譯
七、日本佛教書ノ中華語譯
八、日華兩文ノ刊行物發行
九、日華佛教研究所ノ經營
十、日華圖書館ノ經營
十一、日華佛書流通處ノ經營
十二、留日中華佛教徒並ニ一般中華人ノ宿舍ノ經營
十三、日華佛教會館ノ經營
十四、日華佛教倶樂部ノ經營
十五、蔬食處（中華精進料理店）ノ經營
十六、一般公衆ノタメ日華佛教ニ關スル研究會講演會並ニ講習會ノ開催
十七、ソノ他本會ニ於テ必要ト認ムルモノ

## 3 會 員

第五條 本會ノ會員ヲ分チテ左ノ四種トス

一、正會員 二、贊助會員 三、終身會員
四、名譽會員

正會員ハ年額金參圓ヲ納付スルモノ、贊助會員ハ年額金拾圓以上ヲ納付スルモノ、終身會員ハ金壹百圓以上ヲ納付スルモノ、名譽會員ハ金壹千圓以上ヲ納付スルモノ及ヒ學德アリテ特ニ本會ノ推薦ニカカルモノ





正會員ハ會館ノ利用、研究會ヘノ參加、圖書館ノ利用、會報ノ無料頒布並ニ日華佛教視察員ニ推薦セラル、コトヲ得。贊助會員ハ正會員ノ特典ノ他、本會發行ノ刊行物ノ無料配布ヲ受クルコトヲ得

## 4 役員及ヒ顧問

第六條 本會ハ左ノ役員ヲ置ク

一、會長 一名 二、會計監事 二名
三、評議員 若干名 四、理事 若干名
五、主事 二名（一名日本人、一名中國人）
六、顧問 若干名

會長ハ總會ニ於テ之ヲ選擧シ會務ヲ總理ス
會計監事ハ會長之ヲ推擧シ會計事務ヲ監督ス
評議員ハ總會ニ於テ之ヲ選擧シ重要事項ヲ評議ス
理事ハ評議員會ニ於テ選擧シ重要會務ヲ處理ス
常務理事ハ理事會ニ於テ互選シ常務ヲ處理ス
主事ハ會長之ヲ任命シ會務ヲ管掌ス
顧問ハ理事會ノ推選ニ依リ之ヲ決定シ本會ノ諮問ニ應ス
役員ノ任期ハ何レモ二ケ年トス。但シ重任ヲ妨ゲス
顧問ノ任期ハ終身トス

## 5 會 議

第七條 會議ハ左ノ三種トス

一、定時總會 每年一回
一、評議員會 隨 時
一、理 事 會 每月一回以上

第八條 會議ハ會長之ヲ招集ス

一、常務理事會 隨 時

## 6 會 計

第九條 本會ノ經費ハ左記ノモノヲ以テ之ヲ支辨ス

一、會費 二、寄附金 三、資產及ヒ資產ヨリ生スル收入

會計年度ハ每年四月一日ヨリ翌年三月三十一日マテトス

## 7 附 則

第十條 本規約ハ總會ニ諮リテ之ヲ更改スルコトヲ得

# 日華佛教學會役員

會長　柴田一能　東京府八王子市上野町七　本立寺

理事　○釋墨禪　東京市神田區三崎町一ノ七日華佛教學會

釋談玄　湖北省武昌千家街　佛學院

黃輝邦　江西省三湖市黃同慶莊

阮紫陽　上海楊樹浦路五四〇公大第二廠

蔡吉堂　福建省厦門大同路三六六

高觀如　北平東四南街佛學書局

○呂大椿　臺灣臺中州豐原郡豐原街三二一

韓哲武　北平北長街五號三時學會

押田興壯　上海施高塔路花園里五號

○福井康順　東京市牛込區市ヶ谷富久町一六

○成田昌信　東京市淺草區今戸二ノ一二心光院

緒方宗博　京都市花園驛前二六　佛化社

○結城令聞　東京市杉並區上荻窪五六七　播州學生寮

濱田本悠　東京市杉並區天沼二ノ四九四

石田幹之助　東京市赤坂區新坂町六五〇

○近藤宗治　漢口泰安紡績株式會社

相川守正　上海西華德路四五　萬歲館

中野義照　天津日租界明石街　中日密教研究會

○神田惠雲　福建省厦門水仙路新南旅社東教堂

稻葉文海　東京市淺草區壽町三ノ七本法寺內

名畑文應　京都市

○福田宏一　大阪市此花區上福島町南一丁目

○大谷湖峰　東京市世田ヶ谷區若林町二六

井上義澄　東京市品川區西大崎一ノ二八九

和田辨瑞　東京市小石川區坂下町音羽幼稚園

○藤井草宣　愛知縣豐橋市花園町　淨圓寺

淺野研眞　東京府武藏野町吉祥寺三三七

高神覺昇　東京市中野區鷺宮三ノ一四五

○龍池清　東京市小石川區雜司ヶ谷町一一四

久野芳隆　東京市本所區竪川町一ノ二六

三澤智雄　東京市蒲田區女塚一八五

○久保田覺已　東京市牛込區市ヶ谷田町一ノ一一

○好村春輝　東京市神田區三崎町一ノ七　日華佛教學會

○印は常務理事



顧問　高楠順次郎　東京府武藏野町吉祥寺武藏野女子學院

常盤大定　東京市小石川區指ヶ谷町一

福田堯頴　東京市下谷區谷中天王寺町天王寺

鷲尾順敬　東京市豐島區池袋四ノ三六七

矢吹慶輝　東京市瀧野川區瀧野川町三六五

鈴木大拙　京都市小山大野町三九

大村桂巖　東京市杉並區方南町四四〇

大森禪戒　東京市世田ヶ谷區　駒澤大學

加藤精神　東京市豐島區　大正大學

清水龍山　東京市品川區　立正大學

高井觀海　東京市石神井智山專門學校

河野法雲　京都市　大谷大學

花田凌雲　京都市　龍谷大學

後藤瑞巖　京都市　臨濟學院

長谷寶秀　京都市東寺　京都專門學校

小林瑞淨　京都市鷹野　佛教專門學校

小早川隨康　京都市粟生　西山專門學校

和田性海　和歌山縣高野山　高野山大學

一柳知成　愛知縣名古屋市　眞宗專門學校

後藤朝太郎　東京市小石川區小日向臺町

大谷尊由　京都市堀川通

大谷瑩潤　東京市牛込區砂土原町二ノ二

林屋友次郎　東京市世田ヶ谷區駒澤

附記――以上のうち顧問は本會理事會に於て推擧したるもので諾否は目下交涉中である。

## 本會に對する日本側賛助者は次號に發表す

## 大阪の震東居士林

### 福田宏一氏によつて創立さる

本會の常務理事にして大阪在住の福田宏一氏は大阪の地に震東居士林を創設することになり、その事務を開始してゐられる。同居士林は福田氏年來の宿願であつて、近く大阪近郊の靜寂地に念佛堂場を造り、そこに中國の僧數名を招聘して當時念佛を行ひ、日本在留の中華人及び日本人にとつての佛教道場たらしめようとしてゐられる。尙それに附隨して諸種の精神的事業を行はれる豫定である。

## 編輯後記

數年來世は擧げて非常時、世相不安、思想不安の眞只中、端なくも昨年來漸やく宗教復興、佛教復興の聲喧しい際に待望の日華佛教學會は設立された。好村、墨禪、藤井、福井等の諸氏の並々ならぬ御努力に對して衷心感謝する。

○後れ馳せに私も此の學會に關係さして戴いた。北平生活參ケ年のよい紀念だと信じて喜んでゐる。中國に行きつけた人達の凡ての感想は大抵一致してゐる。それは今後の私達の生活は中國に關心なくしては生活し得ないのだと。然らば私達の生活は中國の人達と心から仲好くして虛心但懷手を握ることだ。殊に私達佛教精神を信じて生活するに於て特に然らざるを得ないと覺悟してゐる。

○日華佛教學會は直接に中國の坊さん達と交遊する一つの有力なる團體たることを期したい。そして若い意志の强い中國の坊さん達は出來る丈け日本に遊學し視察するに便宜を圖りたいことを念願する。日本からもどし／＼と中國を旅行し參觀されて各自の視野を廣め、生活經驗を豐にされたいと希望する。

○私は月刊の會報と年二回發行する學報の仕事に携るやうになつた。まだ何にも知らない素人だ。創刊號は好村氏の編輯によつて何うやら世に出でゆく。ありがたいことだと信じてゐる。それでは好村氏へ、編輯後記のバントを渡さう。リレーだ。（成田生）

○昭和十一年の初頭に本會々報第一號を送り得たことを喜ぶ。これは本會の會長に柴田一能先生を戴き、理事に日華佛教の中堅者が揃つて本會の陣容が整つた結果である。本會に對する日本側の贊助者芳名は紙面の都合上、次號以後に廻すことになつた。贊助者諸賢の御諒承を願ひます。

○本會は漸く軌道に乘り、本年から本格的に運用が出來るやうになつた。日本から中國の佛教研修に行くもの、中國から日本佛教の學習に來る者、互に交錯して賑やかである。

○昨年夏、日本に來訪した大醒法師は曰く「日華の佛教者が往來することが珍しいやうではいけない。兩者の往來は平常心を以て日常茶飯事に行はれねばならない。かつての唐宋時代は正しくそんな有樣であつた。吾々は近い將來に於て唐宋時代の狀態を現出させねばならない」と全く同感である。吾々もその時代の來るやう努力すべきである。（好村生）


| 價定 | | |
|---|---|---|
| 一ケ月 | 拾 | 錢 |
| 半ケ年 | 六拾 | 錢 |
| 一ケ年 | 一圓二十 | 錢 |
| 郵稅貳錢 | | |

昭和拾年十二月三十日印刷納本
昭和拾壹年一月五日發行

第一卷 第壹號
本誌特價貳拾錢

編輯兼發行人　成田昌信　東京市淺草區今戸町二丁目一二
印刷人　荻原芳雄　東京市牛込區山吹町一八九
印刷所　荻原印刷所　東京市牛込區山吹町一八九
發行所　日華佛教學會　東京市神田區三崎町一丁目七　電話九段一六三三番




# 謹奉賀新年

中華民國廿五年
昭和十一年　元旦

**日華佛教學會**

會長　柴田一能
役員　一同

# 日華佛教學會パンフレット

各册 菊判四十頁前後
定價 送料共金貳拾錢

**既刊**

| | | |
|---|---|---|
| 第一輯 | 藤井草宣著 | 日華の佛教的提携 |
| 第二輯 | 好村春基著 | 中華佛教の現狀 |

**近刊**

| | | |
|---|---|---|
| 第三輯 | 岩村成允著 | 歐米に於ける東洋學の現狀 |
| 第四輯 | 淺野研眞著 | 支那古代の佛教社會事業 |
| 第五輯 | 福井康順著 | 支那寺觀の現狀 |

發行所 東京市神田區三崎町一丁目七
日華佛教學會
電話九段一六三三番

日華佛教
昭和拾年十二月三十日印刷納本
昭和拾壹年一月五日發行
本誌特價 金貳拾錢

# 日華佛教

勝髻

第一卷第二號

第一卷第二號目次



昭和拾壹年一月卅一日印刷納本
昭和拾壹年二月一日發行
日華佛教
（每月一回一日發行）

日華佛教學會發行

# 中日佛教學會宣言

中華和日本於佛教上的交涉，已有一千數百年的歷史，及至近代而其關係，反見其稀薄下來？降至現代雖有少數先覺者出來企圖復興其事業，而仍未見完全達到其域！這是因爲兩國佛教徒間相互往來自由研究，以資融和向上連絡機關的缺乏的緣故。

我們所以要團結中日的佛教作爲最有力精神的紐帶，於是纔有中日佛教學會（在日本國日華佛教學會）的發起。加以兩國佛教徒間多年的雅望，而開始進行各種必要具體的事業。甚願中日兩國有志諸賢的贊助和後援吧。

中華民國廿四年
昭和拾年 七月十一日

日華佛教學會々長
柴田一能師

中華民國 太虛大師

# 日華僧門提携の强調

東京　後藤朝太郎

## 一、日本佛教家の躍進を望む

佛教史の研究に佛教々義の穿鑿などとそれぞれ佛教學徒の眞摯な研究業績は年一年と擧つて來た。今では佛教の研究は支那よりも日本に在りと日本の佛教研究者によつて許されてゐる。自分たち素人の門外漢も、さう云はるればさうかと思はれる。しかし佛教はもと人間あつての佛教であり、又社會あつての佛教なのである。この精神界の大きな敎へを古書や古蹟の穿鑿ばかりから見るのでなく、今少しく活かして一には日本の爲め、支那の爲め、一には又日支提携の爲めに役立てると云ふ方から見て之に力を致すことを忘れてはならぬ。

學者だから書庫の間に身を沒してゐるだけのことが能であるとするものもある。それも殊勝なことである。それが埒外に飛び出すとあの男は「よせばよいのに」とすぐ云はるゝものだから、何の事はない、去勢された形になつて了ふ。すると評判がよいのだ。大谷光瑞猊下などの巨擘が經綸について動き出されてもとかくの評を耳にしたりするやうである。自分は素人として常に思つてゐる。佛門の人は、山門の造營や大雄寶殿の再建に喜捨を集めたり管長の選擧に政友民政以上の祕策をめぐらしたり、金襴の袈裟綺羅をまとふてさも高僧らしく見せかけたりする。

これらが悉く自分には變に思はれてならぬのである。そして膝下に日大學生を肉親の親が慘殺すると云ふやうな前代未聞の不祥事が勃發しても對岸の火事視してでもゐるかの如く、世を救ふ的確な叫びの一つも叫び出さず勿論第一線に出てもくれない。されば和尚さんと云ふものはホンの葬儀のとき法衣をまとふて出て呉れる飾り物だと云ふこと以上に世間からは見られてない事態をさへ生ずるに至つた。金襴もよし造營もよし、引導わたしてくれるのもよしであるが、本當に一切衆生を濟度すると云ふ本格的の軌道に立歸つて眞に天下の翹望するやうな本善に戾つてもらへないものかどうか。尤も專門の立場から見て、これで決して本末顚倒などしてゐるのでない、安心をせよと云はるゝかたが出るかも知れぬ。しかし天下のものが果してそんな言ひわけを是認せらるゝや否や。かう云つた足元の問題からしてよく踏み固め魂の入れ替へを企圖し止めをさしておいて、然る後に今日お隣の支那の問題に進むやうにしなくては噓だ。敎の前には國境も何もない。國境を超越した處にいくらでもなすべきものがあるわけだと考へる。

表面に見えた外交政治の問題をよそに實際、人心の機微にふれた幽玄な信仰問題があり、人情風俗の問題がある東洋民族獨特の性狀から來る閃めきの問題もある。これらに先づ手をつけ之と提携し合ふと云ふことになるなら、そこには無限の天地が殘されてゐる。表面に見えた滿洲國問題にしてもさうである。その國家工作の方面についてはやんやん云ふ人が澤山ある。けれどもその身を挺して自分から裏面にかくれた人心の機微にふれ、一切を濟度する仕事に打かゝることになると事實大抵のものが引こみ思案になる。

## 二、支那に見る日本の僧徒

支那にゐる日本在留民が葬事にお寺さんを請じ、お經のあげてもらへることは有りがたいことである。雲煙萬里の異鄕で日本のお寺さんが來て頂けることは全くうれしくもあり懷かしくもある。名を布敎に托し別院あたりで働いてゐらるゝお寺さんも内心は支那の人々の方に手を延ばしたいと思つてゐらるゝのであらう。そこには人に云へぬ苦勞のためも續出してゐることであらう。その邊の心事はお察しする。しかし日本人の檀家に讀經をしたり、團體を作つて日本へ巡錫させたりするくらゐが關の山である。尤も中には留學研究の爲めに行つてゐる有爲の士もあるのであるが、これらは年數が短かく何をするひまもない。やつと支那語を覺えて、顏なじみの出來た頃には笈をまとめ歸朝しなくてはならぬときになる。その上英米方面から行つてゐる宣敎師どもと比較すると云ふと、とてもポケットが貧弱でお話にならず土民信者に面倒厄介をかけたときのそれの返禮さへ出來かねると云ふ悲哀さを嘗めさせられる。何も相手の支那の人がそんな事を心に思つてゐるわけではないが、ともかくお話にならぬ。こは事實ケチなかねでやられてゐる人の述懷に照して見ると判明することである。日本では大本山例へば、永平寺あたりがあの山門内の淨池の小さく、不似合なくらゐ小さな池を前にし、そのくせとてつもない大伽藍を增築だの完成だのと云つた風にやられてゐる。ああ云つた物質方面のことには懸命の努力をなしてゐらるゝが、しかしあの萬分の一の淨財をさいて支那本土の佛敎のしらべをする人をやるとか、佛徒との接觸提携をさせるとか云ふことに幾十、幾百の若い研究家を出されたことがあつたであらうか、どうか。僅かに先年道元禪師の記念に乙部否海君を天童に派したくらゐのことではなかつたか。これは自分が浙東の旅のとき偶然乙部君と遇つたので、之を知つたのである。

日本のお寺の檀家あたりにしても大雄寶殿の造營をしたり、鐘樓、庫裡、山門を立派にすることばかりを考へたりなどしないで今少しく大陸の方へ目を放つやうにしてもらひたい。その眼界がひろげられないことには結局そのお寺も大をなせないことになる。それと同時に支那に渡つてゐる別院の人々その他も、在留民の宅の念經ばかりを仕事の全部と考へるやうな情けない事でなく、今少しく積極的に乘り出す覺悟を持つてやられたいのである。租界の日本人の家ばかりを訪ね去來して城内の事情一つ見にきゐるでなし、又田舍のお寺一つ見學に出かくるでなし、支那寺の檀家たちと語り合つて見るのでもない。そして一にも怖はい、二にもこはいと丸で敵地にでも這入つてゐるやうな心境に居らるゝものが多いらしい。信仰の心だにあらば相手が土匪であらうと、海賊であらうと、なまこのやうに柔かくをとなしくなるものである。これは自分の體驗からしても判つてゐる。その間の心配は決していらぬ。要は本人の心次第なのである。

日本は支那の人に變なわけであるが、軍人の事しか考へられて居らず、日本の軍人に對する恐れを抱かしめその恐怖心が國交の上にかなり強く祟つてゐる。ところで宗教方面から考へて日本からお寺さんの活躍するものでもあるかと云ふとそは殆んどない。折角立派な日本の僧侶がゐない筈はないのであるが、丸きりかう云ふ場合にそこにあちらと交渉するものがない。たまに積極的に大膽にやつてくれるのが居たとしても、そは短期の留學生みたやうな連中である。永年顏なじみになり、尻をおちつけどつしりとやつてくれるものでなくては物になりつこないのである。そこになると英や佛は三十年五十年と永くゐるものがあり、奧地の水村山郭に會堂を作り運河の間をハウスボートである廻り土民の間を巡り訪ねてゐる。そのポケットに藥を携帶し路上色のわるい百姓を見ると之を呼び止め、之に二三粒も與へて巧みな支那語で和かくなぐさめてゐる場面を自分は見た。日本としては軍隊の强い事と商品で味の素、仁丹のこの二者が知られてゐるくらゐのことである。その外のことは知らぬ支那内地の土着民にとりてはどうして日本のよい事など思ひ浮べられよう。日本人くらゐ得て勝手なものはないものだと云つてゐる。日本のお寺の本山あたりはもう金欄でくるまる事などは考へないで、少しは人を外に派することを今から考へるやうにしたらどうであらう。それには人を作る事である。とはあちらのお寺(本山)に人を托し預ける事が必要である。具體方法はいくらでもあることである。外務省の文化事業部あたりにしても古書複刻と云つたやうな歷史的方面の側のことにのみ力を入れ、現在の生きた本當に直接役立つことになるとそれはあまりかまをかけぬ。なぜ人を作る事に今少しく目を向けるやうにしないのであるか。今のところでは兵隊の積極的の動きか、さもなくば古書の複製古書の研究と云ふことのみが云々され、あちらの人のあたまに印象を與へてゐる。かやうなことでどうして佛教本來の面目が發揮せられることになるだらう。もつと日本の佛教は全體が支那大陸の現在將來について考へ、的確な見方をしてそして實際的な動きかたをするやうにならなくてはならぬと思ふ。

## 三、支那留學僧の待遇

支那の方からはこの頃續々日本へ留學に見え又觀察に、提携にと渡つて見える方々がある。それに對し日本の方では意あつて手がつくせない形になつてゐる。むかし弘法大師の長安に參つた頃は、あちらですべて世話をしてくれ、向ふ賄ひであつたさうであるが、日本の今日では支那の僧侶が見えても之にかねを支拂はせてゐる。時勢がちがふから仕方がないのだと云へばそれまでであるが、この邊のことも日本としてはチト考へなくては嘘だ。人は或は云ふ。日支關係は日華佛教徒の事ばかりを考へてゐるわけにいかぬ。だからさうは行かぬよと。しかし自分たちは支那の奥地に遊び支那の山寺にも入り、山寺生活をなすことに愉快な氣分印象を持つてゐる。日本の寺々にしても支那から見えた人をさうした關係におけるやうにすることは望ましいことである。留學生を寺にとめて心おきなく優遇をして、心と心の接觸をくり返させるやうにすると云ふことはよいことである。之は事情困ることであるであらうか。今日はその宿舍、旅舍にあてるべきものさへ出來てゐないと云ふ状態なのである。さうした考を持つて來れることは日華佛教關係の上何よりも大事なことであると思ふ。が、更にもつとここに大事なことは日本人が今日考へてゐる日本式の範圍な考を加減することである。何もかも法律づくめで出來た常識を以つて大陸から來た客を見るやうなことをしてゐたら、一二日もゐないでコリゴリして立去つて行くであらう。日本の警察はロシアのゲーペーウーなんかではないのだからあまり穴のあくやうな見方ばかりをすることはよくない。かやうな態度はやめなくてはならぬ。これは相當な支那客の打あけてこぼしてゐるところである。外來客の氣ごころは之をよく知つてしまへば何でもないものであるが、とかくさうした點になると日本人の氣分は探偵氣分になる。客をしてゆつたりとおもてなすことが出來ず、ボツとして大きく柔かく取りもつことが下手で何さまその心掛けに缺くる處がある。日本は今日先進國みたやうな顔はしてゐるやうなものの弘法大師がむかし、長安にゐたときのやうな氣分をあちらから來たものに味はせらるゝかどうか。この邊の事も深く考へておきたい點である。これは自分が支那の内地を遊歴中、氣のついてゐた點であるから特にその體驗の上から序でながら附記しておくのである。

日支兩國提携の基礎的工作が色々再検討を必要として來た昨今の情勢から見ると、自分とも平素日支の文化方面になごやかな氣分の横溢を企圖してゐるものは切實にこの點を痛感するわけである。今までやり來つたお世辭の交換だの、刊行物の寄贈だの云ふことだけでこの幽玄な信仰上の提携握手は望まれるものでない。よろしく身を挺し本氣になつて打込む熱血漢がこゝに五人なり十人なり出て來なくては始まらぬであらう。お役人氣分で官僚文書のやりとりをして見ると云ふやうな生ぬるいことでは到底實現されるものでないと思ふ。これは明々白々のことであるが日本ではお役所の息さへかゝれば、最早や物が直ぐ成立つたやうに、早合點をしたがるものが多いから一言するまでである。悠久な信仰上の握手提携に這入るにはもつともつと永續きのする人に待たなくてはならぬのである。役人はその役を辭任してしまへば涼しい顔をする習ひであるからあまりそればかりに望みをかけてゐるわけにいかない。之は事實であるのだが日本の學徒はとかくこゝに認識上の思ひ違ひがあるやうであるから、特にこゝに氣のついたまゝを述べておく次第である。（完）

# 佛學とは何ぞや

中國　太虛法師講
日本　井田啓勝譯

## 一、緒論

佛學は智慧と慈悲とを要素とする。中山先生（孫文——譯者註）は三民主義の中でも既に「佛學を研究すれば科學の偏を補ふに足る」と說かれた。科學は事物を分析して研究するのであるが、しかも綜括の理智に於て猶未だ不充分の處があり、そこは、佛學にして始めて能く補ひ得るのである。是は佛學の智慧の方面の事であるが、佛學の慈悲の方面に至つては中山先生の救國救世主義と全く符節を合するもので、中山先生も嘗て「佛敎は救世の仁である」と言はれて居る。這の智慧と慈悲とは佛學中の二要素であり、中山先生は特にとり立てゝ語られたのである。斯うして見れば此の三民主義の指導下にあつて佛學を講演する事は何の相背馳するどころか甚だ其の旨に適ふ譯なのである。猶又、佛學は衆生の爲に利益を謀るものであり、三民主義は民衆の爲に利益を謀るものである。民とは中華民國の國民であり、また世界上一切の組織ある人民である。故に三民主義は又救國主義とも大同主義とも呼ばれる。衆生の爲に利益を謀る佛學にありては範圍が此れより稍ゝ廣くなるが、早いところ、此れも人生の爲に利益





を謀る救人主義である。世界上の一切の人類に安寧と快樂とを與へると言ふ事は三民主義の所謂「人を愛するが爲に革命する」と言ふ思想と甚だ合致するのである。其れ故、佛學は三民主義の基礎原理だとも言へるし、三民主義は佛學の實行だとも言へる。だが何を研究するのが佛學か？　此の疑問に答へる爲に玆で「佛學とは何ぞや」と云ふ事を研究して見よう。研究に先だつて一寸ばかり佛學に對する一般の誤會を釋明して置かねばなるまい。

中國は三四十年來といふもの外國の壓迫と掠奪とを被り、一種の愛國心を激發した。此の種の愛國心たるや誠によいのであるが、理智に遵らずして、感情に走り、「佛敎は印度のものである。しかも印度は亡國ゆゑ、佛敎を信仰する事は斷じてならぬ」などと云ふ者もある。が、併しこれは間違つた話である。と云ふのは印度には一種最古の婆羅門敎と云ふのがあつて、後に佛敎が興つた。その後一千五百年程たつて此の古婆羅門敎が又盛んになり、佛敎衰退し、印度を四分五裂の有樣にして了ひ、婆羅門敎の印度となり、二度と佛敎の印度でなくして了つたのである。印度の亡國の理由はこれによるのである。こうして見ると印度亡國の原因は佛敎と何等關係ない許りでなく、却つて佛敎を信じなかつたので亡んだのだと云ふ事が判らう。

さて次に、凡そ革命の過程上、必ず先づ破壞期を通る。破壞は一切の惡物をすべて掃除せんとするもので、それでこそ良き建設が起せるのである。佛敎内でも世俗の謬見邪執に對して甚だ嚴格なる反駁がある。思想界革命の破壞と云ふのがそれなのだが、それはあくまで建設の爲の破壞であり、一個の淸淨莊嚴なる極樂世界を造らうとするのであり、人生を發達せしめていとも圓滿なる境地にまで到らしめようとするのである。此れによつても、佛學は決して厭世的でもなければ、消極的でも、非倫理的でも、非人生的でもないと言ふ事が判るであらう。若し未だ會

つて此の點に氣が付かなかつた人は、それこそ誤解して居たのである。

次に、今まで中國では寺院僧尼で佛敎を代表して居たが、佛敎の眞精神は其の實、そんな處にあるのではない。試みに暹羅か日本へ行つて見るがよい。日本には三千五百萬の佛敎徒があり、暹羅では全國民すべてが佛敎徒であるのだが、寺僧は全部で十萬人にも滿たない。これによつても單に寺僧を以て佛敎を代表する事の不可能なるを知らう。但し中國には先には中國の儒家文化があつたので、更に全國在家佛敎徒の組織を謀る必要はなかつたのであるが、現在の中國は以前と同じでない。應に衆生の爲に利益を謀る佛敎を以て我々革命民衆の道德標準となさねばならぬ。

さて、その次に、これは新敎育を受けた人で、我國一般人によれば、多くは香を燒き燭を點じ像を設けて福を求める樣な事を以て佛敎を信仰する表現と思ひ込み、佛敎は眞の無神主義なるを知らない。佛陀にありては唯單に我等が導師、我等が先覺、我等が一個の先生であるに過ぎず、我々をして本有の悟道の可能性を發揮せしめ、やがて成佛せしめる。だからこそ我々は彼を崇拜するのである。惡魔に對しては單に六道中の一で甚だ憐れむべきものであるに過ぎないのであるから、應に彼等を救ひに行かねばならぬ。だから佛學の最大なる宗旨は迷を破つて覺悟を成すと云ふ事である。

以上述べた所はまだ佛學の正題にまで論及してゐない。只一段の緒論とでもして置かう。

## 二、佛學の本質

佛學の本質とは佛學の本身の何ものなるかを說明するにある。

先づ「佛」の意味を解釋すれば「佛」はまさに「佛陀」とか「浮圖」「浮屠」等と書かれるのであるが、これは印度の音であつて中國では「覺者」と呼ばれる。「者」とは一個の代名詞である。即ち人々皆覺性あり、皆「佛」となる事が出來るのである。凡そ宇宙人生の眞理に對して正しく理解し得る者は之を「覺者」と稱する事が出來る。譬へば平常學問ある人を「學者」と言ふのと同じである。故にも一つ諸君に注意して頂きたいのは、この「佛」とは決して一個の造物主ではなく、と云つて又人生を主宰する神樣でもなく、唯、全宇宙に對して一種の大覺悟せる人と云ふだけのものである。但し此の覺悟たるや必ず正覺でなければならぬ。例へば覺悟したと云つても正しく覺悟したのでなければ佛にならぬ。又正覺を得たと云つても未だ普遍するを得なければ、これも佛と云ふわけには行かぬ。それ故此の「佛」と云ふ字の完全なる釋義を求めれば應に「正徧覺者」と爲さねばならぬ。だが、此の「正」にして且つ「徧」なる限量は一體どんな工合か？

此の正當普徧の樣子は無限量にして無上なるものである。どんな風に？　譬へば、此の講堂の電燈は甚だ强い燭光で滿堂を照らして居るが、或は更に數十百燭光乃至千萬燭光を加へれば、この光度はいくらでも强める事が出來る。だが佛陀の智慧の光は既に極點に達してそれ以上增加出來ないのである。故に又「無上正徧覺者」とも云はれる。人生宇宙實事の眞理に對して何一つ覺知しない事はない。だがこの樣な佛陀が果してあるものだらうか。抑々架空の理想に過ぎないであらうか？

斯くして世界人類の歷史を考察して見れば、確かに其の人がある。其の姓は釋迦牟尼と號し、中外の史籍中に甚尤詳細なる記載があるから調べる事が出來る。では彼はどう云ふ風にして佛になつたか。其の動機を約言すれば二つある。

釋迦牟尼が年少にして太子たりし時、其の生活は當然甚だ榮華であつた。が、或る日彼が田舍へ行くと農夫が酷暑の中を田を耕しいとも苦しげなのを見た。そして百姓に鋤き出された蟲を見た。鋤かれて身骨粉碎されたものもあれば、傷を受け痛さに躍り狂つて居るものもある。と其の時飛鳥空中より來つて之を啄むのであつた。かくして思ひを人及び衆生の生活に到せば、餘りにも不完善である。此の世の心あるものすべてお互に殘害して居る。唯、己が命のみを顧みて他人の命を殺してゐる。彼は此の自然の現相を見て心中たまらなく悲しんだ。而してどうしてもその自然現相中の悲痛を解脫する方法を考へねばならぬと思つた。

又或る日、老人と病人と死人とを見てこう感じたのであつた。人が生存する以上、均しく老病死を免かれる事は出來ない。縱令各〻あらゆる方法を以て他人を殺害し、自分を生かしても、結局各〻自身も永久に生存する事は出來ない。只かりそめの齡を延すに過ぎないのである。人生は此の如きもので、此の上に何の興味があらう。

この發見は人及び國を樹てる道德の標準とする事が出來るのである。現在世界上の帝國主義軍閥は國を恣にし、只他人を侵略して其の强富を圖るのみである。此の種の快樂は他人の苦痛の上に打ち建てられたもので、それは革命民衆の爲に打倒剷除され易い。然も其の打倒剷除される原因を考へるに皆自業自得である。其れ故釋迦牟尼は此の種の現相を一見して、早くそれより脫出する方法を謀らねばならぬと感じ、富貴の家と國とを棄て、平民の生活を營み、求學修禪して遂に佛となり、宇宙事々物々の眞相を說明し、あらゆる人々に示めされたのである。

これが佛學の本質である。然して之を四段に分けて講明すると次の如くである。

（一）有情無始緣起事　有情とは生命ある生物と云ふ事である。唯物論は生命の原始を物質となし、神造論者は生命の原始を神造となすが、其の實さうではない。若し物質は誰が造つたか、神は誰が造つたものかと問ふならば、いづれも返答出來ない。そこで必ず之を無始に歸せねばならぬ。故に佛學は直ちに有情なる生命に從つて無始と言ふ。其の生命を顯現せんとするものは須く緣に藉らねばならぬ。緣とは生命の顯現に合する關係條件である。

（二）諸法唯識變現事　佛學では萬事萬物の事理を名づけて法といふ。這の一切の事理は悉く唯識の所變現である。唯識變とは事で、唯識現とは理である。この識には眼・耳・鼻・舌・身・意等八種あり、阿賴耶識を根本とする。萬法は「個別事」と「共通理」との二端に分れ、常人の知識上には只錯誤なる共通理か或は無錯誤なる共通理あるのみにて、個別事に至つては佛學の現量智にあらざれば證明する事が出來ぬのである。

（三）人生無我所顯眞理　前述せる所によつて有情・無始・緣起と云ふ事が明らかになつたであらうが、佛學では人生は無我と名づける。人生の現起とは多緣の會合によつて組織されて出來上つてゐる。例へば化學で十四種元素といひ、生理學家の生理機關及び細胞組織といふが如く、佛學で所謂五蘊四大三十六物が合會してなるのである。且つ人と成る時、刹那變化し、念々生滅し、火輪を旋らす如く、連續して斷えず、生を知る時、已に滅するのであつて未生は未來にあり、此の中には「我」と云ふものはない。故に無我と云ふのである。例へば化學に謂ふ十四元素とか、細胞等は呼吸の間にあつて、已に轉變無量、今吸ひ込んだかと思ふともう吐き出すのであるが、此の呼吸相通する元素中に「我」はあり得ぬと覺るのである。若し元素が我であれば、元素は宇宙に遍くして、全宇宙は皆

「我」である。しからずんば全宇宙は皆「我」ではない。然らば「我」とは一體いかなるものか？　即ち前に述べた無始緣起である。諸氏はそれが緣起であり、無始無終であることが諒解せられるであらう。これこそ眞理の顯はれである。

(四)宇宙無レ實所レ顯眞理、實有自體を實と云ふ。宇宙萬法は事實上皆唯識の變現である。而して實事は我々平常人の知り得る所ではなく、思想言語の表現し得る處のものでもない。一たび思想言語の上に落ちれば、論理の範圍に合する。例へば「盃」と云へば全世界にあらゆる盃が皆其の內に包括される。只人心上共同の理に過ぎない。一一全宇宙の事は唯識の變である。識變は即ち實體の存在がない。往々一般人は其の第一原因を追求して終に結果を得ない事がある。今や、全宇宙は衆緣にて成る、即ち衆緣も亦追ふべからずと云ふ事が分るであらう。上上之を推して無始、下下之を追ひて無終、即ち只今の一刹那、それは衆により緣起したものであることが判る。即ち、眞理の所顯である。即ち無障礙の法界となる。一微塵全宇宙を遍ねくし、全宇宙一微塵に攝せられる。若し覺悟して茲に到らば大自由太平の大安樂を證得するであらう。

## 三、佛學の方法

前に人生宇宙の事實と眞理を說明したが、此は凡人の能く證得し到るものではなく、若し證得せんとするには必ず一つの方法を要する。此の方法こそ、覺者が我等に示された凡人より佛に至る方法であつて約三種ある。

第一種は戒である――依律儀戒――攝善法戒――饒益有情戒

第二種は定である――世間定――二乘定――大乘定

第三種は慧である――聞所成慧――思所成慧――修所成慧

第一二種は行爲の訓練である。他を害すれば自他俱に害せられ、他を利すれば自他俱に利す、此の善惡の標準によつて訓練をなす。他を害すれば即ち惡、他を利すれば即ち善。佛學は一切の惡を止め、一切の善を作さうとする。善の行爲が精熟せる時、即ち一種の定がある。戒律によつて成功せるものは、それ（善―戒律を指す―譯者註）を用ひて心理の深奧なる處を訓練するのである。例へば茲に人が居て、其の行爲の上から見れば甚だよいが、其の實彼の心の上に幾らかの妄動があるかも知れぬのである。

我等は稍々靜かに考へ來れば覺るであらう。定は心力の集中統一であると。第一は行爲派の心理學であり、第二は潛在意識の心理學である。慧の第三種に至つては覺者の心理に根據して自心を變じて佛心となすのである。必ず經を聞き、義を思ひ、行を修め、常時訓練して低きより高きに行き、中間に、十信・十住・十行・十回向・十地の五十の階級を經て始めて佛の地位を得るのである。佛と成つて後人生宇宙の事實眞理を覺る。幻は即ち幻と說き、眞は即ち眞なりと說く。增さず減ぜず、量の如くに說き、實の如くに說くのであるが、佛學は己れ自ら實行し經驗するのを重んじ、口に言つただけで終つてしまふのではない。

覺者が我々に示された人より佛に至るの方法とは大體こんなものである。

## 四、佛學の應用

佛學の本質は我々は既に全善全美であると知つた。此れを人々の間に齎せば如何なる關係を發生するか？

(1) **佛學と宗教と科學と**

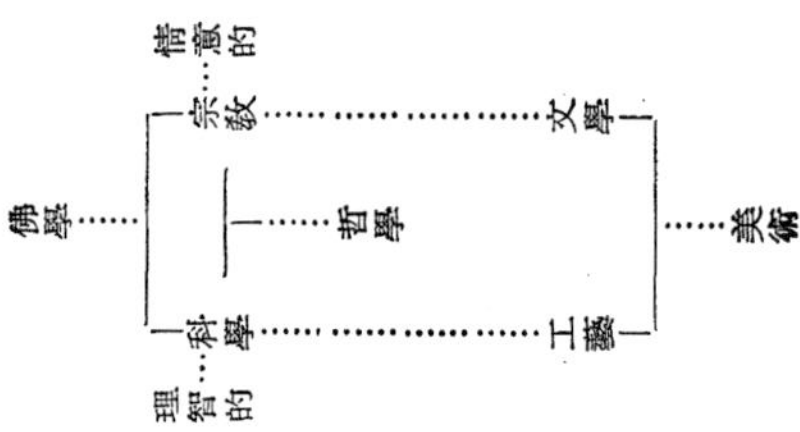


佛學は宗教であり、科學であり、哲學であるとも言ひ得る。或は宗教でなく、科學でなく、哲學でないとも言ひ得る。宗・科・哲は皆佛學でもあり、又佛學でもない。但し佛學は宗・科・哲を包括し、又宗・科・哲の及ぶ能はざる所のものである。

(2) **佛學と政治と社會と――大同社會の宇宙觀――共和政治の人生觀**

佛教は一切衆生は皆佛性を持つてゐると云ふ事を明らかにする。大悲心と菩薩行を發し一切衆生の公僕とならねばならぬ。故にそれは共和政治の人生觀である。佛教は主伴圓明海印炳現である。個人を世界單純の分子となし、世界を以て個人直接の團體とする。一は一切にして、一切は即ち一である。法界に緣起して、一人の善惡は全宇宙に影響する。これ即ち大同社會の宇宙觀である。

## 五、如何に佛學を研究するか

佛學の內容は大概四つある。

(1) 教的研究　A法物の蒐集、B歷史材料の編考、C經典の校訂――今三大系がある　D圖書の纂譯。

(2) 理的研究――即ち教理によつて成る所の思想　A印度二十の小乘學派　B印度三種の大乘學派　C中華綜合學派　D歐美新研究派。

(3) 行――即ち實行　A戒律――通――菩薩戒別――七衆戒　B大小乘各種禪觀　C眞言――一印一明或は無量印無量明――明とは即ち咒である　D淨土――極樂淨土或は知足天の彌勒淨土。

(4) 果　A信果――教理を明らかにする事により信を生じ、信より佛法僧に歸依する　B德果――戒律を受持する事より德あり、衆の歸する所となる　C定果――禪觀を修習する事より得る　D慧果――これら禪觀を修習して得る所の果である。Aは信衆に屬し、Bは僧衆に屬し、Cは三乘の賢衆に屬し、Dは三乘の聖衆及佛に屬する。教理より行を起し、行よりして佛果を證する。

佛學研究の次第は略說すれば以上の如くである。(完)

# 禪宗初祖達磨的禪法

## —特是楞伽經和般若經的對抗—

京都 鈴木大拙

## 一

若考達磨的禪法，和他的思想完全是屬於文獻的。便是像他自己的著作和他弟子的筆記，並同時代的人們的引文似的，連這些查考的都沒有大的成就，並他自己也是沒有什麼似的。像「二入四行觀」一樣確實的東西，於這樣貧乏的材料裡，怎樣可以看到他的禪法和思想呢？所以，要做這個達磨研究者的人們都是感覺着非常困難的點。所謂少室逸書——少室六門集的東西，若是當作達磨本來的東西看待，問題就比較容易收集起來也是不可知。但是自己爲這些文獻故作達磨的研究，現在怎樣的努力去考研起來也是不見其效力。從此連這一篇文章及其後研究的結果，和它的價值，只能作些沒根據的東西。那末，這個研究非要再繼續下去不可。

那末，這個問題怎樣方可完全解決呢？ 我自己在想第一要從下面一點考究起來方是近道。這個便是以何因緣纔成爲禪宗的初祖呢；現在我正在研究達磨那末他實在可作禪宗的初祖麼？可是無論如何，亦要從這一角上測量起來的，則不可不提出像「達磨果是禪宗的初祖」的問題來似的。

於梁代居中國的菩提達磨果爲禪宗初祖的問題，從現在看起來，當然已是過去問題的其物的意味，於是糾然不接受也不可知。但於「祖師西來意」的概念的順序上考察其人，髣髴亦可以想見的。那末，這個問題已帶有重要的性質，何以故，像他於開宗者的理由上往々糾然，所以一定是爲開祖的人物，必要經過多少的年月，纔能確定下開祖人物似的，對於他的宗風自覺的一點上頗爲堅固。即是禪宗的時機，禪徒以作「自己宗禪恭奉的東西，自宗和其他的教派有何大異的點」的反省，其宗既有幾年的歷史；而於這個歷史的過程之中有何相對抗的運動起來呢？這種對抗運動的發生出來而對於自宗要加以深刻的反省方是。回溯開祖所定下來傳統的思想，於這一點上其宗的發達成爲一轉機的時期。

若是違反這個傳統的事實，殊有架空的幻造出種々的人物出來了。若是違反這幻造的因緣，幻師於無煙處則不能見火一樣，若無木石可賴，則幻師不能施其法術。要是製造萬人措信的歷史，決不能造出兎角的東西來的。有什麼種子，方可加上許多的附屬物。中國禪宗的初祖種下很有力的種子的人物便是菩提達磨。

禪宗的傳統是首由達磨或孰從上面傳下來似的機會？ 這便是因弘忍以下的人材輩出，其中最有勢力的便是神秀和惠能相對抗的時候。神秀，惠能以外於歷史上有名的人物；是智詵，智德，玄賾，老安，法如，惠藏，玄約，劉主簿，義方等。特是像智詵，老安似的，和其他稱雄一方的人們，不幸其影跡都已湮沒，其傳記則不用說了。因爲惠能派和神秀派的對抗運動，其他事實亦是煙消雲散。而這個對抗運動最顯著的目標是什麼的東西？ 這便是所依經典的選擇；所依經典的語弊，總而言之，於經典上看出他兩派主張的根據，而其經典的傳授或從開祖親手傳下來的時候，爲兩派的鬪鎬；則禪宗思想的發展便可分別出來似的。

神秀派卽北宗，是以漸修主義見稱的一派是以楞伽經爲主的，與這個對抗的惠能派卽南宗，而以頓悟說爲其宗的眼目的一派是以金剛般若波羅密經作禪宗之宗旨的東西。楞伽宗徒的東西，其開祖便是翻譯四卷楞伽經的求那跋陀羅，和這個對抗的金剛派則從菩提達磨代々相傳的金剛般若經。楞伽派都依求那跋陀羅爲開祖，金剛派則一致排斥楞伽，其必不然。只是從其大體的傾向上看起來，當時惠能或神秀及其弟子至于二三代間，兩派之中，考這方面的意識才決定下來的而非推測的。併有許多的理由上是以金剛般若派占優勢的，至于禪宗初祖達磨之說禪徒何得承認的人物？

## 三

達磨授惠可以楞伽經事，據續高僧傳釋僧可傳云：初達磨禪師以四卷楞伽授可曰：我觀漢地，惟有此經，仁者依行，自得度世。……每可說法竟曰：此經四世之後，變成名相，一何可悲！

依此看來，則惠可是依楞伽而說禪法的。元來楞伽經的所說始終爲「大乘雜記帳」的善書，不是專說一定的教理或宗教情意動向的東西，不論在那裡都有其中心點。想這一部經編集流行的時代是沒有什麼大乘思想的列的，因是據這「依行」的意味判然和限定是不行的。但續高僧傳的末尾上像附加着未整理的原稿的人們裡面有一個法沖，那人的傳裡有記着楞伽的傳統。

讀了這個之後，方可知道惠可以後是依楞伽的那一點作禪師中心之說的；若是達磨果以此經傳與惠可，他着眼於那一點，已髣髴可得窺見一樣。續高僧傳卷第二十五云：

又遇可師親傳授者，依南天竺一乘宗講之，又得百遍。其經本是宋代求那跋陀羅三藏翻，慧觀法師筆受。故其文理克諧，行質相貫，專唯念惠，不在話言。於後達磨禪師傳之南北，忘言忘念無得正觀爲宗。後行中原，惠可禪師創得綱紐，魏境文學多不齒之！領宗得意者，時能啓悟。今以人代轉遠紕繆後學，可公別傳，略以詳之。今敍師承以爲承嗣所學歷然有據。達磨禪師後，有惠可惠育二人，育師受道心行口未曾說，可禪師後，粲禪師，惠禪師，盛禪師，那老師，端禪師，長藏師，眞法師，玉法師（以上並口說玄文記）可師後，善師（出抄四卷），豐禪師（出疏五卷），明禪師（出疏五卷），胡明師（出疏五卷）遠承可師後大聰師（出疏五卷），道蔭師，沖法師（疏五卷），岸法師（疏五卷），寵法師（疏八卷），大明師（疏十卷），不承可師自依攝論者，遷禪師（出疏四卷），尚德律師（出入楞伽疏十卷），那老師後，實禪師，惠禪師，曠法師，弘智師（名住京師西明身亡法絕），明禪師後，伽法師，寶瑜師，寶迎師，道瑩師（並次第傳燈于今揚化），沖公自從經術，專以楞伽命家。

由這一點看來就楞伽的傳統上可以認出二個事實來。第一「依南天竺一乘宗講之，」第二「於後達磨禪師傳之南北，」第一何謂「南天竺一乘宗」：這個我自己還沒有明瞭，南天竺是達磨的出處；而常看見說達磨和楞伽的關係，這一乘宗的東西，想來便是所說楞伽的東西吧。元來一乘對於二乘乃至三乘的文字，所謂哲學一元論的意味，亦可說「吾道一以貫之」，又曰「爲衆生濟度的方法之一途」，——「凡夫性又不見衆生性與佛性之區別」的一乘主義。「一乘」的文字就可以想到法華，勝鬘，金剛三昧，楞伽等大乘的經典，大概是拿右面的意味的。一乘主義所謂一心的心，他在衆生，佛，菩薩，二乘有同一的性，而這心的光明從無明黑暗裡面脫出來的，常放佛的光明。以是方可看到惠可的解楞伽了。道宣法沖傳曰：「專唯念慧不在話言」，又所謂「忘言忘念無得正觀爲宗」，獲得「一乘宗」的方法，不在文字言語的慧，而當體獲得「無得之正觀」。那末，方可想像惠可當時受達磨的意旨了，解楞伽本意的地方可看出來了。

從此更於法沖傳楞伽的釋義法「一乘」的東西外，有攝論的一部，他是依「不承同師自依攝論者」的句子。這和慧可一流的一乘宗是相對抗的？　不然，又是相扶翼的？　他並不說什麼，慧可一派的人們說「口說玄理，不出文記」，像不好註疏的風似的，所以說歡喜分析攝論，多少是和他的宗風不同。

像以上的記事似的。那末，楞伽至少也有二個的看法。一、一乘宗的，一、唯識論的。唯識派的人只看助自己所說方面的楞伽，推說其他的方面。反之，一乘宗必不知道自派楞伽的全部，所謂以一乘宗的眼光來看這個，只拿其知道的地方的傾向。像前面說的一樣，這經是大乘雜記帳的，所以充分拿兩方面的解釋。總之「依一乘宗來看楞伽則楞伽來入於禪的思想之中的。據楞伽師資記慧可云：「精究一乘附於玄理」，宗鏡錄第九十七卷載弘忍言：「唯有一乘法，一乘者一心是」的句。自慧可至于弘忍，總之，一乘宗的東西被作爲傳統的是事實。

自慧可至于弘忍，慧能，神秀以後，禪爲楞伽的傳統，是應採取的意味。師資記於弘忍傳中，忍弟子玄賾的叢示，關於楞伽的記事云：「此經唯心證了知，非文疏能解」。初「一乘宗」的東西，唯唯因證了知的東西，文言是及不到的。又他是非悟的東西，卽所謂「以心傳心，不立文字」的東西。果然，那末達磨傳慧可楞伽的意味就在於這裡吧。

第二「於後，達磨禪師傳之南北，……後行中原」的文字，這是怎樣解呢。初句卽從「其經本是求那跋陀羅三藏翻……」的推測出來的，達磨是把楞伽傳到中國南北去的，其後復行於中原的。但這南北，是有地理的意味的。和神秀，慧能時代的「南北」是兩樣。楞伽因是神秀系的所依，雖是慧能系的人，亦必不排斥這個的，只不過重言金剛經，故秀，能時代的楞伽於地理上則從南北而擴張到中原的，就是禪說所說的地方楞伽了。法沖傳中的文字只是這個意味。於道宣時代尙無慧能，神秀，那時還沒有唱「南宗北宗」的，否，那時禪宗其物的存在，而成立還未會看見。

至于南北各爭其宗的禪宗是由自覺的禪徒出來的，其他佛教徒亦承認這個，而達磨初祖之說的輪廓也就明白了。

## 三

總以道宣的所見爲限，或於他所認得的爲限，卽後代所謂禪宗傳統的經典的楞伽。而這個復從其他方面裏寫的。例如楞伽師資記的慧可傳，張說神秀碑，宗鏡錄第一卷也是這樣說的，馬祖道一云：「以楞伽經印衆生心」。

楞伽爲宗典的事，必不獨神秀系的，像馬祖尤其和神秀系緣遠的方面，也有引證楞伽的。其最有力的主張乃至神秀系纔得成立。其理由卽

一、楞伽師資記和銘，是說楞伽傳統的東西的，以神秀爲正系的淨覺。於讀書所主張的楞伽，禪宗初祖則不只達磨一人，溯至楞伽譯者，求那跋陀羅。禪的傳燈較楞伽的授受爲要吧。

二、現在失傳了的楞伽人法志，淨覺的師，乃是弘忍弟子之一安州壽山寺的玄賾，在什麼書裡都不知道，可是從師資記上推測起來是由他的弟子淨覺寫的，大槪也是神秀系的東西。神秀和玄賾同出於弘忍，自然是相接近的，和他一樣的行動吧。

三、據張說的碑文，那末神秀是弘忍的正嫡，他的主張便是楞伽。（佛祖歷代通載第十五，特奉楞伽遞爲心要）

這是從正面上看來的話，若從反面上來看，方知這個事情。

一、歷代法寶記斥師資記的立場，求那跋陀羅三藏學者爲楞伽的譯者，則非禪師的極言。曰：

盡是譯經三藏，不是禪師，並傳文字敎法，達磨祖師徒禪法，不將一字敎來默傳心印。

（因言，法寶記言：「遂傳一領，袈裟，以當法信」作為傳燈的眼目，其他則多沒有說過。所以決定依禪宗傳衣系統的正閏。這和「默傳心印」之意大相逕庭，總之於這本書成立的時候，從其傳法系統上必要的禪宗，可於宗的內外方面來看的。）

二、於六祖壇經中頻說般若波羅密經，唯畫楞伽變相的事外，楞伽經則一言也沒有說到其事。反之，關於金剛經裡則有這樣的話。

却向門前，忽見一客讀金剛經。惠能一聞，心明便悟。乃問客曰：從何處來持此經典。客答曰：我於蘄州黃梅縣東馮墓山，禮拜五祖弘忍和尚，見今在彼門。

人有千餘衆，我於彼聽見大師勸道俗，但持金剛經一卷，即得見性，直了成佛。（燉煌本第二頁）

五祖夜至三更，喚惠能堂內，說金剛經。惠能一聞，言下便悟。（燉煌本第九頁）

善知識，若欲入甚深法界入般若三昧者，直修般若波羅密行，但持金剛般若波羅蜜經一卷，即得見性入般若三昧。（燉煌本第二十六頁）

據這些引文上看來，則達磨之持楞伽或金剛惠能都沒有說着，但他自己是以金剛經為見性的因緣，又以其師弘忍廣持金剛經的人。這師資記若以弘忍是楞伽宗徒吧，則兩者思想的系統自然判明。

三、據神會錄（鈴木、公田校訂），從達磨的當初以金剛般若經作成佛的捷徑，若根據下面的句子自然明瞭。

大師云：金剛經一卷，直了成佛。汝等後人，依般若觀門修學。（燉煌本第五四頁）

這不獨是達磨一人，即二祖惠可以後的組織是金剛經作他們。

如此則代々以金剛經為傳心的法要，是以神會的計劃而成的：以他的意識和楞伽一系的對抗上看來，惠能和神秀的對抗——都現於兩者菩提樹的偈頌思想的對抗，換言之，即自性清淨派和無一物派的對抗。至於神會的意識尤其明瞭，唯獨成為般若宗吧。

這樣從正反兩方面去看，在弘忍的時候，便已生出般若和楞伽對抗的芽來，而其優秀的弟子與世俱成，這是帶着很鮮明的色彩是可公認的事實吧。

但是禪源諸詮集的著者圭峰宗密的時候（西曆七八〇—八四一），兩派的對抗似已很和緩下來了，宗密不僅是屬於神會的系統，已如左言。

達磨受法天竺，躬至中華。見此方學人，多未得法，唯以名數為解事相為行欲令知月不在指法，是我心故：但以心傳心，不立文字，顯宗破執，故有斯言：非離文字，說解脫也。故教授得意，頻讚金剛楞伽，云此二經，是我心要。

宗密後於圓覺經大疏釋義鈔三下云：「達磨每云，觀漢地人聖位者，與金剛楞伽相當……」。這個明指兩派對立意識的話吧，特非自己標榜金剛經計劃而立神會的法統。至于這個以楞伽金剛兩俱為達磨心要，宗密的態度應該說為折衷派或妥協派也可。

宗密是荷澤一派的人，像其他不頭派，馬祖派的方面，就禪史的發達上則無楞伽金剛的問題了。這又是為特種考究的課題，那麼，期諸他日吧。

〔民國二十五年一月十日墨禪譯於東京中日佛教學會〕

# 中國佛教の概要

好村春基

## 一、はしがき

中國佛教の現狀は一口に云へば勃興の機運に向つてゐる。これは民國革命以來の著しい現象である。民國革命は清朝の積弊を打破して漢民族の興隆を期したものであるが佛教界もその政治的影響をうけて更生復活を圖り、時代に適應した新運動が起るに至つた。

吾々日本人はこれまで屢々現代の支那佛教は形骸だけだと云ふ事を聞かされたが、實際は決してそんなものではなく、長年月の傳統に根ざして支那四億の民衆の心を全般的に支配して居る。支那佛教の四大名山として信者の都參する山西省の五台山（清涼寺）、四川省の峨嵋山、安徽省の九華山、浙江省の普陀山を初めとして江蘇省の寶華山、浙江省の天台山、湖南省の南岳山等はいづれもその山内に數百の殿堂を有し、千或は二千を超ゆる僧侶が住してゐる。更に各省にはこれ等の名山に準ずる名刹があつて庶民の信仰の中心地となつてゐる。民國廿年內政部の統計によると各省中江蘇省が僧尼の數が最多で、男僧四萬五千餘人、尼僧一萬二千八百餘人。合計五萬八千餘人に達する。之に次いでは湖南省の男僧四萬二千餘人、尼僧一萬一千餘人で、全國の總數は喇嘛教を除いて男僧五十萬人、尼僧十萬人、合計六十萬人に達する。而してそれを收容する全國寺院の數は廿萬を越える見込みである。

## 二、各宗の概觀

支那の寺院には宗派々々による組織がない。日本では天台宗、古義眞言宗、曹洞宗、淨土宗、眞宗、日蓮宗といふやうに宗派が截然と分れ、その宗派々々が大本山、小本山、末寺、檀信徒の關係でがつちりと組織立てられてゐるが支那の寺院にはそんな本山末寺の關係がなく、各寺は大小に拘らず勝手に存在してゐる。而して全國の




寺院は殆ど宗派の差別がなくどの寺に行つても同じ本尊を拜み、同じ御經を上げ、同じ樣に念佛と座禪をして居る。之は宋朝以來禪淨一致の氣風が行はれたのと、特に清朝時代雍正帝がその氣風を促進したのによる。しかしながら支那の寺はその傳統的宗風によつて禪寺、講寺（天台、華嚴）律寺、蓮寺（淨土）等に分けられて居る。而して支那に現存する宗派は唯識宗、禪宗、律宗、淨土宗華宗、天台宗、密宗の七つである。今その各宗に就いて概略を說べる。

**一、唯識宗** 支那佛教は清末南京の楊仁山居士によつて復興させられたが、その楊仁山居士が特に唯識學を重じたので、現在支那佛教の僧俗は一般に唯識宗の造詣が深い。その代表的なものを擧げると、南京の支那內學院に於ける歐陽漸居士（六七歲）及び南京最高法院の梅光羲居士（七〇歲）は共に楊仁山居士の高弟であつて現代支那に於ける唯識學の權威者である。更に北平三時學會の韓淸淨居士（六〇歲）、武昌佛學院の唐大圓居士（五四歲）はいづれも在家の唯識學者として名高い。僧侶の方では武昌佛學院の太虛法師（四七歲）、會覺法師（四三歲）、厦門閩南佛學院の常惺法師（四四歲）等はいづれもその道の造詣が深い。尙北平大學教授の熊十力氏（五三歲）は安慧の學說に立ち、內學院及び武昌佛學院の唯識學說に對抗し、新進の鋭氣を示してゐる。

**二、禪宗** 支那では淨土宗の寺院でも天台、華嚴の寺でも座禪しない寺はないが、就中禪寺として有名なのは浙江省の天童寺（住僧四〇〇人）、西天目寺（住僧二〇〇人）、江蘇省の金山寺（住僧三〇〇人）、高旻寺（住僧二〇〇人）等である。而して禪僧として有名なのは天童寺の淨心老和尙（七七歲）及び高旻寺の方丈である。

**三、律宗** 本宗の有名な寺は南京の寶華山（住僧一千餘人）及び古林寺（住僧六〇人）である。而して高德の律師として崇敬されて居るのは厦門の弘一法師（五八歲）である。弘一法師の俗名は李叔同で、かつて日本に留學しその夫人は日本人であつた。四十歲にして出家して律を研修し現代支那第一の律師となつた。書畫に秀で著書多數であるが、その中「四分律圖表解」は代表的のものである。その他律宗で有名なのは湖北省洪山寶通寺の密林法師（五一歲）である。

**四、淨土宗** 支那で有名な淨寺は浙江省の雲栖寺（住僧六〇人）、廬山の東林寺、大林寺である。東林寺は支那淨土教の初祖慧遠法師が晉代にここで白蓮社を結び念佛を修した由緒がある。雲栖寺は明朝に於ける淨土教の復興

者蓮池大師の住した寺で今でも浄土教の大本山である。浄土宗の高僧としては蘇州報國寺の印光法師（七五歳）及び廬山大林寺の竹庵法師（七六歳）が多數信者の歸依を受けて居る。

**五、天台宗** 本宗は隋の天台大師によつて創立され、華嚴宗と共に佛教教學の最高峰をなしてゐる。近代に至つては諦閑法師が出でて、斯學を復興さした。寧波の觀宗寺（住僧三〇〇人）は諦閑法師の講學した寺で、現在でもその學風が盛である。寺としては天台山の國淸寺（住僧三〇〇人）が最も有名である。現在する天台學者として名高い僧侶は天台山國淸寺內の靜權法師（五六歳）、金山寺の仁山法師（五一歳）、上海法藏寺の興慈法師（六七歳）、寧波觀宗寺の寶靜法師（四二歳）等である。

**六、華嚴宗** 本宗は唐の杜順和尙を始祖とし、五台山淸凉寺の賢首大師に依つて大成されたのであるが、現在五台山は喇嘛佛教及び禪宗の根據地となり、華嚴の學風は存在してゐない。寧ろ江蘇省常熟縣の法界學院がそこに住する密林法師（五一歳）によつて華嚴學の道場となつてゐる。概して現代の支那には華嚴の學者は少數である。

**七、密宗** 支那に於ける密教は數百年來杜絕えて居たが最近これを復興しようとする機運が濃厚である。太虛法師の弟子である法尊法師（三六歳）は西藏に留學する事十年にして昨年歸國し、四川省重慶に漢藏教理院を設けて西藏密教の紹介に努めてゐる。尙ほ上海の菩提學會に於ては屈映光、湯薌銘の兩居士が西藏藏經の中華譯に努めてゐる。尙ほ日本に留學せる談玄法師（三七歳）は高野山隆鎚大阿闍梨に就いて日本の東密を學び、更に福田堯頴大僧正に就いて天台密教の傳法灌頂を受けた。又東京帝國大學出身の黃輝邦居士（三二歳）は眞言宗豐山派の小野塚阿闍梨について東密を、福田大僧正について台密を修した。この兩氏は昨年末歸國し中國に於て支那本來の密教を復活すべくその第一歩を進めてゐる。

## 三、むすび

以上は中國佛教の各宗を鳥瞰的に眺めたのだが、これを側面から見ると、僧俗の兩界に亘つて、新舊の二大對立がある。而して中國に於ける新佛教運動の代表者は太虛法師である。同法師の眼指す所は要するに中國の佛教制度を改革して僧伽の素質を向上さし、世間、出世間の兩面に亘つて眞に貢獻するものたらしめようとするにある。太虛法師はその方針に基づいて南京に中國佛學會を設け、武昌に佛學院、重慶に漢藏教理院、廈門に閩南佛學院を起してそれ〴〵人材の養成に努めてゐる。而して近く南京に世界佛學苑といふ國際佛教大學を設け、支那の佛教學を中心に西藏、印度、セイロン、シャム、日本歐洲等の佛教學を綜合する計畫を立て、既に南京郊外に三千坪の敷地を購入してゐる。

之に對して中國佛教界（代表圓瑛法師）に立籠る舊佛教の人々は太虛法師らのかゝる革進的な行き方を邪道であるとして、出世間的な宗教行事に專心してゐるが、その何れが佛意に適ふかは輕卒に速斷することは出來ないむしろこの新舊兩派が辨證法的に發展する所に佛陀の眞生命が發揮されるものと信ずる。（完）

# 轉換期に臨める臺灣佛教の現狀

藤井草宣

## 一、臺灣佛教徒大會

南瀛佛教會及び臺灣佛教各宗聯合會の發起にかゝる臺灣佛教徒大會は去る五日臺北市公會堂に於て僧侶一千餘名―本島人五百五十餘、內地人四百五十餘―の參加によつて華々しく開會式が擧行され、內地よりは大谷尊由氏、臨出日蓮宗管長代理及び小生の三名が特に出張して臨席し或は一場の挨拶を述べ或は祝文メッセージを朗讀した。小生は全日本佛教青年會聯盟、汎太平洋佛教青年會聯盟の本部より齎したるものを朗讀した。又外に支那廈門より來れる神田惠雲氏は日華佛教學會を代表して祝詞をよみ上げた。平塚長官、其他官民數氏の祝辭も行はれ頗る莊重嚴肅であつた、然るに大會は當日僅に一日のみであつて午後に會議が行はれたが、芝原玄超氏議長席に就き文教局諮問事項

佛教を通じて島民に對し國民精神の徹底を期すべき方策如何

大會協議事項

一、臺灣在來の佛教系統の寺廟齋堂に對する統制方策確立をその筋へ建議の件

二、本島寺廟、齋堂主職者（住職、廟主、堂主を指す）の資格認定に關する法規制定實施方を其筋へ建議の件

三、臺灣に於ける寺廟、齋堂及其所屬財產管理權を住職又は堂主に移すことを其筋へ建議の件

の三項目に就て協議することとなつたが、提案者の說明が甚だ曖昧で徹底せず、遂に全部十五名の委員附託といふ事となつた。その委員は發起人側が大部分であつて其他には臨濟僧が多數を占めてゐた。中に第一第二の提案說明者たる東海宜誠氏は臨濟宗妙心寺派であり、第三の提案說明者たる魏得圓氏亦た臨濟宗の所屬と化せる臺南の古刹開元寺の僧であるといふ點に注意を拂はねばならぬものがあつた。

**大會宣言決議**

大會の協議事項が委員附託となるや次に宣言決議を行つた。

〔宣言〕　我が臺灣は改隷正に四十年一視同仁の皇澤に浴し一般文化は向上し內臺融合の實大に擧りたるの觀ありと雖尙遺憾の點尠からず、殊に精神生活上國民的信念に於て相當の軒輊あるは否む能はざる事實にして內臺一元の理想に照して



甚だ遺憾とせざるを得ず、然るに吾人佛敎の信仰に生きる者は釋尊以來三千年、玆に光耀ある東洋文化を共有し心情相通ずるものあり、吾人佛敎徒は乃ちこの尊き共通の信念に立脚して更にこれを醇化向上せしめ、相協力接近せしめ以つて本島の敎化に寄與し大いに島民の心地を開發し以つて國民精神の振作に貢獻せんことを誓ふ。

**決　議　事　項**

一、吾人佛敎徒は四大恩の眞意義を體認し洪大無邊の聖恩に奉答せんことを期す

二、吾人佛敎徒は常に敎義の硏鑽に努め大いに人格を修養し相提携して佛陀の慈光を遍からしめんことを期す

三、吾人佛敎徒は大いに大乘的精神を發揮して一般社會事業施設の普及徹底に努めんことを期す

四、吾人佛敎徒は國語普及、習俗改善に努め以つて內臺一元の理想を實現せんことを期す

右宣言決議す

昭和十年十一月五日

臺　灣　佛　敎　大　會

斯くて大會終了後、各宗聯合の先亡者追弔會を行ひ、午後一時閉會し、それより博覽會見物をなし午後四時より西本願寺別院に於て懇親園遊會があつた。

大會當日の模様は大體に於て上記の如く極めて平和裡に進行したが、然もその協議事項に就いては大いなる疑問を抱かざるべからざるものがあつたので小生は蕃人部落の見物やその他內地人關係の一切の普通人の行ふことは中止して、直ちに臺北臺中等の地方の本島人宗敎の視察を爲し、出來得る限り本島人有志より意見を聞きその說明を受け且つ參考書を讀んでみたのであつた。

## 二、臺灣在來の宗敎

臺灣在來の宗敎は一言にしていへば、南方漢民族の風習としての信仰であつて强ひて名づくれば佛敎的通俗宗敎である。これに就いては臺北帝大助敎授增田福太郎氏の近著「臺灣本島人の宗敎」なる百頁ばかりの書がある。これによると、本島人固有宗敎は道敎、儒敎及び民間信仰であり、それに在來の佛敎たる曹洞宗、臨濟宗及び齋敎（これに先天派、龍華派、金幢派、空門派の四派）が加つて混然雜然たるものであるらしい。然し乍ら小生の視察したものによると本島人の風俗習慣の上に露出しつゝあるものは、道敎とか儒敎とか佛敎とかいふ風に截然たる區別を立つべき獨立せる純粹のものは一もなく、それらのものが、隨時隨所に觸れて多少の差を以つて混合せるものと見るべきである。而して、又臺灣本島人は、



その大部分は支那福建省より移住し來れる者の子孫であり、これより後に少數の廣東潮州地方より渡來せるものが相對立して住居してゐるのである。往時は、例へば福建彰州より移れる者たちは、聖王廟に開彰聖王を祭り、泉州地方よりの移住民は廣澤尊王を祭つてをり廣東よりの移住者は三山國王をその村の廟祠に祭つてゐる。彼らは、年一回その祭禮を行ひ、相集合して部落の團結を强固ならしめ、共同の利益保全に就いて協議した。これらのものは總稱して神明といふのである。この神明は內地の氏神の如き性質のもので、神社的性質を多分に示してゐるやうであつて儒敎、道敎、佛敎の何れとも一致してゐないと考へられる。次に道、儒、佛の三敎に關しては、三者混合態のもののみであつて、その有樣は、先づ最も多く見るところのものは、中央に觀音をその前下に媽祖を、左右に竈神と土地神とを配し、或は關羽や文昌帝などを隨宜に置きたる畫圖を掛げ、祖先の靈牌を記せる位牌を横に安置してをる。田舍にゆけば、「家々戶々觀世音」の語がある通りに先づ門口より屋內をのぞけば、正面にそれが高々と聖壇をこしらへて置かれ机、香爐、蠟燭臺華瓶とともに一種の陰慘な氣もちすら漂はせて祭られてある。次で特に寺廟として獨立せるものに及ぶも觀

音を本尊とするもの、媽祖を本尊とするもの、釋迦を本尊とするもの等種々あるが、而もこれに韋陀尊天、護法尊天、十八羅漢等を配し、更に又本殿の本尊が觀音（善財童子と蓮女とを配す）であるときは後殿には媽祖（水仙尊王と註生娘々とを配す）と中心に文昌帝、關帝の三尊を祭つて居り、又本殿の中心が媽祖なるときは、後殿は、觀音、文殊、普賢の三尊を祭るといふ風である。言はゞ日本の密敎や曹洞宗、臨濟宗の寺の內陣の原始狀態は斯くもあつたであらうかと考へられるのである。

この中で媽祖なるものは、臺灣及び南支那福建省方面特有の民間信仰の中心的勢力をなすもので、宋朝のころ、觀音を信仰せし福建徽州の漁人の娘五媽なる者が、時々神がかり狀態になつて神異を顯したが、或時、その父が海上にて難船中に、五媽は家にゐて憑靈狀態となつて失神したが、不思議にも、船中の父が空中に五媽の姿を眺めて危險の救濟を受けたのであつた。これより以來、媽祖として信仰され、特に海上の水夫の爲には從來の普陀山の觀音とともに海上の守護神として絕對的歸依を受くるに至つたのである。そこで觀音の外に觀音媽、媽祖などといふものも作られるに至り、日本內地の辨才天の如き姿の神像として作り崇められ、これに平安と健康と福利とを祈り、神籤を備へて信者の占卜を行はしむるに至つてゐるのである。

又齋敎なるものは、禪宗より變形せる在家宗であるが、その開祖は六祖慧能が、衣鉢を五祖より相傳して後、兄弟子たる神秀の追跡を避けて南に走り漁家に隱るゝこと四年、その間俗裝して行商を行ひつゝ布敎した。これを道一が傳へ、かくて相傳へて今日に及んだものである。而してその中の三派のうち龍華派最も盛大で、山東人羅溫姚が明代に中興したといはれてゐる。その他の金幢、先天、空門の諸派何れも臺灣に渡來せるは百年前ほどの新しい歷史である。何れも一種の佛敎的集會場ともいふべき齋堂が各地方に無數にあり、堂主又は堂姑と云はれる男女の優婆夷優婆塞たちは持齋堅固なる點に於て一特長を發揮してゐるが、その祭れる本尊は釋迦あり、觀音（玉女、金童を隨身す）あり、老子、孔子、觀音を合祀するあり、一樣でない。年に一回又は三年五年に一回無緣佛の法會を行ひ敎義法式を訓練するといふ。經典は阿彌陀經、金剛經、觀音經、悲咒、心經を五部經というて讀誦する。

今回小生の視察したる結果より云へば、此の齋堂なるものは村々鄕々町々に幾十となく散在してをつて、若し是れが活氣ある生命を有したらむには宗敎として社會上に驚くべき勢力を占むるものであるが、今日に及んでは齋堂の堂主の子息たちはその後嗣たることを好まず、普通人の生活に走つて齋堂は年々荒廢するもの多きを加へつゝありといふ狀態であつた。又た各地方の神明（氏神々社）の如きも、知識階級者より見捨てられその生命を失ひつゝあるが如きである。これは臺灣總督府の政治が四十周年を迎へ、內地化政策と國語化運動との成功とともに、社會的平安が一般人民の間に徹底し來つて、移住當時の鄕土的血族的團結の必要が漸次弛緩となり來つたことを反證するかに眺められるのである。此の期に際して內地渡來の日本佛敎各宗が本島人宗敎の併合運動を策され來つたのは自然の趨勢とも見られるのである。（完）



## 日華佛敎代表的新聞雜誌

### 中國之部

| | | | |
|---|---|---|---|
| 佛敎日報 | （日刊） | 上海閘北新疆路和民坊 | 佛敎日報社 |
| 人海燈 | （月刊） | 香港山光道蓮壂苑 | 人海燈社 |
| 正信週刊 | （週刊） | 漢口佛敎正信會宣化團 | |
| 佛學半月報 | （月二回） | 上海膠州路佛學書局 | |
| 慈航週報 | （週刊） | 上海法租界霞飛路嵩山路口 | |
| 淨土宗月刊 | （月刊） | 四川省重慶漢藏敎理院 | |
| 威音佛刊 | （月刊） | 上海 | 威音社 |

### 日本之部

| | | | |
|---|---|---|---|
| 中外日報 | （日刊） | 京都市東山區東川端七條 | 中外日報社 |
| 敎學新聞 | （日刊） | 東京市京橋區銀座西五丁 | 敎學新聞社 |
| 文化時報 | （日刊） | 京都市下京區岩上通五條 | 文化時報社 |
| 大法輪 | （月刊） | 東京市麴町區內幸町 | 大法輪社 |
| 佛敎 | （月刊） | 東京市京橋區銀座 | 眞理運動本部 |
| 禪の生活 | （月刊） | 東京市芝區芝公園 | 禪の生活社 |
| 現代佛敎 | （月刊） | 東京市京橋區木挽町 | 大雄閣 |
| 中央佛敎 | （月刊） | 東京市牛込區矢來町 | 中央佛敎社 |
| 南瀛佛敎 | （月刊） | 臺北市臺灣總督府文敎局 | 南瀛佛敎會 |
| 朝鮮佛敎 | （月刊） | 京城府長谷川町 | 朝鮮佛敎社 |

# 從隆耀慧雲的赴臺被捕入獄說到出獄歸國的始末

默公

我記得去年四月十五日的晚上，正在武昌佛學院大醒同學的房間談話的時候，當時我就發現到佛教日報上登載隆耀慧雲二師在臺被捕下獄的消息！　那時我的心裡好像投進一塊石頭似的引起我莫大的刺激！　那天晚上我好像不住的在想二師被捕下獄的狀況。原來隆耀法師的爲人，本極樸素而又毫無輕操浮動的舉止，和我在閩南佛學院復有師友之誼，於是知道很詳。而慧雲法師亦是面熟有爲的少年。他倆因爲開元寺傳戒幫忙請去的，結果卻遭了這樣莫測的大禍，豈不爲佛教前途痛哭耶！第二天，我因要籌備中日佛教學會的事情，要到北平去徵求北方諸山大德的意見，沒幾天便由天津搭船返東京去了，其後復接海潮音(十六卷四號)上也登載有臺灣警察廳拘捕中國學僧的消息云：

閩南佛學院慧雲隆耀兩法師，去年十二月間應台灣開元寺之聘，前往宣傳佛教，一去三月，杳無消息，後經該院再三查訊，始悉該二僧以某種嫌疑？於一月十六日在高雄港下船時，突被警視廳捕去幽囚於潮州郡，並用非刑拷訊，現聞該院長常惺法師已函請駐厦日領設法保釋，並呈請將種公安局函請中國駐台領事據理力爭；如不達目的，將再呈中國佛教會轉請外交部擴大交涉。查日人自管領台灣後，對於華人往遊者，莫不嚴行監視，故該二僧遭此不幸之厄運，然當此日人高唱親善，有此意外，誠不勝遺憾云？

返日之後的我，也因學校功課忙碌的緣故，復因有神田惠雲和常惺法師等已請駐厦日領設法保釋援救於前，想是出家的人向來與世無爭的佛教徒，諒來也沒有甚大不了的重大事件發生的，一經解釋，不久也就可以恢復自由送還中國的吧。更因這裡和臺灣遙隔於日南的，當然消息杳々無聞的關係，過後所以把二師在臺被捕的事情，早就把他忘記了。

人海燈第二卷第二十三期上忽載福善法師的從中日國情說到慧雲法師的死的消息，接着通一法師於社言中論中日佛教徒携手中之不幸事件的二篇文章。其中以通一法師的筆峯上都屢勵害啊，他一提起筆來影々間就好像在罵起我們做中日佛教徒携手的工作是不是的！　後來藤井草宣師在臺調查的結果，慧雲法師並未有死，而福善法師所根據的南瀛佛教的悼詩亦係飛雲之誤，同時教學新聞上(十二月廿五日)也載有厦門張茂吉氏的所謂中日佛教上臺灣之不祥事件一文中有：

慧雲隆耀二師自去年應臺南開元寺之聘赴臺，爲臺南開元寺傳戒的戒師參列也是事實。其後於法事完了之後，方從高雄乘船將要出港口而歸國的時候，就被水上警察署逮捕也是事實。那時因爲臺灣南部却不知發生什麼重大的事件，說和二師也有連帶關係的嫌疑，兩師遂於高雄港歸國船上被捕了。拘捕之後兩師各別拘禁(迄至今日兩師尚未會過一面)，因爲言語不通的緣故，該當局者於審問上或加以嚴重的質問也是有的，若說是拷問是沒有的(這是現在於臺北臨濟寺靜養中的隆耀法師親對作者說的事實)。但是我們佛教徒應該要注意的事情，就是卽受人拷問的苦痛比中國和尚沒有蔬菜下飯還要更苦！　所以當時警察給他們倆的食事，他們倆若是拿來喫了便是破戒！　因是於最初是絕對不喫的絕食，以望其早日釋放出來，否然，便是破戒而求生吧，於是不久也就食了。因爲最初絕食的關係，於肉體上便發生着衰弱的毛病，復因破戒之後，於精神上尤感莫大的痛苦，再加運動的不欠缺，所以二師完全像一個病人似的。自從這個消息傳到厦門以後，當時閩南佛學院院長常惺法師和神田惠雲教師(神田教師當二師赴臺時候的保證人)到厦門領事館去辨交涉請臺灣當局把二師從獄裡釋放出來。

後來張君和神田教師乃因臺灣佛教大會的便，親到高雄水上警察當局去詢問其事實，結果據說：慧雲尙未有死呢，並說這個事件須待這個年底方可結束。而隆耀法師則已於九月間釋放出去了；現在住於臺北市圓山町臨濟宗禪寺之中，當臺灣佛教大會的時候，張君每日和隆耀法師晤談和遊玩所以對於二師的事件知道的很多。唯慧雲法師現在拘禁於何處，則不得其詳。而該當局亦是絕對嚴守祕密，只說現尙未死，那是可以據信的吧。

照張君的記事看來，自這回事件發生以來，幸賴神田教授的多方奔走營救；二師大概不久也可恢復自由而生還吧。那末，二師雖是不幸亦是大幸，這又不能不感謝於神田教師吧。可是慧雲法師本是厦門的土著，其間和神田教師交往前後的歷史也不下十載，所以神田教師對於慧雲法師的言行，當然是知道的。況且中國的和尚素稱講方外的，其沒有政治的作用的，凡是久居於中國的日人，都能知道的，所以我想神田教師和駐廈日本的當局，當然是可以作絕對的擔保的。就是臺灣南部發生甚麼一個重大的事件，亦是不能把中國的和尚也拖到在內的。中國和尚他就是在國內也向不活動，何以偶因某寺之請赴臺便大事其活動耶？　況已賦歸，當然其無防害於臺灣者甚明。

作者剛寫到這裡的時候，忽得慧雲隆耀二師自臺灣寄給神田惠雲和閩院同學的信，纔得知道二師恢復其自由的消息，現在把他抄錄在下面，以免關心於二師的掛念吧。隆耀法師致神田親教師和張茂吉先生之信云：

學僧與慧師來台，發生不幸之時，此是我等宿業所感，夫復何言。然而爲此小事，特煩二位先生來台，爲我等設法救護，回廈時又爲我等在最敬重的「敬佛」刊上發表茲臺灣政府對于我等之誤會等等，如此種種，使我與囚中的慧師心感無涯，和永遠不忘的。

閩院諸師友以及通一學長等在「人海燈」中爲我們發表最通快之消息。又中日佛教學會委員藤井先生亦在「中外日報」上發表我們在台驚人之新聞，此種同情的大悲心之流露，非有時代之眼光，與擁護人道主義者實現，決不肯發揮我等來臺之真實義也。故我與慧師更五體頭地的感謝藤井先生以及通一法師等的好心使我等生生死死記在八識田中不能忘的。

同時在這裏我與慧師，要求諸位青年同志，不要因我們倆之不幸，而障礙日華佛教之新生命，況我倆之事，是微，是私，而日華佛教親善之事，是大，是公，希望諸位不要因私廢公，希望諸位明知有此不幸之事，更要百尺竿頭更進一步，向互相親善的工作上做去，庶幾爲日華佛教前途百年計，增光耀，謀幸福，亦可算爲真愛我等，否則，雖愛反害也！請諸位明眼知識諒察之，我現時身體很好，在這裏每日習日文，很有意味，承道學兼有的高林玄寶老師，以及善於辦臺灣佛教聯絡寺院事業的東海宜誠開教師等照顧與優待，此真是我夢想不到的，說不盡的好意，不過慧師至今信息不通，使我不知想何方法救濟他！總之事以如此，將近一年，我敬請臺灣總督大發仁慈，用一視同仁法律判斷，決不能聽奸人之讒言並虛僞之證據，有累僧侶　爲禱……敬祝

文安

學僧隆耀上一九三六一月一日寫于臺北圓山金手館

復次慧雲法師前後也有信致神田惠雲師和閩南佛學院同學云：

一別年餘，馳思無已，獄中知勞師友懸念，中心感激，匪言可宣！　一月九日幸承此間當局諒解，已獲完全自由。一年以來，幸無大恙，堪以告慰，出獄後即來屏東東山寺訪問東海宜誠師，並寵邀隆耀法師南下，十三日辱承東海師及寺中信徒總代等開會歡迎，惟有感激而已。本擬日間趁船返廈，以時間逼迫，大約舊曆年初始得成行。又隆師已決心再至台北臨濟宗專修道場繼續攻學，其志可嘉，故慧亦惟有隨其意耳。閱敬佛警知海內師友關心，並大師等之努力營救，心感莫銘，先此道謝，並候近安？

末學慧雲合十，二五年，一月十五日

閩南佛學院諸同學們：

一年多的時間過去了，們的想像和掛心是難免的。最近我已安全地回復自由了。一切像夢一般地過去，只有作如是觀而已。歸國之期當在不遠，隆耀同學在台北臨濟寺向頗精進，我已去信要他南下然後定期同道歸去。請愛我的師友爲我放心吧。多謝佛天慈愛我的身體和精神都很爽快，我希望能從此很平安地生活着，對於諸位想來也是很歡喜的吧。

慧雲，一月十一日午後二時，在屏東市崇蘭，東山寺。

現在根據以上的事實，已可證明隆耀和慧雲二師實已出獄恢復了他倆的自由之後：而慧雲法師現在大約也已向他故國的道上，隆耀法師也是無恙的繼續他的攻學生活吧。那末，隆耀，慧雲二師，他兩自從前年的冬天赴台被捕入獄的事件，及到今天方纔告一段落吧。

## 關臺灣佛教大會提案問題

王明盈

可謂始政四十年來之治績，今次於博覽會裏，其協贊事業一節，得觀佛教徒開催全臺灣佛教徒大會，是我等齊々有感欣幸之處。這是主催者側的賢明，及熱誠奔走的效果，對於此點十分敬服的很。且徹當日招致，出豫想以上之盛會，也明白未來教界躍進之潛勢力，堪爲祝福之處。總而言之。上是　聖天子御稜威，下是臺閣諸公善政四十年來之結晶，照這樣狀勢，將來更有進展的氣運，非迷夢的事，這是我等所深信之處。然不幸於光榮大會裏，焦覗知斯之狀勢，議事所提出之事件，是吾人最遺憾的處，是故不得已於茲呈出愚言的。（中略）協議事項第一條提出之件，斷非吾等所能默許的。（對臺灣在來之佛教系統，之寺廟齋堂向當局請其確立方策，建議之件），（提案者，東海宜誠），對本條之主眼，思欲盡統制，（統制就是統御，與統之轄同意義），主從依二體成立，主體勿論是優勢的，提案者之所圖謀之處，是現在莫大之所屬財產歸劣勢在來佛教之掌握中，自分之意圖欲移去彼等優勢之先進佛教家之統轄下，故借全島佛教徒之名，向官慫慂，別無他的之見解。無視榮枯盛衰之理法，恃一日之長，欲使我等自教內結束之紛亂，擅自瓜分我教勢，對於統制策，行動明瞭，不禁嫌惡之念。彼等爲自派擴張，忘却道義友誼心，非宗教家的根性已萌，對信仰上之精神，反觀之，彼等自計多厭之悲觀的。我等雖愚昧，以不絕之精神努力精進後，自信有時也會開花，結實的，沐浴皇恩四十年，育培我等之萌芽，現在勃興中，乞自教內結束之氣運，勿用脅威的。纔用以傾國之兵，倘不能對一本願寺如何處爲。爲護法，我等也有念力不讓他的。祖師以來雖有經幾多辛酸有盛衰之別，依然進錦於莊嚴裏，獨自存在，關我齋之教，除却保途之先人觀念，於茲並勸告之次第。

（黃天助譯）

# 中日佛教學會會則

## 1、總　　則

第一條　本會定名爲中日佛教學會（在日本得稱爲日華佛教學會）

第二條　本會以中日佛教徒之連絡融和並互相研究佛學爲目的

第三條　本會事務所得分設中華民國南京與日本東京於必要時得設分部於中日兩國各地

## 2、事　　業

第四條　本會爲實現第二條之目的起見得分科進行事業

一、中日佛教學者之教授交換
二、中日佛教留學生之交換
三、中日佛教徒並一般中日人士之考察學習旅行之斡旋
四、日文與英文及其他語學之豫備教育
五、一般華文講習會之開設
六、中華佛教書籍之日譯
七、日本佛教書籍之華譯
八、中日兩文刊物之發行
九、中日佛教研究所之設立
十、中日圖書館之設立
十一、中日佛教書籍流通所之設立
十二、留日中華佛教學僧及留東學者寄宿舍之經營
十三、中日佛教會館之經營
十四、中日佛教俱樂部之設備
十五、蔬食處之經營
十六、爲一般公衆中日佛教研究會講演會並學術講習會之擧行
十七、其他若經本會認爲有必要的事業者

## 3、會　　員

第五條　本會之會員有四種

一、正會員
二、贊助會員
三、終身會員
四、名譽會員





年納會費參圓者得爲正會員，年納會費至拾圓以上者得爲贊助會員，納會費達壹圓百以上者得爲終身會員，納會費達壹千圓以上及其學德兼高特爲本會所推薦者爲名譽會員

本會之正會員得利用本會之會館及研究會，圖書館，會報並可推薦爲中日佛教視察員。贊助會員於正會員所享之特典以外及其他本會發行之刊物不再收費。

## 4、役員及顧問

第六條　本會之役員如左

一、會　　長　　一　人
二、會計監事　　二　人
三、評 議 員　　若干人
四、理　　事　　若干人
五、主　　事　　二　人（一日本人一中國人）
六、顧　　問　　若干人

會長於總會中選擧之以總理本會之會務，會計監事由會長之推薦以監督本會會計之事務，評議員於總會中選擧之以評議本會重要之事項、理事於評議員會中選擧之以處理本會重要之會務，常務理事於理事會互選以處理本會重要之會務，主事由會長任命之以掌管本會之會務，顧問依理事會之推薦決定之以應本會之諮問，役員任期以二年爲限，但不妨重任之，顧問任期終身。

## 5、會　　議

第七條　本會會議分爲四種擧行之

一、定期總會　每年一回　一、評議員會　隨時擧行
一、理 事 會　每月一回以上
一、常務理事會　隨時擧行

第八條　會議由會長招集之

## 6、會　　計

第九條　本會經費於左項中支辨理之

一、會　　費　　二、捐 助 金
三、本會經營之資產及從資產獲得收入之利益

本會計收入計算每年於四月一日至翌年三月三十一日將所收支報告於大會

## 7、附　　則

第十條　本規約有未妥之處得交總會中修改之

# 日華佛教彙報

## 中華支部

### 日本文部省關於宗教々育的原則

日本文部省近日關於宗教々育的事件，網羅斯界的權威，組織宗教教育協議委員會，於其具體案研究的結果，報告於政府；於是政府對於從來的方針，頗呈和緩之像；況且是助長宗教情操的陶冶。其後文部省更依這個報告作其中心，重復種々協議研究他的具體案件，已漸決定下來。已於昭和十年十一月以文部次官的名義，通牒地方長官與直轄學校公私立大學高等學校專門學校的校長，以期宗旨之徹底。

文部次官通牒之內容　明治三十二年文部省訓令第十二號禁止各該學校特定的教派宗派教會等教義及其儀式的旨趣，有涵養宗教的情操，以資人格的陶冶的，固然不妨；可是從來關於這個運用的方法，往々失其過正，則未免於教育上的遺憾的點！

現在於這些學校關於宗教情操的涵養，應當要留意的事項：依左面的規定對學校的當事者，示其旨趣以期沒有遺憾！　都要遵重這個通牒爲荷！

記

一，宗派的教育，於家庭則以宗派上的信仰爲其基礎，自然之間，便共同行宗教團體的活動的教化的東西，學校教育對於一切教派宗派教會等應當保持他的中立不偏的態度爲目的。

二，於學校於家庭及其社會對於宗派的教育，應保持其下面的態度爲目的

1，於家庭及社會所養成的宗教心理無損，要留意生徒內心發現出來的宗教的欲求，要是輕視這個便等於侮蔑他了。

2，若是正眞的信仰都要尊重這個的，苟是妨害公序良俗的迷信，那末應當要盡力打破他的。

三，於學校中實施宗派的教育，只是絕對不准的制度，那麼，爲資人格的陶冶的學校教育，而謀宗教情操的涵養，極爲必要？但是學校教育，固然以教育勅語作其中心的東西，故沒有和這矛盾的內容及其方法之涵養，這個宗教的情操；關於宗教情操的涵養，於學校教育上，特應留意的事項，大概如左：

1，修身於公民科的教授上應該留意於宗教的方面。

2，於哲學的教授方面，關於宗教有深刻的理解，應用宗教情操的涵養的意味。

3，於國史上的宗教，國民文化及其平時的影響，而偉人受了宗教的感化，故應留意於偉大宗教家的傳記等件。

4，於其教科書中——其教材的性質應注意於適宜宗教的方面。

5，關於適宜宗教的參考圖書以資生徒的修養，亦是一個方法。

6，追悼會，理科祭，遠足，旅行等時候，應利用這個機會，以資宗教情操的涵養。

7，以不妨礙授業時間爲限，於適當的機會得使其去聽高德宗教家等修養的談話，亦是一個方法。

8，校內或校外教員學生關於宗教的研究，或對於修養的機關，加以適當的指導，應當保持他的寬容的態度。

9，以上各項於實施的時候，應要特別的注意不偏於一宗的一派的。

### 培滋華爾英譯佛教綱要

日本第一高等學校德文教授培滋華爾氏(Bruno Petzold.)於教職之餘，其一生之事業，都從事於佛教之研究，致三十餘年之蘊蓄，費十餘年之時間，著作佛教綱要四卷(約二千頁)，現在稿子完成已達八九，聞將於近日委往倫敦阿克司夫大學出版部(Oxford University Press)出版。其佛教綱要之內容，第一卷爲佛教之文獻及其宗派，第二卷爲教理批判，第三卷爲教理，第四卷爲實踐及其儀式。現已出至第二卷，聞將於明年秋間全部方得完成云。他更因法大教授故星野彥四郎氏之協力以德文作天台宗之研究五卷將於德國來菩謚(Lepizig)中出版而爲佛教綱要之副產物。他最初因德國某新聞社東京特派員駐日，時和床次氏研究佛教、基督教、神道教作三教會同的記事，後感天台儀式之興味，而進入於佛教教理之研究者。他作佛教綱要的動機是因東大文學部印度哲學科講師故島地大等之指導，他更出獨自之體系而爲自己之東西。最近復得佛教學界新進某大文學部印度哲學科講師花山信勝氏之協力，積十數年間之筆記，稿子已達數千冊堆積高約七尺幅約四尺之金庫，祕藏於一室之中。聞他的佛教研究的量和質都是於世界上無比云。

# 印度鹿野苑之釋尊應化事蹟

日本野生司香雪畫伯於昭和七年十月應印度大菩提會之請，爲沙爾奈鹿野苑（Sārnath Benares）初轉法輪寺之壁畫揮毫，以傾畢生之心血，畫釋尊應化一代之事蹟。最初本擬於一年之時間，後因其壁畫容積之廣袤浩大，更加天氣酷熱之土地，執筆於闇室之中，而想於最短期間完成其偉大事業者，非常困難！所以他所定之經費（一萬圓），都用光之後，更不顧家中妻子之飢寒！而將其平生所作得意之畫，於印度各地展覽售去，拿來作壁畫之經費，迄今時已四年，纔得完成。近聞他已擬於今年三月間返國云。

## 日文之部

# 江都佛教會の決議した監督寺廟條例

## 佛教廓正運動の一具體化

昨夏日本各地の佛教を視察して歸つた大醒法師の報ずる所に依れば、去年十月中旬揚州の天寧寺に招集された江都佛教會に於ては、全縣八百有餘の住持の賛成を得て監督寺廟條例を決議したさうである。その中注目すべきものとしては、次のやうなことがある。先づ從來福德果報的方面にあつた在家の居士連の地位を護法的地位に引揚げること。二、未成年者の出家を嚴禁し、薙度前に本會の審査を要することである。即ち一は在家居士に働きかけて彼等に佛教の理解を深からしめるのであり、他は僧侶自身の向上である。而して江都一縣を中國佛教の模範區たらしめんとしてゐる。只漫然と佛教の復興を叫ぶよりもかゝる具體的なる條件を掲げての佛教廓正運動の將來は期して待つべきものがあるやうに考へられる。

〰〰〰〰〰〰〰〰〰〰

高楠・木村兩博士の

# 『印度哲學宗教史』漢譯出版さる

## 高觀如氏の近業

高楠順次郎、木村泰賢兩博士の共著になる『印度哲學宗教史』は世界的名著であるが、本會理事高觀如氏（大谷大學卒業）は夙にその價値を認めてその漢譯を行ひ、昨年冬、上海の商務印書館より『漢譯世界名著・印度哲宗教學史』として發行した。四六判四〇四頁、定價は大洋壹元貳角である。



# 厦門・南普陀寺の消息

## 常惺法師住持に連任し芝峯法師閩南佛學院長に重任す

厦門の南普陀寺は同地方の佛教の中心地であるが、常惺法師が住持となつて以來三年を經、本年滿期となる。最近太虛大師が弘法のために南下し、厦門を經過されたので、同師が前任方丈である關係上、招請して意見を徵し商議した結果、南普陀寺の住持は常惺法師が連任することになつた。而して副住持には覺斌法師が定められた。

次に閩南佛學院長には芝峯法師を迎へることになつた。芝峯法師は嘗て同學院長であつたことがあり、同法師の提撕によつて學院の前途は輝かしいものとなるであらう。

〰〰〰〰〰〰〰〰〰〰

# 談玄法師、日本より將來せる密書展覽會を開催す

本會の斡旋によつて日本に留學し密教の灌頂を受けて昨年歸國した談玄法師は日本より帶同將來した密教書、一般佛教書二千餘册の展覽會を一月一日、二日、三日の三日間、上海虹口東有恒路新記濱路四九三號、中國佛學會上海市分會で行つた。

書籍の内容は密教史乘、密宗教傳記、密釋、經疏、宇典、圖解、梵藏文專集譯本、金剛胎藏要錄、曼荼羅鈔釋、論著、近時刊行物、雜誌等であつて、その中には中國に於いて久しく散逸してゐた稀覯書もあり、中國佛教界に於ける多大の收穫として賞讃されてゐる。

尙談玄法師が日本より將來した書籍は左の通りである。

談玄法師帶回

### 密宗書籍目錄誌要

| | | |
|---|---|---|
| 一 | 阿娑縛抄 | 共二二八卷 |
| 二 | 覺禪鈔 | 一二八卷 |
| 三 | 眞言宗全集 | 三〇〇〇卷洋裝三六册 |
| 四 | 密教大字典 | 洋裝三厚册 |
| 五 | 眞言宗大年表 | 洋裝一册 |
| 六 | 傳教大師全集 | 洋裝六厚册 |
| 七 | 眞言密教聖典 | 洋裝一厚册 |
| 八 | 續詮讚曲 | 洋裝一厚册 |
| 九 | 興教大師全集 | 洋裝一册 |
| 一〇 | 密教發達志 | 五厚册 |

一一 諸説不同記 共一〇卷
一二 祕密辭林 洋裝一厚册
一三 國譯密教 洋裝一六厚册
一四 人水投受記 共三厚册
一五 佛像圖鑑 洋裝一厚册
一六 蘇悉地經疏 共七卷
一七 金剛項經疏 共二〇卷
一八 空海大師之學説 洋裝一册
一九 眞言哲學書 洋裝一册
二〇 自在金剛全集 洋裝一册
二一 祕密佛教護摩 洋裝一册
二二 印度支那密教史 洋裝一册
二三 日本密教史 洋裝一册
二四 教主義合集 東台密教主義七十
二五 戒密綱要 台密太斗福田大僧正著
二六 曼荼羅圖説 新出版洋裝一册
二七 三寶院流四度加行次第 全部六册
二八 中院流四度次第 全部四册
二九 子島流四度次第寫本 共六册
三〇 安祥寺流四度聖教並諸尊單法 共三〇〇册
三一 勸隨通用四度聖教 共十六册
三二 五輪九字明祕密釋 全 册
三三 傳教大師 全 册
三四 弘法大師全集 全 册
三五 弘法大師年譜 科與文化史 全 册
三六 天台密教 全 册
三七 高野山千百年史 全 册
三八 新義眞言宗概觀 全 册
三九 古義眞言宗各派 全 册
四〇 金剛頂經概説 全 册
四一 高野春秋 念卷高野山出版
四二 密教研究 五三册高野山大學出版
四三 密教三十册 明治年豐山大學出版爲密教最有價値之刊物
四四 弘法大師觀 洋裝一册
四五 弘法大師研究 洋裝一册
四六 傳教大師 洋裝一部
四七 梵漢五部祕經 絕版和裝一部
四八 佛像新集 和裝二册
四九 密教鋼要 和裝一册
五〇 祕密帳中記 和裝一册
五一 我觀密教發達志 和裝一册
五二 密教概論 洋裝一册新出
五三 國譯一切經密教 共四册
五四 悉曇連聲集 共一册
五五 大日經杲寶疏 共二七册
五六 眞言宗諸經典 共二册
五七 眞言宗三時勤行 全一册
五八 眞言諸經常用集 全一册
五九 眞言諸經要集 全一册
六〇 梵漢合文隨求陀羅尼 古刻本一册
六一 諸宗葬禮次第 全一册
六二 十八道次第口決傳授記 古寫本一册
六三 梵文無常用記文 古刻本一册
六四 辨顯密二教論刊 古刻本二册
六五 四度見聞合密 全二册
六六 科理趣經 古本一册
六七 金胎合灌私記寫本 全一册
六八 金灌私記 全册
六九 胎灌頂科記寫本 全一册
七〇 理趣經法 淨嚴寫一册
七一 普賢薩埵行法 合密灌頂授一册
七二 十三佛由來 全册
七三 薄草口決古寫本 共五厚册
七四 祕密諸尊護摩 古本四册
七五 祕鈔遺尊古寫本 共三册

七六 祕鈔作法集古寫本 共三册
七七 作法集 全册
七八 眞言祕密諸事全集 共全部
七九 中院精印四度加行次第 全部四册
八〇 巴利語文法 洋裝一册
八一 梵語字典 洋裝一册
八二 藏梵漢對唯識世論安慧疏 全册
八三 西藏語讀本 洋裝一册
八四 西藏語文法 洋裝一册
八五 梵語學 洋裝一册
八六 梵文根本中論 最新發見 洋裝六册
八七 藏漢對照廿唯識論 洋裝一册
八八 梵漢對照廿唯識論 洋裝一册
八九 西藏文攝大乘論 洋裝一册
九〇 梵藏文類 全册
九一 原文大日經 共全一册
九二 胎藏界灌頂 寫本一册
九四 宗圖意議增大號 台密洋裝一册
九五 傳教大師之純大乘戒 全一册
九六 大日經疏傳燈記 古寫本一册
九七 曼荼羅私鈔 古版二册
九八 密教論叢 洋裝一册
九九 法華三大部復眞鈔 洋裝一册
一〇〇 梵漢對照理趣經 全册
一〇一 眞言祕密解剖 全册
一〇二 雷斧壽語 全册
一〇三 日本文明史上弘法大師 全册
一〇四 陀羅尼字典 全册
一〇五 大日本佛教全書金剛頂經疏 全册
一〇六 日本大藏經密經章疏 全册

（未完）

# 臺灣佛教徒大會に於ける
# 諮問に對する答申書並に協議事項

臺灣佛教徒大會は去る十一月五日臺北市に於て開催されたが、同會の決議事項は臺灣の佛教事情並に同地佛徒の意氣を知るに足る好個の資料である故左に紹介する。

## 諮問事項

佛教を通して島民に對し國民精神の徹底を期すべき方策如何

## 答申

我國に於ける佛教各宗の説くところ興禪護國と謂ひ、立正安國と述べ或は王法爲本と唱へる等種々あるも、其意の出ずるところ皆同一なるを知る。卽古來の各宗々祖及其繼承者が國利濟民の上に全心全靈を捧げられたる餘芳を探るも、又寺院が國家の鎭護道場として常に聖身の萬安、皇國の隆昌を奉禱するが如きに見るも皆均しく聖意に副ひ邦國を盤石の安きに置かんとするに外ならず、斯くの如き皇道基本の特色ある日本大乘佛教が島民に對し國民精神の徹底發揚に資すること今や喋々の論議を要せざるところなるも此大事の遂行たるや內臺佛教の堅き團結一脈相通ずる協力に俟りて始めて其實現を見るべきものなりと信ず。依つて現時實行を必要とする左記方策を列記し以て本諮問案の答申と爲す。

## 記

一、佛教による全島的大教團を組織すること

佛教各宗派に隷屬せざる全島的一大教團を組織し佛教の見地より國民精神の徹底に努むること

二、各寺廟齋堂に聖壽尊牌奉安のこと

各寺廟には必ず聖壽尊牌（御眞影に代るべき尊牌）を本殿に奉安し旦望の祝聖國家的行事の場合は儀式又は講話に依り國民精神の涵養を爲すこと

三、神社參拜奬勵のこと

各寺廟齋堂の信者一般に對し常に神社尊崇の念を養成し特に祝祭日は參拜せしむる樣奬勵を爲すこと

四、勅語及詔書の聖旨普及のこと

勅語及詔書の御聖旨を本島在來の聖諭の如く一般民衆に解し得る樣通俗講話の體に布衍し（日本歷史中の忠臣孝子等の實話を加へ）興味を懸へながら知らず／＼國民精神に通曉せしむる樣努むること

五、寺廟齋堂に國旗掲揚臺を設置すること

各寺廟齋堂に出來得る限り國旗掲揚臺を設け祝祭日及祭典には國旗を掲揚して一般信者をして國旗に對する尊敬の觀念を涵養せしむること

六、國語の普及竝常用に努むること

寺廟齋堂に於ては適當なる場所を提供し國語講習所の施設を爲し國語の普及竝常用に努むること

七、將來寺廟齋堂に主職たるものは國語に通曉するものを置くこと

一般社會教化の上に又は國語奬勵の上に特に寺廟齋堂の主職（住持廟主堂主）は相當國語に通曉するものを置くこと

八、本島の青年僧侶齋友養成のこと

本島佛教徒による一般教化の振はざるは僧侶齋友中人材の僅少に起因す依て之が教養機關を設けて人材の育成に努むること

九、教師養成、佛教々育に對し官廳より援助のこと

佛教中人材教養の爲め設けられたる各宗の教育機關又は佛教徒教育の學校等に對し官廳より應分の援助と便宜を與へられ斯業の助成に意を用ひられたきこと

一〇、社會教化指導に佛教々師採用をすること

各州廳に於ける社會教化團體に於て教化指導員の如き者を採用する場合は内臺佛教々師をも用ひられたきこと

一一、地方に開催する講習會に講師として佛教々師を招聘すること

地方に開催の各種の講習會には出來得る限り内臺佛教々師を請して精神講話を行はしむる樣當事者に於て配慮すること

# 協議事項

## 第一案

臺佛在來の佛教系統の寺廟齋堂に對する統制方策確立を其筋へ建議の件

說明

本島在來の宗教中特に佛教系統に屬する寺廟齋堂の數約五百七十箇所に及ぶも寺廟は勿論齋教龍華金幢先天の三派共に何等教團的組織なく寺廟等は個々孤立の狀態に在り有力なる宗團の綱規に據つて之が統制を圖ること能はざる爲め往々内に幾多の弊害を醸し外に布教傳道社會教化等濟世利生の眞正なる佛旨の成就し得ざることは吾人教家の最も遺憾と爲す所なり卽此に統制ある一大宗團の力に據り全島的に寺廟齋堂の完全なる發達向上を促進すべきことは現下の急務なりと信ず。茲にその統制方策としては在來の寺廟及齋教三派空門が各教團を組成し更に之を一團としたる卽ち總體的に統制ある教團を確立せば合理的なるも此實現たるや事實上頗る困難なる點尠なしとせず故に最も妥當なる方策としては各寺廟齋堂が各自にその意志に基き内地佛教各宗本山の何れかに屬して其所屬を明にし（亦各宗本山に於ては特にその所轄となしうる可能性を認めたる上之を認許するは勿論）所屬寺廟齋堂に對してはそれ／＼本島佛教の實情に卽したる適當なる規定を設けて之を施行し以て在來の寺廟齋堂のより完全なる發達向上を期す可きなり。之を約言せば在來佛教が漸時内地各宗本山に隨屬して統制ある力强き宗團に據り寺廟齋堂の向上發達を期し延いて國家社會の上に貢獻するところあらば茲に始めて臺灣佛教の眞價を打出するに至るべし。要するに本案の主旨は最も適當なる方策により眞正なる佛教精神を根本にし宗教的に國家的に社會的に最も價値ある意義を含めて在來佛教の統制方策を確立し之が實施方を本大會の名に依りその筋へ建議せられんことを要望するものなり。

## 第二案

本島に於ける系統の寺廟齋堂主職者（住持廟主堂主を指す）の資格認定に關する法規制定實施方を其筋へ建議の件

說明

想ふに本島佛教が常に萎靡として不振の狀態にある所甚だ多し其は從來主職者の人選がそれ／＼の關係者任意の推擧に依り主として眞面目本位の人物に偏し多くは佛教の素養及び學識に乏しくその主職者を中心としては佛教の眞正なる宗旨の宣揚は思束なく從て社會教化等の實行亦た不可能なる現狀に在るが爲にして自然無智の教徒が妄信迷信に陷るや明なり。畢竟その指導者に當を得ざる點ある事既に論を要せざる所なり若し依然として此の狀態を廓淸するの機無くんば何れの時か臺灣佛教の意義ある發達を見ることを得んや須く之に對し自他共に相率ひて之に善處する所無かるべからず。以故今後の方針として寺廟齋堂には必らず一箇所に一名の主職者を置く事及びその主職者たる可きものは大體左記の如き資格を具

備する者たること即ち

一、少なくも三箇年以上の佛教に關する正規の教養を受け且つ教理に關する素質を有するもの

二、少なくも公學校卒業以上の學歷を有し國語が優秀なる者

三、德行純正にして衆信の興望によりて推擧をうけたる者

四、主職は財産管理人たる事

五、法規に於て認むる僧籍に在る事

（但し齋友は其の派に於て相當の位階にある事）

等主職者として子弟教育及通常一般信者の指導に堪へ得らる可き資格を具備せしむべき事を條件として一定の法規を制定し（之が執行に到る迄の適當なる豫備期間を與へ）之を認可制として實施せらるゝ樣その筋へ建議せんことを切望するものなり。

第　三　案

臺灣に於ける寺廟齋堂及其所屬財産管理權を住職又は堂主に移すことを其筋へ建議の件

說　　明

從來臺灣の舊慣に依る寺廟齋堂竝に其所屬財産管理權は殆んど住職竝堂主以外の手に仮したるもの多く甚だしきに至りては佛教徒以外の俗人に歸するものさへあるを見る是れ全く宗教組織上の一異例にして又宗教本來の使命を全ふするに一大支障たるや明なり。殊に現在臺灣寺廟齋堂の住職堂主の如きは事毎に管理人の支配を受けざれば瑣事なりとも進捗を得ざる實情にありて住職や堂主其者の意志や手腕を十分に發揮しえざるのみならず一般信施の心血を注ぎたる淨財をも管理人に一任し以て其私腹を肥やす資料とし或は全く其を呑沒したる實狀さへ往々あり是は實に臺灣寺廟齋堂に於ける財産爭奪の禍根にして又官民一般の臺灣佛教徒に對する誤解を招く所以なり。殊に臺灣佛教の社會事業に多く乘り出し得ざると及び布教傳導の人物少なきは是れ佛教徒の爲さざるにあらずして布教傳導に出すべき僧侶を養成する機關さへ整はざるが爲なり斯くの如きは非常時に於ける佛教徒の國家に對する貢獻を爲し得ざらしむの一大原因にして佛陀救世の本懷を伸ばし得ざるに至らしむもの、延いては佛教を通して島民に對し國民精神の徹底を期すべき方策上一大支障と云ふべきなり。始政四十週年の今日自治制を施かれ全島に於ける教育交通其他百般の施設整ひたるに獨り佛教徒のみ尙舊慣制度に束縛せられ未だ管理人の支配權を脫し得ざるは實に遺憾千萬の至りなり。吾人は內地に於ける寺院管理の如く其管理權を凡て住職又は堂主にのみ賦與せらるべきことを當局者に建議し以て其の改革と立法を促進せられんことを望む。

# 呂大椿居士の主宰する 臺灣佛教居士林

臺灣佛教居士林は呂大椿先生、號點庵居士の獨創に係る新佛教復活の機關である。既往と將來との本島宗教を大觀してその歸結として此の發願をしたのである。內臺融和、僧侶協方の實現によりて島民皆成佛を期するには他の如何なる形態よりも居士林運動が最適である。その內容を紹介する。



## 設立ノ主旨

十九世紀末葉ノ社會ハ、生活競爭ニ因リ優勝劣敗シ、學說ノ扇動、人心遂ニ其ノ浸淫ニ支配サレ、物質ニ顚倒癲醉シ、失却シテ、本來ノ光明覺性ヲ昧シ。衆タ唯物論ハ、推波助瀾シ物質文明ハ極端ニ發達シ、精神文化暗然トシテ、光明ナク、世界ノ經濟ヲ恐慌タラシム。思想主義ハ三頭六臂躍々トシテ、其ノ現像ヲ露ス。深夜默思スルニ戰慄ス。此ノ危局ニ際シ絕大慈悲ノ佛教ニ非ズンバ、決シテ以テ其ノ波ヲ平ニシ其ノ紛ヲ治スルニ足ラザルナリ。夫心ヲ治スルニハ、佛陀ハ浩瀚無涯ナル三藏典籍ヲ說ク、此處ハ之ヲ論ズル要ナシ。僅カ御釋迦文佛ノ十大稱號ノ二三ヨリ言ハバ自ラ其ノ過半ヲ思ヒ、知ルベシ。一ハ即チ「調御丈夫」ト名ヅク、即チ文佛ハ、能ク群情ヲ調節シ、大衆ヲ統御シ而シテ一切ヲ降伏シ、妄心滅度ス、故ニ曰ク「調御丈夫」ト稱ス。又曰ク「善逝世間解」即チ文佛ハ、能ク世間ノ一切有情ノ憂悲苦惱思想ヲ解シ、水ノ善ク逝ク如クナラシム、故ニ曰ク「善逝世間解」ト稱ス。又外ニ曰ク「大醫王空王」ナリト、乃チ文佛ハ、能ク精神ノ病源ヲ醫シ宇宙間ノ生滅ノ道理ノ有無ヲ悟ラシム。而シテ、映畫ノ如ク、群衆ヲシテ、此ノ間ノ憧景ヲ悟ラシメント欲ス本林設立ノ主旨、即チ此ニ基スルナリ。

昭和八年歲次癸酉



## 臺灣佛教居士林設立主旨

十九世紀之末葉。社會因受生存競爭。優勝劣敗之學說扇動。人心遂被其浸淫支配顚倒癲醉。而夫却本來光明覺性。衆之唯物論推波助瀾。物質文明。極端發達。精神文化暗然無光。致使世界經濟恐慌。思想主義三頭六臂。躍々露其現狀。深夜長思。不禁戰慄。際此危局。非絕大慈悲佛教。決不足以平其波而治其紛。夫唯心佛教。三藏典籍。浩瀚無涯姑勿論。僅就釋迦文佛古今公衆十大稱號之二三而言之。自可思過半矣。

其一曰「調御丈夫」因佛能調節群情。統御大衆。降伏一切之妄心而滅度之。故曰調御丈夫

其二曰「善逝世間解」因佛能解世間一切有情之憂悲苦惱。如水之逝而去之。故曰善逝世間解。

其三曰「大醫王、大覺尊」因佛能醫精神病源。及覺悟宇宙人生有無色空道理。如幻如夢。務使群迷。覺悟此中憧景。共成大覺。本林設立主旨。即體乎此。願薺智識。贊成乎來。

## 臺灣佛教居士林林則

第一條　名稱、本林ハ臺灣佛教居士林ト稱ス

第二條　目的、本林々友ハ佛敎眞精神ヲ奉ジ內ニ善化ノ德性ヲ修養シ外ニ美化ノ境地ノ造成及ビ社會敎化協進併ニ公民道德ヲ涵養スルヲ以テ目的トス

第三條　位置、本林ハ臺灣臺中州豐原郡豐原街豐原三二四番地ニ置ユ分林ハ全島市街庄ニ置ク

第四條　事業、本林ノ目的ヲ達成スル爲メ左ノ事業ヲ漸樣遂行ス

1、每週日曜日定期佛學講演會開催及ビ全島巡迴布敎

2、青年團組織　佛學苑經營　文藝會開催　圖書室　葬儀堂　納骨塔設置

第五條　會員ハ左ノ四種ニ分ツ

1、名譽林友ハ助成金五十圓以上ノ出資者

2、贊成林友ハ二十圓以上ノ出資者

3、正林友ハ五圓以上ノ出資者

4、通常林友ハ五圓以下ノ出資者

第六條　役員、本林ハ左ノ役員ヲ置ク

1、林長一人本林ノ經理ニ當ル

2、理　事　　若干名

3、事務員　　若干名

4、顧　問　　若干名

第七條　本林ハ每年一回總會ヲ開催シ狀況並ビ會計ヲ報告ス

以　　上

## 臺灣佛敎居士林地方分林略則

第一條　當分林ハ臺灣敎佛居士林　州　郡　街・庄分林ト稱ス

第二條　當分林ハ本居士林ノ主旨目的ニ則リ左記ノ事業ヲ遂行スルヲ以テ目的トス

日曜日
- 日間
  - 午前定期佛學講演會開催
  - 午後日曜學校敎授
- 夜間　佛經讀誦並ニ法會練習

第三條　當分林ノ敎士ハ本居士林ノ任命シタル者ニシテ地方ニ駐在ス

第四條　當分林ハ總會ニ於テ林友總代一名ヲ選擧シテ會計及ビ經理ノ任ニ當ラシム

第五條　當分林ノ年經費ノ豫算ハ總會決議ニ依リ信者ノ隨意醵出スルモノトス

第六條　當分林ハ年一度定期總會ヲ開催シテ行事決算其他ノ報告ヲナスベシ但シ必要ニ依リ臨時總會ヲ召集スルコトヲ得

## 臺灣佛敎居士林青年團團則

第一條　本團ハ臺灣佛敎居士林青年團ト稱ス

第二條　本團員ハ男女ヲ問ハズ年齡十五歲以上三十歲以下ノ者ヲ以テ組織スルモノトス

但シ年齡三十歲ヲ越エタル者ニシテ尙團員タルヲ希望スル時ハ之ヲ特別團員ニ推薦スベシ

第三條　本團ハ佛敎ノ敎義ヲ奉ジ佛敎ヲ研究シテ新時代ニ合致セル信仰ノ宗敎タラシメ以テ相互ノ修養ニ資スルヲ以テ目的トス

第四條　本團ハ年一回總會ヲ開キ行事ノ概況、決算報告、其他ニ付協議スベシ

第五條　本團ハ總會ニ於テ委員十名ヲ選擧シ委員ノ中ヨリ更ニ委員長一名ヲ選



出ス

委員長ハ團務ヲ總理シ委員ハ委員長ノ委囑事務ヲ分擔ス任期ハ夫々三箇年滿期トス

第六條　團員ハ特別、普通團員タルヲ問ハズ團費トシテ年壹圓貳拾錢納入スルモノトス但シ一月ト六月ノ二期ニ分チテ徴收スルモノトス

第七條　本團ハ左ノ帳簿ヲ保管スベ

一、團員名簿

一、金錢出納簿

一、備品名簿

一、其　他

〰〰〰〰〰〰〰〰〰〰〰〰

## 歐華學術雜誌中
# 佛敎關係文獻

Dated Chinese Manuscripts in the Stein Collection. by Lionel Giles (vol. VII Part 4. Bulletin of the School of Oriental Studies, London Institution)

敦煌出土のシユタインコレクシヨン中の資料につき、識語中に年代の存するものを、その識語だけ年代順に揭載して、簡單に解說せるものである。その中注目すべきもの二三を擧ぐれば、佛說辯意長者子所問經の卷末に「太安元年在庚寅」云々とあり、現存の經と譯文は一致するのであるから、この識語から考へて同經は法場譯ではないやうである。又雜阿毗曇心經は法救の造つたものであるとせられてゐるが、識語中には法盛大士の所となつてゐる。尙譯文の一致しないのも大分あるやうである。

### ◉佛說聖觀自在菩薩梵讃　鋼和泰

（燕京學報第十七期）

法賢譯の梵讃と乾隆帝の官版御製滿漢蒙西番合璧大藏全呪中の西藏譯のものと筆者に依るサンスクリツト譯のもの等を比較研究し同梵讃の英譯を附してゐる。

### ◉義淨譯寶生論中唯識二十論與玄奘譯本之關係　李華德

（燕京學報第十七期）

故レヴイ敎授の唯識二十論のサンスクリツト原典を揭げ、之に對する護法の註釋書である成唯識寶生論（義淨譯）と玄奘譯の論を參對して、兩漢譯の同異護法が本論に對する解釋、又護法の解釋に依り影響を受けた點等を論究したものである。

### ◉河北省西部古建築調査紀略　劉敦楨

（中國營造學社彙刊十月號）

現存せる佛寺廟等の簡單な調査報告であるが、その方面に關係ある研究家の一讀を奨める。（以上）

（龍　池　記）

日華佛教學會

# 日本側贊助員

眞宗本願寺派管長　大谷光照師
眞宗大谷派蓮枝　大谷瑩潤師
文部大臣　川崎卓吉氏
文部政務次官　添田敬一郎氏
元外務省文化事業部長前拓務次官　坪上貞二氏
貴族院議員　丸山鶴吉氏
淺草本願寺輪番　沼波政憲師
前眞宗本願寺派東京出張所長　後藤環爾師
眞宗本願寺派出仕　佐々木慶成師
佛教濟世軍顧問　眞田慶順師
佛教濟世軍東京本部長　藤井惠照師
佛教濟世軍顧問　豐島龍象師
濟世軍吳支部長　關藤靜照師
辯護士・法學士　渡邊種樹氏
佛教濟世軍幹部　木村孔邇氏
實業家　園山又兵衛氏
立正大學學部長　守屋貫教師
成蹊高等學校長　淺野孝之師

東京帝國大學助教授　文學博士　宇野圓空師
顯眞學苑主　梅原眞隆師
國際親善協會　會長　中島裁之氏
佛教聯合會主事　服部賢成師
東京帝國大學教授　文學博士　長井眞琴師
大正大學教授　文學博士　椎尾辨匡師
前順天時報社長　渡邊哲信師
京都帝國大學教授　文學博士　羽溪了諦師
中外日報社長　眞溪涙骨師
淺草寺執事長　鹽入亮忠師
文藝家　倉田百三氏
伊藤平山堂　齋藤利助氏
文藝家　松岡讓氏
文藝家　寒川陽光氏
實業家　小島和四郎氏
大正大學教授　長谷川良信師
大正大學教授、　友松圓諦師
駒澤大學前學監　光山百川師
佛教聯合會主事補　武內紫明師
文藝家　清谷閑子女史
曹洞宗前教學部長　來馬琢道師





曹洞宗々會議員　平賢孝師
六華園主事　東福義雄師
淑德高女教諭　廣瀬了義氏
東方文化學院　三好鹿雄氏
東方文化學院　中田源次郎氏
東方文化學院　横超慧日氏
中央佛教會主事　淺葉魏岳氏
東京觀音會々長　井上角五郎氏
顯眞學苑東京支部主事　大原性實師
中央融和事業協會　河上正雄氏
大雄閣主　高楠正男氏
大鹽毒山氏
名古屋佛青聯盟理事長　成瀬賢秀氏

大　阪

曹洞宗萩ノ寺住職　善塔良關師
大阪毎日新聞顧問夕刊大阪新聞主筆　福良虎雄氏
前大谷大學主幹前大谷派本願寺教學部長　藤岡了淳師
大谷派本通寺住職　辻本天常師
前興正派教學部長　北峯順修師
本蓮寺住職　間野敬重師

京都兒童博物館長前龍谷大學教授　中井玄道師
著述家　岡田播陽氏
佛教和衷會主事　松岡良友師
前順天時報　山川早水氏
西山派　前田徹定師
吉田奎文氏
中外日報記者　豐島欽爾氏
滿鐵大阪支店長　伊藤眞一氏
大阪時事　岩津政吉氏
大毎顧問　理學博士　西村眞琴氏
染料組合　岡市正大氏
大谷派　清秀圓師
東方文化聯盟　戸田芳助氏
出原邦二氏
大阪商工會議所　佐藤三郎治氏
中原照夫氏
顯本法華宗　吉永日注師
由上治三郎氏
門司商業會議所前會頭　吉村勝太郎氏
醫師　加來彌三郎氏
吳服店主　園山桂助氏（未完）

# 日華佛教學會會計決算書

（自昭和九年十月至昭和十年十二月）

## 收入之部

一金參千百五拾壹圓七拾參錢　收入總額

内譯

一金貳千八百六拾五圓也　贊助金

（外務省文化事業部五〇〇圓、全日本佛教靑年會聯盟二〇〇圓、某氏七三〇圓、其他一四三五圓）

一金百參拾五圓也　宿泊料

一金貳圓貳拾錢　雜收入

一金百四拾九圓五拾參錢　借入金

## 支出之部

一金參千百五拾壹圓七拾參錢　支出總額

内譯

一金八拾圓拾八錢　研究費

一金壹千九百九拾圓也　補助費

（好村、墨禪氏渡支費八〇五圓）

一金百參拾五圓也　事務所費

一金六拾九圓八拾錢　集會費

一金百八拾參圓拾貳錢　印刷費

一金六拾六圓七拾錢　通信費

一金百四拾八圓四拾六錢　交通費

一金七圓六拾八錢　仕入費

一金貳拾壹圓七拾錢　接待費

一金四拾貳圓參拾貳錢　雜費

一金參拾壹圓七拾錢　雜品費

一金貳百參拾圓也（事務員手當）　人件費

一金百參拾五圓也　宿泊料

一金拾圓也　貯金

東亞語學院會計ヲ加ヘタル收支總額

收入　一金參千九百六拾七圓五拾八錢

支出　一金參千九百六拾七圓五拾八錢

# 東亞語學院會計決算書

（自昭和十年十月至昭和十年十二月）

## 收入之部

一金八百拾五圓八拾五錢　收入總額

内譯

一金四百四拾六圓也　授業料

一金九拾壹圓拾五錢　書籍代

一金參拾圓也　寄附金

一金貳百四拾八圓七拾錢　借入金

## 支出之部

一金八百拾五圓八拾五錢　支出總額

内譯

一金四百五拾七圓六拾參錢　人件費

一金拾五圓九拾八錢　交通費

一金七圓也　通信費

一金八拾六圓八拾四錢　書籍購入代

一金五拾六圓五拾四錢　宣傳費

一金拾壹圓五拾五錢　接待費

一金百參拾圓也　講堂使用料

一金四拾六圓八拾六錢　消耗雜費

一金參圓四拾九錢　貸出金





# 編輯後記

□

本號は成田氏の多忙のために僕が主として編輯に當つた。

後藤朝太郎先生の御稿は日本の官民に對する警策として傾聽すべきである。

□

井田啓勝氏の努力によつて、中國佛教界の第一人者太虛法師の主張を日本文によつて知ることが出來たのは大變嬉しい。これまで太虛法師の名聲を聞くことは久しかつたが、同師が如何なる思想を持たれてゐるかを知る機會がなかつた。本會の出現によつて初めてそれを實行し得たのである。

□

鈴木大拙先生の「禪宗初祖達磨的禪法」は、墨禪法師によつて中華譯して貰つた。原文は「禪宗初祖達磨の禪法」である。

□

中國僧瀞雲法師が臺灣の官憲に捕へられて獄中で死亡したとの報道が中國側に至り、中國の佛教界にセンセーションを起したが、本會の藤井草宣、神田惠雲兩氏らの調査で死亡說は誤報とわかり、更に隆・惠兩僧は相前後して釋放されるに至つた。これで我々一同安堵の胸を下した。

□

藤井草宣氏は南支佛教の視察を終へて目下上海にあり、本月中旬には歸國することになつてゐる。同支の今回の渡支は豫想以上多大の收獲があり、我々關係者を喜ばしてゐる。歸國後同氏の興味深い土產話の聞けるのを樂しみにしてゐる。

□

本誌も次號あたりはもつと趣向を變へて日華の佛教徒にとつて興味のもてるものにしたいと思つてゐる。

會としても色々仕事の計畫があり、將來に望みを囑してゐる。（好村）


| 價定 | | | |
|---|---|---|---|
| 一ヶ月 | 拾錢 | | 郵稅貳錢 |
| 半ヶ年 | 六拾錢 | | |
| 一ヶ年 | 一圓二十錢 | | |

昭和拾壹年一月卅一日印刷納本
昭和拾壹年二月一日發行

第一卷第貳號
本誌特價貳拾錢

編輯兼發行人　成田昌信　東京市淺草區今戸町二丁目一二

印刷人　荻原芳雄　東京市牛込區山吹町一八九

印刷所　荻原印刷所　東京市牛込區山吹町一八九

發行所　日華佛教學會　東京市神田區三崎町一丁目七　電話九段一六三三番

# 日華佛教學會パンフレット

| | |
|---|---|
| 各冊 | 菊判四十頁前後 |
| 定價 | 送料共金貳拾錢 |

**既刊**

| | | |
|---|---|---|
| 第一輯 | 藤井草宣著 | 日華の佛教的提携 |
| 第二輯 | 好村春基著 | 中華佛教の現狀 |

**近刊**

| | | |
|---|---|---|
| 第三輯 | 岩村成允著 | 歐米に於ける東洋學の現狀 |
| 第四輯 | 淺野研眞著 | 支那古代の佛教社會事業 |
| 第五輯 | 福井康順著 | 支那寺觀の現狀 |

發行所 東京市神田區三崎町一丁目七
日華佛教學會
電話九段一六三三番

々噴評好

境野黃洋博士が全生命を賭して漸く果遂せられたる最巨大篇

# 支那佛教精史

定價、金拾貳圓
特價、金拾圓
送料、市內六錢 地方卅六錢

菊判、背革、平面、天金、
千二百頁 栗色山羊皮 洋布堅牢張 金背文字捺

燦たり！ 支那佛教史研究の定本

境野黃洋博士が、支那佛教史に於て特に造詣深く、前人未發の卓見と其の精細周到の研究とは、生前に刊行せられたる幾多の著書に於て明了なりと雖も、博士篤學の精神は之を足れりとせず、研鑽更に加り、顯微闡幽、孜々として倦まず、病中尙且つ執筆して前著を改訂し、尨大なる本著を遺す。支那佛教史研究の標準書最高權威書なり。

見よ！學界の諸名士擧つて之を推賞せらる!!

東大名譽教授 文學博士 井上哲次郎先生

支那佛教史研究の權威者たる境野博士が晩年の渾身の力を籠めて、最後まで不撓不屈の研鑽を重ねられたる結果本書の出版を見るに至れるは實に學界の一大慶事にして其後進を裨益する所至廣至大なりと信ず。

君已に死して未だ死せざるものあり。此の書即ち是れなり。

蘇峰 德富猪一郎先生

特に『支那佛教精史』たるや、博士がその全蘊蓄を傾倒し、不惜身命の精進下に成る畢生の一大快著にして、斯界の眞指針となり、永遠に後代を照破するものたるを信じて疑はぬところである。

東大名譽教授 文學博士 高楠順次郎先生

博士病床に臥して尙且つ筆を執り、研鑽是れ努められし畢生の一大成果たると共に、支那佛教史研究の最高權威書にして、後代を照す不滅の大光明なりと信ず。敢へて讃仰する所以なり。

文部省 圖書局長 芝田徹心先生

名實共に現代學界に冠たる『支那佛教精史』堂々一千有餘頁の快著が刊行せられた。本書の刊行が文化史上に、絢爛たる美花を咲かしむることであり、學界に貢獻すること實に至大なりと信ず。

巍然教學界に聳ゆる一大寶塔!!空前絶後の決定版!!【內容見本進呈】

東京市牛込區新小川町一ノ五 佛教年鑑社內
境野黃洋博士遺稿刊行會
振替東京六八四一四番 電話牛込六〇五八番

日華佛教
昭和拾壹年一月廿一日印刷納本
昭和拾壹年二月一日發行（毎月一回一日發行）

本紙特價 金貳拾錢

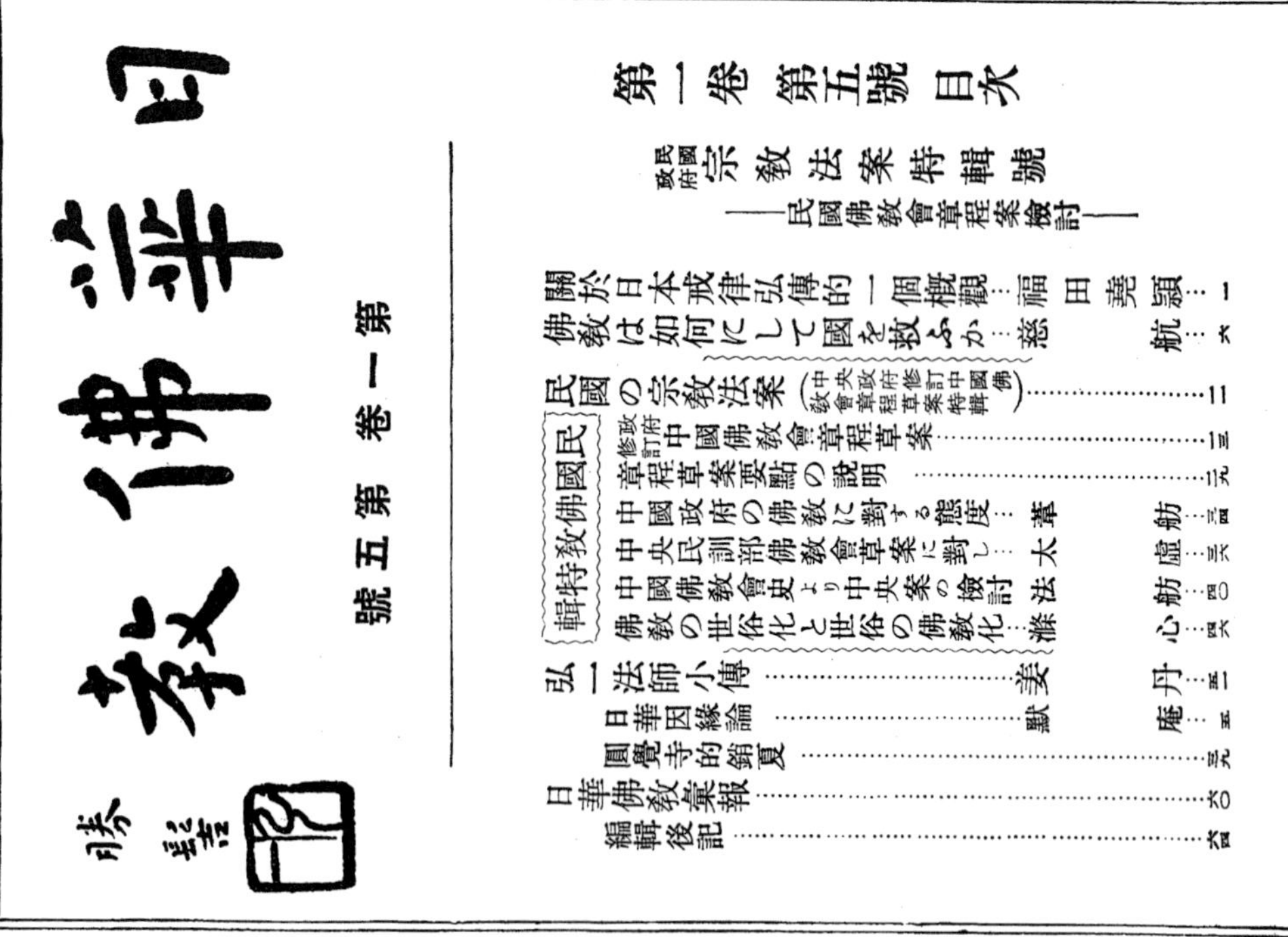

# 日華佛教

月刊

第一卷 第五號

## 第一卷 第五號 目次

民國政府宗教法案特輯號
——民國佛教會章程案檢討——



日華佛教學會發行

昭和拾壹年九月廿五日印刷納本
昭和拾壹年十月一日發行
日華佛教

# 關於日本戒律弘傳的一個概觀

天台宗大僧正 福田堯穎口授
釋墨禪筆譯

在日本普遍風行的戒律，要算是四分律和梵網菩薩戒經的菩薩戒了。四分律若從最初流行起來說，就是欽明天皇的時代佛教傳到日本以後約二百餘年的中間，但日本還沒有依著律藏規定了比丘二百五十條戒的方法作正式的來傳受。聖武天皇天平勝寶五年（西紀七五三）十二月裡中國揚州大明寺的鑑眞和尙帶同了許多的門人到日本來，那個翌年四月在奈良東大寺大佛殿的前面設立着戒壇，便傳授了四分律的比丘戒。這個就是草創了日本最初正式傳授二百五十條戒的。以後再過了七個年，卽天平寶字五年（西紀七五七）正月東大寺的戒壇並且在關東下野的藥師寺，關西和筑前觀世音寺分立了二個寺院。於是日本全國的僧侶都要在這三個戒壇裡頭，應該要受比丘二百五十條戒的勅令。自發這個勅令之後，作爲日本僧侶專門學問的宗派，雖好像有三論，法相，華嚴的不同，可是日常的戒律是都遵守着四分律二百五十條戒去行的，所以這個時候二百五十條戒在日本可說是頂風行的時代。

其後暫在這個狀態之下，四分律是最盛行的沒有了，可是律風一經過了很隆盛以後就漸增到了爛熟的時期，以及頹廢而弊害的時期，因得這個的結果就好像應該已經到了一個大改革的時期了。在這個時候突然起來的就是傳教大師的梵網戒了。

傳教大師的梵網戒經是在 嵯峨天皇弘仁十三年（西紀八二二）纔准的。由那個時候起天台宗的僧侶就依這梵網戒得度的，也做爲受戒的，從此以後梵網戒也就慢々的很普遍的了，四分律的二百五十戒也就漸次的減少起來吧，還沒到平安的時代結果好像連那個戒脈也都亡掉了！

當這個時候——，正是 鳥羽天皇的時代（西紀一一・七—一一二三）重興四分律的人就是中川寺的實範大德，他很悲嘆律的亡掉，去禱告奈良的春日明神，就依着明神的教諭去到唐招提寺（鑑眞和尙建立的寺），實範和尙去看唐招提寺，寺已頹廢不堪，那裡只有一個老僧，便就這個老僧傳受了戒律，就把這個戒律重興起來了。

以後便入於鎌倉的時期，就有西大寺的覺盛，稍後則有唐招提寺的叡尊，圓晴，慈禪四人，同時出來大唱了四分戒律。其中尤以覺盛和叡尊二人很有名，覺盛後人就叫他爲大悲菩薩，叡尊也就叫做興正菩薩了。他們的戒即是前面所說自鑑眞以後以奈良爲中心傳了的戒，這個後來就叫作南京律的。

較這四人三十年前提唱戒律的，有 土御門天皇正治三年俊仍律師到中國去，學天台及四分律，後來回到日本京都東山開創泉涌寺，盛弘了四分律。這個對前面的南京律叫做北京律。

更後在德川時代的中期，天台，眞言，淨土，日蓮等各宗的高僧，也還有唱四分律或有部律的，都在本宗裡頭作律院。然後在這裡行二百五十戒的受授，大講其三大部及其他戒律的書籍，策勵了學徒的戒法！ 這些人都是依那繁瑣的二百五十戒嚴密的實行了的，這些人他的持律嚴格的僧風不用說是廓清了當時佛教界的清涼劑，規律井然持律的生活聚集了許多僧俗的信仰也是很大的。然而依這些人們所開辦的很多律院，到現在還有維持着嗎？ 可是治律的僧風直到明治以後纔漸衰弱下去了的。

以上是爲日本四分律弘傳的一個概觀，這裡應該要注意的，即是日本的僧侶自佛教傳來以後都是爲大乘僧的，小乘僧一個人也沒有的。不關着那個小乘二百五十戒的傳持，「像南山律師說：『律儀一戒不異聲聞』的，二百五十戒是佛弟子的通儀，乃是不擇着大小乘的，爲僧侶的必應該要遵守的戒律，又照天台荊溪大師的解釋說道：「戒無大小由受者心期」的，「二百五十戒縱令是爲小乘的戒，可是若以大乘的精神來行，只是小乘的戒也是變爲大乘的了」。

於是下面則就梵網戒流傳的來說，好像前面說的一樣在平安時代的初期弘仁年中傳敎大師首唱了的戒律。大師說：『娑婆世界是三乘共國，其中唯有日本一國是純大乘國』的那樣達觀的說了，從這個觀察上的大師：「以小乘二百五十戒，在那消極的方面來說，即那行事是非常繁瑣的束縛的戒律，所以不是指導着我國吧」，以是少依小乘戒的而用純粹大乘戒的立場，這就是梵網戒了。

梵網戒也沒說到毘盧舍那佛說的，即梵網菩薩心地戒本的下卷說了十重禁戒和四十八輕戒的五十六戒作爲菩薩的比丘戒，這梵網戒較前四分律的二百五十戒，因爲教理也都很深淵的，行事尤很自由，及到後世不獨是天台的學徒而已，只是各宗的人們，也都競來受這梵網戒哩。

然而一到平安時代的中葉，比叡山出了慈慧大師，正是 村上天皇康保三年（西紀九六六）統率了天台一宗的時候，所以養成了單受五戒的大乘僧風。大師這個是一面則依戒律作簡易的生活，在另一方面則獎勵了教學研究和實踐的修養，於是，天台的教學就非常的振作起來了。

單受五戒的大乘僧，在梵網戒裡十重門十八輕戒的五十八戒裡頭，准許分受一戒，二戒，三戒乃至多戒的，所以十重禁戒裡的殺，盜，婬，妄再加上四十八輕戒裡的不飲酒戒，更在殺生戒裡四十八輕戒中是加制食肉戒的。（復就不飲酒戒言，若作飲酒是有罪的呢還是無罪的呢？　因爲作這飲酒的是要犯罪的，所以要去禁止牠的，這個戒是名叫作遮戒。因爲是要犯罪的所以要把這個禁掉的，也有沒去禁止的），爲那麼樣的緣故，所以這個五戒和優婆塞的五戒完全是兩樣的，而他是要嚴禁肉食妻娶的！　那麼若行這個五戒的就是出家的淨僧。前依傳敎大師開創了的梵網戒，若是把牠拿來和四分律的二百五十戒來比較是很簡單的戒，復就一一的戒裡也有個時候可以准許他自由處理的，然而行持梵網戒的也是依着大乘律的，應該是要過着律的生活的。可是單受這個五戒的大乘僧只是遵着前述的五個戒法的，若是不作肉食妻娶的淨僧便好，那個行事是更簡易化的了。因是從慈慧大師的時候纔得了這個單受五戒的很大勢力，在各宗（除淨土眞宗以外）開行着。結果像前述一般除了一部的律僧以外，日本全國的僧侶都是單受這個五戒的淨僧，是弘了這個戒法的。日本全國的僧侶都是單受這個五戒的淨僧的狀態及到德川時代還是仍然繼續下去的。這個自平安時代開始以後，及到鎌倉時代的天台宗惠祖兩流相傳的戒法，禪宗的禪戒，日蓮宗的本門大戒等都起來了，這些都是以戒定慧三學一體的說法是更加進步的發展吧，其宗的敎義打算好像戒法以一般來使用着的，可是現在那個說明沒很完全的。

德川幕府時代則嚴禁僧侶（除了淨土眞宗）肉食妻娶的，若是有犯了這個的，就加以很嚴勵的處罰（或追放到遠島去吧），然而在明治五年（西紀一八七二）四月，明治政府對於佛敎各宗（除了淨土眞宗）出了『可以任意的肉食妻娶』的法令，九月復使僧侶都依著俗姓的，七年（西紀一八七四）七月使僧郘都還俗籍，若是沒有俗籍的，則使作新的俗籍。像這樣的向着佛敎的敎壇作了破壞法令的頒布，佛敎界結果就陷到非常的混亂！　好像現在一樣的，除了一部分持律堅固的人以外，出家或在家，有戒或無戒好像都不能分別出來了的混亂狀態哩。然而這個狀態或在最近的將來一定是和

大乘戒一塊兒的復興起來吧？　改革這個和整理這個，妨可作爲在家的生活和出家的生活，設立了種々規律的樣式，進而應該要決定經濟方面事情的問題。

以上是由鑑眞和尙傳到日本來的戒律，及到於昭和的現在，大約有一千二百年間的戒律及其僧風的變遷的槪略。最後來附加一言，前述了單受這個五戒的大乘僧想是爲日本獨特的僧風吧。像起了這樣簡易的僧風，是從很繁瑣的束縛的戒律裡脫出來的，若照那樣來用功，復去和社會來接觸布敎傳道，能多從事其他文化的事業，而單受五戒的僧風則使日本佛敎的敎學的發達，使在社會上來活動是一個很重大的原因罷。

# 日華因緣論

臺灣　默　庵

日華兩國，同文同種，因緣最深，日本歸化民中多係中國人，由於娃，林，劉，吳者，推之可知矣！　蓋中國中古時代，政權遷變，往々奸臣弄權，昏蔽君主，濫用法權，陷害忠臣義士！　且當時刑法，誅連親族，所以若奸臣當國政，忠臣義士被其陷害，其後裔親族多逃往外國；故日本之歸化民，多有中國之忠臣義士或商人在焉。兩國有如是之因緣，當和睦不可仇視！　又政敎方面，日本多仿自中國，人情風俗宛如秦漢，所謂魯衞之政兄弟也。自古日華關係如是，以是因緣，應該親善回復常軌。近世交通愈益利便，萬事須以調整，捨小就大，共赴佛陀慈悲平等之道場，頓除人我之觀念，視人生如幻化，鬪爭若修羅，和平即極樂！　俾一切人類無痛苦，方合乎慈眼視衆生，福聚海無量之聖訓，兩國々運，同臻隆盛，親善和睦，互相貿易，學術交換。語云：願作太平犬，不作亂世民！　目下情勢深感於斯，小子心香禱告，兩國佛敎徒，當作超人類之觀念，圖謀建設人間淨土。

# 佛教は如何にして國を救ふか

中國　慈　航

――これは八月一日太虛大師主講で譚作賓、李烈鈞其他政界の名士と共に廬山大林寺に於て開かれた時の講演筆記を譯したものである（久保田覺巳）――

## ◇佛教と國家の關係

老法師、諸先生及び學佛同志諸君！　我々は都て中國人、中國の同胞であり、且つ又今日、佛學の因緣に依つて共に一同に聚つてゐると言ふことは何と言ふ榮幸であらうか！　殊に諸先生の講ぜられた高論を聽き得たことは、實に吾々の歡喜に堪へざる所である。私は本より淺學菲才で、諸君に對して何も大したお話は出來ない者であるが、唯だ、老法師から命ぜられたので、お話申し上げる次第である。私の講題は「佛教は如何にして國を救ふか」と言ふのである。

唯今諸先生の御話には、「佛教と政治關係」「佛教と倫實關係」「佛教と人生關係」「佛教と藝術關係」と言ふやうな題で、何れも生き〳〵したお話であつた。彼の蘇東坡の廬山の詩に「横看成嶺側成峯、遠近高低各不同」と言ふのがあるが、我々が佛教を觀察しても此の通りである。そこで私の今日の講題は「佛教と國家の關係」の意味を含めた譯である。

私は世の中で、何れの學說、何れの宗教たるを論ぜず、必ずや國家人民と密接なる關係を持つべきであり、かくてこそ始めて人々の歡迎を受けて存在の價値を生ずるのであり、又社會大衆から棄てられないのであると思ふ。佛教は中國にあること既に一千餘年、假りに國家人民と關係が無かつたとしたならば、この樣にまで永い歷史が何うして有り得るであらうか？

## ◇國家の意義

佛教の教理に對して研究したことの無い人は、佛教は消極、迷信、厭世的であると誤認してゐる。だから、我々が佛教の救國について談ると聽いたなら、彼等は屹度お笑話にするであらう。彼等は佛教の概念を、「佛・法・僧」と考へてゐる。即ち佛とは土・木・金・石で作つたもの、法とは白紙に黑い墨を印刷したもの、僧とは社會から分利した分子――生產不能の存在であると視てゐる。即ち、佛教は只だ亡國の用具でしかないのに、佛教の救國などゝまた何を語るのであらうか？　と言ふ風に見てゐる。そこで、唯今「佛教救國」を語るには、必ずその前に、佛教救國の然る所以を話さねばならない。これが爲めに「佛教救國」の外に「如何にして」の字を付け加へたのである。

さて佛教は如何にして國を救ふか？　救國を講ぜんとせば先づ國の意義を明にせねばならない。誰れでも國の字を書くには四角の中に「或」の字を書くが、これは國の範圍大小の一つでないことを表したものである。又四角の中に「王」の一字を書いたのもあるが、これは君主時代を表明し、國家は一個國王のの所有と見たのである。更に四角の中に「民」の字を書くのもあるが、これは民主時代を表明し、國家は民衆の所有と看做したのである。然し私個人の意見では、國の字は一個の圓を畫き、この圓の中に許多の人の字を書くべきだと思ふ。譬へば中華民國の如く、四億の同胞があれば、此の圓の中には四億の人があるのである。科學家は大地が球形であり、地球の圓であることを發見したが、國家も地球上にあるので當然圓である。

一個の國を畫くのは卽ち國家は四角ではなくて圓であることを表示する。圓圏は卽ち土地で人の字は人民であつて、國家の原素は卽ち「土地と人民」であると言はねばならない。

## ◇救國の基本

國家の意義が已に明かになれば、更に「佛教は如何に國を救ふか」について話さねばならぬ。總理の言に『國は人民の積なり』と言ふのがある。さうとすれば救國とは必ず先づ民を救ふことであり、民を救ふには先づその心を正しふせねばならない。そこで又總理は「民は心の積なり」と說いてある。又大學の中にも「その國を治めんと欲せば、先づその家を齊へよ、その家を齊へんと欲せば、先づその身を修めよ、その身を修めんと欲せば、先づその心を正すべし……心正しうして後身修り、身修つて後家齊ひ、家齊つて後國治る、國治つて後天下平ぐ」と書いてある。故に救國の根本方針は民心の淑正にありと見るべきである。

## ◇一般の學說

世間にある、一切の學說、宇宙人生問題に對する解答は「唯神」「唯物」「唯我」の三種を出ないのである。宗教家──ヤソ、回教、バラモン教──は神の創造であると主張し、科學者は卽ち物──原子、電子──に依つて出來たものであると主張し、哲學者──印度哲學者──は我（神我）の所造であると主張してゐる。併し、諸君が一步を進めて宗教家の「神」─科學家の「物」─哲學者の「我」について、結局何から來たのかを向ふならば、必ずや茫然として答へることが出來なくなるであらう。

神の創造を主張すると平等なる能はずである。神は獨一無二の存在として、人の能く及ぶ所でないからである。物質の說を取るならば自由なる能はずである。物が人を造るなら、人が物を造ることは出來ないからである。「自我」說を主張するなら、博く愛することが出來ない。萬物は我の所造であるとするが爲めに、唯だ我れ獨り尊しとするからである。此れ等の不平等、不自由、不博愛の學說を以て社會に推し進め、平等、自由、博愛の目的に到達しやうとすることは、眞に木に緣つて魚を求めんとすることで、どうしてこれが得られるであらうか?

眞面目に考へて、眞に平等、自由、博愛の目的に到達しやうと思ふならば、佛教の學理を運用するに非ざれば功を收めることは出來ないと思ふ。私はこれに關して嘗て「佛教は三無主義である」と言つてゐるのである。

## ◇三無主義

佛教の主張する所の宇宙人生の見かたは、唯心所變と說くのである。既に唯心所變であるから、人各々心を有し、皆共に能變の用を有し、隨つて各〻平等である。唯心の故に神の所造ではない。所謂佛教は無神主義である。

佛教は又宇宙人生を業の所感と說く。善業を造れば善の異熟を感生し、惡業を造ると、感じて不善の異熟を生ず。謂はば瓜を種えて瓜を得、豆を植えれば豆が成る、自分で田を作つて、自ら報を受けるので、善を作すか惡を行ふかは人の自由選擇に任せてあるのである。これ業の所感であるから物の所造ではなく、佛教では又た無物主義と名付くるのである。佛教では又宇宙人生を衆緣和合して出來たのであると說いてゐる。衆緣の和合であるから、即ち一切人と個人とは皆互助關係があり、互助關係であるから人は當然博愛の上に立つのである。これ緣生性空の義を以て、我の所造に非ず、故に佛教では無我主義と名づくるのである。

## ◇結　論

佛教々理の上からこれを言へば、則ち神も、物も、我も皆衆緣の所生に歸し、衆緣所生の故に、其の性本より空である。性既に空であるから、一切は平等にして高下はないのである。人々が平等の心を以て平等の理を觀、平等に事を行へば、則ち他人を强壓する人なく、亦た强壓せられる人もない。自他互に相助け、互に相敬愛して行くならば、則ち國に競つて殘殺を爭ふこともなく、國家は太平である。故に國を救はんと欲せば先づ民心を正し、民心を正さんと欲せば、佛教の平等主義を以てしなければ、徹底的に人々の不平等の心を除くことは出來ず、亦た以て國を救ふと言ふに足らないのである。願くば愛國の同志諸君相ひ共にこれに勉められんことを希望する次第である。

（民三五・八・一〇日）

### 中華民國の宗教法案

# 政府修訂 中國佛教會章程案特輯

本年六月、中華民國政府中央民訓部は、中國の寺廟管理並に僧侶の進むべき基準として中國佛會章程草案なるものを發表した。これは我國で言へば宗教法案にも匹敵すべきものであるが、我國の如く佛教各派の組織、並に統制を缺いでゐる中國佛教界に取つては、より以上に重要性を持つものである。隨つて中國最近の言論界、特に佛教界の論議は此の問題に集中されてゐる有樣である。

◇

中國の佛教を語らんと欲せば、隨つて此の佛教會草案を中心とする「佛教整理」の問題を知つて置く必要がある。更に極言すれば、日本の佛教制度を考へてゐる者に取つても是非一應はこれを知つて置くことが便利であると考へたので、章程（會則）案の全文及び、これに對する代表的意見の二三を掲載することゝした。

この草案を讀んでも、中國佛教界の現狀、並に佛教會そのものの特質、歷史を知らない人には直ちに飲み込めない點があるかも知れない。しかし、中國佛教會の歷史に就ては、極めて簡單にではあるが、法舫法師の論文を見て頂けば大體は諒解して頂けると思ふ。又中國の佛教界が色々な意味に於て日本のそれと異つてゐる。その特質、並に現狀については蛇足のやうだが一言だけ付け加へて置くことゝした。

◇

中國佛教界は今大きな轉換期に逢着してゐるのである。殊に民國革命を轉期として、新思潮の洗禮を受けた青年黨員は、革命の餘勢をかりて寺廟僧尼を迫害し、或は寺廟を占據して軍營となし、或は佛像を毀棄し、廟産を掠奪するが如き事が至る所に行はれた。のみならず、民國十八年には中央大學の一教授の提唱した「廟産興學」の運動が起つて、遂には全國を風靡し、同年八月には國民政府の國務會議の席上で、寺廟管理條例が決議公布せられ、寺産の管理及び所有權を政府から取りあげられる事となつた。この條例はその後反對に遭つて一部修正されたのではあるが、中國の佛徒の上に加へられた迫害は、宛も我國の明治維新、廢佛棄釋のそれに劣らない苦難、佛教の危機に直面したのであつた。

然るに中國佛教の特徴は日本佛教と異つて宗派的區別なく、隨つて宗派としての組織なく、外敵に對抗するにも團結して當るべき方法すらなかつたのである。その上佛教僧尼の大多數は戒律修持こそ嚴格に行つてゐても、無學の者多く、社會の實状に暗いと言ふ缺點を有してゐた。更に惡いことには多くの僧尼は山林に行ひすまして、實世間に向つて布教傳道したり、社會に交渉を持つてゐる人が少く、色々な點で不利益を蒙つて居り、又凡ゆる意味に於て一大改革を加へねばならない状態になつてゐた。そこに迫害の巨彈が投ぜられたのである。

◇

佛教改革、佛教會組織の運動は必然そこに起つた民國十九年太虛大師、五一亭居士等が卒先して奔走し、組織されたのが今日までの中國佛教會である。その後幾多の曲折を經て太虛大師は辭任し、今は圓瑛法師が理事長となつてゐるのであるが、昨年七月第七回全國代表大會に於て、事前に何等の法定手續を踏まないで規約の大修正を加へ、（委員制を理事制となし、中國佛教會本部の外に省佛教會、市縣佛教會の三級制になつてゐたものを省佛教會を廢止して二級制とした）爲めに幾多の反對論起り、その勢は遂に全支に亘り、本年四月廿日鎭江に於て全國十四省の代表達が集り、各省佛教聯席大會が開かれるに至つた。その結果現行規約の改正して中國佛教會を組織することを決議し、當局に請願したのであつた。中央政府もこの情勢を眺めて遂に中國佛教會の活動を停止し、政府自ら對策を作製して發表したのが、即ち中央民訓部中國佛教會章程草案である。而してこれに對する輿論は一二の修正意見を除いては頗る好感を以て迎へられてゐるのである。

# 中央政府民訓部修訂佛教會章程草案

## 第一章　總　則

第一條　本會は中華民國全國佛教僧尼に由つて之を組織し、名稱を中國佛教會となす。

第二條　本會は全國僧尼を團結し、教規を整理し、教義を宣傳し、大乘救世の精神を發揚し、生民を利濟し、社會を福益するを以て宗旨となす。

第三條　本會は全國總會を以て最高機關となす（以下總會と略稱す）各省分會、これに屬する各縣で會員五百人に滿つる者は縣分會を組織すべく、其の五百人に滿たざる者は省分會の指導を經て、隣縣或は若干縣を合組して一分會を組織すべし。但し一省に隷屬し互に接壤してゐる縣に限るものとす。縣分會に所屬して會員の比較的多き區で、人數二百人に滿つる者は、縣分會は省分會の許可を受けて區支會を設立することを得。縣分會に屬して、各名山僧尼の二千人に滿つる者は特區分會を組織し、總會に直屬するを得、市分會と等しく、その選擧組織一切は市分會の規定に照して處理す。

第四條　本會は總會を首都に設け、省市縣分會は、各省縣市政府所在地に設け、概ね其地の寺庵を以て會所と爲すべし。

第五條　本會の總會は中央民訓部の直接指導を受け、並に內政部の監督を受く。省市分會は總會の指導を承け、縣分會は省分會の指導を承け、並に各當地の省市縣の黨政機關の指導と監督を受く。

第六條　省市分會は中國佛教會某々省、或は某々市分會と稱すべし。縣分會は中國佛教會某々省某々縣分會と稱すべし。其印章は各總會より製して送り、資を一律、鄭重ならしむべし。

第七條　總分會及び各分會間の往復公書は均しく封書

を以て之を行ふべし。

## 第二章　會　務

第八條　本會の會務は左の如し。

(一)教規の整理と施行、及び僧尼の教化と約束。

(二)教義を宣揚し、人心を導正し、教徒を聯合し以て共に法の爲めに利生興教、福國を謀ること。

(三)各種の佛教に合せざる陋習迷信、邪行異説を取締り、並に糾正し、及び僧俗教徒を佛の正法、信解修習に依つて指導し、純潔、完美、光明正大の人格を養成すること。

(四)寺庵、教産、法物、及び名勝古跡の管理と保存。

(五)寺庵教産及び僧尼の登記、調査と統計。

(六)寺庵及び僧尼の一切の糾紛爭議の調解、(調解規則は別に之を定む)

(七)出版並に佛教に關する各種の刊行物及び寫眞、レコード等を攝製する等。

(八)高初級の男女佛學院、佛學研究所、圖書館及び各級僧尼補習學校を創辦し、以て僧尼の優良高尙なる智識德行及び宏法傳教の能力、自治利他の精神を養成す。



(九)慈幼院、義務(慈善)小學、婦孺及び貧兒孤兒教養院、養老院、殘廢院、感化院、施診所、療養院、公墓及び其他各種の慈善公益事業を辦理す。

(十)僧尼の修學以外に、教旨に合したる生産と勞作に從事することを提唱し、以て僧尼の生活を改善すること。

第九條　各地の叢林は、省市分會理事會を通過し、總會の許可を經るにあらざれば、絕對に任意に傳戒するを得ず。傳戒の期間は短くも百五十日より少きを得ず。並に總會より選びて具戒既に十年に滿つる智德兼備の大德三乃至七人の訓導員を派し、指導訓悔に赴いた訓導員は、傳戒、儀制、教學の方法等に對して失當と認めたる時は隨時に指導糾正を加へることを得。

戒を求める人は、佛教に對して相當の認識、眞誠の志願、修學あり、並に法律上成年に達し、省市縣分會から求戒の許可證を受取つてゐる者にあらざれば比丘、比丘尼戒を受具することを得ず。

訓導員は求戒人に對して、隨時に訓誨教導を加へ、同戒期內各高級僧職と會し、之を抽調考查し、若し不合格と認める者あらば、これを剃度の本師に返して訓誨し、半年の後を俟つて確實に進境あらば具足戒を許すべし。戒期終了後、各職僧と訓導員から經過の狀態、及び新戒名錄と各新戒の返却した求戒許可證を連ね、分會に彙陳し、轉陳して案に備へ、並に會刊に公告すべし。

規模宏偉、整肅の律宗叢林にして、若し經費の不足する時は、訓導員連名の證明に由つて總會及び省分會に請求せば、情狀を酌量してこれを補助すべし。

第十條　各市縣分會は、隨時理監事或は候補理監事を推派し、或は幹事は所轄各寺庵に赴き、少くも每季一回考查視察すべし、省分會は派員して各縣分會、及び各寺庵に赴き、少くも每半年に一回考查視察すべし。若し調べて糾正改善を行ふべき處あらば、即ち善く指示勸導し並に實情を分會に報告すべし。猶ほ會員中に會章第二六條の各項に違反せる者あらば、直ちに法に依つて檢擧し、容情放任し、姑息にして公を害することを得ず。必要の時は總會より隨時派員して各



級分會、及び各寺庵に赴きこれを考查視察することを得。

各級の分會、及び各寺庵の負責者は、視察人員に對して極力便宜を與へ、查詢に遇はゞ必ず詳細に實際を答へ或は閱覽に供すべし。若し拒絕推諉、隱匿、朦混等の情事あらば、查明を經て直ちに嚴重なる處分を與ふべし。視察員の查詢の時は、必ず正を守りて阿らず、謙和にして禮あるべし。若し勢に倚りて妄爲し、理由も無く取り鬧ぎ、或は其他の不法のこと、及び不實の報告をせし者あらば、各分會或は寺庵の負責から書面を得て之を檢し、查明を經てその實に屬する者は嚴重に議處すべし。

第十一條　各市縣分會は、二ヶ月每に一回會務の報告書を提出し、一切の決議案と會務の進行、及び本區域內所辦の事業、及び寺庵僧尼の最近狀況視察の結果を、詳細に上級に報告すべし。

各省分會は每三ヶ月に一回、全省會務の報告を彙編して總會報告すべし、總會からは中國佛教年鑑を彙編し、每年四月末以前に之を公布す。均しく遲延するを得ず。

第十二條　各分會が急際疑難に逢着し、或は重大問題に遭ひ、理事會の意見岐れて解決する能はざることある時は、隨時上級に報告し、上級は事情に依つて明白に指示し、或は援助を加へ、責任を轉化して延引することを得ず。

第十三條　總會は毎旬一回會刊を出版し、一切の佛教に關する評論、公文、會員の意見、各地の情報時事、寺庵と會員情況、及び總分會の重要會務を記載し、及び各種の行ふべき公告の事宜を刊佈す。時期に應じて各級分會に送り、以て消息を通じ、共に宏法昌教、會務の推進を期す。

## 第三章　會　員

第十四條　凡そ中華民國の國籍あり、法律上成年の僧尼は一律加入して本會々員となす。

第十五條　會員は各人の年會費一圓、入會時に及び入會證を受取る時一回にこれを支拂ふべし。其の支拂の力なき時は、所住の寺庵の住持より負責してこれを納むべく、その責任を譲ることを得ず。

第十六條　會員の入會時は、各入會登記書に記載申請すべし。同式を三枚、各本人最近の寫眞二寸半身



を一枚貼り、所有名號、籍貫、年齡、剃度受戒の時日、地點、本師の名號、在俗時の學業程度と、職業技能、及び出家發心の因緣、出家後の修學略歷及び現住寺庵の名稱及び地點、住持の名號等の項を各詳に記入し、簡略するを得ず。之に署名捺印して會費の納付と共に、別に同樣の寫眞一枚を附し、所住の寺庵住持に由つて書末に署名押印し、所在地の市縣分會に送りて登記を申請し、入會證を領取すべし。

前項の入會登記書は、各市縣分會に由つて、總會規定の大小格式に照し、印刷して各寺庵の住持に送り、又は各寺庵の住持は所在地の分會に赴きこれを領取し、記入して分會に送り、分會よりは一部を註記して保存し査に備へ、二部を省分會に送り、省分會に一分を註記して保存し、一分を總會に彙送し註記して案に備ふ。若し所在地分會が市分會なる時は二分を註記して保存し、一分を直接總會に送るべし。

第十七條　各寺庵住持僧尼入會の時は、入會登記申請書以外に、同時に寺庵登記書を記載して出すべし、同式は三部、所有寺庵の名稱、地址、占地の坪數、房屋の坪數、建築及び重修の年月、財產の計數、毎年各種の收入、及び支拂總約數、現住僧尼の人數、住持の名號、任職の年月等の項を各事實に從つて詳細に明記して妄報するを得ず並に寺庵の印彖、住持の印章を加ふべし。若しも住持の名を換へ、或は房屋、財產及び年收支總數に、大なる增減變更ある時は、直ちに其地の分會に報告し、上級に轉報し分別して案に備ふべし。猶ほ住持にして記入して出すことを拒絕し、或は人を擧げて查明を經る時隱匿朦混し、記載に不實なるものは、直ちに其地分會より上級に陳報し該住持を撤換、並に嚴重に懲處せらるべし。

前項の寺庵登記書は、市縣分會より總會規定の大小格式に照して印刷し、各寺庵住持、或は各住持から其地の分會に赴きてこれを領取し、分會に填送してより、分會に一部を註記保存し、二部を省分會に送り、省分會に一部を註冊保存して一部を總會に彙送し總會に註冊案に備へ、若し其地が市分會ならば二部を註冊保存して一部を直ちに總會に彙送すべし。



第十八條　會員入會證は總會より印製し、省市を以て單位として編號を分ち、總會の印を捺して各市分會に交附し、入會登記申請書及び會費を收受してより、各寺庵住持に轉交し、各會員に轉給して收めしむべし。所有會員の名號、年齡、籍貫、剃度、受戒の時日、地點、本師の名號、現住寺庵の名稱、地點、及び發給時日等の項を、各分會より詳細に明記し、並に該會員原附の二寸半身の寫眞をその上に貼り、更に分會の鋼印、正副理事長の印章を蓋し以て鄭重を示すべし。

第十九條　入會證の有效期間は一年となし、期滿つれば直ちに住持は責任を以て該會員を督促して會費を拂込み、舊證を返し新證を受取るべし。證を換へる時は舊證に據つて處理し、新に登記書を書くに及ばず。但し本人の二寸の寫眞二枚送るり、新會員證及び會員簿に貼付すべし。

期間を過ぎても新證と取り換へざる者は、一月毎に罰金一圓に處し、本人と住持各半分宛の負擔とす。本人無力にて拂込み得ざる時は、住持代つて拂込むべく責任を回避するを得ず。

第二十條　市縣分會は新證を換給せし後、舊證の分會名

稱、及び新舊會證の號數と發給時日、現住寺庵の名稱、地點等を記入して交付し、各〻會員簿上に詳細註記し、清冊を作製し、舊證と一緒に上級に送り、總會に轉報し、註釋して備考とすべし。

第廿一條　全國各地大小寺庵の住持、及び居住人は、僧尼に限るべし。たゞ本會に加入して入會證を領取し、正式僧尼の資格を取得するに非ざれば絕對に充任するを得ず。

各寺庵の住持及び寺庵に居住する男女居士、修學研習、或は靜養の爲めに寺庵に來りて居住して二ヶ月以上に至る者は、住持より責任を持つて其地の分會に報告して査に備ふべし。各外來僧尼に對し住持はその入會證を取調ぶべし。而して入會證無きか、或は有るも已に期間を過ぎて失効の者は容留を拒絕するか、或は其の來歷を詳細に調査して、直ちに登記書に記載せしめ、一緒に會費及び寫眞を添へて其地の分會に送り入會を申請すべし。然らざる時は違犯會章論に照して嚴重なる處分を住持に予ふべし。猶ほ本人が堅く入會を拒絕し、住持及び其他の分會責任者より再度勸導して効無き者は、分會より黨政機關に願ひ出をし、強制して寺庵を離脫せしめ、並に上級に報告備案し、會刊に之を公告すべし。

第廿二新　剃度の僧尼は剃髮の後、住持及び本師等責任者より、登記書に記入せしめ、其地の分會に送りて常務理事會の審査を請はしむべし。必要の時は本人を會に出頭せしめて察看、詢問し、常務理事會の通過を經て許可求戒證を發給し、求戒に行くことを許し、並に會務報告に加へ、その比丘、比丘尼戒を受けし後を待ち、再び註記して入會證を發給す。その不合格と認むる者は理由を說明して登記書を返却し、求戒許可證を拒絕し、或はその本師に返して重く訓諭せしめ、半年後を規定して再び申請登記を許すことを得。

前項の許可求戒證は總會の規定格式に依るべし發給の時は求戒人の履歷を詳細に開明し、正副理事長及び常務理事一人に由つて、連署押印並に分會印章を加蓋して合法となすべし。

第廿三條　會員の死亡、或は還俗の請求に遇ふ時は、該員所住の寺庵の住持の責任に由つて、即刻其地



分會に報告すべし。（死亡或は還俗者が住持なる時は、本寺庵の有職僧尼の責任に由つてすべし）その會證を返却し、會籍を抹消し、並に之を公刊に公告すべし。

第廿四條　會員の義務は左の如し

（一）教規の遵守と本會一切の會則、議決案、及び指導勸勉は、後の受戒者も共に遵守すべく、住持に充任する者は責任を以て本寺庵の會員を敎化督促し、一體に之を遵守すべし。

（二）修持に精進し、衆徒を敎化し、僧俗信徒を化導し、並に依法に修持して教義を宣揚し、宏法利生して以て自覺覺他を期すべし。

（三）本會及び經營のあらゆる敎育、慈善、公益の事業の爲め服務に努力し、會則第二十六條の各項に違反の會員は、事實に據つて檢擧し、以て敎規を整理し、僧德を提高し、會務を增進せんことを期すべし。

（四）規則に遵ひて會費を納め、住持に充任する者は責任を以て寺庵常年の捐金（納付金）を納め時別寄附を募る時は各〻力を盡して施助し、代募に努むべし。

第廿五條　會員の權利左の如し

（一）選擧權及び被選擧權、但し被選擧權は比丘比丘尼戒を具足して已に三年に滿つる者に限る。

（二）國内の各地寺庵に居住し、徒を收めて傳法し、住持に充任することを得。

（三）本住庵內或は其他の寺庵の僧尼と糾紛爭議を發生せし時は、本會に調解を申請することを得。

（四）寺庵或は本人が、外界より非法の侵害を受けたる時、或は不可避的非常危難變禍に遭遇し、重大なる困難を感ぜし時は本會に申請して援助或は救濟を申請することを得。

第廿六條　本會員に左の事柄の一ある者は、總分會所派の指導視察員より、或は會員及び檀信徒三人以上聯名して責に任じ、書面にて之を檢擧することを得。

一度取調べを經て事實に屬する時は、即ち會刊に公告して會籍を除き、僧尼の資格を取り消すべし、その初犯にて情狀比較的輕き者は其地の分會監事會の決議に依つて上級の備案に呈し、予ふるに「當衆懺悔」を以てし、及び選擧權被選擧權を停止し、又は傳法收徒、充任住持の權

を一年乃至三年の處分に附し、その改過自ら新ならしむことを得。

（一）三民主義に違反せる言論、及び行爲の顯著なるもの。

（二）教旨に違反して本教に危害を加へ、或は本會一切の規則と決議案を破壞し、及び會員の盡すべき義務を絕對に盡さず、或は故意に會務の進行を妨害せし、顯著なる言論及び行爲ある者。

（三）國家の法律に違反して刑事處分を受けし者。

（四）受けし各種の戒律中重戒を破犯せし者。

（五）賭博等不良なる嗜好に染り、或は品性暴劣、態度狩獷、言行乖謬、擧止放蕩にして過を知りて改めず、甘じて下劣に趨り、本會の名譽及び僧尼の人格を損ずる所ある者。

（六）個人或は人と通謀して、寺產法物を賣買或は抵當にし、及び私に不正を働き、總分會或は寺庵公衆の財物を侵占或は濫用せし者。

（七）徒衆に對して善からぬ教誨訓導をなし、猥に凌虐をなし、その身體を傷害或は其の自由を剝奪したる者。

（八）師長住持或は總分會所派の指導視察員に對して



公然侮辱し、欺詐瞞慢、理由なく抗拒し、故意に違逆して善言の教誨、合法の指導を聽かざる者。

（九）不實を檢擧して、顯然として誣告し、虛しく他人を陷害せんと圖りし者。

第廿七條　會員會籍を除名するには、まさに其地の分會監事會の通過を經て、上級監事會の認可に由つて行ふべし。上級に懷疑ある時は、監事を派して徹底調査し、或は重ねて議することを得。

被除名人に不服ある時は、半ケ月內に於て不服理由書を具し、上級の再議を申請することを得總會の監事會議決を經るを以て最後の定案となす。

各分會が所屬會員に對し、前條各項の事柄を犯す者あるも未だ覺らず、上級に由つて直接覺察せし者は、上級監事會に由つて議決し、該會員の會籍を除名し、同時に當該地の分會全體理監事に書面を以て申誡を予ふることを得。

第廿八條　凡そ會籍を除かれる者は、若し能く悔過誓願の書を立て、會員十人以上から書面を出して聯帶保證をするならば、當該地分會理監事聯席會議の通過、上級の認可を經てその入會を許すべし。但し三年內に一處に定居し、分會より隨時人を派して査察すべし。此の期間內にありてはその選擧權、被選擧權、及び收徒の傳法、充任住持の權を停止し、專心懺悔せしむべし。倘ほ三年內に、改悛の狀を見ざれば、査明の後除名すべし。二度の除名を經し者は、永遠に再び僧尼となり、入會を申請することを許さず。

## 第四章　代表大會

第廿九條　本會の代表大會は分ちて下列四種となす。

（一）全國代表大會。

（二）省代表大會。

（三）市代表大會。

（四）縣代表大會。

第三十條　全國代表大會出席代表は、總會理監事及び候補理監事は當然代表となる外、省市代表大會に由つてこれを選擧すべし。毎一省市分會の會員數二千以下の者は代表五人、一千人を增す毎に一人を加ふるを得。但し一省は多くも三十人を超過するを得ず。各市は十人を超過するを得ず。



第卅一條　全國代表大會は三年毎に一回擧行し、總會の理事會に由つてこれを召集す。必要の時に隨時に總會の理事會、或は監事會、或は理監事聯席會議の決議、或は全國各省市分會の四分の一以上或は各縣分會十分の一以上の聯合請求を經て臨時會を召集することを得。

前項の代表大會の召集は、開會の四ケ月前に於て會刊にこれを公告すべし。各省市分會出席代表の履歷、及び提案は開會前一ケ月に於て總會に送達すべし。

第卅二條　省代表大會出席の代表は、該省分會の理監事及び候補理監事が、當然代表となる外に、所屬各縣代會に由つてこれを選擧すべし。毎一縣分會に會員五百名に滿つる者は、選擧代表五名、五百人以上は二百人を加ふる毎に代表一人を增す事を得。但し毎一分會所選の代表は、多くも十五人を超過するを得ず。

第三三條　省代表大會は、三年毎に一回、各該省分會理事會に由つてこれを召集す。必要の時は、理事會或は監事會、或は理監事聯席會議の決議、或は全省縣分會四分の一以上の聯合請求を經て臨時會を召集することを得。

前項代表會の召集は、開會の二ケ月前に總會に報告して派員の指導を請ひ、並に會刊に公告して通知すべし。所屬各縣分會、市分會の出席すべき代表の履歷、及び提案は會期前二旬に省分會に送達すべし。

第三四條　市縣代表大會の出席代表は、各該市縣分會の理監事及び候補理監事の當然代表となることの外、所轄寺庵を以て單位とし、會員に由つて直接之を選擧すべし。一寺庵居住三人以上十人以下の者は、代表一人を選擧し十人以上は十人を增す每に代表一人を加へ、五十人以上は二十人を增す每に、一人を加へ、百五十人以上五十人を增す每に、一人を加ふべし。但し每一寺庵所選の代表は、多くも十五人を超過することを得ず。

第三五條　市縣代表大會は均しく每年一回、各該市縣分會理事會に由つて之を召集す。必要の時は各理事會或は、監事會、或は理監事聯席會議の決議或は所屬會員五分の一以上の聯名請求を經て臨時會を召集することを得。

前項の代表大會の召集は、開會の一ケ月前に上級に報告し、派員指導を請ひ、並に會刊に於て之を公告し、同時に書面にて寺庵の住持に通知し、各會員推選の代表に知らしむべし。各寺庵の住持は、各選擧人名表、及び當選出席代表の履歷と提案を會期の十日前に總會に送達すべし。

第三六條　各級分會は、非常事故に遇ひ、或は理監事會に非法瀆職の事柄あり、本教に危害あり、會務進行に障碍を來す時は、上級理監事聯席會議の決議に由つて、派員を出張せしめ臨時代表大會を召集し、之を解決することを得。

第三七條　各級代表大會開會の時は、何れも代表の三分の二、以上出席の報ありて開くべく、その議決案は出席人數の五分の三以上の通過を以て有効となす。

第三八條　各級の代表大會開會の時は、均しく先に政黨機關に呈報して派員の指導を請ふべし。

第三九條　各級代表大會開會の時に、正副理事長の主席となる外、出席代表に由つて三人乃至九人を再び互選し、主席團を合組して會議を主持すべし。

第四〇條　全國代表大會の決議案、及び理監事選擧の結



果は、閉會後十日以內に中央黨政機關の備案に呈報すべし。省市縣代表大會の決議案及び理監事選擧の結果は、各々省縣市黨政機關、及び上級に呈報して案に備へ、並に會刊に之を公佈すべし。

第四一條　各級代表大會の出席代表の當選は、均しく同時に兩分會、或は兩寺庵の代表たるを得ず。代表出席の旅費は、各々代表する所の省市分會或は寺庵に由つて之を負擔すべし。各代表受領の後、均して實費に從つて各々該分會或は寺庵の正當なる支拂をなすべし。

第四二條　總會の理事會は理事四十九人、候補理事三十三人を以て之を組織す。並に正副理事長各一人、常務理事十七人、を互選して常務理事會を組織す。

省分會の理事會は理事二十七人、候補理事十九人を以て之を組織し、正副理事長各一人、常務理事九人を互選して常務理事會を組織す。

市縣分會理事會は理事十五人、候補理事十一人を以て之を組織し、正副理事長各一人、常務理事五人を互選して常務理事會を組織す。

區支會は幹事會を設くることを得。支會々員より選擧し、幹事九人を以て組織し、並に總幹事一人を互推し、支會一切の會務を負責主持す。

第四三條　總會の理事會は全國代表大會に對して大會各項の議決案を執行し、一切の會務を處理し、各省市分會々務の推進を督促すべし。並に計畫を統籌し、各種の宏法昌敎の事案を行ひ應に革むべき事宜を興すべし。

第四四條　各級分會理事會は、各該代表大會に對し、責を負ひて大會各項の決議案を執行し、一切會務を處理し、上級の決議案を奉じて行ひ、所轄分會或は寺庵を督促して會務を推進すべし。並に各種の宏法昌敎を籌辨し、革むべき事宜を興すべし。

第四五條　總分會常務理事會は、各々該理事會に對して負責し、議決を執行して各案を處辨し、並に日常一切の會務を處理すべし。

第四六條　總會理事會は每四ケ月に常例會議を一回開き、會期前一月に於て之を通知すべし。省分會理事會は每三ケ月常時一回開會して、會期の廿日前

に之を通知すべし。市縣分會理事會は隔月常會を開き、會期十日前に之を通知すべし。必要の時は各常務、理事會の決議或は全體理事の四分の一以上、或は全體監事の過半數以上之を建議したる時、臨時會を召集す。

重大事故に遇ひし時は、常務理事の決議、或は全體理事の三分の一、或は全體監事過半數の建議に由つて、理監事臨席會議を召集することを得

第四七條　總分會の常務理事會は、均しく每旬一回の常例會を開き、必要の時は隨時に臨時會を召集することを得。常務理事會を開會の時、其他の理監事は均しく列席、議に與ることを得。但し表決權無し。

第四八條　總分會の常務理事會、理事會、及び理監事聯席會議の時は、均しく理事長を以て主席となす。理事長病或は事故ありて缺席せる時は副理事長之に代り、副理事長も同時に缺席の時は、常務理事中より互選して之に任ず。

第四九條　總分會理事會は、辦事の必要に因つて左の三組を設くることを得。

一　(總務組)文書、記錄、會計、庶務、受け渡し及び文書等の保管、及び其他々組に屬せざる一切の事務を辦理す。

二　(教務組)組織及び寺庵僧尼の管理、訓化、登記調査、統計、及び教規、教產の整理、並に指導視察等一切の事務を辦理す。

三　(服務組)各種の教育、慈善、公益事業、及び編輯刊行、及び教義宣揚宏法利生等一切の事務を辦理す。

第五十條　各組に組長一人を設け、正副理事長、或は常務理事之を兼任し、副組長は一人或は二人とし、常務理事、理事或は候補理事に由つて之を兼任す。並に事務の繁簡を視、理事會の議決を經て每組に二或は三の係を置くことを得。每係に主任一人を設け、常務理事或は候補理事之を兼任す。必要の時は、各常務理事會の提議、理事會の議決を經て、幹事若干人を聘し、一切の事務を助辦することを得。幹事の人選は會員を以て限りとなし、その人員及び手當は、均しく理事會に由つて之を酌定す。

第五一條　總分會所辦の一切の教育、慈善、公益事業の主管人は、各々理監事或は候補理監事に由つて之を兼任すべし。其他の各教職員及び辦事員は、均しく會員を聘して充任するを以て原則となし、必要の時は三皈戒以上を受けたる男女居士を聘すことを得。その人選及び手當は各理事會に由つて之を酌定す。

第五二條　總分會は各理事會の決議を經て、三皈を受け護法に熱心、佛教に對して相當の貢獻を有する、男女居士を請ひ聘して護法と爲し、理事會及び代表大會に列席し、會務進行に協助することを得。聘を受けたる者は、會費の納附を要せず、その自ら樂助を願ふ者の意に隨ふ。

第五三條　總會監事會は、監事二十九人、候補監事十五人を以て之を組織し、並に五人を互推して常駐監事となす。

省分會の監事會は監事十七人、候補監事は九人を以て之を組織し、三人を互推して常駐監事となす。

市縣分會監事會は監事九人、候補監事五人を以て之を組織し、三人を互推して、常駐監事となす。

第五四條　監事會の職權左の如し

(一)常務理事會、理事會に列席して、各項の決議案の執行、及び會務の推進を監察す。

(二)會內及び所屬各分會、各寺庵、及び所辦事業の收支を監督し、精細に調査す。

(三)所屬各寺庵、各會員間の一切の糾紛爭議を調解す。

(四)所屬會員の會則違反者の懲戒。

第五五條　總分會の監事會に於ける會期、及び期前の通知等は、均しく四十六條理事會開會の規定に照して辦理し、必要の時は常駐監事より臨時會を召集することを得。會議の時は、常駐監事の一人を互推して主席となすべし。並に正副理事長及び各常務理事に通知して列席することを得べし。

第五六條　總分會の理監事各種會議は、均しく過半數の出席によつて開議することを得。その議決案は均しく出席人數の過半數の通過を以て有効とす。可否同數の時は主席に於て之を決す。

第五七條　總會の理監事は全國代表大會に由つて之を選舉す。省分會理事は省代表大會に由つて之を選

擧し、任期は均しく三年となす。各市縣分會の理監事は、各該市縣代表大會に由つて之を選擧し、任期は均しく一年となすも再選による重任を妨げず。選擧方法は均しく記名投票式を用ひ當選人は概ね出席代表を以て限りと爲さず。但し一人が同時に兩會の正副理事長或は常務理事常駐監事に當選するを得ず。省市分會理監事、其他省市理監事を兼任するを得ず。市縣分會の理監事はその他の市縣分會の理監事を兼任するを得ず。以て系統を明にして責任を專にせしむ。

第五八條　總分會の正副理事長、及び常務理事、常駐理事が、事故或は病に因つて缺けたる時は、各該理監事會に由つて理監事中より、別に之を選ぶべし。理監事に缺員を生ずる時は候補監事中より、票數の多少に依り遞次之を補ふべし。

第五九條　理監事は任意に辭職するを得ず、又故無くして出席すべき會議を缺席することを得ず、事故或は病に因つて出席する能はざる時は、書面を以て屆出で、又各々職務に應じ、分別して列席の候補理監事代表に出席を委托すべし。常務理監事が常務會議に出席不能の時は列席の理監事代表に出席を委托すべし。但し、一人にて同時に兩人を代表することを得ず。

若し在任中、故無くして出席せざること、出席すべき會議の三回に及ぶものは、會則違反の責職を以て論じ、各該代表大會に由つて嚴重議處せらるべし。

第六十條　總分會正副理事長、及び常務理事、及び常駐監事は、各々會所に常駐して一切を主持すべし。會より膳、宿を給する外、各人は毎月手當を二元より二十圓適宜支給することを得、各々該代表大會によつて分別して之を決定す。

公務にて外出する時は舟車旅費を支給することを得。その他理監事及び候補理監事が、事實上の必要に因つて長期に亘つて會に留り服務する者にも、亦手當を支給するを得。

駐會せざる理監事が、總會、理監事各種の會議に出席する時の所有旅費は、各々該理監事現住寺庵の隷屬せる省市分會が之を負擔す。省分會に出席する者は、各縣分會に由つて之を負擔し、市縣分會に出席する者は、各該理監事所住の寺庵之を負擔す。各出席理監事は受領の後、實際收支を詳細報告し、各該分會或は寺庵の正當な支出となす。

第六一條　總分會理監事にして章程第二十六條各項の一を違犯したる者は、應に會員と同等の處分を受くべし。若し違法に瀆職し、會務に對し私見を懐きて不當に處置し、或は之を回避して責任を果さざる時は、各々該代表大會に由つて彈劾を提出し、以て嚴重なる處分を予ふることを得。代表大會の決議を經、會則第二十六條の規定に照して會籍を除かれし者は、再議を申請することを得ず。

## 第六章　經　濟

第六二條　本會一切の會務、及び各種事業を辨理する經費は、以下各項の收入を以て之に充つ。

（一）會員會費。

（二）寺庵の常年捐（納付金）

（三）特別捐（寄附）

第六三條　前條第二項に稱する所の寺庵の常年納付金は各寺庵所有の各種產業、佛寺功德の布施、及び其他一切の收入總額に應じて之を徵收す。その納附額は一ヶ年の收入二百圓以下の寺庵はは之を免除する外、年收二百圓以上の者は千分の五一千圓以上の者は百分の一、二千五百圓以上の者は百分の二、五千圓以上の者は百分の三、七千圓以上の者は百分の四一萬圓以上の者は百分の五、一萬圓以上は一萬圓を增す每に百分の一を遞增し、六萬圓以上は二萬圓を增す每に百分の一を遞增し、百分の十五を以て最高額となすべし。その收入は各寺庵の一年間に受取りたる各種の款項總數を以て計算し、先づその中にありしものは何でも支拂を除くことを得ざるべし。

前項常年納付金は、各寺庵住持より每年總結算期後一ヶ月以內に負責して遲滯なく準備すべし。各市縣分會より所轄各寺庵に派員し一回に之を徵收す。若し事故に托して拒絕し、或は支拂を遲延し、分會が三回之を徵收して納めざる者は直ちに上級に呈報すべし。該寺庵の住持を撤換し、且つ嚴重なる懲罰に處せらるべし。

第六四條　各寺庵の收支勘定は、應に會員に對しては絕對公開たるべく、每年の總結算期後二十日以內に、簡明確實なる收支報告を作り、住持及び會理出納者により負責捺印し、其地の市縣分會に送るべし。期を越えて報告を送らざる者は、十日間を過ぎる毎に、納むべき常年納付金に罰金を加徴すべし。期を一ヶ月過ぎる者は直ちに上級に報告し、住持を撤換し以て懲處せらるべし。各其地の分會は總決算期後、一個月半內に總收入報告書を編し、上級に報告すべし。期を過ぎて未だ送らざる時は上級より督促し、遲延一ヶ月に及ぶものは上級よりこれを申誡し、遲延二ヶ月以上に及んでも未だ送附の者は、上級より派員出張してこれを整理すべし。全國收支總報告は、總會に由つて彙編し、毎年六月末以前に會員に對してこれを公佈す。

第六五條　總分會は均しく隨時に、所轄の各分會、各寺庵に派員を分派し、其の一切の帳簿を調査することを得。若し調査が報告と符合せず、或は隱若、朦混、虛浮不實の事柄あらば、即ち總分會に報告して、負責の者に最も嚴重なる處分を予ふ。

第六六條　總分會及び各所辦事業の決算は、各監事より隨時調査する外、各級代表大會開會の時に於て原任理監事にあらざる代表五人、乃至九人を公推し、臨時監査委員會を組織して詳細に調査し、その結果を大會に報告し、大會に由つてこれを公決すべし。

第六七條　會員の會費及び寺庵の常年納付金の兩項の收入は、之を徵收した市縣分會に於て十分の六を留めて會務、及び一切の事業經費に充當すべしその殘りの十分の四を市分會は直ちに總會に送りて納付し、縣分會はこれを省分會に送り、省分會はその半數を以て經費に充て、半數を總會に送るべし。

第六八條　各級分會、及び各寺庵の經營せる各種の教育慈善、公益事業の、相當の成績を具有するものにして經費の足らざる時、或は規模整肅、道風卓著にして、免るべからざる災禍に遇ひ、或は特殊の事變に由つて經濟上重大なる困難に陷りし時、均しく詳細に一切を陳明して上級派員の調査を請ひ、總會及び省分會よりこれが補助支出の法を設くることを得。必要時は、各省市分會理監事聯席會議の決議に由つて、總會の許可を經て、或は總會の理監事聯席會議の決議に由つて、各寺庵、各會員、各擁護及び各界に向つて特別寄附を募集することを得、その寄附帳及び領收證は、均しく總會より印刷發行し、決算の際所有寄附帳及び領收書の控へを總會に返濟して燒き捨て、頗る鄭重に扱ひ寄附金を受取りし後並に隨時に會刊にこれを公告すべし。

### 第七章　附則

第六九條　本章程修改增刪は、應に全國代表大會十分の一以上の提議に由つて、四分の三以上の贊成にて通過したる後中央民訓部の許可を受くべし。

第七十條　本章は公佈の日よりこれを施行す。

# 中國佛教會章程草案要點說明

## 一　組織分子を僧尼に限り僧は必ず入會の規定

本案最大の修正點は、全國僧尼を以て佛教會を組織すべき規定としたことである。

凡そ僧尼に屬するものは必ず會員として加入することし、且つ在家居士は只だ聘せられて擁護となり、會議に列席して會の進行を協助することは出來るが、入會して僧尼と同等の會員資格を得ることは絕對に出來ない。此らした規定は決して僧侶の自由を剝奪せず、居士の權利を完全に佛教會前途の利益の爲めのみに着想したものである。蓋し佛教會は教務執行の機關であり、佛學會の研究修學の團體とは、性質が根本から異る。僧尼は既に佛教の基本分子で、自然一律加入して團結に資し、分裂を免るべきである。若し入會と否とを各自の自由にさせたら教規は尙ほ整理に從はず、會務は進行し難い。只だ會の爲めに不利なばかりでなく、僧尼の爲めにも佛教の爲めにも不利である。居士に至つては猶ほ親戚近隣の如きもので、此の家に事あらば固より袖手傍觀すべきではないが、併し、單に傍から協力するべきであつて、決して僧尼としての主人となることは出來ぬ。僧尼と同等の會員の資格に處することは、主客顚倒で越俎の嫌がある。即ち佛制から言ふも、在家の一衆は僧尼より別になつてあるのであつて、會員と同等の資格を以て理監事に當選し僧尼を約束し、僧尼を教化し、僧尼本身を處分することがどうして容さるべきであらうか。況や僧俗の地位及び資格は既に異り、權利義務も亦自ら不同である。而も管理、約束、懲戒等々は、各分の限界尤も困難で、その混淆、侵犯の爲め誤解や障碍を生ぜしめないと言ふことは不可能である。故に居士の入會を聽しても、事實上居士自らに於ても無益であり、會の爲めにも僧尼の爲めにも有害無益である。居士に愛護佛教の心あり、若し佛教會に居士の協助を欲するならば、則ち擁護の一條あり、會務の進行に對して補救するに足りて、何等の困難を生ずることはない。

## 二　縣分會々員最低限制の規定

縣分會の範圍小と雖も、實は會の基礎を爲し、會員人數過少なれば人材、經濟共に問題となり、又力も薄弱で會務は發展し難い。且つ江西、浙江、湖南等の省から言へば、各縣僧尼の人數は平均五百人を下らず、依つて規定を五百人とし、その數に及ばざる縣は一縣或は數縣を合しこれを組織すれば、會務進行及び系統に支障を來さない。

## 三　各級代表と理監事、人數支配と產生方法、會議の法定人數の規定

現行の章程は上列各點の規定に關して、最も妥當、完全を缺いでゐる所で、省分會の取消しは最も考慮を失したものである。凡そ一總會が、全國千餘の市縣分會を直接指揮監督し、全國十數萬の寺庵、數十萬の僧尼を管理すると言ふことは、確に不可能の事實である。

人數支配と生產方法の如きも亦妥當ならず、一會の組織系統で、會議の時に於ける法定人數は最も重要な關係があり、最も注意すべき點である。これが周密、合理なる規定がなければ、未來の紛糾を杜絕し、會務の進展を期することは出來ない。本案は此れに對して精密周到なる考慮を拂ひ、あらゆる規定を務めて比例に求め、法理と實際とに符合せしめた。これを以て現行章程を見れば頗る改善せられ、決して無扞格、矛盾の虞れは無いと思ふ。



## 四　寺庵及び僧尼登記と會員入會手續の規定

彼の天主教、ヤソ教の教堂、會所や、教產、信徒等に對しては皆精確なる調査があり、又日本の佛教も、寺庵僧尼の數目や狀況に關して、一として統計の無いものはないが、我國の佛教徒は、則ち盤上に砂を撒いたやうに漫然として少しも纏まる所がなく、善惡不統一であり、教規は振はない。團結整理を計るためには先づ登記の調査から手を着けねばならない。故に本案は此れに對する規定を詳にした。而して入會證の發給と更新を、尤も入念にした。蓋し流弊を杜絕し、考査に便し、若しも能く規定に照して處理すれば、一年以後は皆統計あり、進退增減判然して管理の組織も自ら嚴密に出來易く、凡百の施設も亦隨つて進行出來る得る端緒となるであらう。

## 五　寺庵管理と僧尼約束の規定

目前寺庵の腐敗、僧尼の墮落は已に多言する必要はないが、これを自ら救はんと欲せば、唯法に依り最も良好有力なる佛教會を組織し、戒律に重きを注ぎ、教規を整理し、僧尼に對して嚴密な管理、整頓、教化の約束を實施し不法の者には懲戒を勵行すべきである。これ佛教會の爲めに最も重要なる任務であり、僧尼が少しでも常識があれば一目能く了解出來得ることであらう。

本案の規定は、責任を負つて寺庵を管理し、僧尼に約束して仕事に携り、視察、考査、指導教化、不法者の懲戒等を均しく僧尼自選の理監事となし、理監事自身も居士でなく亦僧尼としたのである。これは、この規定が實に僧尼の自救を促すばかりでなく、僧尼の自治を提唱したもので、僧尼が少くも再び覺悟し、力めて振作を圖る所がなければ、自ら滅亡を待ち、自殺を圖るやうなものであ自救と自殺とは皆な僧尼自らの態度如何にあるのみである。

## 六　傳戒と新制度僧尼入會の規定

最近百年來、僧尼が佛教に對して至寶としてゐる戒律は、多くは受けるも持せず、甚だしきは公然破犯して一も顧みる無く、且つ受戒多年の僧に、佛法と戒律の內容を詢ねるに、至つて膚淺の理と雖も、亦瞠目して一字も道ふ者がなかつた。之を唐代の度僧に見るに、至つて鄭

重であり、この爲めに高僧輩出して世に重ぜられた。今は則ち悉く自由に任せ、漫然として制限がなく、叢林の傳戒も僅に江西、浙江の兩省で、毎年已に多きは十數回行つてゐるが、期間旣に短く、復は古制に遵はず、訓誨教化を加へず、唯だ營利と代人の燒香を事としてゐる。此のやうな傳戒は、名は人を度すと云つても、實は人を誤り、教を禍し、法を害する事此れより甚だしきはない、若も再び適當な規定をたて戒律の精神を恢復しなければ、獅子身中の虫は日に增し、僧德日に墮ち、教法日に衰へる事となる。此れ佛教徒の特に注意せねばならぬ所である。

## 七　總分會の監督及び寺庵收支の規定

各地の佛教會歷年の收支は、會員に對して能く期に應じて、明確なる報告をした者は少く、而も各住持の寺庵を視る事一つの私有物となつてゐる事は、比々皆然りである。一般の收入豐富で自分勝手の住持は往々にして寺庵の公欵を濫用して任意に浪費し、其の他の僧尼に對しては苛酷の待遇をし、甚だしきに至つては衣食を給せず甘苦勞逸の相去る事、遠く店主の學徒に對するよりも甚だしく、佛教の平等精神と四大皆空の旨を失する事を免れない。住持たる者深夜胸に手を當てゝ考へ、能く其の教主と施主に對して愧ぢざるを得るか。且つ身は佛教會の理幹事及び各寺庵の住持であり、僧尼の領袖たる者、應に如何にして教の爲め、法の爲め信徒の爲めに努力すべきかを考ふべきである。若し徒に地位を利用して産を奪ひ、權を爭ひ、唯名を競ひ利を圖り、單に個人の幸福を圖るならば、則ち此れ貪婪自ら私し獨り叛佛徒、釋迦の罪人であるばかりでなく、又社會を蠹賊する國家の奸民である。凡そ心ある者は應に共に之を拾つべきである。本案は弊害を杜ぐ爲めに計り、總分會及び各寺庵の收支に對して、等しく嚴密の方法を規定し、以て相互の監督に便した。果して能く實行すれば、則ち佛教内部は當にこれより一清されるであらう。

## 八　會費の減低と寺庵の納むべき常年納附金

現行の規定は納費の多寡を以て會員の類別を分けてゐるが、これは殊に當を缺き佛旨に叛いてゐると思ふ。本案の會員規定は一律平等で、會費が多ければ一般僧には負擔する事が出來ないが爲めに、此れを減低して各人の年納一圓とした。比較的妥當であると思ふ。全國五十萬の僧尼を以て計算すれば一年の會費收入は五十萬圓になり、總分會の會務を處理する費用に足り、且つ各分會の收入の高が異るので撥欵補助の規定を設け、不足を補ふて餘裕をあらしめた。教育、慈善、公益の事業費に至つては寺庵の常年納付金及び特別寄附金を以て充當すべく、常年納付金を若し相當の標準で規定しなければ、則ち出すとか出さぬとか、多いとか少いとかについて爭ひが起り易く、納付金が不定ならば經濟が定まらず。一切のなすべき事業は出來難い。以前の佛教會が行つてゐる事業に對して、毫も成績が上らなかつたのも此れが大なる原因を爲してゐるのである。本案の規定した納費の標準は高低適中、確かに各寺庵の能力範圍内にあつて、收支既に監督あり、各方面も又自ら弊害を來さないだらう。目前に全國寺庵の産業を考へ、以て佛寺・功德・香金・布施等の收入に及ぼすと、總數の正確な統計がないとは云へ、少なくとも四千萬圓前後に當る。蓋しこの中で五十萬の僧尼が生存自活してゐるのではあるが、四千萬圓の百分の四は百六十萬圓となり、總會の得べき數は三十二萬圓の收入となり、會費の二成計十萬圓を加へると相當な事業を行ふことが出來る。公衆有用の金を以て、公衆有益の事業を行ふことは、徒らに少數住持の浪費に供するのと、その利害得失は果して如何であらうか。況や佛教は素より慈善、利他を以て本となすも、論者は、僧尼が社會服務の事を知らないのを病弊と考へてゐる。今本案規定の會内と寺庵にて行ふ事業は、皆僧尼の行ふべき所、而して社會に益する所は復た僧尼を益する所である。僧尼が若しも賢智にしてこれを明達すれば、必ずや深く同情を表し、慷慨樂輸、欣々然として、之れが爲めに努力するであらう。

# 中國政府の佛敎に對する態度

## 內政部長訪問記――

葦舫

中央民訓部修訂中國佛教會章程を發表した中國政府の對佛教僧尼に關する內意を知るため、私は法舫法師、李子寬居士と二人で八月三日午後三時內政部長蔣作賓氏を訪問した。その談話の大要を記すこととする。最初法舫法師から

問『中央民訓部修訂佛教會章程案を見ましたか、その御感想はどうですか』

答『草案は既に見た。該案は全國佛教僧尼等に對して頗る良いと思ふ』

問『政府は該草案を眞實に執行する考ですか？』

答『中央では早くから此の佛教整理の決心を持つてゐた。草案は現在では未だ正式に決定してゐないとしても將來は必ず決定し、實行せねばならない。私は佛教僧尼が注意して、千萬蔑視せざるべきことを希望する。中央は草案を發表し、各方面の意見を徴してゐるのであるから意見があればどし／＼發表して政府の參考に供して貰ひ度いと思ふ』

問『部長は一般佛教僧尼の現狀に對し、どんな感想を抱いてゐますか』

答『私は現在の僧尼が救はれる唯一の法は自力をたのみ、他人に依賴しないことであると思ふ。唐代の佛教が隆盛であつたのは僧尼が都て自立の本能を有してゐたからである。當時の僧尼は單に佛教に對してのみでなく、一般社會に通じてゐたので世人の信仰を得ることが出來た。たとへば日本の空海が中國に留學した時、佛教の外に醫學、天文學に通じてゐた。歸國後、文化は彼の手中にあり、教育も政治も彼の手中にあつた。佛教の日本に對する功績は推して知るべしである。唐から降つて滿清に至れば、康熙、乾隆に表面上建寺造像が行はれはしたが、佛教は全く愚民政策に利用せられた。表面は盛なやうでも他力的だつたので優れた學德高僧は出なかつたのである。（中略）日本現在の佛教の隆盛は、明治維新の時に危險なる陶汰を受けたが、幸に當時の僧尼が學識豐富でよく保持したからである。遠くは見ず、單に明治時代の一部執政士大夫も多く佛門から出て居り、且つ各人が僧號を以て榮華としてゐる。これに依つて見るも彼等僧尼の自力にあると言ふべきである。現在中國佛教は、既に帝王の他力無く、又佛教を利用せんとする者も無く、佛教の力が薄弱で、若し自力更生を圖らねば、恐らく社會に生存することは出來ないであらう。何故かと言へば社會は進んで行き、僧尼は退守してゐるからで、かくては當然環境に適應出來ず、環境に順應出來ねば當然生存する能はざるに至るのである。私は可成多くの僧侶を知つてゐるが、只だ自利自欲、環境に應じて衆生利益に盡さうとはしない。これは危險なことで各位の如き智識僧人は特に注意して貰ひたい。要するに、僧尼が速に改善して自力の能力を養はねば、存在が危まれる。又キリスト教の傳教牧師の如きは、醫學にも通じ、社會事業にも熱心であるから一般社會から好感を得てゐるのである。現在の一般僧尼には、佛教以外の學識に通じないばかりか、自分の當然知らねばならぬ佛教に對してさへ知つてはゐないで、その上散漫、懶惰の惡習があり、社會の模範たるに足りない。こんなことで何うして今後の社會に生きることが出來やう。私の感想は非常に多く、過日の大林寺でも講演したが、何れ次の機會に話さう。

問『訓練總監部規定の僧尼の軍事訓練について、僧尼は將來救護隊の訓練を行ふやうにしたら良いと思ふが何うでせう』

答『これは或は可能である。救護工作も必要なことであるから……』

問『現在全國僧寺で僧教育を行つてゐる所は三十餘ヶ處あり、學僧は總計千數百名に達してゐる。政府は特別に之等の僧教育に保護を與へて貰ひたいと思ふ』

答『これは當然保護すべきである。猶ほもつと學院等の僧教育機關を增加して貰ひたい。これは特に太虛大師と各位に希望する所である』

李子寬氏語る『現在中國佛教は、太虛大師が武昌佛學院・閩南佛學院・漢藏教理院等を創辦せられて以來、輩出する人材は最近鎭江の焦山佛學院等各方面に分れて頗る多い。而して彼等は部長のお話に非常に符合してゐる。若し政府が能く僧教育を提唱するならば、三五年後には必ずや良好な成績を見るであらう』と、述べた。（後略）

# 中央民訓部中國佛教會章程草案に對し

太　虛

此の章程の特點を統觀すれば、凡そ僧尼は皆會員となり、僧尼でなければ何人も會員となり、又は佛教寺院に住することが出來ないと言ふ點である。例へば、凡そ辯護士は皆必ず辯護士公會に入り、辯護士でないものは、辯護士公會の會員となり及び辯護士事務所を設けることが出來ない樣なものである。此の如きは佛教を以て職業と見なし、佛教會を以て職業僧尼の職業團體と爲し、佛教寺庵を佛教職業執行の場所としたのに等しく、これを以て一貫した趣旨で、嚴密に組織した職業團體と認めて「佛教僧尼の寺庵」の保護、及び振興の爲めには非常に有益である。然し若しも佛教の信仰を對照として考へれば在家の二衆も亦自ら佛教の徒衆であり、亦佛教會に參加すべきである。然らば宜しくこゝに名を正し「佛教僧寺會」となし、その他の居士組織の佛教正信會等を合組して「佛教會」となすべきである。しかし、此の如きは原案に對して全部變更を要すべく、故に今は原案に隨つて佛教會名を僧寺會と改め、居士等は別に佛教正信會、或は居士公會を組織し、以て佛教會を協助することゝするも、亦たよいやうである。故に今は原案の文句に就て之を考察して見ることゝする。

第一條　中華民國全國佛教僧尼に由つてを「中華民國々籍全國佛教……」と改めたい。一には國籍の字を最初に出して鄭重を示し、二には再び國籍の條文を規定する煩を免れるためである。

第二條　「生民を利濟し社會を福益する」の二句を「福利人生」の一句に改めんとす、語簡にして意通ずるからである。

第三條　この條を「本會を全國總會とし、各省市に於て本會に屬する分會を組設し、僧尼の滿五百人の各縣市に於ては省分會に屬する支會を組設し、その僧尼五百人未滿の縣は、省分會の指導に由つて隣接する若干縣と一支會を合組すべし、但し同じ省に隷屬するものに限る」と改めんとす。三級を稱して本、分、支會とすることは比較的簡便、區支會名山分會は削る。

第四條「本會は首都に設け、分支會は各省市縣政府所在地に設け、其地の寺庵を以て會所と爲すべし」と改めたい。尙ほ中央行政院の屬する市を市分會と稱し省政府の屬する市を市支會と稱す。分會、支會の簡稱は割合に包括されてよい。

以後本、分、支會の名稱は皆此に照して修改す。

(今は逐條列擧しない。)

第七條　全條を附則に移し、六十八條とすべし。

第八條　第八項「高級初級男女佛學院」を改めて「各級佛學苑」とし、第九項「慈幼院」を削る、(慈幼院は貧兒孤兒、教養院であるから)

第九條「直屬分會の理監事會通過を經、及び本會認可の律寺にあらざれば、待戒するを得ず」と改め、又「傳戒期間は短くも半年よりも少きを得ず」とし「規模容偉整肅の律宗叢林」を「規模容偉整律の律寺」と改め、名稱を簡單劃一ならしめたいと思ふ。

第十四條「中華民國々籍」を削り、二字を加入して「應に一律に本會會員となす」と改めたい。

第十五條「入會の時及び入會證を受取る時」を改め「會證を受くるの時」としたいと思ふ。

第十六條「會員入會の時は應に入會登記書に記載申請すべし」を「僧尼が會員資格を取得する時は申請登記書を具すべし」と改め「領取入會證」は「領取會證」と改め、前項の「入會登記」の「入會」の二字を削る。

第十七條「各寺庵住持僧尼が入會する時は入會登記書を申請する外」を「各寺庵住持僧尼の申請登記の時は」と改め度いと思ふ。

第十八條　十九、二十一條の「入會證」を皆會證と改め二十一條の「入會を拒絕す」は「登記して會員となす」と改む。

第十九條「剃度後に」は「剃度前に」と改める。

第二十五條　(一)「已に三年に滿つる者」を改めて「已に五年に滿つる者」とす。律制に依るに「有五年內應依止師住」とあり、尙ほ獨立能力無く以て佛教の事を主辯する意を含む。(二)「及び收徒傳法し住持に充任す」を「但し收徒傳法し、住持に充任するには應に具戒已に十年或は五年の者に限る」と改む。

第二十八條「申請入會を」を「登記して會員となすを」と改む。

第二十九條　四種を三種に改む(一)全國代表大會、市縣の市は行政院及び省政府の市に屬する者を指す。

第三十二條「五百人に滿つる者は選擧代表三人、五百以上三百人に滿つる毎に一人を推すことを得」と改め、又「多くも九人を過ぎるを得ず」と改めんとす。

第三十三條　省代表大會は二年毎に一回と改む。その理由は省會を開くことは國會よりも容易であるからである。

第三十四條　「超過十人」を「十一人」と改めたいと思ふ。

第三十七條　これは「均しく須く代表總額の三分の二以上の報至り、報到代表の三分の二以上の出席ありその出席人數の超過、當然代表の三分の二以上の者あれば、方に開議するを得べし」又出席人數の過半數の通過を以て有效となす」と改め度し。

第三十八條「派員を請ひて指導」の下に「監督」の二字を加ふ。

第三十九條「各級代表大會開會の時は應に主席五人乃至十一人を推定し、主席團を合組して會議を主持すべし」と改め度し。

第四十二條　本會常務理事十七人を十一人に改め度し、分會常務理事九人を七人に改め、支會常務理事五人を三人に改め、區支會を創る。

第四十六條「本會の理事會は每半年に常會を一回開き、分會理事會は四ケ月每に開會し、支會理事會は二ケ月每に一回開會す」と改め度し。

第四十七條　支會常駐監事は一人と改め度し。

第五十二條「會務の進行に協助」の下に「各級代表大會理事會に向つて、佛敎各種の興すべき、革むべき事宜の建議を作す事を得」を加へ度し。

第五十七條「全國代表大會に由つて之を選擧す」の下に「任期三年」を加へ「省代表大會に由つて之を選ぶの下に任期二年（その理由は前に見よ）と改む。

第六十條「手當を六圓乃至二十圓適宜支給することを得」と改め、又「駐會せざる理監事が各級會議に出席する旅費等は應に本會分支會に由つて詳實陳報し





て之を具領す」と改む。

第六十三條「三千圓に滿つる者の納付金は百分の二、六千圓に滿つる者は百分の三、滿一萬圓の者は百分の四、一萬圓以上一萬圓を增す每に百分の一を遞增し、遞增して百分の十五に至つて最高額となす。

第六十八條　第七條を此に移す。

第六十九條　本章程は、全國代表大會の通過に由つて中央民訓部の核准、及び內政部に備案に呈して各省黨政機關より之を公布施行す。

第七十條　本章程の修改增減は、應に全國代表大會出席會大出席代表の十分の二以上の提議、四分の三以上の通過に由つて中央主管機關に呈准し、批准公布して方に效力を發生すべし。

## 圓覺寺的銷夏

禪

鎌倉是爲我舊遊的地方，可是在上一次，雖則領略了點山海風物的美麗，可是仍然覺得未暢所遊的憾！　這夏天，因得齋藤利助氏的介紹，於是和天慧，定勛二弟，復到鎌倉圓覺寺的壽德庵，不覺少住又經月餘，欣快飽餐禪悅山海幽勝的佳味！

該寺是北條時宗，特爲宋僧祖元所造（一二八二）的。考祖元，覺圓，德悟三僧，當時因爲要應時宗的請，便在弘安二年（一二七九）六月至八月裡纔到鎌倉的。

該寺復爲臨濟宗的大本山，鎌倉五山之一，五山除該寺是爲中僧開山外，還有建長，淨智兩寺。

該寺在一山灣的裡頭，復有許多的古杉沈々的把牠祕藏着，白鷺池畔，荷花盛開裡頭，忽被一條鐵路電車橫斷在山門的前面，牠雖和村落隔離得未遠，仍常有慮着隔離塵世太遠！

歸來的日，復承該庵々主寂庵禪師，雅以詩文送別，因是特步他的原韻和之在後：

巧結禪緣法味融，草堂雖小偏空中；只爲心氣相投合，運水煎茶也可風。　原韻云：

清談朝夕意相融，親結法緣草院中；休囑慇懃非他事，更期携手興禪風。

# 中國佛教會史より中央修正案を檢討す

法　舫

## 一、小　言

中國の佛教が印度より傳來して以來、歷代政府の僧俗教徒に對する管理は相當行はれて來たが、教徒方面には組織が無く、ありとしても僅々僧伽內部の「清規」を管理するに過ぎなかつた。民國の肇建後に於て、佛教徒は遂に教團を組織し、以て佛教の宏揚を圖つた。民國以來の中國佛教會を溯つて觀れば三つの時期に分つことが出來る。第一時期は――民國元年から五年に至る間で僧伽が獨立して中心を爲してゐた中華佛教總會である。第二時期は――民國六年から十七年迄で、全國各省各自が個々に進んで行つた無統一の佛教會である。第三の時期は革命以後で、民國十八年より現在に至る間の、僧俗を以て中心とした合組の中國佛教會である。

今の中央民訓部頒布の新規則は、佛教僧尼を監理し、出家衆を以て組織する佛教會で、過去の佛教會とは將に一新時期を劃するものである。蓋し過去の組織は皆吾々の自發的運動と組織であつたが、今のこれは中央の提示したる整理案で、中央は佛教に對して、已に深甚なる認識ある事を示すものと認めざるを得ず、佛教と僧伽の前途の爲めに光明を齎らすものである。

## 二、寺廟管理と中國佛教會小史

民國が出來てから、政府は佛教僧尼の管理に對して「管理寺廟條例」を出した。民國二年五月內務部から「寺廟管理暫行規則」七條を公布した。民國元年李翌灼、歐陽漸等の在家居士が「佛教會」の建立を提唱し、四衆の信士を集合して之を組織した。同時に僧界の大德、天童寺の寄禪和尚、繳治開、清海、諦閑、太虛の諸和尚は、中華民國全體僧界共同の「中華佛教總會」を組織し、章程十三條を作り、佛教事業に於て大いに規劃する所あり一時は各省の僧界群起して「支部」を組織し、極めて活潑な活躍を行つた。政府方面も該會に對して備案を准し幸に全國の寺產の保存も依賴した。同時に李翌灼等四衆組織の「佛教會」は停止を宣傳した。

民國二年、會長寄禪法師の死に依つて大いに打擊を受け、會務も次第に振はざるに至つたが、民國四年に到りて袁氏帝を稱し、全國の政治が混亂したので、佛教會も遂に完全に進行を停止した。袁氏の失敗後も、誰れかゞこの看板をかついでゐたが、政府は遂に命令して之を取り消さしめた。（故に民國五年より同十八年に至る間の全國佛教僧伽は無統一機關團であつた）

中華佛教總會は進行を停止したとは言へ、各省の佛教僧伽は、寺產の保護を計る爲めに、地方當局と接近せる者は、即ち獨立して省佛教會或は佛教聯合會等を組織し之に依つて佛教を護り、寺產を保つたのである。

民國十三年、太虛大師は中華佛教聯合會の組織を提唱して宣言を發し簡章（規約）を設け、十四年大師が北平に於て講經の際、遂に各僧侶と共同して發起した。これは全國の佛教を代表した、統一の組織であつたが、しかし何等具體的事業は進行しなかつた。

民國十七年、革命政府が都を南京に定めたので、全國民衆の僧を逐ひ產を沒收する者日一日と盛んになり、大學院及び中大教授邰爽秋等が全國教育會議に「寺產を沒收して教育基金に充てよ」と提議してから、廟產興學の風は遂に全國に普遍し、佛教僧侶は岌々として寧日なき有樣となつた。政府は民心の猖狂を懼れて、其の當然の紛亂をきいても制止を加へなかつた。然し佛教僧侶は常に此の破壞に堪へず、遂に群起して佛教保護、寺產維持の願ひを提出し、武昌佛學院太虛大師の如きは國民政府に行つて全國佛教の爲に請願書を出した。上海の佛教維持會王一亭居士等は國民政府に「保持佛教」の電請を爲した。

同年暑期、太虛大師は南京に講學の際、政府當局と、寺產の保護、興學取消しの議を交涉して佛教會の組織を圖り、後參加者に因つて「教」の字を避けたので、中國佛學會を組織した。同時に太虛大師は「整理宗教」の文を內政部に呈し、又中國佛教代表太虛等は五中全會及び國民政府に「保護佛教」の文を呈して廟產興學の非法を排斥した。八月內政部は寺廟登記條例を公布したが、太虛大師が出國して全國佛教會の組織はなほ進まなかつた。

民國十八年一月十八日、第十六回國務會議は、寺廟管

理條例を議決し、寺産の管理權及び所有權を僧尼に附せざる旨を公布した。そこで浙江省佛敎會は、內政部に寺產所有權の確定を請願し、四川省佛敎會は寺廟管理條例を駁斥した。

全國の僧尼は寺廟の管理權と所有權が不確定となつたので、互に相顧みて愕然たり、遂に竭力して中國佛敎會の組織を進め、四月に上海覺園に於て中國佛敎會第一回代表大會を開いた。會章十六條を議決し、僧俗共同の中國佛敎會を組織じ、太虛大師、王一亭居士等を推して執行常務委員に任じた。此れが革命後中國佛敎の組織ある團體である。

管理寺廟條例の惡法の爲めに、各地の寺廟に於て常に紛糾を惹起するに至り、中央も遂に全國に向つて各地廟產は愼重處理すべきことを通令した。又全國の佛敎僧尼は尙ほも管理寺廟條例の廢除を運動した。かくて各地とも大學院の「廟產興學」の議ならず、全國の寺廟財產は遂に全きを得、全國僧尼も亦安堵することが出來たのである。

民國十九年一月三十日立法院第六十三回會議に於て「監督寺廟條例」十三條を通過し、並に此の條例を公佈施行の後、十八年一月公布の「管理寺廟條例」は之を廢止する旨を宣布した。

五月二十五日中國佛敎會は第二次全國代表大會を開き、太虛、仁山、諦閑の諸法師王一亭等の居士を選んで執監委員となした。議決したものは佛敎會組織大綱十五條である。同年には中央大學敎授邰爽秋等が「廟產興學運動促進會」を組織した。その根據たる十七年の大學院の主旨は「人其人而不火其書、佛其佛而僅取其廟……」で、その計劃は以て法を滅し僧を亡ぼすに足る、毒惡の極を盡したものであり、此の爲め第二次の興學廟運動が起つた。全國の佛敎徒は又もや騷然群起して反對した。

民國二十年上半期、廟產興學の抗爭中の四月八日、中國佛敎會は第三回全國代表大會を上海南園に開き、各省市佛敎會、各地佛學院佛學社、佛敎正信會、佛敎居士林國府蒙藏委員會の班禪、章嘉、北平、五台の各喇嘛廟等からも均しく代表の出席があり、會議精神の活躍振作は未だ曾て見ざる程であつた。太虛大師王一亭居士が當選して執監委員となり、議決案は甚だ多かつた。この時の太虛大師等は、本來は中國佛敎と僧伽を一度整理することに努力し、以て國利民福の目的を達する準備をしてゐたのであつたが、後から劣惡なる環境の反抗に因つて、中央黨政機關の佛敎と太虛大師の主張に對する認識も亦





未だ明瞭にされ得なかつた。大師は六月遂に辭職を宣言したが、大師辭職後、もと中國佛敎會に參加した智識分子も亦多く紛々として退出した。

民國二十一年六月、上海覺園に於て第四回代表大會を開き、圓瑛、王一亭等當選して執監委員となつた。

民國二十二年六月一日上海覺園に第五回全國代表大會を開き、圓瑛、王一亭等執行委員となり、印光、太虛法師等監察委員となる。

民國二十三年六月十日上海覺園に第六回全國大會を開き、出席代表五十七人、圓瑛、大悲、王一亭、印光等當選して執監委員なつた。

民國二十四年七月十八日上海覺園に第七回代表大會を開き王一亭、大悲、圓瑛等當選して理事となつた。この時、圓瑛等は事前に於て擅に會章（規約）を修改し大會通過に由らずして、政府に請願して、「中國佛敎會」を改めて「中國佛敎總會」となし、委員制を改めて理事制となし、全國佛敎會組織に對する系統上「三級制」を改めて「兩級制」となした。卽ち省佛敎會を取り消し、全國各縣佛敎分會を總會に直轄せしめた。規約の改修せるもの三十二條、各省は省佛敎會を取消すことは事實上不可能となし、群起して反對したもの、江蘇、安徽、湖南、陝西、四川、雲南、貴州、山西、山東、河南等の各省に達した。均しく會章修改を要求し、並に中央黨政機關に向つて中國佛敎會の改組を請願した。同年內政部は通令を發して全國の寺廟を總て登記せしめたが、登記條例は極めて詳細である。

民國二十五年二三月頃、各省の中國佛敎會改組の運動が積極的に展開され、舊曆四月廿日江蘇、安徽、湖南、四川、貴州の諸省に由つて鎭江の金山寺に於て各省佛敎聯席會議が開かれ、中央地方黨部からも派員を參加指導せしめた。その結果現行規約を修改し、中國佛敎會を改組することを決議要求した。中央も接受を表し、並に現在の中國佛敎會に指令して活動を停止せしめたのである。

## 三、中央修正の佛敎會規約の檢討

本年六月、中央黨部民訓部公布の修訂中國佛敎會章程草案は、計七章七十條である。該草案は中國佛敎會の歷史上最も價値あり、佛敎の宏揚と僧寺の保護に於ても、亦最も合法有利である。たゞ、吾々の顧慮する所は、第一に中央は能く此の草案の精神を決定し、人の爲めにその態度を左右變更することにならざるか否かについてゞある。第二は、全國の僧尼は應に此の草案の精神と利益、

而も中央今回の護教愛僧の熱誠に絶對服從することを如何に認識するだらうか。若しも中央が能くその主張を終始一貫すれば、僧尼も能く此の草案の利益を擁護し、中國佛教の前途は必ずや漸次に光輝を發するに至るべく、佛教の興衰、僧尼の存亡も咸な此に繋るのである。故に過去の會史に本づき、今回の草案を檢討して見ることゝする。

該草案は過去の章程に對して嚴密に考察を加へ、且つ過去の歴史的事實に根據してゐる。故に各要點の修正に於て特別の說明を加へてある。

（一）「組織分子を僧尼に限り、僧尼は必ず入會せねばならぬ規定」に關して、草案の第一條第十四條及び第五十一條に於て第一の說明が附いてゐるのを見る。此の點の修改は民國二年中華佛教總會の組織と符合してゐるがたゞ相違してゐるのは、あの時のは未だ「凡そ僧尼たる者は必ず入會すべき」規定がなかつた。而して民國十八年以來の僧俗による共同組織に、僧尼に由る必ずしも皆入會を强ひない規定が完全に改められ、その修正の意義は最も實際の事理に合したことを說明をしてゐる。

（二）「縣分會々員の最低制限の規定」に關して、草案第三條に第二點の說明が附けてあるのを見る。此の點の規定は過去の會章には無い所である。

（三）「各級代表大會と理監事の組織、及び人數支配と生產方法、並に會議時の法定人數の規定」に關しては第四章第五章の各條に於て、第三點の說が詳しく附してある。此の點の改正は過去の會章に較べて嚴密周到、且つ過去の規約の到底及ばざりし所であり。また同時に社團組織の系統からも最も重視すべき點である。これで全國百萬の僧尼を統理するのであるから、此の「組織」と「系統」には必ず詳密愼重な規定を作らねばならぬ。若しこの團體組織が不健全で、系統が再び紛亂せば佛教精神は如何に表現し、會務は如何にして推進出來やうか。佛教精神の表現出來ず、會務を推進出來ぬとしたら、全國僧尼の生活と事業は又如何にして整理すべきか。佛教僧尼の本身既に不健全で、改進しないならば、則ち宏法利生と言ふも自ら欺き人を欺くものとなるだらう。

（四）「寺庵及び僧尼の登記と會員の入會手續の規定」に關しては草案第十六條から二十三條を見れば、第四の說明が附してある。

（五）「寺庵管理と僧尼の約束の規定」に關して、草案第十二、十六、二十七、二十八各條に見れば、第五點の說明が加へてある。此の二項は會則上に明白に規定して、



僧尼寺廟の整理と支配に對しても、全中國佛教會に住持するものをして、最大の權威を有たしめてゐる。この通りに進行すれば、會務の行政上莫大なる利益があるだらう。

（六）「傳戒と新剃後の僧尼入會の規定」に關しては草案第九條第二十二條にあり、第六點の說明が出てゐる此の點で、過去の會則にはまだかゝる詳細峻嚴な規定はなかつた。これは全國佛教を整頓する根本である、會務事業を改進するに樞要な所である。殊にこの傳戒と受戒の規定は從來の會則にはなかつた點であるが、中國佛教の振興は僧伽の整頓から手を附けなければ成功せず、僧伽を整理し本源を清めやうとすれば、徒弟傳戒の改善からするのでなければ成功しはい、依つてこれは、取り去ることの出來ない定則である。我々は中央の此の點に關する會則を讀んで喜びに堪へない所である。これで修正の說明をよめば、言々悉く僧尼の病根を道破して餘りあるが、全國の僧尼は當に何と慚愧し自らを改めんとするか？

（七）「總分會の監督及び各寺案收支の規定」に關しては草案第十條及び第五十四條に出てゐる。

（八）「會費の減低と寺庵の納むべき常年納附金標準の規定に關しては草案第十五條及び第六章の各條に於て此の二項の規定が出て居る。乃ち經濟に關しては納費の多少を以て會員の類別を規定せず、平均一律に會員の資格を定めてある。各人毎年の會費一圓は決して多くはないが、萬一淸苦の極納め得ない僧尼があれば、所住の寺庵に依つて代納する事になつてゐて實に用意周到である。

寺庵の常年納附金の標準に至つても、又過去の會則にはなかつた規定で、全國佛教根本整理のための基點をなすものである。若しも寺產の統一が出來ねば、寺庵は必ずや納附金を納めない。此れを納めねば、會務の進行と僧衆の整理に必ずや大なる障碍を來すであらう。故に此の點は新會則を實行する時に、必ず最大の努力を拂はねばならない。

全國の僧尼に希望する所は、須らく權利あらば必ず義務ある事を知つて、今後は此の會則に依つて佛教僧尼を整理すべきである。乃ち全國僧尼の生命財產は保護せられ、義務は區々たるもので、佛命は悠久である。全國の僧尼は勇奮努力草案を擁護し、義務を盡すに難色あつてはならない。

# 佛教の世俗化と世俗の佛教化

## ――民訓部修訂の中佛會章程案――

滌　心

### （一）　改革整理の必要

明治維新は日本政治上の一大改築と同時に、日本佛教も亦一局面を轉換したのである。政治改革の結果は、日本は遂に、完全なる成功と謂ふことが出來る。しかし佛教の改革は、學術方面に於ては進展するとも退歩はしなかつたが、若し宗教的方面から言へば、却つて完全なる失敗と認めざるを得ないのである。大醒法師の日本佛教視察記を見れば、福田堯頴僧正との談話中に、『諸君は日本に來て、佛教の風習を看て歸國してから、將來中國佛教の改革に對する時は、どうぞ氣を付けて日本の明治改革に於けるやうな佛教の失敗をしてはならない。』と福田僧正は明白に語つて居られる。所謂日本佛教の失敗と言ふのは即ち「戒律全廢……」「佛教の世俗化」である。

戒律は學佛の基、求法の門であり、戒無ければ定を生ずるに由なく定無くして慧を得ることは出來ない。戒は樹の幹、その他の一切は枝葉の如きもので、幹榮えてこそ枝葉茂り花も咲けば實も結ぶのである。戒律を廢して「佛教の世俗化」とすれば、「世俗の佛教化」の目的は達せしむることが出來るかも知れないが、佛教の原旨本質と、眞精神を失ふこととなる。目下我國の佛教改革の必要は、已に逡巡を容さない状態であるも、唯だ我々の改革の要求は決して日本と同様であつてはならない。我々の改革は一面時潮に順應して前進し、「世俗の佛教化」の目的を求達すると同時に、一面には却つて我々元來の本質と精神を恢復し、佛教をして最盛時代よりも更に光明あらしめたいと思ふのみである。



我々の僧紀、僧德が破壞墮落して、如何なる程度になつてゐるか、又一般僧伽の不學無術で、唯だ偏に利を圖つてゐることとは、到底日本人の深く知る所では無い。彼等日本人の眼には、我々中國僧尼が戒律に對して依然として頗る鄭重、且つ完全に保持してゐると認て敬佩欣慕讃嘆してゐる。然しその實際は、保持してゐる所は只だ外形のみで、本來の面目は已に失つてゐる。年々數百ケ處の叢林に傳戒あり。萬數千の僧尼が戒を受けてゐるが而も傳へる者の大部分は虚しく故事に應じてゐるのみで志は利を謀るにあり、求むる者も亦大部分は戒牒に依つて、全く十方食を得せしむるのみで、眞に能く戒律を嚴守し深く教典に通じた大德僧尼は、已に寥々たるものである。戒の幸にして廢れず、法の幸にして猶ほ存してゐる者も、蓋し已に絶えざる縷の如き有様であり、佛教の改革を要する所以も亦此處にあるのである。若しも改革せず整理しないなら、恐らく僅に殘存してゐるものまで保つことは出來ないだらう。さうすれば寺廟僧衆の腐敗墮落は、必ずや更に見るに堪えないものとなり、「名あり實無き」の慘を來すであらう。

此の改革整理の大責任は、疑ひも無く中國佛教に由つて負ふべきで、此れは我々の中國佛教會に希望する所である。若しも中國佛教會の組織が健全鞏固であつても、政府が合法、合理的指導監督と協助を加へるに非ざれば不可である。しかし望むこと多年、依然として毫も影響無く、實に失望せざるを得なかつたのである。處が、忽然紙上に於て民訓部が中佛會を調整し、一切の紛糾を解決する爲めに修訂した七十條の章程案を讀んで、誠に歡喜に堪えないものである。眞に雲を開いて日を見、大旱の雲霓を見るが如く、正に興奮の極點に達した。此れぞ佛教復興の爲めに千年難遭の好機會であり、佛教の前途に對して再び杞人の憂をなす必要はない。正に何と慶ぶべきことであらうぞ!

### （二）　章程案の内容

然しながらこゝにはなほ多くの疑ひがある。即ち政府が佛教を干渉して、日本の明治改革に於ける佛教に對したと同じ轍を踏んで「佛教の世俗化」を強制されるかも知れない。而も日本佛教と同樣な改革を行つたなら、それは我々の希望する所と相反することとなる。そこで私は重ねて仔細に章程を研究して見た。處がこの裏面に於て、教規の整理、僧尼の約束、戒律の嚴持、修業の精進と傳戒、剃徒等に對して多くの嚴格なる、又甚だ合理的規定があるばかりでなく、整頓管理の責任を完全に僧尼自身の責任とし、完全に僧尼自らの組織する佛教會に歸し、僧尼をして自ら治めしめてある。言はば强制と言つても、自由には本より範圍があつて決して範圍を出ることは出來ないから、此の種の强制は誠に合理的であり現前の要求に合するものである。又教育、慈善、公益事業を興すことに至つても、それは宏法利他、衆生救濟であつて僧尼の當然爲すべきことに屬するのである。第一條から第七十條まで「世俗を佛教化」せしむる條章は相當規定してあるが「佛教の世俗化」せしむるが如き條章は絕對に一條も無い。と私は敢えて斷言する所である。當然「世俗の佛教化」は我々の最も熱烈に希望する所で、而も責任を以て行はねばならぬことである。

宗教は法律と教育の力が足らない點を補ふことが出來人民の道德を高め、人民の思想を正すことが出來る。中でも佛教は我國に於て二千年の歷史を有し、教義の微妙圓通、教旨の明るく偉大なる、如何なる宗教とも同日に談ずることは出來ない。總理の提唱せる「忠孝、仁愛、信義。和平」から蔣委員長の提唱した新生活運動の「禮義廉恥」と佛旨佛戒とは一として吻合せざるはないと言つても良い。譬へば「信」は佛教の「妄」を以て戒となし、又「廉」は佛の「貪」を以て戒め、不妄は即誠信、不貪は即ち廉潔となる。假りに世俗をして都べて眞の佛化を受けしめ、佛の正法に依つて佛を信じ佛を奉じ、佛の戒條を實行すれば、自然國民も良くなり、我民族固有の道德を恢復するにも、極めて大なる利益がある。若しもこれを進んで全世界に及ぼすならば、一切の詐欺、殘忍慘酷なる侵略鬪爭は都て消滅せしめ、如何なる國際聯盟、如何なる公約の力に比べても劣らない、より大なる效果を收めることが出來る。そこで、若し果して眞に能く「世俗佛教化」の目的を達するのは、即ち世界平和の實現する日で、人類の幸福は方に永遠に保持出來るであらう。

然し、佛教は結局宗教で「世俗の佛教化を圖ることは少くとも大半の責任は佛教の傳教師――僧尼――が負はねばならぬ。しかし現在の僧尼には、學識、德行、能力あり、此の重責に堪え得るものが果して幾人あるであらうか？ こは實に最も悲しむべきことである。

## （三） 世俗佛教化の基礎

譬へば甚だ不潔な衣服があり、當然水で洗はねばならぬが、幾何の衣服には、幾何の水を用ひる。水が少くてもいけなければ、水が濁つてゐてもいけない。若しも泥の混じつた湯や汚水のやうなものであつたなら、先づその水を藥を用ひて淸めてからでなければ、絕對に淸淨にはならない。現在不潔な衣が既に多く、水は少くないとしても、而も淸き者は幾何も無い、それならば第一歩に於て先づ水を淸めねばならない。「世俗を佛教化」さんとするにも此れと同樣に、先づ僧尼を徹底的に整理して悉くその質を高め、僧尼自身個々が自覺々他の眞の釋子になり、佛教を世俗化せしむる責任を負ふに堪える樣になつてからでなくては、汚水を以て不潔な衣服を洗ふと同樣に駄目である。若しも此の一點に到ると健全、鞏固なる佛教會を組織することに積極的にならざるを得ない。宛も革命の如くで、團結せず、組織なく、信條を守らず、規律がなければ革命の成功する道理はないと同樣に、眞劍に佛教內部の整理をする時に、一部頑固な、腐り切つた、苟安の僧尼が、反對を表示せずに、横車を押して阻害することは、革命に於ける軍閥政客の反抗と同樣、免れ得ないことである。そこでまた更に必要なのは勇氣毅力を有し、强暴を畏れず、難を畏れざることである。さうでなく、稍かの障害や煽動に遇つてその初志を改めるやうなことでは改革も決して成功の日は無い。佛教の改革には現に已に一縷の成功の望みがある。故に我々は決して自弱自棄となつてはならない。

## （四） 居士と佛教會

居士の入會を許容してゐないから、「世俗の佛教化」に相反するではないか、と或は謂ふかも知れないが、これは大なる誤解である。「世俗の佛教化」と居士の佛教會に加はることとは、絕對に別なことである。「世俗の佛教化は決して居士が佛教會に入ることに依つて目的を達するのではなく、會に入つても能く佛化を受けてゐるとは限らない。佛化を受けてゐる人は、多くの在家會員の中で品性、言行、信願を見ても直ぐ解るやうに、入會しない居士で、却つて已に眞に佛化を受けてゐる入信の人を見るのである。故に居士の入會を許さないことは實際上毫も「世俗の佛教化」に於ては影響はない。又居士の入會と否とは、居士達の修持道德地位等に對しても、都て毫も關係はないのである。入會させて會の中で彼等に對して化導することと、僧侶に對することとは絕對に不同である。佛教會は居士に對して、保護もせねば嚴格なる管理もない。又督促の必要もなければ、その可能性も無い。若し護法のことから言へば、入會せずとも同樣で、眞に熱誠なる居士は入會して會員とならなければ護法しないとか、必ず當選して理監事になるなら護法に力めると言ふ様な、そんな話は成り立たない。況んや平素の念佛修持も尚ほ且つ僧でなければ領導は不可である。佛制に白衣で說法するを得ずとあり、律儀に依れば、居士は寺庭僧尼を管理することは出來ない。居士は命に隨つて三寶に依附するもので住持するものではなく、三寶は實で主ではない。擁護の地位にある居士が、理監事となつて僧尼を領導し、僧尼のことを管理處分することは固より佛制に合せず、律儀に違反して居り、僭越の嫌が無いとは言へない。

今、再び汚れ着物と汚水の譬にすれば、假りに二者を混合して一緒にしても、二者共に不潔である。而もそれで何の得る所があるか？ 還つて水は水に歸し、先づこれを清めてからでなければならぬ。であるから居士の入會を許さないことは「世俗の佛教化」に何の妨げる所があらうか。

僧尼たるものは必ず佛教會に入らねばならぬと言ふことは、それは恰度辯護士は辯護士公會に、會計師は會計師公會に入らねばならぬと言ふ様に、自由に流れない譯で既に反對の餘地は無い。その上寺僧腐敗の防止と、僧尼の墮落して「佛教の世俗化」を防ぐ唯一條件である。僧紀僧德を高く揭げ、佛教を復興するにも、僧尼をして一律に佛教會に入れなければならない。

吾々は以上に於て、民訓部修訂の中佛會章程草案は、完全に「佛教世俗化」の流弊を杜絶し、「世俗佛教化」の第一步を實行する。現前の要求と我々の期待とに全く適合したものであると斷定してよいのである。要するに、「佛教の世俗化」を免れ、「世俗の佛教化」の目的を達するため惟だ今後の中國佛教會の局に當る者に祈る所は、能く衆と和合し、利他無我の精神を以て、誠心を開きて合作、共同努力し、眞劍に此の會章を實現して貰ひ度い一事である。これ我が七十萬僧尼凡ての有する願望である。（佛教日報より久保田生）



# 弘一法師小傳

姜丹書
覺明 譯

### ◇少年時代

弘一法師の俗名は李氏で名を初め廣侯と云ひ、次いで岸と呼び字を息霜、叔同と號した。母の喪のあとで哀と改名し、字を哀公と稱した。既にして名を息、字を息翁と易へ、斷食を試みてから欣と呼び、俶同と字したが、更に又改名して嬰と稱し、釋名を演音、弘一と號した。別名のかく甚だ多きは法數の百八と數を同じくしやうと思つた爲めであると云ふことである。

上人はもと天津の生れ、系統は浙江平湖の出である。その父の某公は名進士として官吏を勤め、晩年は禪悅に耽つてゐた。清の光緖六年、庚辰の歲、上人は簉室（妾腹）から生れたのであるが、父はその時既に六十八歲、母は僅に二十餘歲で、生れて四年目には父を失つた。上人の生れた時には奇瑞あり、雀が松の枝を銜へてその室に降りたこの松の枝はその後長い間保存してあつた。とは、上人自らも語られた所である。

上人は幼少から天資穎悟、表面は自由不羈であるが內面頗る恬靜な性質であつた。又家庭は頗る富有であつたが、長兄が散財をしたゝめに、父の歿後は家計漸く傾き次第に窮迫して行つた。そこで上人は年弱冠に達する頃母の王太夫人を奉じて南下し、上海に寓して「南洋公學」に入學したが、そのころ既に文才の認むべきものがあつたと云ふ。

時は光緖二十六七年の頃、上海に學堂を興してゐる許幻園と言ふ人が有つて、上海の城南に草庵を結んで住し「城南草堂」と呼んでゐた。氏も亦富厚にして人となり甚だ慷慨、儼然たる新學界の一領袖であつた。學社を設けて「滬學會」と呼び、常に懸賞文を徵して居つたが上人のこれに投稿すること三度、一等の名を得ること連續して三度に及んだ。許君はこれを認めて奇才となし、相識ることのおそきを恨み、特に「城南草堂」の一部を與へ、母を奉じてこゝに住むことを勸めた。上人はこれに從つて此處に寓し、相交ること誠に篤く、その狀は宛も管鮑の交りにも比すべきものがあつた。居ること幾何も無くして母を喪つたので、上人は何等後顧の憂なくその志を獨行することが出來るやうになり、遂に東京留學を決行せられたのである。

## ◇東京遊學

祖國を別れるに當り、塡金縷曲一雙を殘して同學諸子に呈したが、これは光緒三十一年のことで、その詞文を掲ぐれば左の如くである。

披髮佯狂走。奔中原，暮鴉啼徹，幾株衰柳。破碎河山誰收拾？零落西風依舊。便惹得離人消瘦。行矣臨流重太息，說相思，刻骨双紅豆。愁黯々，濃於酒。漾情不斷淞波溜。恨々絮飄萍泊，遮難回首。二十文章驚海內，畢竟空談何有？聽匣底蒼龍狂吼。長夜凄風眠不得！度羣生那惜心肝剖？是祖國，忍孤負？

その詞を讀み、その志を見るにその抱負は非凡である。既に東渡し、東京「國立美術專門學校」に入學して繪畫





を習ひ、同時に、諸專問家に從つて音樂を學び、學理と技術兩方面に亘つて研究した、その造詣甚だ深いものがあつた。當時中國から東・西洋に遊學する者は甚だ少く殊に藝術を學ぶ者は尤も少く、恐らく上人がその第一人者であつたであらう。

これより先、上人は年少より翩々として京市の間を流浪し、屈宋の才華を愛好しては澆季に生れしことを恨み滿腔の憂憤の情を盡く風情、瀟洒の間に寄せて遣り、また馬を章臺（花柳の巷）に走せて脂粉の間に交り、女優の楊翠喜、歌妓の金娃々、名妓謝秋雲等と藝事を以つて相往來したが、抑ゝ蓮は花の君子であるやうに、泥中に入りても皭然として汚されるやうなことはかつた。蓋しその風流遊びも志は唯だ音樂を賞するにあり、醉翁の意も亦必ずしも酒のみには無かつたのである。玆にその贈詞の一首を掲げる事とする。

### 金縷曲　贈歌郎金娃々

秋老江南矣。忒匆々，喜餘夢影，樽前眉底。陶寫中年絲竹耳，走馬臙脂隊裏。怎到眼都成餘子？片玉崑山神朗々，紫櫻桃，慢把紅情繫。愁萬斛，來收起。泥他粉墨登場地。領略那英雄氣宇，秋娘情味。雛鳳聲清々幾許？銷盡塡胸磊氣。笑我亦布衣而矣！奔走天涯無一事，問何如聲色將情寄？休怒罵，且游戲！

此れは光緒三十年の作である。上人留學の後は既に畫を能くし、又歌詠を擅にし、更に異國情調に感じて遂に留東同學の曾延年、李道衡、吳我尊等と聯合して「春柳劇社」を東京に創立し、自ら領袖となつて女形に粉飾し「茶花女」「黒奴籲天錄」等の新劇を公演してその名を噪された。蓋し上人は天性の藝人で、その容姿の美、表情の美を以て身を演劇に投じ、自ら風流を賞すと言ふばかりでなく、美術を以て世を似うせんとしたのである。清の末葉に至つて學成り、歸國してからは「春柳劇社」も亦上海に移り、其の後に之れを主事する者は別にあるのであるが、我が國の新劇を語るにはその源は實に此に溯らねばならない。

## 歸國後（教育家時代）

上人の歸國後は、始め天津の「工業專門學校」に教鞭を執り、辛亥革命の後は「上海太平洋報社」に入つて主筆となつたのである。

太平洋報が、當時の新聞界後起の優秀なものとなつたのも、上人が筆陣を主持した爲めで、嶄新なる形式を採

り、殊に文藝を重んじ、而も上人の書法の妙は赫々として天下を鑚動せしむるに至つた。私が上人と初めて文字の交を結んだのは即ちこの新聞文藝の往復からである。次いで「南社」の同人となり、民國紀元に至つて始めて「浙江兩級師範學校」に同職し、改組して「浙江省立第一師範學校」となるまで五六年間、同志同職として聲息相應じ、誠に緊密なる交を結んでゐた。

清末に方つては國内藝術の師範は甚だ少く、延いては多くの日本學者を教師に任じてゐた。先に余が民國元年聘せられて此の學校に入つて見るに、省内外の各學校に藝術の師に乏しきこと舊の如くである。此處に於て校長經子淵氏は、特に高師圖畫手工專修科を開設し、上人を聘して此の科の圖畫及び全校の音樂主任教授に任じたのである。上人は教壇に立つて、單に口頭で教授するばかりでなく、益々身を以て敎へられたので、若き學生は翕然としてその風に從ふのであつた。同時に亦「南京高等師範學校」の導師を兼任せられたことがある。こゝが藝林の狂狷、養生の衆多きを以て長く典型を垂れ、鏗音今に至るも替ることなく、流風の餘韻絶えず、山高くして水長く盡きざるも、凡そ我が同道（上人）の能く之を導いたものである。蓋し此の時の上人は已に恂々として倦まざる儒雅の布衣君子にして、復た風流奔放、濁世の佳公子ではなかつた。此れ所謂絢爛の極平淡に歸するの者と言ふのではあるまいか。

## ◇信仰の動機（斷食）

上人は自ら人の師となつてからは、極力本身の修養に努められた。民國五年「斷食」の身心を更新せしむべきを聞き、即ち冬休暇の餘閑を利用し、西虎璇跑の大慈寺に往き、こゝに住して三週間、身親らこれを驗して歸られた。而して常に私に語られた所に依れば、第一週間は食料を漸減し、次第にその質を薄くして兩碗から一碗に、半碗から粒を斷ち、飯から粥とし、湯とし、水とし、第二週間は全く水ばかりとし、第三週は第一週の順序を逆に行つて遂にもとに復したが、その經過は甚だ良好であつたとの由である。私がこれを眺めるに、顔は淺黑く痩せて見えたが、精神は頗る爽快に思はれた。私は尋ねた。

「第二週間の完全に絶食した時に、何か異つた感想が起りましたか」上人は答へて

「心地が非常に清く、感覺が非常に靈妙で、人の聽くことの出來ないことも聞え、人の悟り得ないことも悟ることが出來た」と語られた。その能く慧智を生ずると言ふのも固より理の然らしむる所である。

上人は一名士であつて、而も此の奇擧を行はれたので寺僧は自然これを異として近づく、況や住居の日久しければ、環境は人を移し、具を載せ根を宿すも道理、上人は即ち佛化に薫染せられたのである。學校に歸つてからは室内に佛像を供へて朝夕禮拜し、卒にはこれに歸依するに至つた。乃ち民國七年夏、大慈寺に於て剃髮得度するに至つたのであるがこれは正に上人の三十九歳の時である

## ◇入　山　前　後

上人の風雅で書法に堪能なることは世人の皆知る所で而も年を歴るに從ひて面目屢々變じ、求むる者が多くなればなる程、益々勤め、所作には漢、魏、六朝の隷、眞の書が多く、金石書畫の賞鑑の精しいことも亦尋常ならざる所ものがある。

入山の時に及んで、藝術の書は擧つて「北京國立美術專門學校」に贈り、印章は「西冷印社」に贈り、筆硯碑帖は悉く書家の周承德に贈つた。その他絲縑の殘つた物は友好の夏丏尊、堵申甫、及び賢弟子の呉夢非、金咨甫李鴻梁、豐子愷、劉質平、李增庸等に紀念品として分ち贈つた。而して余先母張太夫人墓誌銘は即ちその在家の絶筆であつて、書成るの翌朝、悄然として入山せられたが、その落欵には豫め署名して大慈演音書と書いてあつたのである。

上人には前から妻があり、天津に住んでゐて二子を擧げてゐた。聽けば曾て上人には面會しやうとして遂に得られなかつたと言ふことである。又日本留學から歸國した時に、日本の女を連れて歸り、上海に住はせてゐた。出家の時、友に資を托してこれに遣したが、初めは固よりこれを聽かせなかつたのである。その日本の女も亦上人に面會せんと欲したが、遂に得られず、慟哭して東京に歸つたと言ふことである。

上人が僧として出家せられる前に、私は特にその意圖を質したことがある。即ち

「出家して何うする考へか」上人は

「何もしない積りだ」私は更に

「君は固より多情な人間である。而も骨肉を抛つに忍び得やうか」と尋ねると、

「譬へば患つてゐる虎が病死したのだ、將に如何することが出來やう」と述べられた。私はこれに依つてその厭世ではなく、更に世を欺くものでも無いたことを知つた。蓋し人生を參透することに依つて、飄然として世を

出で、世の所謂素樸に返り、眞に歸すると言ふのがこれであらう。

## ◇研究と著作

佛門宗派は淨土兼律宗である。修練に於ては苦行であり、その希望に於ては救世である。上人は常に僧界の所謂世の爲めに罵り辱められる者は、咸な戒律を守らない故であることを慨き、その入山の後は曾て福州に於て律學講座を開設した以外には專ら律學の研究に沒頭し、已に最も重要なる著作「四分律比丘戒相表記」を完成した此の書は在來の戒律を改訂したもので、その解釋たるや深淵にして明か、條理明確であつて、附け加へた言葉が亦頗る精邃であり、如何なる讀者も領會し易いやうに出來てゐる。聽けばこれは上人が念經の餘暇、專ら六七年の功を積んで始めて成つたとの事である。稿は親筆にて精書し、穆藕初氏の捐金七百金に由つて「中華書局」から縮本千部を印刷し、分つて叢林に贈り、以て僧界を激うした。原稿は穆氏に付して保藏し、且つ預め遺囑を立てゝこれに附した。その要旨は

『本衲の死後は塔を建て、或はその他の功德を設くるに庸らない。祇だ、願くば資を募つて此の書を再版し



以て廣く流布して頂き度い。私の願はこれ一つで滿足である』云々と言ふのである。

その次には「清涼歌集」と言ふ書物である。三集を撰せんと欲して、已に第一集を完成してゐるが、歌は皆上人の作であり、悉く迷悠を喚び醒さんとする詞である。譜は質平及び又弟子の唐學詠、徐希一等が配製して印行を待つてゐる。

又其の次の書は「華嚴集聯三百首」である。これは專ら華嚴經の文句に就て選集して成つたもので、四言、五言、七言、八言俱に備はり、皆感悟の語である。已に「開明書店」から手蹟に照して印行し、稿は質平の處に藏してある。

又其の次には「格言略選」と言ふのがある。四言から始まつて十言で終つてゐるが、皆で百二十餘條から成つてゐる。上人は好んで多くの別號を題してゐられるが、此處には每條にその一別號の字義を當て嵌めてあるもので、稿は質平の處に藏し印刷を待つばかりである。此の外に墨蹟甚だ豐富で、或は社會に流傳し、或は名山に祕藏されてゐるが此處には述べない。

## ◇嚴格なる持戒

上人の入山後は、戒律は已に至嚴、治學又至勤、操行も亦至苦で、四方に雲遊するにも、恒に跣足芒鞋、誰れ隨る者も連れず一身に擔ひ行かれたのである。民國十四五年の項、甯波市を過ぎ、七塔寺に宿られたが、遊方僧隊伍の中に雜つて居られたので、その親友夏丏尊は上虞白馬湖に於て暫く滯留せられることを請ふた。初めは固辭せられたが、强いて勸めて遂に承諾せられた。時に夏丏尊氏は「春暉中學」に敎鞭を執り、湖の傍に居を定めてゐたので、その擔を啓いて見るに、粗末な蓆座が、すり切れて薄くなり、破れかけてゐるので、新しいものと取り易へやうとしたが承知されなかつた。又一般巾があり本來は白いのであるが、日已に變じて灰色となつてゐるので、易えやうとして亦承知されなかつた。且つ語つて言はれるには『その色が白く無いとしても淸潔に害は無いから、未だ幾年月かは使用出來る!!』と語り終つて即ち湖邊に行き冷水で顏を洗はれるのを見て、夏君は心にはこれを恤まんとするも如何ともすることが出來なかつた。精進料理を出すのに推茸を用ひた所がこれを却けられ、豆腐を用ひても亦たこれを却けられた。依つてその心に從つて只だ靑菜の白水煮を作つたが、鹽を用ひて油を用ひざるものである。夏君は心に厚遇せんと欲して如



何ともなし得なかつた。客となつて猶ほ且つ然りであるからその平日の食物は推して知るべしである。かくて上人は宿ること數日、飄然として去られた。夏君はこの時のことを文に作つてこれを紀念としてゐる。私はその文を讀むに、覺えず淚の下るを禁じ得なかつた。

夏君及び經子淵等は又曾て發起して資を醵せ、上人常住の所を築かんと欲し手紙を發するや否や、識ると識らざるを問はず、期せずして集り、數千金に達した。遂に土木工事を白馬湖上に興し、題して「晩晴山房」と呼ぶ上人を顧みるに亦た此を需むる無しと謂ひ、居ること久しからずして去られた。

厥の後私は上人と上海市に於て遇つた。その時は兄の壽六（六十六歲）秩念經の爲めに北上したいと思ふが、道阻にして未だ果さずにゐると語られた。

## 「佛滅」の嵐に立つて

民國十六年春浙江の杭州政府が初めて變り靑年事を用ひて銳氣甚だ盛であつた。已に『滅佛』の義を唱えてその像を毀ち、その堂宇を收めんと欲し、僧尼を强制して手配をしてゐた。この時上人は適ゝ錫を吳山常寂光寺に卓てゝゐられた。信居士、堵申甫が代つて靑年主政の劇

烈なる者若干名を邀へ、寺に往つて會談したが、微妙な言葉の中に何時か默化潛移せしめられた。先づ勸戒の墨跡若干枚を備へ、一人に一枚を贈り、來る人が未だ豫定數に達しないのに、紙數は恰度行き渡つた。此の數名の中には前知の者もある如くであつたが、固より舊日の門下生も有つた譯である。その最も劇烈なる某君が寺門を出でゝ嘆じて言ふには『現在重ね着をして寒さを禦いでゐる時に、背中に汗の流れ出るのを禁じ得なかつたとは何と言ふことだ？』と、此れに依つて滅佛の議は遂に靜まつた。茲に上人がその當局に致した手紙を錄して見やう

舊師某、舊友某々（四人）諸居士同鑒

昨日友人の來りて申し候には『仁等已に杭州に至り、一切を建設す、至りて歡慰爲さん』とのことに有之候又承れば、某師等は青年會の演說にて、出家僧家に對して未だ滿意する能はざる處有之候とか。但し、仁等も出家人中の情態に於て、恐らくは隔膜有之ことゝ存候。將來整頓の時には、或は未だ一々允す能はざるべきかと存候も、小生は仁等が別に僧衆二人を請ひて委員とせられ、僧衆整頓のことを專任せられ候樣願はんと欲するものに御座候、凡そ一切の規畫は皆仁等と商酌せられ、協調遊され度く、此の委員の二人は鄙意を申上げ候へば、願くは太虛法師及び弘傘法師を推薦しこれに一任被下度く存候、此の二人は皆英年有爲にして胆識人に過ぎ、前年會て日本に往きて一切を考察せられ新思想に富み、久しく僧制改革の弘願を負つてゐる方々に候へ者、此の二人を委員となすことは最も適當なることと存候、將來に至りては如何に處理すべきか、都ては仁等に於て彼等と協商被下度候。

服務社會の一派は應に如何にして提唱に盡力すべきか（是れは新派）山林行道の一派は如何にして保護に盡力すべきに候や（此れは舊派、但し此派は絕對に廢すべからず）又社會に服務する能はず、道を行ふ能はざる山林一流の僧衆は如何に處置すべく候や。應赴一派（即ち專ら經讀み僧）は如何に處置すべく候や。是の如き等種々の問題は如何に限制を嚴加すべきに候や。學戒に對する時如何に限制を嚴加すべきに候や。是の如き等種々の問題は皆な願くば仁等に於て仔細に斟酌せられ處理被下度く唯だ佛門興盛、佛法昌明だに相叶ひ候はんには、則ち幸甚の至に御座候。此のことは先づ浙江一省より實行し、然る後に偏く全國に及され度く、謹而拙見を申上候先は萬々御垂察被下度く願上げ奉り候不具

（三月十七日）

弘一

## ◇佳話逸事

嘗て豐子愷から聞いたことであるが、民國十七八年の頃、上人は暫し上海に居られたことがある。その或日、上人は偶々昔の事を話したあとで、急に「城南草堂」を訪ねると言ひ出され、豐子愷はこれに隨行したのである



所が、行つて見るに故居は猶ほ存してゐたが、主人は已に易り、草堂は改つて精舍となつてゐた。室內に這入ると、今昔の悲にいたく動された上人は、急に佛前に五體を投げ出し、叩頭九拜まるで米搗きの如く、肅穆の樣、萬籟寂として聲無く、殆んど物凄いやうであつた。若し我が佛にして靈あらば、當に同じく傷心の淚を流したであらう。既に家主の易つてゐることを知つたので、故主の今何處に居るかを尋ねた。熱心にこれを尋ねてその人を探し出したが、あゝ、蒼天の下、疇昔の慷慨好義の士文壇の盟主許幻園は、今や頭髮既に白く、耳既に聾し、憔悴の狀目するに忍びなかつた。而も猶ほ伏する處は陋室で、人の爲めに字を書いて薪炭に易え、漸くその生命を維持してゐるのであつた。相ひ對面して一層その傷ましさに打たれ、しばしは聲も出なかつたが、漸くにして淚を破つて大笑した。そしてありし昔を語るさま恍として痴人の夢を說く如く、此の情、此のさま、隨行の子愷も亦涕の聲を沾すを禁じ得なかつたと言ふことである。

民國十八年、己巳歲は上人五十歲の誕辰に當るので、紹興の徐仲蓀氏は白馬湖に放生した。洋々として魚蝦が解放され、各々安住の所を得て行く、上人も亦輕舟を波に漾はせ、物と共に樂しむさまは、觀る者齊しく感激した所であつた。

既にして上人は甯波市に至ると某僧が來り、陝災の救濟の爲めに長安に來て頂き度いと願つた。上人はその意を受けてことはるを欲せず、隨行を承諾せられた。已に船に乘り、且つ將に解纜しやうとしてゐた。その時弟子の劉質平はこれを眺め、上人の西北長途の旅に勝えざることを恐れ、船室に突入し、上人を背負ひて岸に引き返した。衆はこれを見て錯愕したが、上人は亦笑つてこれに任ぜられた。師弟の情、恬淡の懷、當時これが美談として廣く傳えられたものであつた。

今上人は五十有七、入山愈々深く、閩厦（福州や厦門）の深谷に一草庵を結んで韜居し、再び出でんことを欲せずと言はれてゐる。

呼鳴、白雲の深き處に幽人の孤蹤を藏し、明月前身して藝譚の半皮に啼ふ。渺々たる予が懷を薰沐して紀述せり、彼の南山を瞻れば、何ぞその極あらんや。風操を載記すること未だその萬一を盡さず、若し高僧の續傳を言ふものあらば、則ち當に君子を他日に俟たん。民國二十五年歲次丙子の仲春、月の穀且菱丹書。杭州西湖、鳳起橋邊の丹楓紅葉畫室に於て謹んで撰す。

# 日華佛教彙報

## 中國佛教會上海分會

### （第七回役員選擧）

中國佛敎會上海分會では七月廿四日第七囘理監事改選全體會員大會を開きたる結果、理事當選者は大悲、王一亭等、十九人監事當選者は坤地、止方等九人、並に候補理事五名、候補監事三名の選擧を行つた。その選擧票數を擧ぐれば左の如くである

**（理事）** 大悲三八〇、王一亭二六〇、關絅之三〇八、屈文六二八一、朱子橋二三九、遠塵二三二、竇靜二一六、聞蘭亭二〇六、興慈一九七、常惺一九六、慧開一七一、志寛一六〇、德法一四五、性空一四〇、眞空一三九、趙樸初一一七、容虚一一〇、王少湖一一〇。

**（候補理事五名）** 劉泰峯一〇六、錢鏡平一〇五、葉玉甫一〇三、李經緯九八、馮仰山九六。

**（監事九人）** 坤地八〇、止方五四、簡玉階五三、沈彬翰五三清海五二、大霖五二、顧馨一五〇、從善四六、開生四六。

**（候補監事）** 化果四四、悅來三六、志學三二。

## 中國學僧會籌備會

### 武昌佛學院に開く

昨年、芝峯、大醒法師等の發起に依つて組織中の中國學僧會は、發表以來各方面の加入者二百餘名に達した。しかし主持者が各地に傳道に出かけて積極的進行を見なかつたが、去る六月十九日武昌佛學院の法舫法師等に依つて、第一囘全體學員を召集し、その籌備會議を行ひ、章程を審議、役員を推選し、法舫慈航、談玄、育普、止安、慧敏、雨曇、大忍、儼然、優曇、曙清の諸師を籌備委員とし、法舫法師を籌備主任に推し、慈航談玄、兩法師を副主任に推し、曙淸法師文牘に、兩曇法師會計に優曇法師庶務に任じたが、近く會員大會を行ふ筈である。





## 僧尼の軍訓を救護隊にせよ

### 太虚大師の電請

國民政府が國民の軍事訓練を行ふべく、訓練總監部から發令して各地の僧尼も悉く壯丁隊に編入し、軍敎を受けしむるとの消息に接した太虚大師は、七月下旬二中全會に對して電請し、且つ訓練總監部杜敎育處長を通じて唐總監に對し、

『軍敎を受けることは殺戒を持する僧侶の本旨に反するから宜しくこれを變更し、僧尼の訓練は救護隊として貰ひ度い』

云々と言ふ意味の手紙を送つた。

### 政界名流參加して

## 廬山夏期講學會開く

八月一日から廬山大林寺の講堂に於て夏期講學會が行はれた講師は太虚大師を主講とし李烈鈞、蔣作賓、邵元冲、張默君等の名流諸士、及び慈航法師等、聽衆は避暑に來て居る朝野の名士三百餘名で頗る盛會であつたと。猶ほ講師及び講題を略述すれば、

（一） 李烈鈞氏は、政治の領袖は當に佛敎を如何に運用して救國濟民の事業を發展せしむべきかを講じ、且つ佛學を講する法師や、研究佛學の居士は佛法を社會の中に貢獻して貰ひたいと希望し、（二） 蔣作賓氏は、出家の僧伽は粗綫訓練を發展して佛法を興隆すべく、信佛の居士はもつと民衆利益の工作を行ふべきであると論じ、（三） 邵元冲氏は、佛敎と人生を講じ、（四） 張默君は、佛學と文藝を語り、（五） 慈航法師は　佛敎はどうして國を救ふか？　と題し熱論し、最後に、（六） 太虚大師からこれ等を歸納してお話あり、多大の感動を與へて散會したと。

### 廬山避暑中の政府主席

## 林森氏太虚大師を訪ふ

太虚大師は常州、鎭江、京漢等講經の後、四川の漢藏院の請に應じて赴かんとしたが、廬山大林寺の夏期講習會が迫つてゐるので武漢の講義を悲航法師に囑して先づ廬山に赴き、大林寺に卓錫した。時に在山避暑の政界名流甚だ多く、蔣作賓、李烈鈞、邵元冲、張默君、居正、謝冠生、夏斗寅、賀衡夫、李鉅庭陳經畬、胡幼腴、李基鵠、程伯藏等の諸氏あり、皆來りて會談したが、國府の主席林森氏も七月三十日午後慈航、竺庵法師、鐘益亭居士と共に會談した。談偶〻訓練總監部のことに及び、僧尼の軍事訓練は宜しく消防、衞生等を專門とすべしとて、佛

教慈濟會の趣旨を述べた所が、林主席も頗る同感し「吉福建に共匪が起つた時、死傷甚だ多く屍骸縱横に横つてゐた、その時佛教徒は掩埋隊を組織して救護工作を實行したが、これは最も有益なことである」云々と語られた。又最近中央民訓部が、中國佛教會章程の草案を披露したことに關して林主席は「佛教と中國人民とは密接な關係あり、應に整理振興せしめねばならない、民訓部の周部長も甚だ平穩な人である云々」と述べられ、更に色々暢談して時の移るを知らなかつた。と、

## 各學校に佛學科を加へよ

### 中國佛教會教育部へ請願

中國佛教會では去る七月卅一日附を以て、中國各級學校に佛學の一科を增加すべしとの請願文を、國民政府、行政院、教育部に呈した。

### 天台華頂寺の

## 大殿方丈の再建

天台山華頂峯の華頂寺は隋の智者大師入定、降魔の地で、石晋徳韶國師が華頂圓覺道場を創立した所である。故に今でも峯



頂には降魔の塔、伏虎塔が殘つてゐるが、そこにあつた寺宇は民國十八年冬、火災に罹りて灰燼に歸した。二十年の春一山の長老及び當地の官紳は興慈法師に主持を請ひて再建募財に取りかゝり、千佛樓、五百羅漢樓等を漸次成立したが、大殿、方丈、齋堂、客殿等は未だ出來てゐないので、最近住持興慈、監院嵏松法師は戴天仇、黄金衆、許世英、虞洽卿、沈祠麟、其他多数名士居士の名を連ねて募財を進めてゐる。

## 佛教人名大辭典

### 振華法師發願

鎭江竹林佛學院の教務主任振華法師は、佛教が中國に傳來してから二千年の歷史を有するに拘らず、歷代祖師の人名に對して何等の專門書が無いので、佛學者の參考のために佛教人名大辭典の編輯を發起し、已に二年前から萬餘の書籍を參攷して稿を急ぎつゝあり、おそくも年內には脫稿、出版の筈であると。

### 蔣重亞博士

## 英國にて弘法

蔣重亞博士は江南の人で字は仲雅と云ひ、曾て東南大學、曁南大學に化學教授として歷任し、現在はロンドンに於て東洋文化講義をしてゐるが、頗る熱心な佛教信者で、本年二月佛畫展覽會を開き、又六祖經、八大人覺經等を講じて多大反響を與へ又最近の消息に依れば日本人某（鈴木大拙博士）英文佛學者の禪宗に對する闡述頗る詳しく、西洋人の注意を喚起してゐることに刺激され、目下英文「達摩」「觀音」の二著を執筆、年內には出版する筈であると。

## 弘一法師が閉關して

## 律書を編輯

戒律堅持を以て中外に名を馳せてゐる弘一法士は、今年五月より廈門南普陀寺に閉關し、一心に大部の律書を、系統ある典籍たらしむべく編輯中で、洵に律界希有の大作であると。なほ編輯期間は訪客を一切拒絕し、手紙が來ても返答せられぬとのことである。その文に曰く、

余は今大部の律書を編輯し、餘暇あること稀なり。今より以後數年の內、來訪者あるも皆晤談せず、信札等あるも亦裁答せず、數年の後、編輯の竣るを俟つて、再び常の如く客に接し通信すべし、失禮の罪、惟だ希くば諒せられよ」云々。

## 中國佛教會豫備會

### 中央民訓部案討議

中國佛教會は、昨年七月全國佛教代表大會に於て會則修正、



改組を行つてより、各省の僧尼が改組に反對し、以前の組織を主持することを主張した。中央民訓部は佛教が我國の民族文化と歷史的關係深きこと、その他の宗教の及ぶ所でないので、熱心護法の某居士と相談して中國佛教會章程七十條を起草し、說明八則を加へた。中國佛教會では特に通告を發し、八月三日南京毘盧寺に於て第三回理監事聯席豫備會議を開き、中央からも出席して章程の草案について討論が行はれたと。

### 留日中國學僧

## 圓覺寺で銷夏

留日中國學僧定助、天悲兩法師は本會理事墨禪法師に連れられて、八月初めに鎌倉圓覺寺赴き、壽德庵に住して夏期修學を行ひ、八月下旬歸京した。

猶ほ圓覺寺は現在臨濟宗圓覺寺派の本山で、鎌倉時代（宋末期）中國僧無學祖元禪師に由つて開山せられた名刹で當時鎌倉政府の信仰を集めてゐた靈場である。爾來七百年の今日中國學僧が此の寺に掛搭して一夏を過し、山內を巡遊して感慨無量ざるものがあつた。

# 編輯後記

近来日本佛教因爲受着印度，錫蘭，中國以及西洋佛教的學者，對於日本佛教不遵守着戒律而來空談大乘的，都很表示着不滿的樣子；因是就給了日本佛教徒很大的衝動！福田堯穎大僧正想要使大家要知道日本戒律的起源及其變遷的史實起見，特投記者以「關於日本戒律弘傳的一個槪觀」交敝刊發表，這個是非常感謝的！

中國佛教會，雖然經過了二十餘年的歷史，但是其間或斷或續；然而大都皆操諸少數的住持和尚與清閑的居士手裡，從前，其唯一的目的，即是要保護着廟產與其本身之利益！然而與佛教大多數的僧伽是毫沒有相幹的！所以及到現在，中國佛教還是仍然過着風雨飄搖的生活！在政府方面，雖也訂過什麼寺廟管理條例，或監督寺廟條例，要皆都是聽諸僧伽自生自滅的，現在在中央民訓部修訂中國佛教會章程草案裡看來，中國政府對於佛教似乎有下着整理的決心？該草案裡，也似乎具着幾個特點在內：

一、即該會完全是以中國僧尼爲單位的，這也不和從前以沒無標準的僧俗家混着的可比。

二、該會是以一縣爲單位的，這也不像以各宗派各自隔別爲政的宗派佛教可比。

三、該會是以全國一般的僧尼爲主體的，這也可以嚴防着住持專政的寺族佛教。

中國佛教，若都完全照着這個草案去做，那麼，十年之後，其組織當較任何佛教國家都要進步些吧？

弘一法師是爲中國戒律第一的人物，他一度也曾過着很浪漫的生活，可是現在則守着很嚴格的戒律！詳細可請讀者自己去讀他的小傳，便可知道。

這期本報編者，因爲要使日本的讀者，明瞭中國最近的時事起見，所以特輯一個「中國佛教」的專號，至于前期的譯著，只得暫時割愛，抽下放在下一期上去登載。這點，也望著者和讀者的原諒吧！

——輝——


| 定價 | | | |
|---|---|---|---|
| 一ヶ月 | 拾錢 | 郵稅貳錢 | |
| 半ヶ年 | 六拾錢 | | |
| 一ヶ年 | 一圓二十錢 | （ | |

昭和拾壹年八月卅一日印刷納本
昭和拾壹年九月一日發行

第一卷第五號
本號特價貳拾錢

發行人 東京市神田區三崎町一丁目七 成田昌信
編輯人 東京市神田區三崎町一丁目七 久保田覺巳
印刷人 東京市牛込區山吹町一九八 荻原芳雄
印刷所 東京市牛込區山吹町一九八 荻原印刷所

發行所 東京市神田區三崎町一丁目七 日華佛教學會 電話九段一六三三番

| 書名 | 著者 | 定價 | 送料 |
| --- | --- | --- | --- |
| 佛教研究法 | 文學博士 境野黃洋 | 二・[illegible]〇 | 送一四 |
| 佛教哲學 | 文學博士 椎尾辨匡 | 二・五〇 | 送一四 |
| 佛教論理學 | 文學博士 宇井伯壽 | 二・五〇 | 送一四 |
| 佛教文學 | 山邊習學 | 二・三〇 | 送一四 |
| 佛教の法律思想 | 文博 長井眞琴 法博 小野清一郎 | 二・五〇 | 送一四 |
| 佛教の世界觀 | 文學博士 小野玄妙 | 二・三〇 | 送一四 |
| 佛教々育學 | 文學博士 羽溪了諦 | 二・五〇 | 送一四 |
| 弘法大師の思想と宗教 | 正大教授 神林隆淨 | 二・三〇 | 送一四 |
| 日蓮聖人の思想と宗教 | 立大教授 馬田行啓 | 二・三〇 | 送一四 |
| 法然上人の思想と宗教 | 佛專教授 前田聽瑞 | 二・三〇 | 送一四 |
| 佛弟子傳 | 山邊習學 | 二・五〇 | 送一四 |
| 佛教とは何ぞや | 加藤咄堂 | 一・〇〇 | 送一〇 |
| 佛教讀本 | 岡本かの子 | 一・三〇 | 送一二 |
| 放送 菜根譚講話 | 加藤咄堂 | 一・三〇 | 送一二 |
| 全釋菜根譚 | 加藤咄堂 | 一・六〇 | 送一四 |
| 放送 十牛圖講話 | 勝平大喜 | 一・五〇 | 送一二 |
| 放送 碧巖集講話 | 日種讓山 | 一・五〇 | 送一二 |
| 放送 正信偈講話 | 大谷瑩潤 | 一・二〇 | 送一〇 |
| 放送 開目鈔講話 | 正大教授 馬田行啓 | 一・〇〇 | 送一〇 |
| 宗教 批判と理解 | 本莊可宗 | 一・五〇 | 送一〇 |
| 印度佛跡を觀る | 翁久允 | 一・五〇 | 送一二 |
| 七愚集 | 蓮沼文範 | 一・三〇 | 送一〇 |
| 蓮月尼 | 蓮沼文範 | 一・三〇 | 送一〇 |
| 死後はどうなる | 加藤咄堂 | 一・二〇 | 送一〇 |



日華佛教
昭和拾壹年九月廿五日印刷納本
昭和拾壹年十月一日發行
本號特價 金貳拾錢

昭和十一年十二月廿一日印刷納本
昭和十二年一月一日發行
日華佛教

# 日華佛教

第二卷第一號

## 第二卷第一號 目次



日華佛教學會發行

## 中國佛教界代表的刊行物

佛教日報（日刊 國內及日本全年五元）上海閘北新疆路和民坊五號

海潮音（月刊）全年二元。郵費三角 武昌千家街海潮音社

康藏前鋒（月刊）全年一元二角郵費二角四分 南京和平門外曉莊

佛教雜誌（月刊 全年一之五角）太原市崇善寺大悲院

淨土宗（月刊）全年五角 武昌黃河灣二號

新蒙古（月刊）全年一元五角郵費一角二分 北平旃檀寺西大街前當舖胡同二號

佛化（月刊）贈閱 北平西直門外博物院九二號

佛海燈（月刊）全年六角 沙市中山一路六十二號

微妙聲（月刊 全年一元五角）北平西安門大街十七號

大生報（月刊 全年六角）上海金神父路口佛化醫院。上海貝勒路霞飛路北口大生書藥局

四川佛教（月刊）全年一元五角 成都北門文珠院

人海燈（月刊）全年一元二角 香港山光道東蓮覺苑內

佛教月報（月刊）全年五角 天津法租界四號路天津佛經流通處

佛學半月刊 全年五角 上海愚園路佛學書局

正信週刊 全年一元 漢口佛教正信會

佛教居士林特刊 贈閱 仙頭昇平路八八號佛教居士林

佛教與佛學（贈閱）シンガポール海山街天華公司

護生報 全年五角 上海霞飛路貝勒路

新秦日報（每月一元）全年十元 西京中山大路履端門什字路北

人間覺（月刊）全年五角 廈門大同路二四八號中國佛學會廈門市分會

佛教公論（月刊）全年一元 廈門市南普陀寺

覺津雜志（全年十冊五角）江蘇省淮陰覺津寺淨土宗月刊社

淨土宗月刊（全年五角）同上

# 龍樹出世年代的研究（二續）

林屋友次郎 著
弘 洋 譯

## 二、從譯經史上去研究龍樹的年代

從譯經史上去研究龍樹撰述年代成立的點，從來大約都是依着羅什的翻譯爲標準的。但是據我現在所考證的「西晉時代翻譯出來的龍樹撰述」的中間，在西晉時代竺法護已經把這十住毘婆沙論翻譯了出來的意見拿住的。從我自己譯經史上的研究也是依着竺法護作爲研究的基礎。

復次把「西晉時代所翻譯的龍樹撰述的研究」提出來詳細說明，就是因爲十住毘婆沙論是爲龍樹撰著之一的是由竺法護帶來的，竺法護到長安來的時候是在西晉泰始元年（西紀二六五）——就像上面論文裡所指着的那個，若是連着支謙時代都要較早四五十年以前的話，那麼牠已經是流傳到中國來了的也未可知——，於是十住毘婆沙的譯翻是應該在於第三世紀中葉的東西了。但是龍樹是從西紀第二世紀中葉至於第三世紀的末葉或是在第四世紀的初頭還是生存着的從來的定說是不可不加以修正的必要了！尤其是十住毘婆沙論被傳到中國來的時候，但已非龍樹直接撰述以後的了？那麼要考察該論撰述了那時他的年齡應該怎樣來考察，纔和從來的定說前後相吻合也未可知。但已不是竺法護從印度直接帶來

的東西的了，那時已經流行於西域帶來的東西，但像這樣的見解我想實在是沒有成立的必要呵！

無論怎麼樣，十住毘婆沙論流傳到中國來的是於西晉武帝泰始元年（西紀二六五）的點上來明龍樹出生的年代，這也是和從來學者所採取的方法是一樣的，十住毘婆沙論自撰述以後流傳到了中國爲止要是以研究的推定牠流傳的期間，和推測他撰述時候的年齡則應該要綜合二件以上的研究了。

十住毘婆沙論齎到中國以後要經過多少的星霜，研究那個撰著成立的地方，勢必要占着非常重大的地位的。然而關於綜合龍樹各種的所傳，他的足跡已遍於中印北印等處，他的生活是以南印爲他根據這的恐怕他一定是生於南印度的了？該地又爲他活動的中心地點，而又是死於這裡的人。從那個撰述的大部分裡也是都在南印度裡作品也可。若是這個推測是不錯的，那麼該論也是在於南印度地方的撰述了，於是那論文內容的價值次第從甲宣傳到乙去，漸々經過了中印北印及至於流行到西域各國來，復被竺法護所發見了後纔把牠齎到中國內地來的，於是推定那流傳的期間要多少年數的東西？若是竺法護的立場和那個的立場是不一樣的，那麼是由龍樹一糸的人直接把那個齎到中國來的，如是使和該論成立的地點是要怎樣遙遠的也是比較要早些流傳到中國來的。然而竺法護的立場不是由那一系的學者直接把牠帶來的，自然起初是應先流傳了西域的地方後來纔被竺法護發見了帶到中國來的，那是不得不作這樣去想了吧？

如是就着牠自然傳播的經過上而看來，因爲經論的選述，在那個時代也不像現在印刷技術有那樣發達的時代！所以因那不自由的貝葉轉々地抄寫起來，若是不專靠着暗誦的傳承力量，那就不能流通的時代。或是那部論著已經是作好了的，其最初知道的人和那著者去接觸的是在同一部派內的學者，或著不出於那一系範圍以內的弟子。而且，行於那個同一部派內的人們像十住毘婆沙那樣大部的東西——現在只解釋了初地二地的，傳說牠是解釋了十地的全部的——只依這

（2）

樣一點也非要有相當的時日不可了！況且遙隔那數百千里的地方還遇到了許多部派之間流傳出來的時候，那最初流傳的人應先要知道那個內容之後纔能去宣傳那個的價值的，其結果便聽到了那個評判的至于筆寫的暗誦的東西，於那個內容共同感覺到了那論文的價值或是他人的說話，那個又聽到那人的筆寫或暗誦的動機方纔能够作出來的，從這人傳到那人的流傳出來了的東西。如是被流傳着的那個作爲那個媒介的人間那已理解了那個論文內容了的方能作那最後媒介的東西，普通的社會只是依着口頭次第從這人傳到那人的時候不同而必要許多的時間纔勝吧，在這樣狀態之下像要從南印度流傳到西域地方來的時候，那個流傳也不是一朝一夕的時間所能容易想像得出來的，到底非三十年或五十年的年數流傳不可呀！單就社會普通傳播的事來說，交通機關不像現在那樣的發達的時候流行着的東西。像赤穗義士的復仇在於日本內地裡也非要經過三十年的時間不可的實例。 所以要從常識上考察起來，像十住毘婆沙的東西流轉至少也非要一百個年的歲月的時間不可罷。

然而好像前面所說的一樣，我似乎是要作一部聖典史的學者，彷彿應該要怎樣去考察聖典成立年代的時候，就很不喜歡唯獨漫然的作那流傳期間是一百年的或一百五十年的去計算。然而現在好像已經看了十住毘婆沙論一樣，如從南印度傳到西域地方是以自然傳播的流傳的時候，也可略々推察出至少那成立的地方，爲那流傳是要有這樣期間方合於最低流傳的期間，只是從常識上來推測出來的理由。特是這個十住毘婆沙論，一方是在吳代支謙譯的悔過法經而非該論的別抄經的嫌疑？ 因是想像那流傳期間的時候，於這一點上也有多少加以考慮的必要了？ 若從這一點上考慮起來，作爲竺法護的計算一百年間的流傳時間，作爲支謙基礎的點，當支謙入吳的時候是在後漢獻帝末年（西紀二二〇年）裡的，所以應該要回遡到四十五年以前的。更加這個支謙譯經出來之後流行於當時的中國而翻譯出來的梵本上面，也要七年或二十年

（3）

間的時間。所以要用竺法護的基礎計算百年流傳的期間，作為支謙的基礎的時候是沒有三四十年流傳的期間的。若是支謙譯的悔過法經是為十住毘婆沙論的別抄也不可知的疑問？要以一百年以下計算的流傳期間作為竺法護的基礎點上也不能說牠是絕對的。

然而要注意到這一點的時候，於是現在要述一百年間流傳的期間，那被流傳了的也不只在這一點以下的，即是在最低流傳的期間，那必不是一百個年的意味。所以在那實際流傳的期間，纔能作為一個假定的最低流傳的期間，若從他方面去研究這個資料去漸次對勘方和那個事實去接近起來。

十住毘婆沙論自其成立之後及其傳播到西域為止，更因竺法護把牠齎到中國至少也要有一百年的時間，智度論和這個成立之後羅什復把牠翻譯出來，大約也要一二百年間決非過當的計算。依羅什傳裡自智度論到他手裡的經過上看來，他是從師須利耶蘇摩直接傳承的只有三論一部罷了，智度論是沒有承受過的。這點是以放光般若下手以後方能承受着須利耶蘇摩的教的，其母再赴印度於二十歲後以龜茲故宮裡面得來的東西。蓋智度論是大品般若的註釋，若他的手裡有了智度論之後而與大品同一的放光般若就沒有那樣的珍貴了。所以他的智度論不是直接從依統師傳承來的，是由龜茲裡傳承來的。只是在龜茲落到了羅什的手裡也需要有相當的年數。不用說這個計算是不正確的根據，但是無羅又在於西晉時代帶來的放光般若經至于一百年後他方發見了很珍貴的事實上看來，那麼，智度論至少從西域傳來為他發見了的時候大約也要三四十年間的時間也是不會錯的。這樣看來，智度論從西域傳到中國來的羅什的傳播者，大約也要七八十年間的時間吧。

從這一點上想來，說有十萬偈頌的大部頭的智度論是以口傳口誦誦起來的，又很不便的貝葉裡謄寫到南印度再經過了



中北印度流傳到西域的地方的經過也可想像看到，那決非從西域流傳到中國的時日了。照這樣看來，這個智度論從最初撰述之後流傳到中國至少也要一百年間的時間吧。與這個傳來的經過比較的合體來看，於是十住毘婆沙論至于竺法護譯經的時候，至少也要一百個年的時間，從那流傳的最低期間一點上看來，復從那時代的關係上看來，這決不是違反了事實的推測吧。

無論怎麼樣，十住毘婆沙論從撰述的時候及其傳到了中國的時候以其最低流傳的期間來計算也要一百個年頭纔行，那麼竺法護把這論文齎到中國大約是在西紀二六五年間的事，從那百年來考慮十住毘婆沙論就是最晚也非在於西紀一六〇年間的撰述。所以若從這個根據來看龍樹出生的時代，這十住毘婆沙論也可大概推求他於那年的撰著了。

然而該論龍樹是於那年撰述的，自然在於文獻上有什麼的根據。從那裡來推測起來，那麼牠只散在各個地方關於牠綜合的斷片的傳統，或可考察出他那述底思想的聯絡點，恐怕在該論裡的撰述只能够推測出他是那年的罷了。這樣的推測雖然是不正當的但也與那個的東西也是很不遠了吧，豫想牠前後大約有了一二三十年間的東西了。然若照這樣的推測是抱着了不正確的不滿的人們，像龍樹出生的年代不依着這個方法最初就看不出了吧，所以這也是不得已的事呀！在這個的意味上來求該論撰述的年代和龍樹撰述底相互間的關係，關於從龍樹各個傳說裡底研究上是很適當的。

第一是就龍樹撰述相互底關係上的見解。那些中間的關係上可以看出有好和不好的東西來，所以其間比較易見的就是中論大智度論十住毘婆沙論三者的關係裡。大智度論在於第一卷第十九卷第二十五卷第三十八卷中間明指着中論的偈文，復在十住毘婆沙論裡其卷第四阿惟越致品第八，並卷第十七助尸羅品第六和中論有同一趣旨的說法，引用了中論的偈文。大智度論成十住毘婆沙論是應該先看中論以後的述作的，中論是在於這三者中間最初的述作品啊。

更就大智度論和十住毘婆沙論撰述的順序上看來，現代學者裡面論這兩者撰述的順序，大智度論是以般若的優波提舍是純然立脚於空思想上的，十住毘婆論沙是從空思想上更加一步超脫出去闡明妙有的思想的，所以十住毘婆沙論是豫想了大智度論的撰述，而不能去考察那撰述的東西的人也有。然而十住毘婆沙論現存着的部分即關於初地二地的說明與智度論來比較起來，那個上面的經論與否可以抽出的疑問？那個十住毘婆沙論和智度論成立的順序以外的理由，確可論證出來的。然說明這一點上，比較引文也有多少冗長說明的必要，所以這可於後以另文去發表了，於是暫且把那成立的順序首先便從智度論成立以後十住毘婆沙論也就成立了。如是把智度論和十住毘婆沙論成立的順序決定之後，那麼最初便是中論，次則大智度論，最後方能產生了十住毘婆沙論的。

想於這三者的關係上於十住毘婆沙論成立年代的時候，復有一個問題，即是中論卷第四觀邪見品第二十七裡有復次如四百觀中說道：

眞法及說者，聽者難得故；

如是則生死，非有邊無邊！

的一首偈文。這個偈文是否是龍樹自己引用的見解有二。元來中論的偈文是為龍樹的作品，可是那長行釋文是為梵志青目的作品。然這偈文的偈是引用了長行釋裡的。若這偈和青目的引文決非別的問題，這一疑問非由長行釋文的他部分里的偈文的一點上想來，所以這個偈文是非由龍樹自己引用的東西。

元來這個四百觀論的東西，在於羅什翻譯的提婆菩薩傳里有作百論：小品的又作四百論四百論，是破邪見的。所以若以這四百觀論的論文是為龍樹自己引用的，於是提婆四百論里的偈文，是引用了中論里的，嘗考中論撰述的年代上生出



了非常有力的材料來。嘉祥中論疏裡關於這點上是沒有得到一個確定的結論的，可是於卷第十之末段上還有這偈文的註釋云。

復次如四百觀論中說下，此生第四釋正見章門。付法藏經云：提婆菩薩造四百論，今註人引之將來破二邊也。亦可是龍樹自引。例如龍樹智度論第十八卷歎般若偈，此是羅睺法師所作，但龍樹羅睺提婆既是同時人，所以智度論引羅睺所說，此處引提婆之言，亦可別有此論，今所未詳。

怎麼樣來說也是龍樹自己引用的。反之否定的考察起來，這偈是非梵文的註釋也非般若燈論的，所以不見於龍樹自己的引用，然而宇井博士也說這偈梵文的註釋里和般若燈論兩俱沒有，於西藏的藏經里無畏論中說是為大德聖天（提婆）的，所以這個解龍樹自己引用的也沒有混雜的見解了。這無毘論沒有漢譯的論文，可是於西藏的藏經里有 Ahutobl aya 的文。西藏是以這為龍樹自己註解中論本偈的文字。這點於羅什譯的龍樹菩薩傳里「又造無毘論十萬偈，中論出其中」的話來比較起來。前者的無畏論即是為中論里的註釋，後者中論是由無毘論里抄出來的點是不錯的，可是無畏論和中論之間兩者似有密切關係的事也可認承的。更於龍樹傳里說無畏論不獨關於那中論的內容的，不管他包含着有其他的東西在內與否?！但西藏的藏經里是的無畏論也不過是一百偈頌唯作了註釋中論的罷了。這點和龍樹菩薩傳里所說沒有一致。況且西藏譯是於唐太宗時代以後的譯品，那個翻譯時代是很晚的，所以也不能斷定他沒有和著者有混同交錯之處。果然西藏藏經里的無畏論是依龍樹無畏論的解釋多少也有疑問的點也不可知？ 於是關於這一點上，我自己沒有看過西藏的原典所以沒有甚末意見可以發表。然而於這方面造詣極深的宇井博士，關於這無畏論大約是可以斷定他是可信的傳說吧，於是他的翻譯必非很完美的嗎？ 既又從無畏論出了中論的一點上綜合起來，大約西藏藏經裡的無畏論也是不能不

看龍樹無畏論的一部。(可參照宇井博士日譯三論解題裡的中論解題一三頁——一四頁中)

然想讀宇井博士的說明，我自己現在說的一樣沒有怎樣無畏論原典的氣味，所以那是爲龍樹自身的著作與否也不能獨斷出來。於中論裡引了四百觀的偈頌，都是由龍樹自己引了的東西，然若不是這樣的時候也有考慮的必要了。

這個順序上，四百觀論的偈頌是係龍樹自己所引的，善後去考察中論智度論或十住毘婆沙論撰述的年代。那就可以看到龍樹和提菩的關係了。玄奘西域記卷十裡說提婆最初去謁見龍樹的時候就如下面所記的一樣。

城南不遠有故伽藍，傍有窣堵波，無憂王之所建也。昔者如來曾於此處現大神通摧伏外道！　後龍猛菩薩止此伽藍，時此國王號娑多婆(訶唐言引正，)珍敬龍猛周衞門盧，時提婆菩薩自執師子國來求論義，謂門者曰，幸爲通謁，時門者遂爲白！，龍猛雅知其名，盛滿鉢水，命弟子曰：汝持是水示彼提婆，提婆見水點而投針，弟子持鉢懷疑而返，龍猛曰：彼何辭乎，對曰：默無所說，但投針於水而已！龍猛曰：智矣哉，若人也。知幾其神，察微亞聖，盛德若此宜速命入。

據羅什譯的提婆菩薩傳上看來，他在龍樹以前便已博識淵攬辯才絕倫名聞天竺的提婆了。龍樹因是由他來訪的時候龍樹已經雅知其名的了！　及龍樹會到提嗎的時候，龍樹便說提婆智矣哉，若人也。從這「智矣哉，若人也」的話上，大約這個的候也不能推察龍樹和提婆的年齡了？既說若人，那末提婆確非老人的了。然而提婆到那個時侯其名已鳴天竺，但和龍樹論議的點看來，這樣的年青，於常識上去想來他還沒到二十歲或二十二三的時候，可是不想這個時候他的年幾正是在三十歲的前後了。所以龍樹從最初便叫這三十歲前後的人爲若人的，那末龍樹那時至少亦有五六十歲的人了。假使龍樹的年幾是要加倍於提婆的龍樹應當要在六十歲左右的莫樣了，也沒去多大的無理的。然而提婆於龍樹六十歲的



時候纔去作他的弟子，於是提婆善後跟着龍樹研究佛敎以後，像四百觀論的著作，引用四百觀論句子的無畏論，最後方作了部中論。

照這樣看來，提婆爲龍樹的弟子以後像寫四百論的需書要多少的歲月自然是不知道的，然而那個我想非要十個年的時間不可？　這樣提婆在龍樹六十的時候會見了後，至于四百觀論作出來的時候也已在七十歲的時候了。那末他的無畏論當在七十歲以後的事了。特是所謂千萬偈頌的無畏論，所以無畏論的完成後更被中論抄出去豈非已在七十五歲以後的了麼？　善後方來撰集大智度論。這智度論的原著也有十萬，於是照智度論後記里說那個若是完全把牠飜譯出來則比較現行的智度論當要有十倍多的東西了——，僧叡序里也說現行羅什飜譯的智度論是非全譯的東西，所以那原本和現行的東西比較起來要有十倍多大的量了——，這樣大部的著述在七十以上才得完成，至于把他的徒弟訓育完成起來至少也非要有相當的時日不可了，這個至少也非化去十五年上下的時日。從這十五年的時間上看來，那末智度論的完成當在九十歲以後的了。例如世親，那樣短時間內能移完成了非常大部的論著的例；或者不要十五年的時間也未可知，但是像後面說他爲非常長壽的人，所以於那個推測也非很無意味的推測也可。他於中論智度論十住毘婆沙論其他——多數的論著裡，所以推想那些中間的事，多少也要有裕餘的推測。然而於十住毘婆沙論之後的著述，傳說那原本也不劣於智度論的大部東西，那末牠完成的時間大約也要十年或十五年的工夫，若以十年去看一百年的時候，十五年去看一百零五年著述的東西。然這是以最少的年數來計算的或較這更長的時間也未可知。依着這個推測來看出的時間也不過是一種假定的東西罷了，所以若要達到這個完全安當的地步也非要有相當的時間纔行了。

以上所以中論引了提婆的偈文裡關於龍樹自己引證的作了出發點的，但否定這個一點，像龍樹傳裡說他最初學習外道

在那青年的時代和四友人俱學隱身的術潛入王宮侵凌宮中美人，王知那事被誅幸免，後來方入於佛法之中，所以他入於佛法也是在於壯年時期以後的多大約也在三十歲後了。後來有了佛教修行的經過，這於羅什翻譯的龍樹傳裡可以看得到的該傳寫着像下面一樣的東西。即他因爲被王的兵士所襲擊而瀕於非常危險的時候，自誓若幸得脫這災難決定出家作了沙門。後來幸得脫離危險，所以他便入山詣一佛塔，於那裡纔得出家受戒。在那裡約有九十日間熱心讀誦小乘三藏因是皆悉通達小乘三藏。後求異部諸經不得，就去到了山上探求經典。雪山深處。有一佛塔，於那塔中有老比丘傳授摩訶衍經。他因熱心讀誦通達實義，但是至得道證！於是更求餘經周遊閻浮提中不得。彼因辯才無盡善能言論，外道異學沙門義士皆悉摧伏！他們皆尊爲師！得了那樣的結果便使着他起了憍慢的心，因爲自己便是一切智者，於是他人都來非難着他了，後來自究妙理在於靜處水精房裡獨坐鍛鍊思維。大龍菩薩見了憐惜！招他到於龍宮，開宮殿中的七寶藏，授諸方等深奧經典無量的妙法。於是龍樹方能通達大乘的眞義了，大龍菩薩復送龍樹返於南天竺國。

以上的話裡，因大龍菩薩伴着龍樹至于龍宮的事這個事實能够承認與否亟可疑問？恐怕爲龍樹在於那個地方研究了大乘的義理因假託其名於龍宮之中的！無論怎麽樣，根據了以上的傳說的龍樹至于成了大乘論師的經過上看來，他自王宮脫險之後出家研究小乘有部派教義的東西九十日間便讀光了，那部派的三藏，但是小乘經典裡也是沒有異部的或大乘的經典。他因涉獵了那些復用了非常的苦心和努力，他從南印度的地方至于北方的雪山。他於那裡漸得大乘經典的一部，但只有那些還沒有得到滿足，所以最後纔得到了龍宮方能通曉大乘眞義。假使他出家的年幾像前所述是三十歲，於交通上不便的那個時代，爲探求經典便從南方至於雪山遊歷的事，他於雪山纔得能够研究大乘經典至於十五或二十年間的歲月！更從那裡遊歷諸國，所以從這個見地上來大約也要十年或十五年的時間。如是，他在於龍宮的地方方得大



乘根本的義理，那樣看來我想至少亦應費了三十年以上的工夫。若他的出家是在三十歲的時候，及他成了大乘論師的時候應該要在六十歲以上的了！他作了無畏論及其他的論著，從這個計算起來這個無畏論的撰述是爲他七十歲以上的吧智度論是當在九十以前上的，十住毘婆沙論則不得不在於一百歲前後的撰述了。

若從以上兩個時期作爲基礎來推測起來，於是十住毘婆沙論應該是在一百歲前後的著述，若以譯經史上的十住毘婆沙論其撰述最低的年代是在於西紀一六五年間，所以他若是除去這百年來考察該論撰述的年代，推測他出生的時代其最低的年代也應在於西約六五年之間。即是較晚也決非在西紀六五年間誕生的事。但是推測這個論文流傳到了中國來的流傳期間，可是該論撰述的當時他的年齡，無論用什麽樣常識來判斷這個是以最低限度計算出來的，所以不能够決定要依照着這個便說是爲他出生時代的事實。實際若要和這個出生時代去接近起來不可不從研究其他的傳說來修正的。

無論怎麽樣看那出生的年代，所以順着這個來看那生存的年代。究竟龍樹是活到那個時代，生在那個年歲，應要決定下來的。玄弉西域記卷第十裡記着龍樹的說：「龍猛菩薩善閑藥術餐餌養生壽年數百志貌不衰」！況且他不僅是一位長壽的人還能把那長命的法都教信了王其王子的王位至于那時才沒棹了的，懇求了龍樹的結果，龍樹便說：我身既滅汝父也忘於自殺的話記着！如是他果否保持數百年的壽命，要從普通常識上考察起來也是出於想像以外的。然則這個傳說確是還流行在印度的裡面，賢首十二門論宗致義祀裡面介紹日照三藏的所傳道：

西國有傳，龍樹從佛滅後三百年出南天竺，共一國王以藥自持，擬待彌勒，至八百年。彼王諸子並皆老死無嗣位者，後一太子恨無得位，母氏教云，汝父不死是龍樹所持，汝乞彼首，父則隨喪，子便依言往乞，菩薩刎頸與之，於是而卒。

在這個時候的他年已有五百。這個長命的傳說與普通所傳的是一樣的，這也不能去否定他的，但是無論怎樣那個究竟不爲常識所取的，也應否於學問的。但是在別一方面來看他所有的傳說裡，似乎異於常人的而說爲不是長命的也非容易想像得出的。

所以在實際的問題上來考察他的歲期，人間的生命實際能够得到多少的歲月的。我因爲不直接知道了這人，但是我祖父的友人也有活到一百二十歲的。在明治時代的新聞有一百四十歲的人的記事也有。就是德川時代有叫作澤水的是一位相當有名的禪僧，澤水法語裡他自述已爲一百七十歲的人。四五年前各新聞上曾傳着，中國現在有二百歲的人，若是要推到一百年前種々的古話，這些諸君猶有記憶着否？　那樣的實例實在是很稀有中的稀有了，實在說一句能够活到一百七十歲的，二百歲的例子是很少的，龍樹也是一位非常稀有的長命，所以我們知道範圍能够達到最高長命的也不是矛盾的吧。高麗藏龍樹菩薩傳下細註着了「假餌仙藥現住長壽二百餘年」，那麼龍樹爲二百餘歲的人。無論怎麼樣這個細註是爲後人註的，這個二百餘歲的數字亦未知根據於那裡來的事實，但既有二百歲現生的事實，像和日照三藏所傳的事實來比較起來也有帶着多少的現實性。

若是他的壽命長到一百七八十歲乃至二百歲的人，若是斷定爲一百七十歲的那麼他的出生着應該在於西紀六五年間及至于西紀二三五年纔死去的若是，以二百歲來計算而他應該至于西紀二六五年之間。可是他的在卅年的時候正是在西紀第一世紀的中葉乃至第三世紀的中葉。而和從來學者之間的通說和他在世的年代很多錯誤了的，

然而考察這個譯經史上材料的基礎而關於他在卅年代的最低限度，大約他也非較這較晚的年代了，而於實際上較這個更早的也未可知，　若是要看出眞的龍樹年代的東西，他在世的年代，即可看出較這早一點的年代也未可知，於那兩者

（12）

的關係上可以看出實際的年代來。然而他在世年代不能從譯經史上的材料裡就可以看出來的，於聖典裡引着他著作很明白的能够得到那個成立的年代，從那聖典成立之後去讀那個龍樹所引證的他的論著裡大約也可以推出來有多少的時間吧？　可以看出那個最高的限度，於這個意味上，通觀聖典裡面引着龍樹的論著，像般若與大毘婆沙論的目的是爲最好的聖典。

智度論卷六十七和卷七十九裡指着道行及小品的名，所以智度論的成立較小品的成立爲早也是沒有意味的。然而羅什譯的小品卷第四不可思議品第十上看來，好像也有下面一樣的記事。

舍利弗，如來滅後般若波羅蜜當流布南方，從南方流布西方，從西方流布北方，舍利弗，我法盛時無有滅相，北方若有乃至書寫受持供養般若波羅蜜者，是人亦爲佛眼所見所知所念。舍利弗白佛言？　世尊，後五百歲時，般若波羅蜜當廣流布北方耶。舍利弗，後五百歲當廣流布北方，其中善男子善女人，聞般若波羅蜜，受持讀誦修習，當知久發阿耨多羅三藐三菩提心。

支讖譯這道行般若卷第四的經持品，和大明度無極經卷第一悉持品上看來，也是有同樣的記事。——大品裡的記事，可是小品是由後漢時代翻譯的，很好推測那成立的年代。——但據這個記事，般若小品是最初成立於南方的，後方傳到西方更至北方，是於佛滅已後五百年代方得完成流布的，尤其是說佛滅已後五百年的也非正確的五百年，所以那個五百年代也非五百五六十年的事？　若是我的佛滅乃是從西紀前五八七年成立的是在西紀前一三十年的時候。這和小品譯經的年代來比較，支讖道行經在於中國翻譯出後是在西紀一七九年間大約也有二百年間的事。若從北印度傳到中國來須要一百年間也未可知，是屬於中國佛典最初翻譯之一也非矛盾　在這個流傳期間稍後於西紀前後所成立時也非無理（小品或

（13）

立的年代別有研究此處從略）。那麼，智度論撰述的最上限度當在西紀的前後。而這小品龍樹是在於南方看到的，或於北方旅行中看到的，距那成立的期也要有相當的時間，及其看到那個智度論的作品也需有相當的時日，所以從這小品成立記到智度論的撰述至少也要有二三十年以上的時間。如此則智度論的成立最早也是在於佛滅已後五百八十年以前還沒看到的。若是龍樹作智度論的年齡亦如前述在九十歲的前後，那麼他的出生最上的限度當在佛五百年的前後。

更於大毘婆沙論的關係上看來。龍樹在於智度論第二卷，第四卷，第六卷，第廿九卷，第卅八卷，第卅九卷，第七十四卷等，毘婆沙復依着阿毘曇鞞婆沙的文字裡不獨是舉着了大毘婆沙論的名，就是引了大毘婆沙的記事的地方也不少，所以在智度論成立以後則不可不想到了婆沙論的成立。單就婆沙論的成立在於那個論文裡面詳說的？若以木村博士說那個成立的年代是在佛滅五百年的，復依眞諦譯婆藪槃豆法師傳迦旃延子的發智論乃是佛滅五百年間造了婆沙論後纔得能够成立。假使從這一說，婆沙論是成立於佛滅五百年時候的。婆沙論是成立於罽賓國的居在南方的龍樹看見，至少也要二三十年的工夫，所以龍樹看見婆沙論時當在五百年或六百年的初期。智度論善後方得出來，依着這個標準來考察龍樹出世的年代最早也在佛滅五百年的初頭大約和般若的關係是一樣的吧。

應是龍樹出生的年代，至少也如小品般若或大毘婆沙論的關係，佛滅五百年的初頭似尚還沒看見。在這一點上於智度論自己的記事上第一卷，第二卷，第七十九卷，第八十八卷等，隨處都可看到他在佛滅五百歲的記事了，於這一點上，當然亦要考察的，然而龍樹假使看見大品般若或大毘婆沙論是在佛滅五百年的末葉或六百年的初頭，看見的那年正是六七十歲，或七八十歲之間前後相差一二十年的工夫，但是大約不能遡至佛滅五百二三十年以上的。然我所採取的佛滅年代是爲西紀前五八七年的說，所以那出世年代的最上限度也在西紀前五五七年間的時候。然而大約有了二百年間住世的他，那麼入滅的最上限度當在西紀一四三年間的了。即西紀前第一世紀的中葉起至第二世紀的中葉。這是關於龍樹住世年代最上的限度。

若是最眞確的龍樹的年代，是由現在考察起來是由應西紀前第一世紀的中葉至，第二世紀的中葉，於譯經史上看出的第一世紀的中葉至于第三世紀的中葉的間。在於這個的意味上面看出實際的龍樹的年代，則不可不去研究龍樹各種傳統的所傳了。

（待續）



## 箱根記遊

墨禪

豈知山明水秀者，也有人工也自然。箱根風景誇天下，徘徊顧盼樂晴川，曲徑難登奇且險，石壁萬丈幽壑連，岡坂平地涌出浪，到海無涯獨鳥還。幸有輪軌縱橫渡，疾馳電掣似飛鳶。時聽車掌報勝跡；「晝不焚香火噴煙，瀑布匹練垂綠玉，濯淸身體兮温泉，木賀溪去宮城野，上居神人蓬萊仙，曾我石佛傳千古，芦湯駒岳年復年，滿谷櫻花如彩霞，林間音樂聞啼蟬，唯有蘆湖水最冽，峰巒圍繞影更鮮。早雲關裡何所是，草長額垣夕照邊。每爲旅客銷暑炎，傾觴擊節咏汽船；叢篁蔓草翠靄出，望湖臺看富士巔。」

# ソヴエートロシヤの宗教事情

高谷覺藏

——高谷覺藏氏は大阪高工卒業後、渡米留學中マルクス主義に共鳴し、大正十二年末歐洲國境より入露してロシヤ共産黨員となり、共産黨組織内部——主として極東方面に於て活動すること十數年、昭和九年蘇ソ聯を出でて歸國し、後逮捕せられて入獄中に轉向し、昨年七月執行猶豫の恩典に浴して出獄した人であります。轉向の動機としては佛敎の信仰に生きてゐる母堂の眞心に動かされたことが、かねて在露中に懐いてゐた共産黨の思想並にソ聯實際に對する疑惑に拍車をかけたものであります。（編者）

（一）

ロシヤに於ける國民生活を知り、ロシヤの將來を物語らうとするには、我々は是非ロシヤに於ける宗教の過去と現在とを知り宗教の將來を豫見しなければならない。

ロシヤは昔より宗教國と云はれてゐた程宗教は盛んであつた。ロシヤにはユダヤ教カトリツク教其他種々のセクト的な宗教はあつたが、ギリシヤ正教が國教として全國民の絶對大多數を獲得してゐた。ロシヤには昔から世界的に著名な作家があつたが、彼等のどの作品を見ても國民の宗教生活を取扱つてゐないものは絶無と云つてい丶位である。この一事實を見てもロシヤの宗教がどれ程國民生活の中に奧深く喰ひ込んでゐたかを知る事が出來る。私が始めてロシヤの土を踏んだのは一九二三年の暮で、此の時は革命後既に六年も經過して居た。この頃は、共産黨に反對する社會民主々義のメンシエビーキや、無政府主義者の團體は云はずと知れたこと、其の他一切の反革命的組織は一掃されてをつたのに、唯宗



教のみは時を得顔と云ひたい位盛大に行はれてゐた。この光景は私が入露して異様に感じたもの丶一つであつた。モスコーの空に林立する教會堂から打鳴らす鐘の音は聞き慣れぬ私達には寧ろ騒々しい程であつた。どの教會堂にも晝夜の別なく信徒が充ち滿ちてゐた。特にクリスマスと降誕祭は革命紀念祭とは比較にならぬ盛大さであつた。此等の宗教祭には全國の工場事務所は勿論のこと、共産主義の思想を教へる學校までが休養しなければならなかつた。私達はクリスマスや降誕祭にロシヤの共産黨員に誘はれて教會堂を見物し、信者達から帽子を取れと叱責され、帽子を取つて行儀よく彼等のお祭りを見物した事があつた。又キリスト教を信じない共産主義者の家庭でも一般信者大衆と同様に宗教的意味の御馳走をして酒を飲んでお祭をやつて居た。かうして革命後と雖もロシヤに於ける宗教は私が曾て亞米利加や歐羅巴で目撃したよりも盛大であつた。其の當時ロシヤの勞働組合で勞働者が宗教の爲に支出する費用を全露に亘つて調査した結果、勞働者は毎月全支出の約一割を宗教に費してゐる事を發見し、共産主義者の間にも相當多數のキリスト教信者のあることを發見した。此の結果から見れば如何に宗教が盛んであつたかを知る事が出來るが、かうした調査を容易に遂行する事が出來たといふ事實がより一層當時の模樣を雄辯に物語つてゐるではないか。

ロシヤに於けるギリシヤ正教は革命前長い間ロマノフ王室の歸依を受け、歷代の皇帝はギリシヤ正教の代表者として宗教を彼等の政治的手段として利用してゐたから、ロシヤの宗教は政治と不可離の關係があつた様に私達は聞かされて來た。若し此の說明が事實だとすれば、一九一七年の革命は殆ど全國民ともいふべき程のキリスト教信者である勞農大衆の反對によつて成功しなかつた筈である。だが革命當時の眞相はこの說明の誤つて居ることを物語つてゐる。即ち革命當時教會堂の鐘は何處に革命の嵐が吹いてゐるのかと云はんばかりに平常の如く打ち鳴らされてゐた。國民の大多數は革命には無關心であつた。この點に於ても彼の勞働階級の絶對多數を味方に獲得し、農民の大多數を率ゐて革命に成功した、と云ふ共産黨の說明の甚しく獨斷であることが分る。ロシヤ革命を批判せんとする場合、共産主義者がそれを口にするさへ禁じられてゐるロシヤの國民性を無視しては、ロシヤ革命の原因も、革命後の推移も理解することが出來ないのである。ツアール專制とキリスト教の本質、並にツアール專制とキリスト教との關係、その下に發達したロシヤ國民性を日本の國體と宗教、並に其の下に發達した日本國民性と比較して見ると、何故ロシヤに革命が成功し

日本には不可能であるかゞ明瞭となる。

（二）

共産主義と宗教とは相剋の關係に置かれてゐる。然るにロシヤに於て革命後十年近くも宗教が昔のまゝに活動してゐたのは、民衆の宗教心が非常に强くて、共産黨政府としては露骨な彈壓は全く不可能な事であつたし、又さうする必要も無かつたからである。私の入露した頃は前にも述べた樣に教會堂は革命前と變りなく活動して居た。此の頃の共産黨の反宗教運動としては專ら理論闘爭であつた。漫畫式の反宗教雜誌を發行するとか、或は俱樂部で共産主義者と聖職者が大衆の前で立會演說をやる等のことが行はれて居り、反宗教團體の結成とか教會堂破壞等の行動は未だ見なかつたのである。モスコーのクートベ（共産黨幹部を養成する共産主義大學）在學中唯物史觀の講義中宗教に關しては僅々數分間が費されたに過ぎなかつた。マルクスやレーニンは宗教を樣々に說明してゐるやうであるが、要するに宗教は支配階級が人民の苦痛を無感覺たらしめんとする人民の阿片と云ふのがその中心である。そして宗教として具體的に論ぜられてゐるところのものはキリスト教であつた。私はキリスト教を特別に研究したことはないがキリスト教に於ける創造者としての神（英語のゴッド、露語のボッグ）の存在アダム・イヴの神話や其の他の樣々な祈禱や迷信は、共産主義者が宗教一般に反對する爲に常に使用しつゝある主要な武器である。アダム・イヴの神話や其他の祈禱迷信の不合理であることは殊更に共産主義者の批判を俟つまでもなく、我々の常識でも理解出來ることであるが、果して創造者としての神、絶對としての神を認めるや否やはさう簡單に片づけられる問題でなく、理論闘爭の中心は主としてこの問題にあつた樣である。私は入露して間もなく共産主義者と聖職者の立會演說を聞きに行つた事がある。一方は共産黨中央委員會から特に選出された理論に秀でた共産黨員であり、他方はモスコー有數の理論的聖職者であつて、この人格者としての神を認めるや否やの問題で、一方は唯物論の科學主義の立場に立ち、他方は唯心論の立場に立つて双方火花の出るやうな理論闘爭を闘はしてゐたが一日で解決出來ず二日を要し、しかもその結果はどちらが勝利を得たとも云へぬ曖昧な結果であつた。私達の淺い科學的知識で考へてもキリスト教に於ける宇宙創造者としての神の如きは、簡單に否定出來るやうに思つてゐたが、科學的知識のみを以てしては到底解決し得ない種々の問題を深遠な宗教的立場から聖職者によつて提出され、その返答に伴の共産黨員は大

（18）

衆の面前で狼狽してゐた事を記憶してゐる。キリスト教は佛教のやうに深い哲學を持つて居ないやうである。とはいへ私は佛教に於ける哲學を云々する程委しい研究はしてゐないのであるが、佛教にはマルクス主義の哲學たる唯物辯證法が、到底其の足許へも寄りつけない程完全な哲學があり、此等の哲學は西洋の佛教學者によつて英獨、佛其他の國語に飜譯されてゐる樣である。共産主義者にとつて彼等が宗教を批判する場合數億の信徒を有する佛教は決して看過することが出來ない筈である。若し彼等が佛教について研究せんとすればその資料は西洋にも存在してゐるのである。帝政時代ロシヤには世界的な佛教研究學者がゐて多數の權威ある著述が殘されてゐるし、そして若し眞劍に研究せんとすれば新に直接梵語漢語日本語から飜譯しなければならないのである。クートベの如く特に東洋人を學生とする共産主義學校では、宗教としてはキリスト教よりも佛教バラモン教回教を取扱はねばならない。然るに私の前後十年間の滯露中宗教としては始終このキリスト教についてのみ聞かされ、唯の一度も佛教について聞いたこともなかつたし、佛教に關する文獻を見たこともなかつた。若しクートベの學生に佛教研究の自由を與へ、佛教に於ける哲學を知らしめてからマルクス主義の哲學を教へたならば、學校當局者の豫期しなかつた現象が起つてゐたであらう。否其のことを豫期して共産主義者は佛教の研究を禁じてゐるのであらう。日本に革命を起す爲に日本人の常用する腹卷を、あれは日本人が常に飢えてゐるから腹を抑へる爲だと迄批判してゐる位、日本の事を研究してゐるのであるから日本歷史と日本國民性を知る上に絶對に看過する事の出來ない日本の宗教、殊に佛教に就いて唯の一言も語らないのを見るとこれは故意のことゝしか思へない。又かうした事は宗教のみに限つた事ではなく、歷史に於てもさうである。共産主義者が歷史として批判するのは西洋の歷史のみである。クートベに於ても日本や支那の歷史を教へずに西洋の歷史のみを教へてゐる。若しクートベの學生に眞劍に日本の歷史を研究させたならば、佛教に於ける偉大な哲學を發見すると同樣に、日本の歷史に於て何故階級闘爭と革命が無かつたかを知り、日本には革命が絶對に不可能なる事を發見せしめ、マルクス主義の正當ならざる事を知らしめたであらう。

キリスト教特にロシヤのギリシャ正教は多分に曖昧の民を愚弄するやうな迷信的要素を持つてゐたし、反宗教闘爭の目標として此等の迷信や祈禱を暴露することは有功であるかの如く思はれたが、此等の反宗教闘爭は殆んど効を奏せず、ロシヤに於ける宗教は革命後も依然とし

（19）

て盛大に行はれて居た。前記の如き共産黨員と聖職者との立會演說に興味を持つて聽きに行くのは、共產黨員か若しくは無宗教の勞働者であり、反宗教の雜誌を讀むのも彼等のみである。キリスト教信者は反感こそ抱け絕對に聞きもしなければ見もしない。共產黨政府がその綱領や宣傳とは反對に、人民の敵であることを發見すればする程、彼等は宗教生活に走つた。そして教會を中心に宗教的儀式を行ふことを、反共產主義的デモとするやうになつた。自然と教會が反革命の根據となつて來た。勞働者は工場を休んで教會堂へ行く。農民は教會堂へ穀物を運ぶが政府には納めない。宗教祭は大衆の反共產主義的祭日と化し、祭日後數日間は全國的なゼネストとなつた。教會堂を中心として至る處に農民や勞働者の蜂起が續いた。共產黨政府としては、最早理論鬪爭ではこの情勢を收拾することが出來なくなつた。そこで共產黨は勞働階級に對する共產黨の獨裁的な支配權力を確立すると共に、こゝに有史以來未曾有の宗教彈壓を展開し始めた。教會堂は破壞され活動的な聖職者は逮捕され、彼等の多くは死刑に處せられた。現在の教會堂も樣々な政治的手段でその活動を拘束されてしまつた。

（三）

現在のロシヤに於ける共產黨政府反宗教手段は、教會堂の活動に對する彈壓、反宗教諸團體の活動、學校に於ける反宗教的教育に大別することが出來る。前述の如く民衆の反共產黨熱の勃興と共に、教會堂は反革命の根據地と化し、政府は先づ教會堂に對する彈壓に力を注いだのは勿論であるが、それはロシヤに於ける教會堂の全部を打ち壞したのではない。現在でも半數以上は拘束を受け乍らも宗教的活動をしてゐる。後の半數は政府に取上げられ、その內交通の妨害になるものとか特に政府にとつて危險なものは全く破壞してしまつたが、多くは反宗教博物館に造り變へられ、又は發電所や倶樂部に使用されてゐる。かうして反宗教博物館に使用されてをるものの中には、例へばモスコーでは赤色廣場の一隅にそびえてゐるところの、昔のナポレオンが駒を繫いだと云ふロシヤ第一の教會堂や、クレムリン宮內の數個の教會堂や、其他一般に反宗教博物館として使用されてゐる有名な教會堂はその修繕と維持の爲に却つて莫大な金を費してゐる。どの反宗教博物館もその內容は殆んど同一である。そして其の內容は殆んどキリスト教や其の他の宗教の持つて居た迷信、祈禱、聖職者の生活の暴露である。例へば百姓が農作を祈り旱魃や害虫の災害から避難するとか、病氣や疫痢を退治する場合は必ず祈禱をやり、教



會堂から腐敗した水を貰つて飲むとか、聖職者の足に接吻するとか、幾日も斷食をやるとか、家の建て直しをやるとか、甚だしいのになると信者の肢體に創傷を加へる等の呪ひを、樣々な舞臺裝置やポスターや、或は實地に科學的實驗を演じて、農業や天文や醫學の知識を以て暴露してゐる。次に力を注いでゐるのは人間がアダム・イブの子孫ではなく動物から進化したといふことを、ダーウィンの進化論を以て說明してゐることである。これ以外に殊更に興味をそゝる樣なものはなく、一度見れば二度と見に行く氣がしないし、この博物館を見學するものは共產主義者でも極く稀であつて、信者は絕對に寄り付かない。唯小學校の兒童が强制的に見學せしめられる位のものである。次に教會堂として現存してゐるものはどんな活動をしてゐるだらうか？　先にも述べたやうに教會堂として活動を續けてゐるものは、全教會の半數以上に達してゐるだらうが、甚しくその活動を拘束されてゐる。しかし徹底的な彈壓は如何に彈壓好きな共產黨と雖も出來るものではない。クリスマスや降誕祭の夜は、依然として教會堂を根據地として聖火を捧げる信者のデモが見られるし、平時に於ても信者の參詣が絕ゆることがない。葬式の如きも今日のロシヤの葬式は、依然として大多數はキリスト教に依つて行はれてゐる。誰か勞働者が死ぬとする。あの男は共產黨に同情を持つてゐたからきつと無宗教式で葬式されるだらうと思つてゐると、豈圖らんやキリスト教式で行はれ、聖職者の指導で教會堂へ行つて式をやることが屢々あり、葬式に參列したところの反宗教者の共產黨員も教會堂へ行つて、帽子を取つて頭を下げねばならぬ場合が多い。勿論教會堂に於ける公然たる反共產主義的說教や集會は、殆んど不可能とされてゐるが、信者が教會へ參詣して禮拜するとか、葬式を行ふ等のことまで拘束することは出來ない。共產黨の反宗教鬪爭の手段として次に擧げねばならぬのは反宗教團體の活動である。現在ロシヤに於て結成されてゐる所の反宗教團體は無神主義者聯盟（ソユーズ、ベズ・ボージニコフ）である。この團體はモップル、防空化學聯盟等と共に共產黨指導の下に細胞組織を以て結成されてゐるが、モップルや防空化學聯盟の如く、强制的に勞働者農民を參加せしむることが絕對に不可能であり、それに參加する者は無宗教な勞働者農民で全體として極めて少數であり、勞働組合でも他のモップルや防空化學聯盟等の組合員の數は常に調査して發表してゐるが、この無神主義者聯盟はその組合員が問題にならない位少數でありその消長も殆んど興味がないので態々その數を調査したりする必要を認めてをらない位である。この聯盟の仕事

は月々一回位集會を開いて反宗教の宣傳を聽取したり、聯盟員個々の活動として他のキリスト教信者に働きかけて、聯盟員の數を增加さすこと等であるが、その活動の効果は殆んど表はれてゐない。此の聯盟員の甚しく少ない事實は、勞働組合や其他の組織の如く、强制的加入にせず自由加入といふことにしたならば、現在ロシヤに於いては共産黨の主唱する組織には、勞働者農民は殆んど參加しないと云ふことを物語つてゐる。

次に擧ぐべきは反宗教の宣傳ポスターや雜誌の發行である。勞働者の勞働規律の紊亂や反共産黨分子の生産妨害、其他外國の干涉等の事實を、教會の活動と結びつけて端的に巧妙に表現してゐるポスターや繪入雜誌は、先の反宗教團體の活動よりも效果的である。併しそれを讀むのは無宗教主義者か共産黨員であつて、信者はかゝるポスターにはたゞ反感を抱くだけであつて、雜誌の如きは絕對に見るものでない。私の如きも滯露中唯の一回も反宗教雜誌を讀んだことがない。この種の雜誌をよむのは特に反宗教宣傳に從事してゐる共産黨員に限られてゐる。

以上諸手段の中で效を奏してゐるのは教會の活動に對する壓迫と拘束である。他の二ッの手段たる無神主義者聯盟と、反宗教的印刷物の發行は信者に對して直接の影響を與へることが出來るが、これによつて國民の信仰その物を破壞することも出來なければ、拘束することも出來ない。共産黨の慘酷な彈壓に對して信者は反感を抱くばかりで、ロシヤに於ける宗教は教會中心より家庭中心に移つて、寧ろ從前よりも深刻化しつゝあると云ふべきである。勞働者農民の殆んどどの家庭へ行つても、直ぐ眼に止まるものはキリストの肖像である。私はよく共産黨員の家庭へ出入したが、共産黨員の家庭に於いてさへ彼の親とか妻とか兄弟がキリスト教信者である爲に、キリストの肖像の安置されてゐるのを屢々目擊したことがある。共産黨にとつては單なる教會の破壞も反宗教博物館の設置も、無神主義者聯盟の構成も、ポスター其他の手段による反宗教宣傳も、その結果は殆んど無效だつたと云へる。そこで今度は勞働者が日曜每の教會參詣や、宗教祭の擧行を不可能ならしむる爲め、他の理由を以て日曜を廢したり、宗教祭を廢止したりしたが、依然として教會堂への參詣は行はれて居り、宗教祭は盛大に擧行されてゐる。今日でさへ宗教祭には共産黨員もお祭をやつてゐる位である。のみならず日常生活に於ける宗教的な傳統的な樣式は、少しも損はれずに行はれて居り、日常の會話に於ても宗教的な會話が多く用ひられてゐる。

ロシヤでは前記の通り政府の手によつて樣々な方法で



反宗教宣傳が行はれてゐるから、國民の間にも必ずや宗教に關して猛烈な理論鬪爭が捲き起されてゐる、などと早合點してはいけない。ロシヤの反宗教運動を模倣してなんでもロシヤのことを眞似たがる日本の共産主義者は、一時盛んに反宗教運動をやり、流行を追ふ輕薄な知識階級の中心話題となつたやうである。これは日本に於ける奇現象であつて當のロシヤでは反宗教鬪爭は國民の問題になつてゐない。ロシヤの實情は政治經濟文化、其他汎ゆる方面に於て共産黨の宣傳をそのまゝ信用してゐては理解出來ない點が多い。例へば共産黨員は定めし共産主義理論を勉强してゐるだらうと考へるのは間違ひである。ロシヤの黨員の絕對大多數は共産主義の理論や主義に贊成して入黨したものでなく、特權階級の地位に就いて自分の權勢慾財物慾を滿足せんが爲であつて、彼等の絕對大多數は共産主義のイロハさへ知らない。マルクスはナポレオンの部下だと思つたり、コミンテルンはラヂオ放送局だと思つてゐる位である。一般黨員の間に眞面目に反宗教理論を硏究してゐるものは殆んど皆無である。共産黨員に於て然りである。況んや他の國民の大多數は共産黨の反宗教鬪爭など問題にしてゐない。政府として直接效を奏するのは教會の破壞と壓迫であるが、これも前に述べたやうに總ての教會を破壞することも出來ず、徹底的な壓迫も出來ない。又若し教會を破壞されても、信者は教會なしに家庭で宗教生活をやるから同じことである。最近は教會へ出入する子供達が多くなつた。これは家庭に於て親達から宗教的に教育されるからである。キリスト降誕祭やクリスマスの夜は、信者の子供達は教會を中心に盛大なお祭りをやる。これは國民の反共産主義的デモの有力な一つである。そこで彼等に對抗して、さうした宗教祭の夜は共産黨員の子供を集めて反宗教のデモを組織し、倶樂部では反宗教者を集めて夜會を催し、此等のデモや夜會には特別のパンや菓子等を利用して多數を獲得しやうと努力してゐるが一向振はない。平時學校に於ても神は何物をも與へないといふ思想を宣傳し、レーニンやスターリンの肖像の前で時々白パンや菓子を與へて反宗教宣傳をやつてゐるが、子供達の最大關心事は家庭に於ける自分達の親や兄弟の生活の悲慘なことである。いくら學校で共産主義のよいことを宣傳しても家庭へ歸れば共産主義の呪咀を聞くのである。

要するにロシヤに於ける宗教の現情は、如何に共産黨政府の彈壓を蒙らうと、ロシヤに於ける宗教は依然として國民の安心立命の唯一の糧として渴仰されてゐることを物語つてゐる。ではロシヤの宗教は將來どうなるだらうか。この問題に對して答へる爲にはマルクス主義と宗教の基本的問題を闡明しなければならない。

（四）

マルクス主義の根本問題は無產階級の獨裁である。マルクス主義の哲學としての唯物辨證法も歴史觀としての階級鬪爭史も經濟學としての資本論も、要するにプロレタリヤ獨裁の必然性と、プロレタリヤ獨裁による共產主義社會建設の可能性を說明せんが爲に組織されたものである。マルクス主義からプロレタリヤ獨裁理論を除けばマルクス主義は意味を無くするし、プロレタリヤ獨裁理論の些少の修正も斷じて許されない程マルクス主義にとつては基本的理論であつた。故にロシヤに於ける一九一七年の共產主義革命は恰かもマルクス主義の勝利であるかの如き觀を呈した。しかるに革命後の推移は、無產階級の獨裁は無產階級を解放するものでなく、却つて自らを壓迫するものであることを實證し、マルクス主義の根本問題たる無產階級獨裁理論の破綻、從つてマルクス主義全體の正當ならざることを立證した。ロシヤに於ける革命後の實際上の發展を嚴正に檢討して見ると、無產階級の獨裁は必然に共產黨の支配を生み共產黨の支配は必然にその上層部の獨裁專制を生み、國民の大多數は完全に政治的經濟的權益を蹂躙され、共產黨特權階級の犧牲となつて帝政時代以上の悲慘な生活を餘儀なくされてゐるのを見る。ツァールに代つて、より專制的なスターリンによつて其の地位を置換えされ、資本家に代つてより暴戾なる共產黨上層部が置換された。勞働階級を解放する目的を以て組織された共產黨も勞働組合も消費組合も其他一切の革命的組織は、今や勞働階級自身を壓迫する機關と化し、共產化された生產手段は共產黨特權階級の私有財產と化し、ロシヤは完全に一つの封建的奴隷國となつてしまつた。かくして、マルクス主義の結論たる無產階級の解放は無產階級の獨裁とは何の因緣もない一つの空論たることが實證されるに至つた。マルクス主義の根本的缺陷の一つは人間の精神的活動を無視して、人間を機械の如く見做し、社會發展を他の自然科學に於けると同樣に見做してゐることである。酸素と水素とが化合すれば水を得る如く、無產階級が權力を獲得すれば必ず社會主義社會を實現し得ると考へた。若し人間が機械であるならばかゝる方程式も成立し得るであらうが、人間は機械でなくあくまで人間である。この人間であることを無視して無理やりに相敵對する階級に分け、階級鬪爭の枠に當てはめた結果、生ずるものはロシヤに於て今日見るが如き革命後の實踐上の推移である。勞働者を鬪爭へ動員する爲に無產階級解放の社會主義建設だのと美し



い言葉を叫んでゐた共產主義者が、一度特權階級の地位に就くや、泥棒が天下を取つたやうに、今日迄、美しい外皮で陰蔽されてゐた共產主義者の本心たる最も醜惡慘忍な支配慾、壓迫慾が露骨に活動する。國民的傳統も宗教も道德も人間をして人間らしく生活せしめる爲めに必要な一切の生活規範を放棄した共產主義者に取つては、無產階級の解放社會主義社會の建設のスローガンは唯彼等の野望を充たす爲めの看板に過ぎず、彼等は宛ら飢えた豺狼の如きである。人間の生命を家畜の生命より輕んじたやうなゲペウの野蠻な彈壓、一般人民大衆の乞食の如き飢えた生活と、特權階級の豪奢の生活に見る如き上下の極端な差別、工場に於ける過激な勞働の强制、農奴の如き農民の生活、共產黨特權階級の貪淫と奢侈の流行殺人强姦其他人倫を無視した犯罪の白晝横行等々、總てこれ等の現象は無產階級の獨裁によつて消滅すべく約束されたところのものであるが、此等は無產階級獨裁の必然の結果として新たに無產階級に依つて生じつゝあるところのものである。かくして無產階級の獨裁が決して無產者を解放しないこと、即ちマルクス主義の根本理論たる無產階級獨裁理論に誤謬があることを發見すると、此の根本理論を成立せしめてゐるところのマルクス主義の唯物辨證法も、階級鬪爭史も經濟學も根本的に誤謬であることが理解される。要するにマルクス主義は、此の無產階級獨裁理論を正當化せんが爲め、西洋の哲學思想から、唯物辨證法を考案し、西洋の歴史から階級鬪爭史を抽出し、資本主義の否定的方面から、彼の經濟學を組織したところの全く普遍妥當性を缺いたところの、一面的な理論に過ぎない。

私はマルクス主義の根本的に間違つてゐることを、ロシヤに於ける革命後の推移を檢討することに依つて、即ちマルクス主義の結論から前提へと逆に溯つて批判することに依つて發見したのであるが、最近私は或る人がマルクス主義を深く研究し、マルクス以前のズット昔に溯つて、西洋思想の發端から研究して、マルクス主義全體として間違つてゐることを、發見したと言ふことを、或る書物で讀んだが、此うしてマルクス以前に溯つてマルクス全體として間違つてゐることを發見されたこの人の意見を早く聞きたいと思つてゐる。この人の發見されたマルックス主義の根本的缺陷は私が、マルクス主義の結論を發見した所のものと、合致するだらうと思ふ。マルクス主義を批判する場合、多くの人々はその誤謬を唯物辨證法や、經濟學の中の、部分的問題に見出さうとしてゐる。マルックス主義に賛成の立場の人々も、反對の立場にある人々も、此うしたマルクス主義の枝葉の問題で論爭

してゐるやうであるが、それは全く效果無き事である。マルクス主義に於ては、部分的批判は全く無意味である。マルクス主義の結論としての、無産階級獨裁理論が誤謬であるのに、これを立證せんとして編成された枝葉の理論が如何に論理的に整備されてゐやうと、問題にするだけ徒勞である。

マルクス主義の反宗教的理論、乃至マルクス主義の宗教に對する見方は隨つて右の見地に於てのみ、批判しなければならない。マルクス主義の反宗教理論は無産階級の獨裁理論を立證せんが爲めに、西洋の宗教から其の證明に役立つやうな部分を抽出して編成したところの、普遍妥當性を缺いた一面的理論である。マルクス主義の結論たる無産階級獨裁理論が誤謬である如く、その枝葉の問題としての宗教問題も、根本的に誤謬である。そして此の誤謬の根本的理由の一つは、人間を機械視し、無理矢理に階級鬪爭の枠に嵌めてゐることである。また、マルクス主義に於て說明してゐる如く宗教は、決して生産關係の反映でも無く、壓迫された人民の苦惱の叫びでも無く、人民の阿片でも無い。これはマルクス主義が無産階級獨裁を正當化せんが爲め、人類の歷史を階級鬪爭の歷史と看做してゐるが如く、宗教をも階級鬪爭の觀點から批判した結論である。マルクス主義者は宗教の教義に於ける神話的部分を非科學だと簡單に非難してゐるが、抑々人間生活の凡ての方面を科學的な立場で批判し、科學のみが眞理であるかの如く思つてゐる科學主義、乃至唯物主義程謬つた見方は無い。眞の宗教は決して科學と矛盾するものでなく、科學の進歩と共に、發展して行くものであるが、宗教の眞の生命は、その教義の科學的な分析的な證明にあるのでは無く、さうした寧ろ一見、不可思議な、神話的な教義の信仰から生ずる敬虔な生活態度の中にあるのである。

ロシヤに於て革命前に宗教的なオペラが盛で、モスコーやペトログラードの國立劇場に於ける宗教的オペラは世界に有名であつた。革命後はこれ等の劇場では宗教劇を禁止して專ら革命劇を上演してゐたが、革命劇では、觀客が無い。そこで最近は再びこの宗教的オペラを上演するやうになつた。私も此の宗教的オペラを觀に行つたことがあるが、見物してゐるものは殆んど凡てが共産黨特權階級の人間である。彼等はこのオペラの場面に出て來る盛裝した聖教者の歌ふのを恍惚として聽き入り、幕が下りると何回もアンコールをして熱狂してゐる。このオペラは反宗教宣傳の爲めでは無く、革命前の宗教劇である。私には歌の調子は解せても文句は理解し難かつたが、ロシヤ人にはその歌詞ははつきり理解出來る。彼等



は晝は反宗教鬪爭に沒頭してゐるが、夜はこうして宗教的オペラを觀て宛ら夢の世界に陶然としてゐるのである。斯うした一見矛盾した現象を科學主義者は何ら說明するか？

私は最近日本に於ける宗教擁護の立場にある人々の反宗教運動に對する批判の論文を讀んだが、多くの論者がマルクス主義の根本問題たる無産階級獨裁理論に觸れず、枝葉の問題のみを論じてゐるのを見て甚だ遺憾に思つた。大概の論者は、ロシヤに於ける無産階級獨裁が、無産階級を解放しつゝあるものと謬つた前提の下に、宗教を論じてゐる。その結果中には宗教は共産主義社會が來ても消滅しないとか、宗教が決して無産階級の解放の爲めの鬪爭を妨げるものでないとか、ロシヤに於ては新に共産主義的な宗教が生ずるのではないかと言ふ馬鹿げた問題を提出したり、更に宗教も亦た社會科學的必然性だと簡單に規定して、マルクス主義に共鳴したり、甚しきは共産主義者の云ふ通り、宗教の阿片性を認めたりしてゐるのには、私は絕對に反對である。ロシヤに於ける無産階級獨裁は、無産階級を解放せず、無産階級を壓迫し、ロシヤは一つの奴隷的封建國家と化してしまつたことは前に述べた通りである。共産黨支配のロシヤは、外部から破壞されるか、內部から崩壞するか、何れにしてもそれは時間の問題である。斯うした明瞭な事實が、どうして此れ等の論文の筆者たる宗教學者達（その中には大學で宗教の講義をしてゐる博士もゐる）に解らないのか！

（五）

ロシヤに於ける宗教は、更に一時その活動の形を變えただけである。キリスト教そのものは將來破滅する運命を持つてゐるものと私は思ふのであるが、それは今後幾世紀幾十世紀の後であるとすれば、ロシヤに於ける宗教は依然としてキリスト教である。共産黨の反宗教的運動の結果、キリスト教に於ける迷信的方面が消滅し、その他凡ゆる方面に於て眞實の宗教として再生すべく、神の試練を受けてゐるのではないかと思ふ。

共産黨支配が崩壞して、來るべき新興ロシヤが生れた時、ロシヤに於けるギリシャ正教は新しい姿を以て北歐の空高く輝くであらう。私はあの粗末な僧服を身に纏い、その日の衣食と鬪ひながら、而も眼前に生命そのものを脅かされながらも、何等の恐怖の色を見せず、敢然として民衆の靈の救濟の爲めに獻身的な鬪爭を續けてゐる、ロシヤに於ける聖教者の雄々しい姿を想起して深甚の敬意を表するものである。彼等こそロシヤに於ける宗

教の將來を物語る資格を有するものであり、彼等こそ新興ロシヤの宗教を指導して行く未來を約束されてゐるものと思ふ。

私はマルクス主義を排斥する。マルクス主義には深い反感をさへ抱く。それはマルクス主義が全體として根本的に誤つてゐることを發見し、その革命的理論の實踐が日本民族の最悪の敵であることを發見したからである。我々は外來の思想を批判する場合、自己の立場を忘れてはならない。我々は日本人であること具體的に言へば我々は我が國體の擁護者であると言ふ立場からなされねばならない。佛教や儒教が我が國に攝取されたのは、根本的に日本の國體と合致したからであり、その後永い間にこれ等の思想が完全に日本化され、どれ程日本民族の上に偉大なる影響を與へて來たことか？ だが、マルクス主義は根本的に日本の國體に背反する。マルクス主義は徹底的に排斥すべきである。マルクス主義はその根本的問題たる無産階級獨裁理論を正當化せんがために組織されたる一つの體系であるから、この根本問題たる無産階級理論が正當でないとすれば、マルクス主義の哲學や經濟學に於ける部分的な理論が如何に論理的に正しくとも最早や何等の意味を有しない。

私は最近多くの佛教書を讀んだが、例へば××××氏や△△△氏の如く、自ら佛教徒と名くる人々が、マルクス主義から部分的理論や言葉を借用して、如何にも新しい佛教主義者の如く得意になつてゐるのを見ると誠に憫然たらざるを得ない。××××氏の書かれた「日本佛教社會事業史」を見ると、××氏は全體として共産主義に同情を寄せて日本の過去の佛教者が恰も共産主義者であつたかの如く表現し、その言葉もすつかり日本の共産主義者の嘗ての理論鬪爭に於ける流行語を使用して居られ、その結果はロシヤには既に死刑が廢止されてゐるなどゝ言ふ出鱈目なこと迄書いて居られる。又△△△△氏の「人生の情熱」と言ふ本にはエンゲルスの言葉を屢々引用し、唯物辨證法の正しいことを宣傳し、しきりに共産主義社會を謳歌して居られる。「人生の情熱」の姉妹篇として「不惑の人生觀」と言ふのがあるが、讀者をして惑はしむること甚しい。この二人はマルクス主義の思想を以て、佛教を新時代に生かしてゐるものと思つてゐられるのであらうが、實は佛教の精神を破壞してしまつてゐる。又この二人は佛教者でもなければ、マルクス主義者でもないことを自ら證明して居られるのである。二人には佛教の眞髓もマルクス主義の根本問題も理解されてゐないのである。若しマルクス主義を全體として理解しその根本的誤謬に氣付かれたら、あゝした滑稽なことは



演じられない筈である。××氏も△△氏もいつそのことロシヤに行つて共産主義者に佛教を宣傳するか、それとも日本に於て徹底的にマルクス主義を宣傳されたがよからう。かうした部分的に外來思想を借用して得意になつてゐる人々の心情は、黑い美しい頭髮を無理に縮らして赤く染めて得意になつてゐる所謂モダーンガールの淺間しい心情と同樣である。それ程西洋の思想がよく見えるのであらうか。彼等には日本の佛教に於ける偉大な思想に氣が付かないのである。

今日佛教の改革や佛教の現代化が叫ばれてゐるやうであるが、それは何もマルクスやエンゲルス或はヘーゲルやカント其他の西洋人の思想を持つて來なくとも、道元や親鸞や日蓮によつて行はるべきではないかと思ふ。そして單に佛教に限らず、日本の思想全般に於てすつかり西洋の思想から足を洗ふことが先決條件ではなからうか。

# 新刊の漢譯西藏佛典

櫻部文鏡

一、

宗喀巴造　湯薌銘譯　榮增審定
高觀如屬文　吳劍君證語

## 菩提正道菩薩戒論　一冊

（唐本仕立、後附五紙、科圖一葉、上海菩提學會發行 本文一一七紙）

昭和八年壬申、北平・杭州に於て班禪喇嘛が時輪金剛法會を修して、傳法灌頂の縁を結んだ。その時班禪は諄々として、西藏藏經中に現存して而も中土未翻なる經論を譯出せんことを慫慂付囑したといふ。これによつて、昭和十年甲戌の夏、滬上菩提學會成立するや八月、先づ譯經處を設け、專ら傳譯の事に從ふことゝなり、その第一次常會に於て、湯薌銘氏を推して、先づこの菩提正道菩薩戒論を漢譯せしむることゝなつたのである。

湯氏は北平嵩祝寺刊行の西藏本 Byair-chub-sems-dpahi tshul-khrims-Kyi rnam-bsad byair-chub gshir--lam に依つて、高觀如・吳劍君二氏の助を得て譯出、若し難解の文義に遭遇すれば、菩提學會の導師榮增堪布に就て質し、一字一義、反復推尋して、今年四月その業を終へ直ちに出版されたものである。

此の論は西藏佛教中古の改革者として知らるゝ宗喀巴師の著で、正しく瑜伽戒品に依り、旁ら集菩薩學、入菩提行等の論によつて大乘戒學を開示するもの、喇嘛教徒の普ねく繙き、專ら宗とする所、梵網の一經を除いては殆ど四分の律より外、行はるゝなき支那日本の律學の外に、この喇嘛教徒の奉ずる一種の大乘戒學を傳ふるものとして、新譯本によつて、斯道の學者の檢討を希ふものである。

又、この論中、他經論の引用頗る多く、その中には東土未翻もしくは隱沒のものもあり、學律の徒ならずとも興趣殊に深きものがあらう。

譯文は漢文體で、佛教術語も大率古例に從つてあるから、我が邦の學徒にも便宜である。

二、

宗喀巴造　法尊譯

## 菩提道次第廣論　二冊

（假裝、上冊三四六頁下冊三六四頁 重慶漢教理院發行）

重慶なる世界佛學苑の漢藏教理院叢書第一篇である漢譯者法尊師は西藏の學僧。本論全二十四卷中、前六卷は藏地に在つて譯し、次の五卷は仰光及び船上にて出だし後の十三卷は世界佛學苑に於て民國二十三年冬譯了、昨二十四年六月校改し、一部分は太虛法師の參訂を經て、今春三月排印流行せるものである。

原本は拉薩の新舊兩版、及び本論の四家の註に依り、法數名詞等の譯語は主として玄奘の譯例に從つてをる。

本論は喇嘛教黃衣派の祖宗喀巴の主著の一。勿論密教的色彩濃厚なれど、亦一切經律論所詮の戒定慧を取つて教授する所、必ずしも我宗のみ貴しとして徒らに説を淺劣とするものでないことは、日華各宗の教判に優るゝ點だと太虛法師は序文に特説してをる。

×　×

右簡單に紹介した、二つの譯書は、何れも西藏佛教そのものゝ所產である。以て中華學人の關心する方向の一端を推しうるかと思ふ。我が國に於ける西藏佛典研究の現狀は第一は佛典流傳史上、西藏佛典は如何なる位置にあり、如何なる經論を如何なる形で包藏せるやの探究であり、第二は個々の梵文等の原典又は漢譯經論の本文研究の爲に、非常に有力なる資料として、相當する又は相關する西藏本が精査されるのである。それ故、我が國、學徒の興味は未だ西藏獨自の佛教の內容如何の點には、あまり深くかけられてゐないのであるから、上記二種の論著の如きも、猶暫らくは我國に於て藏文から直接譯される時は來ないであらう。だから心あるものは、幸にこれらの漢譯によつて研究すべきである。

# 日華佛教彙報

## 勤智法師の發願で
## 萬國佛敎會組織を企圖

佛敎は印度に起りて大乘は中國に流傳し、小乘は暹羅南洋一帶に行はれてゐるが、而も印度は回敎徒の襲擊を受けて大法頓に衰へ、今や比丘の傳道の姿を見ざるに至つた。近年英人が入印し、地を掘り考古的に釋尊の聖跡を尋ね、佛像法器を多數發見したが、殆んど殘毀して完全なものなく、英人は敎義に明でない爲め整理する能はず、僅かに博物館に陳列するに留り、殊に破損したものはこれを塔上に供するのみである。勤智法師は前に顯密兼修、大乘の義理に通じた比丘で、最近印度に修法すること三年、深く其地の情況を眺めて痛嘆し、宜しく萬國佛敎會を組織し、中土に現存する大乘經義を印度に傳へ、塔廟を振興し、再び印度から全世界に傳布したいものと考へ、先づ國內佛徒の名を列ねて發起し、多數の贊同を得て各國の佛敎徒に呼びかける準備を進めてゐると。

## 上海に佛化醫院成立
### 興慈老法師が開幕

今回上海で佛化醫院が出來ることゝなり、その開幕式が十二月十六日擧行された。來賓百餘名、開幕の儀式は全然佛式で、興慈法師に依つて典禮が行はれた。一香讃、二稱名藥師佛號、三辨理人陳其昌居士の報告、四稱念觀音聖號、五興慈法師の開幕詞、六全體の三寶歸依、七名譽院長姚心源先生の開幕の詞、八稱念無量壽佛、九來賓演說、十職員宣誓、十一院長答辭、十二上供、十三贈物結緣で禮を終り、興慈法師の訓辭、來賓馮契西居士の身心並治の理を說きし演說は頗る感激を呼び、午後は光明法師に由つて放生の儀が行はれた。

## 故段祺瑞氏の靈柩
### 北平に到着

前執政段祺瑞氏の靈柩は十二月十一日北平に到着、宋哲元、秦德純及び軍政各機關の代表二千餘に依つて盛大なる祭典が行はれた。靈柩は翌十二日西直門外より西山臥佛寺に運びこゝに葬られたが、參加人員數萬人に達したと。

## 故段祺瑞氏追弔會
### 日本靜岡で執行

十二月廿日靜岡の淸水寺にて中日密敎硏究會主催で段祺瑞氏の追悼法會を開催、桑島東亞局長、許世英大使其他日華要人多



數參列し頗る莊嚴に執行された。

## 鎭江超岸寺雪松法師隱退
### 寺立佛學院は休止か

鎭江超岸寺の佛學院は開辦以來頗る成果を收め、佛敎界の贊同を受けてゐたが、最近該寺の住持雪松和尙は引退せらるゝと言ふことで、學院の後任者無く、且つ經濟困難で或は停辦の已む無きに至るだらうと言はれてゐる。因に雪松法師は三年住持してこのかた院務に努力、改進充實せしめた外、佛敎の興隆、地方公務の處理及護敎運動等に盡した人であると。

## 武昌佛學女衆院で
## 女衆公閱圖書室を設立

武昌佛學女衆院は成立古く、婦人佛學の人材を多く出して各界の贊同を受けてゐるが、最近佛敎女衆圖書室を設立すべく、以て一般婦人に公開して佛敎を家庭內に及ぼさしめる趣旨で、經律論各項の典籍は勿論雜誌其他寄贈を求めてゐる。

## 北平市私立佛教圖書館
### 寄存圖書規則

**第一條** 凡そ圖書を本館に寄存した者は、條件の有無を論ぜず本館所藏の圖書として一律に處理す。但し天災地變及其の他不可抗の損失に因る時は本館は其の責を負はず

**第二條** 寄存圖書は原主と本館の商議に由つて、寄存年限を定め寄存期間は本館の藏書と一律、公開し或は貸出して閱覽せしむ。但し原主は制限を加ふことを得。

**第三條** 寄存圖書は原主に由つて圖書內に捺印し、本館に收める時、詳細なる目錄を二本を備へ、一本を本館に、他の一本を原主に送つて保存し、圖書を收回する時、目錄に憑つて原書を交付す。前項の目錄は必ず下列の項目を記載すべし。

一書名、二譯主或は選作人、三卷數函數及び册數、四裝訂款式(梵夾本書或は圖表)、五紙色、六刊印處(或は抄本)、七出版處及其の年月、八題跋批註圈點の有無、九印象の樣式、十價値

**第四條** 寄存圖書の運賃は本館に因つて負擔し、收回の時は原主の自辨に由る。

**第五條** 寄存圖書の分類は本館主に由つて行ふ。但し原書に記識を加へず。

**第六條** 寄存圖書の散失は、本館に由つて書價に按じて賠償す但し屢々閱覽及貸出しに因つて汚染せしものは、賠償の列にあらず。

**第七條** 寄存圖書を閱覽或は借書人が汚毀、或は散失せし時は本館の責任を以て閱覽人或は借書人に、書價に照して賠償せしむるを得。

**第八條** 寄存圖書の原主は、寄存圖書期間內には住所の變更或は其他の消息を隨時本館に通知し、折衝に資せしむべし。

**第九條** 本規則は事宜を盡さゞる時隨時修改することを得。

# 謹賀新年

安藤正純
東京市豐島區巣鴨町七丁目

淺野孝之
東京府下吉祥寺九五二

大原性實
東京府荏原區中延町一〇六一

河野法雲
岐阜縣羽島郡下羽栗村

小早川隨康
京都西山粟生光明寺

佐々木慶成
東京市中區廣町二〇

竹中堯猷
東京市小石川區戸崎町九一

東福義雄
杉並區萩窪二ノ一七三

高橋隆超
川崎市大師町平間寺



# 謹賀新年

羽溪了諦
京都市下鴨蓼倉町一九

廣瀨了義
東京市本郷區東片町一〇〇

丸山鶴吉
東京市澁谷區大和田町仌

水野梅曉
東京市麴町區下六番町五

望月信亭
東京市小石川區林町兲

望月周雄
東京市麴町區元園町一ノ三六

山柳儀重
東京市本郷區曙町亖ノ二

山邊習學
京都市東山區南日吉町一八九

和田性海
和歌山縣高野山大學

# 編輯後記

本號は新年號である上に、本誌發刊一週年記念にも當るので、特別號を出したいと思つたが色々な都合でそれが出來なかつた。しかし、昨年末の理事會で、獨逸ボン大學の名譽教授松本德明博士が常務理事に加つて色々盡力して頂くことゝなつたことは何より有り難いことである今後は面目を一新して大いに活動を續けて行きたいと思ふ。

本號の中華文では林屋友次郎氏の龍樹出世年代の研究を掲載することゝし、常盤博士の華嚴宗傳統論、眞野正順氏の日本佛教史概說は紙面の都合で次號に廻すことにした。

日本文では高谷覺藏氏のソヴエート・ロシヤの宗教を掲載した。同氏はかつてロシヤ共產黨員として十餘年間、ロシヤの組織內で活動してゐた人で、その體驗から語る言葉は、日華兩國民に取つて少からぬ暗示を與へることであらう。猶ほ同氏の母は熱心なる本願寺の信者で、本人もその感化を受け昨年夏出所以來佛教信仰の生活に這入つてゐられるのである

本會理事墨禪法師は學校の關係から、[illegible]中豐島區西巣鴨二ノ二六七七に轉居した。目下は大正大學の學部に進級して頗る元氣である。又定勛天慧兩法師は本年四月にはぐ大學に這入る筈で、從前通り本會內で日語の勉强に熱中してゐる

次に第五號の弘一法師小傳の中には少からぬ誤字のあつたことを原筆者から注意せられ、衷心より慚愧に堪えない。五一頁九行の脫は「悅」、五二頁下段十二行の根の下に年を入れ、同十五行單は「畢」同上段の塡金織一雙は「塡金縷一首」。五三頁九の章の下は「毫」十八の徐は「絲」同下段一〇俶は「淑」。一九優の下は「秀」。五四頁二〇(上人)は同翟、同導は「道」、同頁下段七行西の下は「湖虎跑」五五頁。一八第は「弟」下段終の行瓢は「飄」五七頁四の項は頃、同下段三瓢は「飄」の誤、同十三(六十六歲)は六十歲の誤、同一七義は議五九頁一九菰は蓀の誤、同下段二の寧の下は波、同六行の欽は劉の誤、同一九且は且の誤植に付訂正。

| 定價 | | |
|---|---|---|
| 一ヶ月 | 貳拾錢 | 郵稅二錢 |
| 半ヶ年 | 一圓廿錢 | |
| 一ヶ年 | 二圓四十錢 | |

昭和十一年十二月廿一日印刷納本
昭和十二年一月一日發行

第二卷　第一號

東京市神田區三崎町一丁目七
發行兼編輯人　久保田覺巳

東京市小石川區久堅町九七
印刷人　杉山龜吉

東京京小石川區久堅町九七
印刷所　新生社印刷所

東京市神田區三崎町一丁目七
發行所　日華佛教學會
電話九段一六三三番



# 謹賀新年

**福田堯穎**
東京市下谷區天王寺町
三四上善寮

**大森亮順**
東京市淺草公園淺草寺

**一柳知成**
名古屋市中區下茶屋町
眞宗專門學校

**坂野榮範**
東京市淺草區菊屋橋
二丁目二ノ八威光院

**長岡保太郎**
東京市品川區五反田
六丁目四五二

**松本德明**
東京市瀧野川區西ケ原
三七五

日華佛教
昭和十一年十二月廿一日印刷納本
昭和十二年一月一日發行
本號定價 金貳拾錢

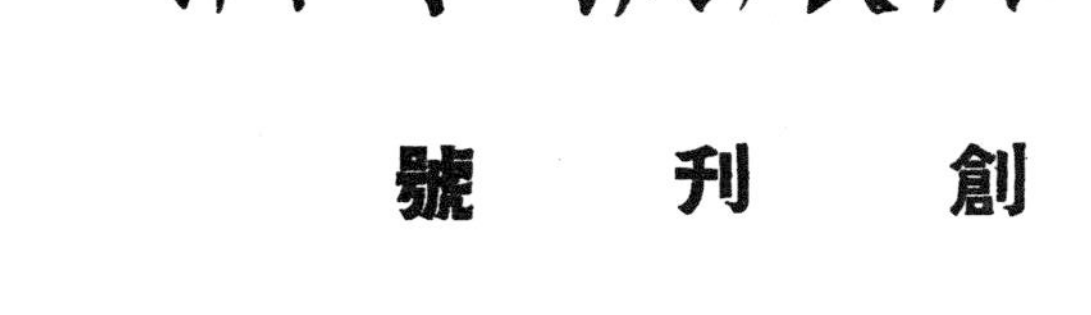

# 支那宗教事情

創刊號

日華佛教研究會發行

## 巻頭言

宗教に國境が無い信仰に古今が無い、日華佛教徒は同道同信相共に無上正眞道を求めんとは、曾て我が研究會の宣言劈頭に告白したところであるが、今や全く其の告白の實現に達した。皇軍の迎戰逈捷、遂に漢口は陷落し、廣東までも攻略するに至て、支那の全土は、殆ど我が國威の風靡するところとなつた。それにつれて、我が國の文化も宗教も之と併行進展、わけても日本佛教は、方に支那佛教と握手提携することになつた。蓋し事實はまだそれまでにならずとも、さうならざるを得ない機運が熟して來て居る。日滿支三國は政治的には國情異り國境はある。されど宗教特に佛教には それが無い、一つである一體である。もと〳〵三國の佛教は同血一族、兄弟であり姉妹である。

機運が既に熟したからには、我等日本佛教徒は眞劍に活躍奮進、心から打ち溶けて彼等支那佛教徒と同盟提携、以て東亞平和の基礎たる使命を果さねばならぬ。

さて之を果すの途如何、我が研究會にては、彼等佛教徒の現在に於ける情況と、その趨勢氣運とを廣く探査して、之に對處するの方途を講ぜんと欲し、その機關に「支那宗教事情」を發行することになつた次第である。尤も支那を第一位とし、それに次で滿蒙、朝鮮の宗教事情をも探究掲載するつもりである。

目　次



# 青島湛山寺と倓虛法師

牧田　諦亮

事變前、支那に於ける佛教復興をめざして顯著なる活動を示した者は主として居士を除いては釋太虛一派の所謂新僧派であつて、極めて少數の例外として青島湛山寺の倓虛法師があげられてゐた。蔣介石の保護下にあつた太虛師は英國に逃れたと傳へられ、「海潮音」を母胎とする新僧派の活動は事變の擴大と共に抗日運動中に吸收せられて全く其の影を沒した。支那に於ける政治經濟產業文化が根底より再建を餘儀なくせられてゐる今日、佛教界も亦、新しき發足が豫定されなければならぬ。俄か作りの、其の場限りの中日佛教聯合會とか、武力に壓力を感じての、或は自己の野心を滿たすための中日佛教親善とかは百害あつて一利なき邪魔物である。然も今日かゝる種類の似而非中日佛教親善運動が如何に多く横行しつゝあることか。此の中にあつて、時世に阿ねず、十年一日の如く眞の佛道を説いて倦まず、語らずして日華佛教の親善に默々として努力しつゝある青島湛山寺の倓虛法師に就いて語るのも徒事ではなからう。

倓虛法師現に六十歲に達してゐる。元中國佛教會長なりし諦閑大師の高足であつて、滿洲にも留錫し、民國二十年葉恭綽(遐庵)居士の推挽によつて新建の湛山寺住職として來青したのである。今淨土宗青島別院善導寺の本原義岳師を煩はして師の略歷を知らせて頂くのが何かの行違ひより返事を得られなかつたので、詳細は知るに由ないが、かつて滿洲の某寺にも住職として在任せられた由である。支那事變勃發後も滿洲國に於て轉法輪された程であるから、滿洲國を僞國となし、同席を阻んだ一部支那僧とは餘程見解を異にしてをられることが判る。

倓虛師と本會との交渉は、昭和十年夏、本會が第一回の日華佛教親善使節團を派遣の際、湛山寺に師を訪れたに始まる。當時の淨土宗青島善導寺の住職陣川信隆氏の發願によつて同寺より湛山寺別院に日華親善の楔子として山東の出生であつたと云ふ淨土の高祖善導大師の木像を寄贈することゝなり、其の開眼供養に際して本會の使節團も招かれて其の法會に加つたのである。隨喜の人々は青島市の有力者を網羅してゐて、倓虛師日常法化の樣が偲ばれた。魁偉な、然も滿面柔和を以てみたされた師の姿は流石支那隨一の高僧たるに背かない。その時に行はれた師並びに本會使節林僧正の講演は多大の感銘を聽衆に與へ、主客交々起つて、日華の親善を高唱したのであつた。二ケ月の支那各地旅行中此の時程和かな會合は武昌佛學院に於けるを除いては他になかつた樣に思はれる。此の時既に倓虛師招聘の議が起つた程である。師の著「大乘起信論講義」は團員に一部宛寄贈せられたが、其の學殖の程も窺はれたのである。

昭和十一年第二回使節派遣の際も、塚本善隆氏が此處を訪れ、倓虛師に面晤會談せられたことは「丙子訪華錄」に記載せる如くである。寺では三年制の專門學校を經營し若い有望な僧侶を教育中である。卒業後彼等が四方に傳道するのを樂んでゐると。抱負の存するところ推して知るべきである。

悲しむべき日支の不幸事によつて、一時は音信不通を餘儀なくせられたが、幸にも時局の安定を見るに至れば、ます〳〵本會との交渉も頻繁となり、倓虛師の來朝を迎へるの日も近い將來であると思はれる。故福田宏一氏の遺志に依る大正大藏經一部五十五卷寄贈の件も、本會々員中井玄道氏の盡力本出報恩財團等の助成により圓滿に運涉しつゝあることも慶賀にたへざる所、更に本年三月本原義岳師の歸青に際し、本會林僧正より托された書翰に對し次の如き返事を寄せて來た。實に頼もしい志操の持主である。

彥明大僧正道鑒、久違、塵教時切葵傾日、　昨　本原來靑、奉到賜札、展讀之下恍如觀面、藉諗　福德莊嚴　定慧自在、良用欣慰、時値末法、宏化匪易、然闡揚大乘遺教、普濟世界苦厄、日華兩國佛教、應負共責、倓虛自當勉竭駑駘、追隨諸公之後、共趣無上菩提、山川雖遙猶若比鄰、同在我　佛無相光中、固無畛域之畔也、尙望　箴言時錫、以資策勵、是所至祝。此復順頌　法安。釋倓虛和南　三月二十五日

倓虛師の住職地なる湛山寺は、その歷史極めて淺い。

二

即ち北京大學教授周叔迦氏等の發起に依り青島佛學研究社（現在の青島佛學會）が民國十八年（昭和四年）に創設せられ、禮佛誦經の機運日に濃く、二十年夏、上海の著名な佛教信者葉恭綽居士（遐庵）が避暑の爲青島に來り、茲に機運熟して佛寺建立の議成り、交通大樓に於てその相談會を開き、即座に一萬餘元の寄附を得たのである。

寺址の設定にも種々考慮がめぐらされ、市中の雜踏を厭ひ、かつ深山では交通の不便を慮り、漸く、太平山麓の一區を得て、廿二年四月起工、九月に至つて、後殿（工費二萬二千五百元）僧寮（工費八千元）、廿三年五月には放生池をも竣成せしめたのである。寺域總じて七十六エーカ、經費總じて五萬數千元を要し、此の費用はすべて篤信家の寄附に依るものであつて、前山東省主席韓復渠捐款五千元（共捐一萬元已收五千元）王湘汀居士捐款一萬元、行政院駐平政務整理委員會參千元、葉遐庵居士捐款一千元、沈鴻烈市長捐款一千元等が主なるものである。尤も以上の建築は、豫定規模の極めて一部分であつて、大雄寶殿、轉輪藏殿等の建築には猶莫大の額を要し、爲に福田奬券なるものを發行し、民衆の射倖心に訴へて最少限十万元の調達のために苦心してゐることは、日本では見られぬ風景である。「湛山寺福田奬券緣起」に依ると、一枚五元の奬券で、幸運者は王湘汀居士寄附の「豪莊華美なる洋式住宅時價六萬五千元」のものが所有できる。「頭奬爲西式華美住宅一所坐落青島市金口三路門牌二號計三層西式樓房一所計領租公地面積十公畝有零地勢幽靜兼宜登眺山嵐海色坐臥可游建築内部汽爐電燈裝設齊全漢白玉之樓梯磁磚三浴室一切裝修概係上等材料」なる垂涎措く能はざる底の文字を以て民衆の購買心をそゝつてゐる。二等にヴイツク自動車一臺、以下四十五等磁面茶几一張時價三元に到る迄、流石に支那ならでは行はれぬ奬券風景乍ら、一面、かくまで民衆が接觸しつゝある支那寺院の今日を思ふ。これは大殿の建築費用として青島市社會局の許可を得て、福田奬券二萬枚一枚五元計十萬元を發行したものである。果して何人が頭彩西式華美住房を得たるかは吾人の知る所でない。

猶湛山寺別院なる湛山精舍（前述の善導大師木像奉安の處）は、王湘汀居士の一建立にかゝるもので、二階建九間、平常は青島佛學會の用に供し、佛經流通處の設けもある。眼下に海水浴場を見下し、風光佳絕の好修行處である。

三

# 世界紅卍會の解剖

春日禮智

## 一

世界の不安は深酷なる經濟的不況と思想的混亂に依つて刻々倍加せられつゝある。その思想的混亂も、一は共產主義の世界的撹亂に依る不安であり、一は既成宗教打倒の新興宗教の運動に依るもので、此の二つの運動は停止する所を知らないやうである。

然も其等の總べてが經濟問題と極めて密接な關係があり、乃至經濟的不安の間隙に乘じて猛威を逞しうせることは、それらの運動が現代的性質を帶びてゐる所以であらう。世界には今無數の宗教的團體、或は秘密結社ができてゐる。然もそれらの總べてが何ものかを得んことを待望してゐることには共通性があるやうである。英雄の待望、資源の獲得、社會的救濟、個人の幸福、そして此等の要求に應じて拙劣なる人爲的宗教が日に幾つとなくできて行く。拙劣ではあるが、今迄の既成宗教を捨てゝ新興宗教に走る人々の如何に多きかを考へたならば、現代人の求むるものゝ如何に大きいかゞ知られるであらう。求める所に問題は半ば以上解決してゐる。その求めに應じたのが新興宗教の開店であるから、新興宗教の流行するのは當然である。いくら既成教團が奮鬪しても滿腹の者に食はせる好餌はないのである。

星教會、紅卍教會、黃十字教會、大東亞佛教聯合會、五教道德院、萬善會、天理教、金光教、道德科學等々世界には如何に新興宗教の多いことであらう。此等の中、滿支を中心に政治的社會的に最も著明らしい發展を遂げ、東亞の嵐を瞥目に縱横に馳驅し、活躍してゐるものは紅卍教會で、其の內容は極秘に附されてゐるが、以下少しく其等の全貌を明らかにして見たいと思ふ。

## 二

紅卍教會は民國五年、山東省の濱縣に發生せるものである。濱縣はもとの濟南道濱州の地で濟南の東北約七十里、黃河の北にある。その提唱者は當時の濱縣知事吳福森、同駐防營長劉紹基の二人で、其の信仰の對象は至聖卍靈尊者としての至聖先天老祖なるものを立てゝゐるが、配するに老祖の智慧を司る彌勒佛、慈悲を司る觀音大士の二尊を以てする。

併しその具體的な神格は宇宙の本體たる老祖と、その個々の表現としての釋迦、耶蘇（キリスト）、謨罕默德（マホメット）、至聖先師孔儒（孔子）、太上老君（老子）の像を撮影せるスリ硝子であつて、それを金襴に包んで崇拜の對象としてゐる。その組織は一般信者と會員即ち道士の二に分れ、信者は單に教會の教義や行動を認め、援助し、信者證小冊子の配附を受けるだけであるが、道士となるには嚴重なる身許調査の後、分會長の許可を得、修道簿が與へられ、每日午前中三十分宛數回の默想をすること百ヶ日、滿期に至つて修道簿を會に提出、會長の先導にて至聖先天老祖に跪坐禮拜し、規定の儀式に依り保證人六名と共に入會祈願式を行ふのである。

然して此の時會長より信者としての姓名が與へられる、修道簿は濟南の母院に回附登錄せられ、更に北京の總院に回送され、こゝで總院が全會員に佈告紹介し會章（メダル）を發行し、始めて道院の道士たることができるのである。會章は他見を許さぬ神聖なる護符とせられ、會員は此に對し絕對的加護と嚴罰を信仰し婦女に接し、不淨の食をなし、大小便をする時はその間此を外して行ふものと言はれてゐる。道士の生活は全くピユリタン式である。會員は特別會員、特別終身會員、名譽會員、終身名譽會員、一般會員、終身一般會員、學生會員に分れ、その資格左の如し。

特別會員　㈠每年會費五百元以上納むる者
㈡每年會費二千元以上募集する者
㈢會員にして一年以上辦事し、特別の功績ある者

特別終身會員　㈠一時金三千六百元以上納めたる者
㈡十年以上の特別會員

名譽會員　㈠每年會費一百元以上納むる者
㈡每年會費五百元以上募集する者
㈢會員にして一年以上辦事し、特別

の功績ある者

終身名譽會員――一時金千八百元以上を納めたる者

一般會員――三ヶ月の修行をし、會員二人の紹介あり、毎年會費五元以上を納むる者

終身一般會員――一時金三十六元以上を納める者

學生會員――三ヶ月の修行を終へ、會員二名の紹介を經、毎年會費五元以上を納むる者

然して會員は現在數百萬乃至數千萬と稱せられてゐるから素晴らしいもので、その大部分は健實なる中產階級で占め、最近では有力者、上層階級に共鳴者が著しく增加してゐると言はれてゐる。分會凡そ三百、會員の大部は支那人であるが、世界各國に共鳴者あるは注目すべきことである。

三

紅卍會は其の發展につれて遂に北京に總院を置き、濟南の道院は母院と言つてゐる。その滿洲支那に於ける秘密的活躍は風雲の去來するが如く、全く一つの不思議とされてゐるが、今では宗教としてよりも慈善事業團體として知られてゐる。



これは蔣介石政權の宗教壓迫を回避する僞裝であつて、其の本來の性質が宗教的のものたることはいふ迄もない。

その宣言書に依れば、本會創立以來の救濟事業には

一九二三、一九二七年―日本の震災

一九二七年―南京事件直後日英米佛ノルウヱーの居留民二百人餘救護

一九二七年―中ソ戰爭に遼寧救濟隊派遣、

等があり、此の外函館の大火、大阪の風水害、米國の震災にも關係したことが記され、國籍、種族、災害の種類を問はず、凡そ人類の平和に貢獻するやうなことは皆此を救濟するのだと言つてゐる。

又此の會は黨派や政治には關係がないやうに言つてゐるが、此は全く事實の反對を言つてゐるものである。兎も角表面は病院を造り、學校を建て、貧民工場、育兒院、廢疾者收容所を建設して醫藥、施米、施衣、貧民葬式代行、教育等の事を實行し、天災地變戰爭の時には會員を總動員して救濟體制を構成するのであるから、最も近代的編制をとり、最も民心を得るものと言はねばならぬ。今時事變に於ける彼等の活動は驚異の眼を以て見られてゐる。

本會の修養は內修と外修とに分れてゐる。內修は宗教的方面の實踐であり、外修は慈善事業の實行である。

次に內修のことについて一言しよう。內修の根本、即ち本會の宗教的內幕は全く幼稚な神憑りであつて、その活動の原動力はこの神憑りに依つて得た「扶亂」と稱するものゝ象徵的文字の讀方に依るもので、この點日本の新興宗教と全く酷似してゐる。扶亂とは天理教のお筆先のやうなものであり、易の占ひのやうなものである。つまり彼等は至聖先天老祖の心が、この扶亂を通して啓示せられることを信じてゐるのである。

五

以上言つたことは紅卍會のほんの一端に過ぎない。併し凡そ新興宗教なるものは實に卑近であり、故意的人爲的所產であるが、今や日本、東洋、世界を通じてその發生の動機、教義の組織、特色に餘り變化のないことが看取せられるであらう。而もその成長過程にある現在から見てもその言ふ所は極めて低級であり、なす所亦拙劣であるが、然もかゝるものでも尚ほ多數の信者を獲得して行く所に、我々は宗教に何を求めてゐるか、現代人は宗教家に何を要求してゐるか、再三再思熟考して見なければならぬことゝ思ふ。

# 最近支那回教の文化施設（二）

趙振武

金吉堂氏は其の著「中國回教史研究」に於て、唐初より清末に至る一千三百年の支那回教史を三期に劃した。然して彼は清末王浩然氏の興學より回教の狀勢は一大變化を來し、茲に中國回教史に於る第四期に入るとしたのである。今近代支那回教の文化教育諸事業の進展を述べんとするに當り金氏の意を受けて第四期王浩然の興學の事より論述したいと思ふ。

王浩然名は寛、回名哈志阿布杜拉合曼、北京の人、清宣宗道光二十八年（一八四八）に生れ、民國八年（一九一九）に歿した。新彊の回族は彼を白十阿衡と呼んだ。近代に於ける支那回教文化の興隆と教勢の復興とは彼の指導に俟つ所大なるものがある。

こゝにいふ近代支那回教文化教育施設なるものは、清德宗光緒二十三年（一九〇七）より民國二十五年（一九三六）に至る三十年間の支那に於ける回教の學校、回教に關係した著作及び飜譯、新聞雜誌、學術團體、圖書館新聞雜誌閲覧室、並びに書店印刷事業を含むものであつて以下各別して述べやう。

## 一、學　校

支那の回教は、清朝二百餘年の强壓によつて回教信奉者＝回民は極めて消極的となり、回教の寺院＝清眞寺に退居し只管教を株守するのみであつた。阿衡の教說も信教の所以もたゞ寺内の教育からに適ぎなかつた。その教育とは、一大學、阿衡を養成する學府、二中學、中年失學者の教を受くる所、三小學兒童教育の機關、以上の各學校はすべて講經を專らにし、率ねアラビヤ文を以てし、他の課目は概して教授せなかつたのである。清朝暴政下にあつて、回教を維持するには實に此の寺内の教育が最重要のものであつたのである。然も猶井蛙の天地に屈曲して遂に回民をして今日の如き無智哀れむべき存在と變ぜしめたのである。辛丑和議（義和團匪事件）成立するに及び、國民は敗戰の恥辱に憤激し、國勢强化の計は交々起つた。王浩然も決然憤起し、積年の壓迫の下に墮弱化した支那回民の更生を計らんには學制の改善に外なきを思ひ、自ら歐、亞、阿の三洲各回教國家を巡歴調査し、光緒三十三年（一九〇七）歸國の後、王友三、達浦生諸阿衡と共に北京に於て回教師範學堂を牛街禮拜寺に創建したのである。講經科の他に各種の學科をも課し、支那回教に於ける新様式學校の權輿となしたのである。翌年更に馬振立、孫芝山、馬少衡、馮余軒、古亮臣、馬瑠川の諸氏と共に京師公立清眞第一兩等小學校を創設した。かくて諸地方の回民も聲を聞いてたゝざるは無く現在に於ては全國各地凡そ回民有るの地回教小學の設けなき所は殆ど無いと言つても過言でない程であり。最近三十年間に於て回教の初等教育は長足の發展を示してゐる。一方中學校師範學校等の中等教育も最近十年間に約十ケ所の設立を見るに至つた。圖示すれば次の如くである。

| 名稱 | 創設年代 | 所在地 | 創辦人 | 備考 |
|---|---|---|---|---|
| 回教師範學堂 | 光緒三十三年 | 北京 | 王浩然 | 不久即停 |
| 成達師範學校 | 民國十四年 | 濟南 | 馬松亭、唐柯三、法靜軒、穆華亭、 | 民國十八年遷北平 |
| 伊斯蘭回文師範學校 | 十七年 | 上海 | 哈德成、達浦生 | |
| 伊斯蘭師範學校 | 十七年 | 萬縣 | 周級三、李仁山 | 聞巳停辦 |
| 第一中阿學校 | 二十三年 | 寧夏 | 馬少云 | |
| 以上宗教々育關係の中等學校 | | | | |
| 蒙回學校 | 民國九年 | 寧夏 | 馬雲亭 | 近狀不詳 |
| 崇實中學 | 十五年 | 晉城 | 馬君圖 | |
| 西北公學 | 十八年 | 北平 | 馬雲亭、白崇禧、孫繩武 | |
| 明德中學 | 十八年 | 雲南 | | |
| 青海回進會第一附中 | | 西寧 | 青海回教促進會 | |
| 倡進中學 | 二十年 | 寶慶 | 馬振五 | |
| 穆興中學 | 不詳 | 杭州 | 孫吉士 | |
| 新月女子中學 | 二十四年 | 北平 | 馬松亭、楊新民、王夢揚、陳志澄、趙振武 | |
| 以上一般教育關係の中等學校 | | | | |

以上の中等學校は普通教育、宗教々育の二類に分けられる。

**一、普通教育**　其の組織、課業すべて政府教育部の章令に遵り一般の中學と異る所なく、回民の子弟を養成するを標示するが回漢何れをも收容するのであつて回民の子弟が此等の學校に入れば飲食起居に於て他の一般の學校に入學するよりも便宜が得られるに過ぎないのである。

**二、宗教々育** 是は純粹なる回民教育施設であつてかつその大多數は師範學校の性質を有してをり、其の目的とする所は、

①現代社會に適應する新阿衡を養成し、實社會の指導者たる青年に導く。

②宗教知識豊富なる教師を養成し、各地の小學校に分散服務せしめ、未熟な青年をして充分の道德訓練を受けしめて將來の墮落を防ぐ。

以上の二に外ならないのである。

此の故に此の種學校の課程組織は、教育部の制定のものとは多少の出入がある。北京成達師範學校に例を取れば、教育部制定の師範科の課目と宗教道德の科目が各二分の一を占め、即ち毎週授業時間三十六時間中師範科、宗教道德科の課目は各十八時間である。其の組織は、成達師範學校に於ては、教務、訓育、事務の三部の外出版部の設けも有り、回教獨特の參考書籍の



要求に應ぜんとするものである。此の外、畢業生服務指導委員會の組織があつて、卒業後各地に派遣せられ服務する學生の、職務上の成績の優劣等はすべて學校が全責任を帶びるものであつて、回教師範學校の組織上の特殊性の一班が推知せられるのである。

五千萬人に上る回民族に於て其の中等教育は僅に以上の如きものであるが、然し此れも十年間の進歩としてみる時は相當に世人の注意が此の教育方面に向けられてをる事が知られ、今後教育の衝に當る者をして徹底的な純正回民教育の要求を知らしめ、適當の保護を與へたならば將來の發展必ずや期して待つべきものありと信ずる。惟ふに近三十年、回教の女子中等教育は全く缺除してゐたが先年北京に新月女子中學が創設せられ一新紀元を劃するに至つた。

小學教育に至つては清光緒三十四年王浩然氏が清眞公立第一兩等小學堂を設立してより以後三十年、全國各地、凡そ回民住する所回民小學の設けざるはなく、規模廣大、設備完全の學校も多數ある。

固有の清眞寺に於ける教育は、舊套に依り墨守するもの有りとは言ひ乍ら、周圍の狀況に應じて面目を改め然も漢文をも教へることゝなり、近くは數ヶ寺聯合して適當の地を求めて教授を招聘して漢文を教授せしめるものもあり、或は又新式の學校に合流するものもある。從つて純粹の寺での教育は漸次衰へつゝありと言はなければならぬ。

海外留學の風は十數年以前より始り、民國十年に王靜齋は弟子馬宏道と共に西航、王氏は埃及愛資哈爾大學に、馬氏は土耳古、君坦大學に學んだのである。後王氏は自費を以て更に土耳古に留り、海維諒氏は印度に留學した。此等は何れも個人の行動であるが、正式な學校派遣の留學生は埃及愛資哈爾大學中國學生派遣團に始まるのである。此の派遣團は既に四期を算し、その第一回は民國二十年上海伊斯蘭同文師範學校（一人）、雲南明德中學（三人）と合組で、明德中學訓育主任沙儒誠先生の監督のもとに埃及に至り、沙氏も亦同じく埃及に留まることゝなつた。二十一年には、北京成達師範學校の卒業生五人を以て第二期派遣團を組織した。此の度の派遣については代理校長馬松亭氏が同伴し、埃及に於ては國王福德一世に拜謁を許され、東西文化の交流と、支那と埃及二國の、此に對する責任あることをのべ、大に國王の賞讃を賜り最大限の中國學生を收容すること、及びかつ北京成達師範へ二名の教授を派遣することを許可されたのである。是あつて後兩國文化の交流は益進展を示したのである。二十二年に至つて、愛資哈爾大學中國學生部が正式に成立し、沙氏が部長に任ぜられた。二十三年雲南明德中學より三名を派遣ときまつた。是れが第三期である。第四期は、同年上海伊斯蘭同文師範學校より學生五人を派遣し、かつ印度に留學してゐた海維諒氏も德里、來克勞等を經由して埃及に至つたのである。かくして愛大には中國學生部は二十名を算するに至り、空前の盛況を呈したのである。去年成達師範第一班及び研究部第一班の卒業生と第五期の留學生として派遣せんとしたが、たまたま愛大の學長更迭し、新學長は外國學生の收容について前學長と意見を異にしてゐるため未だ決定してゐない。然して留學の道を開くのは今後の吾人の努力如何によるものである。

（未完）

本稿は「三十年來之中國回教文化概況」として地理學雜誌「禹貢」第五卷第十一期（民國二十五年八月）に掲載せられたものであつて、現代支那の回教文化の概要を知るに要を得た論文である。（牧田諦亮譯）

東亞和平之曙光
厥唯日華佛教親善
與指導民衆之認識

常州 清涼寺 智谷

方茲人欲横流之時代。物競天擇之紛挐。唯物化與
化背道而馳騁。功利慾與人生觀。因乃大相以
縱覽大地。監觀青史。所謂世界文明愈進步
學愈發達。機械化之設施。本用以防護之正
同文同種之日支兩國。竟至操戈。雖同業
亦必人心有所求。和平使者。日華佛教徒
德之甲胄。運虔誠無我之大悲。本世尊捨身
之懿旨。展吾人大乘濟世之工作。共任艱
者和平。內而聯絡兩邦信佛之徒衆。外

# 日本佛教徒に贈る

常州 清涼寺 智 谷

今日往々邪道に入り易き時代に於て、自然淘汰の爭ます〳〵激しく唯物唯心の二途互に馳騁してゐる。功利慾と人生觀とは大に相爭てゐる。大地を横覽し、靑史を縱觀するに、所謂世界文明なるものは日進月歩の勢にあり、科學は愈發達してゐる。機械化の諸設備はもと正當防護のため用いらるるものなるにかゝはらず、不幸同文同種の日支間に於て干戈生じ兄弟鬩にせめぐの不祥事を惹起した。我々佛教徒の齊しく遺憾とする所で、一般人心も亦和平到來を希望してゐる。和平の使者日華の佛教徒は佛教の大精神に則つて事をなさねばならぬ。釋迦牟尼世尊も捨身救世の懿旨を以て實行された、我々も亦大乘濟世の工作を展開して自ら艱苦に甘んじて和平到來に奔走すべきである。內は兩國全佛教徒と連絡し、外は各宗教の大同團結を結成して、既に死せる者に對しては慰靈の追悼をなして其の忠魂義魄を安じ、現前者に對しては救世の機法を訓して和平來を祈禱せしめなければならぬ。然して此を以て普く宣傳し、人民大衆の腦裡に刻みつけねばならぬ。

（下　略）



# 山東省濰縣石佛寺開設報告

加藤 豊正



此の文は最近迄山東省淄川東本願寺に駐在し、近時事變のため一時歸國してゐられた加藤師が、排日の熱未だ冷めぬ濰縣城內へ勇躍して入り、古刹石佛寺に布敎所を開設せる報告書である。石佛寺は宋の咸平二年僧元德の創建せるもので、明の洪武十五年僧會司となり、同二十四年叢林となつた大きな寺で、有名な布袋和尙像がある。

**三月九日** 濟南宣撫班日語學校に通勤す。二三日缺席して淄川の被害調査に行つてゐる間に、學生間に宣撫班より行先を聞いて再び歸任せずとの噂あり留任運動すべく歎願書に調印せし所へ歸任した。學生嬉々として授業を受く

**十日** 陸軍紀念日に附き、日語學校祝賀式に參列す。

**十一日** 濟南宣撫班にて班長と懇談して濰縣宣撫班に行くこととし、濟南辭職後の後任を尾家氏に託す。今後山東省の必然的發展を豫想し、過去の日本人追求主義の布敎政策を改良して、新に中國人開敎を企圖すれば、その第一歩として膠濟鐵路中間驛たる濰縣を選擇せり。

**十二日** 濟南日語學校にて辭職の旨を發表す。其の時學生淚乍ら留任を歎願するものあり。愛惜の情止み難き樣にして、茲に彼等支那人開敎も敎義や口先き、意志のみの說敎にては効果尠く、師弟間に流るゝ情を中心に、知・意の二つを加味すれば、容易に効果を奏すべき體驗を得たり。

**十三日** 擔任の學生二百名、大舉して濟南宣撫班長に面會を求め、留任を歎願せしも、午後一時沒法子（仕方がない）と歸路別れの挨拶に訪問し來り又父兄中留任勸告に來るあり、全く繁忙を極むと雖も悲喜交々至る。

**十四日** 長らく住み馴れし校舍及び學生との別れを惜しみ、學生の中の貧家に施米施藥に趣き、益々勉强するやうにと勵まし、夜出發の準備をなす。

**十五日** 午前六時軍用列車にて濟南出發。同日午後一時半濰縣着、直ちに濰縣宣撫班に到着す。暫くこゝに宿泊

し、濰縣宣撫班日語學校の手傳をなすと共に、布教所開設の準備をなす。

**十六日** 昨日の疲勞を休め、濰縣の狀況を見聞し、第一報告書發送、各關係官署並に○○部隊を訪問し挨拶す。

**十七日** 濰縣日語學校を見學す。

**十八日** 濰縣商務會長を訪問し、挨拶す。

**十九日** 日語學校へ通勤す。

**二十日** 休養、考案に耽る。

**二十二日** 日語學校通勤。濰縣々志により古刹の調査をなす。

**二十三日** 日語學校通勤。濰縣々志に依り城內第一の石佛寺を治安維持會に諒解を求め、內部調査に赴く。

石佛寺內容左の如し。

表門、大門、中殿、本堂、鐘樓及び鐘傍堂二棟、居堂、小門(通用門)、本堂內に一丈大の石佛あり、莊嚴にして、本堂屋根瓦は青磁色燒なり。本堂裏に後堂一棟附屬す。

**二十四日** 日語學校通勤。治安維持會にて昨日見學せし石佛寺は無住にして、日語教師は無給なれば宿舍として提供せられたき旨承認を得たり。又治安維持會々長毛寄應氏と對談、當地の佛教會を設立、支那人有志の佛教熱を鼓吹したき旨申入る。會長之を諒とし援助を明言せり。

**二十五日** 近々小學校開校の運びとなり、本日より小學校日語課教師專任となり、日語學校を辭して五箇小學を擔任せり。

**二十六日** 治安維持會長、教育部長と小學校開校準備の打合はせをなす。

**二十七日** 午後一時より全濰縣八ケ校小學教員座談會を開き、純粹なる教育を施すべく宣撫班長と共に出席せり

**二十八日** 午前九時より縣大禮堂に於いて小學校開校式擧行。八ケ小學千百餘名參列す。

**二十九日** 濟南より伊藤(天津在勤)青島行の途中より御裏方慰問品ガーゼタオル三本入十箱、東本願寺名入れ手拭百筋を屆けられたり。本日より小學校通勤。

**三十日** 各守備隊、病院を慰問、御裏方慰問品を屆け、其の旨を傳ふ。

**三十一日** 小學校の授業には骨が折れる。可憐なる中國兒童の教化には只情あるのみと感ず。

**四月一日** 四月三日濟南に山東省政府成立慶祝大會運動會開催の招待あり、午後一時出發。張店下車、淄川の狀況を聞けば未だ不穩なり、張店一泊。

**二日** 午前八時軍の兵士と共に汽車で淄川に赴く。鐵道は破壞せられ歸るを得ず、淄川一泊。

**三日** 午後二時漸く開通し午後八時濟南に着す。布教所に一泊。尾家、渡部、下川、伊藤諸氏と面會、離濟半月の苦心談に花が咲き、本山より指令を聞く。

**四日** 朝より淄川居留民、知己を訪ね、濰縣の不足品購入、尾家氏と今後山東開教陣に就き協議せり。

**五日** 午前六時濰縣に出發。午後一時歸着。當濰縣の山東省政府成立並に濰縣縣長毛寄應氏推戴祝賀大會に出席。大派宣撫官川那部惠氏昨日赴任、力強さを感ず。



**六日** 慶祝大會出席。

**七日** 石佛寺修繕工事開始。毛縣長と佛教會に就き協議せり。

**八日** 佛降誕會を開催したきも治安完成せられず、日佛教會結成以前なれば、舊曆迄に實現せんことを期す。

**九日** 石佛寺修繕工事進む。

**十日** 右に同じ。

**十一日** 治安維持會と協力、佛教會員の募集を始む。

**十二日** 濰縣の佛教僧五人を集め、座談會を開き、佛法興隆に就き協力を約し、彼等衆僧の指導を委託せられたり。

**十三日** 敗殘兵のため膠濟鐵路本線が一時運行不能となり、城外に出づることを禁ぜられ、準備工作に一頓挫を來せり。

**十四日** 黃塵萬丈、學校に通勤。

**十五日** 小學生も馴れ、多少樂になる。

**十六日** 濰縣城を中心に敗殘土匪の橫行著しく事態惡化し、本日を以て絕頂に達し、城內の人心極度に動搖す。何等の工作もなす能はず、終日今後の方策を思案す。本日電信電話鐵道不通となり、孤立無援に陷る。

**十七日** 石佛寺修繕遲々として進まず。

**十八日** 形勢最惡に陷り、遂に敵の敗殘兵城を圍む。

**十九日** 縣長毛寄應氏、公事打合はせのため濟南に赴きしも鐵道通ぜずして歸任すること能はず、布教所事業の打合はせも全く不可能となれり。

以上

**和尚頭皮光**

饑餓でも和尚は食ひはぐれがない。

僧道無緣概不施捨
寄附事一切お斷り

僧不言姓 道不言壽
出家には姓無く道家に壽命の問題に關係なし

# 支那に於ける基督教の活躍

## 北京崇貞學園に就て

今回の支那事變はあらゆる意味に於て古今未曾有の大事件である。これを契機として日本人にも眞の支那の姿が理解され、支那の人々も一部爲政者の抗日宣傳に踊らされた非を改め茲に興亞の大理想が成就せられる日への第一歩を踏みだすならば、大陸に護國の華と散つた數萬英靈への何よりもの御恩返しとならう。此の爲に戰禍に惱めく支那の人々を對象とする諸種の事業が計畫され實施されつゝある。宗教方面の活躍も特筆に値するものもあるが、此に述べんとする清水安三氏の崇貞學園の如きは、山東省淄川に於る曹洞宗山下默應師の風井學校等と共に恐らく其の代表と稱しても過言ではなからう。「湖畔の聲」七月號に掲載された記事に依り、簡單に紹介したいと思う。

北京朝陽門外芳草地に七千坪の敷地新舊校舍八棟を有する學校が卽ち崇貞學園又崇貞女學校である。

約二十年前北支の大饑饉の際、中山訓次氏の盡力と日華實業協會の後援とにより、北京朝陽門外に災童收容所を設けその所長となつたのが清水安三氏である。大正十年五月、八百名の災童の救濟を了して此の事業を終るに當つて剩餘金五百八十圓其の他備品を讓り受けて同月二十八日崇貞女學校を創立したのがその緒であつた。幾多の辛苦を克服し、基督教の信念を以て此の事業の遂行に努力し、幾度かの擴張を經て、卒業生半途退學生等一千餘名、在學者約二百名を擁する今日の學園としたのである。その經營維持のための苦心は並大抵のものでなかつたが、「基督教世界」編輯主任同志社大學講師等を經てメンソレタームの支那に於る出張員たることを囑託されてよりは北京に常住して學園の事業に專念することゝなつたのである。

此の學園の特色は働きつゝ學ぶことである。卽ち「微々笑々敎而學、不損天賦是敎育」をモツトーとし家庭主義、工讀敎育、社會奉仕の三特色を有する。「神を父とし中心として互に親の如く子の如く、兄弟の如き心情が、當局をして歷支那人と共に支那人を敎育しつゝあることを忘れしめるのである。さうした家族的溫情が、やがて民族的結合國際的親善の理想實現にまで導くものと信じてゐる。事實如何なる排日的空氣の中にも支那人より危害を受けたことは一度もない。」

主眼とする勞作敎育として、氏は、リネン刺繡を主とする美術的手工品の作業科を設け、一年約二千圓の賣上金を得て生徒自らの學資を得させる途を開いて今日に及んでゐる。かくして今日此の作業は生徒のみならず學園所在地朝陽門外一帶の家庭工業となり實に年額五百萬元を超へる北京の大產業の一つとなつてゐるのである。

昨年よりは更に園藝科も設け、始業前放課後の暇を利用して花卉果樹蔬菜等の栽培に從事せしめてをり、更に社會奉仕の信念にもとづく蒼蠅狩托鉢、文盲の人々のための手紙の代書等の奉仕、又近く消費組合授產場組織の確立等をめざして精進しつゝあるのである。

事變下ますく日本人の此の種の事業が要求せられる切なる今日、清水氏の崇貞學園の如き存在がますます輝かしき將來を持つことを祝福するものである。

（雜誌「大陸」十二月號の、清水安三氏筆「姑娘の父母」は氏敎化の一面を語る好讀物である。）



## ★各宗の動き★

▲北京西本願寺では最近七間に五間の遺骨奉安殿を建設し、事變のために名譽の戰死を遂げた英靈を奉安する。

▲石家莊知恩院出張所では、時局に鑑み支那貧民兒童のために支那貧童敎育を實施し、宮地氏外三名が之れが敎育に當られてゐる。

▲濟南共生學院に於いては、現下の時局對策として自立自營の施療を開始した。

▲北京に於ける大谷派東本願寺では此程覺生女學校を新設して、子女の敎育に當つてゐる。

▲南京に於ける佛敎徒は最近一致協同して、各般の敎化聯絡の必要を痛感し、南京佛敎聯合會を設置し、將來佛敎各派提携して大に中支に活躍せんと企圖されてゐる。

▲厚和西本願寺では滿洲及び蒙古人の敎育を旨とし小學校を開設した。

# 各宗の支那に於ける現況

（本會ヘ回答アリタルモノ）

〔本派本願寺〕

| | | |
|---|---|---|
| 北京出張所 | 藤澤氏外七名 | 河北省北京東四牌樓大條胡同一三 |
| 天津出張所 | 桑野氏外二名 | 同　天津日租界宮崎街四〇 |
| 濟南出張所 | 落知氏 | 蒙疆濟南府三馬路緯七路 |
| 青島出張所 | 大内氏 | 山東省青島無棣四路一二 |
| 厚和出張所 | 藤谷氏 | 綏遠省皈化城西得勝街二二 |
| 張家口出張所 | 青野氏 | 察哈爾省張家口沙河路三三 |
| 大同出張所 | 畠山氏 | 蒙疆大同縣西大街準提庵 |
| 太原出張所 | 塚本氏外二名 | 山西省太原市中山公園東側 |
| 石家莊出張所 | 小原氏外二名 | 河北省石家莊南斜街一三 |
| 豊台出張所 | 藤野氏 | 同　宛平縣豊台平安胡同六號、七號 |
| 保定出張所 | 古藤氏 | 同　保定西關煤廠街九〇 |
| 通州出張所 | | 同　通州 |
| 上海別院 | 小笠原氏外五名 | 江蘇省上海乍浦路四七一 |
| 蘇州出張所 | 岡崎氏 | 同　蘇州 |

〔古義眞言宗〕

| | | |
|---|---|---|
| 南京出張所 | 廣橋氏 | 同　南京 |
| 杭州出張所 | 閑林氏外一名 | 浙江省杭州 |
| 漢口出張所 | | 漢口日本租界山崎街八 |
| 香港出張所 | 伊藤氏外一名 | 英領香港灣仔路一一七 |
| 厦門出張所 | 岩崎氏 | 厦門 |
| 上海高野山金剛寺 | 木村氏 | 上海靶子路三號 |
| 大興寺 | 松田氏 | 青島夏津路 |
| 大仙寺 | 田岡氏 | 山東省濟南三里莊西街五〇號 |
| 太原高野山國泰寺 | 佐和氏 | 太原市中校尉營第二區第一段三ノ二旗奉 燕魯會館 |
| 大興寺 | 高橋氏 | 青島市外滄口達翁村四七九號 |
| 高野山阿彌陀寺 | 飯野氏 | 察南張家口第四區明德北大街三號 |
| 高野山北京別院 | 福田氏 | 北京廣安門大街報國寺街 |
| 弘法寺 | 谷奥氏 | 河北省秦皇島扶輪街廿九 |
| 姚山寺 | 杉本氏 | 同　石家莊 |
| 金剛寺 | 吉井氏 | 天津日本租界明石街耕餘里 |

〔天台宗〕

| 事務所 | 櫻井氏 | 北京中國留日同學會第一號室 |
|---|---|---|

〔大谷派本願寺〕

| 機関 | 担当 | 所在地 |
|---|---|---|
| 北支開教監督部 | 宮谷氏 | 北京東城內務部街七號 |
| 北京別院 | 同 | 同 |
| 天津別院 | 首藤氏 | 天津日本租界福島街 |
| 青島別院 | 芳原氏 | 青島膠州路 |
| 山海關布教所 | 松崎氏 | 山海關南門外新立街 |
| 唐山布教所 | 西多氏 | 唐山西馬路四號 |
| 塘沽布教所 | 石黒氏 | 塘沽二府街 |
| 張家口布教所 | 岡田氏 | 張家口東安大街六五號 |
| 大同布教所 | 服部氏 | 大同皇城二道巷 |
| 太原布教所 | 井上氏 | 太原海子邊十五號 |
| 包頭布教所 | 野村氏 | 包頭小文明巷一號 |
| 保定布教所 | 旭氏 | 保定西門外皇華館街十號 |
| 石河莊布教所 | 吉田氏 | 石河莊電報局街福生里三號 |
| 濟南布教所 | 尾家氏 | 濟南四馬路公園後街 |
| 濰縣布教所 | 加藤氏 | 濰縣城內石佛寺 |
| 淄川布教所 | 加藤氏（兼務） | 淄川 |
| 芝罘布教所 | 法雲氏 | 芝罘 |

二〇

| 機関 | 担当 | 所在地 |
|---|---|---|
| 徐州布教所 | 田中氏 | 徐州 |
| 長江開教監督部 | 三森氏 | 上海虹口武昌路 |
| 上海別院 | 同 | 同 |
| 蘇州駐留 | 長野氏 | 蘇州 |
| 杭州駐留 | 秦氏 | 杭州 |
| 湖州駐留 | 島氏 | 湖州 |
| 南市駐留 | 諏訪部氏 | 上海南市 |
| 南京布教所 | 瀨邊氏 | 南京遊府西街德安里 |
| 厦門布教所 | 神田氏 | 厦門市厦禾路一八六 |
| 漳州布教所 | 同 | 漳州 |
| 泉州布教所 | 同 | 泉州 |

〔淨土宗〕

| 機関 | 担当 | 所在地 |
|---|---|---|
| 知恩院北京別院 | 柴田氏 外三名 | 北京東城內務部街八號 |
| 知恩院天津別院 | 同 外二名 | 天津日界明石街一六ノ三 |
| 知恩院上海別院 | 欠畑氏 外三名 | 上海寶樂安路二七〇 |
| 石家莊出張所 | 秦氏 | 石家莊 |
| 大同別院 | 井上氏 外一名 | 大同東北隅武廟 |
| 蘇州日語學校 | 新谷氏 | 蘇州報恩北塔寺 |
| 南京別院 | 織田氏 | 南京中山東路 |
| 濟南別院 | 名越氏 外四名 | 濟南七馬路緯六路 |
| 善導寺 | 本原氏 | 青島黄台路 |
| 張店出張所 | 原田氏 | 山東省張店二馬路 |

二一

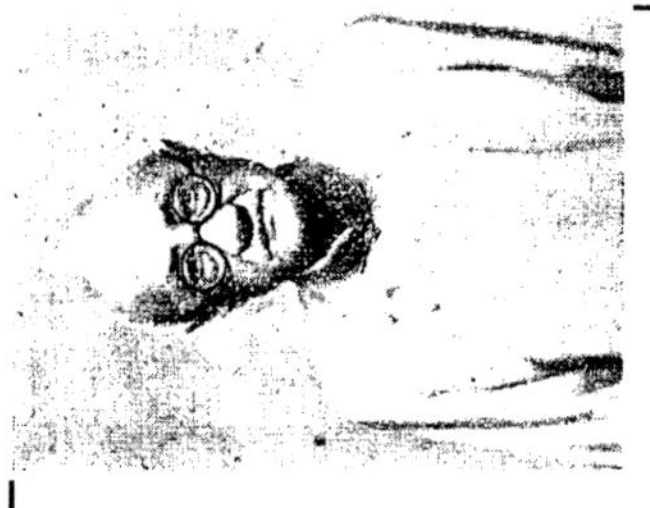

# 王一亭氏を偲ぶ

× × ×

支那に於ける有力な財界の人として、且つ佛教慈善家として有名な王震號一亭居士は十一月十三日忽然として上海の自邸で逝去した。王一亭氏は浙江省吳興の人で名は震、白龍山人とも又一亭とも號した。一亭と號したのは庭園の池中に古雅瀟洒な一亭を設けたことによると云ふ。

王一亭氏は「買辦」を業としてゐた。彼は爲人至つて豪腹、使役する者常に二百人を越えると云ふ豪奢な生活である。

然し至つて温厚柔和な人であり、殊に佛教に關しては、支那廣しと雖ども彼の右に出づる者がない程の信佛家である。

彼はその邸宅の名苑に持佛堂を設け、支那の古佛は固より、印度の石佛、ビルマの玉佛、日本より渡つた佛像等を集め、只これ等を蒐集して樂むと云ふのではなく、實際に讀經をやり念佛三昧に耽つて、佛道の修養をしてゐたのである。

彼は又精進潔齋で料理等は殊に吟味したと云ふ。かくの如くよく自利的修養を怠らなかつたと共に利他的にも目醒しい事業が殘されてゐる。彼は觀世音菩薩の像を描くことに妙を得てゐた。その內面に深く此の菩薩の大慈悲の德を銘して、慈善事業には遠く日本にまでも及んでゐる。最近の阪神の大水害にも見舞金を送つたと云ふ。又施難施設の必要を認め、佛教淨業社を結んで此の事業に力を注いだ。

又此方面の關はれとして社會事業にも心を用ひ、上海殘疾院を設置し不具者を憐み、就職をもなさしめてゐる。

彼は文化事業にも理解を持ち上海佛學書局を設け佛書の刊行を企て、寄附や出版にも快く援助を與へた。

彼は自ら上海世界佛教居士林の林長として居士林の名聲を揚げ、書畫を樂み繪は吳昌石に受け、山水鳥人も自由であり、殊に「出山の釋迦」「觀音像」に至つては最も得意とする所であつた。

今此の巨木の倒るゝに日支佛教徒の等しく哀惜して置く能はざる所である。

本會は茲に謹んで弔電を贈つて大居士の靈を弔した。本會が昭和十年六月第一回視察團を彼地に派し、六月七日王氏を訪問した記事を「乙亥訪華錄」から拔萃して故人の有りし日を偲ぶ。

七日。晴。八時出發、郊外娥嵋山の龍華寺を訪ふ。此の寺の七重塔は著名。塔上、上海一望に收め眺望頗るよろし、殿堂は復舊の緒につきつゝあるものゝ如し。舊城內へ足をかへし喬家路梓德堂に王一亭居士を訪ふ。王一亭居士は温厚の老君子、懇切快く接見され息叔賢氏流暢なる日本語を以て斡旋につとめ茶菓午餐の歡待をうく。持佛堂に讀經庭園を參觀す。古雅瀟洒、池中に一亭を設く。雅號一亭はこれによると云ふ。記念撮影をなす。書誌著書等寄贈をうけ辭去。王一亭居士は來意に熱心なる贊意を表せられ今後協力佛教大道の爲に力を盡すべく快諾。上海在住居士連の紹介を依賴せしに、一々訪問の勞をはぶかんとて、一定の日を期し、一堂に會せんことを約さる。

去る十一月廿七日本會總會開催し、藤井善助氏の京都圓山第三有鄰館の佛間に於いて大西良慶僧正導師となり、一同故王一亭居士の追悼會を行ひ同居士の冥福を祈つた。

## 本會のニュース

▲本年五月北京上流婦人は、日本佛教家の支那訪問の答禮の爲來朝し、先づ東本願寺へ參會し、尋いで淸水寺へ參拜し、同寺音羽婦人會の心からなる茶の接待をうけた。その席で、本會大西僧正が歡迎の詞を述べられた。

▲本會主事塚本善隆氏は、去る八月廿日長安丸で北支佛教史蹟査に出張され、同じく會員小笠原宣秀氏も同日同じ目的を以つて出發九月廿六日歸朝された。十月六日本會事務所に於いて開かれた幹部會席上で右視察報告があつた。

▲本會では明年僧俗合同の視察團を組織し、彼地の佛教徒と親しく談話を交驩し、日支提携の實蹟を先づ佛教徒から行ふべく企圖してゐる。

▲十一月八日本會東京支部の事務所たる淺草區神吉町四五、幡隨院本堂建坪八十坪が全燒した。

## ★本會の目的と事業★

本會は日支佛教徒が聯絡提携して無上正眞道を求むるを以つて目的として居る。從つて佛教各部門の研究批判及びこれの奬勵をなし、佛書の相互の飜譯、紹介、雜誌の交換、交換講座、佛教事業等の事業を行ふのである。

### 〇本會の經過

昭和十年六月第一回訪華使節を派遣し、昭和十一年九月第二回の使節を送つた。夫々日支佛教徒の親善に大いに努むる所があつた。この二回の槪況は本會より出版せる「乙亥訪華錄」と「丙子訪華錄」に讓る。又、日華佛教研究會年報は既に第參年版を刊行した。

昭和十二年八月支那事變勃發して以來訪華使節を中止し、宣撫と彼地佛教徒の情況視察員を派し、又皇軍將士の慰問に努め、殊に支那窮民の爲に廣く藥品を募り約十五萬個（價格約三萬四千圓）を一部轉送し一部發送準備中である。

又本會は「告支那佛教徒諸君」なる一文を作つて彼等に送つた。

彼等は此の一文を讀み大いに反省する所あり杭州昊山佛學院の如きは、本會支部を新設し、又靑島湛山寺の淡虛師は書を寄せて、本會の告文に贊同し其他共鳴するものが多く出來た。

## 支那宗教事情（隔月發行）

創刊號

昭和十三年十二月十日印刷納本

昭和十三年十二月十五日發行

定價金拾五錢（送料二錢）

一ケ年分金壹圓（送料共）

編輯兼發行人　京都市東山區林下町四四三　日華佛教研究會

右代表　三田全信

印刷人　京都市東山區祇園町南側六〇　豊田英太郎

印刷所　京都市東山區祇園町南側六〇　豊田愛山堂印刷部

發行所　京都市東山區林下町四四三　日華佛教研究會

電話祇⑥〇〇三八

振替大阪一〇〇七九六

## 編輯後記

▲日から支那の宗教を！　これが時局的に必要なことになつて來た。

▲此の目的から眞面に第一聲を張り揚げた本誌は、今後讀者に支那の新しき宗敎事情をより容易く味讀して頂けると思ふ。

▲論説に記事に詩文に凡て平易を旨としてどし〳〵投稿下さることを歡迎する。

▲本號は紙數の制限上止むなく多くを次號に讓つた。

▲本號の編輯には支那佛教史の研究に没頭され又實地に支那を踏査された牧田諦亮、弥口體智兩文學士の勞を煩はした。

▲本號の表紙の寫眞は有名な雲岡の石佛の一部である。

（全）

# 支那宗教事情

第二號

日華佛教研究會發行

## 大同雲崗の石佛

今回の事變に於て我々が得た山西省に關する知識は一は天文學的數字を以て語られる大同の寶庫石炭であり、他は卽ち此の石佛である。從來不良商人、農民の恣なる盜賣、損傷によつて危く古の俤を失はんとさへした石佛も皇軍の占據以來嚴重な監督下にをかれ其の安きを得たことは、此の石佛が一面暴君の破佛に對して佛法の永遠化を計らんとした佛への信仰の發露である點からしても良民宣撫の上に有効なる處置と察せられる。旣に一千五百有餘年前、北魏の沙門曇曜等に依つて開鑿された此の萬古不滅の遺寶は古くより世界人士の注目せし所、印度、西域、支那古來中原等の諸文化、未開北方蠻族の文化等の融合せられたものとして文化史、美術史研究の上にも重視せられる。窟概して二十、その窟の大なるもの第五窟の如き東西七十二尺南北五十八尺、中央本尊釋迦坐像の如き高さ約五十五尺、兩膝の徑約五十尺有りと言ふ。その現狀、堂宇の荒廢極に達し、石窟の或物は物置となり、農具の小屋となり、信仰の對照としての石佛の尊嚴さは正に失はれんとするの一歩前にあつた。幸に巖そのまゝの掘鑿なるため運搬不能なること、一は都會を遠く離れた朔北の地に所在したゝめ割合にも破壞を免れたのである。事變終了の上は一日も早くかゝる偉大なる信仰の發露になる藝術品にも復舊の手がのばされんことを。

## 目次



# 夏蓮居老居士

柴田玄鳳

夏老居士に關しては昨年六月下旬の「中外」に「北京佛敎界の中心人物」として紹介したことであるが、當時居士は該記事を一覽して、苦笑し乍ら、此の記事には大分間違つたところがあるといつて、自身が書いた略歷一通を予に渡された。しかし「中外」の記事を態々訂正する程のことでもないから其儘に打過ぎたが今回本誌の主幹から居士に關して更に知るところを報ぜよとのことに、茲に改めて右の略歷並に二三の消息をお傳へする。

居士の原名は泉、字は樸齋、山東省鄆城縣の人で本年五十六歲である。少壯にして貢生、一品蔭生と成り特に直隸知州に用ひられて靜海縣の知縣、江蘇の知府に補し、次で北洋大臣營務、山東籌辦團鍊副大臣、山東各界聯合會總會長、兼山東全省巡警道に任じ、民國元年（二十九歲）には山東都督府最高顧問、兼秘書長兼參謀長、山東都督全權代表となり、同二年山東岱北觀察使、兼省會警察廳々長（警視總監）、同三年山東全省金石書畫參考館監督、同全省慈善公所督辦、河南豫西觀察使、河洛道道尹（道長）、同七年總統府秘書、大總統顧問、第二屆國會議員、同九年山東鹽運使、兼私營統領、同十年曲阜大學籌備處主任、同十二年山東東魯學校長、齊魯文藝社長、山東省佛敎會長、兼居士林長等の公私職務に歷任された。

又居士は光緒二十八年から程朱の學を治め、同三十年から陸王に移り、傍ら古文詞章を研究されたが、民國辛亥の歲に佛書を始讀して以後、儒佛兩道を兼修すること十餘年、同七年に茹素、十年に受戒、十一年以後は全く仕官の途を絕つて專ら佛道修行に志し、現今は北京弘慈淨業蓮社副社長（社長には廣濟寺前住持現明和尚を推擧）、中日佛教會常務理事（眞宗大谷派關係）、古學院智理委員會委員、萬國道德總會名譽會長兼知行合修班導師、新民學院講座、並に昨秋結成された佛教利生會理事長、同年末に呱々の聲を擧げた佛教同願會の副會長等主として佛教若くは精神修養方面指導の職務を擔當して居られる。

前記萬國道德總會は今から二十年程前に曹錕だつたかに依つて創立された儒教主義の修養團體で北京東四牌樓三條胡同に本部を置き、全國に多數の支部と數萬の會員とを有する尨大な、且つ有力な結社である。此の會の事に就ては何れ能く調べた上で發表したいと思つてゐるが、紅卍字會の如く宣傳をしないので外界には餘り知られてゐないが、北京の本部直屬の會員は五千名位もある。本部本館の一階は三百名計りを收容し得る講堂となり、階上の後方には孔子を中央に、左右に孟子顏子の靈牌を安置して其前には五具足も置いてある。共又左右には先亡會員の位牌が列べてあり、別室には現存會員の氏名を大きな額面に刻みつけて掲げられ、同じく階上の前方には夏居士が寄贈された釋尊像並に大藏經を備付けてある。階下は食堂に當てられ其他男女各別の寄宿舎、授業室など幾棟かの建造物があつて、其中に居る修養生は每朝四時起床、夜の九時就眠に至るまで時間割で嚴重に學習、研究、勤勞が課せられ、元より粗衣蔬食の禁欲生活を續け、以て專ら各自の人格完成を期する事とし、修業したからとて何等の資格も地位も與へらるゝことなく、それでも常に男女各百名位の修道生が身心練磨を行つてゐる。（茲にも吾々の一寸想像し得ない一部支那人の底力と偉大さがあることに氣付く）。老居士は每月一と六の日に本部に出席して經書を講じ、親しく修道生を指導して居られるのである。

因に老居士の日常生活は每日午前中は一切の用事も訪問客の面接も捨離して念佛三昧に過し、午後から夜にかけて外出、講義、接客に當ることゝし、又邸內に三ケ所の佛坐が設けてある。その一は中央壇上に等身大の金色燦然たる阿彌陀佛の坐像を安置せる他には一個の禮盤があるばかりで、何等の餘物を雜へざる、全く老居士獨特の佛殿である。次は家族が朝夕禮拜する佛堂で正面中央に臺座とも二尺位の阿彌陀佛を、左右に觀音勢至及び幾多の佛菩薩像を安置し、青黄赤の電燈花飾まで施してある。今一つは老居士の書齋の祭壇で、正面中央は同じく阿彌陀佛坐像であるが、釋尊、大日如來、十一面觀音、千手觀音、歡喜佛、あらゆる賢聖が所狹き迄に列べられ、その前に日本疊三帖を敷き、老居士は每日午前の半日を木魚（居士の希望により予が昨夏內地より持參したるもの）を打ち乍ら稱名念佛されるのである。

老居士が淨土門に對する信仰は頗る徹底せるもので嘗て予が法然上人の法語中「名號雖聞不信如不聞、雖信不稱如不信」の一節を示した時、居士は予は其次に一句を加へんとて「雖稱不專修如不稱」と記されたことがある。以てその程度が窺はれるであらう。

まだ〳〵色々記したいこともあるが、又次の機會に讓ることゝして擱筆する。

柴田氏は現在北京淨土宗知恩院別院の輪番北支開教總監であり特に本誌の爲めに此の稿を送られたものである。又カツトは夏蓮居老居士の小照で之れも拜借を得たものである。（編者附記）

（二十頁より續く）

地を收め敵人殲滅に至る迄止めざらんと願ふ。

四、子孫法友永く一切の原料を敵に賣らざらんと願ふ。

五、布衣素食すとも一切の敵國生産の品を使用せざらんと願ふ。

六、永く敵人に雇用されず、敵人を雇用せず漢奸とならざらんと願ふ。

七、敵國に赴いて奴隷教育を受けざらんと願ふ。

八、親友知己を勸誘して本團に加せしめんと願ふ。

九、佛陀慈悲の心により被壓迫階級を救度せんと願ふ。衆生救濟の爲には破戒も亦惜しまず。

十、中國佛教を改良し、歐米諸國に宣揚し、六道の衆生一律平等に三惡道に墮せる餓鬼をも救はんと願ふ。

以上の如き極端なる主義を持つ此の「十願抗敵團」は十人を以て一團となし、政府の正式許可を以て更に詳細なる行動規程を發表せんと結んでゐる。

# 弘法大師の入唐

吉祥眞雄

## 一

吾れ佛法に從ひて常に要を求め尋ぬるに、三乘五乘十二部經は心神に疑ありて、未だ以て決をなさず、唯願はくは三世十方の諸佛、我れに不二を示したまへ（御遺告）

幼くして父母に離れ、世の無常に身の不幸を泣いた結果でもなく、年若くして戀に破れ、人生に幸福の光明を失うた故でもなく、ひたすらに一切衆生を救はんとの希望に燃えて出家した弘法大師が、最初にぶつつかつた關門に於て、望む所の法は何處にかあると、昨日は東西、今日は南北に、汗と涙で捜し求める傍、東大寺の大佛の寶前に誓願したのが右の言葉であつた。

つまり是れまで佛教の經論を研究して見たけれど、心に疑はしい點があつて、安心ができない、願はくは此の上もない尊い法門をお示し下さいといふのである。

衆生救濟の大願を滿たす可き法門をと、こゝ數年間潜心研究した結果は、譬へば深海の底に潜つて辛うじて得たる貝が、實無し貝であつた樣なみじめさに終つたので、茲に此の悲壯な誓願となつたのである。

精誠に對する感應により、佛の靈告を蒙りて、遂に大毘盧遮那經（大日經）を大和國久米寺の塔中に於て感得した。喜び勇んで繙いて見られたが、難解の節多く、沈思默考しても判らず、先輩や道友に問うても、何人からも明瞭なる解答を得ることができなかつた。是に於て慾に入唐して知法の明師に教を受ける外はないと、決心するに至つたのである。

## 二

延暦二十三年我國から遣唐使を派遣するにあたり、我が大師の願が叶つて留學を命ぜられ、天臺宗の傳教大師・留學生橘逸勢等と共に、遣唐使の船に便乘することになつた。その年の五月十二日に都を發足し、六月浪速の津を船出して筑紫に到り、此の地に於て更に艤裝を整備して、肥前國松浦郡田浦を出發した。大使の隨員等を加へて一行數十名は四艘の船に分乘して行つたのであるが、大師は大使藤原賀能（本名葛野麻呂）と同船、傳教大師は判官菅原清公と同船であつた。

同年七月六日四船揃つて出帆したのであるが、海上で風波の難に遇ひ、大師の船は同伴の船と離れて遠く南に流され、非常な苦痛を嘗めた。

既に本涯を辭して中途に及ぶころほひに、暴風帆を穿ち、戕風柁を折る、高波、漢に沃ぎ、短舟裔々たり、颶風、朝に扇げば、肝を耽羅の狼心に摧き、北氣、夕に發すれば、膽を留求の虎性に失ふ

（性靈集卷五、爲大使與福州觀察使書）

普通なれば揚州蘇州などに着くのであるが、今回は上述の如く風波に流されたので、三十餘日を要して八月十日、漸く福州の長溪縣に着いた。長い間の難航海に疲れ切つた一行は、漸く福州に着いたけれど、折惡く地方の長官が辭職して、後任の者が未だ着任して居ないので、上陸を許されない。これは長官の不在ばかりでなく、日本から来る船の着く處でないので拒まれたのである。十月三日新任長官が來任したので、大使は再三陳情書を提出して上陸を請うたけれども許されない、斯樣な時には一行の力を總動員して當らねばならぬと、大師の才筆を見込んで、大使から懇願せられるので、十月十三日、大師が書を撰して提出した。すると州司はその名文に驚歎し、笑を含んで上陸を許し、都の方に進發させる手續を取つた。

大使等は十一月三日福州を出發し、西北遙かなる長安城への長途を、星を戴いて出で、月を踏んで宿し、晨昏兼行して、十二月二十三日漸く首都長安に着いた。此の時唐の朝廷から迎客使を遣はされ、大使以下一行二十餘人に華麗なる車馬などを給せられた。判官菅原清公等の船は先に既に明州に着き、九月一日に京に向ひて同地を出發、十一月十五日長安城に到着して、大使の來着を待つて居た。菅原清公と同船だつた傳教大師は、寧波に近き天臺山に向つたので、終に都の方には行かれなかつたのである。

翌延暦二十四年即ち唐の貞元二十一年正月二十三日、德宗皇帝崩じて、次の順宗皇帝踐祚し、永貞と改元した。二月十日大師及び橘逸勢は西明寺に寄寓し、大使等は歸國することになつた。此の西明寺はさきに梵釋

寺の永忠和尚——寶龜の初に入唐して延暦の末まで約三十年に亘りて留學した人——の寄寓したる故院である。

## 三

大師は豫て懷抱せる疑問を解き、不二の法門を授かる可き名德を尋ねて、靑龍寺東塔院の惠果和尚にお目にかゝることができた。此の和尚は不空三藏の上足で三朝の帝師として朝野の歸依を受けて居られた。大師は西明寺の談勝法師等五六人と共に和尚を訪ふと、和尚は一目見るなり歡んで、

我れ先より汝の來ることを知り相待つこと久し、今日相見ること太だ好し、太だ好し。報命竭きんと欲すれども付法に人なし、必ず須らく速かに香花を辦じて灌頂壇に入るべし（御請來錄）

と云つた樣なわけで、眞言祕密の敎を懇ろに敎へられた。即ち六月上旬胎藏の學法灌頂壇に登り、七月上旬金剛界の灌頂壇に入り、更に八月上旬傳法阿闍梨位の灌頂を受けた。斯くする間に五部三密の法、金胎兩部の眞言密契等を授かり、梵字梵讃儀軌等を悉く學習せられた。

密敎は單に經論等の文字のみでは傳へられないので、



惠果和尚は畫工李眞等に命じて兩部大曼荼羅等十鋪を畫かしめ、二十餘人の寫經生に金剛頂經等の經典儀軌を寫さしめ、鑄工に佛器を新造せしめて、之を大師に付囑せられた。

如今此土の緣盡きぬ、久しく住すること能はず、宜しく此の兩部大曼荼羅、一百餘部の金剛乘の法、及び三藏轉付の物、並に供養の具等、請ふ本鄕に歸りて海內に流轉すべし、纔に汝の來れるを見て報命の足らざらんことを恐れき、今は則ち授法在ることあり經像の功も畢りぬ、早く鄕國に歸りて以て國家に奉じ、天下に流布して蒼生の福を增せ、然れば則ち四海泰く萬人樂まん（御請來錄）

惠果和尚は懇篤なる遺誡を垂示して、その年の十二月十五日早くも入寂せられた。大師は此の和尚に遇うて漸く生涯を托す可き法を授かることができた。而も大師の聰明を以てしたから、早速に祕密の法を殘らず受傳し得たとは云へ、僅々一ケ年に滿たずして早くも異鄕に恩師の喪に服せねばならなくなつた大師は、如何に哀悼の淚に袖をしぼられたことであらう。

弟子空海、桑梓を顧みれば則ち東海の東、行李を想へば則ち難が中の難なり、波濤萬萬、雲山幾千ぞや。來ること我が力に非ず、歸らんこと我が志に非ず、我を招くに鉤を以てし、我を引くに索を以てす。和尚掩色の夜、境界の中に於て弟子に告げて曰はく、汝未だ吾と汝と宿契の深きことを知らずや、多生の中に相共に誓願して密藏を弘演す、彼此代る〳〵師資となること只一兩度のみに非ず。是の故に汝に遠涉を勸めて我が深法を授く、受法こゝに畢りぬ、吾が願も足んぬ。

（性靈集卷二、大唐靑龍寺惠果和尚碑）

## 四

大師が福州の長官兗の大使の書面を代作して差出した時に、その文才を以て彼の國人を驚かせたことは前に述べたが、今又長安城に於て、三朝の國師と仰かれたる惠果和尚の碑が、一異邦人たる大師の撰文並に揮毫によつて建てられた。更に宮中の壁に王羲之の書の缺けたるを、唐帝の勅を受けて書き補つた。惠果和尚の碑文と宮中の壁書との二件は大唐國の朝野道俗の間には、錚々たる文筆の士も尠からざる可きに、大師が在唐僅々一ケ年にして、彼の國人をしてその文筆の才に推服せしめて居たことを示すに十分である。

又大師は長安滯留中に、中天竺の般若三藏、牟尼室利三藏、南天竺の婆羅門などにも遇うて、梵語を學び印度の事情を聽かれた。又順曉・曇貞などの諸大德にも會はれた。殊に般若三藏と曇貞和尚との影響は、相當に大きかつた樣である。

大師は元和元年（我國の大同元年）正月、遣唐使高階眞人と共に歸國せんことを唐の朝廷に願出でた。橘逸勢も同時に願出たが、何れも許可を得た。大師は平生から唐の文人などとの間に詩文の贈答は尠くなかつたが、同年三月將に本國に歸らんと都を離れる時、朱千乘・朱少端・曇晴・鴻漸・鄭中甫など、詩賦を餞して惜別の意を表した。又憲宗皇帝は記念の爲に菩提子の念珠を賜はつた。

同年四月、大師は越州に出で、此の地に於ても內外の典籍を求めんことに苦心し、節度使に助力をこうた。

長安城中に於て寫し得る所の經論疏等、凡そ三百餘軸、及び大悲胎藏金剛界等の大曼荼羅の尊容、力を竭し財を涸らして圖畫せり。然れども人劣り敎廣うして未だ一毫をも拔かず、衣鉢竭き盡して人を雇ふこと能はず、食寢を忘れて書寫に勞すれども、日車返り難く、忽ちに發期に迫れり。（中略）伏して願はくは彼の遺命を顧み、此の遠涉を愍んで、三敎の中

## 基督教と面速力達

基督教のヴォーリズ氏と云へば、直ぐメンソレータムを想ふ程に有名である。北京城内や萬壽山街道、通州街道、至る處の百姓家の壁に「面速力達」と廣告がしてある。「面速力達」は即ちメンソレータムの支那語で、他の賣藥廣告と同じく、所によつては斷然著しく此の廣告が目につく。近江兄弟社から出張した人々はこの廣告を見て吃驚した。早速一臺の自動車を雇ひ數人がガソリンとブラッシュで半日こすりまくつたが消えないので近所の村から大理石色のペンキを買ひ込み、字の上から塗りつけた。「折角有效な廣告がしてあるのにわざ／＼金を使つて消しに行く」と云ふ人もあるが、金儲けを主義としてゐないと云ふ意味に於いて此等の人々は宗教家としてかゝる小さい所にまで注意を拂つた。

今後支那に於ける各宗教が自己の廣告を誇大にするやうでは假令日本から何んな立派な宗教を持つて行つても大陸の宗教とはならない。基督教のこの小なる行爲は此の意味に於いて自我を捨てた美擧であつた。藥の賣れることよりも藥によつてクリストの精神が買はれることである。（湖畔の聲による）

の經律論疏傳記、乃至詩賦碑銘卜醫五名に攝する所の教、以て蒙を發き物を濟ふ可きものは、多少なりとも遠方に流傳したまへ。

（性靈集卷五、與越州節度使求内外經書啓）

華嚴和尚に遇ひて金師子章及び六相圓融義などを得られたのも此の頃であつた。尚ほ此の外に書道や製筆法に至るまで、所謂蒙を發き物を濟ふ可きものは、機會ある毎にこれを學習して我國に傳へられたのである。

### 五

大師は我國の大同元年八月明州から解纜して、筑紫の太宰府に歸朝せられた。十月二十二日國使高階眞人遠成に托して、歸朝を報告する上表及び請來の經等の目錄を上進し、自身は尚ほ筑紫に留まられた。その年の暮から翌二年にかけて、或は信者の爲に追善を修し或は賀春神社に參詣し、或は東長寺を建立するなど、教化と報恩との行にいそしまれたのである。又此の間に安藝の嚴島に登りて、求聞持法を修行せられたとの說もある。

四月二十九日の官符によりて、暫く觀音寺に寓居せられたが、やがて又勅に准じて入京し、傳來の密教を弘通する勅許を受けられた。その入京の月日は明かでないが、夏の末秋の初頃であらうと云はれて居る。

我れに不二の法を示したまへと、佛前に立願せられてから茲に十餘年、大師の宿望は漸くにして遂げられた。大師の密教宣布護國利民の大活動は、初めて根を下すに至つたのである。



# 北支印象記

小笠原宣秀

## 一、現下の北支

私は昨年八月下旬より約一ヶ月に亘つて北支及び滿洲國諸地を旅行し、佛教史蹟を中心に視察して歸京しました。

北支では一昨年十二月中華民國臨時政府が建設されて以來、北支における邦人の居住增加は加速度的に行はれたものであつて、最近北京の人口百五十萬中、一萬五千人は邦人が占めたと云はれてゐる、雲崗石佛で有名な大同方面には事變前邦人の影をみることが出來ず、たま／＼に石佛寺拜觀に出かけた學徒の方々は此の邊にはかなり鄕愁を覺えられたらしいが、今は約三四千人居住し大同市街至る處に邦人商店が並んでゐて少しも異地へ來たやうな感じはしないのである。

大體に此の所謂蒙疆地區を歩いた時には、私共旅行者の目には一般に人心穩和と見受けられ、後に行つた滿洲國に於けると同樣の氣安さを覺えたのである。此處には政治的には中華民國臨時政府と別立して、察南（首都張家口）晉北（首都大同）蒙古聯盟（首都厚和）の三自治政府が出來、三區分して管轄し、三者聯合の委員會が相互の連絡調和を計つてひたすら樂土蒙疆の建設に邁進しつゝある。そして各自治政府内には邦人の新鋭が樞要の地位に就いてをり小さい纏りであるだけに政治萬端理想的に行くらしく見受けられた。

以上の通りに邦人が北支で發展したのにつれ、私共旅行者も容易に旅行することが出來るやうになつた。第一金錢がパーになつて日本紙幣がそのまゝ通用出來、汽車に乘るにも降るにも日本語で案内され、主要驛には日本流の辨當を賣つてゐるから食堂車の連絡がなくても差支へない。各地に邦人經營の旅館があつて食事萬端日本流にすることが出來る。たゞ此の旅館の宿泊料の高價なこと、及びそれに關聯して一考を要する點があり、それらはやがて工夫改善されてゆくであらう。

要するに現在の北支は長期建設の大方針に從つて正當の軌道を歩みつ

距てた永定河鐵橋を渡るのであるが川水が眞中を流れ兩側は砂原であり岸の堤防に接してゐる。此の鐵橋の邊りは日本軍隊が奮戰した跡であらうと思はれる。堤防の上に矢張り墓標が立つてゐて、是れを見ると目頭があつくなる。永定河より北京へ寄つた方に、右方に苑平縣城があり、城壁が黒ずんだのが圍らされてゐる。有名な一文字山もすぐ傍に見える。山と云つても大きなものではなく丘陵性の草原であるが、これが我軍の手に入つて戰況は頓に有利になつたと聞く。苑平縣城壁に「東洋平和發祥之地」との大文字が、車窓から充分認識出來るやうに掲げられてある。誠に此の邊りは東洋平和發祥の根元地として永遠に記念され、子々孫々感激の地點となるであらう。

**二、北京青年間の親日的傾向**

北京滯在の間、諸般の見學をした

よる殉難者の墓標が立てられてある事である。これらは內地では目撃することの出來ぬ悲痛な狀景であつて私は車窓より目禮して通るを常とした。今非常に穩かになつた京綏沿線にあつても、昨年は隨處に頭敵との交戰が行はれたのであつて、それを物語るものとして、今もなほ判然と影像が浮び出るのは、大同より近くの聚樂堡驛に立つてゐた「大生砲兵大佐戰死之處」といふ標柱である。この大佐は後に少將に進級せしめられ、去る五月の第二回論功行賞に殊勳甲として功三級勳三等の榮譽を負はれたのである。私は瞑目して砲兵部隊長の戰死を追悼した。

北京より南へ京漢線を下つて保定へ行く途中、車窓より一昨年事變發端の場所たる蘆溝橋近傍を見ることが出來たのも感激の一つである。汽車は蘆溝橋を右方にして約一千米位

ゝある。これは日支兩國民の爲に慶賀に堪えない所である。併し北支を旅行すれば、どうしても思ひを昨年事變發生以來の事に廻らさざるを得ない。そして現在の狀態になるまでには我が國は如何に努力を運び犧牲を拂つたかを回想するのである。加之事變はまだ終つたのではないから、北支においても不穩分子が所謂後方攪亂を策することがないでもない。それについて我が國はなほ相當の警戒をしてゐるのは事實であつて、それらの模樣を間々汽車の窓から眺め深い感慨にふけり、その實地に當つてゐらるる各位に對して衷心の感謝の念を捧げた次第である。

此度の旅行で訪れた張家口北郊萬全の戰蹟の事は略するとして、事實に關して私をして種々の感懷を起さしめたものを一、二述べてみやう。

先づ鐵道沿線や驛構內等に事變に



講習の廣告が出てゐて、支那青年子女は競つてこれに就いて敎授を受けてゐる。つとめて日本人と接近しやうとしてゐるのである。彼等は一通り會話が出來るやうになれば、或は官途に就く便宜もあり、或は會社商店で重用されるといふ。巡警とか郵便局員とかは日語の心得がないと採用されないらしい。先の李君も何だかそう云つた方面に志望をもつてゐたやうである。

東本願寺の經營になる覺生女學校の話は北京に居つて聞いたし、歸京してからも盛大に開校式が行はれたとの報道を新聞紙上で見た。これは日支親善の立場から云つても特筆すべき施設であり、彼地の少女達の渴望を充すものであらう。鼓樓近傍の一區劃で行はれてゐる西本願寺經營の授工廠は小規模であるけれども、また盛大を豫想される施設である。

の李君であつた。併し未見の土地を單身で歩くよりは、この李君と歩く方がどれ程よかつたか解らぬのである。三上君は洋車か又は自動車で案內して吳れられたが、李君は電車に乘つて案內して吳れた。

李君と歩いて考へたのは、事變以前に於いてもこんな具合に支那青年と一緒に歩くことが出來たであらうかといふ事である。三上君の話では事變以前支那青年は決して日本人に接近しなかつたといふ。第一彼等は抗日教育に編されて日本人に接近する事を好まぬし、假に彼等自身そんなに嫌惡してゐないにしても、日本人と一緒に歩けば何處からともなく投石され罵詈され、後日漢奸の烙印を捺される憂ひが充分あつたとの事である。それは今日と比較すれば何とした變化であらう。現在は市內至る處に日語學校の設けがあり、日語

やうに思ふ。私は何分最初の事とて北京到着前後彼地の情勢が解らず大いに間誤ついたが、幸に私の宿所たる本願寺の三上諦聽君あたりが、執務中の時間を裂いて、市內巡覽の案導の役をして吳れられ、或は偶然の機會から懇意になつた本願寺日語學校の生徒李憲章君といふ三十歲の支那青年と一緒に市中を歩いたものであつた。三上君と歩く時は支那語の出來ない私も親船に乘つた氣分で意氣揚々と行動したが、李君との時はそうは行かなかつた。李君は親切ではあつたが、日本語は充分出來ない。私が「貴君は日語を習つて何になる積りですか」と聞いたら、李君は「三箇月になります」と返事したから、日本語を習ひ初めて三箇月になることは解つたが、この會話が示す如く、普通の會話でも、少し込み入つたものは六かしいといつた程度

一日此處を見學したが、主任は東大出身の蘭倉蔚乘君であり、事業は支那少女達を集めて刺繡技術を習得せしめ、その間の優秀な製作品は市場へ出すものである。傍らに日語學校を設け、無料診療、施藥等の事業も行つてゐる。教職員は大體支那人を用ひ、支那少女が嬉々として集つて來てゐるのを見て、何とも云へず愉快な感に打たれたのである。

北京に於ける青年層の親日的氣分これは私の周圍だけを見たので、或は全體を推量することは不可であるかも知れないが、併し私には全體として好感を持つてゐるやうに感ぜられ、喜ばしいことであると思ふた。

**三、悲むべき北支文物の散逸**

北支文化には北支文化としての特色があり、南支文化には南支文化の特色がある。しばらく北支南支を比較すれば、故桑原隲藏博士の名著『歴史上より觀たる南北支那』の論考にも明かされた如く、學問文化等量的に質的に北支が稍々遜色を示すと思はれるが、併し何と云つても北支は古く四千年前文化の曙光を認めた地帶であつて、中世までは政治の中心であると同時に文化の中心であつた所、近世に至つても北京は元明清三代に亘つて國都であり、我が國とは比較にならぬ文物を所有してゐたのである。私達が北支を旅行する所以も、かゝる文化の迹を辿り文物を觀察して學益を得んとする點にあるのは云ふまでもない。

然るに此度北支に行つて失望せしめられたのは豫想に反した北支文化の貧困であり、その根本原因は北支の代表的文物の散逸であることが解つた。北京圖書館に藏してゐた燉煌寫經は事變以來行方不明になつてゐる。歴史博物館へ行つても陳列品は可成りまばらになつてゐて、聞けば從來陳列してあつた珍らした品物は殆ど無くなつてゐるとの事であつた。說をなす人は昨年事變發生當時蔣介石政權の者が南方へ運んで隱したといふが、果して全部そうであつたか疑なきを得ない。先年山西省趙城縣廣勝寺等より發見されたといふ金刻藏經は、何處かの研究所で研究中と傳へられてゐたが、消息不明となつて近頃は瑠璃廠あたりの古書肆で少しづつ賣り物に出てゐるのをみれば、かゝる運命になるのは啻に金刻藏經のみではなからうと考へられる。

保定へ行つて蓮池圖書館と博物館とを見たが、圖書館には幾等かの藏書があつたが、博物館は建物のみで內容は空虛であつた。破れた扉の隙間より覗けば、恐らく貴重な佛像や器物等を納めてゐたと思はれるガラ



ス棚等が破壞され、ガラスの破片が散亂してゐるのみであつた。其處の役人は、昨年事變が波及して保定が攻擊された際三日間出勤しなかつたところ、その間に內容物が散亂してしまつたと話してゐた。

事變の際に貴重な古代文物が散亂するのは此度に限つた事ではない。嘗て英佛聯合軍の北京進攻や義和泰教匪の亂等のあつた清朝時代にも屢々繰返へされたことである。昔は昔として今において夫等の問題をそのまゝにしておくことは不可である。かゝる散亂したもの又は散亂に瀕したものを一定の組織によつて復歸蒐集せしめ、北支文化の貧困を救給しなければならぬと考へる。

問題を文物に限つたが、實はそれのみではない。事變以來南下した第一流の學者達を北支へ喚び返して、學術の振興を計ることも緊急事である。又我が國からも幾多の文化人が彼地へ渡つて提携を行ふべきで、此等のことは早急なる程が效果があると思ふのである。

**四、日華佛教徒の接近**

北支には各主要都市に我國佛教各宗派より別院又は出張所を設けて宗教工作を行つてゐる。それは邦人を主なる對象となす點に於いて一致してゐるが勿論それを以て能事了れりとしてゐるのではない。出來うべくんば支那人を教化の對象としたいので、其の方策を種々考究中であるようだ。

次に支那の佛教は如何なる程度に普及してゐるのか、觀察の仕方によつて異るであらう。實は私は內地で考へてゐたような佛教寺院の氾濫を目擊せず、北支の寺院は道教、回教等の寺院及び民間信仰の廟祠の間に混在することを發見した。そこで佛教の信仰を過大視するのは危險であると感じた次第である。場合によれば佛教は大いに衰頽して道教の方が一般により廣く普及してゐるのではなからうか。更に佛教とも道教ともつかぬ通俗信仰の廟が實に多く且美しく莊嚴されてゐるのに一驚を喫した。これらは事實佛教より以上に一般民心を強く動かしてゐるのに相違ない。

さて北支の佛教寺院は、創建以來の由緒來歷の點において決して他の諸宗教寺院のそれに讓るものではない。大抵明清時代の重修を唱へてゐる。それは何でもないことの樣ではあるが、古き佛教の潜勢力を示すものと考へる。現在の寺院佛教は衰頽したと云つても、一度び寺院內に居住する支那僧が何等かの刺戟をうけて覺醒し、或は佛教の實踐に精進するならば、佛教の復興は大いに促進

せられると思はれる。
以上の日本系佛教各宗派の諸機關は從來あまり支那系佛教寺院と連絡しなかつたやうであるが、併し兩者の接近の空氣は漸次醸成されて來たらしい。この事は双方にとつて利益のあることで、綜合的努力は北支における佛教復興といふ形式で現はれ一般民衆をして佛教の門に入らしめることとならう。

北京では日華佛教徒の連絡提携について詳細を知ることが出來なかつたが、張家口や大同においては、各自治政府管下の日華佛教會なるものが結成せられ、相互連絡して佛教徒としての運動を行はれつゝあつた。張家口では堡内佛教寺住持普化和尚が會長であり、大同では上華嚴寺住持が會長であつた。仕事はいづれも日本系の布教使諸氏が參畫してゐられたようであり、慶賀に堪えなかつた次第である。

私は北支の佛教復興を此の日華佛教徒の接近の中に念願しつゝ旅行を終へた。

## 日華佛研支那視察團規程

一、加入の月より三ケ年間毎月金八圓四錢を貯金積立つるものとす
二、三年滿期に至り現金三百圓を當該加入者の視察旅行費に充つ
三、加入者は本會に加入申込あれば本會は株式會社大阪貯蓄銀行（本店大阪東區伏見町三丁目 支店大阪、東京、京都、神戸）に就き契約手續きを爲す 團員豫定數に超過したるときは加入を謝絶す
四、貯金の集金は京都、大阪、東京に在つては大阪貯蓄銀行本支店より集金人を差出す 本支店なき地方は送金費を銀行で負擔する郵便振替貯金の特定用紙を利用して送金を爲すことを得
五、三年滿期に至りたる時には本會に於て適當に豫め人員と旅行日程とを組合せて團員に知照し其の諸否を確めて決定するものとす、若し萬一渡支しがたき事情ある團員にはその積立金を交付す

詳細は本部に照會ありたし

京都市東山林下町
日華佛教研究會



# 最近支那回教の文化施設（二）

趙振武

### 二、書籍と出版印刷

回教に關する編纂譯著の事業は明末より以後三百年來盛行を極め、多くの名著が公にされた。王岱輿、馬文炳、劉介廉、馬復初、伍子光、金北高等の著作は總じて數百種の多きに上つてゐる。然し此等は局部問題についての譯著であつて、回教の基本典籍、例へばコーラン經の翻譯の如きは近代に完成したものであつて此の意味に於て近代の譯著の事業は重視されなければならぬ。

先づ翻譯について論ずれば、古蘭經（コーラン）の完譯本は今日既に三種あり、

①鉄錚譯古蘭經　（北京中華印書局出版）
②姬覺彌譯古蘭經（上海愛儷園出版）
③王靜齋譯古蘭經（北京中國回教促進會出版）

前二者は共に回教信奉者ならざる人の譯出にかゝり文藝的見地より翻譯されたものであり、第三者は卽ち回教信奉の人によりてなされたものであつて、其の文學的價値は姑く措くも、基本典籍として最も要を得たものである。此の外未完譯又は現に翻譯中に屬するものには、

①上海中國回教學會譯本（前二卷は上海中國回教學會月刊に分載）
②天津楊仲明譯本（太原伊斯蘭佈道會に依つて續々印刷中、その完成期は不明）
③安徽楊子原氏にも譯本有りと傳うるも未だ稿本を見ず

次に回教一般の譯著にはその主要なものとして左の如きものが見られる。

一、譯述

①回教哲學　馬堅、商務印書館、回教の絕體一神論を證明す。
②阿文論語　アラビヤ文に翻譯されたる論語。

③**伊斯蘭教**　納子嘉、北平成達師範學校出版部、回教の本質、主張、コーラン經の概論、ムハメッド略傳、回教略史、組織、派別等及び回教學術の沿革を記述す。

④**聖諭詳解**　李虞宸、北京清眞書報社、ムハメッドの教訓四十章を譯解す。

⑤**回耶辨眞**　王靜齋、北京清眞書報社、回教の阿衡（教長）とキリスト教の牧師との辯論を記述す。

⑥**偉嘎業**　王靜齋、天津伊光報社、回教教法の條文、解説を記載す。

⑦**中阿新字典**　王靜齋編

⑧**教心經**　楊仲明、北京秀貞精舍、絕體一神教を闡明し、かつ唯心論に對して辨正する所あり。

以上の如きも極めて一少部分にすぎないのであつて此れを詳かにすれば浩として煙海の如く悉く錄することは不可能に近い。

**二、著作**　これ又汗牛充棟もたゞならず僅に要を擧ぐれば次の如くである。

①**回教要括**　楊仲明、北京秀貞精舍出版、回、耶、儒、佛、四教の得失を擧ぐ。

②**中阿初婚**　楊仲明、北京秀貞精舍、アラビヤ文法の中國文翻譯の最初、故に初婚と云ふ。四册（一字義、二字體、三字用、四史記菁華錄）

③**伊斯蘭教概論**　馬鄰翼、商務印書館、回教の理論天道人道のことを總記し要を得た著述である。成達學校に於ける講演をも附載し尤も參考とするに足るもの。

④**齊月演詞**　成達師範第一班學生編、成達師範出版部、回教の信仰を始めとし、凡そ回教に關する教理、教法、教史、其他一切の回教常識等周詳」せざるはなし。

⑤**回話讀本**　萬縣伊斯蘭學校出版、初、高兩級に別ち共十二册、最も便利な教科書なり。

⑥**中國回教史研究**　金吉堂、北平成達師範出版部、中國回教史の系統的研究著述の始。上卷中國回教史學、研究を主とし、下卷中國回教史略、叙述を主とする。かつて大公報圖書附刊として刊行せられたり。

⑦**回教與人生**　馬松亭、北平成達師範出版部

⑧**禮法問答**　馬玉龍、自費出版、問答體によつて各種功課の意義とその例を解釋せるもの。

⑨**清眞要義**　馬君圖、自費出版、回教の主張を要をとつて解釋せるもの、コーラン經抄譯數百句を附載す。



⑩**曆源眞本**　馬自成、成達師範出版部、回教曆の錯誤を正さんがため氏の二十餘年の苦心の結果改正されたるもの。

⑪**阿文新文法**　埃及福力腓樂博士、成達師範出版部　支那に於て用ふるアラビヤ文の文法書は數百年以前の古本であつて今日の用に適せず。阿文文法の全貌を叙述せるもの。

⑫**至聖實錄紀年校勘記**　趙振武、中國回教學會月刊に連載せるもの、劉介廉の至聖實錄年譜中、中西曆の對照錯誤せるを勘正せるもの。

⑬**西行日記**　趙振武、成達師範出版部、六卷

以上の如きは極めて少部分を列擧したに過ぎない。教科書、參考讀物の類に至つては、小學教育の進展と共に質量並びに著しき發展をなしたのである。

回教の文化は概ねアラビヤ文の本に多く記されてあり、從つてアラビヤ語の研習は回教文化の根本を探る悲調である。中國の國民は此の事を良く諒解して古へよりアラビヤ語書籍の讀習を怠らず、從つて阿文原書の流入も極めて多い。最近三十年來、此の種の文化事業に從事して著も著名なのは、上海の協興公司、中國回教書局、及び北京成達師範出版部である。

①協興公司は、ボンベイ、エジプト、シリヤ、トルコ等より大量の原書を輸入販賣し、學子の利便を計る所大であつた。

②中國回教書局、洋書影印が本書局最大の貢獻であつて、教律經、喀最經註、門志德字典等大部の書は齊しく本局の影印に係る。

③成達師範出版部、原典籍の輸入、影印を主要事業とし、近代に於て、中國回教文化上に極めて大いなる貢獻をなしたものである。入門のアラビヤ文讀本、アラビヤ語文法、等より深遠なるコーラン經に至る迄影印せざるは無く、就中、オスマン本コーラン經の影印は著名である。更に當部の回文活字の鑄製は中國回教文化の上に絕大の貢獻をなしたものである。

書店業の經營もその著名なるものを擧ぐれば、成都經書流通處、鎭江清眞寺、雲南振學社、北京清眞書報社、成達師範出版部、上海協興公司、中國回教書局、穆氏經書局、等であつて、古書販賣、書籍輸入、原典の影印等に從事してゐる。回文活字に依る書籍刊行は

僅に成達師範出版部一ヶ處のみである。

## 三、定期刊行物

回教關係の雜誌類は凡てその教義闡揚、教育の進展文化の流通に資し、かつ各地回民の消息傳達の爲に利用せられる。清朝末期より近年迄各々隆替あり次表の如きが主なるものである。

| 名稱 | 創刊時期 | 發行地 | 備考 |
|---|---|---|---|
| 醒回篇 | 光緒末年 | 東京 | 留日中國回教學生主辦す、只一期を出すのみ。 |
| 清眞月報 | 民國四年 | 雲南 | 翌年停刊。 |
| 清眞學理譯著 | 五年 | 北京 | 只一期。 |
| 清眞彙報 | 六年 | 雲南 | 只一期。 |
| 清眞月刊 | 九年 | 上海 | 停刊。 |
| 清眞週刊 | 十年 | 北京 | 停刊。 |
| 清眞旬刊 | 十一年 | 雲南 | 停刊。 |
| 明德月報 | 十三年 | 天津 | 十六年停刊、十一期を發行 |
| 明德報 | 十三年 | 天津 | 二號を出す。 |
| 穆聲週報 | 十三年 | 北京 | 停刊。 |
| 清眞月刊 | 十四年 | 鎭江 | 停刊。 |
| 醒時月刊 | 十四年 | 奉天 | |
| 穆友月刊 | 十四年 | 北京 | 停刊。 |
| 中國回教學會月刊 | 十五年 | 上海 | |
| 中國回教學會季刊 | 十六年 | 上海 | 月刊停刊後此に改む、亦只一期を出す。 |
| 震宗報 | 十六年 | 北京 | 每月一期、停刊。 |
| 伊光月報 | 十六年(九月) | 天津 | |
| 清眞鐸報 | 十八年 | 雲南 | 每月一冊、停刊。 |
| 天方學理月刊 | 十八年 | 廣州 | |
| 穆光半月刊 | 十八年 | 北京 | |
| 月華 | 十八年 | 北京 | 每十日一冊。 |
| 陝西回教公會月刊 | 十九年 | 西安 | 停刊數年、現又復刊。 |
| 穆士林 | 十九年 | 香港 | |
| 回教青年月報 | 十九年 | 上海 | 停刊。 |
| 成達學生會月刊 | 十九年 | 北京 | 停刊。 |
| 穆民 | 二十年 | 廣州 | 停刊。 |
| 伊斯蘭學生雜誌 | 二十年 | 上海 | |
| 伊斯蘭青年 | 二十年 | 遼寧 | 第二卷陝西に於て發行。 |
| 北平伊斯蘭 | 二十年 | 北京 | 停刊。 |
| 正道雜誌 | 二十年 | 北京 | 停刊。 |
| 勵進 | 二十年 | 北京 | 停刊。 |
| 回民 | 二十一年 | 常德 | 停刊。 |
| 雲南伊斯蘭叢刊 | 二十一年 | 雲南 | 停刊。 |
| 醒民 | 二十一年 | 北京 | 停刊。 |
| 穆聲 | 二十一年 | 北京 | 復刊後又停版。 |
| 回族青年 | 二十二年 | 北京 | 停刊。 |
| 醒蒙月刊 | 二十二年 | 桂林 | 近狀不詳。 |
| 東光 | 二十二年 | 泰安 | 停刊。 |
| 穆音 | 二十二年 | 常德 | 近狀不詳。 |
| 西北 | 二十二年 | 北京 | 現西北周報と改む。 |
| 開宗月刊 | 二十二年 | 河南 | 停刊。 |
| 粲爛 | 二十二年(八月) | 六合 | 只一期を出す。 |
| 改造 | 二十三年 | 上海 | 停刊。 |
| 覺醒鐘 | 二十三年 | 北京 | 每月一期、只五期を出す。 |
| 天山月刊 | 二十三年 | 南京 | 停刊。 |
| 突崛月刊 | 二十三年 | 南京 | |
| 成師月刊 | 二十三年 | 北京 | |
| 人道月刊 | 二十三年 | 上海 | |
| 文化週刊 | 二十三年 | 南京 | |
| 廣西回教 | 二十三年 | 南寧 | 只一期を出す。 |
| 華族週報 | 二十四年 | 漢口 | |
| 晨熹 | 二十四年 | 南京 | 每月一冊。 |
| 伊斯蘭 | 二十四年 | 開封 | 停刊。 |
| 崑崙 | 二十四年 | 青海 | 青海回教促進會主辦、第一年單頁たり、今年已每月一冊を出す。 |
| 回教青年月報 | 二十五年 | 南京 | |
| 回教青年 | 二十五年 | 青海 | 回教青年學會主辦。 |
| 塔光 | 二十五年 | 廣州 | 每月一期。 |
| 西北一小校刊 | 二十五年 | 北京 | 每年十期。 |
| 西北二小校刊 | 二十五年 | 北京 | |
| 西北週刊 | 二十五年 | 北京 | |
| 成師校刊 | 二十五年 | 北京 | |
| 回報 | 二十五年 | 鎭江 | 日報。 |

以上の如く、三十年間に六十餘種の發刊を見た。其の興廢の後を見るに、經費つゞかなはず、原稿の缺乏の二に禍されてゐる。今に至る迄屹然存在し發行を繼續しある者は、南支珠江流域に於て天方學理、中支長江流域にあつては突崛、晨熹、華族、北支黄河流域に於ては伊光、月華、成師、伊斯蘭青年、滿洲國に於ても僅に醒時月刊あるのみである。自分の知る限りに於ては「月華」誌は、國の內外に遍く、遠く南米、アフリカにまで及んでゐる。然もその發行部數は全國回民中の萬分の一程度であり、以て他誌の普及の程も推して考へられるのである。（未完）

**尼姑買木梳**
尼さんに櫛は無用

**有錢可以通神**
地獄の沙汰も金次第

# 「十願抗敵團」由來

牧田諦亮

事變直前の支那佛教界は各地に定期雜誌も簇出し、佛教復興の機運もほの見えた。湖南省沙市の四衆佛學社の「佛海燈月刊」も其の創刊は民國二十四年で、國家的、抗日的色彩の強い佛教雜誌で、主編者毛定勇は蔣介石の剿共に從軍した人で、一昨年五月發行の同誌僧伽護國專號中に「定勇致日華佛教會委員諦亮先生函」の一文を發表して、その中に滿洲事變九・一八以前の狀態に日本が戻したらば兩國の親善は成立するとも大言してゐる。其の抗日ぶりが察せられる。今日各地に日華佛教會が設立されて、日華佛教親善に努められつゝあるは甚だ結構なことであるが、一面にかゝる認識不足の抗日居士（彼等は愛國者と稱する）僧侶が遍滿してゐるのは事實であるから其の衝にある方はよく此の點を理解して頂きたい。事變直後彼等が如何なる活動をなしたか。中華民國二十六年八月十二日出版の佛海燈第二十一號を見るに、表紙には「倭盜未殲誓不成佛」「恢復侵地方証菩提」と大書してある。更に開卷第一頁には十願抗敵團設立のことが記されてある。曰く、

大願大力地藏菩薩は佛教中行解最も堅なる菩薩にして常に曰く「衆生を度し畢つて方に菩提を証せんと。」今日我等大中華民國の土地はかの國際强盜の東北（滿洲）を侵略せるにも猶その饜欲をみたすに足らず華北華南の地に來侵し、大陸政策の迷夢を遂行せんとしてゐる。我々佛教徒は地藏菩薩の願力に依り被侵地を恢復し、地獄の責苦にある東北の民衆を救度せんとす。……國家は最後の關頭にたつてゐる。個人の利益を犧牲にして東亞の平和を攪す倭鬼を討伐せねばならぬ。……中國最高領袖（蔣介石）に服從し一致敵に抗する爲茲に十願抗敵團を設立せんとする。下の十願に贊成する者は直に加入せよ。（下略）

一、中國最高領袖の指導に服從し一致武裝抗敵侵地を恢復せんと願ふ。

二、我々中華民國々民は個人の生命利益を犧牲として以て黨國に報いんと願ふ。

三、儉約によつて得たる餘剩は國家に獻金し少くも毎月一錢以上その力量に應じ多に益辯じ、失

（三頁下段へ續く）

共匪に拉はれた

## 谷天祥氏

昭和十三年四月廿七日全亞細亞宗教家との提携と云ふ雄大な理想を抱き、皇軍占領の地を遍歷して支那の高僧は勿論日支の名士を訪問し、その理想を述べ着々その歩を進めてゐた奈良縣箸尾町法善寺の住職谷天祥氏は昨年十月二日太原を去る約一里の地點に於て赤軍の拉致するところとなり行方不明になつた。その遺留品が舊臘十一日宣撫官順隆音氏（本願寺派僧侶）に依つて谷氏の知己大阪市住吉區田邊町大念寺住職清原實全氏の許へ届けられた。谷氏をして今日あらしめば恐らくその理想は實現したであらう。その半にして氏の失はれたのは惜むべき事である。氏が比較的短日月の間に遺した行蹟の偉大さに一驚せしめられる。

氏は先づ頭山滿翁を訪ひ自己の抱負を披瀝し、翁の紹介を得て近衞公荒木大將を歷訪し、四月二十三日飄然として大阪港を立ち、上海上陸後直ちに日華佛教親善學會を組織し、五月八日氏の奔走によつて蘇州謝衛前の名刹「靈鷲寺」に於て同市宣撫班並に自治委員會發起のもとに日支陣歿將士慰靈法要大會が行はれ、支那僧百八十名上海日本佛教團から十名の僧侶が出席し氏は日本佛教聯合會を代表し日支滿蒙佛教親善大使節として參加した。氏は亦支那僧の日本留學を勸め契約書を手交し、日本の著名寺院と親しく交涉して日支提携のために大いに活動せんと企圖してゐた。その共鳴者は相當に多く中南支の名僧知識として有名な淨土宗の大導師蘇州靈巖山寺の前住職釋印光師をはじめとし同市一流の名刹住職靈鷲寺の釋先覺師、寒山寺の靜如師、靈巖山寺妙眞師、國淸寺の越德師、定光寺の聞道師、虎邱山靈巖寺の天愚師等である。今遺留品の書簡から氏の足跡を辿つて見やう。

**中華曆四月三十日** 蘇州靈巖山寺に於いて住持妙眞印光、可興、先覺、聞道、旭初、靜如、天愚、昭三、滿慈等の諸師と會し、蘇州佛教會青年僧三十名日本佛教求法の爲留學を約す。

**同五月十一日** 常州淸凉寺に於いて住持靄海、達定

智谷、密慈、等の諸師と會し中華佛教會青年僧三十名日本佛教求法の爲留學を約す。

**同　日**　同州の天寶寺に至り留學僧五名を約す。

**同五月十三日**　南京毘盧寺に至り住持廣明及び竹西法寬增輝等の諸師と會し留學僧三十名を約す。

**同六月十日**から**十一日**に至る南京に於いて日支陣歿將士の慰靈法要を行ふ。日本僧十名參加、支那僧四百八十五名參加、日本軍大官維新政府大官參列、此法要費一萬五千元、準備日數二十日維新政府督辦、南京市政府主辦任援道氏感狀を寄す。

**同六月十七日**　無錫崇安寺に至り住持慧鐙及び佛教會幹事諸氏と會し留學僧一十名を約す。

**同六月二十日**　無錫縣立日語專修學校を參觀し、日本文化研究留學生三十名を約す。

**同六月三十日**　江蘇省警察廳長程氏より返信（留學生の事であらう）

**同七月一日**　蘇州羅馬教救世軍大將錢令魁氏に會し東亞の和平を論じ錢氏より書を寄せらる。

**同七月五日**　徐州東山寺を訪ひ、住持精謐師と會し留學僧十名を約す。

**同七月八日**　商邱縣の治安維持會を訪ひ、日本宣撫班長杉山清吉氏、治安維持會長胡劍峯氏等と會し留學生二十名を約す。

**同七月十日**　開封鐵塔寺を訪ひ、住持通內氏其他數氏と會談、留學僧三十名を約す。

**同　日**　開封市治安維持會長王旭初氏以下四氏と會し佛教青年四十名の日本留學を約す。

**同七月十七日**　濟南市市長日華大乘佛教聯盟會々長朱桂山氏を訪ひ、淨居寺方丈妙蓮師以下四氏と留學僧三十名を約す。

**同七月二十日**　河北省長高凌霨氏を訪ひ、八氏と談合の上留學僧四十名を約す。

**同七月廿八日**　山西省太原に到り、崇善寺住持明義師と會し青年留學僧三十名を約す。

**同七月三十日**　忻縣に到り日本宣撫班長安江千秋氏忻縣知事米子香氏、淨土寺和尚光貴師、西本願寺布教師高原一道師と會し二十名の留學僧を約す。

**同八月三日**　定襄縣に入り、日本宣撫班長安江千秋氏、同縣知事郭春雷氏等と會し留學僧十名を約す

年月日は不明なるも歸德商邱縣治安維持會々長胡劍峯氏等の來簡あり、又開封市の王旭初氏からの歡迎會の案內狀及び湖州白雀寺に於いて住持實峯師と共に發起となり日華陣歿將士の英靈法要擧行せられてゐる記錄があつた。かくして壯圖ならず、谷氏は遂に共匪の爲に拉致せられたのである。今後谷氏の意志を繼ぎ日支佛教親善及び留學僧の交換交渉に當る人あらんことを希念して止まぬ次第である。

# 佛教各宗の支那に於ける動き

▲中支に於ては「中支宗教大同聯盟」が結成されんとしてゐる。その內容は神佛耶の三教が、支那宣撫工作上最も重要な事業を合同で行ふことである。先づ佛教部では一、各地に日華佛教會を設くる事。二、社會事業經營。三、日支佛教留學生交換。四、支那寺院復興助成。五、佛教文化文獻蒐集研究機關設置。六、日本人教師養成斡旋。七、內地宗教專門學校以上に支那科、中等學校に支那語教授。八、日本佛教團體支那進出斡旋。九、教育事業の經營等である。

▲南京中山東路に南京知恩院別院が廣大な土地に建築を許可せられ主任織田敏雄氏が着々實行に運んでゐる。

▲佛聯では去る十二月廿一日午後本部に於て對支方策の重要機關設置に關する協議會を開いた。

▲廣東市內の各寺院住職一百名は結束して南支佛教會を結成した。會長は六榕寺鐵禪師、常務理事は白雲寺了悟、菩提寺能棲の兩師が就任した。

▲日蓮宗に於ては南京小火瓦巷に此程立正會館を開設し文化事業教育事業社會事業に努められてゐる。又合見莊に於ける同宗の教育事業は頗る注目すべきものがある。

▲西本願寺では支那兒童少年教化に着目しその研究協議會が催された。

▲北京廣濟寺に於ては去る十二月三十日「佛教同願會」が組織せられた。北京臨時政府內政部長將彬侯、內政部局長王渡公、內政部局長劉家謙の名流をはじめ同寺方丈（南派佛教代表）八明拈華寺方丈（北派佛教代表）等の出席があつて盛大な成立會が行はれた。發起者は、夏蓮居萬國道學會々長等で會長は西藏の活佛安欽氏である。

▲南支バイアス灣に上陸せる西本願寺從軍僧一行は此程廣東市正南路黃埔開埠督辦公署跡三階建て二百八十坪の建造物を得本願寺となし、更に廈門に女學校を設立して着々文化事業に貢獻する筈である。

▲北支太原の西本願寺では去る十二月廿七日日語學校を開設した。入學生は百八十名で三班に分つて教授してゐる。

▲中支宗教大同聯盟を着々準備進捗すべく大谷光瑞氏が奔走され居り、總裁には近衞公爵を推戴せられんとしてゐる。

▲南支の佛教徒は從來共產黨に壓迫をうけつゝあつたがバイアス灣上陸後着々佛教徒を結集して、近く華南日華佛教協會が成立され財部哲心氏（西本願寺）松原將氏（東本願寺）倉野行陣氏（日本山妙法寺）山口彰禪氏（曹洞宗）佐々木氏（日蓮宗慰問使）石川泰全氏（同上）が中心となつて行はれてゐる。

## ★本會の趣旨★

本會は日華佛教徒が聯絡提攜して無上正覺道を求むるを以つて目的として居る。從つて佛教各部門の研究批判及びそれの獎勵をなし、佛書の翻譯、雜誌の交換、交換講座、佛教事業の相互紹介、視察等の事業を行ふのである。

### 本會のニュース

▼去る十一月本會の總會に於いて、役員改選が決議せられ、銓衡委員に付託せられ、その委員會が十二月三日開かれ左の新役員が決定せられた△會長大西良慶氏△副會長高楠順次郎氏△幹事長林彥明氏△主事塚本善隆氏△幹事泉芳璟氏、石井眞助氏、禿氏祐祥氏、藤堂祐範氏、上村幸次氏、高雄義堅氏、中井玄道氏、武藤舜應氏、藤井智助氏、寺本婉雅氏、薮田惠辨氏、定惠苗氏、吉祥眞雄氏、信ヶ原良哉氏、等の諸氏で、評議員には三十四氏、顧問には足利瑞義氏外二十名である。

佐伯前會長の辭任に依つて大西良慶師が新會長に就任せられた。大西新會長は法相宗の管長現に清水寺を董せられ、夙に本會の爲に盡力せられつゝあつたのである。師は抱負を語つて日華佛教研究會は更に角一歩を進んで今までに到つた。然し現時局に際して各宗が宗我を捨てゝ國家の爲めに一致團結して本會をして國策線上に一歩を進めるのでなければ年を積むに從つて忘れられて了ふであらうと。

▼一月十四日華頂會館に於いて、本會幹部會を開き、本年度の事業計畫を協議した。會員の募集及本會が支那佛教徒に直接働きかける方策及び例會の開催等が、熟議せられ次期例會を二月十四日午後六時に開くことに決定した。尚林幹事長は此等の目的を以つてその調査の爲二三の會員と共に今春渡支さるゝ筈である。

▼去る一月八日上海市政府主席參議王長春氏入洛を機會に本會はその歡迎會を東山一休庵に於いて行つた。

▼二月十四日午後五時半より、本會例會を事務所に開き北京の知恩院別院輪番柴田玄鳳氏の話を聞く筈である。

## 編輯後記

△全支那に於ける大同團結の着々と行はれて行くことは慶ばしいことである。宗我を棄てたところに大陸的な大きな力が湧く。

△柴田玄鳳師と吉祥眞雄師が投稿下すつた。柴田師は北支佛教の大中心人物夏蓮居居士の新運動の紹介あり、吉祥師は弘法大師の入唐即ち過去の日支交涉の大きな史實を示されてゐる。

△小笠原宣秀師の旅行記は、渡支を志す者にとつてよき指南車であらう。

△遼遠幾千里大陸の彼方へ日本の宗教は進展するのだ。事業のみが行進するのではない。永遠不滅の教が婆と土との間に培はれなければならない。

△創刊號は好評を博して一部も殘らず出て了つた。それだけ新時代の要求に役立つてゐることが有難く思はれる。（全）

支那宗教事情（隔月發行）　第二號

昭和十四年二月十五日　印刷納本
昭和十四年二月廿五日　發行

定價　金拾五錢（送料二錢）
一ヶ年分　金壹圓（送料共）

京都市東山區林下町四四三
編輯兼發行人　日華佛教研究會
右代表　三日仝信

京都市東山區祇園町南側六〇
印刷人　豐田英太郎

京都市東山區祇園町南側六〇
印刷所　豐田愛山堂印刷部

京都市東山區林下町四四三
發行所　日華佛教研究會
電話本局⑥〇〇三八
振替大阪一〇〇七九六

# 支那宗教事情

第三號

日華佛教研究會發行

## 四時歌

春又春　駒光奔　壯年色　老所吞！
夏又夏　無閑暇　爲誰家　忙作嫁？
秋又秋　不勝愁　照臨鏡　悲白頭！
冬又冬　殘草叢　無常法　悟幻空！

（蓮漏聲誌による）

「蓮漏聲」誌は厦門虎溪東林寺より發行されてゐる雜誌で、會泉と云ふ人が社長となり、虎溪蓮社で編輯されてゐる傳道誌である。

## 目次



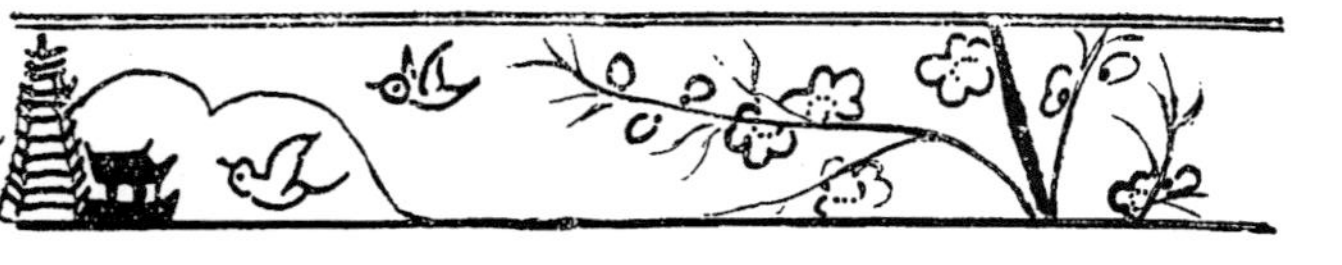

# 日華佛教の融合性

日華の宗教々派が將來合融し得るか否かと云ふ問題は今や愼重に考へられねばならない。此の問題は强ち不可能ではない。例へば日本佛教が嘗て本地垂迹説を唱へて、日本固有の神道と融合するに至つた。又儒教及び基督教が日本へ入つて日本化したやうに日本に入つた諸宗教は悉く日本化して、而も高次の宗教形態を有し普遍化してゐる。支那の現在の教派宗教を概觀すれば、佛教、儒教、道教、回教、基教等が行はれてゐるが、高次の教義は民衆より超然としてゐて、對衆性を有するものは低次のものである。現今日本の宗教教派では對支策に努力されてゐるが、事業のみが先行して教義は依然進行してゐない。此の結果は如何なる事態が生ずるか甚だ寒心すべきものがあると思ふ。それは支那民衆は日本宗教々派の事業に對して喜ぶかも知れないが、心と心との接觸は依然として出來ないことになるであらう。

又日本宗教々派に排他的な性質があつたならば、少くとも大陸の宗教を、融合するには不可能である。然し高次な日本の宗教が大陸化する爲に、もつと低次になして融合しやうと試みるならば、それは墮落である。高次なものは高次のまゝで、それが大陸化されねば、無意義である。事業的には日華の諸宗教は相提携して進まねばならないことは、目下の急務であつてこれが着々實行されて行くのは寔に慶しいことである。事業の略々合一の目的が達せられたならば序に教義の一元化を企てやうとしても結局出來ないことであらう。恰も各人の嗜好が異る如く宗教教派の存續は機類によつて信仰が異るからである。日本宗教が大陸化し、支那宗教がそれを包受する爲めには大いに相互に融合性を必要とするは日本佛教の先德の嘗て唱へた本地垂迹説の如き最も良き参考となるべきものではあるまいか。

# 元明清喇嘛教史要

寺本婉雅

## (一) 元朝時代の喇嘛教

蒙古の語原 Mong（勇敢無畏）は蒙兀(舊唐書)、朦瓦(新唐書)等の音譯で、元史編纂のとき蒙古 (Mongol) に一定したものである。

十三世紀の初、成吉思汗は斡難河(Omon)畔のデリグンブルタク山附の乞顔氏族(Kiyan)の也速該(Yesugai)を父として生れ、遊牧の中に生長し、諸部落を攻略し、彼二十八歳にして成吉思合罕 (Jinggis- Kakhan)の尊稱が奉られた(1189S.D)。成吉思汗(Tinggis)とは「强成なる大君」又は「偉大なる皇帝」を意味する蒙古語である。滿洲方面の金を破り、陝西、甘肅方面の强大な西夏は李繼遷七世の孫李純祐を征破し、大掠奪を行ひ朝貢を命じた。彼四十五歳のとき斡難河附近の平野に氏部の諸族を集會し、組織的會議が開かれ、第二次即位して合木渾合罕(Kamugun-kakhan, 天下の主）となつた。Wkham-kun-kakhan（全天(下)の帝王)とは西藏語と蒙古語との合成語である。成吉思汗は一千二百十一年ゴ壁の大沙漠を横斷して金の領土に突進し、居庸關より燕京（今北京）に迫れるも、金强くして拔く能はず、全軍を擧げて一時長城の北に退却した。一千百年以後、彼は西歐を遠征し、一千二百二十三年サマルカンドに達し、翌年蒙古に歸着した。一千二百二十七年、彼は西夏の李元昊を攻滅した。成吉思汗は金征伐の爲めに六盤山に於て病沒した、時に六十六歳である（一千二百二十七年十二月）。（六盤山は甘肅省固原縣にあり、彼は六盤山の山麓淸水縣で長安、蘭州の接境にあり陣中に歿した。）

成吉思汗は乃蠻征伐のとき(西紀千二〇六年以後)、乃蠻王太陽汗の宰相塔々統阿(畏兀兒人)を捕へしとき、彼より畏兀兒文字を習ひ、蒙古部に畏兀兒文字を以て蒙古語を表はすことゝした（元史)。蒙古には元來薩滿教が行はれてあつたが、成吉思汗が兵を西方に進むにつれて、一は蒙古征服地と西藏地との接境により、二は唐代より西藏國勢が中央亞細亞に及び、于闐、龜茲、敦煌、爪州等の地域を支配せし時代より、藏蒙兩民族の交通によりて西藏佛教(現今喇嘛教)は蒙古民族間に東漸し、蒙古固有の薩滿教と混入して信仰せらるゝに至つた。

成吉思汗(二十三歳)は金を征伐してより托克摩克(土爾機斯坦)を破り、鄂爾羅斯(内蒙古)を征服し、後ち「丙寅年四十五歳兵を土伯特に用ひ」(蒙古源流地)青海の以奥、北部西藏地「ガーリ、コルスム」、衞(dBbus)藏(gTsan)喀木(Khams)を征服し、藏王古魯格多爾濟(Sku-g Tugs Rdo-Rje)を降して朝貢せしむとは西藏史の一說なり。或一說に依れば、嘉定五年太祖四十五歳にして兵を西藏に進むとあり。土觀胡圖克圖喇嘛の著、西藏史チュブター (Grub-Thaḥ, p. 95)に曰、

「蒙古に於ける最初の佛教は、印度の五明博士即ち班抵達等が蒙古に巡錫し、始めて佛道せしに起因するといへども、その史上に於ける史蹟によれば、薩迦派(Pa-Skya-Pa)の喇嘛（Bla-Ma, 上人の意）の巡錫開教に基く。彼の大元成吉思汗が西藏に來り、ガーリ、コルスム (mNaḥ-Ris Skol-gSum) 及び衞(bBus)、藏(gTsan)、ルー(Ru)、南地西藏、喀木(Khams)等の諸部を征服し、西藏全地を薩迦派のクンガーニンボ(Kun-dGaḥ Sñiṅ-Po) に捧げ、西藏支配權を委ね、併せて蒙古開教を勅命す。かくて彼喇嘛は多くの喇嘛を派して蒙古弘道を企てた。蒙古佛教是れより始まる」云々。

その他ヂクメ、ナムカー喇嘛 (Jig-Med Nam-mhaḥ) の著、蒙古佛教史（Hor-Chos-ḥByuṅ.p.19）にも同樣の史實出づ。西藏の支配權を委任されたるクンガーニンボは、法皇兼國王として西藏に君臨し、薩迦派の教權を確立し、諸弟子を蒙古各地に派遣して蒙古佛教を開始して以て太祖の偉業を扶翼した。薩迦派は代々血續相承の

在家宗教にして、その後明代に宗喀巴の改革せる新教に對して舊教と稱せらる。クンガーニンボは西藏統制の行取上必要なる公文教書等に用ゆる篆書字體の西藏文を發明して國璽詔勅に捺印し、頒行して西藏民を支配した。此の書體は國璽詔勅等官印のみに使用され、一般民間には西藏の楷・行・草の三體文字を使用した。明末清初には此の書體は西藏の西北部卽畏兀兒部に接近せる地方の藏民間に殘行せしかば、後の西藏史家は之をホル文字と稱するに至つた。

成吉思汗は今の甘肅省平涼府固原縣の西、方淸水縣の西江にて年六十六にて崩じた（一二二七年十二月）。成吉思汗が唐古特卽ち西藏民族を征伏した事は、內蒙古蘇尼特（今の「厚和」）人吉魯根巴圖が作つた挽歌の中に有り。「譯注蒙古源流」一卷（漢南、汪容昌譯注、廿二丁）、及び「史林」十一ノ二（鴛淵氏譯）を左に對照す（譯文は訂正す）。

「豈以哈爾固納汗山融暖、
以唐古特等衆多以懷蓄惡念之、
古爾伯勒津郭斡哈屯美麗、
反將昔日之屬衆蒙古等棄擲手。
今萬金之軀雖不能保、但淸、
將如寶玉靈奇之柩上、
使大福晉布爾德哈屯一見、
以慰屬衆之望祈汗仁愛鑑照。」

「ハルグナ、ハン（Charguua-Chan）の地が暖くとも、
汝に征服されし唐古特が多くとも、
尙クルベルシン、ハトン（Kurbeldchin -Chatun）は美しくても、
汝は汝の總ての蒙古人を實に棄擲せしや、



縱令吾人は汝の貴き命に栖となつて仕ふる能はさるも、
尙吾人は寶玉の如き汝の靈(柩)を家鄕に送り、
將て汝の哈氏(夫人)索兒帖徹辰に現せ、
又汝の總ての民衆の望祈を慰めん。」

斯くして靈柩をアルタン山（altau）陰の肯特山又は哈岱(kenti)の南の諤特克（Otogg）地方に埋葬したとあり。此の外、同源流卷四、二十丁に「歲次丁亥三月十八日行兵唐古特」云々とあつて、成吉思汗が西藏に兵を入れしことは事實である。但し此の唐古特（唐古忒）とは靑海地方に住する西藏人種にして、唐代より支那に抵抗せし强勢な種族であつて、現在に於ても尙該地方に多數住居してゐる。

尙又最近に成吉思汗の在世に既に蒙古文字が存してゐたといふ證據として、成吉思汗碑文の發見と研究が發表されてゐる（善隣協會調査月報、昭和十三年十二月號「バンザーロフ解說」播磨楢吉氏譯）

此の研究文に據ると、此の記念碑は黑龍江の上流額克納河の左岸露領域に於て發見されたが、發見者は不明である。今から百二十年前學界に紹介されたもので、成吉思汗時代（一二二五年）のものであると推定されると而して文語體と口語體とがあつたと云ふ。碑の長さ約我四尺八寸七分、幅約我二尺六分、厚さ約我七寸三分であると。此の碑文の最初の解說者はバンザーロフといふもので、我が嘉永三年(1850.A.D)であつて、是を世に紹介したものは露人スパツスキー(Spassky; 1818.A.D)であると云ふ。左に播磨氏の譯文を揭げることゝする。

ç ingis-Kani
sartagul iregen taulizu Kamuk mongol ulus
un arat-i Buga-Sugigai kuriksan dur
Isunke Kongodor un gurban dasgun gugin tabun
altak du ondulaga.

「成吉思汗がサルタグル民族（ヒワ人）に侵入後歸途に就き、而して總ての蒙古諸種族の人々がブガスチガ

イに集合した時、イスンへはホンゴドルの軍人三百三十五(人)を釆地として受領しき」(總序文)。

第四代の憲宗蒙哥(Mun-Ge)は西藏のカルマ、パクシ(Karma-Pagçi)を蒙古に招聘し、多くの殿堂を建てゝ崇敬し、忽必烈も亦彼を敬ひ、多くの弘法利生の事業を興した。彼は癸未歳三月に示寂した。

世祖忽必烈(Khubilai)は太祖の末子施雷(Tului)の第四子にして憲宗蒙哥の弟旭烈兀の兄である。世祖は十三歳にて祖父成吉思汗に別れ、二十七歳のとき伯父太宗窩闊台(Ogotai)に別れ、二十九歳のとき功臣耶律楚材に別れた。彼が他日の大成は少年時代に是等の偉人の感化を蒙つたことに起因するであらう。世祖は三十歳の頃から劉秉忠(禪僧の還俗で學者)を聘し、彼の進言によりて許衡、姚樞等の人材ある多くの漢人を採用し、彼の金蓮川(蒙古察哈爾省多倫縣の北)の幕府に網羅した。

定宗(貴由Guyuk)は癸巳年二十九歳即位し、三年にして歿す。その弟庫騰(Hudnn)は甲午年二十九歳即位す、乙未歳疫病流行し、診視するも痊癒する能はず、故に西邊地方に五識に通曉せる薩迦派のコン、クンガーチャル、ツァン喇嘛(Kkhon Kun-dGaḥ Rgyal-mTshan)を請ぜんとし、道爾達なるものを派して迎へしめた。彼は六十三歳甲辰年に西藏を發し、丁未年六十六歳にして蒙古に來錫し、庫騰汗に謁し、汗に灌頂を授けしところ頃刻にして汗の病氣は痊癒した、衆皆歡喜した。蒙古地方の喇教創めて起ると云ふ、辛亥年(1251.A.D)彼は七十歳にして圓寂す。汗は在位十八年、辛卯歳四十歳にして歿す、或は云ふ彼と汗とは同年の歿なりと云ふ。(譯註蒙古源流卷四 漠南汪睿昌譯註)

土觀胡圖克圖の著、「一切宗旨(教理)奥義及說明方法善釋教玻璃鏡」(Grub-m Thaḥ Thams-Cad-kyi Khuṅs Dan ḥdod-Tshul Ston-Pa Logs-bçad çes-Gyi Me-Lon.P.195)即ち略名「蒙古源流」によれば、

薩迦班禪初祖ゼツンチャクチャル(Rje-bTsun Grag-Rgyal)(即ちクンガーチャルツァン(Kkun-dGak Rgyal-m Tshan)の別名)は甥の帕克巴(ḥphags-pa)と倶に蒙古に來錫し、丙辰年(Me-ḥBrug)庫騰(Gu-Tan)と會見し、彼の獅子音の說法に由て王の病氣は平癒し、王の眷屬は歡び、種々の神變を現ぜしが故に信仰を生じた。其れ以前には蒙古(Sog-Po)には文字が無かつたから、彼班禪は新蒙古文字を創作せんことを欲せしとき、一婦人が持てる革を鞣めす木製鋸の齒を見て、蒙古文字の形を創作した。字數四十五字あり。

/A, e; i; Na, ne, ni; Sa, se, si; Ka, ke, ki; Gha, ghe, ghi; Ma, me, mi; La, le, li, Ra, re; ri; Ha, he, hi; Ta, te, ti; Tha, the, thi; Tsa, tse, tsi; Tsha, tshe, tshi; Ya, ye, yi; Wa, we, wi /

男、女、中の三性と緊、鬆、弱の三聲に締結して音韻を創定した。帝師は辛亥年に示寂し、汗も同年に沒した。帝師の遺骸は蘭州城外(今の甘肅省)に塔を建てゝ埋葬した」(此の塔は現に蘭州城外にあり)。

又小生の師、琳欽尼嘛(Rin-Chen Ni-ma)の著、蒙古略史に言へり。

「世祖時復遣使至藏薩迦地方、請班抵達名共嘎健嵯(Kun-dGaḥ Rgyal-mTshan)、會帝疾、乃禱、帝念誦懺悔經、疾瘳、於創立文字以傳世、乃至遂成四十五字、而蒙文自此始焉、至亥年示寂、建塔於蘭州。」

萬里長城の邊り、昌平州(漢の上谷郡)に現存する元代の建築、「居庸關」は庫騰汗が西藏薩迦派(Sa-Skya-Pa)の第二世クンガー、チャツァンを招聘し、同關の開眼慶讃式を擧行した。泰定二年五月の建造でないことは、余が先きに同關の壁文を譯出することに依つて證明するを得た(史學雜誌第二十編第三號。明治四十五年二月一日發行「佛教史學」第一編第十一號。同五月號同誌第二編、第二號參照)居庸關壁文の「帝師善憧吉祥賢」とあるは此に云へる「クンガーチアルツァン」(一切喜憧)の異名同人にして、ロックヒル氏の言へる第一世「サチャ、ザンポ」(Sa-Kya bzan-Po; 薩迦賢)其人である。居庸關の壁文には蘭査文字(梵語の隷書體)、西夏語、畏兀兒語、帕克巴文字、漢文の六種を刻せり。由來同關壁文に就て世未だ是れの研究を爲さず、而かも帕克巴文字の起源由來に就て何等研鑽の記事あるを見ざること星霜既に六百有餘年を經過した。鷲淵一氏は余が最初發表の「帕克巴喇嘛の新蒙古文字」研究文を基として增補解說を發表せられた(「中原音韻中の八思巴字にて寫されたる漢字音」=(小川博士還曆記念史學地理學論叢中)及び「八思巴文字に就て」(史學雜誌四一ノ七號參照)

其後、薩迦派のクンツェン、ツェチ、オッゼル(Kun-mKhen Chos-kyi Hod-Zer)なる喇嘛が蒙古に來錫し、

先に畏兀兒文字を創案したるクンガー、ギャルツアンの蒙古文字の各語尾變化即ちアルタイ語系に屬する「天尼於波」(漆着語)の不備を訂正增補し、如何なる言語をも飜寫しうるやうに完成した。又土観胡圖克圖の蒙古佛敎史(前引用の原書「蒙古源流」)に曰。

「當時未だ蒙古文字にて蒙古語の經典に譯されざりしかば、一般蒙古人は經典を誦讀するに畏兀兒文字を學びつゝあつた(成吉思汗時代)。後オルゼ王(Ol-Rje Rgyal-Po)の代に薩迦派のクンツエン、ツエク、オツゼル(Kun-mKhyen Chos-Sku Hod-Zer)なる者來蒙して、先きに薩迦班抵達(クンガーギャルツアン喇嘛)の創作せる蒙古文字に付て、其文字の後尾の變化等を多く增補訂正して經典を飜譯した。その後ハイ、サン、ク、ルグ王(Hahi-Sam Khu-Lug)の時に、曼特羅の學者五人相倚つて經律論を蒙古語に譯した。」

又チクメ、ナムカーの著「蒙古源流」(西藏文)にも同様の記事あり、曰、

「始めクンガーギャルツアン喇嘛が畏兀兒文字を改訂して蒙古字を四十二字を創作せしも、後ちクンツエンツエク、オツゼル(kun-Chen Chos-Sku Hod-Zer)が怕克巴(ベクパ)('lPhags-Pa)の造つた四角形文字は經典を譯出するに不可能なりとして、先に薩迦班禪(クンガー、ギャルツアン)の創作せる四十二字を增補改訂して多くの蒙古文字を作れり」(未完)

### 阿彌陀佛誕曉月光中聞念佛聲喜作

太虛

佛聲圓潤月光寒　閉目聽還展眼看
直使夢醒成一覺　不從空假具三觀
方知佛本心頭在　只要人休自己瞞
十萬億程消息近　曉鐘清梵報平安

(海潮音文庫)



## 蒙古青年留學生の感想

常(チャン)生(スム)(二〇歳)

**喇嘛留學僧の作文**

本作文は滿蒙古の喇嘛僧が日本へ留學して日本佛敎の指導をうけ短期間に習得せる日本文を以つて作つたものである。本誌は特に知恩院より資料の貸與をうけたので、日蒙佛敎提携の參考に資したいと思ふ。

カットは過日入洛せる蒙疆三自治聯盟政府主席德王閣下のラマ僧に訓話の状況である。

我々蒙古夢中の青年が知恩院のお陰で日本へ勉强に參りましてから先生達が熱心に私達を指導して下さつたので、今では大分覺醒して來ました。愚心で日本の佛敎と國民の精神とを考へると皆一意専心で一人の如き國です。私達はこれを見て時々大變感心します。

顧つて蒙古の民族を考へるに昔、成吉思汗の時代には世界中最强の國を建て民族は正直で、又非常に勇敢であつた。が智慧ある人が餘り居らなかつた爲に文化に遲れた。もう一つには我蒙古は喇嘛敎と言ふ宗敎であります。この宗敎は世界の人間を平和にしてこの世界が極樂世界になる樣な思想でありますけれども、その目的を仲々達成することが出來ない。この間に自分達民族を佛心の樣に感化し國民の鬪爭心を無くしてしまつた。ロシヤがこの狀態を見て我が蒙古を壓迫し、更に吾が外蒙古を取つて一層彈壓を加へ被害を受けてゐます。我々はこの仇敵を除く必要を痛切に感じてゐますけれども復仇の力がないので默つて居りました。この中に大日本帝國が東洋平和のために滿洲事變を起し、新興滿洲帝國が成立した。又、支那事變が起つて我が蒙古を擁護し、昨年から蒙古聯盟自治政府を建設し、我々蒙古も近來日本帝國の力によつて大分復興した。

又、この度淨土宗總本山は日蒙提携のために、我々蒙古青年を二十名ばかり招致して敎養せられることになりました。私はこのお蔭で數年間勉强が出來ることになりました。この間に十分勉强し、日本の有樣を見て蒙古に歸り、先づ喇嘛敎は勿論一般蒙古人の進むべき道を高調して皆を國のため、東洋平和のために働く樣に敎化し、立派な國にいたし度いと思ひます。更に我が同胞外蒙古を取り返し蒙古民族の心を一にして國家を世界無雙の國にし、日滿蒙支永遠の平和を計り、共

に社會を排し、國家の安寧を害する共産主義を根こそぎに絶滅することが、我々青年の最後の目的であります。

私はこの上、最も考へるのは、アジアを黄色人種ばかりにして、一心一體になつて人民の福祉増進の爲に貢献したいと思ひます。私達は此の目的達成の爲に毎日一生懸命に勉強して居ります。

## 蒙古復興の熱望に燃えて

綱(カン)　蘇(スウ)　和(フ)（一八歳）

我々の先祖は成吉思汗と云ふ偉い人が出で、今の中華民國はもとよりアジアの大半から中歐附近まで征服しました。あまり力が强いので世界の人達がびつくりしました。けれども後には遊惰に流れて國はだん〳〵弱くなつてしまひました。これではもう滅亡あるのみです。然し眠れる國民ばかりではありませんでした。このわづかに呼吸してゐる現在の蒙古を何とかして昔日の大蒙古に復活したいと私達の先覺者は考えてゐました。丁度その時、力を貸さう、立派にしてやらうと言つて來たのは今のソ聯でした。ほんとであらうかとききよき(驚喜)したのはそく間（遠の間、暫時の意ならん）でした。ソ聯は蒙古を壓制し始めました。狼の本性を現して羊の如く柔順な我が蒙古を征服し始めました。蒙古の前途は暗黑となりました。

其の時このソ聯の手先きとなつて横暴の振舞をなした張學良對日本の戰ひしよくち（即ち）満洲事變が起りました。東洋永遠の平和と世界人類の幸福をきづかうとする日本の正義感の前に敵するものがありませうか。忽ち張學良一派は敗退し満洲國はこゝに出來上りました。そして我が蒙古族も始めて太陽の光をあふぐことが出來る樣になりました。それ故、日本は満洲國にとつては生みの親であり、我が蒙古民族には再生の恩人であります。これは何とも言へないほどありがたい事です。

私達は我が民族復興の爲に選ばれて大日本國の知恩院の御世話により懐しい日本帝國へ參りました。實際日本に來て其の文化發達、人智の開けてゐる有樣には驚きました。そうして特に感じた事はすべての人達が皆　天皇陛下の御爲として勉强したり働いたりしてゐる事で、國家の一大事には其の大切な生命さへも平氣で投出してゐます。今支那事變と言ふ大きな戰をして居りながらじゆう後も戰線も全く一心一體となつてゐる事が分ります。なんと言ふ力の强い國民であり、感心な人達でせう。日本が世の最强國となつたわけはこゝにあるのでせう。今私達の先生も非常に熱心で親切に我々の爲になる必要な知識を敎えて下さいます。だから私達はその敎を十分受けて日本と供に東洋民族の永久の樂土を建設したい熱望に燃えてゐます。

## 山東省──淄川の佛教史蹟

春日禮智

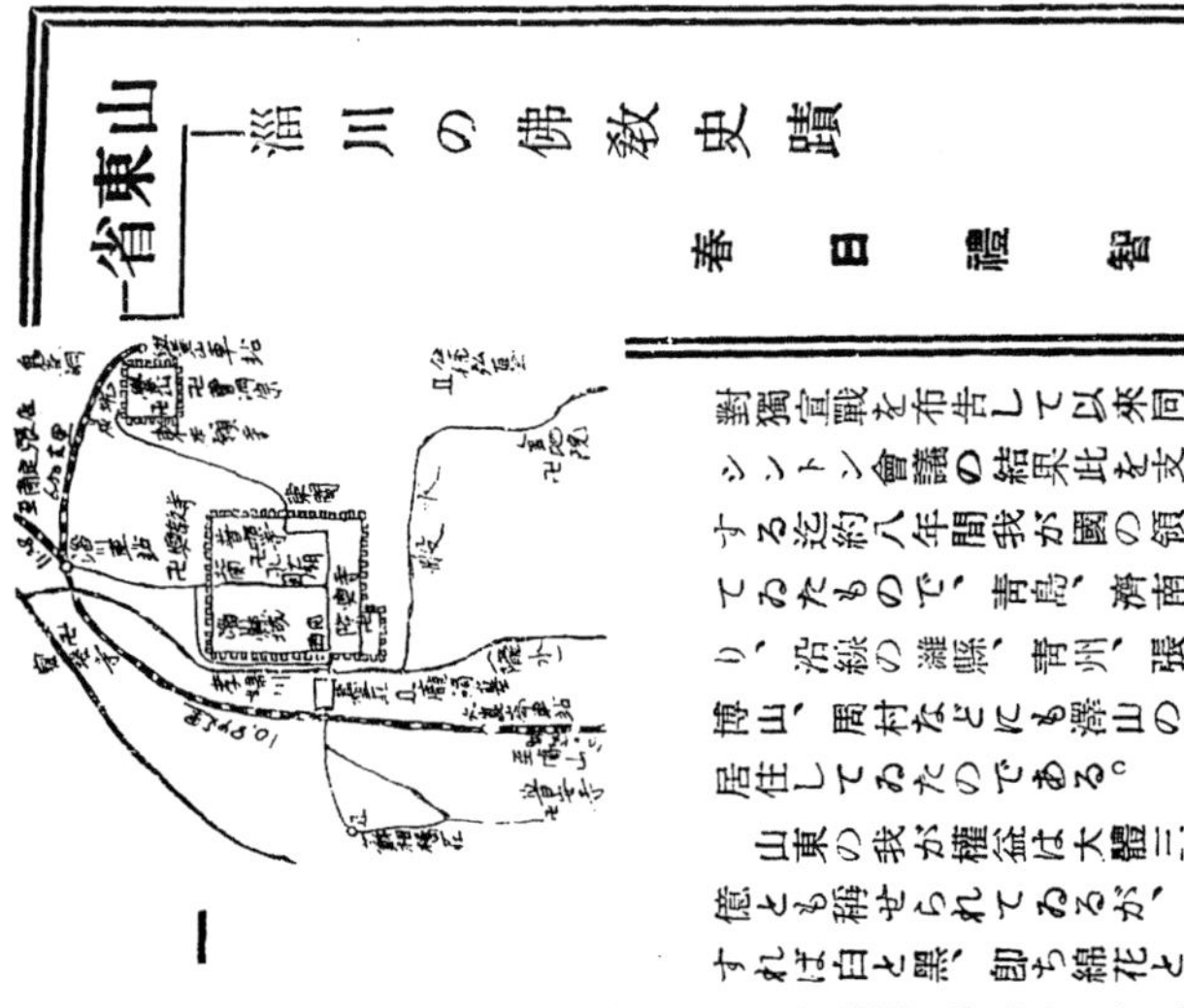

### 一

山東は古への齊、魯の地で「山東を取るものは天下を取る」とも稱せられる程天然の物資に惠まれた地である。然して青島より濟南に至る膠濟鐵道の沿線は、大正三年我が國が對獨宣戰を布告して以來同十一年ワシントン會議の結果此を支那に還附するまで約八年間我が國の領有に歸してゐたもので、青島、濟南はもとより、沿線の濰縣、青州、張店、淄川博山、周村などにも澤山の日本人が居住してゐたのである。

山東の我が權益は大體三億乃至五億とも稱せられてゐるが、此を大別すれば白と黑、即ち綿花と石炭に盡きる。綿花は青島の四方及び滄口に於て大紡績工場が建てられてゐたが、近次の事變で全滅に歸し、目下盛んに再興に努力中である。石炭は山東鑛業會社投資の下に、淄川は魯大公司の手で、黄巣は魯大と姉妹關係にある旭華鑛業の手で、南定は大倉組が魯大から鑛區を借受け、坊子は善芳公司の請負ひで盛んに採掘せられつゝあつた。淄川より博山に至る約三里半の丘陵は殆んど無盡藏の無煙炭の産出する所で、博山は東和公司が日支合辦で博東公司を組織して採掘に從事してゐたが、今度の事變の被害は博山が最も甚大であり、さながら廢墟の如しと傳へられてゐる。尙ほ博山附近一帶には礬土頁岩を無限に藏し、淄川の粗惡炭を利用して電力を起せば容易にアルミニウムの大工業をも起すことができる。又同地方は石灰岩も豊富で、セメント工業を起す可能性も多いとのことである。かくて將來はこの地方は全嶺鎭淄川、博山を中心として十數里四方の地に炭鑛、製鐵、電力、アルミニウム、セメント等の工業が起り、讃然として一大工業地帯と化することも強ち夢想ではないと言はれてゐる。

　淄川の地は膠濟鐵道張店車站から分れて支線博山鐵道に乘つて南下すること約三十分、縣城は驛の南にあり、日本人の居住する黌山炭坑は汽車を乘換へて更に東方約十五分にして達することができる。黌山には東本願寺、曹洞宗があり、加藤豊正、山下默應師が駐在してゐられた。

　淄川縣は東は益都縣界に至る三十五支里、豊水の東に至り、南は同じく益都縣界三十五支里趙莊の南に至り、西は章邱縣界五十五支里王村の西、北は長山縣界三十支里石埠莊の北に至つて盡きる。記錄に依るに往古は孝婦、般水等の流域は水も豊かに、樹木が繁茂してゐたが、今は荒凉として樹木少しと言つてゐるが、支那の他の地方と比較したならば可成り青々としてゐる。黌山は縣城の東北十二支里に在り、山上に碧霞元君の廟、山牛に漢儒鄭康成の祠、山後に鬼谷洞あり、鬼谷先生が隱居せる時、弟子蘇秦張儀等五百餘人此に集りしが、中に其の辯舌先生を泣かしめしは蘇秦であり、此に依つて秦が「人主之地を分つ」者と稱せられたのは此の地であると言つてゐる。蘇秦の墓は城西十支里、蘇相橋莊にありとするも單なる傳說で確證があるわけではない。一說に青州府城東北の蘇埠社にも蘇秦の墓があると傳へられてゐる。又縣西南一支里許、將軍頭村の東に願滑の墓あり、縣南十五支里龍口莊には公孫弘の墓があると稱せられてゐる。

　淄川縣城は其の築造の初めを知ることができないが、縣志卷一には明の崇正九年邑令韓公承の發起で改建し、淸代屢修補が加へられ、乾隆二十六年楊成龍が重修したことになつてゐる。淄川には現在僅かな佛教寺院が殘存してゐるが、其も多くは佛敎史家の研究の對象としての殘骸であつて、生きた精神的活動は今後淄川のみならず山東の全佛敎界に加へられなければならない。

## 二

　淄川の佛敎は何時頃から始まつたかといふことに就いては明らかでないけれども、唐代以前に在つたことは現存の遺物の上からも略推察しうる。淄川縣志卷二下寺觀の條に依れば淄川城內外の佛敎史蹟として有名なものには龍興寺、普照寺、興敎寺、興福院、普安寺、華嚴寺、寶塔寺、法王院等がある。興福院は元至聖六年の鄉貢進士張允の碑があり、華嚴寺には明の靈化、丁汝夔碑、寶塔寺には淸の七級の磚塔と「宣授宣興文普大師朗公僧録」と記した元の果朗の道行碑があり、法王院には書法淸勁の或は歐陽詢の書かと傳へられる唐人の金剛經碑があつたと傳へられてゐる。常盤博士の說に依れば、法王院の碑は今は文廟の西廡に移されてゐるとのことである。

　龍興寺は城內西南隅に在り。縣志卷二、撰公署の條に依ると、龍興寺にはもと淄川の僧公司があり、道令司は西街城隍廟にあつたとのことであるから、もとは相當の寺であつたに相違ない。その開基は唐以前なるべく、今は寺跡と陀羅尼經幢の斷片が殘つてゐるだけである。

　次に普照寺は城內東北隅にあり、俗名大佛寺又は北寺と言はれてゐるが一般には開元寺の名で知られてゐる。本堂には立派な金銅佛があり、常盤博士は此を北齊時代のものと見てゐられる。元代佛像の破壊を恐れて見ることができないやうに、上から塑像を冠してゐるが、下から見える台座の文様は雄勁華麗、稀に見る優秀の作品である。殊に兩側の陽刻の天人の衣、四隅の柱は見るべきものがある。本堂の前に唐の李北海の書と傳ふる尊勝陀羅尼經幢があり、上は心經幢になつてゐる。其の西に至元六年の助緣粧嚴立記正統九年の重修普照寺塑像佛像記、隆慶元年の重修伽藍廟記などがある。最近附近の民家の屋敷の隅から多くの唐代の佛像が發掘せられ、現に民衆陳列館に陳列されてゐるが、此ももとは普照寺の境內の地であつたから、其の佛像が普照寺のものであつたことは言ふ迄もない。寺にはもと塔がありて、邑景の一と稱せられたものらしいが、明の萬曆二十八年火に燬け、今はない。

　興敎寺は北關外にあり、今は荒れ果てゝ無住となり、境內の大部分は小學校に宛てられてゐるが、開元寺の陀羅尼經幢に似た無量壽佛說往生淨土神呪幢普濟大師則法恩公戒師の塔、淸慧大禪師塔があり、寺の門前に興敎寺住持達公の塔が埋もれてゐる。

## 三

　淄川の城外西關を出でて孝婦川を渡り、蘇相橋莊を過ぎて西南二十支里、大錫寺に達す。大錫寺は本名普安寺、城內の諸寺が殆んど廢墟と化し、無住なるに反し、此は淄川第一の田地持の寺であり、住持夫婦は農業に從事してゐる。境內に喇嘛塔あり、塔の上部高き所の龕中に大明景泰四年三月二十日建、圓寂開山唐代沼法師覺靈と記した位牌が安置してある。寺は唐代慈恩門下慧沼の開基と傳へ、此の塔も彼のものと言はれてゐる。此に就ては彼が淄州沼、淄州沼闍梨と言はれ、唯識家でも彼を淄州大師と言つて來てゐるので、彼が淄川の人ではなく、河南の淄州の人であると言はれて來てゐる。併し此には確たる證據がないのであつて、淄川は前にも言つた如く唐代及び五代の頃淄州と言はれたのであるから慧沼が淄州沼、淄州沼闍梨、淄州大師と言はれたのは當然のことであり又濟南府志卷二十五丁右に依れば、「尋省縣志云、唐隷河南道」と言つてあれば、河南道淄州の人で、淄川の人でないといふことは意味をなさないことになる。常盤博士も支那佛教史蹟評解に此の寺を慧沼の寺と見てゐられるが、尙ほ幾分問題を保留して置かれるのは此の間の經緯が明かでなかつたからであらう。慧沼は初め惠玄と言つたが、後玄奘の名を諱み惠沼と言つたもので、時に佉沼とも言つたらしい。大錫寺には明の景泰四年の重修普安禪寺、沼法師塔碑あり、宋の元豊四年の葬幼公經幢記がある。前者は佉沼のことを記したもので、山東通志にいふ「佉沼法師塔」であり、中に宋の高僧文幼のことも併記し、後者は文幼のことを記し乍ら「唐法師玄沼葬塔壞、環舍唯餘舊址、及增塔益崇增宇益廣一毫無以取諸人、於此不得爲無補是二者予嘗爲塔記載之已詳」と佉沼のことも記してゐる。佉沼慧沼同一人のことは更に後刻の研究に譲りたい。尙ほ常盤博士によれば、現在法隆寺に國寶となつてゐる唐刺史李邕撰の唐故白馬寺主翻譯惠沼神塔碑文があるとのことで、此は沼の寂後七十五年、秋篠寺の善珠の追得せるものとのことであれば就いて參照せられたい。又慧沼の撰と傳ふる唯識了義燈の初めに「淄州大雲寺慧沼」の字あり、慧沼の傳は未詳の點が多いから、此の點も大いに研究せられねばならぬ。文幼は姓徐、字夙悟、淄川甘泉の人で、北宋眞宗と天禧四年(1020AD)に生れ、博く經律に通じ、尤も百法論に精しかつた人であるから、大錫寺は代々唯識學者を出したものらしい。現在は臨濟宗に屬してゐる。

## 四

以上淄川縣城附近の寺院に就いての主なる佛教史蹟を探査したのであるが、淄川城內には此の外民衆體育館、孔子廟(文廟又は夫子廟)、民衆陳列館等があり、個人の所有にも種々立派な所藏品があらう民衆體育館では館長路鴻藻(字大荒)氏の好意に依り隋開皇十九年四月十四日の銘ある佛台座を見せて頂き、隣の藝術館では明の張仲發書の白衣大士閣書遍を見た。



孔子廟にはもと南定朝陽寺にあつたといふ唐歐陽詢書と傳ふる金剛經碑斷片、淸の俞樾の證明する李北海の千字文、及びもと縣治の庫樓の壁間に挾まれてゐたといふ漢の墓門の斷片等があ。る山下氏の說に依れば歐陽詢の碑の殘り上半分は尙ほ朝陽寺に在るとのことである。

孔子廟の隣りに民衆陳列館がありこゝには前述開元寺の唐代の石佛十三軀の外、龍興寺の屋根の上に飾られてゐた龍の彫物二枚、龍興寺の唐代の佛像一軀、觀音像一體、佛頂尊勝陀羅尼經幢、六朝佛二體、外に無數の六朝の造像銘ある台座を始め、民國二十三年二月賈牛鄕出土の漢代の墓門、隋開皇八年の淳于儉墓誌、天啓丁卯(1627AD)孟春刻、王羲之の書碑などが陳列されてゐる。

淄川の佛蹟は未だ精細な調査を遂げれば色々あるだらう。以上は昭和十年晩秋に四日間許りかゝつて行つた私の調査を基礎としての報告に過ぎない。其の詳細は他日の再調査に譲り、今は其の梗概のみを記すことゝした。（終）

### 天主教の活躍

讀賣新聞(關那智雄氏說)に依ると、支那の天主敎信者數は三百三十萬、敎區百三十一、宣敎師四千五百八十名(內支那人二百十名)修道者七千六百名(外人男六百女二千三百、支那人男七百女四千)大神學生千二百名、小神學生七千名、準宣敎師男八千女六千といふことである。

慈善事業としては孤兒院五百(男三千五百、女二萬五千)が收容されてゐる。病院三百(患者十一萬)、養老院(收容人七千)、癩病院(院數十、患者千三百)、及び施療院千二百がある。

敎育方面も徹底してゐて、北京輔仁大學、天津商工大學、上海震旦大學の三大學の外、中等學校以上百三(男一萬二千女九千二百)小學校三千九百(男十一萬女五萬二千)師範學校(八百)實業學校及び印刷工場二十七(職工七百)があり又男女七千の職工が別の工業方面で活躍、印刷工場では定期刊行物として支那語七七、外國語四十五の雜誌を發行してゐる。

之等の施設を背景に支那の天主敎は防共に宣撫に救護事業にその全機能を發揮統制ある活動を行つてゐる。上海徐家匯(天主敎總本山)では戰後に於ける平和工作の確立、宣撫を中心とする積極工作に關する協議會が二百三十九宣敎師會同の上開催せられ、その中に支那人宣敎師九十八人交つてゐて彼等のすべてが正義日本の態度を賞讃し皇軍の恩威に感激したといふ。

（最新支那要覽）

# 最近支那回教の文化施設（三）

趙　振　武

**四、學術團體**

回教關係學術團体の嚆矢は清末光緒年間である。天津の楊仲明阿衡の清眞教育會は會の宣言、清規等も既に備つてゐたのであるが、不幸にして實現を見るに至らなかつた。民國二年に至り、淸河の陸軍豫備學校の回教出身の同窓と、京師公立第一兩等小學校同窓との合同を以て清眞學會が設立されんとしたが、これ亦僅かの準備をなしたのみで成立を見るに至らなかつた。その趣旨は、

伊斯蘭教團は學會兼ねて社會人の聯絡を計り、イスラム教學の振興を期す。

民國六年に至り、京師公立第一兩等小學校の同窓が清眞學社を組織し、茲に努めて回教學術團体の具体化を見るに及んだのである。その文献の徵とすべきものに、京師警察廳への文案呈文、警察廳總監より學社への警察廳批（許可狀）等がある。（本文省略）

其の社員規約を見るに次の如くである。

**社員規約**

①本社は清眞教人を以て組織し、專ら回教學術を研究し、教理を闡明にするを以て目的とし仍つて以て清眞學社と名く。

②本社は只本部のみを設けて他に支部を設けず。

③本社の職務次の如し。

甲、教務の利害に關してはたゞ文書を以て上申するの責あり。但し個人の私行を攻撃するを得ず。

乙、非回教信者に對しては本教の教理教務への誤解輕侮に關しては文書を以て辯駁するを要す。但し敢て挑發的の言辭を爲すべからず。

丙、同信者、非信者の何れに對しても宗教上の疑問に關してはこれを解釋するの責有り。

丁、教理、教法上の紛爭に關しては經典を引據して以て調停するの責を有す。



④本社の精神は專ら研究に在り、每週期を定めて相會し、必要あれば臨時會を開くを得。其の細則は別にこれを定む。

⑤本社はその研究の所得を一般宗教界に公布す。公布の方法は別にこれを定む。

⑥本社公布の文書に要する一切の費用は社員平均にこれを分担す。

⑦社員は入社費を要せず。但し事業遂行に要する經費は社員之を負担するの義務を有す。

⑧本社の文書公布はすべて本社名義を以てす。

⑨凡そ回教徒にして成年に達し研究の能力あるものは本社員となる事を得。

⑩本社に左の職員を置く。

社長一人　本社を代表し一切の事務を總理す。

幹事四人　社長を補佐し事務を分担す。

民國十年より以後、社員は四散し、社務は停頓するに至つた。

民國十四年には上海に中國回教學會が組織せられた。その規模、事業に於て回教界最大のものである。其の主旨は次の五である。

①教理を闡明す

A經典翻譯、B雜誌等の編輯、C教義の宣講

②教育の提唱

A學校創設、B圖書館の設立　C留學生の招聘　D其他

③國內外回教者との聯絡

④回教の公益事業の扶助

⑤政治問題に關與せず

民國十七年に至り、北京各大學の同志は伊斯蘭學會を組織した。民國二十一年同會第五期大會の報告に依ると、其の會員は、河北、甘肅、遼寧（奉天）、山東、熱河、吉林、安徽、四川、陝西、黑龍江、廣東、河南、綏遠、西藏、雲南等の十五省に及び、男子會員八十九名、女子會員七名を算するに至つてゐる。學校別にすれば、輔仁、中國、民國、北京、朝陽、郁文、師範、女子師範、華北、北平、成都、中山、河北、工業、法政、鐵路、交通の諸大學及び、河北第六、河北第十、北平の各師範學校、軍需學校、弘達、崇德兩中學、上海吳淞公學校、西北公學校及び北平成達師範學校等有り、北京に於ける最高知識階級の集合である。翌民國十八年改組して回族青年會と稱した。茲に至つて面目全く變じ純粹學術團体では無くなつたのである。

此の他、北京には追求學會なるもの有り、一部青年回民知識階級の組織する所であるが詳細は知るに由がない。

南京の中國回民教育促進委員會、甘肅方面に於ける回民教育促進會の如きは純正の學術團体に非ざる故に詳說しないのである。

最近青海省に回教青年學會の組織が設けられたやふであるが、筆者は回教青年月報二三期に揭載せられた記事を見たのみで判然しない故著錄せないのである。

**五、圖書館及び新聞雜誌閲覽室**

新聞雜誌閲覽室は最近十年間に殆んど全國に普及した。此の種閲覽室は大概各地清眞寺中に附設せられてゐる。蓋し教育の發達につれ社會各人の求知慾はます〳〵澎湃し、此の機運に乗じて閲覽室は發生したのである。吾人は既に回教の定期出版物中に、某地書報閲覽室徵求書籍、某處書報閲覽室鳴謝贈書の如き、廣告を見るに至つた。かくの如きものは經濟的にも大した負担とならず極めて簡箪に設けられるものであるから日とともに增加して來たのである。此に比して規模稍備はれるものは概ね各地の中等學校や規模宏大の小學校に附設せられてあり、西北小學附設の淑賢圖書館の如き是である。北京成達師範學校の福德圖書館の如きは挨及王福德一世の寄贈の大部の回文經典を襲藏し、中華民國に於ても著筆せらるべきものである。最近同校では特に樓房を新築し、圖書館に充てたが規模極めて壯麗である。

以上述べてきた所は中國回教文化の蛻化期であつて幼蟲より蛹に至つた時期、然も未だ成蟲の如何になるかは判斷し得ず。たゞ事實をのべて其の得失を論ぜずこれを將來に挨ちたいと思ふのである。

> 本稿は長篇であるが爲め一先づ本號を以つて切上げられることになつた。本稿の翻譯は牧田諦亮學士が當られてゐたのである。茲に同氏の非常な努力を感謝する次第である。
> （編者附記）

# 宗教聯盟と世界平和

楊　供　存　作

三　田　全　信　譯

宗教は國家の根幹をなすものである。無論何かなる國も少くとも一個以上の宗教がある。これその關係について一歩を進めて言へば、宗教が發達すれば、則ち文化は必ず昌盛に趨くものであつて、國家も亦强盛を極むるものである。昔年我國（支那）には儒道の兩教が昌明したから、文化は能く四千餘年の歷史を有つたのである。然るに海外より基督教、佛教、回教が我國（支那）に傳入してから後は、宗教は派別に分岐し、各教の人士は均しく眞髓を忘れて我見に膠執し、和平を忘れて一黨一派の私に局促し、完全に宗教の意旨を埋沒して了つた。是に由つて各教は布教に力を注ぎ宗旨も亦永に一に歸することがないのである。然るに其の原由を推考すれば、無論何かなる教も名目は不同であるけれども、眞理は則ち一である。且つ王道の精神を含有せぬものはない。茲に蘇錫文先生の所著「世界建設の大道」なる書を檢するに、所說の各教の意義、即ち其の梗概を知り得る。それに依れば宗教を分つて五とされてある。左に略述すれば、

**一、基督教**　基督教にあつては天父と云ふことを云ふ。即ち天上に父あり地上に子ありとするを觀ることが出來やう。亦一家を構成する思想を以つて其の無限の愛を明してゐる。偉大なる一家宗教であると謂ひ得るであらう。尤も其の十字架を表象するに對して、一は則ち父子を表徵し、一は則ち兄弟を表象する。父子兄弟の關係は天地の眞理であると云ふのが本教の根幹である。

**二、佛教**　現世の人が生老病死を解說することを無苦とするのである。慾望を棄てゝ無に歸し、大和平の世界を建立するのは一体現の境地であつて、最後に物我一体の世界を以つて理想とする。卍をもつて

表象し物我一体の理想を種るは、即ち眞理の表現である。世界一体と謂ふのは但し並非無差別一体の謂であつて、渾然たる卍の如きを表象するのであつて父子兄弟有つて周くして始に復る、恰も環を以つて之を繞つて宇宙の姿態を表象するのである。尤も手を合せて拜むと云ふことは全く一家の思想に係り父子兄弟を構成するを示すものであると見られ、和平を希冀する象であらう。

**三、儒教**　仁の行を表示する經に、人を分解して天地人となし、天地を親とし、人を子となすのを視るであらう。大學に謂へる「格物致知、誠意、正心、修身、齊家、治國、平天下」は格物を以つて其の根底となすものである。苟も能く其の思考を盡し、百物の成立する、其の本性の道に及べば則ち必ず能く知を致すも亦眞理に透達すと謂ふべきであらう。因つて凡そ物は均しく父子兄弟の連屬景象を具するから一家の姿態となり、儒教の根底をなすのである。是れ即ち知の極であり、知の眞理である。此の眞理を明かにせば、誠意正心修身等均しく次で至る。窃ふに是れ一家の思想と謂ふべきであらう。

**四、道教**　空の義を顯示す。所謂空とは無理の可言であつて只事實を具することである。故に毫も事物に觸及せずして虛心坦懷にして事實を現ずれば則ち眞理は自明である。便ち性に隨つて事に應じ、機を巧に策畫し均しく無庸となる。夫れ天地の事實は一家の姿態を除く以外には何があるであらうか。此の事實の本原を明かにすれば、眞理は其の中に在る。

**五、回回教**　回々教の教義を闡明せんに、父母は子女を生み、子女は父母となる。一に由つて至を以つてすれば無數に繁衍する。回つて其の原に溯れば復た一に歸へる。人生を明表ならしむる者は一家を除いては蓋し認識すべきものがない。惜ふに父母子女間の關係は即ち天地の眞理である。

上に由つて之を見るに無論基督教、佛教、儒教、道教、回教夫々その性質は異なるけれども眞理を抱くことは一である。かく各教に眞理がある以上そこに慈愛が生ずる。故に一家の中に、父は天理教となり、母は基督教となり、祖父は佛教となり、子は金光教となり兄は儒教となり、弟は道教となるが如く但し各人は均しく眞理を以つて主としてゐるのである。即ち各教によつて教義は不同であつても亦慈愛の心を生ずること

二〇

が不可能である。慈愛が家庭に充滿し、和平の氣象は現に表はれて來るのである。之を推し廣むるに一國のみならず世界の間に至せば、各教は能く安定を抱き天下を家となし、萬無歸一の眞理となり必ず一德に團結するを得て世界の和平の實現を期するであらう。我國（支那）は黨閥より專政に還り、宗教を以つて一黨一派の和になし唯物論の共產主義に立脚して、偏狹な排外主義に眩惑されて、毒を人心に貽し、遂に八・一三の大事變の發生を致した。今や我齊戰區を環顧するに瘡痍滿目、人民流離顚沛、餓莩は道に載つてゐる。其の悽慘の景況は實に一睹するに忍びない。我が隣邦日本は我が人民の水深火熱の中に陷り、自ら拔くことの出來ないのを見て、乃ち、皇道の精神を以つて吾が人民を衽席の上に拯救し、且つ本月二十日隣邦日本の宗教團体は起つて團結一致、我國の宗教團体と結合して、密切なる深交を作り、華中宗教大同聯盟を成立した。其の所抱の目的は人民の苦痛を解除し、東亞新秩序の建設を資助し並に日華宗教提携を謀り、各慈愛心を胸に懷き、東亞和平の基礎を確立せんとしてゐる。尙ほ各國宗教は能く我見を排除して一個の眞理を抱定し、團結一体せば則ち戰禍は又消滅して世界は永く和平を臻すであらう。　〔新申報五〇四號による〕

# 呉佩孚氏と佛教

革命の英雄と謂はれた袁世凱が忽焉と逝つた後の支那は鼎の沸くが如く群雄割據の狀態となつた。北支には段祺瑞を中心とする安福派と、曹錕を主將を仰ぐ直隷派と、滿洲には張作霖が居た。呉佩孚は曹錕の下にゐてその驍名を全支に轟かせた。幾多の變遷の後、革命を主張せる蔣介石と呉佩孚と武漢の野に對陣したのであつたが、蔣の奇襲に智將謀將と謳はれた呉將軍も四川の山奧重慶よりまだ奧の北方大竹に待機してゐたのである。此の四川に於ける生活は彼に讀書の機會を與へた。彼は佛書、易學、歷史、天文等の書を讀み耽つた。殊に佛門に歸向し、禪の三昧境を味得した。支那の名士武將は何故か佛門に歸す。佛門に入つて大いに修養をなし所謂腹を造るのである。彼は張學良に招かるゝまゝ北京に移り、筆墨を弄し書畫に心を傾けてゐた。その著に、「論三歸五戒愼」「循分新論」「日食參考談」等がある。今や日支事變に當り。蔣の焦土戰術を非難し、救國日支親善を以つて、その第一聲を力強く叫んでゐる將軍の前途を祝福して止まない。

二一

# 支那に於ける宗教の動き

▲南支厦門東西兩本願寺は去る二月協力して社會事業及び教化事業に努力し、教化事業は在留日本人よりも支那民衆の教化に乘り出し、市内六ケ所の布教所を設置し、社會事業方面には無料宿泊所託兒所、貧民救濟等を行つてゐる

▲同じく二月二日淨土宗深草派では黃氏（臺灣人）を開教師として厦門に派した

▲北支張家口に於て、居留民によつて「張家口神社」が創設せられ神域敷地を選定、工事豫算六萬圓と云ふ。

▲中支宗教大同聯盟の日本側神道部長として畑金光專掌を推薦に內定。

▲古義眞言宗では蒙古の宣撫教化はラマ教と提携するの必要に迫り宗内各機關卒業生から約七十名を派遣する筈である。

▲大阪社會事業家によつて組織されてゐる隣邦孤兒愛護會の一行は、去る二月十五日支那孤兒三十八名を伴ひ長安丸で神戸に着し、即日大鐵沿線矢田村四天王寺悲田院に收容された。

▲支那に於ける外人宣教師は、中華民國の國籍に歸入せざる限り現地を追放する旨維新政府で規定された。

▲二月廿五日林四恩學園理事、古村自彊館長、八田セツルメント主事、西尾大毎社會事業團主事の一行は長江丸にて支那孤兒三十一名と二人の支那保母を伴つて神戸入航、上記の悲田院に收容

▲武昌東本願寺では此程幼稚園を開設し尙ほ中國婦人を主とする裁縫講習會等も開催する模樣である。

▲豊山派では香港の資産家にして嘗て權田雷斧師の弟子入をした黎乙眞氏の第二世の留學を計劃し適當な支那僧を招致して今後日支佛教に貢献せんとしてゐる。

▲基教北京に於ける唯一の經營「崇貞學園」に就いては本誌創刊號に紹介せるが、その經營者淸水安三氏の功績著しきものがあつて同氏の傳記出版を外務省が乘出してやることになつてゐる。

▲金光教宣撫班の中支班では上海に日語敎授に力を注ぎ仁智小學校には三百名の生徒を收容更に第二小學校增設の豫定で大いに實動してゐる。

▲最近北支に於ては大日本少年團聯盟が主動して新民少年團を設立し八紘一宇の精神に依るものであるが、四月には約六千名の大團員を結成することが豫定されカトリック教及其他宗教の少年團も參加する模樣である。

▲基教近江兄弟社では時局に鑑み北京傳道に乘出すことになつた。

▲東本願寺經營北京覺生日華學校及女子綜合學園が計劃され着々實行に運んでゐる。

▲北京に本部を有する中國回教總聯合會は善隣日本を鑽仰し、蔣の容共に反對を唱へソ聯の共産政策を打倒すべしと宣言した。

▲河南省生れの廿三歳の青年釋諦圓君は支那佛教の再興を目して淨土宗靑島善導寺の本原義岳師の下へ徒弟入りをした。

▲北京西別院には此程北支、皇軍戰死者英靈を奉安する全英靈奉安所が新設せられ去二月廿日落成式が擧行せられた

▲前號に所報近衞公を總裁とせる日本神道十三派佛教五十六派キリスト教廿四派よりなる中支宗教大同聯盟は去る二



月二十七日アスターハウス大ホールに於いて盛大なる發會式が擧行され、諸多の事業規約及宣言が發表せられた。役員には總裁近衞文麿公、副總裁大谷光瑞氏、顧問野村海軍中將、原田陸軍少將、三浦總領事、總長兼基督教部長、小林誠氏、佛教部長福田閑正氏、神道部長畑一氏、總務局長小笠原彰眞氏である

▲妙心寺派に於ては宣撫工作として施藥及日華書の出版が企劃されてゐる。

▲北京基教經營崇貞學園へ淸水安三牧師の德を慕つ東京女子家政專門學校を卒業した若き女性關和子孃は此程一生を支那難民の爲め教育に捧ぐべく崇貞學園へ赴くことになつた。又淸水牧師に引率された支那女學生は三月二十三日日本へ渡つて各地見學中。

▲新疆、甘肅、狹西方面の支那西北邊境地帶の回々教徒は反蔣反ソを標榜して甘肅省寳雞、平凉、岐山、化平、金積等の回教徒約百萬が馬有福、王子元を代表として蹶起して各地で奮戰し、蔣の將五原の馬鴻逵を血祭に上げ又新疆省に於いてはソ聯自動車襲擊隊を組織せる西寧の馬步芳は蘭州南方五十キロ衛秤鈎驛に於いてソ聯自動車隊を潰滅せしめる等突如アジヤの嵐を卷き起してゐる。

▲中支派遣軍浙江省抗州特務機關では日支佛僧の交流を痛感され、支那人教化は支那佛僧の手で行ふべしとし、日宗布教師河田行戒氏に托して去る三月十三日支那僧心光、究典の二人を東本願寺へ、慧澄、無塵の二僧を曹洞宗へ、方圓、慧觀の二人を日蓮宗へ夫々委託し三ケ月間日本の佛教教育を施すことになつた。

▲天平時代に唐より日本に戒律を傳へ醫藥を敎へた唐招提寺の開山鑑眞和上を鑽仰して北京臨時政府内政部長王揖唐氏を中心に日支要人が「鑑眞會」を組織して日本にかゝる偉人の渡支を求めてゐる。

▲蘇州に於ける眞宗、日蓮宗、淨土宗三派合同の蘇州佛教日語學校は去る一月十日開校式を擧げ着々實績を擧げつゝある。

▲大同下華嚴寺に事務所を有する日支合同の晉北佛教聯合會では大和法隆寺より聖德太子像を迎へ此の四月八日より佛教學院を開院することになつて居り募集生徒三十名、思想中正の十五才以上の男子で僧居士にて修業期間六ケ月である。

▲上海市内閘北附近にある敷地十五百坪を有する支那近代寺院蜀商公所と謂はれる大寺院が日蓮宗によつて經營されることになつた。

▲廣東市に於ける華南佛教協會では日語講習や日華僧侶の共同讀經が實行され去る三月廿一日東福東路の大佛寺で慶祝廣州更生法要が行はれ參加日華僧三百名で頗る盛大に行はれた。

▲東本願寺經營の北京覺生女子中學校では校長陳鮑蕢夫人を團長として出雲路善尊學監を副團長に日本見學に來ることになつてゐる。一行は五十二名で、四月五日天津塘沽港を出發、十日神戸に着し、大阪、京都、東京、横濱、伊勢等を巡つて廿二日再び神戸を去つて歸國の途に着く筈である。

▲本年五月、北京に於いて、更に十月上海に於いて、全佛教東亞大會が行はれ事變戰歿者の慰靈祭を行ふと。

▲南京の西本願寺では、支那青年僧の育

英事業たる「南京佛學院」を創設し、支那僧にして十五歳以上の中國初等教育の課程を經たもので、給費生十五名、自費生十名であると。

▲夏蓮居氏の門弟がその過半數を占むる北支經濟視察團は日本商工會議所の致請によつて來朝し一行二十名は臨時政府實業部總長王蔭泰氏を團長として三月廿九日着し、東京增上寺に於いて京都知恩院に於いて一行の歡迎會が開かれることになつてゐる。

▲山西の太原では在留邦人の熱望により明治神宮の御分靈を奉齋することになり、天理教山西日語學校長高倉庄三郎氏が居留民の代表となつて御神體を奉戴して歸り、來る四月三日神武天皇祭を期して太原神社鎭座祭を行ふ筈である。

▲南京では近く日華佛教聯合會の結成大會には佛教團體は勿論、支那の理教、安清同盟會、西藏蒙古、のラマ教も參加し頗る特異な大會を豫想されてゐる。

▲北京で曾て時代の先端を歩む豫定で王禹亟が「北京興華職業學校」と名づけて居つた處、今時の事變で日本に讓りたき旨の申出があり、西本願寺が經營に當ることになり、總建坪八百七十三坪洋館建で女子職業學校にすると。

▲滿洲國新京天台宗別院にある蒙古實務學院第三期卒業生で日本の宗教的教育を修得する爲め三月廿四日大津に着した蒙古留學生五名は比叡山中學へ入學することになつてゐる。

## 本會のニユース

▲本年新春早々に上海市政府主席參議王長春氏の歡迎會を催したことは既報の如くであるが、其後王氏から出席者に對して夫々達筆自書の山陽詩句「男志立志出郷關云々」の一幅が贈られた。

▲本會主催支那視察團加入申込みは漸次增加して頗る好成績である。

▲本會は新加入會員を募集中であるが、本會の理解と共に日々增加して行くことは慶しいことである。

▲去る三月十四日第二回例會を事務所に開き、協議する處があつた。

▲本會發行第四年報は「日支交渉關係」の貴重な論文集となすべく各名士に原稿を依頼中で、編輯は春日文學士が當てられ本年九月頃發行の豫定である。

▲林幹事長は七十有餘の高齡莊者を凌ぐ元氣を以つて本月下旬中北支へ本會發展調査の爲め出張さるゝ筈である。

▲本會が嘗て支那貧民の爲め施藥を募集發送したが、此程救世新教總會からカツトの如き感謝狀が寄せられた。

▲本會は漸次新會員の增加と共に事務多忙となりつゝある。手落の點は御指示下さい。

## 編輯後記

△渡支の人々が陸續して鐵道に定期船に滿員となる。日本教派宗教から漸次視察に調査に趣く事になるだらう。此等の人々は深く支那民族性に觸れなければ視察も調査も無意義に畢る。

△寺本婉雅氏から貴重な原稿を頂く、我々は蒙古に關する歴史殊に喇嘛教に就いての認識が乏しかつた。

△林幹事長が愈々七十有餘の老齡を以つて渡支される。日支に過去の高僧が高齡尙ほ物ともせず求法の爲め遠隔の地に趣かれた悲壯な史實がある。今それを想ひ合せて林幹事長の渡支を想ふにつけ胸に逼るものがある。

△日本に櫻が咲いた。支那は桃李の花盛りであらう。「桃李不ㇾ言、下自成ㇾ蹊」とは支那人は實に譬喩が巧だ。

△幾度か破り幾度か訂正して、尙ほ滿足せず拋げ出さうとした途端に生れて了つた。叱つて撫めて育てゝ下さい。（全）

支那宗教事情（隔月發行） 第三號

昭和十四年四月十五日 印刷納本
昭和十四年四月廿五日 發行

定價 金拾五錢（送料三錢）
一ケ年分 金壹圓（送料共）

編輯兼發行人 京都市東山區林下町四四三 日華佛教研究會 右代表 三田全信
印刷人 京都市東山區祇園町南側六〇 豊田英太郎
印刷所 京都市東山區祇園町南側六〇 豊田愛山堂印刷部
發行所 京都市東山區林下町四四三 日華佛教研究會
電話祇⑥〇〇三八
振替大阪一〇〇七九六

第四號

日華佛教研究會發行

## 日華佛教研究會

（昭和九年七月創立）

我邦と支那とは、同敎同文、共に佛道を信じて宿縁久且つ深し、時に消長免れざることありと雖、同朋の情誼は恒に渝ることなし。特に刻下非常時局の進展、將に新東亞建設の段階に入らんとす、此時同信佛敎徒は更に心から提携、聯絡相共に無上正眞道を求め、眞俗相應じて聖業に貢獻する所あらんと欲す。糞くば大方の諸君子、此の趣旨を贊襄し進んで入會加盟せられんことを切望す。

### 會則（摘要）

一、本會ハ日華佛敎研究會ト稱ス

二、本會ハ日華兩國佛敎徒互ニ聯絡シ無上正眞道ヲ求ムルヲ以テ目的トス

三、本會ハ本部ヲ京都ニ置キ支部ヲ適當ノ地ニ置ク

四、本會ハ左ノ事業ヲ行フ

1、日華兩國ノ學者ニ依リ交換講座ヲ開ク

2、日華兩國ノ佛敎書ヲ飜譯シ新刊書ヲ交換ヘ

3、日華兩國ノ佛敎界ノ事業ヲ相互ニ紹介ス

4、日華兩文ノ佛敎雜誌ヲ發行シテ會員ニ頒ツ

5、其他日華兩國ノ佛敎徒ノ聯絡ト提携親善ニ必要ナル事項

五、本會ノ會員ヲ左ノ三種ニ分ツ

正會員ハ年額金五圓、贊助會員ハ年額三圓、特別會員ハ一時金百圓以上ヲ醵出スルモノトス

正會員特別會員ニハ研究年報及雜誌「支那宗敎事情」ヲ頒チ贊助會員ニハ雜誌「支那宗敎事情」ヲ頒ツ

六、本會ニ會長一名、幹事長一名、主事一名、幹事若干名、顧問及ビ評議員各若干名ヲ置ク任期ハスベテ三年トシ會員總會ニ於テ選擧ス

七、本會ハ毎年一回會員總會ヲ開キ事務及會計ノ報告ヲ爲ス

八、本會ノ經費ハ會員ノ醵出金其他ノ寄附金ヲ以テ之ヲ支辨ス

## 本會支那視察團

我が日華佛敎研究會にては日華親善の實を擧ぐる手段の一として、會員の多數が彼地に往來して彼等に接近交際する事が緊要であると認め、支那視察團を組織する事にしたのである。

支那視察團は最も簡便なる積立方法に依て旅費を準備し、適當の時期に團體的旅行を企つることゝ爲す。その規定は左の如くである。幸に本會の諸賢此の事業の機宜に適當なる所以を察し、同志相誘ふて速に加入せられんことを望む。

### 規定

一、加入の月より三ケ年間毎月金八圓四錢を貯金積立つるものとす

二、三年滿期に至り現金三百圓を當該加入者の視察旅行費に充つ

三、加入者は本會に加入申込あれば本會は株式會社大阪貯蓄銀行（本店大阪東區伏見町三丁目 支店大阪、東京、京都、神戸）に就き契約手續きを爲す

四、團員豫定數に超過したるときは加入を謝絶す

貯金の集金は京都、大阪、東京に在つては大阪貯蓄銀行本支店より集金人を差出す、本支店なき地方は送金費を銀行で負擔する郵便振替貯金の特定用紙を利用して送金を爲すことを得

五、三年滿期に至りたる時には本會に於て適當に豫め人員と旅行日程とを組合せて團員に知照し其の諸否を確めて決定するものとす、若し萬一渡支しがたき事情ある團員にはその積立金を交付す（詳細は本會へ照會ありたし）

日華佛教研究會
京都・東山・林下町四四三
電話祇園⑥三一八番
振替大阪一〇〇七九六番

東京支部
東京淺草・神吉町幡隨院内
電話根岸（87）二一一番

大阪支部
大阪・天王寺・逢坂一心寺内
電話天王寺三八七番

西方船
西方阿彌陀佛
專修淨業
上品上生

## 西方船

左のカットは厦門虎溪東林寺より發行されてゐる傳道誌「蓮漏聲」に載せられたもので、構圖が頗る面白く、西方阿彌陀佛の船に專修淨業の煙を吐いてゐるのは恐らく現代的な意味を含めたものであらう。此の「蓮漏聲」を寄贈されたのは、現今蘇州日語學校に教鞭を執つて居らるゝ坂崎亮誠君である。

## 目次



# 日華宗教の交流と語學

日華宗教の交流を實現することは、日華兩國の希望して止まぬところである。その觸媒をなすものは日華語である。目下兩國に於いて宗教々派が盛んに語學校を開設して、日華語習得に努力されてゐることは慶ばしいことである。勿論海外布教の第一課は常に語學である。外國語と外國語學とは意味が異るも外國語を系統的に學ぶことが外國語學である。

宗教交流に如何に語學が必要であるか歴史を辿つて見やう。支那佛教が盛んになつた裏面には、印度から支那へ渡來した天竺僧や支那から印度へ行つて語學を習得した僧が譯經に従事したからである。又護法に志ある王侯は譯經場を設けてその事業を奬勵したから名翻譯が末代に貽されたのである。日本佛教に於いても和魂漢才と云つた漢學尊重の時代には名僧知識は支那へ留學し、支那僧の渡日する者も多く、支那文化が日本へ輸入されたのは此等の人々の恩惠に依るものも少くない。之れ佛教のみならず基督教に於いても、日本に傳播せる和文のバイブルの翻譯者が如何に心血を注いだかは斯書を繙けば明瞭である。

惟ふに將來日華の宗教徒が、相互に親善の實を運び、交流を希ふ一面には大いに日華語の習得に努力しなければならない。尤も幸なことには、日華兩國は同文同種であるから文書に依る交流は比較的容易なるも、會話時文に至つては頗る困難である。然し宗教的な眞摯な氣慨の下に不斷の努力が傾けられるならば強ち困難な事ではない。理想的に云へば、此の共通な事業を合一して語學校を經營するならば、日華政府の援助は期せずしてあると思ふ。只此の大いなる目的遂行の障難となるものは宗我を固持することで、大陸的事業の前には此の小我を抛つことが急務である。

二

# 元明清喇嘛教史要（承前）

李本媛 稿

帕克巴は彼の弟チャクナ、リンツェン（Phyag-Na Rin-Chen）と共に伯父クンガー、ヂャルツァンに伴はれて來藏し、淳祐五年（1245. A. D）に潛邸に於て忽必烈（Khubilai）に謁す。「元史」二百二卷に曰、

「癸丑年、十有五、謁世祖於潛邸、與語大悅、日見親禮。中統元年世祖即位、尊爲國師、授以玉印。」

世祖の謁見は一二五三年なれば、彼は二十三歲にして國師となつた、彼は尋常の喇嘛には非ず。己巳歲（1269. A. D）彼は三十一歲にして再び蒙古に來錫し、庚午歲（1270. A. D）に彼は三十二歲のとき、世祖の命を奉じ世祖の天下統一の詔勅、國璽、牌面（驛傳用）等に使用すべく西藏文字の一種變體四角形文字即ち、薩迦派第一世クンガーニンポ(Kun-dGah Snin-Po)の創案せる蘭札體文の變形所謂「ホルイク」字を增補改訂して採用した。元史に謂へる帕克巴(或は八思巴)文字とは、薩迦派第一世クンガーニンポの創案字を帕克巴が再び增補改訂して、世祖の國璽等の使用に供せしものである。元史に曰。

「命製蒙古新字、字成上之、其字僅千餘、其母凡四十有一、其相關紐而成字者、則有韻關之法、其以二合、三合、四合、而成字者、則有語韻之法、而大要則以諧聲爲宗也。至元六年詔頒行於天下、詔曰、朕惟字以書言、言以紀事、此古今之通制、我國家肇基朔方、俗尚簡古、未遑制作。凡施用文字、因用漢楷及畏兀字、以達本朝之言、考諸遼金及遐方諸國例、各有字、今文治寖興而字書有闕、於制爲未備、故特命國師帕克斯巴、創爲蒙古新字、譯寫一切文字、期於順言達事、而已。今後凡有璽書頒降者、並用蒙古新字、仍各以其國字副之、遂升號帕克巴大寶法王、更賜玉印。」

此國字頒布より元朝の朝典漸く確立し、翌至元八年始めて國號を元と改稱す（易に據る）。帕克巴は至元八年に新蒙古文字の增補改訂終るや、直ちに藏漢大藏經を比較研究し、世祖の爲めに功德廣大金剛坦特羅經を講じ又灌頂を授け、眞金皇太子の爲めに「彰所知論」を著はし、喇嘛教を以て大元の國教と爲し、至元十一年（1274. A. D）國師は三十六歲にして還藏せり。世祖之を留むるも聽かず、同十七年庚辰十一月二十二日西藏にて示寂す、享年四十六歲である。史に曰。

「十一年請告西還、留之不可。乃以其弟亦憐眞嗣焉。十六年帕克巴卒。訃聞賻贈有加、賜號皇天之下一人之上、宣文輔治、大聖至德、普覺眞智佑國如意大寶法王、西天佛子大元帝師。」

「書史會要」などの支那史には「此の帕克巴文字は元一代の公文書に常用されたが民間には字形の難解と書寫の不便との爲めに廣く行はれず、元朝の滅亡と共に公文の上にも全く姿を消し全く死字となつた」云々と言へども、元來帕克巴新蒙古文字は國璽欽詔等の公文に用ゆる爲めに創案されたものなれば、元朝より現今に至るまで西藏達賴喇嘛、班禪喇嘛より、蒙古各地に於ける活佛、胡圖克圖等の諸大喇嘛に至るまでの國璽印章等に使用されつゝあつて、決して死文字とはならない。只一般民間の日用文字とはならなかつたことは文字創案當時よりのことである。

帕克巴示寂後七年にして帝師の上足弟子等は西藏、蒙古、畏兀兒の碩學博士等相依りて「元至法寶勘同目錄」を刊行し、越えて二十三年即ち武宗至大三年（1310A. D）に畏兀兒文字の改訂せる蒙古文字を以て蒙古語一切經翻譯の大事業を完成した。武帝至大三年に蒙古文の一切大經を編纂し、その殘卷として現に尨大な立派なる般若經六百卷（六函）が現存してゐる。是れ薩迦班禪が畏兀兒文字を改訂創定せしより僅かに三十年の後であつて實に驚くべき蒙古文化の發達であると謂へきであらう。西藏佛教（西洋宣教師の呼稱、喇嘛教）による大元蒙古帝國の文化の發展は、總て次時代に來る明、清兩朝の文化の基調たらしめたのである。「元史」に曰。

「元起朔方、固已崇尚釋教、及得西域、世祖以其地廣而險遠、民獷而好鬪、思有以因其俗而柔其人、乃郡縣土番之地、設官分職、而領之於帝師、乃立宣政院、其爲使位居第二者必以僧爲之、

三

出帝師所詳擧而總共政於內外者、帥臣以下、禮必僧俗並用、而軍民辦、於是帝師之命、與詔勅並行於西土、百年之間、朝廷所以敬禮而尊信之者、無所不用。」

前に叙述したる成吉思汗の碑文の書體は現在の蒙古文體とは異つて畏兀兒文字の書體に醒似してゐる。此の「蒙古文字は最古のもので、成吉思汗時代のもの（一二二五年）であると推定されてゐる」として紹介されてゐる。而して和文譯者たる播磨氏は是を今樣の蒙古字に書き改めて研究者の便に供せられてゐる。余は此の譯文を讀んで果して成吉思汗時代の建碑であるか否に就て多少の疑念を抱くものである。

成吉思汗時代には畏兀兒文字を習用して自國の政治の公用を果たしてゐたもので、未だ國語としての蒙古文字はなかつたのである。其の證據には定宗貴由(Guyuk)は在位三ヶ年にして沒した(1246-1248. A.D) 彼が在位の間に羅馬法王インノセント四世へ返翰を送つたところの書狀は畏兀兒文字であり、世祖忽必烈が至元二十六年(1289. A. D) に伊兒汗國王アルグン汗より佛蘭斯國王フイリツプベルに致せる書狀も畏兀兒文字であり、尙又成宗大德九年(1305. A. D) に伊兒汗國王オルジヤイツ汗より佛國のフイリツプベル王に致せる書狀も伊兀兒文字である。此の二書狀は佛國パリー市國立古文書館に保存されてゐる（東洋文化史大系 宋元時代 P.107.）。

其れのみならず太宗窩闊台 (Ogotai) が耶律楚材の進言により成吉思汗時代から用ひ來つた(1)驛傳牌面の文字は漢字であるか、又は畏兀兒文字にて記されてゐる、後には帕克巴(hphags-Pa) 文字を使用した。此外に(2)至元通行寶鈔は帕克巴文字と漢字との併用、(3)元朝の國書長牌も(4)蒙古の銀牌も、(5)元朝の圓牌も皆帕克巴文字の彫文であり、(6)蒙古の銀牌は畏兀兒文字で記刻され、(7)元代海青牌は畏兀兒文字と帕克巴文字との併用である。成吉思汗の時代に若し畏兀兒文字を改訂して蒙古文字が創定されてあつたとすれば、定宗、憲宗、世祖の時代に外國の國主、法皇に致せる國書などは既に蒙古文字にて記せる書狀であらねばならぬ、然るに蒙古文字を用ひずに畏兀兒文字を使用してゐる國書を見るとき、成吉思汗時代には未だ國號としての蒙古字は創定されてゐないのであつて、忽必烈時代より西藏喇嘛によつて畏兀兒文字を改訂して蒙古文字を創造したといふ多數の西藏史の記錄が正しい證據であらうと思ふ。成吉思汗以後の太宗時代の驛傳牌や蒙古銀牌の畏兀兒文字は何を物語つてゐるのであらうか。況哉蒙古文字を使用せずに帕克巴文字を多量に使用してゐることは、確かに國語としての蒙古文字が成吉思汗時代になかつた左證であらう。居庸關の壁文六種の中に畏兀兒文字の尊勝陀羅尼が鐫刻されてゐるが、蒙古文字はない。これは成吉思汗時代に建てられたといふ碑銘は畏兀兒文字を以て蒙古語を綴つたものであらう。其の書體は畏兀兒文字のであつて蒙古文字の書體ではないのを見れば、此の疑念は理解されるであらう。何れにしても蒙古文字は忽必烈の時、薩迦派のクンガー、ヂヤル、ツアンに依つて創定されたものと認むべきであらう。而して帕克巴の形象文字は元代に公用されて以來、現今に至るまで西藏の國王の印璽、衙門の公印、或は蒙古の活佛等の公印に彫刻して使用しつゝあるを見れば、帕克巴の文字は今尙活用されつゝあるものであつて、只最初より言語上に用ゆる文字ではないのである。

順帝は十四歲即位し、世祖と同じく三十五年間その位置を保ちしも、性庸劣にして政道を顧みない、太師右丞相伯顏は燕帖木兒の女なる皇后を殺し、燕帖木兒に代りて專橫を極む。その養子脫脫は帝に請ふて國の爲めに伯顏を貶謫し、彼は途上にて病沒した。脫々は賢明にして伯顏の弊政を釐革し、科擧を復興して敎化を盛にせしが、頽勢は既に挽回すべからず、叛亂各地に起つて天下鼎沸の狀態に陷つた（元史一三八卷 伯顏傳）。

元代の禍害の最甚なるものは(1)政治の放縱、(2)法制の弛廢、(3)財政の失敗、(4)經理の不徹底等に由る。

元代の文化は蒙古、西域、西藏、漢土の四系統の文化習風の混合したる特別の政治を組織せるものなれば、その間に殆んど何等體統もなく、全く檢束を缺いた粗笨の遣り方であつた、只其の中で尤も蒙古人の精神敎化に効果あらしめたものは喇嘛敎であつた。之は明淸兩期に至りて益々蒙古民族の精神文化の要素となつて。尙今日に至つてゐるのである。

順帝の時、伽璘眞 (Rtse-Rin-Chen) は帝師に封ぜられた。その頃平章政事の哈麻 (Karma) は妹婿の禿魯帖木兒をして帝に演揲兒 (dBaṅ-bDe 根樂＝五根、五官享樂）の秘法を勸め、伽璘眞を指導として淫樂に耽つたと云ふ記事あり（元史）。この法は西藏（西紀十二世紀）の舊敎殊に坦特羅 (Tantra) 法にして、尼波羅國の女神崇拜派の影響を受けたるものである。

本來の「タントラ」は理想の智慧を金剛界（男性を以て表徵す）とし、現實の方便を胎藏界（女性を以て表徵す）とし、此金胎兩部一致融合によつて現象卽實在を體驗すと說くを旨趣とす。後代印度毘濕奴派の女神崇拜と混合し、左道密教として排斥せられてゐる。伽璘眞が示唆したといへる演揲兒(dBaṅ-hDeの轉訛)法は此の左道密教であるが、恐らく元史の記載通りの事實ではなかつたであらう。そは元・明・清より現今に至るまで各喇嘛廟內には陰陽合身神像が崇られて居るも、彼等蒙古人は是を神聖視して決して淫樂の對象として安置してはゐないのである。陰陽合身像は凡夫の實行すべき境界ではなく、道行高く、德操純粹な聖者によつてのみ實修さるものとして敬虔に信奉されてゐる。歐米人や日支人は喇嘛廟のこの陰陽神像や繪畫を觀て、如何にも喇嘛教が腐敗してゐるかの如く速斷するのは、喇嘛教中の左道密教である所以を知らないが爲めである。又西藏、蒙古人は陰陽神像を以て淫樂崇拜の對象としてゐないことは事實である。「元史」編纂者は佛教を嫌ひ、喇嘛教の內容の何ものなるかを理解せないが爲めに、陰陽神の繪像を以つて直ちに元朝宮廷が此の左道密教を事實男女間に實行したものと誤認して記述したものであらうと推定せられる。支那の史學者は排佛の色眼を以て元朝滅亡の原因中に、喇嘛僧の擅恣は、上は建寺佛事の爲に夥しい國材を靡費し、下は人民を壓迫した趣きを擧げてゐるが、如何に元が衰頽したとはいへ、世界を統一した程の一大帝國が僅かの喇嘛輩によつて元室の優遇を恃み、建寺佛事に國幣を傾けしむるに至つたとは考へられない。大元帝國の文化的生命ともなつたものは宗教としての喇嘛教と蒙古文字の創案とによつて蒙古民族が未開素朴の狀態から燦爛たる文化帝國を建設したことは、その功果の偉大なることは言ふまでもなからう。由來蒙古人は同國の歷史を編纂せなかつたので、西藏喇嘛（蒙古人の西藏學者）或は外人の著はせる蒙古史の外に、排佛家の儒者漢人の手に成れる元史等によつて大元明清の喇嘛教と國家政治との關係を記述されてゐるに過ぎないから、蒙古史の眞の事實を開闡せんとせば、儒者の記述をそのまゝに受け入れることは危險である。かゝる例に於て清の史家趙翼の如きその著「陔餘叢考」(一八)に元朝に於ける喇嘛教の幣害は國家衰退の一原因の如く記してゐる。曰、

「朝廷の政の撓む所となり、天下の財その耗する所となる。諸說者謂ふ、元の天下半は僧に滅ぼさると、烟



## 元明清喇嘛教史要正誤表—（第三號）

| 誤 | | 正 |
|---|---|---|
| P.2. 5行 | (Tinggis) | (Jinggis) |
| 〃 6行 | 西夏は | 西夏の |
| 〃 12行-13行 | 李元昊 | 李　晛 |
| P.4.19行 | 美しくても | 美しくとも |
| P.7.終行 | Hod | Ḥod |

鑑となすべし。」

「說者謂ふ……」云々とし、確實な調査に據る事實に非ざる世啍を引證せるが如きは、支那人の「白髮千丈」の誇稱に似てゐる。支那史家は元朝の滅亡の原因として、遊牧に生成せる蒙古は特に財務に不得手なれば、世祖の英明を以てすら阿合馬（アヘメット）、桑哥（サンコ）等の聚斂の臣を重用して弊瀆を大釀した。爾後元朝の財政は遂に整理されず、放慢なるまゝに滅亡するに至つた。是又漢人の不平不滿にして反元朝思想の鬱渤として發生したことは他の時代に比類なきところで、遂に漢族の一齊蜂起に遭ひ、脆くも王宮を捨てゝ漠北に還るの已むなきに至つた。世祖に仕へた碩學許衡（禪僧還俗者）の獻策せる「時務五條」を載せたる「元文類」(一三)に曰。

「前代の北方人中、夏を奄有し、必ず漢法を行へば以て長久なるべし。故に後魏、遼、金は歷年最も多く、その他漢法を實用する能はざるは皆亂亡相續けり。」

世祖は彼の獻策を用ひて充分實行せなかつたので、子孫は漢族を懷柔する策を知らなんだが爲めに遂に五胡の亂亡相續いた後を追ふたのである（東洋中世史第四編）。「元史」(二〇二)に、

「吐蕃の地を宣政院の統攝下に置き、院の次官に僧侶を充て、帝師の命を詔勅と並行はしめ、喇嘛教は朝廷の尊崇至らざるなく、帝后妃主皆その戒を受けて膜拜し、正衙朝會に帝師の坐隅の特席を占め、新帝卽位毎に帝師に向つて褒詔を降し、印珠を與へ、その吐蕃より入京する時には途上盛なる行列を營み、百官これを郊迎して巨費を要せり。」

とある。「院の次官に僧侶を充て」とは明淸兩朝もその制に準じ、現在西藏衙門は二俗二僧を以て共政大臣制を組織してゐる。「正衙朝會……」は各朝に於ける西藏達賴喇嘛への對等禮遇法であり、淸朝光緒帝のとき（明治四十一年）達賴喇嘛入覲の際も、その古例に準じたので、「吐蕃より入京する時には途上盛なる行列を營み、百官これを郊外に迎へて巨費を要した」ことは、余が達賴第十三世を青海の奧より五台山を經て、北京に入朝來觀の誘導を實行せしめしとき正にその實例を實驗したのである。元時代の格例は今尙西藏蒙古に行はれてゐる。蓋し西藏は半獨立國として元明清三朝に公認されてゐたからである。

# 老子の故里太清宮に就いて

上村幸次

老子の故里太清宮は河南省鹿邑縣太清宮集に在り。此地に赴くには隴海鐵路の歸德車站に下車して、それより商邱縣（歸德府）を經て一路南下、馬舗村を通り鹿邑縣の北門より城内に入り、東門より東往するのが最も便利な道順である。余が開封より歸德車站に下り立つたのは盧溝橋事件突發の一年前、昭和十一年八月九日の早朝であつた。直ちに驛附近の振華旅社に入り主人の斡旋で人力車を雇ふて、鹿邑縣に向つた。驛は商邱縣の北方十五支里のところにあり、其間右は兵營立並び、左には練兵場あり、早朝より盛に教練する支那兵を車上より見つゝ一時間にして城内に入り、簡單なる朝食を攝りたる上、再車上の人となり、南門より出で、外郭の土堡の南門の外左側に、唐顔眞卿書八關齋報德記の六角石幢を覆へる小亭を見て、城外に出た。道路は坦々なる平均道幅三四間の立派なるもの、左右は高粱其他の作物が良く繁茂し、四方に一の山影もなく、唯處々に小林あつて、其中に點々として農家あるのみ、河北山東の風景と全く異なる。車は一二里置きにある土壘を繞らした村落にて少憩しつゝ、一望涯しなき原野を通り、其間僅に黄土層を截つて車流する渦河に些の變化を感じつゝ、薄暮漸く鹿邑縣を前方に認める事が出來た。其北門の手前、路の左側に石坊ありて一小墳あり。是れ李三姐の墓、孝女は清初の人、父が非命に斃れるや彼女は父の仇を報じて、後自縊して死したるを郷民其志に感じて造營せるものなりと。北門より城内に入り、中山北路の大興店に投宿す。翌日未明に起床東門内の老子昇仙臺に上り、城門の啓開を待つて東門を出た、此路は豪洲に通ずるもの暫くにして路北に中山森林公園、五星廟あり。やがて目的の土壘を繞した太清宮集に入り、村落の中央稍東寄りの太清宮に到着した。それより午後三時頃迄踏査して、再び車を返して鹿邑縣を通過、其晩は馬舗村に一泊翌日歸德に歸着した。當太清宮に就いては既に常盤大定博士が踏査せられ、立派な報告があるが、（註一）茲に再び誌して見たい。唯余の旅行した時は前述の如く支那事變發生の一年前で、邦人に對する支那側官憲の異常なる警戒のため寫眞機等の携帶は勿論、一處で長く逗留する事すら出來ず、加ふるに當日は風烈しくして、拓本をとる事が容易でなく、一二の碑石を拓した以外は、僅に持參の鹿邑縣志に依り一々對照するのみで、精しく調査出來なかつた事は遺憾であつた。

此地は古來老子の故里と傳へられてゐる。卽ち史記に云ふ楚國苦縣厲鄕の地である。然して此故里に老子の祠廟が何時頃創建せられたかと云ふ事は明白ではないが後漢の桓帝が此地に老子を祀祭し、陳相邊韶に命じて老子銘を作らしめ石に勒して建てたことは後漢書並に北魏の酈道元の水經注に見え、（註二）其文が現存してゐる。（註三）又水經注に據ると當時石闕があり、其南側に魏文帝の黄初三年に勅した銘文があり、同城內に孔子廟があつた。如此老子と孔子を併せ祀る事は現在の太極殿安置の神位にも併記してあるが、其由來の古い事が判る。此は孔子が老子に禮を問ふたと云ふ傳說より來るものであらう。尙又太清宮の北方に老子の母、李母の廟があり、其前に其墓があつた。其後唐代には其帝姓の李氏より老子を祖先として尊崇し、當地の太清宮も輪奐の美を極めた事は史上著名であり、宋元代にも朝廷の特別の崇敬保護を蒙つたことは現在廟前に樹つ碑銘によつて明確である。其後は漸く衰落のあとを辿り現在は昔日の俤なく單なる村廟の如き狀態に陷つてゐる。此を夫の山東曲阜の孔子廟巍峩として中天に聳へ、其子孫が今尙聖裔として一般士民の尊崇を鍾めてゐるのに比較する時感慨無量である。

太清宮の位置は村落の中央稍東寄りの路北に在り。其前面に幅五間、奧行二十間程の廣場があつて、其左右は民家立竝び、所謂正殿太極殿は一段小高き處に在る。現存の碑石に就いて記せば、廟の反對側、路の南民家の庭中に一大巨碑が土中に陷沒してゐる。其周圍には穴が穿つてあるが狹くして入ることが出來ない、且其碑の表面には黄土が固く附着して、碑文を判讀する事は不可能である。此は多分鹿邑縣志藝文に云ふ唐開元神武皇帝道德經注碑であらう。種々苦心して表面の黄土を剔除しやうとしたが不可能で、其の眞僞を確ある事の出來なかつたことは返す／＼も殘念であつた。次に道路を隔てゝ北方太極殿に向つて手近のものより記すと、直ぐ道路に面して右寄り民家の陰に淸嘉慶十六年重修太極殿碑があり。更に四十歩程進むと、丁度廣場の中央位のところに鐵柱と、數段に割れた碑石が横つてゐる、此は淸の胡中の道德經注碑であらう。更に進むと石段の下に到る、其右に手前より明萬曆乙酉の銘ある太上老君混元皇帝贊碑がある、序文は元の揭傒斯の撰、魏明帝以下の帝王文人の老子贊辭が刻してある。其後方は淸康熙二十四年重修太極殿碑並に民國二年建立の淸理太淸宮廟產碑である。後者によると當時整理後の廟產地は一百四十畝、砦基廟基の面積八十畝二分一厘となつてゐる。次に反對の石段の右側には前方に金續修太淸宮碑がある。文は金の胡筠の撰、よく本廟の本廟の變遷を誌るしてゐる。後方は淸康熙三十年重修碑。次に西側の民家の裏に廻ると西面して大元應緣扶敎躔云崇道眞君道行碑と題する大碑がある。前述の太上老君混元皇帝贊序と同じく揭傒斯の撰文である。此等の揭傒斯の文章は四部叢刊に收められてある彼の文集揭文安公全集にも見えてゐない、或は佚文かも知れない。本道行碑は夫の長春眞人丘處機に從つて西行した弟子十八人の一人張志素のもの、碑文によると張眞人は金大定二十八年正月朔旦雎陽に生れ、十七才の時長眞人に見えて弟子の列に加はり、常に彼の左右に侍り、後師に從つて西征した。晚年は本廟の發展に力を盡し八十一歲、至元五年十二月に沒した。當時從行の十八人の弟子の名は西遊記の末に見えてゐるが、其の大部分の弟子の傳記行狀が判明せず、不明であるに拘らず、張志素のみが闕潟はあるが本碑によつて其の大体の傳記を知り得る事は嬉しい。更に原に戾つて六級の石階を上ると小さな門があつて楣間に道德宗師の扁額が懸つてゐる。光緖丁亥の歲の書である。門をくゞつて太極殿の前庭に出ると、中庭の中央に低い階段と云ふよりも石を敷いた樣な段があつて、其の左右に二株の古栒がある。太極殿は廣さ五楹、曲尺で間口約六十二尺、奥行三十四尺位の單層の建築物である。其の南側の窓の下に四つの碑石が嵌入してある。其中の二つは元代のもので所謂白話碑元代の文學研究上の貴重な材料である。即ち東は聖旨碑で横三尺二寸、縱一尺九寸、碑文は支言に近い俗語文で、宮觀內に使臣の軍馬の繫留並に樹木の斫伐を禁止する事が記してある。此碑は最後に中統二年四月二十七日の日付もあ



り損傷なく完全に讀む事が出來る。此に比して西に在るものは海都太子令旨碑で横二尺七寸、縱二尺四寸であるが、漫漶甚だしく、讀了する事が出來ない。終に丁巳年とあり。鹿邑縣志には宋理宗寶祐七年、元憲宗の七年としてゐる。太極殿に入ると中央に金色の老子の像あり、如意を手にしてゐる、其前に右より九龍大王神位、孔子老子の神位先農皇帝萬歲と書した牌、科爾沁師邸神位が安置してあつて、其れ以外の何の見るものもない。在住の徐棣庭と云ふ道士に就いて道經等を質問したが一切無いとの事であつた。上述の安置の神位に就いて九龍大王は勿論雨を司る神で、此は古來より太淸宮の中庭に九龍井あり、如何なる旱天にも涸渴することなく、人々は此井に雨請したと云ふ事が記錄にあり、恐らく現代も農業の神と思はるゝ先農皇帝と共に附近農民の信仰を繫いでゐるのであらう。孔子と老子とを併せて祀祭した事は古來にもあつたことは既に述べた。唯西端にある科爾沁師邸の神位を祭る意義を諒解することが出來ず、道士に尋ねたが要領が得なかつた。滿洲の科爾沁旗と本廟と如何なる關係があるのであらうか。老子の像の後方より殿の裏に出ると、北方は一面の畠で遙に洞霄宮を望見する事が出來る。元來太極殿は小高い處に位置してゐたゝめ太淸宮集を保護する土堡を築造するとき太極殿を北方の堡壘としたのである。其土堡の斜面、殿の東北に一の九角形の石欄でかこつた井がある、此は最近の鑿井で古の九龍井に擬したものである。土堡を下つて北方へ五町程進むと低い臺地の上に荒廢した幾棟かの建築物がある、此が老子の母、先天太后を祭る洞霄宮である。宮に至る手前の左寄りに磚瓦で保護した表面光滑な立派な大碑が高粱畠の中に屹立してゐる、即ち宋大中祥符七年に建てた先天太后贊碑である。史によると眞宗は篤く黃老の道を信じ、大中祥符七年には一度當地に行幸してゐる。其後方左寄りに大元重修亳洲聖洞霄宮の篆額ある一碑がある、明の嘉靖三十九年の刻石で元代の原石ではない。更に正面の左方に淸乾隆十九年の重修洞霄宮高媒閣の碑がある。洞霄宮は太極殿と同じく南面して三門を開く、中央の大門より入ると宮內は三院に分れ東方は何もなく、中央には先天太后の神位を安んじて老子の母を祀り、西院に重閣の高媒閣あつて頭上の壁に娘々の塑像を安置す。此は當地の婦女の崇拜する泰山碧霞元君である。此宮は荒廢して處々屋根は落ち、雜草の生ずるまゝに任かせてゐる。戾つて宮門を出て

更に西北へ一丁も行くと、高梁畠の中に一碑が樹つてゐる。女錬師玄眞道明眞人奥敦若道行碑ゝ篆してある。此碑は雨露に暴されてゐるに拘らず、殆んど缺字なく讀むことが出来る。師は諸眞の人、長春眞人を引度師として道教に歸依し、諸方を遊歴して道觀を修選し、最後當宮に來つて、大に荊蕀を開いて宮觀を營み、卽ち大殿七楹を建立して聖母を祀り、後殿五楹には全眞の祖師を奉じ、其他合一百楹を修築したが、至元十二年七十七才で本宮の丈室にて仙蛻した。其冢は碑の西北三十歩のところにあり、石耕を覩ふ事が出來る。元代の洞霄宮研究には此碑は大なる貢献をなすもので、前の崇道大師張眞人道行碑と共に道教史上に缺くべからざる資料である。以上簡單ながら太淸宮並に洞霄宮の現狀に就いて記した。

（註一）支那佛教史蹟踏査記三三七頁

（註二）後漢書卷七桓帝本紀
延熹八年春正月遣中常侍左悺之苦縣、祠老子。
同年十一月使中常侍管霸之苦縣祠老子。
後魏酈道元水經注卷二十三

（註三）邊韶の老子銘は宋洪适撰隷釋卷三に見ゆ。



## 迷へる法師

嘗て支那佛界に於いて、印光法師、倓虛法師と並び指を折られた太虛法師は、今事變で有名な武昌にあつて佛學院を經營し「海潮音文庫」及び月刊誌「海潮音」を刊行して佛教研究には、必ずその名を見たのであつたが、事變勃發すると共にその消息は杳として不明であつた。或る說では英國へ亡命したのだと傳へられてゐたが實は英國へ亡命したのでもなく、その弟子法舫談玄等と共に蔣政權下の重慶に生存せることが此程判明した。

印光法師や倓虛法師は日本の聖戰の意義を夙に知り、これに大いに共鳴し、心から感謝の志を披瀝してゐるにも不拘、太虛は依然として迷夢から醒めず、現代的佛教學者でありながらその頑迷さに「迷へる法師」として頗る嗤の種を播いてゐる。

如何に有名な學者であらうと頑迷の夢が醒めざる以上斷乎として排撃する外はない。

# 北支で見た寺と人

中外日報社員　高橋良和

支那には支那の花が咲く、その花が咲くためには、營養と、陽の光がなければならない。

悠久三千年の歴史の上に立つた支那民族の中にはどんな營養があるのだらう。

古のそのかみもろこしの代から、今の中華民國に至るまで雨に堪へ、風に靡いた民心の中には随分佛教の見へない力が流れてゐたに違ひない。

堂塔伽藍の立派さなら敢て支那まで行かずとも我が國の南都、北嶺の峰々に立つ美しい塔でもみてゐれば落ちついた陶醉に心を奪はれるのかもしれない。

けれどこれに比べて支那の寺にはあまりにも荒れてゐる。

一ヶ月足らずの短い時の流れに、支那をてくるほんの僅かの見たり、聞いたりしたこととの批判や發表は少なからず冒險性が伴ふことゝ感じて、それは他日に讓るとして、その旅のうちに目に映じた一つ、二つを拾つてみよう。

支那の寺は荒れてゐる。すると、人も住んでゐなければ、僧侶もゐないのではないか？　この疑問は一應は諾ける。

けれど私も持つてゐたであらうこの疑は、支那の寺はみたとき結局寺の問題でなしに佛教と云ふ大きな流れの中に、寺と云ふ伽藍が問題でないと云ふことがはつきり判つた。

北京には夏蓮居士と云ふ佛教信者がゐる。一人一人に就ての言く、因緣、故事、來歴はこの場合避けたいが、北支における佛教界の第一人者たることは間違ひない。その住居を尋ねると立派な持佛堂に居士は何萬遍かの念佛相續の日を迎つてゐる。今北支に大きな、踏出しを始めた同願會や、道德總會の今後は同居士の指導にまつことが多いであらう。

　こんな居士達を中心に、指導者階級の悉くが佛教信者であることである。例へば北京にとつてみると、內政部總長の王揖唐氏や、元市長の江朝宗氏や、鄒泉蓀氏、更に上まで行けば行政委員長の王克敏氏も自ら佛教徒と稱してゐることを思へばどうしてくれる、こうしてくれる、と云ふ打算的なことからは別としてもたのもしい限りである。

　北京に廣濟寺と云ふ寺がある。先代は現明法師で丁度今修行中とあつて會ふ由もなかつたが、顯宗と云ふ現住職に會つた。この寺は近き昔伽藍を火災に見舞はれてから、再建間のないもので、支那寺としては整備されたものであらう。折柄別時會が修行中で、華嚴經か何かを讀誦してゐる多數の善男善女の群があつたがその態度の敬虔さと、眞面目さは、日本佛教徒に學ぶべき多くのことを示してゐてくれた。大体支那寺院の莊嚴は日本のそれと比べて雜多であり、云ひかへれば幼稚であるのかもしれないが、文字通り金ピカの佛さまが多數ならんでゐる。藥師、不動、文珠、普賢と各佛の證し考證は我々の範圍ではないが割合に現世利益的な意味も多數に含まれてゐる樣である。この寺には佛學院を經營して僧堂式に僧徒を養成してゐるのもうれしい一つである。

　荒れてゐることに於てヒケをとらないのは、北京の雍和宮である。僧服に身をつゝんだラマ僧の姿はみかけても寺は全く荒廢にまかせてゐる、この寺には栴檀一木の作と稱せられる七丈有餘の佛像があるが、佛と云へば五丈三尺五寸しかみたことのない私には全く見上げて驚いたが、黃瓦高樓の偉觀は昔の盛時を偲ぶようである。安欽活佛は西藏に歸つて留守であつたが、案內の僧は一々の伽藍を開けて說明してくれる。

　寺は背景で生かさる場合が多い、猿澤の地に蔭をおとす、興福寺の塔や、青き茂みに屋根を現す大佛の瓦はその背景の點景が隨分役立つてゐる。けれど平地に無雜作にならんだ雍和宮はこの點で損なくじをひいたものである。

　この背景の點でいゝのは青島の湛山寺であつた。湛山の中腹に立てられたこの寺は、住持である倓虛法師の努力によつて出來あがつたとみて差支へがない。

　七重の塔を配して山門こそ未だ出來あがつてゐない

一四

が本堂と云ひ、客殿と云ひ、新らしさに於ては支那第一であらう。

　それに付屬して佛學院と佛學會をもつてゐる。前者は僧侶の養成であり、後者は居士たちの修養機關で一望絕佳、青島市內の高所に居をしめてゐる。

　この湛山寺の建設に就ては昔の青島市長沈鴻烈あたりが隨分力を入れたもので、彼未だ迷夢にさめやらざるとき、湛山寺獨り嚴然としてみ法りを傳へてゐるのはうるはしい限りである。

　倓虛法師は一見若くみへる容貌であるが、その体格の立派さと溫容な態度には依然人物たるを思はしめした。同師が最近公にした著述「讀經隨筆」は忙がしい旅の中、讀む暇はなかつたが、支那佛教界に師ある日衰亡の一路と噂されてゐる支那佛教界が新な息をつぐ日のあること期して待つべきであらう。

　佛學界にあつまる居士も相當な數である。男女幾百の中に若き人々の多數あるのはたのもしき限りで、こゝで倓虛法師は講義をし、念佛するのである。

　北京の崇祝寺、濟南の淨居寺などでも、伽藍の問題は兎も角として、人を集め、人を敎化する點に於ての努力は拂はれてゐる樣で、淨居寺などでは、北京から慈舟と云ふ學僧を招いて凡そ善男善女百餘名が如法に無量壽經の講義を聞いてゐた。日本のどの寺に信者たちが集つて經典の講義一ケ月も聞く熱心な人たちがあらう。

　支那は佛教國であると云ふことがつく〴〵みせつけられた樣な氣がしてならない。

　天津であつた靳雲鵬や、陸宗與等からうけた感じ、青島で知つた尹援一氏なども今度の旅で全く打ちとけた態度を示してくれた。

　まだ〳〵訪れた寺も多い、見知つた人々も多い。江卍會だの、道教だの、さては喇嘛教だのと數へてくると記錄帳の一頁もくりひろげばなければ印象なんて湧きでるものではない。

　支那佛教が衰へてゐると云ふ聲のあるのは、結局組織化されてないと云ふことに期するのであらう。教義の組織化、寺院の組織化、などと考へてくると日本の佛教が一歩すゝんでゐることにすぐ目がつく。

　そして僧侶の組織化と云ふことを考へたとき、日本の佛教が國と共に生き、時の流れと共に進んだとは又反對に、支那の僧侶は、戰亂を外に、破壞と、建設の歷史に眼を閉けず、興亡三千年の大陸の歩みを意とせ

一五

ず、靜かに佛に仕へた組織化されない小乘教徒の生活を送つて來た樣である。

肉食や妻帶せないことが必ずしも佛教の尊い一面ではないにしても、佛に仕かへるもの、一つの守るべきことゝ信じて何の批判もなく、無條件にうけ入れてゐる支那の僧侶たち、佛前で土下座して三禮するあの敬虔な態度には組織化されないと嘶く裏に學ぶべき一つのことを教へてくれる。

疑いなく信ずる、それが信仰としての最上の姿であるとき、支那の人たち、佛教徒には、佛光が輝いてみへる樣である。

支那には支那の花が咲く、そして佛教は矢張り生きてゐると思つてならない。

本稿は記者高橋良和氏が今回本府の林幹事長と行を共にして支那著名の寺院名士を歴訪され本誌の懇望により特に寄せられたものである。

（編者附記）

## シャーマン教

シャーマン教は原始多神教の一種で、北方亞細亞民族の間に行はるゝ原始的な宗教である。現在では文化の宗教に壓倒されて漸く衰亡の一路を辿りつゝあるものであるが、滿洲には今なほ行はれてゐる。清朝時代には皇帝によつて保護され、北京舊皇城の東南隅には祭神殿が現殘してゐる、

現今、滿洲や支那に殘つてゐるものゝ中で最も顯著なものは、興安嶺山脈の奧深き森林に棲む原始狩獵生活を營むオロチョン民族のそれである。オロチョン族のシャーマンは實に首長にも値する勢力をもつて物質的な供養に惠まれてゐる。

彼等は祈禱に依つて吉凶禍福を占ひ、惡魔を除き、治病を目的としてゐる。彼等の祈禱には羽毛に飾つた神帽を着し、肩から胸へ子安貝の連珠と、多くの銅鏡を垂れた獐皮製の法衣を纏ひ、手に獐皮張りの單皮鼓を提げ、此の異樣な姿で皮太鼓を打ち銅鏡の接觸して鳴り合ふ音によつて、あらゆる靈魂を招くと云ふのである。祈禱は神壇を設け蠟燭を點じ、淨めの火が燃え終ると、藥の圓座に膝をつき莊重に叩頭の禮をして太鼓を打つて神歌を頌し祈禱を始めるのである。

シャーマン教の神は頗る數多く、祈禱も從つて荒れ廻るのと比較的靜かなものとあると云ふ。

此の迷信的な宗教は漸次影をひそめるであらう。

（大陸誌による）



# 扶乩について（上）

富長蝶如

## 一

支那の民族間に「扶乩」といふことが行はれて居る。乩は音ケイで、說文を見ると「卜以問ㇾ疑也」とある。ところでその方法としては、術士が盤の上に沙を盛りその上に丁字形の木片を置く。木の兩端には錐がブラ下つて居る。左右の兩人が之を扶持して居ると、軈て自然に動き出して沙上に線を畫き出す。その形を察して吉凶を卜するのである。故に俗に之を扶乩といふ。別に「扶鸞」ともいふ。鸞の字は普通鑾の字と相通用するから、或は木片に鈴などのつけてあるのではあるまいか。

さてその木片を左右から扶持して居ると、自然に動き出すのを、神が降つたと信ぜられて居る。これは日本に行はれる「コツクリ」と甚だ相似て居るのを思ふ。コツクリ別に「孤狗狸」といふ。これは木片を三角形に組み、その上に盆を載せ、二三の者がその盆を持つて居ると、自然に動き出して、下の襬などの敷いてある上に何らかの形を畫き出す。これを以つて吉凶を卜するのである。これは古くから傳はるものともされ、又は明治の初年に、米國の水兵が渡來して傳授したものともされ、その起源の如きは明瞭でないが、その行はれて居る所は相當に廣いやうだ。

扶鸞と孤狗狸とは、共方法大いに類似して居り、二者の關係に興味なしとせぬ。而して人が木片もしくは盆を扶持して居ると、自然に動き出すごときは、物理的に當然の現象なるに拘はらず、愚昧の人は、以つて奇妙な不可思議なりとし、或は一の神靈あつて、人の指頭に降つてそれを動かすものと信じたのも强ち無理

からぬことである。又その間に之を用ゐて愚智蒙昧の徒を巧みに隨喜盲信せしめた狡獪者が居たことも想像し得らるる。

二

、ところでこれが世間の愚夫愚婦の間に行はれたのなら不思議はないが、支那の士人間に盛に流行したことは聊か意外の感なき能はぬ。これを思ふと支那の學者といはれる仲間にでも、世間の迷信に惑はされたものの頗る多く、其點科學的智識の頗る缺如するものを思ふのである。例へば「聊齋志異」といふ書は、蒲松齡といふ人の著で、これは日本にもその譯著が刊行され、讀んで見て實に面白い。書中記するところは化物話しであるが、その一話一話が皆その趣向を異にして居てその奇異百出、愈々出でゝ愈々妙なるを歎ぜしめる。これは著者が道傍に出て、通りすがりの人を呼びとめ化物話をさせては筆錄したものだといふ。さてこその取材の豐富なるを思はしめるのであるが、この書中にて斷然首位を占めて居るのは狐である。狐は盛に士女を化かし横行し跋扈して居る。支那ほど狐を恐れるものはないと思はしめる。ところで清朝の學者で、王漁洋といふのが、御多分に洩れずこの狐の魔力を信じて怖氣を振つて居る。これは實に意外に感じたところだ。識見高邁の學者連が、相當に狐には參つて居る所は頗る奇異の感を抱かしめる。しかしこれは日本にても、河童が實存するとされ、それを怖がつた學者は徳川時代の隨筆に散見するから、支那ばかりを笑はれた義理ではないが、しかし河童以上に狐を恐怖して居る。これらの人々の間に、扶乩が流行したのは蓋し不思議でも何でもない。

三

扶鸞のことは、支那の隨筆や詩話中に多く散見する。趙吉士の「寄園寄所寄」は、卷を分つこと十二。凡そ「新異を見聞すれば、輒ち之を冊に筆した」と著者はいふて居るが、書中に「裂眥寄」といふのがあつて、こゝに明朝が滅亡して清朝が興起したその際の忠臣烈士の遺聞等を集錄し、「滅燭記」の中には、塡中の鬼怪を記して、その後ちに思宗皇帝を葬つた記事を詳しく載せて居る。申すまでもなく思宗皇帝は清兵に攻められて、縊死せられたる明朝最後のお氣の毒なる天子である。この皇帝を葬るの記事は相當に詳細に記述せられて居り、この記を記す爲めに他の塡中の奇怪なる傳說等を集錄したるかの感がある。思ふに著者は、漢民



族として、清の天下に多大の反抗の意を藏して居たかと想像されるのだ。この點に於いてこの書は多少の興味を覺えるのであるが、予の所藏本は德川後期の有名なる藏書家且つ愛書家たる鈴木白藤の舊藏本であつて卷首に「鈴木氏」の小印と、今一個の大印には「節ニ縮百費、日月讀ㇾ之」といふのが捺されて居る。彼は實に日用の百費を節縮して、書を購ひ、之を仔細に校訂し細密に繙閲した。この印文をよむごとに、その學は忠なる所以を敬慕し、且つその至樂に同感せずには居られぬ。而してこの「寄園寄所寄」も、鈴木白藤は、他書と校合し、青黑を以つて丁寧に欄外に書き加へて居る。この書の中に「撚髭寄」といふ一卷があつて、こゝに「乩詩」なる一欄を設けて居る。

四

寄園寄所寄の著者は「扶鸞は頗る鬼怪に類す」と說き「余は壯歲以來、目撃するところの乩仙は、皆吟咏に工みなり」と言つて居る。乩仙といふは、所謂神降りの時、文字を沙上に書かしめるのは、仙の仕業なりとするからである。而してその仙人には各々名前が附せられてあつて、紫姑仙とか、煙霞隱者とか言ふ。さてこゝに明朝滅亡の時の悲慘なる一插話を記して居る。

教諭で劉同字は永貞といふ人があつた。陝西の買縣の人である。同の弟に劉國といふのがあつて、都御史の官にあつた曇清といふ者の女を娶つて居た。崇禎十五年、即ち明朝覆滅の前年である。六月、清兵が潮のごとく金川門に迫つて來たとき、弟の國は兄の同に勸めて、城を出てお逃げなさいといふた。すると劉同は「否。わが母は老いたれども尙在す。又お前の子供も幼いではないか。それを連れて逃げ出すのは容易でない。況んや自分は朝廷の厚恩を蒙つたる身だ。今の場合たゞ一死あるのみ。」と斷然言ひきつて動かない。仕方がないから城中に踏み留つて居ると、城は終に陷つた。劉同は室中に靜かに兀然と坐つて狼狽の氣色を見せなかつた。これは已に覺悟を決めて居るからにも因るが、又別にその年寄つた母を驚かしともない心からである。ところが劉同らの命は助かるかと見えたのに、意外の事件が突發した。それは弟の劉國の舅たる曇清が、武器を挾んでその邊を走り廻つて居たからといふので、これ即ち清兵に敵對行爲をするものだとして、曇清の一族は皆殺され、その卷添えを食つて、親類一統まで慘虐なる殺戮に遂ふた。劉同も、弟の國も、老母も妻も、同日に聚寶門外で無慘な最後を遂げたのである。（未完）

創作

# 慈眼觀音像由來記

飯田光明

この一篇を今もなほ生きてゐるであらう、支那の若き佛師、李福濟(リーフンチイ)君に贈る。

一

大同を距ること三里ばかりの片田舎に、朱黑の格子戸をはめた佛師の店があつた。間口は二間にも足らなかつたが、北支特有のだゝつ廣い土間が、すぐ入口から續いてゐて、南に面した卍窓の棚の上には、刻んだ大小の佛像が極めて自然に飾られてゐた。

コン、コン〳〵、李が荒彫をしてゐるのに違ひない。柔かい木槌の音は、これも格子戸をへだてた次の部屋から聞えてゐる。

卍窓には、皮竹で編んだ簾がゝけてはあるが、强烈な夏の光は無數の線になつて、半裸體の、肉の盛り上つた、若い佛師の全身に降つてゐた。

〝ごめんな〟

恰度このとき、といつて、つか〳〵とは入つて來た男がある。李は苦い顔をした。出て見るまでもなく、張(チャン)が來たのだとこゑで判つた。李は聞きつんぼになつて、コン、コン〳〵と槌を振つた。

〝馬鹿に素つ氣ないぢやねえか〟

張はテカ〳〵と光る額を、手拭ひでふきふき云つた。

〝何もお前に怨まれるいわれはねえと思ふがなあ。なる程、娘の明(ミン)を、お前にくれてやらなかつたんで氣惡に思つてるか知らんけど、この今の時節に二百兩も降つて來ようといふのに――〟お前のやうな貧乏佛師にくれてやれるかい、と云ひたげな調子である。

張は木製の、土間の椅子に腰をかけて煙草をふかしてゐる。張はもう六十を越してゐる。長く垂らした辮髮にも白いものが交つてゐた。が、ぶつてりと肥えてゐて、脂ぎつた顔の色艶や、齒並がまだ揃つてゐるせいでもあらうか、一寸見には四十代の稼ぎ盛りのやうであつた。

張も矢張り佛師で、以前は李とも肝膽相照すといつた仲であつたが、それが、今度の事變が起ると間もなく、急に不仲になつて來たのである。

明といふ、張の娘のことからであつた。

二

今年、明は十九

張に、よくもあんな娘が生れたもんぢやわい、などゝ、村の人々は褒めたり、くさしたりする。實際、明の美はしい容貌には、誰もが見とれるばかりだつた。

明は日増に美くしくなつていつた。

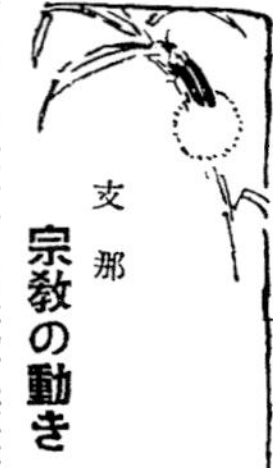

## 支那 宗教の動き

▼支那佛教研究の權威常盤大定博士は「支那文化史蹟」を著はし、支那古代文化の遺蹟遺物を保護し、その荒廢より救はんとされてゐる。

▼日蓮宗では、太原、漢口、廣東に別院を新設すべく、更に蒙古開教にも力を注ぐ筈である。

▼西本願寺では、皇軍の攻略の進展に俱ひ從軍僧の陣容を改め大いに進出するに至つた。

▼智山派では管長代理及び布教師數名を送つて支那に於ける皇軍を慰問し現地弔祭を行つた。

▼谷大教授諏訪義讓氏は、北支の文化を調査し、「寺塔分布圖」を此程完成された。

▼反共の精神に燃えた回教徒十三名の一行は新疆の住地を離れて、天山南路の嶮を突破し、或時はキヤラバンの群に雜り中央アジヤを經てメツカの巡禮を終りボンベイより去る三月三十日神戸港に着いた。此の行程に約三ケ年を要しその勞苦は言語に絕するものがあつたと。

▼北支の名士夏蓮居居士の門弟よりなる訪日經濟使節の一行は去る四月二日東京芝增上寺に於ける歡迎會に臨み同月十六日京都知恩院の「怨親平等追悼大法要」に參詣し、夏老居士の懇望たる每月日を定めて「別時念佛會」を修せんことを郁芳管長に得へ、管長の快諾を齎らし共に念佛和親興亞の大道に進むことが約された。

▼部隊長として驍名を轟かせた牧二郎少將は淨土宗管長郁芳大僧正から得度をうけ名を相圓と稱し、同志を集めて「興亞佛徒會」を組織し、東京麴町區内幸町の商興ビルに事務所を設け頗る注目すべき活動がなされてゐる。

▼北京崇貞學園の淸水牧師は支那を正しく理解せしむる目的を以つて日本女子五名を女子中學部に學ばしめ給費してその養成に力められてゐる。

▼山西省太原の崇善寺に於いて、支那佛教徒が、去る四月一日より支那孤兒の救濟を志し孤兒院を開設して日本佛教徒に授助を求めてゐる。

▼淨土宗兒童協會では、支那兒童のために在支教會所を通じて玩具一萬個を贈つた。

"ホー、ホー、こりや傑作ぢやわい"
張目身もつく／＼娘に見とれることもあつた。
まるで敦煌（トンコウ）の壁畫から抜けて來たやうな美人だつた。幾分か細目に切れ上つた眼、黒い黒い瞳、剃り込んではゐるのだが、細い眉、線のはつきりした唇、下ふくれのした豊かな頬などは、唐美人の美くしさを具へてゐた。その上、健康さうなキメの細かい、艶々した膚は、明を一層ひき立てゝ見せた。
村の若者達が、明を射て落さうと、互に暗闘を續けたことは云ふまでもないのだが、李福濟（リーフンチイ）もその中の一人だつたのである。
李がまだ十二三の時分に、明は父といふ張に連れられて、廣西（カンシー）の方からこの村へ移つて來たのだつた。明は八つか九つの子供だつた。
李の父が佛師で、まだ健在の頃だつたし、張も同じ佛師仲間に加はつて以來といふもの、父と父、子と娘とは近親のやうに、つき合つて來たのである。
その幼な友達から、この頃では二人とも大人つぽい氣持で、互に愛の交際を始めかけてゐた。張もうす／＼はガンづいてゐたが、來るところまで來たら李にくれてやらうと思つて粹をきかしてゐたのだつた。が、ある日のこと、
"張のおぢさん"李が改まつて頭を下げた。"わしの嫁に、明ちやんをくれめいか？"
"寢言かい、李"
張は一寸からかつてみる氣で言つた。
"まじめなんだよ、おぢさん。仕事がちつとも手につかねえんだ"
"そら、くれてやらねえこともないが、明はのう、拾ひつ子だぜ"
"知つとる、何もかも知つとる。日本人だつてことも知つてらあな"

▼北支濟南に於ける教世軍は診療所を開設することになり宣撫工作の一助をなすこととなる。
▼金光敎の佐藤博敏氏の率ゐる北支宣撫班は青島市外西韓哥庄にあつて施療事業と日本語敎授に大車輪である。
▼南京東本願寺では女子技藝學院を開設し十三歳より十七歳までの支那女子五十名を六ケ月間に裁縫、料理等を敎授してゐる。
▼中支松江縣楓涇の海慧寺の管理を臨濟宗南禪寺に依頼した。此の勞をとつた塚田祐信氏は宣撫班員として活躍中支那僧の此の申出を快諾したのである。
▼中國回敎聯合會、河北總務部長唐易塵氏等五名の言に依れば、ソ聯兵が新疆附近に於いて一千名の回敎徒を虐殺せるを以て回敎徒の反抗頗る激しく、英佛に對する反感も又著しきものがあると。
▼天台、智山、豊山、淨土、日蓮の諸宗合同して東京智山專門學校を道場として挺身的な宣撫僧を養成する機關「興亞指導員養成所」が五月一日より開設された。
▼東寶國策映畫協會では今秋日滿支を通じて日本佛敎の粹を宣揚すべく



"ば、馬鹿云ふでねえ！"
張の顏からさつと血の氣が引いて行つた。煙管を持つてゐる手首が微かに震へてゐる。長い十年の歳月、明には愚かなこと、誰にも、たゞの一人にも云ひ明かしたことのない秘密を、どうして李が知つたのだらう、と考へるよりも、たゞもう秘密を知られた、一種の切ない腹立たしさが、ぐつと込み上げて來たのである。
"に、日本人だつて、馬鹿言ふでねえ！"

## 三

蔣政權の猛將、王義冲が、彼の軍隊をつれて近くの部落一帶に屯するようになつたのは、それから間もないことだつた。
こんな片田舍まで支那軍の傳單が、毎日々々飛行機で撒かれてはひら／＼と舞ふて落ちた。明は、傳單を不安におのゝきながら、走り讀みしては、涙のにじんで來るのをぢつとこらへた。
"何故か知らないわよ。けど、日本に勝たせたいの。まあ、辛氣！"
"明ちやん、お前の氣持はわかる。氷見といふところ日本にあるよ。港だよ。けふ、街から日本地圖を買ふて來てしらべてあげた。明ちやんの故郷日本の港町だよ"
"まあ！　けど、あたし日本人か知ら"
"何言つてるんだい。自分で自分を疑ふなんて、お馬鹿さんだなあ"
村にも義勇軍が組織されて、張は隊長格に推されてゐたので、毎日のやうに家をあけてゐる。その留守のひとゝきを、若い李と娘の明はほんとうに溶

「大乘の國」と云ふ映畫をフヰルム八百尺におさめる筈である。
▼日本基敎徒は支那基敎徒の啓蒙をなすべく蹶起してゐる。
▼去る四月廿四日南京の日華佛敎聯合會は維新路國民大會堂に於いて總會を擧行した。同聯合會は本部を南京に置き、鎭江、蘇州、杭州に支部を旣設し、更に支部擴張が企劃されてゐる。
▼滿洲國に徴兵制度が施行され、國民皆兵制となるを以つてラマ僧も當然之れに參加することゝなり、從來蒙兵忌避の風習を一蹴して國策線上に登ることゝなつた。
▼金光敎本部では設立許可願提出中の北京金光學院は此程認可され、修行年限一ケ年三級に分つて九十名を收容し日本精神講座を開く。
▼蒙疆回敎徒訪日視察團石佘階氏等の一行二十二名は四月廿一日東京に着し各方面からの歡迎をうけ、日本同敎徒と固く握手した。
▼佛敎を通じて日蒙親善を目ざして「日蒙佛敎親和會」が組織され、蒙古側では德王、參謀色勁札布、日本側では橋本光寶氏等が事務に當り、當分準備事務所を東京築地本願寺に設け月一回の研究會を開くことにな

け合ひ、打ち明けて、愛の交際を積んで行つた。

明は小さいとき「伏木の港から五六里しかない、氷見といふ小さな町でお前は生れたんだ」と、ほんとうの父親から聞かされたことがあつた。おぼろに母の顏も知つてゐた。自分では日本人だと思つてゐるのだが、どうする術もない。そしてほんとうに日本人だと判つたら、すぐ捕へられて××になつてしまふ――。その遣る瀬ない、淋しい思を知つてゐてくれるのは、たつた李福濟一人しかないのだつた。

暑い〳〵夏の一日である。白い千切雲が點々と擴がつてゐる空に、三機づゝ編隊の飛行機が、二組も三組も、青天白日のマークをあり〳〵と見せて、三百メートル位のところを轟々と飛んで行つた。

地上からもそれに呼應して、王將軍の部隊が「われこゝにあり」と空砲を放つてゐる。

## 四

王將軍には龍と云ふ息子があつた。

龍は士官として、父將軍に從つて、この部落に屯してゐるのだが、性來の道樂者で有名だつた。明の美貌が龍の目をひかぬわけはなかつた。

ある日、張の娘の明は、王將軍の呼び出しで城中へ連れ込まれた。勿論、明はその日から龍の側女に強いられたのである。

〝お父さん、一生の恩に着るわ。ね、許して貰つて頂戴！　李さんが狂ひ死にするわよ〟

張もさすがに生木を裂くやうな思ひでうな垂れてゐたが、懷中の二百兩をおさへてみると、今更將軍に斷ることもならず、よしまた二百兩に少々を足して返してみても、將軍の力にはどうしようもないことを知つてゐる。

張は無理にカラ〳〵と笑つて、

〝何てい、くだらねえことを言ふぞ。將軍さまの御子息の夫人にはな、ならうたつてなれねえやな。何ていお前は幸せなこつた！　お前ばかりぢやねえ。この父も鼻が高いといふもんだ！　愛い明！〟

明は父の言葉を深くうなだれて聞いてゐたが、

〝さうだ！　えゝ、よくつてよ！〟

さうなづくとまだどんな顏の男かも知らない龍を、ぼんやりと浮べた。

たつた一人、城中にとり殘されて、張の姿が野原の向ふの岳にかくれて見えなくなつたとき、明はとう〳〵大聲をあげて泣いた。小さいときに死に別れ、生き別れた、母や父の姿を、大きな幻にして描いた。

肩に重みを感じたのでふり返つてみると、士官服を着けた龍が、明の肩を輕く叩きながらニタ〳〵と立つてゐた。

〝けがらわしい！　お放し！〟

明は力一杯肱鐵砲をくれてやつて、腹の中で、〝あたしは日本人だよ、馬鹿におしでない！〟と言ひ放つた。

今までの氣持とは打つて代つたものだつた。高いところで飛行機の爆音がしてゐる。

〝指をくわえて見てるがいゝよ。龍！〟

（續　く）

つてゐる。

▲晉北大同の知恩院別院の井上隆森氏の宣撫敎化事業の一助として晉北日華佛敎聯合會宣撫後援會が結成され、日支親善の爲め佛說阿彌陀經圖繪が刊行された。

▼北京夏蓮居氏を中心とする同願會に關して文部省の宗敎局長室に於いて佛聯理事及文部省首腦部と重要協議が開かれた。

▼金光敎の中支宣撫班は上海を中心として敎育事業方面に力を注ぎ破壞されてあつた小學校を修理し支那兒童を收容し金光敎小學校として日本的敎育を施すことになつた。

▼日本聖公會では此程日本人の青年傳道者二名を滿洲に派遣し滿人を對象として傳道することになつた。

▼天台宗では大陸へ行つて直ちにお役に立つ人を養成する爲め應募した二十二名の僧に必要な學科を授け支那語を敎へてゐる。

▼東西兩本願寺では合同で開敎師養成の爲め講習會を開設された。受講者四十名で必要な學科が授けられた

▼此程山東省を中心とする儒、道、佛、回、紅卍字等の各敎及び日本側の佛、神、基の各宗敎合同の「東亞宗敎團體聯盟」を濟南普利門外の基督敎青年會館で結成式を行つた。參加人員千數百名であつた。

▼古義眞言宗管長を總裁とする中日密敎研究會では日本本部事務所を靜岡市音羽町淸水寺に置き、支那本部は北京北池子風神廟に置くと。

▼大連の基敎組合敎會では中央公園附近に土地を得、大連中央敎會と稱し堂宇を新築落成した。

▼漢口西本願寺では北京語研究所と云ふのが出來、講師は支那僧で、受講者は皇軍の勇士で盛る盛況である

▼南支廣東西本願寺では大修理を終へ皇軍勇士のため種々の設備をなし又日語學校及細民救護事業を行つてゐる。

▼天理敎の支那傳道班の北支班が此程出發した。その目的事業は、宣撫工作、日支融和、兒童保育、日語塾敬老會、難民慰安、交驩會等である

▼滿洲國では僧の布施に千分の十五の課稅をなすと。

▼海南島には回敎、基敎があつて、回敎は南部の崖縣三亞港附近の部落に四五百人の敎徒を有し、天主敎は瓊山、文昌、定安等に敎徒二千を有し、又新敎は海口、瓊州、嘉積、那大等に敎會を有し四千以上の敎徒が居る。

## 本會ニュース

▲本會幹事長林大僧正は七十有餘の高齢尙莊者を凌ぐ元氣を以つて會員林輝彦師及び東京支部幹事神林周道師と共に五月廿六日午後十時四十三分發列車にて多くの歡送者の見送を後に一路大陸へ日華親善、怨親平等の弔祭、本會事業のための調査を兼ねて進發せられた。

▲林幹事長一行の訪華團の旅程は釜山、京城、平壤、奉天、新京、北京、天津、濟南、青島、上海、杭州、蘇州、南京であつた。

▲林幹事長は此の出發に際し、金尾種次郎氏の斡旋によつて、故福田宏一氏の生前の希望であつた大藏經を支那寺院へ寄贈することが實現の運びに至り、藏經八部を林幹事長に托し彼地の學究に志ある寺院へ寄贈された。之は金尾氏の勞により宋版の中で稀覯本たる磧砂版が小野博士に依つて發見されそれを同博士に贈つて新版藏經を得たものである。

▲中外記者、會員高橋良和君は社命により大陸に特派され、本會の訪華團と平壤に於いて行を共にした。本號の原稿は同君の目に映じた實感である。

▲前號の本會ニュースに既報の施藥感謝狀を寄せた北京新教本部にある隱世の江朝宗氏（前國務總、前北京市長）を林幹事長一行が訪れた時、江氏は日本佛教徒が支那民衆に施藥されたことは頗る感激に堪えない將來かゝる方面にも力を注がれんことを希望すると頗る感喜された。

▲林幹事長一行は北京外交部街の臨時政府行政委員長王克敏氏を訪れ、又王揖唐氏とも會し、日本佛教と支那佛教とに關し、殊に將來日支佛教徒の力强き提携を約し快談數刻の後辭去された。

▲北京の佛教居士を中心とする同願會の事務所嵩祝寺に於いて訪華團一行の歡迎會が行はれた。出席者は政府の要人王揖唐氏、鄒泉孫氏、夏蓮居氏等であつた

▲濟南に着いた一行は去る十六日午後三時より同市公會堂に於いて日支兩國戰死者の慰靈法要を修行した。出席者には日本の司令官、部隊長を首め唐山東省長西田顧問、有野總領事、朱濟南市長、紅卍會代表等多數の參列あり、式後宗教懇談會が催された。

▲尙載すべきニュースが多くあるが次號に讓る。

▼明年夏には北京に於いて「東亞佛教大會」と「汎太平洋佛教青年大會」が開催される模樣。

▼廣東に於ける東本願寺の活躍著しく文德路二號の私立新亞學校と調劑學校跡の百五十坪の借家を借り布教所となし、日語學校を開く筈である

▼知恩院喇嘛僧の訓育事業に滿洲國では大いに贊同を得助成金が送達される筈である。

▼北支石家莊の二萬人の難民を救つた冀南佛教聯合會副會長趙了空氏が西本願寺の指導を得て留學すべく來朝した。氏は日本の大乘佛教に深く興味を感じてゐると。

▼日本基督教聯盟婦人部が主動して資金募集し北京市外のスラム街天橋に愛隣館セツツルメントを開館し細民保護事業が着々行はれてゐる。

▼大同の晋北日華佛教會は今回晋北自治政府の後援で晋北佛學院を開院した。

▼大同郊外の雲岡の石佛を研究すべく東大の原田博士を團長とする八名は五月末同地へ向つて出發、同じく京大の調査團の一行は六月中旬出發の筈である。

▼五月廿六日滿洲國では佛教總會を開催し喇嘛教徒も參加した。

▼濟南西本願寺で開設さるゝ淑德女學院は、女子青年の訓練を目的としそれに相應せる學科を授くる筈である。



## 編輯後記

△早くも第四號を梓に上すことゝなつた。新しい意氣に燃え表紙のカットも大陸的に改めた。

△貴重な原稿を各方面から惠投下さることを心から感謝する。新しく上村氏の實地踏査の研究、高橋氏の現地報告、飯田氏の研究、富長氏の頗る面白い創作等本誌も面目を一新した。次號から春日氏の稿を載せさせて頂く。

△本會の林幹事長一行訪華團は無事六月六日午前十一時京都驛へ着いた。大陸の太陽にやけ、事變後の大陸の情況等聞きたいことが山々、元氣なお顏を拜見した時言ひ知れぬ泪が湧いて來た。

△前號の「宗教聯盟と世界平和」の作者楊供存氏から編輯子宛に感謝を併せた便りがあつた。

△本會通常事務を山川智旭文學士が擔當下さることになつた。本會もかゝる新進を邀へたことを慶ぶ。

△長年本會の常務として雜誌編輯等に少からざる力を盡されてゐた枚田諦亮氏は去る五月十日上海〇〇〇〇に就任の爲め出發された名殘惜しいこと。（全）


支那宗教事情（隔月發行） 第四號

昭和十四年六月十五日 印刷納本
昭和十四年六月廿五日 發行

定價 金拾五錢（送料三錢）
一ケ年分 金壹圓（送料共）

編輯兼發行人 京都市東山區林下町四四三 日華佛教研究會 右代表 三田全信

印刷人 京都市東山區祇園町南側六〇 豊田英太郎

印刷所 京都市東山區祇園町南側六〇 豊田愛山堂印刷部

發行所 京都市東山區林下町四四三 日華佛教研究會
電話祇⑥〇〇三八
振替大阪一〇〇七九六

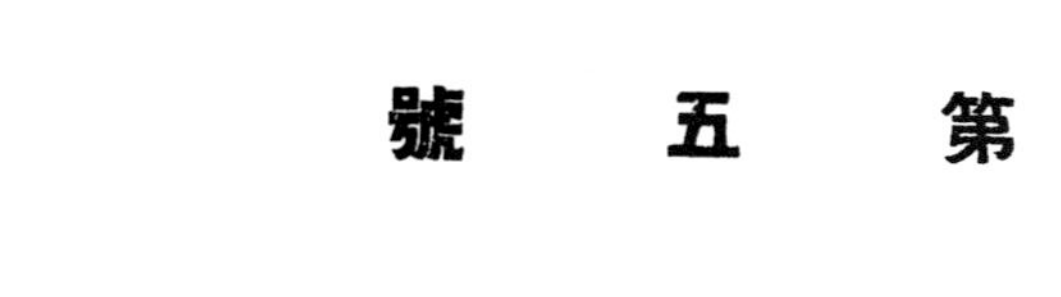


第五號

日華佛教研究會發行

## 日華佛教研究會

（昭和九年七月創立）

我邦と支那とは、同教同文、共に佛道を信じて宿緣久且つ深し、時に消長免れざることありと雖、同朋の情誼は恒に渝ることなし。特に刻下非常時局の進展、將に新東亞建設の段階に入らんとす、此時同信佛教徒は更に心から提携、聯絡相共に無上正眞道を求め、眞俗相應じて聖業に貢献する所あらんと欲す。冀くば大方の諸君子、此の趣旨を賛襄し進んで入會加盟せられんことを切望す。

### 會則（摘要）

一、本會ハ日華佛教研究會ト稱ス

二、本會ハ日華兩國佛教徒互ニ聯絡シ無上正眞道ヲ求ムルヲ以テ目的トス

三、本會ハ本部ヲ京都ニ置キ支部ヲ適當ノ地ニ置ク

四、本會ハ左ノ事業ヲ行フ

1、日華兩國ノ學者ニ依リ交換講座ヲ開ク

2、日華兩國ノ佛教書ヲ飜譯シ新刊書ヲ交換ス

3、日華兩國ノ佛教界ノ事業ヲ相互ニ紹介ス

4、日華兩文ノ佛教雜誌ヲ發行シテ會員ニ頒ツ

5、其他日華兩國ノ佛教徒ノ聯絡ト提携親善ニ必要ナル事項

五、本會ノ會員ヲ左ノ三種ニ分ツ

正會員ハ年額金五圓、贊助會員ハ年額三圓、特別會員ハ一時金百圓以上ヲ醵出スルモノトス

正會員特別會員ニハ研究年報及雜誌「支那宗教事情」ヲ頒チ贊助會員ニハ雜誌「支那宗教事情」ヲ頒ツ

六、本會ニ會長一名、幹事長一名、主事一名、幹事若干名、顧問及ビ評議員各若干名ヲ置ク任期ハスベテ三年トシ會員總會ニ於テ選擧ス

七、本會ハ毎年一回會員總會ヲ開キ事務及會計ノ報告ヲ爲ス

八、本會ノ經費ハ會員ノ醵出金其他ノ寄附金ヲ以テ之ヲ支辨ス

## 本會支那視察團

我が日華佛教研究會にては日華親善の實を擧ぐる手段の一として、會員の多數か彼地に往來して彼等に接近交際する事が緊要であると認め、支那視察團を組織する事にしたのである。

支那視察團は最も簡便なる積立方法に依て旅費を準備し、適當の時期に團體的旅行を企つることゝ爲す。その規定は左の如くである。幸に本會の諸賢此の事業の機宜に適當なる所以を察し、同志相誘ふて速に加入せられんことを望む。

### 規定

一、加入の月より三ケ年間毎月金八圓四錢を貯金積立つるものとす

二、三年滿期に至り現金三百圓を當該加入者の視察旅行費に充つ

三、加入者は本會に加入申込あれば本會は株式會社大阪貯蓄銀行（本店大阪東區伏見町三丁目 支店大阪、東京、京都、神戶）に就き契約手續きを爲す

團員豫定數に超過したるときは加入を謝絕す

四、貯金の集金は京都、大阪、東京に在つては大阪貯蓄銀行本支店より集金人を差出す、本支店なき地方は送金費を銀行で負擔する郵便振替貯金の特定用紙を利用して送金を爲すことを得

五、三年滿期に至りたる時には本會に於て適當に豫め人員と旅行日程とを組合せて團員に知照し其の諾否を確めて決定するものとす、若し萬一渡支しがたき事情ある團員にはその積立金を交付す（詳細は本會へ照會ありたし）

日華佛教研究會

京都・東山・林下町四四三
電話祇園⑥三一八番
振替大阪一〇〇七九六番

東京支部

東京・淺草・神吉町幡隨院內
電話根岸(87)二一一番

大阪支部

大阪・天王寺・逢坂一心寺內
電話天王寺三八七番

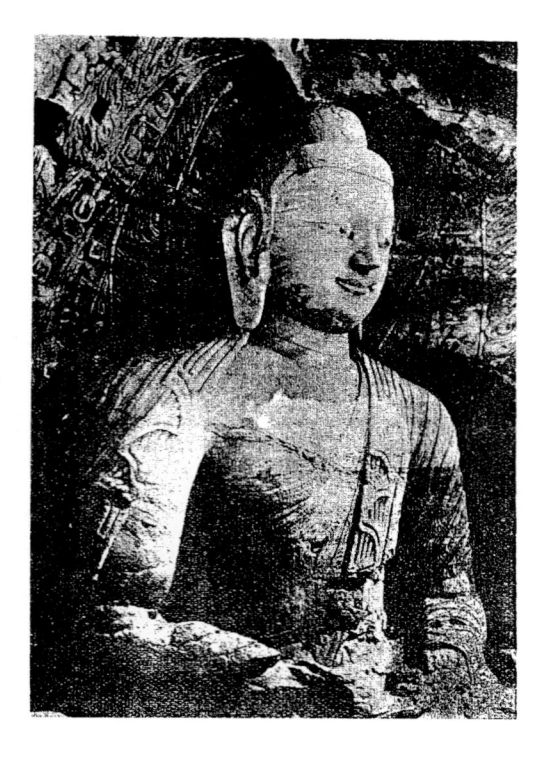

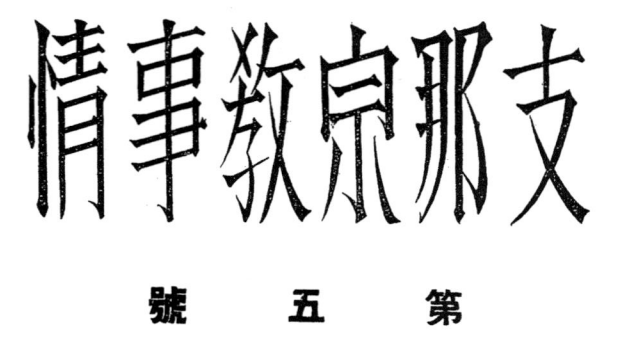

目次



## 山西省雲崗石佛の謎

今回東西兩帝大の研究團に依つて科學のメスが下されてゐる雲崗の石佛は、今から凡そ千五百年前に、北魏の沙門曇曜等に依つて、實に三十年の長い日子を要して作られたものである。巖窟は武周川北岸高さ約百尺の斷崖に鑿造され、概ね皆南面し、其の主なるものは凡そ二十、其他小佛龕の介在するもの幾百なるか知られない。其の間二峪に分つてこれを境界とし三區に分類され、東端から第一乃至第四の四窟、第五乃至第十三の九窟、第十四乃至第二十の七窟となつてゐる。此の中第三窟の如きは頗る壯大なる計劃なるも中途で工を止めた跡がある。又第五窟の如きは東西七十二尺、南北五十八尺中央本尊釋迦座像は高さ五十五尺、兩膝の徑約五十二尺、大同石佛中最大の像で頗る端嚴雄偉である。（表紙カット）此の雄大神技に近い大陸美術も暴君の破佛を避くる目的であつたと謂はれるだけに或は經卷が秘藏されてゐると傳へられ多くの謎が秘められてゐる。雲崗は北京から汽車で約十時間、大同の驛から石窟寺まで六里、現在の寺は臨濟宗に屬してゐる。

（全）

北京萬國道德會に於ける

# 林大僧正の獅子吼

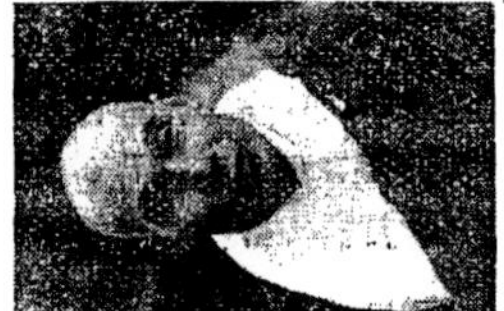

北京に於いて凡そ二十年前に創められた萬國道德會は、今や有名な夏蓮居老居士を中心に數萬の會員を擁し、儒敎主義の修養團体として支那全土否全世界に呼び掛けてゐる尨大且つ有力な結社である。七旬に餘る老軀を携へて渡支された本會幹事長林彥明大僧正は、夏蓮居老居士と親しく會談、老居士の懇望により去る五月十日道德會總會に於いて日支親善の爲め一大獅子吼されたる講演主旨の支那語文を平易に更に國譯したものである。

日本淨土宗大僧正林彥明法師在道德會講演辭　二十八年五月十日

日華兩國國民精神上の最大の傷害は、二年前に盧溝橋に引き起された不幸な事件である。此の不幸な事件が一たび發動してから戰禍は蔓延し、今日に至るまで兩國民の橫死し戰歿するものが未だ停止しない。佛教の教法に依れば、殺害心を起して衆生の命を斷つことは、佛教の大慈大悲の根本精神に違反するものであると認められ絕對に容許しないのである。不幸事件に對して六年以前に吾人がその發作を豫測するならば、豫め防ぐことを以つてしたであらうと思ふ。彼の時には余は日本にあつて日華佛教研究會を組織してゐたのであるから、佛教の慈力を藉つて、兩國一切の爭執を解除し、彌々戰禍を精神上から消散せしむるために、時に來華し接涉して中國佛學界の諸大德の同意贊助を得んことを欲したであらう。但し不幸にも此種の願望は未だ充分に運用する能はず、仍つて戰禍を未然に防止するに至らなかつた。

戰端は既に開かれ、一たび發してからは收拾することは出來ない。此の浩劫頭に臨むに在つては唯佛力の加被を藉つて寃を釋孽(佛子)より解き、早く和平に臻ることを庶ふのである。其の方法は念佛より妙なるはない。阿彌陀佛には大願大慈あり、能く衆生を攝して諸の苦を化したまふが故に觀無量壽經に曰く、無量壽佛の一一の光明遍く十方世界を照して念佛の衆生を攝取して捨てたまはずと、故に阿彌陀佛は大慈悲を以つて平等に一切衆生を護念したまふのである。然るに念佛せざれば道光を感應し佛の光明に浴することは出來ない。又無量壽經に曰く、佛の遊履する所の國邑丘聚、化を蒙らずと云ふことなし。天下和順し、日月清明、風雨時を以つてし、災厲起らず、國豐に民安にして、兵戈用ゐることなし。德を崇め、仁を興して、務めて禮讓を修すと。若し能く念佛せば、其の地吉祥にして即ち如來の至る所と同じく、等しく異あることはない。故に國豐に、民安んじて、兵戈永く息めんと欲せば、必ず須らく念佛すべきである。

當面の不幸事件は並に中日兩國の爭にあらずして乃ち念佛する人と念佛せざる人との戰爭である。何となれば此回戰爭の主角はソ聯である。ソ聯の主義こそ將に全世界の一切の宗教信仰を俱に行ふことを破壞するものである。日華兩國は俱に佛教國家であつて、日本人民が佛化せる事は或は中國に較べて尤も多いのである。故に今日の戰は中日兩念佛國家の聯合とソ聯との戰爭と云ふ可きである。然らば時今日にまつて殘局を收拾し和平を實現せんと欲せば、萬衆が一心になつて念佛する外に更に別法はないのである。

余は淨土の專心念佛を修習して已に久しい。五六年前大いに病み長らく臥す、然るに病篤き時一意念佛に仍つて死生の問題を顧みなかつた。已にして竟に愈へ、今日復た遠く大洋を涉り諸の上善の人と一處に聚會することを得たるを衷心最も愉悅する者である。それ夏老居士に見ゆるを得たるは曷んぞ欣慰に勝へん。殘餘の年猶よく此に遇ふ幸之れを如何せん。深く望む、夏老居士には常行を得、諸善友及び一切發心の士を領導あらんことを。老衲眞に念佛すれば災劫の除かるるを惟ふ、和平期すべく、世出世間一切の問題は皆解決すと云ふのである。(譯者編者)

發菩提心　乘大願船
廣度衆生　同登覺岸
林大僧正法屬
夏蓮居 [印]

萬國道德總會名譽會長
佛教同願會理事長
夏蓮居老居士と
その筆蹟

**日本淨土宗大僧正林彥明法師在道德會講演辭**

在中日兩國國民精神上最大的創傷。就是兩年前由蘆溝橋引起的不幸事件。此不幸事件一經發動。戰禍綿延。迄至今日。兩國人民橫遭慘戮。未有底止。依佛教教法。對於起殺害心。斷衆生命。認爲違反佛教大慈大悲之根本精神。絕對不容許的。對於不幸事件。在六年以前吾人曾預料其發作。而思有以預防之。彼時余在日本組織日華佛教研究會。欲藉佛教之慈力。解除兩國一切爭執。而消弭戰禍於無形。當時來華接洽。曾得中國佛學界諸大德之同意贊助。但不幸此種願力未能充分運用。仍不足以防止戰禍於未然。

戰端既啓。一發而不可收拾。在此浩劫臨頭。唯有藉佛力加被。庶可解冤釋孽。早臻和平。其方法莫妙於念佛。以阿彌陀佛有大願大慈悲。攝衆生。化諸苦。故觀無量壽經曰。無量壽佛。一一光明。遍照十方世界。念佛衆生。攝取不捨。故阿彌陀佛以大慈悲平等護念一切衆生。然非念佛不能感應道交。沐佛光明。又無量壽經曰。佛所遊履。國邑丘聚。靡不蒙化。天下和順。日月清明。風雨以時。災厲不起。國豐民安。兵戈無用。崇德興仁。務修禮讓。若能念佛。其地吉祥。即同如來所至。等無有異。故欲國豐民安。兵戈永息。必須念佛。當前之不幸事件。並非中日兩國之爭。乃念佛人與不念佛人之戰爭。何以言之。此次戰爭之主角爲蘇聯。蘇聯之主義欲將世界一切宗教信仰俱行破壞。日華兩國俱爲佛教國家。而日本人民佛化之成分或較中國爲尤多。故今日之戰可云中日兩念佛國家合與蘇聯之戰爭。然時至今日。欲收拾殘局。實現和平。非萬衆一心念佛而外。更無別法也。

余修習淨土專心念佛已久。五六年前大病一次。幾不起。然病篤時仍一意念佛。死生問題所不顧也。已而竟愈。今日復得遠涉重洋。與諸上善人聚會一處。而衷心最爲愉快者。厥爲得見夏老居士。曷勝欣慰。殘餘之年。猶克此遇。幸何如之。深望夏老居士得常行。領導諸善友及一切發心之士。老衲實念佛。則不惟災劫可挽。和平可期。世出世間一切問題皆可解決云。

# 回教と清眞寺

春日禮智

## 一

今時の事變に依つて、社會の視聽を集めてゐる支那の宗教としては世界紅卍會、回教、喇嘛教等を擧げることができる。中にも回教はアジアの中央部、南部の一部、西南部、歐洲の東南部、アフリカの北半部に約三億餘の信徒を有する世界三大宗教の一であつて、滿洲に約百萬、支那に最小三百萬から八千萬ありと言はれてゐるもので、其の存在はアジア問題、防共問題から言つても決して輕視できないのである。去る四月二十一日から五日間、イラン國テヘランのゴレスタン宮殿に於て、イラン國皇太子パラハヴイ殿下とエジプト皇妹ファウジヤ女王殿下の御成婚式の擧行せられた際、我が國からも「そよかぜ」號が奉祝のため飛んだのは、この國がアジヤに於ける回教國として、有力なる防共國家であるからに外ならない。

回教は本名イスラム（Islam）、伊斯蘭と爲し、絶對歸依の義である。回教又は回回教とは、西域のウイグル（Uigur）、即ち回鶻、回紇、畏兀兒と書くトルコ民族の一派が、九世紀の中頃他のトルコ族なるキルギズ（Kirgiz）に追はれてバイカル湖の南、外蒙古から天山山脈を越えて西域に來り、そこでイスラム教に歸依したので、唐代の人々はウイグルの信ずるこの宗教を回紇の宗教即ち回教と呼んだのである。回教は又その教祖の名をとりムハメツド（Muhammad）教と呼ばれる。

併し支那滿洲では、この宗教は清眞教又は淨教と呼ばれる。これはAl-Islamの意譯である。Al-Islamはaslamなる語原から來たもので、正名、眞義と譯される言葉で、イスラム教は絶對の神に歸依し、慈悲忍辱無障無碍の平和を說くもので、コーラン第二章第一一二節にも「げに己を悉くアラーにまかせ、善根を積むものこそ、主よりの報ひを受け、恐れもなく悲しみもなし」と言つてゐる。

支那滿洲では回教の寺を清眞寺と言つてゐる。もとは禮拜寺と呼ばれたものだが、キリスト教の禮拜堂を避けたものである。又その教徒を穆民といふのはアラビヤ語のMuslimînの音譯である。これは人に善根を施し、平和なる人の義である。

回教は「宗教は强制すべきものにあらず」（コーラン二・二五六）と言はれてゐるにも拘らず、その教徒は好戰的で、憤激性に富み、排他的で、異教徒に對する嫌惡の情が强い。「右に劍、左にコーラン」とは必ずしもキリスト教徒の惡口でなく、實際を穿つた言葉である。一夫多妻も亦彼等の特徵である。

## 二

回教の教祖ムハメツド（Muhammad）は西曆五七一年四月二十日、メツカ（Mekkha）に生る。父は彼の生前に、母は七歲の時に死んだので、祖父アブダル・ムツタリブ（Abdal Muttalib）に養はれ、越えて二年祖父も亦死んだので今度は叔父アブー・ターリブ（Abú Tálib）に育てられた。二十五歲の時、四十歲の寡婦ハデージヤ（Khadi'ja）と婚し、貧乏な彼は漸く物質的に幸福な生活に入ることができた。然るに彼は四十歲頃よりひどく宗教的煩悶に苦しみ、幾度か自殺の衝動にさへ驅られた。當時アラビヤは色々な部族が割據して爭ひ、民心が頽廢して雜信邪信が橫行し、メツカの本山カーバ（Kâbe）寺は醜惡怪奇の偶像崇拜の中心であつた。茲に於て彼はヒラー（Hira）の洞窟に入つて冥想に耽り、回曆九月ラマザン（Ramazan）の夜、天の啓示（vahiy）に接し、新宗教を感得したのである。

併しムハメツドの宗教はしかく簡單に弘まらなかつた。偶像打破と、唯一絕對の神アラーの德を讚嘆した彼は、あらゆる迫害を覺悟せねばならなかつた。彼は一時メツカからメディナ（Madi'na）に退き、そこに彼の新傳道の天地を見出した。回教では此を聖遷（hicret）と呼び、この年を以て回曆元年としてゐる。かくてムハメツドは法の國の建設のため破邪の劍を拔き、メツカを占領してイスラムの靈地と定め、回曆十一年（六三二AD）三月十二日、六十三歲を以て入滅した。

## 三

回教の教義の中心はもとよりコーラン（kuran）であるコーランを助けるものに教祖の言行を集めたハディス（hadis）であるコーランがあり、更に其の解釋に就いてはイジュマー(icma)即ちイスラム法學の合議に依る決議がある。この解釋をスンネット(sünnet)又はスンナと呼ぶ。スンナは最初はメッカ、メディナのみで行はれたが、後には隨處で開かれるに至つた。

コーランは正しくはアル•クルアーン(Al-Qur'án)と言ひ、「讀むべきもの」とか、「讀まるべきもの」の義である。これはムホメッドの天啓を書記のザイド•ビン•サービット(Zayd bin Sibit)が椰子の葉、皮革、白い石盤、骨等に記錄しておいたのを、ムハメッドの後繼者(halife)アブー•バクルが編纂し、其の後三代目のカリフであるウスマーンがその不備を補つてアラビア語に統一して作り上げたものである。其の内容は百十四の章(sure)から成り、各章は一々その章名を附して、若干の節(Ayet)に分けてある。又勤行用のコーランは全篇が三十の部(cüz)に分れて、一ヶ月で全部讀誦し了るやうにできてゐる。世界で一番廣く讀まれてゐる聖典はバイブルであるが、最も繁く讀まれてゐる聖典はコーランであると言はれてゐる。

コーランの各章には別に系統はない。前部は比較的長い章からなり、後部は短いが、その短い方が寧ろ教祖の體驗的告白であつて、美しい韻律を以て敬虔的な深刻な崇嚴な宗教詩となつてゐるもので、長い方の部は立法者、將軍、法の國の支配者としてのムハメッドを語るものである。短い方はメッカ時代の天啓、長い方はメディナ時代の天啓である。

四

イスラム教の教義は信仰の柱(erkāniman)と稱せられる神、天使、經典、豫言者、來世及び天命に對する五信と、イスラムの基礎(islāmin bin asi)と稱せられる信仰の告白、禮拜、斷食、喜捨、巡禮の五行とが中心で、この二つは鳥の兩翼に譬へられてゐる。

一、神は唯一絕對のアラー(Allâh)で、支那では眞主、眞宰と譯してゐる。「大慈大悲のアラーの御名に於いて、のべよ、アラーは唯一なるものなり。アラーは一切を護るものなり。アラーは生みしこともなく、生れしこともなし。アラーに比ぶべきものなし」(コーラン第一一二章)、「アラーは最初にして最後なり。凡べてのものに優れしものなり。隱れたるものを識るものなり。彼は全智なり」(五七•三)、「アラーの外に神あることなし(La ilaha ill-Allāh) 彼は見えざるものと、見ゆるものとを知るものなり。大慈なり。大悲なり。彼はアラーなり。彼の外に神なし。王なり。至聖なり。平和の源なり。安心を與ふるものなり。一切の保護者なり。威力なり。至上なり。一切の大なるものなり。成すものなり。形づくるものなり。アラーには最も優れたる名こそあれ。天地のありとあらゆるもの悉くアラーの榮光を示現す。アラーは威力なり。智慧なり」(五九•二二—二四)とあり、アラーの德は九十九の名號となり、其は數珠(tespih)の數となり、勤行、行事に屢口誦される「アラーは至大なり」(Allāhu Akfar)の題目に依つて代表される。

二、天使(Melek)は神に奉仕するもので、其の中四大天使が最も有名である。

三、經典はコーランを以て最上とする。

四、豫言者はムハメッドを以て至大とす。「アラーの外に神なく、ムハメッドはアラーの使徒なり」と言はれてゐる。

五、來世(Ahiret)—人は來世業に從つて報ひを受け、復活(kiyamet)の日、アラーの審判に依つて或は淨土に生れ、或は地獄に墜ちる。淨土はアラーに祈る修行の道場で、安樂土ではない。それは進歩發展の行はるべき道場である。同樣に地獄は罪障の洗滌所である。

天命—アラーは一切のものを支配する。これを天命(Kader)といふ。併し人間はアラーに依つて自由意志を與へられてゐる。

次に行の方は、イスラムは實踐的宗教として、勤行が非常に重んぜられ、其の細かい規則は到底述べ盡すことができないから、他の機會に紹介することとしたい。信あるものが行となつて現はれることは當然で、ここに前述の如き五行あり、支那では此を念眞、禮眞、齋戒、損課、朝覲と譯してゐる。

一、信仰の告白—回教には僧侶に階級なく、僧俗の區別もなく。神と人との關係は平等であり、仲介者を必要としない。入信したものはアラーを信じて割禮の規定に依り金曜の聖日に入教式が行はれる。かくて受戒の上、教名が與へられて教徒となるが、入教と共に割禮の式あり、同時に恥毛を剃ることになつてゐる。信仰の告白はアラーに對する絕對歸依を意味する。

二、禮拜(salât)即ちペルシャ語のナマーズ(hamáz)は教徒の生活の中心で、此が非常に矢釜しいのである。黎明、正午過ぎ、日沒前、日沒直後、夜の五返、日々繰り返され、金曜には寺院に詣でゝ正午過ぎ導師に就いて公式の禮拜をする。その準備として身心を淨めるが、其が又頗る六ケしいのである。回教には偶像がないから、寺でも家でも、戸外でも、どこでも禮拜できるが、坐席、方向、形、衣、心が如法でなければならない。方向とはメッカを指すのであり、心身を淨めるために沐浴が重要視される。其の細目は今述べる暇がない。

三、斷食(Ṣawm)―回教曆九月即ちラマザン(至熱)の月の三十日間、精進潔齋の爲め斷食し、一切の罪業から遠ざかるのである。

四、喜捨(Zakāt)は禮拜に次ぐ大切な行事で、博愛、神への奉仕、報恩、信者としての表現であつて、此が教團を支へる原動力で、其の收入は多く貧者、失業者の救濟、債務の辨償、俘虜の解放、旅人の保護、傳道費に使用せられる。

五、巡禮(Ḥajj)―回曆十二月ズルヒッジアーの七日から十日に至る間、教徒はメッカの神殿にお參りする。これは修道の完成を意味するもので、年々メッカに集まる教徒は六十萬から百萬と稱せられてゐる。メッカには異教徒を絶對に入れず、回教徒はメッカを世界の中心と考へてゐる。但しハッヂは義務的のものではない。

回教徒の道德の根本は無我の愛イフサン(ihsān)である。神を信ずる者は我が身に善根を植ゑねばならぬ。

回教徒の最も重い罪はアラーを信ぜず、恐れず、神威をおろそかにすることである。この外殺生、邪婬、竊盜、卑怯、飲酒、僞證、僞誓、不孝、貪婪、魔法、變態的な行爲などが禁ぜられてゐる。

## 五

回教の宗派は少なく、其も教義の相違といふより勢力の角逐と言つた方がよい。回教では宗派の別は餘り重要でなく、そこに教徒の大同團結が容易に考へられる。回教の宗派は二大派七十二派に分れ、二大派とは正統派と非正統派で、正統派に四派が分れてゐる。

一、ハニフ派―教祖はアブー・ハニーファ(Abū Ḥanīfa—七六七)で、コーラン、スンナの外自己の意見をも尊重する。トルコ、中央亞細亞、その他の地のトルコ族、インド北部に行はれ、支那三千萬の回教徒は皆これに屬する。

二、マリキ派―教祖はマーリック・ビン・アナス(Mālik bin Anas 七一六―七九五)で自己の意見を排する。北部及び西部アフリカに行はる。

三、シアフイー派―教祖はアッシアーフイー(Ash-Shāfi'ī—八一九)で、類推をも權威ありとするもので、エジプト、アラビア、南印度、東アフリカに行はる。

四、ハンバリ派―教祖はアフマッド・ビン・ハンバル(Aḥmad bin Ḥanbal)で、自己の意見を輕視する。東部アラビア、アフリカの一部に行はれ、最も勢力がない。

メッカの神殿に參詣する時は四派の位置自ら分れ、各その教長の指揮の下にその指定の位置で禮拜する。以上の四派は共にスンナを認めてゐるからスンニ宗と稱し、回教の正統派である。

次に非正統派の中で最も勢力のあるのはシーア(Shī'a)派である。この宗派は正統カリフ中の三人を認めず、四代目教祖の娘婿であるアリーとその子孫の十二代を正統視するもので、アリーのシーア(徒黨)といふ意味からかく呼ばれるもので、此はイラン化されたイスラム教で、ペルシヤの國教であり、インド、イラクの回教が此に屬する。此の外極端な禁慾主義を主張するムハメッド・ビン・アブダル・ワッハーブ(Muhammad bin Abd al-wahhāb)のワハビー(Wahhābī)宗は十八世紀にイジュマーを拒否する自由學派として生れ、ヒジアーズ、サウディ・アラビアの國教となつた。

## 六

回教はムハメッドの後アラビア人の手から次第にペルシア人の手に移り、アッバース(Abbāsī)(七四九―一二五八)朝の八世紀から九世紀にかけては東は唐と並んで國富み兵强く、所謂サラセン文化の絢爛たる時代を現出した。然るに其の後十世紀頃から其の勢力はトルコ人に依つて代表せられ、十一世紀から十三世紀にかけてセルヂツク・トルコ(Selçuklar)が活躍し、ついでオスマン・トルコ(Osman-lılar)(一二九九―一九二三)がイスタンブル(Istanbul)に都して東ローマ帝國に代つてからは回教は歐亞非三大陸に跨る大帝國を建設し、十六世紀の半にはその黄金時代となつた。

併し辺に全盛であつた回教も漸く衰微の機運がやつて來た。其は歐羅巴諸國の雄飛であつて、回教國は次第に此に壓迫されて了つた。其の後日露戰爭あり、歐洲大戰あり、この間に於ける日本の勝利と發展はいたく回教徒を刺戟した。トルコの獨立(一九二三)、ペルシヤの獨立(一九二五)等が先づ考へられる。かくてアフガニスタン、エヂプト、イラク、サウディ・アラビア、インド、新疆、ロシア其の他のイスラム教徒の蹶起となりつゝある。今後アジアに於ける回教徒の活躍こそ見ものである。

七

回教徒の世界に於ける總數は約三億と稱せられ、アジアの中央、西南、ヨーロッパの東南、アフリカの北部等が其の主なるもので、日本には極めて少いが、神戸附近のインド人、支那人、ロシアの亡命者などの中に回教徒がゐる。其の分布は

| | | | |
|---|---|---|---|
| アジア | 二億以上 | ヨーロッパ | 千萬 |
| アフリカ | 八千萬 | 滿洲 | 百萬 |
| 支那 | 三千萬 | インド | 七千萬 |
| マレー・ジャバ | 四千萬 | アフガニスタン | 千萬 |
| ペルシャ | 千五百萬 | イラク | 三百萬 |
| サウディ・アラビヤ | 五百萬 | トルコ | 千七百五十萬 |
| ロシア | 三千萬 | エヂプト | 千五百萬 |

等で、西南アジアは殆んど回教國、其の他ルーマニヤ、ユーゴースラビア、アルバニア、ブルガリア、ギリシア等にも少くない。

支那の回教徒は雲南、甘肅、山西、河北其の他新疆の回教徒等が主なるもので、近時其の活躍は頓に活潑となりつゝある。此等の地には至る所回教の寺即ち清眞寺、禮拜寺がある。其のイスラム生活の詳細な報告も必要とは思ふが、今はたゞ回教の概略を紹介するに止めよう。支那の回教―清眞教、清眞寺と言つても別にひどく違つた所はない。其の生活内容は章を改めて他日の機會に待つことゝしたい。（以上）

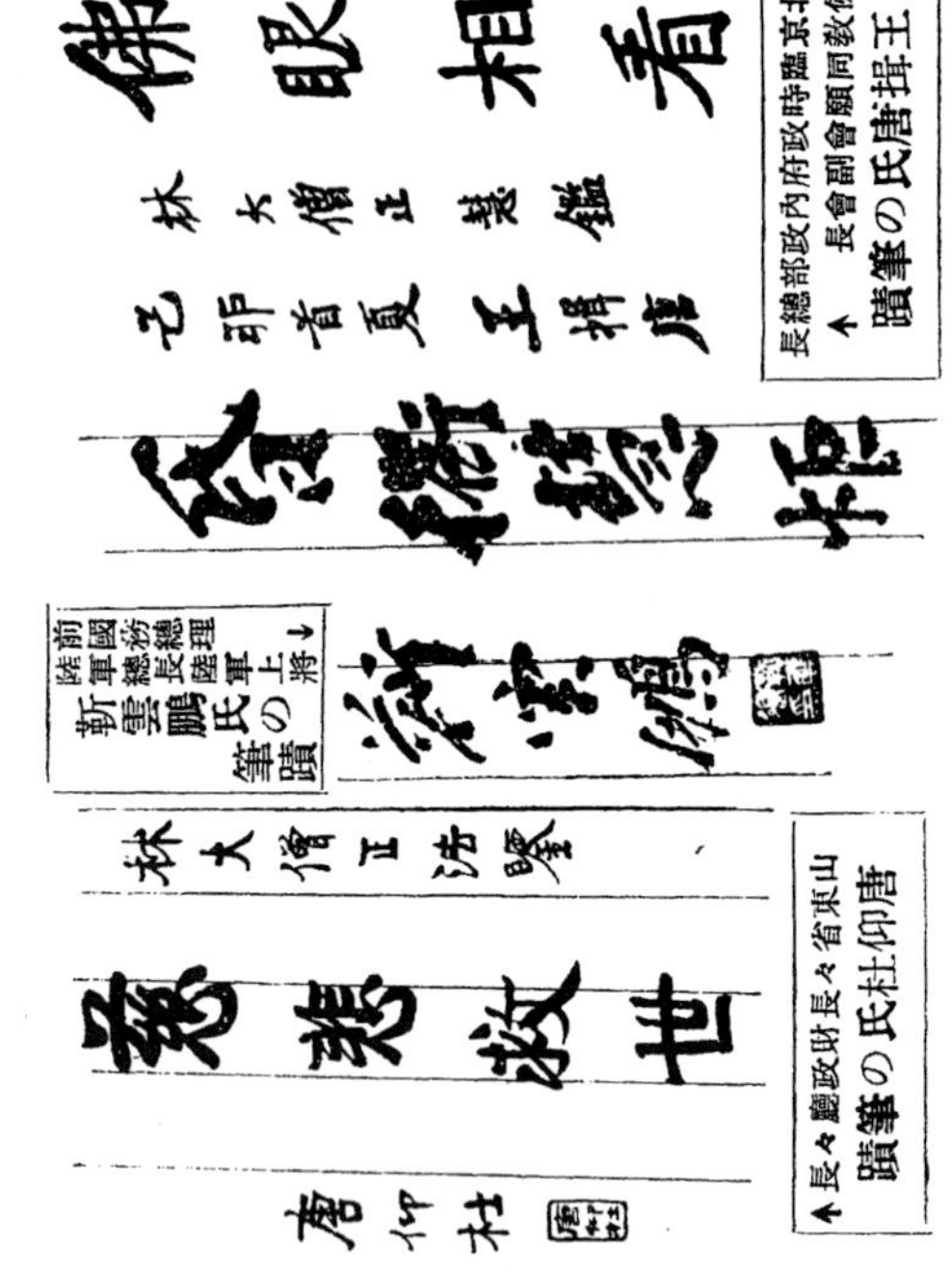


# 元明清喇嘛教史要（承前）

李本斌

## 清朝の喇嘛教史要

清の太祖奴兒哈赤(Nulhachi)は建州に起り、建州右衞の王杲の遺子阿台(Atai)の難に父祖を失ひ、明將李成梁の庇護を受け、次第に諸部を併呑し、明萬曆四十四年 (1616A.D) 正月に後金國汗の位に登り、建元して天命と言ふ。天命八年（天啓三年 西曆一六二三）四月初めて征蒙の師を興し、喀爾喀巴林の酋長等を平定し、同十一年八月病死した（三朝實錄事蹟）。

次代の太宗は內蒙古を平定し、彼の曾孫聖祖康熙帝は外蒙古を征伏した。

世祖より中原に入り、聖祖（康熙）、世宗（雍正）、高宗（乾隆）の三朝は相繼で即位し、武功甚だ强盛であつた。就中乾隆は尤も著名であり、「十全大武揚」の稱あり。西北一方を平定して各數萬里に達し、四圍藩屬し、諸外族入つて中原の主とした。

元、明兩朝に於て西藏は薩迦派(Sa-Skya-pa)のクンガーニンポ Kun-dGah Sñii-Po, 1090A.D.生）より以後第二十一代ワンツン(dBan-bTsun)に至るまで血脈相續の祭政一致の政治宗教の支配者であり、明朝中業時代より西藏佛教も政教共に廢頽した。明の永樂十五年に宗喀巴（Tsoi-kha-Pa）は青海の邊りに興り、西藏拉薩に於て舊教に對して改革し新教を樹立した。宗喀巴の二大弟子は各々轉生化身して達賴第一世、班禪第一世として各代

相承した。

清朝太宗崇德七年に第五世達賴喇嘛—羅布藏嘉穆錯 (Blo-bZaṅ Rgya-mTsho, 賢慧海) は使を盛京(奉天)に派し、國書、方物を献じ、清朝の興起征戰は正法道義を妨害し、國家を亂だす邪道魔は是れ人民の怨敵なり、是を退治し肅清するは正法正義に依る平和建設の目的を達成せんが爲なるべし。これ清帝は文殊菩薩 (Manjuçri-bodhisattva) の呼畢勒罕即ち轉生化身なり。文殊師利菩薩は阿彌陀佛の智慧光明即ち彌陀の利劍を象徴し、我は阿彌陀の慈悲の應化身としての觀音菩薩の轉生なり前者は利劍を以て天下の魔軍を戡定し、後者は正法眞理を宣揚して世界の一切衆生を救はんとの誓願に應じて出現せる觀音の轉生化身であるが故に兩者相提携して東亞の平和を建設せんとの頌德表を捧呈した。此の第五世達賴の表德表文によりて金國の國名は文殊(梵音)の音韻より滿珠、曼珠、滿洲に通ずる國名となり、遂に滿洲國と稱するやうになつた。清國と云ふ國名は、山西省の五臺山は佛教が支那に東漸せし以來、五臺山は華嚴經の教理研究道場として賢首大師の華嚴宗開設となり、華嚴經所說の文殊菩薩が常住し給ふ清凉なりとの傳說は「東方に淸凉山あり」との經文に據つて早き時代より文殊菩薩の常住靈峯なりと信ぜられて今日に及んでゐる。斯る因緣に基き、淸凉山の淸の一字を以て金國を淸國に改稱したのである。金(チン)と淸(チン)は共に同音異義なるも、文殊菩薩の名による滿洲國は文殊の常住淸凉山と關係する意義に因つて國名の字を改變したのである。五臺山は元明時代より內外蒙古喇嘛教の靈峰なりと信ぜられ、中臺峰には喇嘛廟あり、餘峰には華嚴宗等の寺院は現存す。

聖祖康熙帝は佛教古今の譯典を研究し、康熙二十二年八月に太皇太后、皇太后の萬壽無疆と四海の臣民幸福の爲めに西藏大藏經（甘珠爾部、丹珠爾部）の編纂を計劃し、漢蒙、滿藏の學者、譯者、喇嘛、校閲者、筆工者に依つて康熙三十八年四月に刊成した。西藏大藏經の編纂總裁は章嘉胡圖克圖(章嘉は同名異譯)である。彼は第五世達賴喇嘛と康熙帝とを結交せしめ、西藏國を淸朝保護下に配する政治工作に盡力を拂ひし賢達の喇嘛であり帝に尊信せられて國師となり、晩年兩眼は盲目となりしも、心眼善く經典を通覽すと言はれ、滿洲文字を以て大藏經編纂を完成せし文化的聖業を遂せし偉僧である。かくて喇嘛教は淸朝の國教となつた。



世祖雍正帝は卽位の時、第五世達賴は入朝して、賀表を捧呈した。世祖は自己の離宮である雍和宮を彼に賜ひ、淸朝の菩提所とした。帝佛教を崇重し、自から出家し支那佛教と喇嘛教とを兼學し、著書數種あり。第五世達賴は高宗乾隆二十一年(1757A.D)示寂す。當時大臣桑結(gsañ-chl)は喪を秘して發せない。後ち彼は拉藏汗に殺された。是に由て世宗(雍正)は裏塘(Ri-Thaṅ)地の大喇嘛を招致して第六世達賴喇嘛とした。是れ噶爾藏嘉穆錯(Skal-bZan Rgya-mTsho)である。彼の又は名はツアンヤン、チャムツオ (gTsan-dByañs Rgya-mTsho) と名けらる。

康熙、雍正、乾隆三帝は佛教を信じ、保護政策を施せしも、就中、元、明兩朝より國教として採用せし西藏佛教卽ち喇嘛教は、特に淸朝に於て國號構成上、重要なる精神的關係を有し、太祖奴兒哈赤が滿洲に住せし當時より既に蒙古族を通して喇嘛教を崇信してゐた事情に依りて國教に制定し、三朝に亘りて熱河省に壯宏なる西藏建築様式の離宮と共に廣大なる八大喇嘛寺を建立した。是れ三帝が斯教を厚く信仰する熱意の發露であると共に內外蒙古の諸王と喇嘛大衆と庶民との精神を收攬せんが爲めである。淸朝が喇嘛教を厚く保護する政策を評するに支那の儒家は蒙古民族の强勢を除滅せんが爲めに、喇嘛教の增加を奬勵し、在俗蒙民の子弟を多く喇嘛廟に入らしむる政策を取つたのであると書いてゐる。日本の歷史家も皆此の儒者の喇嘛政策批評史を鵜呑に通讀し、淸朝の對喇嘛政策の眞意に闇らいからである。只淸朝に於ても明朝の喇嘛政策と同様に蒙古民族には政治と軍政とには全然關係せしめざるやうに制限し、宗教と文化との方面のみに蒙民精神を誘引せんが爲めに、喇嘛寺廟の壯觀と喇嘛に對する優待は蒙古諸王と同等に待遇したのである。是れが爲蒙古民族には政治、軍事、經濟の觀念に乏しく只精神的に佛教哲學の宗教を信順することのみとなつたから、蒙古民族には精神文化は漢人よりも深き發達を有するも科學的文化發展せなかつたのは明淸兩朝が蒙古に對する政策の結果に由るのである。

乾隆帝は第五世達頼の示寂後、その法脉相承の弊害を防止せんが爲めに達頼の臨終の遺言に依り、諸部落に出生せる聰敏なる嬰兒三名を捜索し、是れを呼畢勒罕と稱した。即ち靈魂の轉生化身を意味する。三名の兒童選定法は先代達頼の遺品—日常經典、鈴杵、念珠等と其等に類似品とを取混ぜ、それ等の物品中より選び出し眞僞を判別せしめた試驗に合格せる三名を以て呼畢勒罕の候補者と定むるのである。此の異相の三兒童選定法は拉薩の法輪殿に於て達頼の代りに班禪、班禪の代りに達頼は各相互に代りて審判者となり、駐藏大臣の立合によつて開かれ、一山大衆の唸經法式により三兒童の姓名を記せる象牙の籤を寶瓶中に入れ、三兒童は一人づゝ進んで冥目して寶瓶中より籤符を掣出す。籤符に眞の呼畢勒罕たるべき記號のあるものを掣出せる兒童を以て達頼となるべき後繼者なりと選定す。第五世達頼の後繼者は、西藏旬麻地の土司の四歳の兒童であつたといふ。乾隆帝の制定せる金寶瓶掣籤法は今尚行はれてゐる。西藏では拉薩の法輪殿北京にては雍和宮に於て行はれるのである。是れは理藩院の所轄である。清朝滅亡の後は雍和宮の制度は廢止された。

元、明、清三朝が西藏、蒙古に對する政策は、喇嘛教優待によつて藏蒙民族の宗教精神を把握するによる。かくて元朝は十代九十八年、明朝は三百年。清朝は十世二百六十八年にして滅んだのである。余は明治四十一年秋、第十三世達頼を北京に誘引し、次で日本に入朝せしめんとせるとき、英露二國よりの政治的干渉により實現することが出來なかつたのは千歳の遺恨である。（完）



上海特別市政府市長
傅宗耀氏の筆蹟

佛法無邊
林大僧正 慧鑒
己卯初夏 傅宗耀

南京特別市政府市長
高冠吾氏の筆蹟

菩提本無樹
明鏡亦非臺
本來無一物
何處惹塵埃
六祖成道偈奉
林大僧正 敬錄
高冠吾

# 扶乩について（下）

富長蝶如

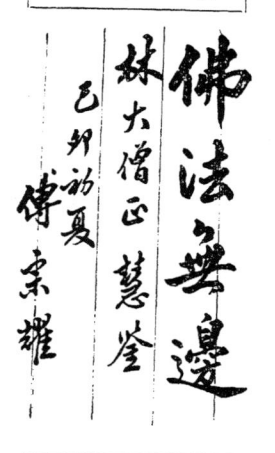

## 五

ところが劉固に一人の子があつて、名を超といふた。年僅かに十五であつた。その氣象は慷慨激越で、ことに腕力があつた。それが眼前に父母が殺されて行くのを見て、心は憤怒に沸きかへつた。怒髪逆まに起つて身震ひすると縛られた繩が一時に解け千切れた。遂に躍り上つて、刑人の刀を奪ひ、斬り斃すこと十餘人。刑場は大騒ぎになつた。しかしこの少年も捕へられたが、終に凌遲の極刑に處せられた。凌遲の刑といふのは、先づその手足を斬り、次にその吭を絕つので所刑者は痛苦を永く受けなければならない。かくて劉固の一族は盡く殺されたのである。

しかるに幾何かの年を歷て、乩卜をやつて居ると、神が降つて、

「我は劉永貞なり」

と言ふ。而して詩を題していふには、

一門都受レ戮。獨有二外甥存一。傷僅離娘乳。言レ之聲亦呑。

と。これは一門の者が悉く戮せられたが、たゞ一人の外甥のみが殘つて居た。しかしそれも僅かに母親の乳を離れたばかりであつて、その母は殺された。これを言ふと悲しさの餘りに聲も出ないといふのである。そこで尋ねて

「先生は今何の仙になつておゐでか」

といふと、

「自分は今漸く童初宮に入つたばかりで、未だ仙にはなつてゐない」

と答へた。童初宮といふは、仙界の宮殿の名であらう。

劉永貞の靈はその後屢々降つて、乩に現はれた。而して記者は記して、その書法は遜宕だつたと言ふて居る。

### 六

今一つ次のごとき奇怪靈異な話を記して居る。順治十七年、峨眉の古寺に寄寓して居た頃、西陵の生れで顧瞿といふものが居つて、これが扶鸞の術を善くした。ある日、符を焚いて、乩を試みると、忽ち神が降つたそれは

「青老人」

といふた。さて筆を懸けて沙の上に書かせて見ると、

「梁上君子。來窺二公室一」

とある。泥棒がお前の部屋を窺つて居るぞといふのである。

そこで急に書齋に近づいて見ると、果然、コソ泥棒が驚いて牆を踰へて走り去つた――。

この記事の如きは、流石面白く、この青老人の機智が巧みに動いて居る。無邪氣で罪がなくつてよい。

### 七

さて前の筆者は、更に次のごとき悲慘な事實を傳へて居る。

それは扶鸞の術を行ふと、神が降つた。それは「煙霞隱者」といふた。この隱者は、實に新鮮な詩を作つたので、その生前の姓名を尋ねると、答へかけては躊躇して居る。再三之を尋ねると、それは「茗溪淩忠愍公」であつた。公は清兵が北京に亂入したとき、殉難した。緋の官服を着け、笏を正して、自から柱に首を觸れて自殺を計つたが、流血淋漓、命尚ほ存したので帛を繋いで縊れて死んだのである。而して平生の著述等は皆焚いた。この忠烈な忠愍公は、煙霞隱者といふ名の下に屢々降つて來た。降ると乩に詩の文字が現れる。それを集錄したのが「煙霞隱者詩」と題して、十餘首記載してある。

### 八

扶鸞のことも只單なる吉凶禍福を示すのみでなく、詩を書くのみか忠臣や義士が降つて來るといふのは頗る興味が深い。支那の文人墨客が、この扶鸞の術を行つては、神を降し詩を書せしめ、冥界の人と神交したのは、其ことの無稽に屬するとはいへ、一種風流の遊戲といふべきであらう。ただこれを眞にその神あつて冥々の中に詩を書かしめたと信ずるに到つては、その是非の論は明瞭であつて、こゝに論ずるまでもなからう。

（完）



# 勸告國人戒殺得世界和平福利

釋誠慧

筆者誠慧君は中支蘇州日語學校から選ばれて、今回本會の訪華團に伴はれ、同僚から羨望されつゝ晴の日本留學の爲め來朝したのである。同君は日本語は可成り話せるが日本文を作ることは日未だ淺く困難であると云ふので、中華文で書いた。その論ずる所は戒を奉行することによつて世界永遠の平和と福利とを得ると云ふのである。

此娑婆世界、近十年來、天災人禍、可謂甚矣、吾人以缺之同情故、以苟且偷安故、未與其難者、率隔岸觀火、少具同體之悲、身歷其境者、亦境過情遷、多患健忘之病、雖有少數人、推究其原因、謀根本之解救、徒以信從者寡、附和者稀、收效不宏、其共業不滅、可慨也已、共業者釋尊語、共同善惡之業、以共同善惡之業、感共苦樂之果！共報！果因是也、人類所造諸惡業、其犖々大者、曰殺、曰盜、曰婬、曰忘、殺謂殺生、殺害人畜等、一切有情之生命也、盜然偷盜、他人不與而自取也、婬謂邪婬亦謂婬欲、前者在家五戒之一、後者出家十戒之一也、忘謂忘語以欺人之意、作不誠實之言也、今世於偷盜邪婬忘語、尚悉知爲惡、於殺則惟知殺人爲惡、殺其他一切有情之悲、則鮮有知爲惡者、相習成風、恬不爲怪、殺以饜口腹之欲、殺以盡賓主之歡、殺以誌門楣之慶、殺以豐其所入、一如殺螟蟲、一殺以解其所苦、一如殺蚊、一殺以逞其所樂一如殺蝶、一共同所造之惡業、蓋無有顯著於此者、而所感共同之苦、無論天災人災、皆殺也、以殺召殺、因果亦無有顯著於此者、（續）

# 支那宗教の動き

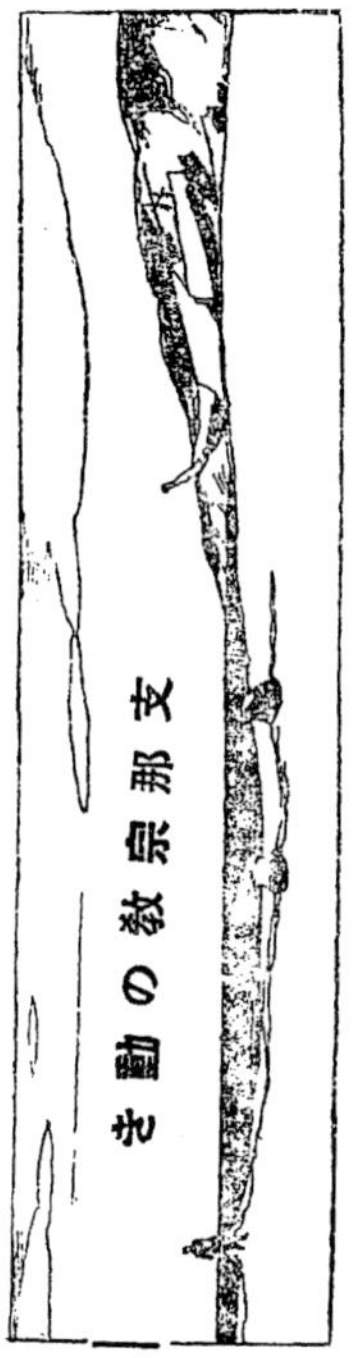

▲中支宗教大同聯盟では豫算計上興亞院より助成金下附手續にまで進捗し、曾つて上海故王一亭氏の遺業孤兒院（二千八百坪）が事變の爲め中絶せるを復興し、新に授産場、職業指導所を設置し、又教化事業を行ふ爲め、今回先づ日本青年僧五十名を招きその費用は聯盟負擔として、日華語の交流、日本佛教の精神を支那僧に普及徹底せしむるにあると。

▲國教神道派に於いては將來中國人の神道教師の養成に努め、生活指導敎化、儒道二教の研究、隣保、救療、授産、兒童保育、民衆施藥、日語學校、私立小學校等の事業を行ふと。

▲僧服を纏つて全支に戰死者追悼の行脚を終へた牧少將は去る五月廿九日京都知恩院へ參拜、話中頂門の一針とすべき事實を示され、宗教々育の必要を力說された。

▲旣報南京日華佛教聯盟では五千人の會員を擁し第一回の集會を南京毘盧禪寺で日華合同の花まつり法要を行つた。總裁南京市長高冠吾、副總裁、西本の橫湯通之、吉林寺果言の各氏、理事長南京寺、野瀨大勝氏、事務所は東山中路知恩院別院である。

▲杭州日華敎會は杭州市外西湖十八號に事務所を設き、難民救濟、授産所、養老院、小學校、孤兒院等着々實績を擧げてゐるが、此程寺院の所屬を分明にする爲め寺院登錄制を施行し八百寺院の宗派別、住職、僧侶、寺有財産等に互つて細密な調査が行はれる筈で頗る注目すべきことである。

▲滿洲に於ける喇嘛敎徒は從來西藏へ行かなければその資格が與へられなかつたが、此程滿洲國興安局では喇嘛廟を統一し財産を明細にし敎團組織を確立して、滿洲に本部或は本山に相當するものを設置してその資格を與へることにする筈である。

▲皇典講究所では大陸神社の奉仕員養成所開設を急ぎ、神祇思想の宣揚に努め北京に講究分所を設くる筈である。

▲本門佛立講の滿洲國進出は著しく、彼地の信徒の熱望により滿洲國暫定寺廟取扱法令によつて新に新京佛立寺、哈爾賓、奉天、鞍山、安東縣の五寺院が公認され一躍二十二ケ寺となつた。

▲淨土宗大陸調査班は去る六月十二日歸朝中北支に調査資料を蒐集し今後宗門活動に資する筈である。

▲淨土宗西山、光明寺、禪林寺、深草の三派合同して大開敎に着手し、中支上海に根據地となる可き場所を選定した



▲北京の佛敎同願會副會長王揖唐氏が發起となり同地故宮雨花閣内の密宗壇城を修復することになつた。故宮雨花閣は明清兩代の内廷の正敎として崇奉し大法を虔修する所であるが、久しく荒廢してゐたものである。

▲最近の調査に依れば、支那全土の回敎寺院數は一萬五千二百二十九、信徒數五千四十五萬、寺院分布上最多き處甘肅、雲南就れも千五百個寺、最少山西省晋北四十ケ寺、信徒最大甘肅省、四百五十萬、最少蒙古十五萬、滿洲國九百ケ寺、信徒二百二十萬である。

▲淨土宗兒童協會が中國兒童に贈つた頑具と繪本一萬點は極めて喜ばれ、杭州日華佛敎會の孤兒院から感謝狀が來り外字新聞に此種の事業が紹介された。

▲北支大同に於ける身延山別院甕松院では、今事變で孤兒となれるもの、不具者、乞食等を收容指導敎化しやうと云ふ「佛の家」を作るべく同地東北隅に六百坪の敷地を得、花園菜園を經營し自給自足の方法に依り、勤勞生活指導市内淨化運動と他に讀書修養機關を設けると。

▲西本願寺法主大谷光照伯は、名譽の召集令狀を受け〇〇日應召された。宗門管長の應召は法主を以て嚆矢とする。

▲六月十二日より晋北大同知恩院に宿泊せる東京京都兩帝國大學の研究團は雲崗石佛及び上下華嚴寺平城址發掘調査を開始し同二十三日大同を去る十里成文帝慈母墳墓（孤山）調査に向つたが匪賊に遭遇する等苦心を重ねてゐる。

▲中日密敎研究會（本部靜岡日華親善殿）は北京風神廟に支那本部、天津に會館を有するが此程晋北自治政府の在る大同へ支部を設けることゝなつた。此れは晋北政府訪日視察團員の共鳴に依り又六月三十日〇〇〇陸軍中將後宮淳氏より日本本部理事長八木雄馬大佐に宛て晋北佛敎學院内に中日密研出張所を暫定的に設けても差支なしとの通信あり

▲外蒙ソ聯當局は七月十一、十二日阿穆古朗に執行される喇嘛敎の大法要に彈壓を加へたので蒙古人心は動搖し、喇嘛僧を逮捕して國境事件の人心動搖者と稱してゐる。此の外今次滿蒙國境事件のホロンバイルにある將軍廟の一部はソ聯戰車裝甲車の爲に破壞されたので蒙古人は激昂して居りソ聯軍を驅逐し、日滿軍に協力して蒙古人の蒙古を建設せよと叫んでゐる。

▲天台宗比叡山中學に留學中の蒙古學生は七月十一日夜、國境事件に緊張しながら歸國の途に着き日滿軍の爲めに通譯に立つことを熱望してゐる。

▲江蘇佛瑞の日本語學校にては六月廿八日第一回修行式を擧げ第二期始業式擧行現在學生百八十名、其の中に吳縣知事郭曾基氏息及親戚七名も加はり知事は熱心に援護してゐる。

▲事變以來佛敎に關する雜誌は、廢刊の止むなきに至つたが、此程南支廈門大乘佛敎青年會から、月刊誌「大乘」を發刊することになつた。

▲蘇州知恩院別院豫定地修理費として七月三日共銘より〇〇〇圓交附を受けた

創作

# 慈眼觀音像由來記(二)

飯田光明

## 五

どんなに肘鐵砲を食らつても怒るやうな龍ではなかつた。

剛で來たら柔!

龍はたいしたもので、女をあやつるあの術この手をちやんと心得てゐて、こんな時には何度でも應揚にうなづいて見せるのである。

〃泣けるのも無理はない。けど、あんたはぢきに私の我儘を許してくれるだらうね〃

龍は、明の耳元でやさしく囁いてから、

〃あんたの部屋、ちやんと私が飾つといてあげた。さあゆかう〃

龍は彈んでくるこゝろをぢつと壓へて、徐ろに手管を使ひこなさうとする。今の場合、明の氣持を充分に察してゐると見せかけるのが第一、それから、こんな風に明を連れ込んだ自分の非道を、我ながら淺ましいものだと責められるけれど、これも男ごゝろの熱い戀情がさせるのだと、一寸哀願的な萎れを示して、あとはたゞ時間を與へる――。

〃さあ來なさい〃

龍は微笑で促すのだつた。

さつきから、明がさめ〲と泣いてゐるあひだ、龍は、自分も切なさうに何度も太息をついてゐたが、頃はよしと今囁きを始めたのである。が彼は、この術ですぐに靡いて來る女が絶無で、更に程よい時間を女に與へておくとの必要を知つてゐた。

〃さあ、お部屋へ來なさい〃



龍はもう一度振り返つてこゑをかけ、明がまだしやくり上げてゐるのを見ると、につと北叟笑みを浮かべながら、二三歩歩いては立止り、振り返つてはまた歩き出し――後髪をひかれるこなしよろしく消えて行つた。

## 六

明の頭に李福濟の温良な姿が浮かんで來た。ゆるやかな大きな波の起伏のやうに、曠漠と續いてゐる圓い丘の彼方――、さつき張が歸つて行つた細い道が林の中にかくれてゆくあたりを、明は虚ろなまなざしで凝っと見やつた。張が思ひ直して迎へに來てくれるかも知れないと、儚ない頼みを描いたり、そんなことがどうしてあらうと打消したり――。

〃李さん!〃

もの狂ほしく李の幻を追ひはじめた。

〃李さん!〃

見やつてゐる林の中からぽつんと黒い影が浮んで、銃を脊にした騎馬兵の姿が、だんだん大きく迫つてくるのが見えた。土煙が濛々と立ち、蹄の音がかつ〱と鳴る。

明は逞ましい馬の馳りを見てゐると、高辛帝の昔、清純な娘蠶女が馬の精に乘つて「陽炎の庭」から中天に消え失せたといふ物語りを思ひ出した。それから、ほんとうに天馬といふものがゐて、空を馳けつてくれるなら――と思つた。

駄目! 駄目!

いよ切端づまつたときの自分の悲しい羽ばたきのさまを描くと、わつと泣き續けた。激しい戰慄が來たと思ふと、視界が朦朧と黒ず

――前號の梗概――

大同に近い片田舍に二人の佛師があつた。一人は李福濟と云つて廿四五、張と呼ばれる方はもうかなりな年配だつた。張には明といふ美しい娘があつた。まだ李が子供の時分に張は廣西の方から明と二人で移住して來たのであるが、李と明は幼なじみから今では深い相思の仲。事變の勃發となつて、蔣政權の王將軍が附近一帶に彼の部隊を連れて屯した。將軍の息子に龍といふ士官があり、彼は性來の道樂者で有名だつた。明の美貌を龍が見逃すわけもなく、張に二百兩を與へて明を城中につれ込ませた。明――、彼女は實は幼い時、支那で兩親に死別した日本人の孤兒だつたのを、張が娘にして育て上げて來たのである。事變と共に「あたしは日本人だ」といふ意識が明にむく〱とあがつて來てゐる。

んでゆき、氣球に乗せられたときのやうに、ふわ〳〵と安定のない足元よと感じたときには、綱の斷れたエレベーター諸共、深い縱坑の中を激しい速度で落ちてゆく思ひがした。落ちよ、落ちよ、おち着いた底が日本であれ、故郷であれ、氷見であれ！

ぐん〳〵と落ちながら希ひ續けて、明は意識を失つたのである。

どれ程の刻が經過したのだらう、次第に霧が晴れてゆくやうに、黄色いほのかな明りが明の網膜に映つて來、そしてだん〳〵と冴えて來た。何か地上の雜音を水の中で聞いてゐるやうな微かな音を意識しはじめると、やつとそれが人のこゑであるとさとつた。

それから間もなく、明は近々と龍の顏を見た。そのときには、ベッドに仰臥した明の上體を、龍がのしかゝるやうにして軍服の彼の胸に抱きしめ、明の藻掻きもよそに、執拗な接吻――渴きゝつた脣を奪つてゐたのである。

## 七

二十日餘りが過ぎ去つた。

あんなにして縋りついたものを――、張も置き去りにして來た明のことが堪らなく不憫になつて、あれからといふもの、ずつとくさり切つてゐる。

親だ、子だ、と、隔意なう結ばれてゐた深い縁の綱を、自分が斷ち截つてしまつたのだと思ふと、悔いても悔いても諦めきれない遣る瀨なさを感じた。永年手しほにかけて來た愛情、かうして一人きりになる勃々とつのつてくる愛情、明に向けるより他に遣り場のない愛情―、それがみんな深い哀愁になつて張を攫ふた。

〃何ていことをしたんだ！〃

ランプを下げた淡明りの下には、男世帶のチャブ台が、粗末な、變化のない肴をのせてゐてわびしい。明がゐたらなあと張は思つた。

〃ほんまに、何ていことをしたんぢやろ〃

同じ愚痴が何度でもこぼれた。

もと〳〵利けもしない酒を――、こんなものでも飮んだら少しは氣紛れにも忘れ得ようかと、二三杯嘗め干した時分には、もう輕い醉がまわつて來て、身體中の節々に妙な氣だるさを感じてゐた。いつもの癖ではあつたが、もの憂さも手傳つてゐたのだらう、張は露出してゐる自分の兩の膝頭を、これも兩の掌でぴしやんと音のする程叩いた。それからコップに殘つてゐる酒を一氣にぐつと飮み干して、とろつとした目でチャブ台を睨んでゐる時だつた。



〃おぢさん〃

李が悄然とは入つて來てこゑをかけた。

〃よう！ 上んな〃

〃ご氣慊だなあ、おぢさん〃

何ごゝろなう言ふのだが、それが張には皮肉つたやうに聞へる。おい等の氣心も知らねえで、馬鹿あ言ひよる――、喉と一緒にその微かな憤懣をごくんと呑み込んで、〃ご氣慊に見えるかのう〃と笑つてみせた。

〃ほんまに、おぢさんは極樂人やなあ〃李は一寸蔑むやうに張を見て、〃なんば想はぬ大金が降つて來たからちうて――、ほんまに明ちやんが可哀さうや。どうしてるやら〃と思ひやる。

二人とも默つてしまつた。

張は腕組をしてぢつとチャブ台を見つめ、李は急に鬱ぎ込んだ張の横顏を、上間に立つたまゝでぢつと見やつた。

大同あたりのサイレンでゝもあらう、頻りに非常警戒を告げてゐるのが聞える。戶外の細い道路を、義勇軍の靴音が亂れ馳けにがつ〳〵と鳴つて行つた。日本の飛行機が脣懲の爆彈を抱いて、夜な夜なこの村の上空を北の方へ飛んで行くのである。

張はランプの芯を細め、ぐつと近くまでつり下してから、

〃上んな〃

と落ちついて言つた。

つい斜向ひに住んでゐるのだが、李が張の家を訪ねるといふやうなことは、明の一件以來絶えてないことだつた。晝ひ中、ちらつと顏を見合つても、李も張も知らん盲目になつてゐた位だつた。だから李が、「おぢさんご氣慊だなあ」と云つたり、「極樂人やなあ」と洩らしたことは、相當張にもむつと來たことだらうが張はしんみりと、まだチャブ台に座つたまゝだつた。

李は暫時もじ〳〵としてゐたが、思ひ切つて、〃おぢさん〃と言つた。〃聽きていことがあつて來たんだけどなあ〃

〃言ふてみな〃と張。

〃明ちやんの念持佛は何だつたつけなア？〃

〃え？、み明公の！〃

大きな眼を瞠つて、張はもう一度〃明公の？〃ときゝ直し、どのやうな追憶の糸口をほぐし出したのだらう、深くうな垂れて兩眼を閉ぢ、五分も十分も同じ姿勢を保ち續けた。

李はしばらく張の樣子を訝りながら見てゐたが、見守つてゐるうちに何だか無氣味な恐怖が湧いて來、ふと棚の上の商品――、張が刻み上げた大小五六体の佛像を見上げた途端、李は霙のやうな冷たいものが、脊筋をぢんと傳ふて下りるのを感じた。

〃あ、あ、あ、千手觀音！〃

暗いランプの逆光線に、張の目の淚がきら〳〵と光つてゐる。

（續く）

新東亞建設の黎明を告ぐる時、我等東亞の佛教徒は、更に一層の親善と無上正眞の佛道を求めて進まねばならぬ。此の使命を帶びて今般本會の訪華團は支那佛教徒を歷訪し、或は匪賊の來襲の報に接し、或は初夏とはいへ大陸の酷暑と闘ひ、實に二旬餘の日月を要し鮮滿北中支の山河を跋涉して、支那幾多の要人名士と會し、

# 己卯訪華特輯號

少からざる感銘と贊同とを得て、齎し歸つた苦心の旅行記己卯訪華特輯號を次號に代へて發行することになつた。今回の訪華錄は前二回のものに比してその趣を異にしてゐることは、事變による變化と前の經驗に徵して頗る注目すべき活動がなされたことに依つてその內容こそ我々の期待する所のものに觸れてゐるであらう。

## 本會ニュース

▲本會林幹事長の親善訪華の結果欣然入會せらる中國名士多くその、主なる人々は、北京に於いては王克敏氏、內政部總長王揖唐氏、前市長江朝宗氏、道德會名譽會長夏蓮居氏、天津では前總理兼陸軍上將の靳雲鵬氏、駐日支那公使陸宗輿氏、曹汝霖氏、濟南では山東省長唐仰杜氏、同市長朱桂山氏、工程局長王蔭洪氏、倓虛法師、青島では市長趙琪氏、總務局々長周家彥氏、南京では市長高冠吾氏、蘇州では蘇州佛教社々長季聖一氏、同副社長吳濟時氏、吳縣知事郭竹書氏、上海では市長傅宗耀氏、祕書長蘇錫文氏等である。

▲七月一日午後三時より本會總會が京都東山華頂會館別館に於て開催され、林幹事長の訪華報告と支那に於ける名士の筆蹟、書籍、宣撫班のポスター、法要の傳單等が陳列され、多數の出席者があつた。

▲七月七日午後七時大阪市下寺町源聖寺に於いて本會大阪支部總會を開催し訪華團員の報告があつた。

▲淨土、日蓮、西本願寺の三派經營による蘇州佛教日語學校から留學生を日本に送ることになり同地城外の中峰寺住職精誠法師の資誠慧若（二十三歳）が選定され、本會訪華團一行と共に來朝目下本會本部事務所に滯在してゐる。

## 編輯後記

▲晴天續きで寒暖計はぐん／＼昇る。酷暑に清涼水が飲めることは美しい山林に惠まれた日本であるからだ。大黃河の水源が綠化され、清澄な水が流れる日のあることを思ふ。

▲支那に多く會員が出來たことは嬉しい。大いに提携して興亞の佛道に精進するのだ。

▲老猾な英國は日華の友ではない。我が同願の印度佛教徒は虐げられてゐる。功利の前に何もない英國人と日本人と相容れない。孟子に「孟子見二梁惠王一、王曰、叟不レ遠二千里一而來。亦將レ有三以利二吾國一乎。孟子對曰。王何必曰レ利。亦有二仁義一而已矣」と日本人は利を云はず仁義があるのみ。

▲盂蘭盆會が行はれる。大乘佛教徒として日華の佛徒は總親本等の手向をし菩提を增進したいものだ。

▲次號は「己卯訪華特輯號」として近く發行する豫定である。目下東京支部幹事神林周道氏が酷暑の折柄にも不拘執筆されてゐる。

支那宗教事情（隔月發行）

第五號

昭和十四年八月十五日　印刷納本
昭和十四年八月廿五日　發　行

定價　金拾五錢（送料三錢）
一ケ年分　金壹圓（送料共）

京都市東山區林下町四四三
編輯兼發行人　日華佛教研究會
右代表　三田全信

京都市東山區祇園町南側六〇
印刷人　豊田英太郎

京都市東山區祇園町南側六〇
印刷所　豊田愛山堂印刷部

京都市東山區林下町四四三
發行所　日華佛教研究會
電話本局⑥〇〇三八
振替大阪一〇〇七九六

# 東亞宗教事情

## 第六號

日華佛教研究會發行

## 日華佛教研究會

（昭和九年七月創立）

我邦と支那とは、同教同文、共に佛道を信じて宿緣久且つ深し、時に消長免れざることありと雖、同朋の情誼は恒に渝ることなし。特に刻下非常時局の進展、特に新東亞建設の段階に入らんとす、此時同信佛教徒は更に心から提携、聯絡相共に無上正眞道を求め、眞俗相應じて聖業に貢献する所あらんと欲す。冀くば大方の諸君子、此の趣旨を賛襄し進んで入會加盟せられんことを切望す。

### 會則（摘要）

一、本會ハ日華佛敎研究會ト稱ス

二、本會ハ日華兩國佛敎徒互ニ聯絡シ無上正眞道ヲ求ムルヲ以テ目的トス

三、本會ハ本部ヲ京都ニ置キ支部ヲ適當ノ地ニ置ク

四、本會ハ左ノ事業ヲ行フ

1、日華兩國ノ學者ニ依リ交換講座ヲ開ク

2、日華兩國ノ佛敎書ヲ飜譯シ新刊書ヲ交換ス

3、日華兩國ノ佛敎界ノ事業ヲ相互ニ紹介ス

4、日華兩文ノ佛敎雜誌ヲ發行シテ會員ニ頒ツ

5、其他日華兩國ノ佛敎徒ノ聯絡ト提携親善ニ必要ナル事項

五、本會ノ會員ヲ左ノ三種ニ分ツ

正會員ハ年額金五圓、贊助會員ハ年額三圓、特別會員ハ一時金百圓以上ヲ醵出スルモノトス

正會員特別會員ニハ研究年報及雜誌「支那宗敎事情」ヲ頒チ贊助會員ニハ雜誌「支那宗敎事情」ヲ頒ツ

六、本會ニ會長一名、幹事長一名、主事一名、幹事若干名、顧問及ビ評議員各若干名ヲ置ク任期ハスベテ三年トシ會員總會ニ於テ選擧ス

七、本會ハ毎年一回會員總會ヲ開キ事務及會計ノ報告ヲ爲ス

八、本會ノ經費ハ會員ノ醵出金其他ノ寄附金ヲ以テ之ヲ支辨ス

## 本會支那視察團

我が日華佛教研究會にては日華親善の實を擧ぐる手段の一として、會員の多數が彼地に往來して彼等に接近交際する事が緊要であると認め、支那視察團を組織する事にしたのである。

支那視察團は最も簡便なる積立方法に依て旅費を準備し、適當の時期に團體的旅行を企つることゝ爲す。その規定は左の如くである。幸に本會の諸賢此の事業の機宜に適當なる所以を察し、同志相誘ふて速に加入せられんことを望む。

### 規定

一、加入の月より三ケ年間毎月金八圓四錢を貯金積立つるものとす

二、三年滿期に至り現金三百圓を當該加入者の視察旅行費に充つ

三、加入者は本會に加入申込あれば本會は株式會社大阪貯蓄銀行（本店大阪東區伏見町三丁目（支店大阪、東京、京都、神戶））に就き契約手續きを爲す

團員豫定數に超過したるときは加入を謝絶す

四、貯金の集金は京都、大阪、東京に在つては大阪貯蓄銀行本支店より集金人を差出す、本支店なき地方は送金費を銀行で負擔する郵便振替貯金の特定用紙を利用して送金を爲すことを得

五、三年滿期に至りたる時には本會に於て適當に豫め人員と旅行日程とを組合せて團員に知照し其の諸否を確めて決定するものとす、若し萬一渡支しがたき事情ある團員にはその積立金を交付す（詳細は本會へ照會ありたし）

日華佛教研究會
京都・東山・林下町四四三
電話祇園⑥三八番
振替大阪一〇〇七九六番

東京支部
東京・淺草・神吉町幡隨院内
電話根岸（87）二一番

大阪支部
大阪・天王寺・逢坂一心寺内
電話天王寺三八七番

## 寒山寺

蘇州寒山寺の鐘はラヂオの放送によつて忽ち有名になつた。勿論此の鐘を有名にしたのは、ラヂオではなく唐の詩人張繼である。

**月落烏啼霜滿ㇾ天　江楓漁火對₂愁眠₁**
**姑蘇城外寒山寺　夜半鐘聲到₂客船₁**

と云ふ有名な詩に由る。寒山寺は唐元和中寒山が此處に草庵を結び希遷が伽藍を創建したのである。其後幾度か變遷し兵燹に罹りなどして、明の洪武年中再興され、永樂三年深谷昶に依つて諸堂が增築された。嘉靖年中に本寂と云ふ人が、巨鐘を鑄造し鐘樓を建立し、寺を重修した。然るに萬曆四十六年に至つて大殿炎上し、現今は頗る荒敗してゐる。本殿には近舟筆の寒山拾得の石刻を安置し、翼殿には文徵明筆の楓橋夜泊の詩を刻した壁碑あり、又廊下には淸兪樾の筆になる同詩刻碑を建て、門外の石橋を楓橋と呼んでゐる。鐘は近時の造で、昔の風趣は更に遺つてゐない。（仝）

目　次

# 日本と中國との佛法上の關係

青島　湛山寺　倓　虛

如何にして日本と中國の佛法上の關係を知る事が出來るか。乃ち佛法の歷史は後世の興廢盛衰を觀察する事によりて知り得らるゝのである。

釋迦牟尼佛出世已來を考へて見るに王宮に誕生せられ、十九歲にして出家、三十歲にして成道說法、四十九年衆生を濟度化益せられ、機緣已に盡きて齡八十歲にして涅槃に入り給ふたのである。

佛滅度の後、佛法は漸次凌夷して佛滅六百年の時に至りて、馬鳴菩薩出世せられ、大乘佛敎を中興し、造論甚だ多く、就中大乘起信論盛に世に行はる。佛滅七百年に至りて龍樹菩薩出で、亦大乘佛敎を弘め、造論尤も多く、唯だ大智度論盛に世に流行し、更に佛滅九百年間に至りて、無着天親の二菩薩出で、大乘を復興せられ、造論亦多く、獨り唯識論等が盛に流行したのである。又中國梁の武帝の時に菩提達摩は南印度より航海して中國に來り、禪宗の初祖となつた。

其れ印度は大乘佛法ほとんど稀にして多くは小乘佛法を尙んでゐたのである。唐の玄奘法師は印度に渡つて經典を將來して歸られて後彼の學んだ那蘭陀寺は遂に兵燹に遭ふた。其れが爲に印度及び錫蘭島、安南、暹羅、緬甸等の人民には信佛者少なからずと雖ども、これ等の人民は多く小乘敎を信仰したのである。隋唐の間には日本各宗から多くの留學僧が中國に來て佛法を研究した。其れが爲に大乘佛敎は遂に中國より更に日本へと傳つたのである。

一

唐の開元年間に鑑眞大師は、多くの衆徒を率ゐて日本の奈良に趣き、戒律を宏め、日本の　天皇皇后は同じく受戒あらせられたのである。

中國に於ては三武（魏武帝、周武帝、唐武宗）の法難に及んで佛法は廢絶せられ、其の結果中國の比丘は多く日本に跡を隱したのである。今猶佛法の中國に滅しないのは實に日本の弘揚せられた力による事多とせなければならぬ。是は中國と日本の兩國が同じく釋尊の使命を負ひ且つ明かに佛法上に於いて互に密接重要なる關係が有る所以である。

是に由つて觀るに佛法將來に推行し、佛法を全世界に宣揚弘通せしめる者は、我が中日兩國民が共同して其の責任を負ふ者を措いては其れ誰が之を能くするであらうか。更に進んで國際の平和を冀ひ、大同世界を實現せしめんと思はゞ、佛法を捨てゝ孰れか之を能くするものがあらうか。その所以は佛法は乃ち人心の良軌であり、人心は既に良軌の中に納まれば、爾ず、我を詐るの虞や又相互に殺害する樣な危險はない。

然るに現今世界の危險はすべて人心の危險より招來したもので、人心の危險なる原因は、實に內に於いて良軌がないからである。其の所以は人々が、皆我が佛の所說大乘佛敎を切實に信行しない結果である。我が中國は大乘佛敎を信ずると雖ども、信ずる者多からず、行ずる者尤も少ないのである。是に於いて危險平げがたく、もろ〳〵の業因でこの重大時局に直面してゐる。是れ中國人自ら因を造り自ら果報を受けてゐるのである。

尙その中に於いて輕重不等あるは共通なる業因の中にも亦別々に特別性が有る所以である。この重大難局を恢復せしめ水深火熱の大衆を救はんと欲せば、廣く人を勸めて佛法を信ぜしむるの外に別に優れたる方法はないのである。大乘佛法にはその徑は甚だ多いが、其の最もあてはまつた最も好手段の最も勝れた而も婦人や幼兒でも行ふことの出來る敎は淨土法門に過ぎたる者はないのである。此の法は只だ專誠に南無阿彌陀佛の一句を念ずるを要となす。懃々懇々にしてこれを念ずるのである。即ち此の萬德弘名の南無阿彌陀佛の一句は能く吾人の三世の罪業を消除し、現在の三災（飢饉疫病刀兵）の痛苦が免がれる。人若し罪なくば三災自らやむ。若し三災なければ即ち同じく和平幸福を享ける。更に進んで相勉めて善行をなし、本來具有の佛性を恢復すれば、世界の大同立ちどころに樹立される。これを要するに災祥禍福皆吾人の心中より造るものであるから、擧心動念も愼まなければならぬ又阿彌陀佛の聖號、人々の心中に能く須臾も離れることなくば、便ち是れ卽心卽佛であるのである。（河合辨雅譯）【カットは倓虛法師】

二

## 日本與中國於佛法上之關係

倓虛

云何得知、日本與中國於、佛法上之關係耶、乃由觀、察佛法流通、於後世之興、替、通日本而得知也、考釋迦牟尼佛出世已來、示現王宮、時十九出家、三十成道、說法四十九年、及度化衆生機緣已盡、時年八十、即入涅槃、佛滅度後、大法漸次凌夷、乃至六百年時、有馬鳴菩薩出、中興大乘、造論甚多、唯大乘起信論、盛行於世、至七百年時、有龍樹菩薩出、亦弘大乘、造論尤多、唯大智度論、盛行於世、又至九百年中、有無著、天親、二菩薩出、復興大乘、造論亦多、獨唯識論等盛、行於世、又中國梁武帝時、有菩薩達摩、航海東來、爲禪宗初祖、其印度大法幾希、多尚小乘、至唐玄奘法師、由印度取經後、其阿蘭陀寺、遂遭兵燹、由是印度、及錫蘭島、安南、暹羅、緬甸等處、人民、雖信佛者不少、唯信小乘、隋唐之間、日本多派僧侶、來華研求佛法、大法遂又由中土而東、唐開元時、有鑑眞大師、帶徒衆、至日本奈良宏法、又日本天皇、皇后、同受戒、及三武摧殘佛法、中土比丘多竄跡日本、佛法之不滅於中國、實賴日本弘揚之力爲多、是中日兩國同負釋迦世尊之使命、此顯然於佛法上有密切重要之關係也、由是以觀將來推行佛法、廣佈於全球者、捨我中日兩國其同負責其誰、能之、更進而冀國際之和平、實現大同世界者、捨佛法又孰能之、所以者何、佛法者、乃人心之良軌也、人心既納良軌之中、即無爾詐我虞、互相殺害之險、蓋現今世界之危險、皆由人心危險而來、人心危險之因、實由內無良軌、其所以彌々者、皆由不切實信行我佛所說大法之所致也、我中國雖信大乘佛法、然信者不多、而行者尤少、於是險夷難均、故以衆業感此變局、是自造其因、自受其果、而尚有輕重不等者、蓋共業之中而又有別業存焉、欲挽此變局而救水深火熱之衆生、除廣勸人信佛外、別無妙法也、至大乘佛法門徑甚多、欲擇一最妥當、最方便、最超捷、而又爲婦人孺子皆可行者、莫過淨土法門、此法只要專誠念一句南無阿彌陀佛、懇々念茲在茲、即此萬德弘名、能消吾人三世罪業、可免現在三災痛苦、人若無罪、三災自弭、若無三災、人即同享和平幸福、再進而相勉爲善、人若恢復本來佛性、則世界大同、可立而待矣、總之災祥禍福、皆由吾人心中造得、而擧心動念、可不愼歟、又阿彌陀佛聖號、人々心中倘能須臾勿離、便是即心即佛也

## 倓虛法師の略歴

倓虛法師は當年六十四歲、河北省寧河縣の人である。在俗の時には醫を業とした。佛法を崇信し、四十三歲の時即ち民國六年の春出家して僧となり、淶水縣高明寺の印魁和尙を禮して薙髮染衣し、秋寧波の觀宗寺に至つて諦閑法師に隨つて具足戒を受け、冬本寺の研究社學に入つて天台教義を習ひ、三年にして卒業す。四十六歲の時、奉天萬壽寺に於いて地藏本願經を講じ、四十七歲の時、井陘縣觀音寺に於いて楞嚴經を講じ、その夏營口にて楞嚴寺の建築を發起した。四十八歲の時、長春吉黑慈善聯合會に於いて金剛般若經を講じ、般若寺建立を發起す。四十九歲の冬哈爾濱に於いて楞嚴經及び彌陀經を講じ、極樂寺建立を發起す。民國十三年の冬に至つて落成し、遂に佛教學校を立て弘法の人材を養成す。民國十四年、北京柏林寺に於いて楞嚴經を講じ、遂に彌勒院に於いて僧校を立て、秋日本東京に往き、東亞佛教聯合會に參加し、哈爾濱を回る。その冬吉林の佛教會に於いて講經す。民國十五年黑龍江佛教會に於いて講經。民國十六年綏化に於いて講經す。法華寺建立を劃策し僧校を設立し、夏奉天に往き、佛學會を成立せしめ南關の般若寺を重修す。十七年北京に往復して彌勒院の僧校を維持す。十八年の夏諦閑法師が來哈せるを致請し、極樂寺に於いて具足戒を傳受す。遂に本寺住持を如光法師の擔任に交らしめんとす。民國十九年奉天般若寺に往き僧校を設立す。民國二十年秋營口の楞嚴寺落成し、禪定和尙を請し住持となし傳戒す。開光二十一年春西安の大慈恩寺に於いて羯摩傳戒し、大興善寺に講經し、季秋寧波に赴き諦閑法師と龕を發す。間もなく青島に至り講經し、及び湛山寺建立を劃策し、二十三年冬後殿落成し、佛教學校を設立す。二十五年長春の般若寺落成し、傳戒し、澍培法師を致請して住持とし僧校を設立す。二十七年に至つて湛山寺大殿落成す。

三

支那北京城內

# 雍和宮門前五輪石塔建立由來記

李本妙雅

明治三十三年七月義和團事變勃發し、歐米列强八ヶ國聯合軍入城し、團匪勦討の際、清國光緒帝及西太后は陝西省西安府に蒙塵し、支那全州は鼎の沸く如く震駭した。北京城內は聯合軍によりて市衞區域は分割占領せられた。露國は東三省に出兵占領し、是れが爲め清國は聯合軍によりて分割殖民地化せられんとする情勢を釀成し、東亞の天地は妖雲に掩はる現狀を現した。

山東省より烽起した義和團の發祥地は河南省の嵩山中の少林寺である。少林寺は梁武帝代に印度より渡來せし達摩大師が梁武帝に會見し、帝が朕は堂塔伽藍を多く建立せしが其の功德は多かるべきやの問に對し、そは無功德なりと答へ、帝は到底佛法の深義を解する器に非ずとし、少林寺に棲隱して以來、面壁九年の靈地である。後各朝に於ける戰亂の兵燹を防止せんが爲めに寺僧に劍法を修め、拳法闘術を案出し、道場開設より歴朝を經て清朝に及んだ。

清朝末期に至り拳法闘術の修行者は一種の精神修養力によりて云何なる軍機彈丸も命中せず、縱令彈丸の命中するも死せずとの無知頑迷なる信仰による團隊結社が各地各縣に設立せられ、紅槍會等の團匪と併行して隆盛を極めてゐた。

南京鴉片條約（百八十年前）によりて英國は布教權の確保に據つて各省各縣に諸教會を設立した。歐米各列强は英の布教權に準じ、夫々傳道會社より傳道師を派し、天主教、基督教を宣傳した。各國よりの教會は傳道會社及び各所屬政府よりの保護に依つて各省僻陬地まで設置し、歐米ゝ勢力は各教會を通じて扶殖した。殊に英國は政治的權益の擴張と共に宗教々會を通じて軍事、商業學校等のあらゆる策源地とし、教會は一種の治外法權制度の實權が公認せられ、其等の背後



に於ける各列强の政權に依つて教會信徒庇護對支那衙門の對抗訟訴となり、教會信徒の土地所有權、租稅等問題の保護により一般支那良民の怨嗟の聲絕ゆるなき橫暴を敢行し、宗教傳道による歐米心醉思想の漫延に對し遂に反英思想の民衆の勃發となり、此に拳法闘術者の團隊の烽起となり、異教傳道は清國滅亡の導火線なれば、邪教撲滅による救國的義軍は卽ち義和國なりと稱した。

義和團事變に際し、隣邦の安危は東亞全局に關する事件として皇軍は聯合軍に比して多數出兵した。北京平定後、日華親善思想提携の必要に由り、日華兩國將兵戰死病歿者の英靈追悼に依り永久的精神和融を長く保持せんが爲めに怨親平等萬靈供養塔建設を感じ、茲に小生の恩師北京雍和宮事務總管琳欽呢瑪喇嘛（Rin-Chen Ñi-Ma Bla-Ma, 寶日の意）と協議し、福島少將軍橋口少佐等の贊成を得て愈々建設することに決定した。同一佛教徒提携に依り日華蒙三國親善を表徵せんが爲め琳欽呢瑪の厚意に依りて敷地を雍和宮門前の老柳蔭下に選定したのである。氏の怨親平等萬靈供養靈塔建設決定に依りて直ちに東京在住の三浦觀樹將軍、大隈侯、釋雲照律師、田中舍身居士、薩厤治兵衞諸氏に通牒進言し、其目的實現の贊助を懇願せしところ大に旨趣贊同を表せられ、檄を東京佛教婦人會に飛ばし忽ち多數會員の贊助と共に寶塔建設資金の寄附を調達し得たのである。寶塔の石材は御影石を選び、形式は日本の五輪塔を用ひ、支那の塔式と區別し、東京の石工に依つて造り御用船に托して輸送した。

當時此石塔建設の由來を石塔の臺石に鐫刻すべしとの議論もあつたが、若し日本人の建設に係る由來を石塔に鐫彫することゝせば、後日排日の勃發するとき忽ち華人の爲めに破壞され、他處に持ち運び捨てられる懼れあり。仍て由來記銘を廢止し、釋雲照律師に乞ひ悉曇體[梵字]（つりつ）一字のみを五輪塔中の水輪形に鐫彫し、その外に何等日華兩文を彫入せなかつたのである。尙又此の靈塔が雍正帝の離宮にして清朝の菩提所である喇嘛教の本廟雍和宮の門前柳蔭下に建設する善巧因緣に依りて日華蒙三國民族が同一佛教を奉信する精神的聯盟を長く記念せんが爲めに特に五輪塔の背後に高く磚瓦を堆積し、その龕內に明代より傳持せる銅像阿彌陀佛一軀を安置し、紅色袈裟を佛像に掛け、以て喇嘛教の標式を表示することゝ、龕祠に硝子を張り盜難と風雲とを防止すべく備へた。

此の怨親平等供養靈塔建立竣工を俟つて明治三十四年二月　日萬靈供養追悼法祭を擧行した。當日は老生は發起人兼祭典式司導師を勤め、東本願寺軍隊布教師大河內秀雄氏を脇導師とし、雍和宮事務總管林欽呢嘛は雍和宮一山の喇嘛大衆を伴ひ、喇嘛教法式による追悼法要を嚴修し、皇軍諸將兵士、公使館々員、在留邦人、中華民國の官民等の群參あつて頗る盛會の裡に終つた。式後林欽呢嘛等と倶に記念撮影した。

當時既に北京城內外喇嘛諸寺廟は義和團匪の掠奪によつて荒廢に歸し、北京城內は歐米八ヶ國に依つて分割せられ、東北の一區域は露國の占據となる。雍和宮は露國希臘教の神父が占居し、彼教徒の避難民數百名を收容し、佛堂精舍は悉く教民の合宿所と化し、佛像器什は破壞され、大衆喇嘛は逃れて蒙古に歸つた。偶々居殘る八百餘名の喇嘛大衆、或は紫禁城內に殘居せる數百の宦官は理藩院の破滅によつて路頭に迷ふ狀態にあつた爲めに、老生は山口師團長や福島少將に請ふて四百五十組づつの米を施與したので彼等は日本軍に對する信賴の情を深からしめたのであつた。

當時北京の秩序は漸く回復されたとは云ひながら、皇帝が蒙塵して北京城に居ないことは何としても人心を不安動搖に陷らせる原因となつてゐたので、小村公使は慶親王に勸告し、醇親王、貝勒、順公の兄弟等を西安に遣はして皇帝西太后の歸鑾を促かしめたのであつたが、その際老生は恩師林欽呢嘛と共に蒙古喇嘛教徒の總代表といふ名目で西安に趣き、醇親王兄弟の使命を外部から助けるべく盡粹することゝしたのである。

斯くて雍和宮より露國の神父併に該教徒を放逐し、同宮に教會設立を禁じ、皇軍を以て雍和宮を保護することゝなつたので、蒙古に逃避せる多數の喇嘛は歸宮して皇軍の德を信賴するに至つた。

明治三十四年夏七月雍和宮の總管林欽呢嘛は日本の恩惠に感じ、老生の勸誘に應じ、來朝して感謝の意を表せんとせしところ、內蒙古多倫諾爾の莊園に歸隱せる雍和宮の貫主阿嘉呼土克圖は彼に代りて自から日本を訪問せんと志した。仍て老生は彼及び彼の從者西藏學者オッツル、ヂャムソン等一行十三名を伴ひ日本に向つた。

貫主は全蒙古喇嘛教の總統者で清朝から掌印大喇嘛といふ親王待遇の格位を授けられ、紫禁城內の大導師職を勸めて蒙古喇嘛教の貴重であつた。一行は七月二十一日東京に入り、三浦將軍、大隈侯、釋雲照律師、等朝野知名の士によつて神田町錦輝館に於て大歡迎會を受け貫主は宮中に參內し、御皇室へ敬意と蒙古喇嘛教護保を蒙りし御禮との意を表した。當時此の一行を迎へた日本では元寇襲來以來始めての蒙古西藏人の來朝であるとて非常に珍客を優遇した。（完）

新東亞建設の黎明告ぐる時、我等東亞の佛教徒は、更に一層の親善と無上正眞佛道を求めて進まねばならぬ。此の使命を帶びて今般本會の訪華團は中華佛教徒を歷訪し、或は匪賊の來襲の報に接し、或は大陸の酷暑と鬪ひ、實に三旬餘の日月を費し、鮮滿華北華中の山河を跋涉して、中國幾多の要人名士と晤し、少からざる感銘と贊同とを得て、皆し歸つた苦心の旅行記巳

## 巳卯訪華錄

卯訪華錄を發行することゝなつた。

今回の訪華錄は、前二回のものに比してその趣を異にしてゐることは、事變による變化と前の經驗に徵して頗る注目すべき活動がなされたからである。隨つてその內容こそ我々の期待する所のものに觸れるであらう。目下行を共にした高橋本會員が熱心に編輯されつゝある。神林氏の麗筆と共に一層光彩を添へるであらう。

″南無觀世音！　觀自在菩薩！　おゝ、すが〳〵しいこゝろ！″

″廣く諸の苦惱を救ひ、衆生の上に大慈悲を垂れ給へ！″

一鑿、々々、彼は大音に念じ續けた。

李が幻に描き續けた觀音像は、聖そのものの姿を、刻一刻、現實にあらはしてくるのだつた。

完成に躍るこゝろ！

喜びに高鳴り躍ぐ胸！

落ち窪んだ兩眼には早や、嬉し淚がにじみ出てゐる

″もう一と息！″

李が月摩尼、寶弓をきざんでほつと息を入れたときだつた。銃劍を提げた七八人の兵が荒々しく土間へ雪崩込んで來た。口々に何かわめいてゐるのだが、李には見當もつかなかつた。あつけにとられてゐる李の肩を、

″こらつ！″

と云ひざま、一人が銃の台尻でこついた。

″女を出せい女を！今逃げては入つたらう！″

龍の部下だなあと李はさとつた。

″誰も來やあしませねいが——″

″將軍さまの命令なんだぞ、確にこゝへ逃げては入りよつた、しらを切るならきれ、出して見せてやらあ。みんな！　踏み込んで探し出せ！″

すると、兵は一度にどや〳〵と踏み込むのだつた。

（つゞく）

# 東亞民族の復興

——舊道德を尊重新知識を修得して以て東亞民族の復興を期すべし——

青島警察局長　傅　鑫

現今東亞の情勢を觀るに、黃種民族の復興を期せんとするには必然舊道德を尊重し、新智識の修得をなすにあらざれば、到底之れが目的達成は出來得ざるべし。而して富強を致すには道德を以て修身の本とし、智識を以て世に處するの道とすべく、兩者相俟つて始めて滿足の域に達せらゝものにして、決して之が偏癈するを許さゞるものなり。然るに民國十七年以來當人の專政する所となり、加ふるに共產分子復共間に參差して邪瀾行、陰に煽惑を施し、舊有禮敎は毫も顧る事なく綱紀又破壞され、依つて數千年來の舊道德は破產狀態となり、世人復智識を研究するに形式的に流れ、其の根底を極める事なく、雷糟粕のみを採つて其精華なる所を忘却するが如く、之れが爲一切の科學的研究毫も進歩する所なかりしなり。如斯にして現狀維持さへ困難なる今日の復興云々は求め得ざるべし。

幸にして東亞新秩序は已に建設され、時局も亦日々明朗に向ひつゝあり。我が民族は此の機に於て一致協同親善を謀り、共に存榮を誓ひ、舊有道德を尊重すると共に、新智識の研究をなし以て復興の促進を計るべきなり。

翻つて道德と云へば、獨り人をして尊重せしむるにあらずして、要は實踐躬行確固たる精神を以て、之れを實踐する事に依りて、始めて優良なる品格となる。道德の修身の本たる所以も亦茲にあり。智識方面に到りては、物質の進化、科學の昌明に依りて一智識を得んとせば、先づ一通りの研究を要し、刻苦勉勵に依つて始めて世に問ひ得るが如し。故に智識は處世の具なりと唱へられたり。

要するに今日を處するには、率先道德を重んずるは勿論、科學的智識も亦充分研究すべきものなり。道德を重ぜざれば固より立身出來ず、智識を有せざれば世に處する能はず、兩者相共に提倡偏癈を許さゞる所以なり。

希くば我民族憬然奮起尊重研究を以て、已を律し、世に處するに適切を得ば、行整ひ國治まり、而して東亞民族の復興も亦期し得らるべし。（カット傅鑫氏）

**尊重舊道德研究新知識庶幾可以復興東亞民族　傅鑫**

竊嘗考東亞現時之情勢以爲欲求黃種民族之復興自非尊重舊道德研究新知識不足以達目的而致富強誠以道德乃立身之本知識爲應世之具二者相因爲用相輔而行固未容偏廢者也　慨自民國十七年黨人專政而共產分子時復攙雜其間邪說詖行陰肆煽惑辦耄禮教收壞綱常以致數千年來原有之舊道德幾灝破產而一般時代人物對於各種新知識又多未能深切研究率皆只學皮毛而未探底蘊僅取糟粕而忘却精華因而一切科學之研究亦無進步以此等之民族而生存於今日已覺其難更求復興譚何容易刻幸東亞新秩序業經建設時局已日臻明朗凡我民族正好趁此機會提攜親善誓共存共榮尊重舊道德與研究新知識同時並進以爲復興之計畫夫所謂道德者非僅使人知尊重也　要在於躬行實踐服膺勿違蓋必有切礎之工夫始克成優良之品格故曰道德乃立身之本也　至知識方面則因物質進化科學昌明欲得一種知識須先經一番研究刻苦學成方得問世故曰知識乃應世之具也　總之時至今日道德凌夷固應尊崇而科學知識亦宜研究不習道德固不足以立身毫無知識又將何以應世是則道德知識既來客偏廢則二者即應同時提唱所望我民族憬然奮起尊重研究俾律己待人應事處變均有根砥而鮮舛錯則人無敗行國無僨事我東亞民族之復興庶幾有望矣

**傅鑫氏の略歴**

現、青島警察局々長。二十二歲にして南洋將備學堂に入つて業を卒る。二十三歲、日本に留學し士官學校に入り、姫路騎兵聯隊に屬す。後金澤騎兵聯隊に入り見習士官となり、歸國して南洋第七鎭參議官、馬隊第九標教練官、陸軍第四中學騎兵科長となる。民國元年騎兵第一團々長となり、第三團々長混成旅長、陸軍部參議、中央講武堂總隊長、海參崴各國聯軍參戰軍中國軍陸海軍司令部高級參謀、陸軍部高級副官、東北軍參謀長旅長、副官長代理軍長、馬蘭鎭總兵中東鐵路監辦公署顧問、平漢鐵路專員、警務總段長、滿鐵北支事務局警務部警備勤務に歷任し現在に及ぶ。

# 北京の喇嘛寺

春日禮智

北京には深山の寺々があるが、雍和宮を始めとする喇嘛寺の存在は確かに北支那の佛教の一特異性を代表するものと言へやう。キリスト教は支那全國に弘まつてゐるが、西藏を根據としてアジアの屋根となる甘肅西域蒙古から北支滿洲へ傳播してゐるラマ教は、アラビヤを根據とし、中央アジア、西域を通り、北支滿洲へ弘まつてゐる回教と共に、支那の宗教研究の重要なテーマであることは言ふまでもない。其故私に以下局部的ではあるが、北京のラマ寺について解説を加へ、其が如何に北支に根強い力を扶植してゐるかを紹介して見よう。

## 雍和宮

安定門内北新橋の東北にあり、清の世宗——有名な佛教信者の皇帝として知られた雍正帝が登極前に住んでゐられた宮邸を、即位後ラマ教求のためラマ僧に賜つたもので、豪華なる殿宇と怪奇なる佛像とは遊子の目をそばだたしめる。天王殿、雍和宮、永祐殿、法輪殿、戒壇、萬福閣、永康閣、延寧閣、綏成樓など豪華そのものである。境内には又漢滿蒙藏四体合璧の碑文もある。溫立孫殿、參呪特殿、額木苛殿、札第阿殿など、皆西藏名である。寺の門をくゞると、どこからか出て來た寺男が、怪しい商人かどうか、どこから持つて來たか、盗んで來たかわからぬ佛像を賣りつけるべく寄りついてくる。暗い所へ連れて行つて怪しい抱擁のラマ佛像のブロマイドを賣りつけるなど、全く支那式であり、チベット式であり、怪奇と好奇との交錯した妙な氣持を起させる。建物だけは立派でも、日本の寺院のやうな清致の氣分は皆目ない。西藏ラマ僧の北京駐錫所で、ラマ僧が三百人餘りすんでゐる。その黄瓦のある風景に昔の宮殿であつた名殘りであらう。

## 嵩祝寺

地安門内三眼井東口外東にあり、章嘉呼圖克圖淡修の地で、明代番漢經廠所として知られてゐる。

## 福佑寺

西華門外北長街路の東にあり、雍正元年に建てらる。清の聖祖の少時、保姆護御の地として、聖祖御製文集や寶座があり、殿額題字は多く雍正帝の御書に係つてゐる。民國十六年に班禪喇嘛駐平辦事處となる。

一〇

## 黄寺

雍和宮に次いで北京で有名なラマ寺は黄寺と黒寺であらう。黄寺といふ名はラマ寺の異稱ともいふべきありふれた名で、北京の黄寺は安定門外鎭黄旗教場の北にあつて、東黄寺、西黄寺に分れてゐる。土地の人はこれを雙黄寺と呼んでゐる。東黄寺はもと普靜禪林と言つたもので、清の順治八年勅に依つて喇嘛駐錫となつたものである。康熙三十三年棟宇が傾いたので、御内帑金を出して、員外郎永保游倫莊村に命じて修葺せしめてゐる。宏莊なる正殿の東には順治八年國史院大學士寧完我撰文の碑があり西には康熙三十三年聖祖御製の重修記文の石碑が立つてゐる。又西黄寺は清淨化城のあつた所で、特にその班禪喇嘛塔は有名である。この塔は其の様式もとより西藏式ではあるが、又特殊の創意を出し、文様圖像が彫れてゐる。その形は八角五重、千手千眼得大悲心大陀羅尼神妙章句、金剛般若波羅密經、佛說藥師如來本願經、佛頂首楞嚴大陀喇尼呪の刻してあるのも珍しい。第三代班禪ラマ具德智のために建てたものと言はれてゐる。寺は雍正元年、綜理武教第五世達賴ラマの建てたものであるが、今は全く荒廢してゐる。毎年舊曆正月十三十五等の日には北京名物の一であるラマ踊り打鬼があつたが、經費がないので、民國十五年以後はとだえ勝ちださうである。

## 黒寺

黒寺も亦前黒寺と後黒寺の二に分れてゐる。黒寺とはその瓦が青瓦であるから黒く見えるんでかく言つたものらしい。前黒寺は本名を慈度寺といひ、德勝門外三支里許り下關にあり、清初に建てられてゐる。舊曆正月二十三日に打鬼踊りがある。後黒寺は前黒寺の北にある察罕喇嘛廟で、順治二年に察罕ラマがやつて來て立てた寺である。寺後に白佛斎倉がある。門前の鐘は明代最勝寺の什物であつた。上に尊勝楞嚴神呪、三十五佛、金剛經、心經などが彫つてある。正德十年都督同知朱寧の造つたものである。大殿の無量壽佛像は康熙五十二年聖祖の賜つたものである。この寺の打鬼は舊曆正月十五、十三日である。

## 隆福寺

東四牌樓大市街の西馬市の北にあり。明景泰三年、當時太監興安が帝に乞うて數十萬金を出し、人夫萬人を用ひ四年四ヶ月の歳月を要して建てたものといふが、今は全く荒れ果て、隆福寺街の名と人も住めぬやうな寺が殘つてゐるのみである。毎月九日十日には境内に市がたち、雜閙を極める。隆福寺街は本屋町として北京通なら誰でも知つてゐる筈である。

## 大隆善護國寺

西四牌樓北護國寺街にあり、元の宰相托克托の舊宅のあつた所で、本名を崇國寺といひ、元僧定演の建てた所である。定演は元の

一一

世祖の代に崇教大師の號を賜つた人で、崇國寺に入り、隆安和尚に從つた。至元二十四年この寺を建てたので、崇國寺に南北二寺あることゝなり、その北寺が即ち護國寺なのである。明の宣德四年に大隆善寺の額を賜ひ、成化八年大隆善護國寺の名を賜ひ、正德七年チベットの大慈法王領占班丹、大覺法王札什藏布等に勅してこゝに居らしめた。寺は今は全く荒廢し、境内のあちらこちらに材木や石碑が轉つてゐて見るに忍びない。毎月七日八日に市が立つ。

**妙應寺** 阜城門内大街路の北にあり、遼代の古刹である。一に白塔寺といひ、有名な塔がある。遼の壽隆二年の創建といはれてゐるが、其が喇嘛式であることから見て、元代修造せられたのかも知れない。もと塔内に舍利戒珠二十粒、香泥小塔二千、無垢淨光陀羅尼經五部が置入つてゐたのを元の至元八年世祖が之を發いて見たところが石函内に銅瓶の舍利を見て大いに崇敬を加へ、裝飾を施したもので、その制度の巧なることは古今稀に見る所と稱せられてゐる。一說には此の塔は至元十六年大聖壽萬安寺を建てた頃建てられたか、或は世祖の發いた時に喇嘛式に造り變へたのかとも考へられてゐる。全塔白堊で塗りつぶした塼塔であつたが、今はその大半剝落してゐる。本寺は元朝歷代の皇帝の信仰厚く、至元十六年に重修せられたるを始め、世祖英宗仁宗文宗等の行幸あり、世祖帝后の影堂、裕宗帝后の影堂があつた。明應寺の名は明の天順元年に賜つたものである。寺は今尚は年々修理が加へられ毎月五、六兩日に定例の市が立つ。

**五塔寺** 西直門外樂善園の西三支里許りにあり、本名眞覺寺といふ。明の永樂年間に建てられたもので、その金剛塔は成化九年にでき上つたものである。五塔あるから五塔寺と名づける。その形は印度のブッダガヤの塔にも似、殿舍はすつかり毀かれたが、塔のみ殘り、保護が講ぜられてゐるが、ものはや内部の品物や附屬品は大半盜難にかゝつて失はれてしまつた。

**普度寺** 東新庫北にあり、明の小南城舊宮の遺址である。小南城とは本名崇質宮で英宗が北に遷つて住はれた宮殿である。淸の順治の初め睿親王府となり康熙三十三年嘛哈噶喇廟に改め、乾隆四十一年今の名を賜ふ。大殿の額「慈濟殿」は高宗の御書、殿内に睿親王所用の鎧甲弓矢がしまつてあるといふ。

**寶諦寺** 京西門頭村にあり、隆公寺の舊址となす。乾隆十六年、五台山の菩薩頂に擬ねて造つたもので、莊麗を極めたが、今は大方頽れてしまつた。

**永安寺** 西苑萬壽山金鰲玉蝀の東にあり、諸門罕ラマの駐錫所で、奇石疊々たり。金の章宗の李妃粧臺遺址と傳へ、元代萬壽山に改め、又萬歲山とも呼ぶ。順治八年塔と寺を建て白塔寺といつたが、後今の名に改めたものである。清代は毎年陰曆十月廿五日に北京の各ラマ寺の僧百八人を招待して誦經祝讃したものである。

**闡福寺** 西苑太液池の東、五龍亭の北にあり、乾隆十一年舊墁譜館を改築して寺としたもので、その樣式は一に正定の隆興寺に範を採つたものと言はれてゐる。その結構は頗る數奇を凝し、西門内八方亭の石塔には貫休の十六羅漢像が鐫つてある。又資糊雲亭の北及び左右の屋宇四十二楹には悉く四体藏經板が收藏されてゐる。

**宏仁寺** 太掖池の西岸爽朗たる地にあり、明の清馥殿の舊址である。康熙四年寺に改め、鷲峰寺の栴檀佛像を移し、聖祖の御製栴檀佛歷代傳說記がある。この寺は嘛勒丹錫哷圖呼圖克圖の所轄に屬し、ラマ僧三十七名あり、もとは高さ三丈の莊麗なる塔もあつたが宣統元年に毀され、その後歷々軍隊が陣取つたので今は頗る荒廢してゐる。宏仁寺の裏は明の虎城のあつた

雍和宮

所であり、その西北は豹房城で、この邊一体が明の大切な城址であつたことが知られる。

**達賴喇嘛廟** 安定門外にある黃宗梵宇で遼の蕭太后の宮殿であつたが、雍正元年正月ラマ僧の奏請に依り四千三百兩を出して三世諸佛像、八座塔、番藏經を造つたものである。その建築は手が入り込んでゐる。ラマ僧定額の十八名となつてゐる。

**新　寺** 即ち三寶寺は朝陽門外喇嘛寺胡同路東にあり。その建立年代は不明であるが乾隆二年初めて修葺を加へた。定額はラマ僧十八名が定額となつてゐる。

**五門廟** 護國寺街にあり、明の崇禎五年阿王羅藏習靜の所として知られ、清順治十七年聖祖は詔して、五台山の札薩克大喇嘛總理以下漢人西藏人のラマ僧をして春秋二期來覲せしめ、こゝに宿泊せしめた。

**功德寺** 元代の古刹で初名を護聖寺といふ。萬壽山北五支里青龍橋の西にあり、元の文宗の天曆二年五月、儲慶司所の貯金三十錠、銀百錠を以て大承天護聖

寺を建てた。寺は現に學校となり、寺内の僧侶二十二名は海甸陳府太平莊に移された。

**普勝寺** 裏新庫東南にあり、明の南城のあとである。順治八年に建て、清初三大寺の一であつた。民國九年歐米同學會ができ、ラマ僧十一名は地安門内東板橋火神廟に移された。

**資福院** 雙黃寺の西北にあり康熙六十年六月竣工十方院飯僧所となる。寺内の僧衆額定二十二名、甘肅ラマ來京駐錫所である。

**淨住寺** 朝陽門東郭迤南にあり、順治二年明の古刹を復興し、蒙古王公台吉等が無量壽佛像を安じたもの、額定ラマ二十五人。

**新正覺寺** 萬壽山東三里河にあり、乾隆年間に建てらる。山を枕とし、水に臨む景勝の地であつて、額定ラマ三十余名であつたが、民國十一年或る人の僧宅となり、ラマ僧は海甸陳府に移された。

**聖化寺** 萬泉莊隄南八溝にある。民國十一年廢寺ラマ僧廿九名は西直門外五塔村に移された。

**慧照寺** 化成寺、共に東單牌樓囊基廠の西にある清代の古寺、光緒二十六年公使館區域ができたので、慧照寺のラマ十九名は東直門内北門倉乙六號に、化城寺のラマ十三名は淨住寺の裏に移された。

**三佛寺** 朝陽門外喇嘛寺胡同南口路東の東林里にあり、今は大方毀れかけてゐる。ラマ僧定額十三名。

**長泰寺** 得勝門外下關にあり明末に修造李自成がゐた所で、清世祖入關後之を開いて怒り、修葬を禁じたので、寺は荒れたまゝになつてゐる。昔はラマ僧三十余人ゐたが、今は僅に定額七名となつてゐる。

**慈佑寺** 西苑掛甲屯にある古刹、ラマ僧定額十二名。

**梵香寺** 西城馬狀元胡同路北の古刹、今は境内に民家ができてゐる。ラマ定額九名。

**同福寺** 阜城門内にあり、寺に大方毀れてラマ僧定額十一名、寺の東偏僧寮三間の内に住んでゐる。

**馬哈噶拉廟** 護國寺夾道にあり、ラマ定額七名、今は殆んどあとかたもなく毀れてゐる。

**普善寺**
**廣緣寺**
**布達拉寺**
**普寧寺**
**殊像寺**
**溥仁寺**



## 札什倫布寺

以上の七寺は熱河のラマ寺の支坊で、熱河の本院のラマが北京に來たとき宿泊する寺である。普善寺は定額ラマ二十三名、廣緣寺は十五名共に雍和宮の東板子門にあり。布達拉寺は雍和宮の西墻外西板子門の民家の中にあり、ラマ定額六十九名、當住ラマ僅かに二名といふ有様である。普寧、殊像の二寺は共に五道營胡同の民家の内にあり、光緒年間の建立に係る。前者は内外二院に分れ常駐のラマ三名、額定七十六名、後者は額定四十五名、駐在二名である。又溥仁寺は東城交道に南路西菊兒胡同にあり、咸豐年間に建てられ、現駐三名であるが、定額は三十四名である。

以上北京のラマ寺に就いて一通り述べたが、元代、殊に清代のラマ教の勢力は素派らしいものであつたが清朝沒落後、その外護を失つたラマ教の淋しさは一しほ哀れなものがある。殊に國民政府時代になつてからは下速度的に沒落を早め、現在有名無實の寺が少くない。併し北支の佛教が民間に地下泉のやうな浸透力を持つてゐるやうに、ラマ教の勢力も輕々に看過し得ないものがある。今後新政權ができ、宗教に對する自由主義の政策でもとられるやうになつたらラマ教復興機運も開いてくることであらう。その時彼等が如何にして新しい東亞の新狀勢に適應して行くか——彼等の更生の道もこの方向に如何に覺醒するかゞ問題の中心となることであらう。東亞新秩序をモツトーとする爲政家がどれだけ今後ラマ教の勢力を利用しうるか、ラマ教徒が果してどれだけ覺醒して興亞の大道に踏み出すしてくるか、我等の興味ある問題として今後の推移を刮目して待つことゝしよう。(終)

(見出しカツトは喇嘛僧の讀經)

# 中華の名士（一）

曩に本會訪華團一行が、中華名士を歷訪して、本會の趣旨に贊同直ちに入會の榮を得たことである。茲に本會の求めに應じて略歷近影、眞筆を寄せられた方々の御紹介する意味で本欄を設け、將來日華の會員が共に興亞の大道に提携して進む一助となれば幸甚である。

◉山東省々長**唐仰杜**氏

唐仰杜、年五十一歲、山東省鄒縣人、京師譯學館畢業、前淸學部七品小京、官歷任山東省會、市政府廳總辦、山東省公署財政廳々長、現任山東省長。

◉濟南市長**朱桂山**氏

朱桂山、現年六十一歲、山東單縣人、日本早稻田大學政治經濟科卒業、歷充山東省議會議員、山東商業專門學校長、齊魯銀行總理、國會議員鄒平縣縣長、濟南維持會副會長等職、現任濟南市市長。

◉濟南工程局々長**王露洪**氏

前淸附生、光緒三十年、留學日本法政大學、高等法政科畢業、簡任職任用晋給四等嘉禾章、歷充前淸自治研究所々長、自治會總董、民國山東省議會議員、浦信鐵路局秘書、山東省政府參議、兩任交通部秘書兼參事上行走兩任山東黃河下游局長宮家垻堵口委員長山東黃河三游總局々長、山東河務工賑委員會常務委員、建設總署濟南水利工程局々長、濟南工程局々長。

◉青島統稅局々長**張夢熊**氏

張夢熊（紹斐）、天津縣人、本年四十七歲、中華民國々務院、存記簡任職長蘆石牌場知事、第二軍糧餉處々長、滬杭甬鐵路稅務總辦、山東兗濟道々尹、山東塩運使、現在青嶋統稅局々長。

◉南京市長**高冠吾**氏

元陸軍中將、第十軍副軍長、徐除警備司令官、維新政府綏靖部次長、南京市政督辦ニ就任、引續キ南京特別市市長就任現在ニ至リ、南京日華佛敎聯盟會總裁等ニ就任。

一六

◉北京同願會**馬登洲**氏

馬登洲、別號瀛岑、四十一歲、山東省曹州人、大正五年日本ヘ留學シ、同十一年京都高等工藝學校ヲ卒業シ、歸國後工業專門敎授、甘肅省毛織場長、西北軍部參議工程局長、軍政部技正等、職任シ、現ニ北京市商會萬國道德會佛敎同願會ノ何レニモ重職ヲ擔任シ、大哲人夏蓮居氏ノ摯愛弟子ナリ。年來中日兩國宗敎總濟各部門上講通聯絡ノ役目ニ多大ナル斡旋及ビ努力シタル事期待サレタルモノナリ。

◉青島市政府委員**尹援一**氏

尹援一、年五十四歲、湖北省人、日本東京帝大出身曾任職湖南礦務局長、敎育實業各廳長及各鐵路局要職現爲青島市政委員、夙崇密宗因尊崇印光法師議論、亦深宏揚淨土、在青興日本各宗俱有聯絡於善導寺關係尤密功。

◉**吳無生居士とその玉吟**　蘇州覺社（居士林）の副社長吳濟時氏より此程本會よりの依賴に應じて略歷、近影、眞筆とを寄贈されたそれと共に七絕四首を特に似されたれば此に揚ぐ氏は當年六十一歲、江蘇宜興縣の人で曾つて日本京都府醫專に學びて醫學士と爲り後獨逸伯林大學にて醫學博士となり、國に歸りては江蘇省立第一醫院々長、江蘇醫科大學校長等の重職に膺られ又た夙に佛敎を崇信して同人と與に蘇州覺社を設立し熱心に社長季聖一居士と正法弘布に盡瘁されて居る

江蘇佛敎の代表的大居士である字は谷宜、別號は無生と稱ふ。

法鴛蒞蘇有先招待函深歉仄承
惠頌大著拜讀之餘盛佩奚如頃
奉台翰囑辨各事均遵辨另箋奉上
至希察收並奉上七絕四首以博
一粲倘
貴國大吟壇不吝見敎尤所盛盼敬此佈達秋風珍重
怒不多贅祗頌
道安綏　　　　吳濟時謹啓　八月十一日
己卯年

已卯秋懷京都知恩院林大僧正並簡來華訪問諸同志
吳地古來多信佛　黃堂今日得遲賢　黃堂份春申君墓址所即在今吳縣公署大堂
不圖風雨鷄鳴夜　共在中流大願船
鐘聲迢度海雲東　一片淸心兩地同　僧正等返國後均華翰遙頌彌深感剴
文字因緣千古業　紀遊何幸及華中　訪華旅行記現正着手整理
何日重遊泛洛槎　故人每惜隔天涯
金風蕭戀增惆悵　況憶當年詠荻花
余於明治時代留京都頗久回首前塵能無倍增感恨耶
名刹巍峩幾度遊　當前淨土誤他求
寶山旣入還空手　祇有知恩兩字留
余在京都時屢遊知恩院惜當時余於淨土宗殊未領悟耳
右拙作七絕四首卽呈
斧上　　　吳濟時未是艸　時在蘇州

一七

# 東亜宗教の動き

▲上海英租界にある上海佛教會々長圓瑛法師は抗日の迷夢未だ覺めず、重慶政府に百萬元を提供せしを以つて、中支宗教大同聯盟及び日華佛教聯盟等より批難の聲を放ち、今後かゝる行爲に對して防壓を加ふべく實動される筈である。

▲興亞佛徒會を組織し、怨親平等の追悼會を行ひ或は戰蹟を巡拜された牧次郎少將法名相圓氏は再び北方方面の戰蹟を巡拜されることになつた。

▲曩に大多喜輪王寺門主一行は朝鮮慶南多寳寺に於いて天台宗夏安居に臨み、慶州佛國寺、海印寺の舊跡を訪ひ、京城に至り景德宮内の祕苑を拜觀する等内鮮佛教に力を入れ、着々實行されてゐる。又西本願寺では朝鮮に於ける青少年指導に關して頗る注目すべき實動がなされる筈である。

▲今事變で南方の絶海にある西沙島が、日本の有に歸した報告會が西沙島經營に力ありし故齋藤四郎氏の洛東知積院の墓前で行はれた。

▲ビルマ獨立運動の志士として、又佛教國ビルマを背負つて立つてゐたオッタマ比丘が九月九日六十歳で逝去した。この傑僧の死は各方面から頗る惜まれてゐる。

▲北京東本願寺では常盤大定博士の主唱によつて日華要人相集つて興亞文化提携の契をなした。

▲嘗て支那淨土教の根源地として渇仰された廬山に初祖慧遠法師の芳躅を偲び白蓮社を復興して幼稚園を建設すべく淨土宗では計畫を進めてゐる。

▲曹洞宗に依托された中華民國新民會河北省良郷實指導部の留學僧五名は此程一ヶ年の留學期間を了へ歸國の途に着いた。

▲インド第一の佛教學者ラフラ・サンスクリチャーヤナ博士は、曾て日本に來り儒教を研究し後チベットで發見せる貴重な梵本を東京で出版する筈であつたが、中央アジアからソヴエットに入りレニングラード大學の教授となり黄衣を捨て背廣服に代へ若きソヴエット女性と結婚したと傳へられてゐる。

▲青島に渡つて二十年孜々として基督教に身を委ねた古利平次郎翁の事業青島學院は甲種實業學校として日華の青年を指導し今日二千の卒業者を出してゐるが、此程在學生一千人に及び、新に女子部も設けらるゝ筈である。

▲晋北佛教學院では、日本留學僧の選拔を行つて五名を送ることになつて、此



程三名が來朝した。

▲山東省内一萬の回教徒は濟南城内に於いて聯合會結成式を擧げ、興亞の妨害をなす英國を打倒せよとのスローガンを揚げた。

▲去る九月三日廣東では西本願寺主催で中山記念堂に於いて皇軍將士及び日華の人々と共に賑かに「盆踊りの會」の朗景が展開された。

▲東京東本願寺では女子技藝學院を設置し物心兩面から日華親善の强化を計る筈である。

▲曾て日本へ來朝したことのある丹桑布（ブンタヂャップ）氏より此程東京築地寺内日蒙佛教親和會宛蒙古留學生四名の斡旋の依頼があつたので同會では、身延山と護國寺とへ夫々二名づゝ振當ることに交渉せる旨回答した。

▲天理教の上海兒童保育處は、愈々近く開處式を擧ぐる筈である。

▲ヤング・イースト誌の特輯號は日伊文化交驩を目的として編輯され、日本佛教文化が紹介される筈である。

▲中支宗教大同聯盟佛教部の要請による日本青年僧の渡支は、愈々日本の各宗から選拔された十三名が、「興亞佛教班員」として大陸へ進發した。

▲朝鮮に於ける儒林人は十萬と稱せられてゐるが、此程時局を認識し儒教思想を宣揚すべく京城府民館に於いて儒林大會を開催した。

▲來朝せる前天津警察局長閻家琦氏は、京阪神各地を見學視察し、一燈園光泉林を訪ひ、日華兩民族の結婚こそ眞の親善を齎すものであると語つた。

▲神奈川縣下の華僑と我が官民とよりなる日華佛教會は來る十一月十日發會式を擧ぐる筈である。

▲北京に於いては此程稻荷神社の創建成り、近く鎭座祭を執行する筈である。

▲厚和市政府では此程同地の西本願寺に大規模の宗教村建設を勸めてゐる。

▲今春北京夏蓮居々士の門下臨時政府參議鄒泉蓀氏が北支經濟使節として來朝し、その節京都知恩院郁芳隨圓大僧正に日華同願念佛會開催の申出であり、大僧正は之に快諾を與へた。其後椎尾博士が北京へ趣かれ玆にその實行の運びに至り、去る八月廿九日（盂蘭盆會當日）に第一回の別時念佛會が北京京都及び全淨土宗寺院に開かれ第二回は九月廿八日に擧行された。

▲北京佛教同願會は興亞院より補助金を得、實動に向ひつゝあるが、此程日本より興亞佛徒を採用して佛教文化建設に邁進する筈である。

▲滿洲國では神社制度擴充を期し、大使館に調査會が新設された。

▲米國桑港から日本へ渡つて佛教を研鑚する珍客G・S・Aホワイトと云ふ老紳士が西本願寺で得度を受けたいと希望してゐる。

▲去る十月二十一日、滿洲國では建國精神の發揚を期し全滿洲の道教を統一して「滿洲國道教總會」を結成した。

▲長崎市佛教聯合會では、中國孤兒の優秀なるものを養育して、將來興亞の中心人物を養成すべく着々實行されてゐる。

創作

# 慈眼觀音像由來記（三）

飯田光明

## 八

〃明ちやんはどうしてゐるんだらうなあ〃

案じたつてどうにもなることぢやねえ、思ふまいと氣をとり直してみるのだが、いとしい感情は、その都度、先にたつて明のところへ飛んでゆくのだつた。

こんなことでどうするのだ――、李は我ながらげつそりと痩せこけてゆくのを感じてゐる。鋭利な刄物であばら骨のあたりの肉を、一分刻みに削がれてゆくやうな戀情の切なさが、日增につのつてゆくのをどうすることも出來ず、彼の胸は生理的にもほんとうにきり〳〵と痛んでゆくのだつた。

〃噂に聞いたつけ――、將軍の息子の龍といふ野郎あ、すごい性の士官だつてなあ――、きつと〳〵ほんとうに明ちやんは殺られてゐるのに違ひねえ〃

可哀相になあと思ふと、見もしない龍の顏が、にた〳〵と夜叉笑みに崩れてぽつかりと浮んで來、士官服を着けた肥滿した龍の幻が急に大寫しになつて李の眼前までパッと迫つて來たりする。

狂ひ出しさうな日が幾日も續いた。

十月も半になつたある夜、李は支那特有の凍えさうな寒さの中に、うつら〳〵と妙な夢を見た。李が張を訪ねて來たのはその翌夜のことだつたのである。

〃あ、あ、あ、千手觀音！〃

いひやうのない驚きの聲が、二度までも李の口からほとばしつて出た。

〃何けい？〃と張。

見ると李の顏は、深い恐怖の色さへ浮べて硬直し眼はの棚の上の佛像に吸ひつけられてゐて、張の言葉も聞えぬげにみえる。



ランプの暗い逆光線が、肉の落ちた李福齊の横顏をぼーつと浮かしてゐる。

〃李、李、何けい？〃

茶卓台をはさんで、張は、ぢつと端座して棚を見上げてゐる李の姿を見守る。その張の目には、明を想ふ追憶の淚が光つてゐる。

非常警戒にはいつてからもかなり經つてゐるのに、飛行機の爆音は未だ聞えぬ、戶外には足音もなく、冷たい夜が、ただ寂々と更けてゆくばかりだつた。

やがて李は長い息をほつとはいて、それから張に向き直つた。

〃おぢさん、不思議なこつた！　明ちやんの念持佛あ、千手觀音だと云つたつけいなあ、こわいもんだ！夢がきつかりと合ふてるなんて！〃

〃夢？〃

〃ほんとなんだ、おぢさん！　俺等、昨夜、明ちやんが歸つて來たんで、「あゝ明ちやん」と云ひ〳〵表へとび出して行つたら、それがおぢさん、觀音さまだつたのさ。それでも夢つて妙なもんだ。驚きもしねえで、その觀音さまを明ちやんだと信じきつてられたからなあ〃

〃み、明公が〃

〃觀音さまに變つてしもうたのさ〃

〃ふざけるでねえ！〃

〃ほんとなんだおぢさん！〃

李は張に、まじめな面持で、「ほんとなんだよ」と云つてか

＝前號の梗概＝

龍はあの手この術と明に使ひ分けるのだが明の、日本人だと云ふ意識は、とらわれの身となつても貞操を守り通す。李戀しさの想ひはつのる一方で、激しい苦惱と戀情とは、やがて明を人事不省に落してしもう。意識をとり戻した時には、明は龍の腕の中に抱きしめられてゐたのである。

一方、李も悶々の日を送つたが、二十日余りの後――この時分、日本の飛行機は〇〇あたりを目指してか、夜毎に空襲を續けてゐたが、今宵、李が思ひ切つて――不仲になつてから初めて張を訪ねて行つた。非常警戒のサイレンが鳴りひゞいて、窓を細められたランプがぐつと低く下げられてゐる。表面、不仲にはなつてゐても、張も李も明を思ふ心に變りはなく、今突然、李に訪ねられて「明の念持佛は何だつけ？」と問ひかけられると、今の今まで一人きりで淋しく明を思ひ續けてゐた張には、明の幼い頃の記憶が甦つて來る。飮めもしない酒で、心のうさをまぎらしてゐたのが、一入ぐつと胸にこたえる。

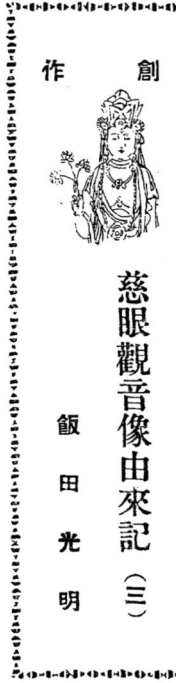

ら、まざ〳〵と浮んで來る夢の續きを話すのだつた。

李の語るところによると、彼はその觀音さまを明ちやん〳〵と慕ひながら、張の家まで來てしまつたが、家へはいるとすぐ、觀音さまの姿は見られなかつた。彼が、「明ちやん、明ちやん」と慕ひあぐんで、失望の瞳を棚の上に向けたとき、ぽつかりと明の笑顔が浮んで見えた。張の彫つた觀音像の面相が、正しく明の笑顔に代つてゐた——、といふのである。

さう言はれてみると、張にも思ひ當る記憶がある。先程、李が、明の念持佛を尋ねたときから追憶にふけつてゐたことで——。

それはまだ廣西にゐた時分のことだつた。夫に死別した日本人の哀れな母娘があつた——。ふとしたことから懇意になつて、遂には母娘の面倒をみることにもなつた。ところが、その娘がまだ六つ位の時に、その母もぽつくりと死んでしまつたのである。臨終の枕元に張が座つて、「明公はあつしが引き受けた、安心しなせいよ」と云つたとき、その日本人の母は、臨終とも覺えぬ程の力で張の手首を握りしめ、目に涙を一杯溜めたまゝ、片方の手に持つてゐた金襴の袋を、張の掌に乘せてから、「明子(アキコ)、明子(アキコ)！」と日本呼び叫びに續けて死んで逝つたのだが——。

張は今でも、その金襴の袋に納められてゐた、彼等一家の念持佛を思ひ出す。御身丈は二寸にも足らない千手觀音であつたが、異國に出て働く身の、若しもの浮沈に備へるためでゞもあつたのだらうか、黄金の延板を厨子の代りに、これも正眞正銘の黄金佛を、恰度帶饅頭のやうにして、柔かい絹布が幾重にもぐる〳〵とそれを蔽ふてゐるのだつた。たとへ異國で野垂れ死にならうとも、お守り袋を手にしてくれた程の人は、よもや、よもや、たゞ一介の見知らぬ骸として見捨ておいてはくれまい——、さうした日本人の床しいたしなみよ！

あゝ、あれ程までに、當時は床しい心根に打たれてゐたのに、何としたことだ、今は念持佛どころか、明公の身體までも龍に貢つてしまつたのだ！ さうした慙愧の念ひが李の夢物語と結びついて、今、張の胸をぐい〳〵としめつけてゆくのだつた。

〃よう聞かせてくれたなあ、李福齊。ありがたうよ！〃

〃——〃

〃夢のことよ！〃



〃おぢさん。棚のあの百手觀音、俺らに貰へめいか〃
〃勘忍してたも、李。明公にすまねえ！ 俺らにまつらしてたも！〃

## 九

十日餘りの日がすぎ去つていつた。

あの夜、張と別れてからといふもの、彼は等身大の用木を前にして、あれよ、これよと明の容姿をさまざまに描き出しては打ち消し、打ち消してはまた描き出し、千手千眼觀自在菩薩の幻を　浮かび上つてくる明の上に重ね合はせては、理想のポーズを見出さうと努めた。明にして明にあらず、觀世音にして觀世音に非ず——、一卽二、二卽一の理想體を求め得ようものと彼は彼の全靈を傾け盡した。然し、やがて彼はそのやうなことの無用さを悟り得た。たゞ、ひたむきな愛のこゝろが、この無心の用木に盛られ得るなら——、と思つた。

それから後の彼の頭には、昨日もなく、明日もなかつた。はるかに美術を超越した崇高な氣魄が、刻一刻深く深く、用木に注ぎ込まれてゆくのだつた。

最初の一と鑿をあてゝからといふもの、彼は槌を持つたまゝで横たはり、木ッ端の中でうと〳〵と眠るとまた鑿を握つて起き上つた。衰へんと思ひの他、彼の精根はいよいよ冴えて、晝となく、夜となく、槌の音は絶え間なく續いた。時には鑿を休めてほつと息をはき、次第に形をなしてゆく荒彫の像をぢつと見つめた。そんなときの李福齊の姿は神々しいばかりだつた。

半月、二十日、不眠不休のうちに一ケ月を過した。

李福齊の描いてゐた愛の像は、やうやくのことに根をはり、ぐん〳〵と枝葉をひろげて行つた。

如意珠、羂索、寶鉢、寶劍、合掌の二手、跋折羅、金剛杵、施無畏手、日摩尼——、四十手に執持する十本の腕、手首、指々に、彼はたゞ一念、愛のこゝろを盛り上げて行つた。

疲れ果てゝうつら〳〵とまどろむうちに、數々の靈夢を見た。それがみんな觀音像と緒びついていつた。

〃南無觀世音菩薩！〃

〃南無觀世音菩薩！〃

そしてまだ十日ばかりが經つてゆく。

明に捧げてゐた一介の戀情は何時の間にか消え失せてゐる。彼自身、不思議なことだつた。苦惱を越えた明るい世界が、彼の胸中に一杯擴がつてゐるのだつた。

(七頁へつゞく)

## 本會ニユース

**○高楠博士の歸朝**　本會の副會長高楠順次郎博士は昨夏八月布哇ホノルヽ大學の招聘に應じて渡布、滿一ヶ年同大學に於て廣く布哇及び米本國の各大學より選抜された哲學研究者に對し佛哲學を講授して多大の法益を施された。佛教を始めて斯に志せる彼等は今更驚異の目を以て佛教研究に專注せんとの志望を抱くもの多數に出で、引續いて今後佛教哲學の講座は開設さるゝと云ふ、所謂東西哲學の融合は今次の高楠博士に依て布哇に實現さるゝ氣運が開けたと見られることは我が佛教の爲に祝福に堪えない次第である。博士歸朝歡迎會は先頃東京で開催され京都では博士入洛を好機として去六日同人の主催にて萬養軒に歡迎會を開き、博士より約二時間に渉る布哇に於ての講演内容を聽くことを得た、來會者五十餘名皆なその博士の研鑽該博にして而も縱横斬新なるには感動せざる者はなかつた。その布哇に於ける一ヶ年の講演は他日布哇大學にて編纂公刊さるゝ由である。

**○東京支部の移轉**　本會の東京支部は東京淺草神吉町隨應院に當初から置いてあるのであるが、同院は昨冬十一月八日全燒の厄に遭ひ、遂に郊外に移轉することゝなり、北多摩郡小金井町西之臺に新に五千餘坪の地所を求め、夏以來再建工事に着手され、晝夜兼行で既に假本堂及び寮舍は建築を了へ、住職神林隆堂氏は其事に没頭日も亦た足らない有樣である。かような譯で本會支部も同時に此の小金井西之臺隨應院に移轉したのである。そして支部長は變りはないが、幹事として新に栗本俊道氏が就任して事務を擔當されて居る。

**○天津、青島風水害**　去る八月の天津及び青島に於ける風水害は近年未曾有の慘害我が會員又は道交の諸氏にしてその厄に遭へる者尠からずと察し、本會の名を以て天津にても青島にても日華兩方の多數會員に對し懇惠心を籠めたる見舞狀を發した、それに對して天津の靳將軍、青島の尹委員等より禮狀を寄らせれた。

我が會員は割合に被害が輕かつた樣で何より幸であつた、此の程天津の譚遝道氏から天津一帶に於ける撤水救護に軍、官、民協力の結果、驚異的奇功を奏して百六十萬民衆を起死回生せしめた狀況の報道があつた。これで先づ天津は漸く蘇生したので同慶に堪へない次第である、左にその通信の一部を轉載す。

この度天津を中心として華北一帶の大水害に對して、甚大なる高配を煩しましたが、茲に昨廿四日を以て全く排水完成し蘇生の天津より御禮申すことの光榮を得ました（中略）由來治水の途は五道に直通する民國に於て今次の鬼策は眞に皇威王道の實現にして仁義兼濟の聖業で新東亞建設の爲に感激同慶に堪へない所であります（下略）

**○牧將軍の戰蹟巡禮**　牧治郎少將（法名相圓師）は曩に戰蹟巡拜の旅に出でらるゝに當り、本會林幹事長に中國の官員に紹介を依頼あり、本會では直ちに右紹介狀を發せし處、天津の前國務總理兼陸軍上將靳雲鵬將軍より左の芳翰を得た。

敬復者昨奉　惠緘藉悉　興居佳善百如頌私承　示牧將軍等同發大願以究黎平等神宏揚大法提携文化至爲佩倚過津門辱臨賜教歡迎無似若有相需之處自當悉力幫助以襄盛舉而副尊囑復敬頌道綏惟　照不宣

靳雲鵬拜啓　十月十三日

## 編輯後記

△豊葦原瑞穂國と名にしおふ我國の秋、黄金の波ゆらぐ此頃は、他國と趣を異にした美はしき眺である。

△本號は己卯訪華特輯號として出す筈であつたが、編輯の都合で別に「己卯訪華錄」を出すことになつた。

△佛教徒の聖地印度は、西洋民族の手に委ねてはならぬ。日本、支那、印度の佛教徒の教祖釋尊は、我等東洋民族を精神的に固く結合せしめられてゐる筈である。その聖地を何とするか。

△想へ、天嶮を突破して印度へ向つた中國の高僧、萬里の波濤を乘り越へて中國へ渡つた日本の高僧、彼等の燃ゆるが如き求法の前には山河海洋もなかつたのだ。

△日華僧の交換が漸く實現されて來た。人間到る處に青山ありと謳つた頼山陽の氣慨徒らに鄕愁に泣く小さい人物である勿れ。

△人の一生は無限線上の一點の如きもの、その一點を如何に有意義に用ふるかは、その人の意圖にある。興亞の目的に一生を投げ出し得る青年を幸榮と思ふ。

△本誌は「支那宗教事情」を改題して「東亞宗教事情」とした。會員の皆樣に玉稿の御惠投を御願する。

**東亞宗教事情**（隔月發行）

第六號

昭和十四年十一月五日　印刷納本
昭和十四年十一月十五日　發行

定價　金拾五錢（送料二錢）
一ヶ年分　金壹圓（送料共）

編輯兼發行人　京都市東山區林下町四四三　日華佛教研究會
右代表　三田全信

印刷人　京都市東山區祇園町南側六〇　豊田英太郎

印刷所　京都市東山區祇園町南側六〇　豊田愛山堂印刷部

發行所　京都市東山區林下町四四三　**日華佛教研究會**
電話祇⑥〇〇三八
振替大阪一〇〇七九六

## 日華佛教研究會

（昭和九年七月創立）

我邦と支那とは、同教同文、共に佛道を信じて宿縁久且つ深し、時に消長免れざることありと雖、同朋の情誼は恒に渝ることとなし。特に刻下非常時局の進展、特に新東亞建設の段階に入らんとす、此時同信佛教徒は更に心から提携、聯絡相共に無上正眞道を求め、眞俗相應じて聖業に貢献する所あらんと欲す。冀くば大方の諸君子、此の趣旨を賛襄し進んで入會加盟せられんことを切望す。

### 會　則（摘　要）

一、本會ハ日華佛教研究會ト稱ス

二、本會ハ日華兩國佛教徒互ニ聯絡シ無上正眞道ヲ求ムルヲ以テ目的トス

三、本會ハ本部ヲ京都ニ置キ支部ヲ適當ノ地ニ置ク

四、本會ハ左ノ事業ヲ行フ

1、日華兩國ノ學者ニ依リ交換講座ヲ開ク

2、日華兩國ノ佛教書ヲ飜譯シ新刊書ヲ交換ス

3、日華兩國ノ佛教界ノ事業ヲ相互ニ紹介ス

4、日華兩文ノ佛教雜誌ヲ發行シテ會員ニ頒ツ

5、其他日華兩國ノ佛教徒ノ聯絡ト提携親善ニ必要ナル事項

五、本會ノ會員ヲ左ノ三種ニ分ツ

正會員ハ年額金五圓、贊助會員ハ年額三圓、特別會員ハ一時金百圓以上ヲ醵出スルモノトス

正會員特別會員ニハ研究年報及雜誌「東亞宗教事情」ヲ頒チ贊助會員ニハ雜誌「支那宗教事情」ヲ頒ツ

六、本會ニ會長一名、幹事長一名、主事一名、幹事若干名、顧問及ビ評議員各若干名ヲ置ク任期ハスベテ三年トシ會員總會ニ於テ選擧ス

七、本會ハ毎年一回會員總會ヲ開キ事務及會計ノ報告ヲ爲ス

八、本會ノ經費ハ會員ノ醵出金其他ノ寄附金ヲ以テ之ヲ支辨ス

## 本會支那視察團

我が日華佛教研究會にては日華親善の實を擧ぐる手段の一として、會員の多數が彼地に往來して彼等に接近交際する事が緊要であると認め、支那視察團を組織する事にしたのである。

支那視察團は最も簡便なる積立方法に依て旅費を準備し、適當の時期に團體的旅行を企つることゝ爲す。その規定は左の如くである。幸に本會の諸賢此の事業の機宜に適當なる所以を察し、同志相誘ふて速に加入せられんことを望む。

### 規　定

一、加入の月より三ケ年間毎月金八圓四錢を貯金積立つるものとす

二、三年滿期に至り現金三百圓を當該加入者の視察旅行費に充つ

三、加入者は本會に加入申込あれば本會は株式會社大阪貯蓄銀行（本店大阪東區伏見町三丁目 支店大阪、東京、京都、神戸）に就き契約手續きを爲す

四、團員豫定數に超過したるときは加入を謝絶す

貯金の集金は京都、大阪、東京に在つては大阪貯蓄銀行本支店より集金人を差出す、本支店なき地方は送金費を銀行で負擔する郵便振替貯金の特定用紙を利用して送金を爲すことを得

五、三年滿期に至りたる時には本會に於て適當に豫め人員と旅行日程とを組合せて團員に知照し其の諾否を確めて決定するものとす、若し萬一渡支しがたき事情ある團員にはその積立金を交付す（詳細は本會へ照會ありたし）

**日華佛教研究會**

京都・東山・林下町四四三
電話祇園⑥三一八番
振替大阪一〇〇七九六番

東京支部
東京・淺草・神吉町幡隨院内
電話根岸（87）二一一番

大阪支部
大阪・天王寺・逢坂一心寺内
電話天王寺三八七番

# 東亞宗教事情

第七號

日華佛教研究會發行

# 佛教文化の足蹟

佛教と云ふ偉大な文化は、東亞の到る處に足蹟を發見することが出來る、これは美術工藝の上に、或は民族精神の上に、種々な型態の下に具現してゐるのである。我々は日本歴史を繙いて大和民族の精神に燦然と輝く佛教を發見する。又黄海を渡つて支那大陸に一歩を印する時中天高く聳ゆる佛塔を目撃して此處にも大きな佛教の足蹟を發見する。更に赤道を横切つてヒマラヤの峻峰を仰ぎ佛陀の聖地を辿れば篇殿に制多に精舍の遺蹟に驚異の目を注がねばならない。

然し我等東亞の佛教徒は過去の而も個々に有つ文化を徒らに誇ることが目的ではない。三國に於いて華を結んだ佛教文化は、夫々趣きを異にし、而も夫々の特色を充分に發揮したのである。文化は時代が産み出すと云ふも、更に根源を探れば、それは人である。佛教文化の生産者こそ即ち佛教徒である。然らば東亞の新しい佛教文化を産み出すものは我等東亞の佛教徒でなければならない。佛教は動もすれば過去の遺物の如き考古的な存在と考へられ、生ける佛教を知られることの少ないことは甚だ遺憾である。佛教が生きてゐることとは恰も細胞の如く分裂し、活動を續けてゐるのであつて、老廢的な分子は自然陶汰されて行くのである。茲に佛教徒が新しい文化を形成するためには、恰も個々の細胞が腕となり足となり乃至五體となつて人體を形造るが如く、各宗各派が夫々の教義内容を保持しながら佛教を集大成すると共に、その一擧手一投足が、新佛教文化を造ると云ふことを意識しながら働きかけて行くのでなければ、如何なる秩序も建設も妄動に過ぎないであらう。大東亞の新佛教文化建設のための焦眉の急務は日華佛教徒の更に緊密なる交驩である。日華否東亞佛徒の交驩が乏しくては、地方的な而も偏小な文化しか産れないのである。近代文明の利器は既に此の障難を除去するに足る。佛教は東漸すると教へられた過去の考察は、今や西還することに於いて是正しなければならない。更に大乘佛教の布衍によつて一個體としての大佛教が實現する時、新佛教文化は頗る大なる足蹟を止むることになるであらう。

（全）

## 目次

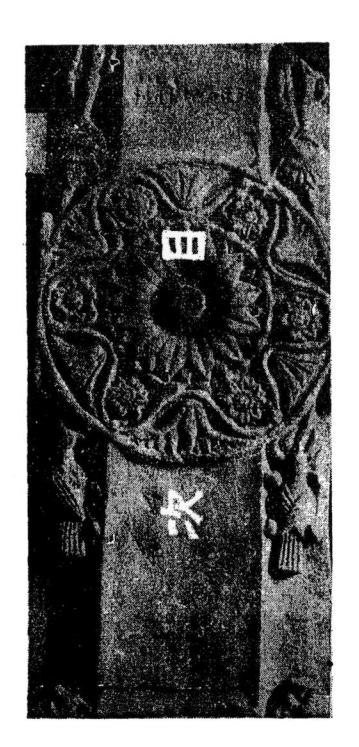

# 上海の佛教（上）

上海特務機關　牧田諦亮

## 一　概　況

### 一、上海に於ける佛教初傳の史蹟―龍華

佛教が何時支那に傳來したか其の明かな時日は今日に至るも斷言し難い。然し晉以後始めて全盛の時代に入つたといふことは疑なき所である。上海の龍華寺（ロンフアスー）と其の塔は、故老は吳の赤烏年間孫權が康僧會の爲に建てたものと傳へてをり、從つて、上海に於ける佛教の歷史も甚だ古いと言はねばならぬが、然し龍華寺及び其の塔が赤烏年間に建てられたものであると云ふことも甚だ根據なき浮說であつて、信じ難い。由來佛寺の創建年代など言ふものは各人各說遂に定論なきが常である。

今佛教史傳によりて康僧會東來の道を考へてみると、現今の上海附近の海岸であることは斷定でき、從つて康僧會と龍華寺との間には相當の關係が無かつたとは斷言できぬのである。然し乍ら塔、建寺各別のことであつて、同時の所建とは思へないのである。彼の傳に依るに、

康僧會、其の先康居の人、世々天竺に居る。其の父商賈に依つて交趾に移る。會年十餘歲、二親並びに亡す。出家して僧となる。時に孫權已に江左を制するも、佛教未だ行はれず、會乃ち杖錫東遊す、赤烏十年を以て建業に達す。茅茨を營立す。設像行道す、權召して會に謂つて云く、若し能く舍利を致さば當に爲に塔を造るべしと。……依つて始めて佛寺有り、故に建初寺と號し、其の地を佛陀里と名く。會建初寺に於て衆經を譯出す。晉太康元年四月寂す。



傳に交趾（今安南の北部）より建業（南京）に至るとあるは必ず海路によりて東來したるは疑無き所であつて、今日の上海の附近の海口に上陸して、假の庵を龍華に結んだのである。傳に「赤烏十年建業に達し茅茨を營立し設像行道す」とあるは、一見すれば茅茨を建業に於て營んだやうに思はれるが、實は建業に達したで一事、茅茨を營立し設像行道すで一事であつて、傳には茅茨の處を明記してないのである。けだし、當時の上海は邊遠寒村であつて未だ地名もなかつたから詳記できなかつたのであらう。然も今の上海は當時所謂江左の域内にあつたのであるから結茅の處が上海であつたのは必然であつたとは言はれないであらうか。

建初寺、佛陀里の名については後世此にふれたものはないから姑く此をおく。たゞ康僧會は既に交趾より海路建業に至つたのであるから、今日の上海附近の海口に上陸したことは推察できる處であり、當時此の地に塔を建てゝ記念としたこともうなづかれるのである。

惟ふに塔と寺とは同時の建造ではない。後人が塔を赤烏の年に成るとし遂に寺も亦赤烏年間に建てられたと附會したのである。塔も最初は極めて簡陋のものであつて、後日の如き荘嚴のものではなかつたのである。

康僧會と龍華との關係は上述の如きものであつて、佛教が始めて上海に入つた狀態を記したのである。龍華寺の創建時代等は別に「上海の佛寺」の一節に述べる。

### 二、唐末より清末に至る上海佛教の情勢

上述の所を以つて信ずべきものとすれば、少くとも簡陋な龍華の塔は三國時代既に存在したと思はれる。未だ其の時は佛教が上海に初傳して間もなくであり、未だ佛教が盛行してゐなかつた頃である。上海に於て佛教が盛行し佛寺が多く增したのは、唐末五代からである。最古と傳へられる龍華寺の創建が何時なるかは判定に甚だ困難を感ずるものである。紹熙雲間志、至元嘉禾志、及び晩唐人皮日休の詩に基けば、黃巢の亂以前と假定してよい。黃巢の亂によつて被燬の厄に遭ひ、吳越の時重修され、以後屢次重建重修されたのである（詳細は別項）龍華寺と併稱せられる上海の名刹靜安寺は唐代既に建立せられ、永泰禪院となづけられてゐたのである。唐五代の間に於いて上海に於いては右の兩寺が確實に存在してゐた。（不確定のものは含まず）宋朝以後次第に寺院も增し、宋代二十七寺、元代二十六寺清代四十一寺（以上上海通志稿に據る）夫々增加した。

これは概數ではあるが又以つて佛寺增加 從つて佛教流行の趨勢を窺知し得るのである。此の時期に於ける民間佛教信仰は十中九まで「淨土」を修し、只阿彌陀佛を誦するを知るのみであつた。是は全國普遍の情勢であつてたゞに上海のみの特性ではないのである。

## 三、佛教復興以後の上海佛教の情勢

茲に所謂佛教復興とは、楊仁山（文會）が佛教復興に力を致してより以後三四十年の時期を指すのである。楊仁山は清代安徽石埭の人。道光十七年（一八三七）に生れ、宣統三年（一九一〇）年七十五を以つて卒した。平常儒道の諸書を博覽し篤く佛教を信奉した。南京に寓居し刻經處を設けて佛經の流通を以つて己れの職分となしたのである。光緒三十三年（一九〇七）刻經處に佛教學堂を附設し祇洹精舍と命名し學ぶ者僧俗二十數名を算するに至つたが、兩年ならずして廢止のやむなきにたち至つた。然しながら其の影響する所極めて大であつて、南京を餘りへだゝざる上海にあつても、當時の寂寥をきはめた佛教界は楊仁山の復興運動に刺戟されて勃興の機運にはかに生じたのである。

同時代に日本に留學し哲學の研究に當つた者は兼ねて多く佛學に通じ佛教々理と其の歴史を研鑽し、歸朝後は上海に集中して書を著し說をたて、國民に對し佛教に關して深く理解せしむる所があり、是に於て國民の益々佛教を重視する所となつた。賈豐臻、蔣維喬の如きは早く日本に留學し、賈氏は嘗て「佛學易解」を蔣氏は「中國佛教史」を著述した。

狄葆賢も亦日本に遊歷し民國初年上海に於て佛學叢報を主辦した。かく佛教復興運動に努力したものは皆日本に於ける佛教の隆盛と相當の關係をもつてゐるのである。

先には楊仁山の佛教復興に努力するあり、後には支那佛教と日本佛教との間に密接な關係の生ずるあり、漸く民國以來佛教復興の盛況をみるに至つた。然も其の中心地は初は南京に、後上海に移つたのである。

## 二　上海の佛寺

### 一、龍　華　寺

上海市に於ける最著名の佛寺は龍華寺と靜安寺である。又最古の佛寺も亦龍華寺と靜安寺である。まづ龍華寺に就いて述べやう。

龍華寺は當然龍華寺と龍華塔とに分けて考へねばならぬ。考證の結果は寺の創建時代は塔に比して遲れてゐる。塔の由來については前文の如くである。（「上海に於ける佛教初傳の史蹟」參照、康僧會は茅屋を結んだが未だ寺と稱さず、かつ何處の地に建てたかも詳かでない）



寺の變遷について略述すれば次の如くである。

龍華寺について比較的信用すべき史料は宋以後の舊志である。紹熙雲間志及び至元嘉禾志には、

空相寺、張仁泰、錢忠懿王に請ふて始めて建つ。舊に龍華寺と號す。治平元年今名に改む。

又嘉靖萬歷上海縣志には、

龍華教寺、相傳ふ。呉越忠懿王夜浦上に泊す。風雨驟に至る。草莽の間神光天に燭し、鐘梵隱然たり。其の地を詢へば古龍華寺の基也、遂に大盈莊務張仁泰に命じて重建せしむ。

又康熙乾隆上海縣志には、

龍華教寺、相傳ふ。寺塔は赤烏十年建つ。殿宇は唐垂拱三年創む。黄巣の時燬す云々（以下嘉靖志も同じ）

以上の諸志に依るに、殿宇は唐垂拱三年創建にかゝり黄巣の亂に燬たれ、呉越王の時重建されたるを知る。唐人皮日休に「龍華を過ぎるの詩」あり。曰く、

今市猶古刹の名を存す。草橋霜滑り人の行く有り。

皮日休は唐咸の通前後の人であり、此の詩を作つた時には既に舊寺として廢されてゐたのであり、然も呉越王が未だ重建せざる以前である。

呉越忠懿王の重建以後にも度々興廢あり、制度も屢改められた。各舊志を參考とし實地調査の上、創建より最近迄の變遷を表示すれば左の如くである。

| 時代 | 寺名 | 事項 |
|---|---|---|
| 唐垂拱三年（六八七） | 龍華寺 | 創建 |
| 唐廣明元年頃（八八〇） | 同 | 被燬 |
| 呉越忠懿王時（九四八—九七八） | 同 | 重建 |
| 宋治平元年（一〇六四） | 空相寺 | 改名 |
| 元末（一三四一—一三六八） | 同 | 被燬 |
| 明永樂帝時（一四〇三—一四二四） | 龍華寺 | 重建復稱 |
| 明成化十六年（一四八〇） | 同 | 重修 |
| 明正德末明嘉靖初（一五二一—一五二二） | 同 | 延恩寺ヲ合併ス |
| 嘉靖四十一、二年（一五六二、三） | 同 | 僧一貞重修大雄殿 |
| 明萬曆四十六年（一六一八） | 同 | 張所望正殿重修ヲ議ス |
| 明末（一六二八—一六四四） | 同 | 陸鎰重修ス |
| 清順治四年（一六四七） | 同 | 僧節明重修 |
| 康熙年間（一六六二—一七二二） | 同 | 寺基ヲ重修ス |
| 咸豐三年（一八五三） | 同 | 僧觀竺募財重建 |
| 咸豐十年（一八六〇） | 同 | 太平軍（長髮賊）ノタメニ被燬 |
| 清同治九年至光緒二十四年（一八七〇—一八九八） | 同 | 僧所滋等屢々募緣重建併修ス |
| 民國九年（一九二〇） | 同 | 張慕韓施財重修 |
| 民國二十三年（一九三四） | 同 | 略修葺ヲ終ル |

（未完）

# 日支佛教の交渉

湖東比丘

## 一　序言

過去凡そ三千三百年間の歴史を繙くとき、日華兩國の佛教の交渉は實に驚くべき程の頻繁であつた。然るに日本と支那と印度の三國の佛教徒が、佛教に係る戰を交へたことはないのである。西洋諸國に於いては、基教徒が聖地回復を目的として三十年戰爭が起つた。彼等は天國に生れることを教へられても神と一體になることは教へられてゐない。故に土や人に執着するのである。我が佛教は佛になると云ふ教であるが故に土や人に限局されない。從つて國境もなければ民族をも超越し、佛教を信ずる所に聖地があり遺蹟があるのである。日華兩國の間には海洋が存在してゐて過去の交通機關では、恐らく頗る困難な障礙の一つであつたことは言を俟たないことである。然るに佛教文化殊に日支兩國文化の荷擔者としての高僧は、身命財を抛つて此の障難を突破し而も大きな役割を演じたのであることを想へば驚歎の外はない。年代的に此等渡航の僧を觀るに德川初期に至るまでは、殆んど百年を途絶えたことは前後一回に過ぎないのである。之れを以つてしても如何にその交通が盛であつたかを窺ふことが出來る。

## 二　初期の交渉

日支佛僧の交渉が文献に見出されるのは、日本欽明天皇三十三年（皇紀一二三二）で、呉の人智聰が、釋儒藥書明堂圖等百六十四卷並に佛像樂器を齎らし來朝せしことに始まる。今便宜上最澄の入唐（一四六二）までを第一期として此の間に起つたことを考察することにする。呉人智聰が來朝してから三十七年を經て推古天皇十六年（一二六八）の九月小野妹子の再度の入隋に從つて學問僧八人が隋の使節裴世清と共に日本を出帆し



てゐる。此等の學問僧は早くて十四五年晩い者は實に廿餘年の歳月を支那に送つてゐるのである。即ち歸朝せる人々に惠濟・惠光（一二八三）靈雲・僧旻（一二九二）惠隱・惠雲（一二九九）淸安（一三〇〇）がある。就中惠隱は舒明天皇十二年（一三〇〇）及び大化三年（一三一二）の二度宮中に召されて「無量壽經」を講讃すること再度に及んでゐる。

此より後學問僧の往來著しくなり、それを擧ぐれば

大化四年（一三一三）五月學問僧道嚴・道通・道光・定慧・惠施・學勝・辨正・惠照・僧忍・智聰・道昭安達・道觀の十三名が入唐
白雉四年（一三一八）七月智通・知達入唐
天智天皇六年（一三二七）定慧入唐（一說白雉四年・白鳳六年）
天智天皇十年（一三三一）十一月道文歸朝
同　白鳳六年（一三三八）道光歸朝
同　十三年（一三四五）五月觀常・雲觀歸朝
朱鳥元年（一三四七）九月智隆歸朝、
同　三年（一三四九）四月明聰・觀智歸朝
同　四年（一三五〇）九月智宗・義德・淨願歸朝
大寶三年（三六三一）智鳳・智鸞・智雄入唐
養老二年（一三七八）道慈歸朝（一說養老元年）
天平七年（一三九五）四月玄昉佛像、經論五千餘卷を齎し歸朝
天平勝寶五年（一四一三）行賀入唐
天平寶字三年（一四一九）行賀歸朝
同　七年（一四二三）十月戒融渤海を經て歸朝
延曆十年（一四五一）護命歸朝

と見え、此の中入唐の年代不明にして歸朝の年月明かなものもあり又逆に入唐年月明かにして歸朝の有無の明瞭でないものもある。以上は日本の僧であるが、支那から或は天竺から日本へ來て初期日本佛教に貢献せる人も少くない。白雉四年（一三一八）藤原鎌足は呉より來朝せる福亮と云ふ僧を山階陶原の邸に招き「維摩經」を講ぜしめ、又天智天皇五年（一三二六）には唐僧智由が指南車を献上し、日本初期文明に資する所があつた。天平元年（一三八九）の八月には唐僧道榮が從五位下に擬せられ緋色の袈裟を賜はるの光榮に浴してゐる。殊に有名な唐僧鑑眞は天平勝寶五年（一四一三）十二月太宰府に安着し、鑑眞が日本へ來朝する爲めに五度までも失敗し、六度目に成功したのであつた。天平勝寶六年（一四一四）二月招かれて法進・如寶・普照等

と共に入京し、經論佛像等を献し、東大寺に留錫した。依つて戒壇を建設して、その年四月、畏くも孝謙天皇・皇后・皇太子は菩薩戒を容れさせ給ひ、以下の諸臣四百餘人が受戒したのである。此の功によつて翌年鑑眞・法榮の二人に太上天皇供御の米鹽を給ふた。鑑眞は遂に支那へ歸ることなく天平寶字七年（一四二三）日本に於いて示寂した。

初期に於いて更に特異なのは、天平八年（一三九六）五月、天竺僧の菩提僊那、林邑僧佛徹、唐僧道璿等が九州太宰府に來朝したことである。七月菩提僊那及び道璿は攝津の國に入り、天皇は行基をして難波に迎へしめ給ひ大安寺に任ぜしめた。彼は能く密呪を誦し華嚴經を讀むだと云ふ。天平寶字四年二月五十七歳を以つて寂した。

かく初期に於ける日支の佛教交渉は頗る頻繁であつて日本佛教勃興の機運に際し、かゝる高僧の來朝せることは愈々日本佛教隆盛の迫車をかけることゝなつた。

## 三　第二期の交渉

第二期を最澄・空海の入唐（一四六四）から百七十八年即ち斎然の入宋まで區分せんとする。

此の一期は實に日唐佛教交渉史上の妍爛期である。最澄・空海の入唐は餘りにも有名であり、圓仁・常曉圓載・圓珍等之れに次ぐものである。此等の人々の唐に於ける活躍を略述して見やう。

延暦廿一年（一四六二）九月最澄は入唐の聽許を得、十月譯語義眞を伴はんことを請ふて許された。翌々延暦廿三年（一四六四）七月最澄及び空海は日本を出發して唐に向ひ、その年八月空海は福州に入り、九月最澄義眞は明州に着し尋いで台州天台山國淸寺に入つた。それより臨海縣龍興寺に趣き道邃に謁し、止觀の法門を傳へ菩薩三聚大戒を受けた。又禪林寺脩然に從つて達磨一派の牛頭山法を受け、又國淸寺に於いて義眞と共に鑿開戒を受けたのである。一方空海は十二月旅を續けて長安に入つた。翌延暦廿四年（一四六五）（唐德宗永貞元）四月最澄・義眞は越州龍興寺に至り順曉に從つて五部灌頂曼荼羅道場に入り眞言法を受け、五月「入唐求法目錄」を撰し、明州を發して六月長門國に歸着したのである。空海は尙ほ止まり六月長安の青龍寺惠果に就いて胎藏界法を承け更に七月惠果より金剛界法を受け、八月傳法阿闍梨位灌頂を受け、大同元年（一四六六）八月歸朝し、後唐德宗の眞蹟、雜書等十數巻を献上した。

承和五年（一四八八）六月圓仁・常曉・圓行・圓載・惠運等が入唐し、此等の人々は揚州へ着いた。此の中圓載は同州の國淸寺入り次いで西池寺を經て禪智寺に行き、八月揚州都督府に至り開元寺に止錫した。又圓仁は八月揚州都督府の開元寺に圓載と共に留錫し、宗叡に就いて梵書を學び全雅に念誦法門並に胎藏金剛兩部曼荼羅諸尊樣等を受けた。常曉はその八月淮南に入つた。十二月栖靈寺に入つて文璨に密教を受け、此年花林寺元照に大元帥祕法を受けた。

又圓行はその年十二月長安に留錫した。

承和六年（一四九九）（唐文宗開成四年）常曉は正月大元帥兩部曼荼羅等諸尊を圖し並に文書を寫し、二月傳法阿闍梨位灌頂を受け二月歸朝の途に就き、九月經論道具を齎し歸朝したのである。圓行は正月長安の青龍寺に入り義眞に就いて兩部の大法を受け、此の月又常辨等六人と青龍寺に於いて本教玄理を講論し、閏正月義眞に就いて傳法阿闍梨位灌頂を受け、此年歸朝した。

圓仁は日本に還るべく乘船したのであつたが、暴風雨に遇つて海州に漂着し、尋で舶に乘つたが、再び風に遇つて登州に漂着し、此處に於いて赤山法華院に入り冬を過ごし、日本へ歸ることを一時斷念して再び巡錫に轉じた。此年日本から惠蕚が入唐し楚州に着いた。

翌承和七年（一五〇〇）（唐文宗開成五）圓仁は赤山祠洞に詣で尋で州牒を得て青州に往き龍興寺に止まり又五台山に登り北台普通院に於いて、志遠に摩訶止觀を受け又台疏を寫し、更に大興善寺元政に金剛界大法を學び、五瓶灌頂を受け、金剛界大曼荼羅を圖寫した。何れが前後であるか不明なるも八月には長安の資聖寺に入つてゐることは明かである。此年日本から留學僧圓覺が入唐し、五台山に入つた。承和八年（一五〇一）（唐武宗會昌元）、圓仁は青龍寺義眞に從つて胎藏儀軌を習つた。此秋嚢に入唐せる惠蕚は天台山に留錫することになつた。承和十年（一五〇三）（唐武宗會昌三）七月日本の留學僧惟曉が果なくも異境の地長安で晴の歸朝を遂げずして寂した。七月仁好が再度入唐し圓仁・圓載の爲めに下賜金各黃金二百兩を携へた。承和十二年（一五〇五）（唐武宗會昌五）圓仁は長安を去り鄭州・密州を經て登州に入つた。承和十四年（一五〇七）（唐宣宗大中元）六月惠運は明州を發し、歸朝した。（續）

# 蓮社の創立

春日禮智

## 一

支那の文化が北方黄河の流域から興つて次第に南方にひろまつたやうに、支那の佛教も最初長安、洛陽に傳はり、それから逐次南に廣がつて行つた。江南の佛教は、三國時代呉の康僧會が南京で建初寺を建て、維祇難が武昌で法句經を譯してから、晉代浙江省の剡山石城寺の支遁、荊州の竺法汰、蘇州虎邱山の竺道壹などが出てゐる。支遁は字を道林と言つて、維摩經般若經の研究者で、謝安、王羲之等の南朝の名臣と交友篤く、「林法師は神理に通じ、數百年來見ることのできぬ人」と稱された。竺法汰は道安と同門の人で、京師の瓦官寺に住し、曾つて廬山の慧遠をして道恒の心無義の邪義を破斥せしめてゐる。道壹は九州の都維那の稱があり、戒律に詳しい人である。この外、呉晉の時代南方にゐた名僧も少くないが、その多くは單獨に終つて、團體としての動きをとつてゐない。併し前述の如く江北で佛圖澄、道安、羅什の如き名僧が續々輩出してゐるのに、江南の佛教界のみいつ迄も眠つてゐる筈がない。果せるかな、その後北支那から幾多の高僧が揚子江を渡つて南下したが、その中學德兼ね備はり佛教界のみならず、當時一般思想界をも指導し、後世に偉大な足跡を遺した人と言つたら廬山の慧遠の右に出づるものはない。慧遠の感化は現今尙ほ白蓮社の淨土教運動として、現代支那佛教界の中心的原動力をなしてゐるのである。

## 二

慧遠法師は今の山西省崞縣の東十五支里、雁門樓煩の人である。彼は生れつき堂々たる英姿を具へた大人物であつた。學問は六經老莊悉く通じ、佛門に入つてから「儒道九流は佛教に比べたら糠粃のやうなものだ」と言つてゐる。九流とは、漢の班固の「漢書」に見える儒家、道家、陰陽家、法家、名家、墨家、縱横家、雜家、農家の九つの學派で、あらゆる學問を指してゐるのである。

慧遠の師は道安で、彼は一目見るなり「これこれ自分の先生として不足のない人である」と心伏してしまつた。慧遠は道安について夜となく晝となく勉强した。併し彼には充分學資がないので、同學の曇翼が燈明代を貢いでやつた。道安はこの美しい友愛を知つて、「曇翼は誠に人を見る眼のある人である」と言つてほめ、且つ喜んだ。後年長沙の太守滕含之が寺を建てゝ道安に立派な人材を派遣してくれと委賴した時、道安はまづ曇翼を呼んで、「荊楚の地から師匠たるべき坊主を欲しいと言つて來てゐるが、汝の外に行く人がなからう」と言つて、曇翼を推薦した。この師にしてこの弟子ありと言ふべきである。道安は又その門人に俗書を讀むことを禁じた。併し慧遠には内々之を許してゐる。同じ水も蛇が飮めば毒となり、牛が飮めば牛乳となるからである。後年慧遠が天下の英才を集めて談論風發、いかなる問題も、いかなる學問にも解答を與へて餘力のあつたのは、一面その性格にもよるが、道安の訓育宜しきを得たことも見逃すことができない。

西曆三七三年、前秦王符堅の將符丕が大擧して襄陽を圍んだ。この時前述の如く道安は習鑿齒と長安に連れ去られた。道安はこゝで門下を解散し、各々志す所に向はしめた。慧遠は別れに臨み『先生は他の門人には一々丁寧に御教訓下さつたけれども、私は未だ何も聞いてゐません」と言つたら、道安は「貴公に何を言ふことがあるか」と言つて行を見送つたといふことである。慧遠はその師と別れ、南方指して漢水を下つた。慧遠は漸く長江に出で、揚子江を下つて九江に達した。九江は當時潯陽といひ、江上から突兀たる廬山の秀峰を仰ぐことができる。附近は山あり河あり平野あり、景色がよいばかりでなく米が澤山とれて人氣も穩かである。慧遠は九江を過ぎて、はからずも心の勇むのを覺えた。

「遠、こゝに於て弟子數十人と南の方荊州に適き、上明寺に住す。後、羅浮山にゆかんとして潯陽にとどくに及び、廬峰の淸靜心を息むるに足るを見、始めて龍泉精舍に住す。」

と「高僧傳」に言つてゐるのは、今から千六百年も前のことである。廬山は江西省德化縣にあり、海拔四千五百尺、一に南障山又は匡山といふ。山は最高の峰を五老峰と言つて、その他無數の峰が林立する高臺で、全山の名所舊蹟を步けば優に一遇間はかゝる。海拔四千尺の山の上に人口三千の牯嶺大街があつて、廬山會議のあつた所だ。慧遠のゐた東林寺は、その前廬山に來てゐた同門慧永の西林寺と共に山の麓にあつて、香爐峰は東林寺の前に嶮峻の肌を見せてのしかゝつてゐる。昔は清少納言の「枕草子」に「香爐峰の雪はみすをかゝげて之を見る」と優にやさしいこの山も、今は飯塚部隊長が突擊を試みた恐ろしい飯塚山となつてゐる。

日は香爐を照して紫煙を生ず。
遙かに看る瀑布の長川を挂くるを。
飛流直下三千尺、

疑ふらくは是れ銀河の九天より落つるかと。

唐の李白の詩である。誠に廬山は瀑布と煙雨が美しい。山上の眺めは長江を俯瞰してはてしなき平野と川と湖を見ることができ、清冷なる空氣にひたり乍ら西方の空の彼方に沈み行く太陽の大きく又紅い姿を拜してはたゞ崇嚴の餘り身の動けなくなるのを感ずる。然して清天白日の日も、谷底に一片の雲を見れば、忽ち全山沛然として雨に襲はれ、咫尺を辨ぜぬ霧の海も、大風一過瞬時に霽れて、眼の前に濃淡繪よりも美しい大自然の神技を展開せしめる。廬山!! 廬山!! 慧遠ならずとも誰かチャームされないものがあらうか。

三

廬山には昔、後漢の代に安世高、東晉時代に達磨多羅禪師がゐた。慧遠の入山の前には慧永がゐて、慧遠の來たのを見て喜び、慧遠のゐる所が狹からうといふので、刺史桓伊を說いて西林寺の東に立派な寺を建てゝやつた。東林寺が此である。

慧遠の事蹟に二つある。一は飜譯事業で、他は念佛の興隆である。

飜譯のことは、慧遠自身が飜譯したのではないが、僧伽提婆、佛陀跋陀羅、佛陀耶舍が譯經のできたのは



慧遠の擁護に依るものである。彼は又弟子を西域に遣して梵本を將來させたり、色々な經序、法性論、大智度論抄などを書いてゐる。西域の沙門が慧遠の名を聞き、「漢地に大乘の道士あり」と言つて東向禮拜したのも、僧傳の著者慧皎が「印度のお經や長安の學問を知ることのできるやうになつたのは慧遠の力である」と言つたのも強ち誇稱ではない。

慧遠の淨土教は廬山流の念佛として知られてゐる。これは第一に戒律をよく守り、第二は功德善根を積み第三には如來の加被力に依つて、心を淨め身を清めて佛の相好を念じ、此に依つて順次に佛の境界にはいらうとする念佛である。こゝでは口に稱名は稱へるけれども、其よりもつと大切なのは佛のお姿を觀察することであつて、そこに廬山念佛の特色がある。

慧遠が廬山に入ると、澤山の人が彼のあとを慕つて廬山にはいつて來た。その中有名なのは彭城の劉遺民、豫章の雷次宗、雁門の周續之、新蔡の畢頴之、南陽の宗炳などで、何の人もみな浮世の塵を拂つた人ばかりであつた。慧遠は思ふやう、「今この山には謹嚴の士信仰の厚い人、高潔のものばかり澤山集つて來たが、此と言ふ團體の指導精神がない。寧ろ此を一括し、勞少くして功多き念佛精神に依つて社を作るのがよからうと。それで元興元年（四〇二AD）七月二十八日、彼は同志一百二十三人を選んで、阿彌陀佛の像前で西方往生を誓ひ、同志相勵まし、共に淨土に於て再會することを約束したのである。誓文は劉遺民が此を草し寺の前に白蓮華を植えて白蓮社となづけた。蓋しその清淨なる蓮華の花を淨業者の清廉に比したのである。

四

慧遠の後、その後を慕つて廬山に入つた人も少くないし、又各時代各場所で此と同じい白蓮社の結社が起された。今その一々を詳しく述べてゐる隙がないから左に昨年正月厦門の虎溪東林寺蓮社から發行された「蓮漏聲」に依つて歴代高僧蓮社結成の有様を讀者の御目にかけようと思ふ。

| 社名 | 年代 | 場所 | 人名 |
|---|---|---|---|
| ①白蓮社 | 晉太元 | 潯陽廬山東林寺 | 初祖慧遠法師 |
| ②淨土九品道場 | 唐貞觀 | 并州汶水玄忠寺 | 高德道綽法師 |
| ③西方社 | 唐乾元 | 蘇州開元寺 | 高德神皓大師 |
| ④流水念佛道場 | 唐大暦 | 未詳 | 未詳 |
| ⑤般舟道場 | 唐代宗 | 南嶽衡山彌陀寺 | 三祖承遠大師 |
| ⑥五會念佛道場 | 唐大暦 | 衡州雲峰寺 | 四祖法照國師 |
| ⑦淨土道場 | 唐貞元 | 新定烏龍山 | 五祖少康法師 |
| ⑧淨行社 | 宋淳化 | 杭州昭慶寺 | 七祖圓淨律師 |
| ⑨白蓮社 | 宋慶暦 | 東山承天寺 | 高德神照法師 |
| ⑩淨業社 | 宗熙寧 | 華亭超果寺 | 高德靈照大師 |
| ⑪淨業社 | 宋元豊 | 吳山解空寺 | 同人 |
| ⑫十六觀堂 | 宋元豊 | 鄞江蓮香庵 | 高德定慧尊者 |
| ⑬蓮華勝會 | 宋哲宗 | 長蘆寺 | 高德宗賾禪師 |
| ⑭淨土繫念會 | 宗紹興 | 南湖 | 高德道琛法師 |
| ⑮白蓮懺堂 | 宋孝宗 | 澱山湖 | 高德慈照宗主 |
| ⑯蓮社 | 宋乾道 | 蘇州寶積寺 | 高德實公大師 |
| ⑰十六觀堂 | 元仁宗 | 嘉定西隱寺 | 高德度慧大師 |
| ⑱念佛堂 | 明萬暦 | 杭州雲栖寺 | 八祖蓮池大師 |
| ⑲念佛堂 | 明萬暦 | 武林十八澗 | 高德仲光法師 |
| ⑳蓮社 | 清康熙 | 常熟虞山普仁寺 | 高德截流大師 |
| ㉑蓮社 | 清雍正 | 杭州仙林寺 | 十祖省庵法師 |
| ㉒蓮社 | 清雍正 | 杭州鳳山梵天寺 | 同人 |
| ㉓念佛堂 | 清乾隆 | 武進天寧寺 | 未詳 |
| ㉔淨業堂 | 清乾隆 | 覺生寺 | 十一祖徹悟禪師 |
| ㉕淨業堂 | 清嘉慶 | 紅螺山資福寺 | 同人 |

又歴代居士結社の大要を示せば

| 社名 | 年代 | 場所 | 人名 |
|---|---|---|---|
| ①淨土會 | 宋神宗 | 北京 | 潞國公文彦博字寛夫 |
| ②念佛會 | 宋哲宗 | 明城東 | 孫忠十二郎 |
| ③淨業會 | 宋紹熙 | 傳法寺 | 李彭與子元長偕諸善 |
| ④西歸社 | 宋慶元 | 四明鄞江 | 州學諭谷定國號省齋 |
| ⑤繫念會 | 宋代 | 浙江會稽 | 不詳 |
| ⑥念佛會 | 明萬暦 | 湖廣攸縣 | 太常侍卿蔡承植 |
| ⑦念佛社 | 清康熙 | 太倉 | 羅元枚號勝蓮居士 |

となつてゐる。これに依つて白蓮社の歴史を書いて

見るのも面白いが、今はその餘裕がない。支那には此といふ獨立した淨土宗はないが、天台であれ、禪であれ、律であれ皆淨土宗で、念佛が現代支那佛教の生味をなしてゐる。其も曇鸞道綽善導等の廢立のある念佛では本宗の天台や禪、律と矛盾するから、それと矛盾しない廬山念佛が派行してゐるのである。支那の坊さん、居士達は殊勝な心になりすまして、早く浮世離れをするといふのが念佛者の理想になつてゐる。

次に支那淨土宗、即ち蓮宗の一年間の記念日を記しておかう。これも「蓮漏聲」に見えてゐる。蓮宗の祖師は殆んど皆が皆と言ふ程白蓮社の創立者である。又善導の如きも這入つてゐるが、これはほんのお相伴で聖道門を拔け切れぬ支那淨土宗は寧ろ信心安心をやかましく言はぬ方がよいのである。

| | |
|---|---|
| 正月十三日 | 七祖昭慶常往生 |
| 正月廿二日 | 九祖靈峯益往生 |
| 二月八日 | 釋迦牟尼佛出家 |
| 二月十日 | 無量壽佛入涅槃 |
| 二月十五日 | 釋迦世尊般涅槃 |
| 二月十九日 | 觀世音菩薩聖誕 |
| 二月廿六日 | 六祖永明壽往生 |
| 四月八日 | 本師釋迦佛聖誕 |
| 四月十四日 | 十祖梵天齋往生 |
| 六月十九日 | 觀世音菩薩成道 |
| 七月二日 | 八祖雲棲宏往生 |
| 七月十三日 | 大勢至菩薩聖誕 |
| 七月十九日 | 三祖般舟遠往生 |
| 八月六日 | 初祖東林遠往生 |
| 九月十九日 | 觀音菩薩掛瓔珞 |
| 十月二日 | 覺明妙行菩薩誕 |
| 十月三日 | 五祖烏龍康往生 |
| 十一月十七日 | 阿彌陀如來聖誕 |
| 十二月一日 | 四祖雲峯照往生 |
| 十二月八日 | 釋迦牟尼佛成道 |
| 十二月十七日 | 十一祖紅螺悟往生 |

「蓮漏聲」には日本淨土教で大切にしてゐる第二祖、光明寺の善導大師の降誕、入寂の日共に未詳としてゐる。此で支那淨土教の特色と日本淨土教、殊に眞宗との區別がはつきりすると思ふ。又面白いのは右の表中阿彌陀樣のお生れになつた日、お涅槃の日から、觀音勢至の降誕、成道、掛瓔珞の日まではつきりしてゐることで、十一月十七日は阿彌陀佛の降誕記念日として各自が丁寧に供養會をおこすやうに勸めてゐる。これは別に根據ある說とも思はれないが、恐らく密教の本からでも引いて來たのであらう。厦門の蓮社では支那淨土教の祖師として、十一人を選んでゐることが解る。

一四

# 五

慧遠は東晋の安帝義熙十三年（四一七AD）八十四歲で沒した。今から千五百二十二年前のことである。彼は犯すべからざる品位をそなへ、見るものは心身の慄ふのを覺えたといふことである。彼には色々の逸話が傳へられてゐる。慧遠は山にあること三十年、影その寺を去らず、常に人と別れても門前の虎溪の小橋を以て限りとした。ある時客を送つて興に乘じ、はからずも虎溪を渡つてしまつた。主客は呵々大笑して別れたといふ。客とは道士陶淵明と儒者陸修靜に擬せられてゐる。その跡は虎溪三笑として殘り、後世の美談の一つである。

又當時南朝は晉室が天下を保つてゐたが、內亂相續ぎ、志あるものは多く逸民と言つて、官に仕へることをやめて、野にあつて風雅な遊びを事としてゐた。叛臣の一人に桓玄があり、彼は宮室を覆はす勢を以て佛教々團の大整理を行はんとした。併し廬山ばかりは桓玄も「道德の居る所で、檢擧に及ばぬ」と部下を戒め、手を入れさせなかつたと言ふことである。かくて慧遠が六朝の戰亂時代に、超然として王者も屈することのできなかつた德を持つてゐたことは、到底餘人の及ぶ所でなかつたに相違ない。後世廬山があれ程人から慕はれるのは、一にこの佛教王國としての仙境そのものにあつたことは言ふ迄もない。

慧遠は徹底せる戒律の遵奉者であつた。それ故當時の大文豪謝靈運が入社を願つた時、「文士は色氣が多すぎていけない」と言つて斷はつたと傳へられ、陶淵明が酒が飮みたい爲め入社しなかつたとも傳へられてゐる。八月六日、彼の臨終が近づいた時、近親のものが酒をすゝめたが飮まなかつた。そこで今度は米の汁を飮ませようとしたが矢張り飮まなかつた。最後に蜂蜜に水を割つてあてがつたが、律師が、戒律の本を檢べてゐる間に息を引きとつてしまつた。我々はその病魔に屈せぬこの偉大な聖者の意氣に、たゞ頭が下るばかりである。

慧遠の墓は今東林寺の西方小高い丘の上にある。晴れた秋の日に、松風の音を聞き乍ら、その思ひ出深い塔院に參詣する時、浮世の塵も次第に失せて、この老比丘の永遠の眠りの聲がかすかに耳もとに聞えて來る思ひがする。

一五

# 中華の名士

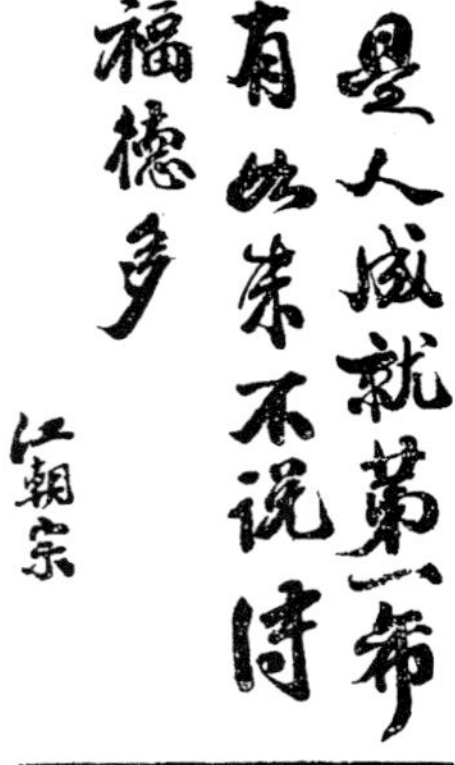


佛教同願會評議長
救世新教本部教監
江朝宗氏の眞蹟

**◉青島市政府社會局秘書科長曹樹聲氏**

年齡四十九歳、籍貫、中華民國江西省新建縣、學歷日本東北帝國大學工學專門部採鑛冶金科卒業、經歷、會任北京農商部技師、地質調查所調查員、山東實業廳鑛務科長、青島市政府社會局秘書科長、現在經營鑛業

**◉上海市政府參議胡壽昌氏**

胡壽昌年四十六歳、江西南昌人、曹任教授行政司法各高級機關顧問參議等職、前任本市社會局長、現在上海特別市政府參議、中華佛理研究會々長、中華民國中興會總幹事工人福益會々長、全贛公會主席。

**◉吳縣知事郭會基氏**

吳縣知事郭會基、年六十歳、福建閩侯縣人、歷任江蘇塩城高郵漣水丹陽松江吳縣等縣知事、前後十三年、現第二次再任吳縣知事、生平崇尙佛旨奉佛教、以行政治者將及二十年謹略。

**◉蘇州優婆塞彭悟眞氏**

悟眞法名慧範原一聞攜不明佛法、四十歳時因讀大乘起信論、發心後常隨喜講經法會閱覽經典及與善知識遊始於佛法窺見一斑於禪律密教淨各宗之中專以持名念佛爲主而當代淨宗大師印光老法師近在蘇城遂投歸座下受三歸五戒爲普願衆生同生極樂、優婆塞彭悟眞、和南

**◉蘇州優婆塞葉聖方氏**

聖方於二十五歳時爲求知慾所引超往上海世界佛教居士林聽講八識規矩頌由是始究佛學戊辰歳蘇州靈鷲寺請天台宗尊宿諦閑老法師開演徹悟禪師語錄遂歸依之並約同志組織覺社於蘇州以弘法修持爲目的後於淨土宗泰斗印光老法師座下受五戒旻專志淨宗一心歸命以終生焉

優婆塞葉聖方述

**◉蘇州優婆塞龔國樑氏**

國樑篤信佛法已二十餘年矣近來鑒於時世混亂人心險詐非伏佛力不足以消弭浩劫挽救人心是以集合同志組織覺社一心修持淨土歸依三寶冀得正覺以度衆生耳　己卯初秋龔國樑述

**◉上海市政督辦蘇錫文氏**

光緒十八年十月十五日生、日本早稻田大學政治經濟科卒業福建省財政所長廣東大元帥府財政署長衆民政署長上海市大道政府市長上海市政督辦　以上右蘇錫文

**◉杭州日華佛教會長隆定氏**

原籍江蘇揚州、年齡四十八歳、學歷留學日本東京三年語學研究返國後十七八九歳の時揚州華嚴學院三年金山、天寧兩寺習禪三年、現住所杭州外西湖日華佛教會出家、民國五年秋常丹清京寺剃度、授戒南京寶華山降昌律寺授戒習律一年以上蹉跎光陰之履歷斯くの如きに候

**◉蘇州報國寺印光法師**

印光名は聖量と云ひ、別號を常漸と稱す。陝西陝陽の人である。俗姓は趙氏少き時儒生となり、年二十一にして世の無常を悟り、圓光寺に於いて出家し、學業を勵み德を修む。殊に淨業に心を傾け初め紅螺山に留まり、後普陀法雨寺に止錫す。素衣の外一物も所有せず、粗食を樂み藏經樓に入つて研學すること二十年曾て外出せず。二六時中唯だ彌陀の名號を執持す。普陀山に居る時世俗と離れてゐたのであるが、その德を慕ふ緇素日に多く報國寺に住せる後も、人に會ふことを欲せず、會へば肺腑に徹する語を發し、貴顯も敢へて假借しない。持名の外は餘事を行はずと雖も、文書傳道に心血を注ぎ、曾て戰禍を憂ひ「安士全書」等十數萬部を發行して人心の安堵を期した。問法の貴顯、歸依の弟子も頗る多い。法師の文稿を整理して刊行せるゝものに「佛學叢報」「印光法師文鈔」等がある。法師は齡七十有餘今尙ほ健在であり、現代中國に於ける有數の高僧である。

【順序不同】

# 東亞宗教の動き

▲癩患者に慈悲の手を差し伸べた淨土宗の尼僧二人は、京大皮膚科特別研究室の小笠原登博士の下に活躍することになつた。罹病者は此の生ける觀世音菩薩を合掌するであらう。

▲北京に於いて大西本願寺建設が內地財界人に依つて企劃され、皇軍遺骨奉安殿も共に建設され北支那に於ける大本山と目せらるゝこととになる日も遠くなく一般からは大いに期待されてゐる。

▲北京の興華職業學校は西本願寺に讓渡されることは旣報の如くであるが、其後手續に不備な點があつたが、此程國務總理兼市長の江朝宗氏が董事朝となり全く解決を遂げ校舎の大修理を施し各科を設置して授業を行ふ。

▲大阪四天王寺悲田院では嚢に中國孤兒七十名を收容日本小學校に送つてゐるが、更に優秀な中國兒童をも招き教育せんとしてゐる。

▲石家莊にある淨土宗教習所では、貧童教育を主体として知恩學園が經營されてゐるが、此程狹くなり擴張されることになつた。

▲去る十月廿一日滿洲國では、「全滿洲國道教總會」を開いた。發起人は張海鵬總理等であり道教精神を宣揚した。

▲中支宗教大同聯盟に選ばれて渡支せる興亞佛教班員は夫々各地の寺廟に留まり日本佛教の精神を弘通する筈である。

▲滿洲國熱河承徳にある東本願寺經營の幼稚園增築に少からざる助援を與へたのは滿伯小早川秋聲氏であつた。之を記念として同園を「秋聲學舍」と名づけた。

▲同願會は興亞院の助成資金を得てその基礎は確立したので、佛教文化建設のために內地から興亞佛徒を採用する筈である。

▲今樣木食興山とも云ふべき五台山に住する胡妙觀居士は、從來開設せる五台山管藏佛學院の教授に當り青年僧徒の教育に盡してゐたが、今次變に全山千三百七十九名の僧が、日軍來の報に驚き逃走せんとするを說いて止めしめ、皇軍に心願を述べ、皇軍亦彼の誠意に感じ、茲に明朗佛教復興運動となり、日支親善が結ばれた。

▲外人宣教師は日本に永住する意志があるならば歸化せよと大阪府では主張されてゐる。又外國名の基教々會は日本名に改めるべしと叫ばれてゐる。

▲此程青島に宗教聯盟が結成され、その事業は、日語學校、貧民學校、施療所授產所の設置と精神文化に力を注ぐこと〻なり興亞院よりも積極的支援があつた。



▲東本願寺では石家莊を去る五六里獲鹿の古都に一寺廟を借り布教所としたがその寺廟は唐代開元三年の開創で「太塔本願寺」とあり今を遡る千三百年餘のもので本願寺と通ずるのは奇である。

▲佛教國であるビルマから日本へ留學志望者は千名もある中三百名が選ばれたが英國の彈壓嚴しく、僅かに三名の旅行券しか許されず、右の三名が去る六月から來朝せることが此程明かになつた。

▲忠靈塔の祭司には神佛各宗も敢て差支へなしと云ふことになつた。

▲印度の獨立は印度教と回教との協力にありとガンヂー翁は叫ぶ。

▲日本基督教聯盟總會が過般東京に開催され、組合教會幹部が畑陸軍大臣を訪ひ、基教に關する意見を求めた所、內地を空虛にしていゝから大陸に進發して事變處理に文化對策に努力せよと述べられた。

▲獨逸人ヘルツ氏は獨逸寫眞會社上海支店長として永らく上海にあるが、日本禪に心を傾け此程禪の研究をなすと。

▲北京在留邦人によつて北京神社が着々造營の步が進められ、今年四月末竣工の見込で、敷地六千坪八方山一帶の地が豫定せられ「北支神宮」と名づけらるゝ豫定である。

▲日本佛教聯合會では、中支宗教大同聯盟に補助金を豫算し、皇紀二千六百年紀年事業を計劃した。

▲蘇州淨本日三派合營の日語學校は着々實績を舉げ、此程更に幼稚園を開設することになつた。

▲北京に稻荷神社の分祠を企劃し、種々劃策する一部の人々の行動に頗る奇怪な行爲があり即ち幸運玉替と稱する富籤の如きものや、生狐を飼育する等のことがあつて其筋では禁止した。

▲去夏比叡山に行はれた全日本學生佛青大會に決議された中國佛教徒に贈る親善のパンフレット及び書簡が此程出來近く送ることになつた。

▲漢口臨濟宗妙心寺派の別院からのニュースに依れば漢口では日本の書物に餓えてゐるから贈つて欲しいとの聲が日本に向け叫ばれてゐる。

▲皇紀二千六百年を迎へた本年、徒來西洋曆を用ひてゐたことは東亞民族の快としないことであり、新東亞曆（即ち正月を春に置く）を用ひてはとの提案が京都東方文化研究所から主張されてゐる。これが實現すれば東洋民族の風習によく合致すると。

▲濟南居留邦人は日進の勢を示し、濟南神社建設が企劃され、南の新市街の南方四里山に社地が決定された。

▲蒙疆晋北佛教學院から三名の留學生が派遣され、日本の東西兩本寺と知恩院に夫々依託されることゝなつた。

▲十二月一日より五日間北京同願會總會が興亞院後援の下に開かれ日支佛教徒懇談會開催のため內地から各宗代表、學者、政治家の代表者が出席された。

▲滿洲國佛教總會では今春佛學院を開設する筈である。

▲奉天佛教總會が昨冬開かれ、內地視察團を派遣し日滿佛教親善に資すと。

# 雲巖寺の鐘

飯田光明

★　★　★

新らしいことを聞いたり識つたりいたしますと、私には、そのことに關聯するロマンチンズムな想念が、よく浮かんでくるのです。そして時には、その浪漫的なおもひが、美はしい花を咲かせたり、實を結んだりして私を有頂天にさせてもくれます。

私は、雲巖寺の鐘を見るどころか、まだ支那の土をふんでもゐないのです。が、「雲巖寺の鐘」は、私の淺い既得の知識を台にして、私のロマンチシズムな想念の中に、しかつりと生きてゐます。その鐘は、詩情に富んだ美しい衣を着てはゐますが、どちらかといへば淋しい、郷愁に滿ちた面立であります。異郷に賣られて來て、獨りぼつねんと、蘇州の風に吹かれてゐる――、云ひやうのない孤獨感に泣いてゐる鐘であります。

★　★　★

何百年といふ長い歳月を經た鐘には、何故か云ひやうのない神祕さが、その音色と共に感ぜられるものであります。

鐘のことで思ひ出すのは、これも紀州の道成寺であります。安珍清姫の一件は、ここでは省きますが、筆の都合上、西條八十の詩を借りて來ませう。

鐘なき寺を吹くゆえに、松風いとぞ耳にしむ。
亡き幻と知るゆえに、この清姫のなやましさ。

清姫のことがあつてから後、正平十四年の春（足利二代、義詮の頃）南朝の臣、源ノ萬壽丸が、この「鐘なき寺」を淋しんで、新らしい梵鐘を鑄て寄進したといふ記錄があります。その鐘供養の夜に、妙齢の美女



が訪ねて來て、あでやかに一と舞ひ舞ふてから、激しく打ち震ふと見るや、忽ちにして顏面蒼白、〃この鐘うらめしや〃と叫ぶなり、ぽんと龍頭に飛び上つて手をかけたが、あとは掻き消すやうに姿が見えなくなつた――といふ傳說。

ちよつと思ふと馬鹿げたことですが、その何でもないやうな中に、深い神祕さ――精、と呼ばれるものが感ぜられるではありませんか。

この萬壽丸の寄進した鐘は、なほも轉々と移つてゆきます。

道成寺では、この鐘を「怨靈宿る」として、山へ捨てたのですが、秀吉が天正十三年に紀州を攻めた時には、豪力を謳はれてゐた仙石の權兵衛が、これを拾ひ上げて陣鐘に使ひます。そして、後、京へ持ち運んで清正に贈つたこと。清正がこれを妙滿寺へ寄進したこと――。かういふ史實、鐘のたどつて來た跡を知つたり、今後幾萬年のうちにはどうなるのだらうなどと考へて來ますと、如何に名のない、一介の梵鐘にしたところで、迂闊にその音色を聞いてゐるだけでは、ちよつとすまないやうな氣にもなります。何だか神祕な、精といふやうなものを、私は鐘の中に感じたいのであります。

精を感じようとするこゝろ、――かういふ眼で鐘を見るのでなければ、鐘はほんとうに生きて來ないでせう。

雲巖寺の鐘は、私のこゝろに生きてゐるのであります。

★　★　★

事變がはじまつて間なしのこと、崑山が陷ち、續いて蘇州城が陷落したとき、私は、反射的に、寒山寺と雲巖寺の鐘を想ひました。共に兵火の難を憂ひたからでありますが、然し、それが杞憂であつたと知ると、今度は一人でもいゝ、たつた一つでもいゝ、皇軍――、こゝろある日本人の手で、雲巖寺の鐘を撞いて貰ひたいと、鐘になり代つて希ふたものであります。

私のこゝろに生きてゐる雲巖寺の鐘は、それ程日本を戀ひ、日本人に撞かれることを望んでゐます。

雲巖寺は、名妓眞孃の眠つてゐる古亭を過ぎてから五十三段の高い石段をのぼつたところにあるのだと聞いてゐますが、そんな高いところで、鐘は、今頃、郷愁に滿ちた面もちで、ボツンと、たつた獨り、淋しく

日本の方角を眺めてゐることでせう。

★ ★ ★

私の胸に生きてゐる雲巖寺の鐘といふのは、高さ四尺、直經三尺ぐらひの、日本の梵鐘であります。それには、次のやうな意味の鐘銘が浮き彫られてゐるそうです。

紀州名草郡安原莊相阪村補陀洛山應供寺は崇德天皇保延元年の創建に係る由緒ある寺であつたが、天正年間兵火にかゝり、荒廢したまゝだつたのを、偶々同城府白雲山報恩寺の開基大僧都日順上人がこれを見て惜しみ、寺の管理人や村人と相談の上、自ら托鉢して浄財を集め、之を以て應供寺の舊址に佛殿、僧舎、厨庫、鐘樓等を再建した。總陽小西談林廿四世大通院日永謹記

貞享第四丁卯五月十三日

寄附主 當山中興開基

日順上人

紀州吹上白雲山報恩寺開基

大僧都 日順 誌

紀州住人 珠 重國

冶工 藤原家定

★ ★ ★

鐘銘の示す通り、雲巖寺の鐘は、もと、日順上人の寄進にかゝる、應供寺の梵鐘だつたのです。それが明治年間に、浙江の富豪、胡光塘といふ人の手によつて應供寺から買はれて行つたのであると聞いてゐます。

何でもこのときには、幾つもの梵鐘が、日本から買はれて行つたさうです。

★ ★ ★

鐘銘を讀んで私の興味をそゝるのは、日順上人の素性と、紀州住人珠重國の名前であります。

紀州藩の「舊記」には、「日順、姓は石野氏、名は日順、本藩士石野昌良の子なりと傳ふ。父に從ひ江戸の藩邸にあり云々」と誌されてゐるのでありますが、これが郷土史家達の間では、藩祖、賴宣の落胤だと強調せられてゐて、雲巖寺の鐘は、その傍證の一つに引用せられてゐるのであります。

西瀬英一氏は、この間の事情を次のやうに記述して居られます。

「賴宣の正室は瑤林院といひ、加藤清正の女で、賢夫人の聞え高かつたが子供がなかつた。家康からの附人で、大小姓三番衆を勤め二百五十石を食む、石野昌良



の娘を寵愛して生れたのが日順上人である。上人六歳にして甲州大野山三世日性上人について得度剃髪、十三歳のとき下總國飯高檀林に入り、こゝに乳母ケ崖なる學舎設けられて修學五年、さらに上總の小西學舎で研學十餘年に及んだ。寛文六年、瑤林院夫人掩粧、その菩提寺として同十年、紀州二代光貞（生母中山氏）が、異母弟日順上人に命じて法華特立の一本寺白雲山報恩寺を創建させた。時に上人卅三歳。その後禁裡に參内を許され、權大僧都に任ぜられ從二位に敍せられた。

延寶二年には將軍に謁し、服を賜ふてゐる。貞享二年安原莊應供寺の廢衰を惜しみ、中興して隱栖の地とした。そして應供寺の鐘が鑄られたのである」（取意）と。

★ ★ ★

次に重國でありますが、この人は周和の通り、文珠重國で有名な刀鍛冶であります。

これも淸水橋村氏の「刀劍全書」によつてみませう。

「紀伊國には第一に最上大業物の南紀重國がゐる。重國は誰でも知つてゐる通り、於南紀重國作之と銘を打つのである。同銘五代あるが、初代を上手とする。その作地鐵至つて濃やかで潤ひあり、沸、匂ひ深く云々」

初代重國は駿河から賴宣に仕へた刀匠で、俸六十石を食んでゐたのです。

★ ★ ★

以上によつてみると、應供寺の梵鐘鑄造は貞享時代のことですから、「珠重國」とあるのは二代目金助でありませう。それにしても藩公御用の名刀匠が鐘を鑄たのは珍らしいことです。

これはおそれく、當時の藩公光貞の命によつたのであります。そこに日順上人の賴宣落胤說が、乳母ケ屋學舎の別業造や、上人大僧都の披露に（延寶二年の秋）紀州德川家の一門が悉く江戸に集つて、豪華な宴を催した史實などゝ共に、裏書かれてくるのであります。

★ ★ ★

私の浪漫的なおもひは、こゝに至つて、華やかな創作の世界を展げます。

記錄の上では見えない世界――、藩公の使者が重國を訪ねて來て、鐘の鑄造を命じる場面から、一代の刀匠が君命拒み難く、不慣れな鐘の鑄造に悶々と日を重ねるありさま。いよ〳〵出來上つて鐘供養の當日ともなれば、再興なつた應供寺の境內に、まだ明けやらぬ

うちから詣めかける群衆。おちこちの善男善女が群がつてゐる中を、近侍を從へた藩以下日順上人の一行がきらびやかに着飾つて鐘樓に近づき、瑤林院追善の念ひを凝らして、先づ光貝が撞き初めをする。やがて大小無數の施餅が群衆の頭上へ急霰のやうに……。

私のロマンチズムな想念は、ひとしきり豪華と絢爛とを兼ね備へた繪卷を、めでやかにくり擴げはするのですが、ひとたび現實にたち返つて雲巖寺の鐘を思ふと、私には、淡い哀愁がそぞろに湧いて來るのであります。

有爲轉變のことばは、まことに千斤の重みをもつて梵鐘の上にまでおかれて來ます。今更のやうに思ひ合すと、轉た感慨の迫つてくるのを覺えずには居られません。

★　★　★

雲巖寺の鐘は、今でも逮夜六時に撞かれてゐるのでせうか。よし、撞かれてもゐないで、佗びしく孤獨に泣いてゐても、蘇州が陷ちて皇軍が入城して行つたときには、鐘も、久方ぶりに幾振りかの兄弟とよそながらに相會つて、樂しく微笑んでゐたに違ひありません。といふのは、同じ火と、同じ槌の水と、同じ刀匠の手によつて鍛へられた業物——「於南紀重國作之」と銘打つた傳家の寶刀——、「文珠重國」を佩んでゐた皇軍の將士が、一人や二人は混つてゐたであらうと思ふからであります。　完

附記——文中引用の鐘銘、並びに應供等の遊が胡光墀氏によつて雲巖寺へ運ばれた經緯はかつて（昭和十一年頃）河山洪一氏がサンデー毎日（？）あたりに短文を寄せられたのをノートしておいたもの。後の「記述一」とあるのもまた同じ。記して謝意を表します。

## 本會ニュース

**○本會幹部會**　去る十一月廿五日午後一時より本會本部に於いて開かれた幹部會では、議案決定が承認された。右の外本會將來發展の希望事項が擧げられた。本會は經濟的に更に發展することが實現すれば、日華宗學校開設が急務であり、又本會々員が相互に研究のため出張し得るやうにしたいとの希望について懇談。

**○林幹事長再訪華**　本會林幹事長は北京興亞院の要請により十二月一日より五日間行はれた同願會總會に出席のため十一月廿六日午後十時五十三分發急富士に京都驛にて乘車一路北京へ。

**○藏經寄贈本**　前述幹部會にて報告せられたのであるが今回林幹事長再訪華に際し、豫ねて大阪支部設間惡辨氏の盡力によつて約三[illegible]點の施遊と中井玄道氏の斡旋によつて故福田宏一氏の企劃、藏經を本會の名を以つて同願會に一部寄贈さるゝ事になり、共に林幹事長に依託された。

**○己卯訪華錄發刊**　本年訪華團の旅行記「己卯訪華錄」は東京支部の神林周道氏の筆と本會高橋良和氏の編輯とより成り更に最近寄せられた墨蹟、近影等付錄し、スマートな冊子となつて公刊された。



# 編輯後記

★東亞の燦然たる光輝の中に新年を迎へるは限りなき慶びとする。興亞の礎石となり給ひし殉國の英靈の御前に額き謹みて今日のよき日を壽ぎまつる。

★豊臣秀吉が曾て高野全山の僧に使者を立てよと命じた。全山は懼れて誰一人行く者なし。時に口に於く食の如く忌み嫌はれてゐた木食僧興山は飄々然としてその使者を引受け秀吉の幕下に參じた。秀吉は之を厚遇して野山に於ける重要な地位を與へて一山の僧をアツト云はせた。

★五台山千餘の僧が今事變に「日軍來」に脅えた時、胡妙觀居士は「日本軍も亦佛教徒なり」と叫んで一絲亂れぬ統制の下に皇軍を迎へた。日華古今の史實頗る似たるものかな。

★偉人は平凡の中にある。人材なきにあらず、それを見出すこと困難にして伯樂の乏しきのみ。

★諦めると云ふことは一つの悟道である。華語の「沒有法子（仕方がない）」と云ふ言葉はつまらぬ語であるが、生死の境にあつては、悟れる人の如き大きな態度を示す。　（全）


**東亞宗教事情**　（隔月發行）

第七號

昭和十五年一月五日　印刷納本
昭和十五年一月十五日　發行

定價　金拾五錢（送料二錢）
一ケ年分　金壹圓（送料共）

京都市東山區林下町四四三
編輯兼發行人　日華佛教研究會
右代表　三田全信

京都市東山區祇園町南側六〇
印刷人　豊田英太郎

京都市東山區祇園町南側六〇
印刷所　豊田愛山堂印刷部

京都市東山區林下町四四三
發行所　**日華佛教研究會**
電話祇⑥〇〇三八
振替大阪一〇〇七九六

# 東亞宗教事情

## 佛教同願會特輯

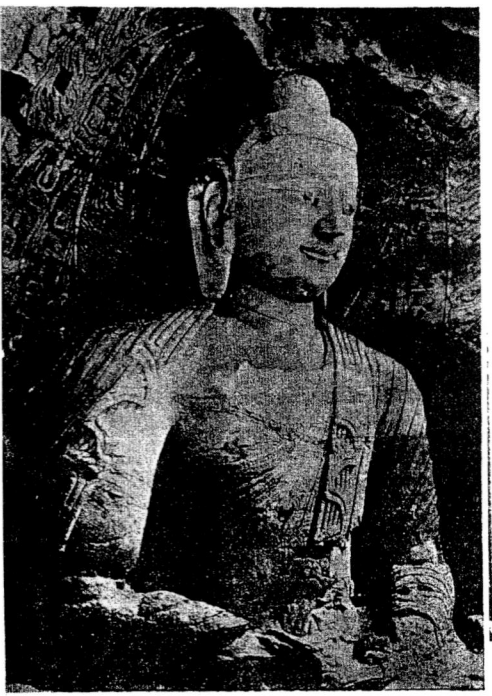

日華佛教研究會發行

## 日華佛教研究會

（昭和九年七月創立）

我邦と支那とは、同教同文、共に佛道を信じて宿緣久且つ深し、時に消長免れざることありと雖、同朋の情誼は恒に渝ることなし。特に刻下非常時局の進展、將に新東亞建設の段階に入らんとす、此時同信佛敎徒は更に心から提携、聯絡相共に無上正眞道を求め、眞俗相應じて聖業に貢獻する所あらんと欲す。冀くば大方の諸君子、此の趣旨を贊襄し進んで入會加盟せられんことを切望す。

### 會　則（摘　要）

一、本會ハ日華佛教研究會ト稱ス

二、本會ハ日華兩國佛教徒互ニ聯絡シ無上正眞道ヲ求ムルヲ以テ目的トス

三、本會ハ本部ヲ京都ニ置キ支部ヲ適當ノ地ニ置ク

四、本會ハ左ノ事業ヲ行フ

1、日華兩國ノ學者ニ依リ交換講座ヲ開ク

2、日華兩國ノ佛教書ヲ飜譯シ新刊書ヲ交換ス

3、日華兩國ノ佛教界ノ事業ヲ相互ニ紹介ス

4、日華兩文ノ佛教雜誌ヲ發行シテ會員ニ頒ツ

5、其他日華兩國ノ佛教徒ノ聯絡ト提携親善ニ必要ナル事項

五、本會ノ會員ヲ左ノ三種ニ分ツ

正會員ハ年額金五圓、贊助會員ハ年額三圓、特別會員ハ一時金百圓以上ヲ醵出スルモノトス

正會員特別會員ニハ研究年報及雜誌「東亞宗教事情」ヲ頒チ贊助會員ニハ雜誌「東亞宗教事情」ヲ頒ツ

六、本會ニ會長一名、幹事長一名、主事一名、幹事若干名、顧問及ビ評議員各若干名ヲ置ク任期ハスベテ三年トシ會員總會ニ於テ選擧ス

七、本會ハ毎年一回會員總會ヲ開キ事務及會計ノ報告ヲ爲ス

八、本會ノ經費ハ會員ノ醵出金其他ノ寄附金ヲ以テ之ヲ支辨ス

## 本會支那視察團

我が日華佛教研究會にては日華親善の實を擧ぐる手段の一として、會員の多數が彼地に往來して彼等に接近交際する事が緊要であると認め、支那視察團を組織する事にしたのである。

支那視察團は最も簡便なる積立方法に依て旅費を準備し、適當の時期に團體的旅行を企つることゝ爲す。その規定は左の如くである。幸に本會の諸賢此の事業の機宜に適當なる所以を察し、同志相誘ふて速に加入せられんことを望む。

### 規　定

一、加入の月より三ケ年間毎月金八圓四錢を貯金積立つるものとす

二、三年滿期に至り現金三百圓を當該加入者の視察旅行費に充つ

三、加入者は本會に加入申込あれば本會は株式會社大阪貯蓄銀行（本店大阪東區伏見町三丁目）（支店大阪、東京、京都、神戸）に就き契約手續きを爲す

團員豫定數に超過したるときは加入を謝絶す

四、貯金の集金は京都、大阪、東京に在つては大阪貯蓄銀行本支店より集金人を差出す、本支店なき地方は送金費を銀行で負擔する郵便振替貯金の特定用紙を利用して送金を爲すことを得

五、三年滿期に至りたる時には本會に於て適當に豫め人員と旅行日程とを組合せて團員に知照し其の諾否を確めて決定するものとす、若し萬一渡支しがたき事情ある團員にはその積立金を交付す（詳細は本會へ照會ありたし）

日華佛教研究會
京都・東山・林下町四四三
電話祇園⑥三一八番
振替大阪一〇〇七九六番

東京支部
東京・小金井町西臺・幡隨院内

大阪支部
大阪・天王寺・逢坂一心寺内
電話天王寺三八七番

# 佛教同願會に臨みて

男爵 福原俊丸

日支の國旗のなかにかかげたる
釋迦牟尼佛のすわりの碓

佛前に日支睦びてかたまれる
南天の實の朱(あけ)の色ひかる

あたたかき心と心あひふれん
手袋とりて手を握れこそ

## 目次

# 佛教同願會宣言



十方の如來は皆大悲願力を以て應化垂迹す。應化の因緣方便萬殊なりと雖も、而も一切の願力は要ず四弘誓願を以て根本とすべし。所謂衆生無邊誓願度、煩惱無盡誓願斷、法門無量誓願學、佛道無上誓願成なり。此の四弘誓願は十方諸佛の同ずる所にして本會同仁の根本大願も亦此に外ならず。

佛法東來してより二千年、益々光輝を發揚し、普く群機を攝す。聖教の興衰は常に世運とその消長を同じうすること具に史に載す。按じて知るべきなり。良以に人心治まれば則ち天下治まり、佛道昌なれ即ち世運昌なり。此れ固より佛法上の有爲の功德たるに過ぎず、而もその明效は已に禮樂刑政と並べ論ずべき所にあらざるなり。

近年來歐西の風雲日に亟く遂に戰亂を釀成するに至り、人心の不安その極點に達す。猶復た物質を迷信して精神を忽にし、個人を偏重して全體を顧みず、人は横流を欲して邪説放行す。東亞も亦水火刀兵の災禍迭に乘じ、七難競ひ起り、萬衆流離す。その所以を究むるに皆これ芸々たる衆生覺心日に晦く、業果日に積み、貪欲瞋恚して自ら懺悔せず、遂に腥風血雨人間に遍滿するに至る。地は東西を問はず、人は黄白を論ぜず、戰々慄々たらざるはなく、日夜驚惶して戰爭の免れざるを恐れ死期の將に至らんとするを慮る。歐洲の戰は全局を牽動し、將來その停止するを知らざるも未だ臆測し難し、姑く之を詳論せず。

中日兩國不幸の事件發生してより悠に二歲を經たり。焦土洪流創深く痛鉅し、憂時の士固より早く已に聲音瘏額し太息流涕す。永年和平の初基を樹立せんことを謀り、共存共榮の大路を開闢せんことを求む。然も尚未だ徹底有效の方法あるを聞かず。因て思ふ、兩大民族の間、惟佛教を崇信するを以て第一共通の點となす。共存共榮を圖らんと欲せば必ず須く同心同願たらざるべからず、永久の和平を達成せんと欲せば佛法を弘揚するに如くはなし。倘し兩國の人民皆能く慈心を以て相對し、佛眼を以て相看、平等心を以て大悲願を行ぜんか、此の如くにして而も永久和平共存共榮の不可能なるが如きこと未だ之有らざるなり。

一切の諸法は因果を離れず。因に就て論ぜんか、佛法中の四弘誓願の精神を以てするに非ざれば、惡業を將來に防止するに足らず。果に就て論ぜんか、佛教の懺悔祈禱虔誠廻向を藉るに非ざれば狂瀾を既倒に挽くに足らず。虛空大なるに非ず心王を大なりとす。金剛堅きに非ず、願力最も堅し。衆生の業力は不可思議なり。願力も亦不可思議なり。佛力法力尤も不可思議なり。故に知る當然の浩劫は既に共業に由て召來せられ、彌天の厄運は定めて大願に憑て消去せられんことを。

本會の同仁は遠くは世界の大勢を衡り、近くは東亞の危局を貼ひ、並に紛至沓來する天災人禍を目撃し、佛法に非ざれば世界を救ふもの無く、佛法に非ざれば東亞を救ふもの無く尤も佛法に非ざれば浩劫を挽くものなしと確信し、敢て四誓を以て基となし六度を行となし深信切願してこの會を發起す。又中國の佛教を鑒みるに、偏に獨善自修を重んじ、多くは社會と隔絶す。故に本會の宗旨は大乘佛法を推行し、社會人心を普化し、人間淨土を建設し、永く世界和平を固めんとするに、凡そ法務の推進、人心の改善、寺廟聖蹟の保護、叢林制度の整理、專門人材の培養、佛教社會事業の提唱、國際佛教運動の推廣は皆今後佛教興替の重要關鍵たり。而も就近佛教を弘揚する者その力及ばず、本會の同仁は願て前驅に任じ勉めて先路を開く。海內外有識の士風を聞いて興起し、同じく大願を發し、共に元氣を扶け、上には佛道を求め、下には衆生を化せんことを。然れば則ち法界は幸甚たらん。衆生は幸甚ならん。

## 第一次年會に於ける

# 日華相互の提案

此の提案は同願會第一次年會會期五日間の前三日間に亘つて協議を重ね第四日に至つて、日華相互に提案せられた第一次年會のキイー・ポイントである。此の提案に依つて同願會では着々實行に移され既に一部具現してゐる向もある。

### 日本側の提案

**第一　顧問會の機構に關する事項**

一　同願會顧問は日支佛教徒の緊密なる聯合提携並に之に關する具體的方法の協議を行ふ爲顧問會を組織し現地及び東京に於て隨時之を開會す。その連絡斡旋は興亞院之に當る。

二　現地在駐各宗代表者中數名を同願會顧問を加ふること。

**第二　全般事項**

一　同願會は新に綱領を制定して共の指導精神を表示すること顧問會之が研究に當る。

二　僧伽制度の改善調整を圖り僧侶の社會的地位を向上し且生活安定の道を講ずること。

三　釋尊降誕會盂蘭盆臘八等佛教年中行事の振興を計ること。

**第三　布教に關する事項**

一　北支各省公署所在地、特別市及び適當なる地に逐次同願會分會を設置すること。

二　同願會に於て定期並臨時刊行物を發行し佛教研究の發表及び日支佛教徒の連絡を計ること。

三　由緒ある寺廟の復興並に佛教に關する史蹟藝術保存を計ること。

**第四　教育に關する事業**

一　北京に佛教學院を設け日支青年僧の養成訓練をなすこと。

二　北京に佛教圖書館を設置すること。

三　青年僧侶をして日本に留學せしむるの方途を講ずること。

四　日支佛教徒に相互見學視察の機會を與ふること。

**第五　社會施設に關する事項**

一　佛教精神に基き工藝傳習院等實際生活に適應せる施設を講ずること。

**第六　希望條項**

一　佛教の文化史的意義並に思想體系を北京大學に於て之が研究施設の充實を期すること。

二　將來北京に佛教大學を設置すること。

### 中國側の提案

一　**佛教方策**

―第一期―

一　**興建各種法會**　本會爲弘法組織、於會務工作之外、常有法會之興建、藉以增進會中同願之道業、並爲會外諸善友倡、每年恭逢會、諸佛菩薩誕長、及重要節日、均興建法會、於四月初八、七月十五、十二月初八、尤盛大擧行、

二　**佛教廣播講演**　本會爲顯揚佛教、挽正人心、計、期於日常生活中、爲京市市民灌輸佛法宗旨、乃函商於北京中央廣播電台規定時間、爲佛教講演、不惟可以應京市數十萬佛教徒之需要、且於社會教育、市民思想、所仲甚鉅、接准中央電台復函、極表同情、規定自本年九月七日起、每逢星期四午後六時、至六時二十分、爲佛學講座、由本會派員擔任講演、此外每遇佛誕節日、臨時增加特別廣播、由本會宣講、（註廣播はラヂオ放送）

三　**設立各地分會**　遵照本會章程第三十七條之規定、本會於必要時、得在各國及中國各省市、設立分會、又據第三十八條之規定、本會各分會、受本會之監督指導、又據第三十九條之規定、各分會組織大綱、別定之、茲於第一期、先在青島、

設立佛教同願會青島分會、將來擬於各處、次第設立本會各分會、

四　**定製各種佛教標語**　佛教標語、爲闡揚佛化、宣傳教義之重要事項、前經本會第九次常務理事會議決、辦理在案、是以擬糖磁各種標語、約須千元、特請各名人書寫、繕寫齊全、張貼重要地點、以期普化而廣流傳、

五　**編輯佛教新聞**　關於佛教新聞、均含過去現在未來三世因果原理、不惟勸善規過、維持世間道義、更可以止惡修福、改良社會人心、此佛教新聞之所由作也、本會除恭逢法會廣播講演、發佈新聞外、日常遇有重要事項、均登載新聞、宣揚社會、

六　**舉行共修念佛祈禱息災道場**、　此次事變以來、已逾兩載、戰禍之烈、曠古罕聞、華北遺黎、喘息未蘇、而水患遷延、蔓洊及數省、凡此天災人禍之交乘、實由衆生業力所共感、倘欲挽此浩刼、莫若同發大願、各抒至誠、同懷悲憫、虔敬祈禱、於是本會同願等、送與中日佛學界緇素大德、定於夏曆每十五日午後三時至伍時、定期舉行共修念佛祈禱息災道場、現已舉行四次、將來定於本會、廣濟寺、知恩院、拈花寺四處、輪流舉行、

六

——第　二　期——

一　**監獄佈道**　本會爲弘宣佛法、度諸苦厄計、就本市所有各監獄、如模範第一監獄、第二監獄、地方法院看守所、及外寄人犯收容所等處、按日前往佈道、使在獄諸人、怖苦發心、並備施念珠、供設聖像、俾一心稱佛名號、蒙佛慈力、得以往生、

二　**赴日佛教觀察團**　東方文化、爲世界之冠、隣封日本、近世紀來、諸凡邁進、佛教事業、尤爲完善、本會同願、擬於明年春季、組織赴日佛教觀察團、前往觀察、藉資觀摩、

——第　三　期——

一　**設立佛教宣講班**　我佛玄妙、首在言聞、本會擬欲設立佛教宣講班、於本市相當處所、擇期宣講佛法、藉以開導社會人士之佛法常識、兼且勸化群衆、歸依佛教、

二　**印送佛教小冊叢書**　印送佛經、早已成爲中國極通行之故事、於宣揚佛法、爲力甚溥、本會職在弘法、擬編輯有關世道人心之佛教小冊叢書若干種、印刷贈閲、

三　**裝製年紅燈佛號**　佛光普照、遍滿大千、藉茲光明、可以朗然照群迷、使登覺岸、京市最高處所及各重要通衢、如北海塔上、景山亭頂、正陽門、地安門、鐘鼓樓等處、如能裝設年紅燈佛號、不惟夜間往來行人見此燦爛光明、發生歡喜感嘆、即聞人傳述、亦有暗室得燈、佛光加庇眞有不可思議之功德也、

（註、年紅燈は歳末正月の照明）

二　**教育計劃**

——第　一　期——

一　**設立中國佛學院**　本會成立之初、即擬籌設立佛學院、以期造就弘法人才、現已編製具體方案、正在積極籌備中、依據學制規定、分設本科、研究科、短期科、別科、及講座科、規模宏偉、綜計開辦、經費約需壹萬元、每月經費參千五百元、

二　**設立佛教圖書館**　本市舊有佛教圖書館一、爲通遼唐宗郭氏所設、藏有清刻龍藏及影印宋版磧砂藏各一部、流通本若干冊、嗣以事變唐氏離京、館務陷於停頓、本會商得該館副館長陳居士蓮森同意、由本會接辦、每月約需經費五百元、

三　**發行佛教各種刊物**　本會爲宣揚佛法計、特編撰刊物。流通社會、如佛誕中元等節、並於新民等報、各出特刊、會內更編輯會刊、每期約十萬言、爲不定期刊、已出創刊號、爲佛誕記念專號、以後擬繼續發行、

四　**建議國立北京圖書館設立佛教研究室**　國立北京圖書館、規模宏廣館內設有遼東金石史地等研究室、現爲事實需要計、應有設立佛學研究室之必要、且館內藏有大正藏續藏經、藏文甘珠爾經、以及其他各種經典、綜計不下數千冊、應由興亞院轉達該館、限期設立、由本會派員、隨時參加指導。

——第　二　期——

一　**興辦佛教小學校四處**、本會以推行佛化教育、救濟失學兒童、擬在東西南北四城、共設四校、定名爲佛教同願會第一二三四小學校、開辦費、約計壹萬壹千餘元、月支經費若干元、現章程草案開辦預算等經已擬妥、俟經費有着、即行舉辦、

七

二 **建議政府、中等以上學校、設立佛教講座、每週三至六小時、** 本會為宏揚佛教學術、改正學子心理計、中等以上學校、應有設立佛學講座之必要、中等學校、每週宜授三小時、大學文教法等科、定為必修科、理農工商醫等科、定為選修科、每週三至六小時、

三 **設立佛教藝術館** 藝術之為用甚大、其在莊嚴佛土、宣揚佛音、尤關重要、本會為提倡佛教藝術計、擬設佛教藝術館、原藏有嘉興藏龍藏清代歷朝君臣寫經、以及宋明版本、綜計不下數千冊、均係珍貴典籍、封存大內、人鮮寓目、茲為提倡佛學、發揚文化計、實有設立經典閱覽室之需要、應請興亞院轉咨行政委員會、令該院酌量辦理、

——第 三 期——

一 **籌設佛教古物館** 北京為歷代建都之所、伽藍之富、首冠全國、凡各寺院、均有其收藏之古物、本會俟會址固定後、擬設立古物館、此案宜由興亞院內政部、移咨北京市、轉達社會局、令飭北京各廟將各收藏之古物、選借收藏、並會同內政部北京佛教會、合作辦理、

二 **編纂佛教叢書** 本會為提倡佛教學術計、擬組織佛教叢書編纂處、編輯佛教叢書若干種、流通社會、藉以灌輸佛學知識、其編纂及印刷經費別定之、

三 **影印佛教古籍** 佛教典籍、浩如淵海、除大藏續藏收採外、其未經收集者、為數尤夥、茲擬設法搜羅各寺宇各圖書館各收藏家之古典珍籍、設法影印流通、藉以保存法寶、宏揚佛法、再者嘉興藏為我國近代雕刻最佳之典籍、且內多珍稀典籍、自絕版之後、皆無覆印、本會於可能範圍、擬延聘名宿、校印流通、

四 **組織東亞佛教聯禮團** 世界佛教南北兩傳可分三大系統、中國日本為大乘系、蒙藏青海為密教系、錫蘭、暹羅、安南、緬甸等處為小乘系、各有宗規、不相聯絡、茲為明瞭各系佛教處所之教徒修持寺廟情況、宗義推進、自應彼此觀摩、互取其長、本會於可能範圍、擬聯合中日佛教徒衆、組織東亞佛教聯禮團、實地考察、藉資借鏡、

三 **社會事業**

——第 一 期——

一 **徵集寫經造像** 本會備酬徵集寫經造像、項目分書寫經典畫像繡像雕像塑像五種、酬金數目分圓滿菩提四等、五月間會舉辦一次成績優良、嗣後擬隨時舉辦、除提倡藝術廣種善根外、兼寓救濟文貧之意、

二 **夏季施送大悲水** 酷暑炎蒸是為身苦、煩惱熾盛是為心苦、方當夏季、勞動士夫、可憫尤甚、本會是以施送大悲水、特製佛教同願會綠色施茶車、巡歷通衢、普徧供給茶湯、以除其飢渴之苦、用佛菩薩名號及大悲咒、加持以除其煩惱苦、除今夏已經辦理外擬按年照辦、

三 **恢復永久放生池** 查北京北中南三海、及西郊頤和園昆明湖、原為前朝帝室永久放生池、民國以來開放網釣、吾人仰體佛慈下遂人道、認為均有力圖恢復之必要、世界動物節日、會聯合北京佛教會及其他宗教、慈善社會團體聯銜會呈內政部、請轉行佈告、標定三海昆明湖為永久放生池、嚴禁釣網、茲後奉批已據情轉咨北京特別市公署、查核辦理等、因仍擬集中中外各界全力、於短期之內、促其實現、

四 **設立平民工藝傳習所** 本會為籌平民生計、擬設立平民工藝傳習所、廣結善緣、乘時灌輸佛法、期收財法兼施之效、

——第 二 期——

一 **恢復擡擊鐘樓大鐘** 查北京地安門北鐘樓、原創建於元代至元年間、歷經明永樂年清乾隆年、重修向懸大鐘、由僧人撞擊、與庚子以前鼓樓、所藏刻漏同、為都人計辰報晚之用、民國十七年由地方政府、令停止撞擊、按鐘聲之為用、足以消煩惱長智慧生菩提功德不可思議、亟應新修葺體、請僧人、常川住守恢復撞擊、

二 **建設佛教安樂村** 北京房價高漲、中等經濟狀況以下、居住維艱、本會擬呈請官廳、請領本市內空地數處、請由政府暨銀行、撥借款項、建設佛教安樂村、以應需要、而便弘化、所有借款、即以將來收入租金、為擔保陸續償還

——第 三 期——

一 **設立佛教公墓** （★註 化身窰は火葬場）

二 **設立佛教化身窰**★ 送死為世間大事、異鄉作客、尤感種種困難、以是義故、擬設立佛教公墓、將來大衆佛教信仰積漸加深、如能共同造成

大葬之風尙、則於二世間出世間之利益一、尤不可思議、是故衆擧二設立化身窰一、

三　**設立佛教孤兒院**　貧苦孤兒、至堪二憐憫一、趁二其童嬰時代一、施以二佛教之教養一、亦最宜レ收二註人之效一、本會是以籌設二佛教孤兒院一、以利二慈濟一、而便二弘化一、

四　**設立佛教療養院**　既生之後、未死之前、最足困レ人厥爲二病苦一、出家僧侶、無須二眷屬之看護一、尤感二極度艱難一、是故供二養病僧一、福田最勝、本會擬下設二立佛教療養院一、救二護佛教徒之病苦一、兼施中於一般貧苦市民上、

五　**設立佛化合作社**　吾人衣食服用、分營則費多、而物窮、合作則物美、而價廉、擬下聯二合同願佛教徒一、組二設佛化合作社一、除二上述利益一外、兼收中和合之效上

（註合作社は保險或は共濟組合の如きもの）

六　**編製佛教影片戲劇**　戲劇影片之效用、足三以移レ風易二レ俗、而普通劇場之所、奏演有二關佛教一者甚少、殊不レ足下以弘二教化一而正中人心上、本會用擬編二製佛影片戲劇一、以便下深入二社會一廣種中善根上、

（註影片戲劇は映畫）



七　**設立佛教藝圃**

八　**設立佛教游藝院**　各寺廟佛教團體、及信仰佛教之家庭、個人佛前供養花果之屬、月計年計花費不貲、本會擬統籌供給、設二立藝圃一、除二經營交易一外、竟日開放閱覽、兼設二佛教游藝院一、種種佈置、務取二其與レ法相應一、庶幾寶池寶樹、鳥語風聲、使下人飯食經行、酣嬉沐浴、恍如レ置二身淨土之中一、功德利益不可思議上、

**同題茶話**

**宋秘書と文化映畫**

宋蘊璞秘書の接待振りには感謝させらるゝ。實に至れり盡せりであると。宋氏の趣味は文化映畫の蒐集である。その蒐集に全私財を抛出したと云ひ、現に聖蹟大觀北京大觀山東大觀佛教大觀青島大觀等を藏し、日本の大寺學校文化團体に紹介して欲しいとのことである。年會第四日の夜曲阜孔子廟の長尺物を上映して秘藏の一端を觀賞に供した。

# 中國佛法の復興

——副會長王揖唐氏の第一次年會における詞——

## 一、開會の辭

本日は我が佛教同願會の第一次會員年會でございますと共に、今回遙々東方の佛土から佛陀の使者として我が佛に代りて佛法をお弘めなさる爲め御來臨下さいました各位大德を御歡迎申上ぐる會でございますが、此の會合は實に我が大聖釋尊の大乘法寶が再び我が中土に宏揚せらるゝ兆徵を記念するものでございまして極めて意義深きものでございます。

本會の宗旨たる大願は、偏へに衰微に傾きつゝある佛法を更に興隆せしむるに在るのでありますが、今次有り難くも各位大德が遙々當地に御光臨下さいまして私共の顧問として私共の工作を指導し、私共の大願を達成せしめらるゝ事になりました事は、實に私共の此の上なき欣幸でありまして、感謝の至りに勝へざる次第でございます。

本會の成立經過並に過去に於ける工作の概要及び將來に對する計劃等を御報告申上げる事は後に讓りますが、先づ個人としての感謝並に歡迎の熱意を申述べさせて戴きたいと存ずるのであります。

我が佛教の上から觀まするに、我が中日兩國間に於ける道義的、互惠的關係は、此の娑婆世界の中に於て恐らく我が兩國程親密なる關係を有するものは他に無いのであります。此の點に就きましては、聊か所懷がございますので、どうか暫く御淸聽をお願申上げます。

釋尊が入滅あらせられました後、馬鳴、龍樹、無著、天親等諸大菩薩が相繼ぎて約一千年に亘り、もろ〳〵の論藏を著はし、大に大乘佛教を發揚されましたが、

後漢の孝明帝の永平十年（日本の垂仁天皇の時）に至り、始めて迦葉摩騰、竺蘭大師が西土から佛經及佛像を中國に携來して寺を建て、四十二章經を飜譯されました。是れが實に佛法の東土に流れて來ました抑もの始まりであります。

其の後桓帝の建和二年、安息國から來ました安世高が、安般守意經と云ふ教のお經を譯されました。又其の後西方の高僧である安清、支婁迦讖、竺佛朔等諸師が亦前後相繼ぎて東來し、色々な經典を譯した佛法を弘める所がありましたので、晉朝に至りましては益々隆盛を加へられましたのであります。

斯くて、北方には鳩摩羅什、竺法護があり、南方には佛圖澄、釋道安等の諸師がありまして、加ふるに達摩大師が東來して中國禪宗の初祖と仰がれました。

是に於て中國は愈々佛教の全盛時代を現出したのであります。

然るに一方佛教の發祥地である印度の方では、次第に衰微を來し、紀元十二世紀以後は僅かに北方尼波爾に大乘佛教の跡を留め、南方錫崙に小乘佛教の餘喘をもつのみになつたのであります。以上は即ち西方の佛教が中國に向って發展を遂げたる大體の經過であります。隋の中葉に至りましては、一方中國に於ては玄奘法師が印度に渡り、彼土から多數の經典を携來すると共に、一方日本に於ては常に中國に僧侶を派遣し佛法を研究せしめたのでありまして、其の使節の上から數ふれば隋の時は四回、唐の時は十二回の多きに達して居たのでありました。

開元の頃は、我國の鑑眞大師が徒宗を引連れて日本の奈良へ赴き律宗を開きましたが、日本の弘法大師及傳教大師も遣唐の使節に隨ひまして、中國へお渡りになり、弘法大師は惠果阿闍梨から兩部曼陀羅を受けまして日本に歸られ、眞言宗をお開きなりました。

其の後中國は所謂三武の法難と稱する破佛の厄に遭ひましたので、中國の比丘は紛々として日本へ佛教に逃れて行かれました。此の時日本は充分に唐の佛教文化を取入れて、所謂天平文化なる時代を現出し、極めて盛んになつたのであります。故に今日に於て大乘の法燈が滅せらるゝに至らず、天台佛教、淨土諸宗、禪宗並に眞言密教の完全に保全發展さるゝことを得ましたのは、實に我が東亞に於ける最も貴重たる精神文化であります。此の點に於きましては、我が支那日本の佛教擁護に對する功績は實に偉大なるものでありまし

二二

て、我々佛教徒の齋しく感激に勝へざるところであります。私は曾て弘法大師の一千百年の記念法會の際、高野山に詣で敬虔なる參拜を致し、且つ遍く日本各地に於ける著名なる寺院、即ち奈良の法隆寺、唐招提寺、東大寺、摩耶山の忉利天上寺、宇治の黄檗山萬福寺、比叡山の延暦寺、三井寺、京都の本願寺、知恩院、東寺、醍醐寺、靜岡の清水寺、淺草の觀音寺、東京の豪德寺、芝の増上寺、池上の本門寺、福井の永平寺等を巡禮參詣致しまして、大に日本佛教の健全なる發達に感動させられ、一入欽佩崇仰の情に勝へざる次第であります。

以上申述べました事から考へましても、我が中日兩國は、數千年前からの歴史に於て、既に協力を以て如來の阿耨多羅三藐三菩提の光輝ある使命を共に擔ひ、共に行つて來ましたといふことを知る事が出來ます。蓋し兩國に於ける密切なる關係は、既に久しき昔から精神的に結ばれて來て居るのであります。

佛法は本來平等であります。本より人我彼域の區別は無いのであります。況して我が兩國の佛教は全く一家の如き間柄でありますから、尚更互に親密であらねばならぬものであります。今や吾等は東亞の新秩序を建設し、進んでは世界の和平を謀り、此の世ながらの淨土を實現せしめんとしつゝあるのでありますが、此の指導精神は我が大乘佛教を措いて他に求むべきもの無く、又之れが實踐に當る者も我が中日兩國に於ける大乘的佛教同願者を措いて他に無しと申しましても敢へて過言ではあるまいと存ずるのであります。

現在世界に於ける人類の物質的文明は既に驚く程まで進化しつゝあるのでありますが、其の進化が早ければ早い程人類の危險は益々増大されて行くやうであります。此れは一體如何なる原因であらうか、又如何にすれば之を救ふことができませうか、此れは申すまでもなく現在の世界は餘り物質萬能主義に偏より全然心の妙用を顧みず、只管形而下の方面に力を注ぎ、形而上の方面を忘却しましたから、遂に此の世界は人欲ばかりが一ぱいに充滿し、道義なるものが地を掃はれて人類互に殘害を爲し、因果循環の理によつて今日の如き現象を造り出したのであります。

ところが佛法は形而上に於ける最高の妙用でありまして、人類の心を調御する良藥であります。

華嚴經に曰く「應に法界性を觀るべし、一切唯心造ること」、又「心は工畫師の如し、能く諸の世界を畫く」

二三

と說かれてあります通り、心の妙用は實に不可思議なものであると共に心の危險も亦大なるものであります。故に若し人々が能く此の心を修めますれば、此の世の中は自然に治まり、總べての戰ひが消滅さるゝのであります。人間の心を調御するには、佛法の力に勝るものはありませぬ。故に世界の平和を圖り、人類の幸福を求めんとするには、形而上の妙用を提倡し、佛法を宏揚せしめねばならぬのであります。

我が佛教同願會は、即ち此の佛法を以て現世に於ける國家、人類乃至一切衆生のあらゆる苦難を救ひ、共に此の世ながらの淨土を具現せしめんとする大乘的精神に基く同願でありまして、凡そ出世間の一切を包括する事業を行はんとするものであります。

各位は孰れも教界の大先覺者であらせられまして、此の度大慈悲心を以て、寒き冬の風雪も厭ひなく、千里遙々我が國に御來臨遊ばされ、私共を御指導下さる御厚意は、誠に何とも御禮の申上げ樣がございませぬ。深く五内に銘感致します外、各位に對する歡喜讚歎の情、復た自ら禁ずる能はざるものがあります。

翼はくば一千餘年前に鑑眞大師並に弘法大師其の他の大師が吾國へ持って行かれました大乘の法寶を此の度各位が其の化身として再び我が中國に持ち歸りまして、共に其の妙用を發揮し、衰微に傾きつゝある中國の佛教を重興させられ、以て東亞新秩序建設の礎石たらしめ、同心協力を以て勇猛精進を致し、更に一歩を進めて私共の大願たる此の世ながらの淨土を具現せしめられんことを希望して已まざるものであります。

## 二、開會の辭

本日は我が佛教同願會の第一次會員年會の最終の日でございます。各位大德が數日に亘る御熱心なる懇談と審議とによって得られました各種の計劃方案は、何れも極めて圓滿なるものでございました。是れ全く各位の御慈悲に滿ちたる大願力に依る利他の功德の現はれに外ならぬものでありまして、私共同願會員一同の欽佩感謝は申すまでもございませぬが、此の形而上の妙用による我が兩國民の合作精神から申しましても、實に歡喜讚歎に勝へない次第であります。

私共佛教徒の重點は實に信、願、行の三字に在るのであります。私共が三寶に歸依致しましたことは、即ち既に「信」の實踐を表はしたのであります。又私共が四弘誓願を發願しましたことは、即ち既に「願」の實踐を表はしたのであります。而して現在私共がお互に心を同じくして日々努力を續けて居りますが、尚ほ未だ完成を見るに至らないのが即ち「行」であります。私共が始終心掛けて居ります事は、詰り如何にして行ひますれば私共の「願」に背かず、私共の「願」を成就することが出來るかと云ふ事であります。

今回私共は各位大德から此の「行」と云ふことに關する具体的實行方法について種々御指導を蒙りましたのでありますから、當然其の御指針に從ひまして努力して行く譯りであります。古語に「之を言ふは難からず、之を行ふこそ難けれ」と言はれて居ります通り、誠に「行」と云ふことはむつかしいものでありますが私共は既に「信」と「願」と云ふ堅固なる根本精神を持って居りますから、如何なる艱難の事であっても飽くまでも勇猛精進すべきものであります。

此の度各位大德が遙々當地へお集まりになりました事は、眞に甚だ稀有の一大因緣でありますが、各位を長く御引き留め申しまして緩々御高教を承はることの出來ない事は、私共の頗る殘念に思ふところであります。然しながらお互に同心一德、精誠相通じますれば、假令須彌山であつても、我々の心の靈力を阻隔することは出來ないのであります。況んや僅かに一衣帶水の距離あるのみに於てをやであります。尚ほ各位がお歸りになりました後の遠からざる將來に於ては、私共同願の人達が相集まって貴國へ參り、皆様を御訪ね致しまして、佛の大法を求めることがあるかも知れませぬ。其の上に於ては我々の道義的互惠を實踐して鑑眞大師や弘法大師の前蹤を追慕致し度く、今より其の實現の日の來らんことを切に希望致して居る次第であります。

同願茶話

### 美髯と圓頂

同願會の幹部にはヒゲの美事なのが多い。王揖唐副會長や江朝宗評議長それから馬良氏のそれである。日本でヒゲと云へば口ヒゲも顋ヒゲも頰ヒゲも總括してヒゲと稱してゐるが、漢字では其の區分が明瞭にされてある。口ヒゲを髭と云ひ顋ヒゲを鬚と云ひ、頰ヒゲを髯と云ふ。白髮三千丈と形容したほど中國にはヒゲに因緣が多い。佛様にもヒゲがあり、ヒゲは顏の莊嚴白髯は美しいものだ。同願會の人々にヒゲのめでたきは佛弟子だからと云ふわけでもあるまい。

圓頂は圓滿な人格を思はしめる。日本には光頭會と云ふ奇拔な會まで織され稚氣滿々たる所がある。獨逸では頭光の學者は頗るモテると云はれる。眞宗の開祖は自ら愚禿と稱せられ、今でも禿氏を稱せらるゝ人々がある、一体僧侶には圓頂が多い。同願會の役員の中にも圓頂相の人を見うける。夏蓮居理事長もそのお一人に漏れない。夏居士は頗る有名な念佛者だ。居士が俗衣を脫して僧衣を纏へば恐らく溫容溢るゝお坊さまが出來やう。

# 同願會の結成と第一次年會

## 一 成立

佛教同願會の成立を見たのは、昭和十三年十二月三十日で、北京の廣濟寺を以つて假道場とし、日支の軍官民有志三百餘名が、その發會式に列し、堂々佛教を中心とせる大團體が生れたのである。

その會長には蒙藏佛教界にその名を謳はれた喇嘛の安欽活佛を推戴し、副會長には王揖唐氏、理事長には夏蓮居氏が就任し、發會式には此の外協外務局長、王禮俗局長、江朝宗、鄒商會々頭等の諸氏、日本側では山下參謀長、喜多特務部長、根本參謀副長、堀內大使館參事官、橋本、松井、吉野各中佐、成川少佐、秋山原田の各大使館書記官等の諸氏が參列、上香讃佛偈に始まり、開式の辭、次いで安欽會長以下同會の役員の推薦、會長及び理事長の挨拶あり、來賓祝辭に杉山軍司令官、堀內參事官、王臨時政府行政委員長、王內政部總長及び余北京特別市長の祝辭あり、最後に王副會長の閉式の辭があつて、一同大雄殿にて禮佛發願し、役員の就任後記念撮影を以つて終つた。

## 二 組織

同願會は會員と職員とよりなる。職員は會員中より選擧せらる。會員には名譽會員と基本會員と普通會員との三種がある。又職員には會長一人、副會長一人、理事長一人、副理事長二人、常務理事四人乃至六人、理事若干、評議長一人、副評議長二人、評議員若干、外に顧問若干がある。

又理事會には總務組、法務組、教化組、利生組、交際組の五種の部が設置されてある。

## 三 事業

本會の事業は主として法會、經論の飜譯、書籍の刊行、各地佛教の狀況調査、古蹟及古物、古書の調査保存、寺廟及僧尼制度の研究改進、宣講布教、各種教育の振興、佛教學の研究、雜誌叢書類の刊行、貧災の救濟、幼老の養育、動物保護、放生、衞生醫藥、臨時施棺埋葬に關する事等である。又事業に就いては昭和十四年十二月開催の第一次會員年會に於いて提案され、着々實行せられつゝある。

## 四 役員

同願會職員は定つた。今後の動向に大いなる期待が懸けられる。

會　　長　安欽呼圖克圖
副 會 長　王揖唐
名譽會長　印光　王克敏　靳雲鵬　周學熙
理 事 長　夏蓮居
副理事長　現明　全朗
評 議 長　江朝宗
副評議長　余晉龢　湯薌銘
常務理事　鄒泉蓀　劉永謙　周叔迦　莊慯生　于從
　　　　　雲　王蔭岡
理　　事　現明　全朗　淸池　觀空　靈岩　榮鑑
　　　　　浩修　妙禪　德錄　叢棠　夏蓮居　鄒泉
　　　　　蓀　周叔迦　鍾心西　劉六皆　石幼芬
評 議 員　殷叔迦　莊慯生　杜若齋　于從雲　楊犧
　　　　　先　姚灤生　張春山　康同璧　齋貢軒
　　　　　王渡公　蔣彬侯　李介如　陳仲燗　李寂
　　　　　園　孫如登　蔣仲村　袁永廉　倪嗣卿
　　　　　周介然　李元暉　溥叔明　王景韓　邵仲
　　　　　則　錢景班　李懿岑　瞿益持　田桂航
　　　　　顯宗　梵月　景源　玉山　殷桐　劉玉書
　　　　　翟文選　方宗鰲　瞿宣穎　吳承湜　劉宇
　　　　　氏　陳廷傑　周養庵　楊廷溥　韓淸淨
　　　　　游提　梁亞平　蒲子雅　安茂紱　陶洙
　　　　　王承　江紹杰　夏蕭初　劉振生　許造時
　　　　　張迂濟　張萬祿　孫湜　惲寶惠　呂世芳
　　　　　呂習恒　趙之成　白堅
經費保管委員會委員
　　　　　鄒泉蓀　莊慯生　王渡公　于從雲　杜若
　　　　　齋

の諸氏である。

## 五 第一次年會

### ◇顧問招聘

同願會では昭和十四年十二月一日より五日まで開催の第一次會員年會に日本佛教徒代表を顧問として招聘

すべく十一月七日頃日本佛教聯合會を通じて申込あり、仍つて佛教聯合會では詮考の結果左の廿三名に依頼した。

鈴木天山（曹洞）大森亮順（天台）藤村密幢（古義眞言）林彥明（淨土）關精拙（臨濟）大谷昭乘（西本）大谷瑩潤（東本）酒井日愼（日蓮）の諸大德、及び、高楠順次郎（西本）常盤大定（東本）椎尾辨匡（淨土）姉崎正治、加藤精神（豐山）後藤瑞巖（妙心）宇井伯壽（曹洞）宇野圓空（西本）長井眞琴（高田）下村壽一、安藤正純（東本）松岡均平、福原俊丸、作田高太郎、西山政猪（順序不同）の諸氏である。以上二十三氏の中十六名出席され隨員を加へて二十餘名は夫々旅程を定め十一月三十日に北京に集着された。その日同願會よりは挨拶と翌日より開催される打合せを行ひ、顧問招聘證、會員章、時間割等が手交されたのである。

◇會期日程

**○第一日日程　十二月一日　金**

一　**午前　開會式**

一　振鈴開會

二　全體肅立向國旗行最敬禮

三　僧衆領導禮佛　鳴引磬　三鞠躬

四　南無清涼地菩薩摩訶薩　三稱

五　恭誦般若波羅密多心經　一卷

六　發四宏誓願（衆生無邊誓願度、煩惱無盡誓願斷、法門無量誓願學、佛道無上誓願成）

七　回向（願消三障諸煩惱、願得智慧眞明了、普願災障悉消除、世世常行菩薩道）

八　僧衆退席　參加人就席

九　會長致詞　王揖唐氏

十　來賓致詞　關精拙師

十一　禮佛

二　**午餐　佛教同願會主催招宴　於懷仁堂**

三　**午後講演　於興亞院華北連絡部會議室**

一　北支の政情に就て　渡邊調査官

二　北支文化工作の大要　坂本文化局長

三　治安工作の全般に就て　山田參謀

**○第二日日程　十二月二日　土**

一　午前　顧問懇談

二　午餐　日本大使館主催招宴

三　午後　市內參觀

四　晩餐　興亞院華北連絡部長官主催招宴

**○第三日日程　十二月三日　日**



一　午前　議題

一、本會布教方策

二、本會教育事業

二　午餐

三　午後　座談會　於佛教同願會々議室

四　晩餐　行政委員長主催招宴

**○第四日日程　十二月四日　月**

一　午前　日支總會　於勤政殿

一　振鈴開會

二　出席參加人就席

三　副會長提詢事項

四　顧問方面代表提議

五　理事長宣付討論

六　討論完結

七　散會

**○第五日日程　十二月五日　火**

一　午前　閉會代　於勤政殿

一　振鈴開會

二　全體肅立向國旗行最敬禮

三　僧衆領導禮佛　鳴引磬　三鞠躬

四　南無清涼地菩薩摩訶薩　三稱

五　恭誦般若波羅密多心經　一卷

六　發四宏誓願（開會の時と同じ）

七　廻向　念消障偈（開會の時と同じ）

八　僧衆退席　參加人就席

九　理事長致詞　夏蓮居氏

十　來賓致詞　林彥明師

十一　會長致閉會詞　王揖唐氏

十二　禮佛

十三　撮影

十四　散會

以上

# 同願會紀行

小保眞誠

## 十一月廿六日 日 曇

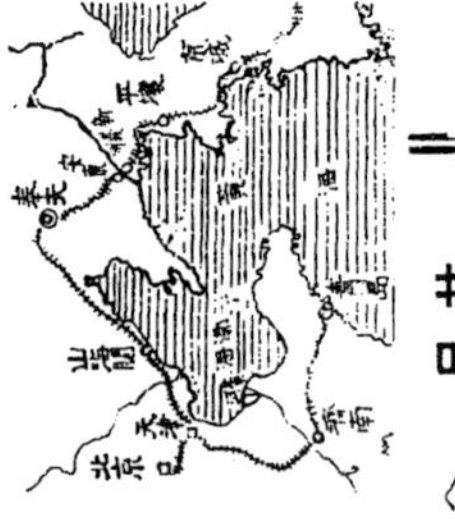


愈々大陸へ出發である。午前中に手荷物の發送を終り、午後九時五十分夜寒の京都の街を縫つて京都驛へ走る。日華佛研、知恩院關係の人々に見送られ、十時五十三分特急富士號の人となつた。同じく同願會より招かれた名倉貫雄が同車されプラットホームは滿員であつた。

## 十一月廿七日 月 曇

午前九時廿五分下關着。關釜連絡船景福丸は十時卅分岸壁を離れ紺碧の玄海灘を進む、波稍高く同願會行の一行と會す。正午頃より波漸く高く一人減り四三減つて各自の室に落ち着いた。午後六時十分釜山港に着き一行と再會を北京に約し、强風の中を知恩寺より出迎の人々に導かれ同寺に入り、一息に眠つた。

## 十一月廿八日 火 快晴

列車時刻の都合で午後七時四十分北京直行の興亞號に便乘、見送りの人々を後に一路北京へ。寒氣は愈々肌を襲ふ。

## 十一月廿九日 水 快晴

枕を上げて窓外を見れば、山野は一面の銀世界、落葉樹の影のみが寒さに堪えてゐる。午前八時四十五分平壤驛に着き、再び快走を續く。大同江及河と云ふ河は悉く堅き氷にとざされ、牛追ふ白衣の半島人のゆるやかな姿が目に入る。午後一時十五分安東縣に着き税吏の調べをうく。過ぐる日露の役に閑院宮殿下御奮戰の跡を偲び、驛名を改められたと云ふ宮ケ原を過ぎ、午後六時五十分奉天に着く。此の驛にて宇井、長井兩博士が乘合さる。

## 十一月卅日 木 快晴

午前二時三十九分山海關に着き、再び税吏の調べをうけた。午前十一時北京のホームに辷り入る。駐在各宗寺院、同願會、興亞院の人々に出



迎へられ頗る賑かであつた。指定旅館近水樓に入り、先着、別行の人々と再び會つた。午後二時半同宿の一行は興亞院より向けられた車に分乘し、多田軍司令官、長谷川部隊長、喜多興亞院華北連絡部長官、坂本文化局長、松井文化課長等に挨拶、次いで午後三時日本大使館を訪れ、それより北京臨時政府を訪ふ。内政部總長王揖唐氏に會見、午後六時、北京日本佛教聯合會の招宴に臨む。談論盛んにして頗る和氣藹々たる會合であつた。

## 十二月一日 金 快晴

午前十時、大谷照乘師の室にて顧問會の件、北京佛聯の件に就き審議す。十一時南海公園の勤政殿に於ける第一次年會開會式に參列。釋尊の嚴然と座し深き南天の供花、緋の僧の列座、中國側の誦經、要人の列席等脳裏に映り殘る。式終つて同願會主催の午餐會に列なる。この懷仁堂は西太后が在世の時各國の使臣を饗應した所と云ふ。午後二時半より興亞院華北連絡部廳舍にて講演を聽く。

## 十二月二日 土 快晴

午前十時四十分より午後一時まで會議、終つて日本大使館主催の午餐會に出づ。午後七時、興亞院喜多長官の招宴に列る。頗る盛會であつた。

## 十二月三日 日 快晴

午前十時より引き續き會議が行はれ、中食後特別委員會が開かれるので委員に安藤、大森、宇野の三氏が選ばれ他は休憩。午後三時委員會終る。顧問會再會決定事項報告、三時四十分終る。直ちにラマの名刹嵩祝寺なる同願會主催の座談會に赴く。會が終つて記念撮影の後洋車を列ね興亞院の案内で故宮博物館に至る。紫禁城の門路階には大理石を敷き、太和殿、清代に毎年除夜に外藩を招き宴を張つて籠絡したと云ふ保和殿、總黄金と云ふ屋根を戴き絢爛の美を極むる雨華閣（本尊曼陀羅、王が此處にて秘かに護國の祈禱をしたと傳へらる）、喇嘛廟の雍和宮、王が天帝を祭る天壇等を觀る。午後七時王克敏氏の招宴に臨む。

## 十二月四日 月 晴

午前九時半、日支の附提案を協議、會議は本日を以つて終りである。終了後車を列ね、西皮市、銀行公會の北京市商會々長鄒泉蓀氏招宴の午餐會に至る。午後七時新民會副會長繆斌氏の招宴に臨み宋藹樸氏苦心の蒐集映畫「曲阜孔子廟」を觀賞す。

## 十二月五日 火 晴

午前十時半、勤政殿に至り第一次年會の閉會式に參列、十一時十五分馬登州氏司會の下に開式、同四十五分

分終了、記念撮影、直ちに多田軍司令官の招宴に出席、午後七時東亞文化協議會に於ける臨時政府教育部總長湯爾和氏招待の晩餐會に臨む。

**十二月六日　水　晴**

午前中日華佛研幹事長林僧正は峰旗氏と共に王克敏、王揖唐、江朝宗陸宗輿の諸氏を歴訪。午後四時同願會夏蓮居々士外幹部諸氏と會し、大正藏經及び施藥等の寄贈式法要を嚴修し、同願會と日華佛研との今後の連絡提携を議し、晩餐の後八時辭去す。

**十二月七日　木　晴**

林僧正は辭京の挨拶の爲め歴訪。午後十一時半一行就寢。突如宋藹樸氏が夏蓮居、王揖唐兩氏の代理として訪れ、木瓶金緣耕の二十五條と坐具とを齎し贈呈せらる。此の二十五條は支那で最高の僧の着するものと云ふ。

**十二月八日　金　曇**

愈々今日は北京と訣別するのである。九時三十分見送の人々に別れを告げて天津へ向ひ、知恩院別院に一泊す。

**十二月九日　土　晴**

午前八時三十分發列車にて濟南へ着く。鶴屋ホテルに宿る。

**十二月十日　日　晴**

濟南市長朱桂山氏を訪問し、午後一時四十分山東省長唐仰杜氏を訪ひ張星五（民政廳長）、퓨維屏（建設廳長）、趙遜塘（同參事）、周茂生、李秉鈞、豊田神倉、卽晋華の諸氏と午餐を共にして語る。

**十二月十一日　月　晴**

午前九時朝靄に煙る濟南を發して青島に向ふ。中央ホテルに投宿す。

**十二月十二日　火　晴朗**

湛山寺倓虚法師に會し曹樹聲氏通譯の勞をとらる。中食後請により林僧正は、同寺佛學院生徒の爲めに「恭順慈悲」の題の下に獅子吼され多大の感動を興へらる。後周家彥氏と會し又警察局長傅鑫氏を訪ひ近く結成の青島同願會について談合數刻を過ごる。

**十二月十三日　水　晴**

午後統稅局の劉殿溥氏を訪ふ。午後七時五十五分青島宗教聯盟に於いて「同信同願」と題して林僧正講演。

**十二月十四日　木　晴**

午前十一時四十分出帆のバイカル丸に便乘、青島の見送の人々の姿が船のヅ太い汽笛と共に波の彼方に小さくなり、支那の大陸は次第に視野から遠ざかつて行く。

二二

×　×　×

▲南京日華佛教聯盟では、南京總會に於て古林寺を道場に佛學院を開設し、支那青年僧を養成してゐるが、此種尼僧の養成をも計劃し鐵湯池の接引庵に於いて準備的開設、後尼僧學院を設くる由、將來支那尼僧の出現を見るであらう。

▲青島宗教聯盟主催の宗教研究座談會に於いて軍當局の方針は、斷乎宗我を除去し宗教工作をなすべしとあり、その爲めに經濟的に行詰まるならば、彎へば宣撫官となつてその目的に進むもその一方法であると指示された。

▲大谷派の大谷健見團聯盟では、献金箱に集つた金で紙風船を求め、中支方面の小學兒童に贈つた處、感激を込めた手紙が來た。

▲中支佛教大同聯盟が曩に日本から募つた挺身隊興亞佛教班員は、中支の各地支那寺院に配屬されて着々良好の成果を擧げてゐる。

▲興亞院華北連絡部の日本各宗の北支に於ける布教狀態の調査に依れば、布教師は金光六、天理二四一、古義眞言一一、淨土二七、臨濟一四、曹洞一三、本派五三、大谷三九、日蓮二〇、基督一八人であつて、その信徒は。天理二一〇六、大谷五二三、本派五一〇、淨土一一七、曹洞一〇五三、日蓮二〇人であると。

▲中支宗教大同聯盟では中支各地の佛教寺廟調査を成した。それに依れば、寺廟は六〇一、責任者を有するもの五六〇、不詳四一で、尼僧數は僧二六八六人、尼四六〇人、所屬信徒數三十萬八千人となつてゐる。

▲西本願寺では支那兒童に與へるカード六十萬枚を作製し發送した。

▲皇典講究所では大陸に神祇宣揚をなす人物養成のため興亞專門學校を設立すべく文部省に接渉中、

▲滿洲國の開拓村では、宗教的團結の必要なることが認められ、指導者不足に悩んでゐると。

▲佛教童話聯盟では紀元二千六百年の記念事業として蒙古の兒童に玩具と繪本とを送るべく全國に募集してゐる。

▲貴族院議員故根津嘉一郎翁は佛教篤信者として周知されてゐるが、昨年十二月二十五日逝去された。翁は生前綜合宗教大學設立を計劃されてゐた。その逝去は各方面で惜まれてゐる。

▲知恩院で訓育中の喇嘛僧二十名は今春五月を以つて歸國の途に着く。更に第二次募招が行はれる筈。

▲北京佛教同願會では假事務所を廣濟寺に設置してゐるが、工費約三十萬圓を

二三

計上本部を今秋頃には新築する豫定で目下それに相應しい美術的價値豊な本佛を日本に物色されてゐる。

▲廣東では此程宗教聯盟が結成され、佛教は勿論天理教、新舊基督教も參加してゐる。

▲東方文化聯盟では支那、印度、泰の東方諸國と文化使節の交換をなし、機關雜誌發行等が積極的に行ふことになつた。

▲西本願寺の斡旋で京都の六角會館に職業婦人の心身修養の道場が開かれた。

▲日本黃檗宗では財界の名士を背景に、「大陸文化事業後援會」を組織し、福州黃檗山へ中國僧招致狀を送り、日本からもその他へ趣くことが計劃されてゐる。

▲濟南知恩院別院では、山東共生學院から留學生五名を派遣することに決定、中二名は女子、これは東京巢鴨女子商業學校へ入學せしめ他の男子三名は大阪に於いて實習せしむると。

▲去る一月十五日火を發した靜岡市では民家六千四百三十戸を燬き、五神社、二十三ヶ寺を烏有に歸せしめた。目下建設に勵まれてゐる。

▲高楠博士の主宰する東京武藏野女子學院紅雲臺で佛教思想再檢討指導者訓練講座が博士の主唱によつて開設される。

▲中支宗教大同聯盟幹部は二月を以つて任期滿了するので總辭職し、今後の發展に向つて新任が努力する筈。

▲滿洲國へ西本が移民と共に入植し本願寺村を建設すると。

▲來る四月宗教團体法案が公布せられるので各宗教團体では夫々對策を練つてゐる。

▲佛教徒時局同志會では興亞宗教問題を研究し教學綱領案の作製を急ぐことになつた。

▲東京に於ける世界紅卍字會後援會では今春頃東京道慈研究院を設立し、北京紅卍字會より幹部連が東上すると。

▲去る二月廿六日在京國家主義印度人は獨立記念日の催を行ひ、印度獨立聯盟主催の下に宣言決議をなした。

▲朝鮮慶北道の教育會では紀元二千六百年記念事業として國体明徵館を建設する。

▲大和法隆寺の「性相學聖典編纂刊行會」では此程「成唯識論」の定本を公刊することに着々歩を進めてゐる。

▲杭州日華佛教研究會では養老院、日語學校、寺廟調査、孤兒留學、ラヂオ布教、刑務教誨等を行つて成績を擧げてゐる。

▲北京佛教同願會の理事長夏蓮居居士一行は今春日本を訪れることになつた。

▲中支九江に神社設立を居留民が熱望して居り、外務省に手續申請をなした。外務省では調査を行ふ筈である。

▲興亞院では大陸の宗教文化工作について具体的な方策を考慮されてゐたが、近く大体の計劃を立てゝ發表される模樣である。

▲最近印度に於ける佛教徒の調査に依れば、同教徒は二億五千萬人で、印度の人口三億五千萬人に對しその三分の二以上を占めてゐる。



## 本會ニユース

**○大正藏經及施藥贈呈式**　昨冬林幹事長が同願會總會に出席するについて大阪の藏經贈布會（故福田宏一氏發起中井玄道氏等繼續大成）から委託を受けたる大正藏經正篇五十卷と大阪の本會支部にて蒐集したる施藥三萬七千二百餘個とを携帶されたので十二月六日同願會事務所（嵩祝寺）に於て嚴肅なる法要を修め贈呈式が行はれた。式後座談會が開かれ時の移るを覺へず主客打ちとけて心からの友誼を温められた。その大正藏經贈呈について中井玄道氏より添へられた寄贈文は左の通りである。

大正新脩　大藏經　一部五十五卷

寄贈

北京佛教同願會

日本は不幸にして今中華民國と干戈を交へつゝあり、是れ民國の國民を敵とするに非ず、容共抗日の政策を以て東洋の安寧秩序を破壞せんとする國民政府を膺懲せんが爲に、正義の軍を進めつゝあるに外ならざるなり。果せる哉、正義の前には敵なく、日本軍の向ふ所、民國軍は連戰連敗して山間僻地に遁逃し、無辜の民衆は簞食壺漿して日本軍を迎へ、各地に大小數種の自治機關を作りて新秩序の建築に邁進しつゝあることは、我等日本國民の民國の爲に慶祝に堪へざる所なり。

凡そ國家の隆昌と國民の福利は、外、制度の整備、物質文明の扶植にのみ待つべからず、必ずや內、道德宗教の向上と國民精神の作興が之に伴ふことあるを要す。我が日本が現に東亞の安定勢力として能くその重大なる任務に就くことを得たる所以は、建國以來內外兩面に亘りて生々發展し、能く國家の實力を築きたるが爲なりとす。斯くの如き我が國運の進展に對して最も大なる寄與を爲せるものゝ一は、嘗て民國に於て盛行し、流れて我が國に傳はれる釋迦牟尼世尊の教法なりとす。斯の教法は但に過去の日本を育成せるのみならず、將來永く國利民福を增進し、益々國運を隆昌ならしむべき大切なる任務を負へり。我等が民國の佛教に對して期待する所、亦實に國家の興隆と民人の利樂に大なる寄與をなすに在り。

故福田宏一居士は夙に茲に見る所あり、東亞民族の興隆を計る爲には、大陸に於ける佛教を興隆するに加かずとなし、その一方法として日本刊行の大正新脩大藏經を民國の佛寺に寄贈する計劃を建て、贈藏經委員會を組織し、孜々として篤志家の助力を求めつゝありしが、不幸にして病を得、その事業の完成を見ずして長逝せり。誠に遺憾の至りなりとす。依つて知友相謀り、故人の志を遂ぐる爲に其の遺業を繼承し、茲に一部を北京の佛教同願會に寄贈し、永く中華民國の國基を培ひ民心を養ふ資に供せんとす。庶幾くは同種同文同教の隣邦の道俗、共に斯の法寶を研鑽講說し、色讀體現して、全土にその德澤を光被せしめ、日華兩國民の精神的結合を益々緊密ならしむると共に、天下和順日月清明風雨以時災厲不起國豐民安兵戈無用崇德興仁務修禮讓の經語を實にせんことを。恭しく啓す。

昭和十四年十一月

大阪天滿橋畔福圓

贈藏經委員會

代表者　中井玄道

和南

又施藥施療事に應じて淨捨された芳名は左の通りであつた。

| | | | |
|---|---|---|---|
| アペチン錠 | 二〇〇〇 | 大阪 | 武田長兵衛商店 |
| ビオヘルミン | 二〇〇〇 | 同 | 同人 |
| サキシロン | 五〇〇 | 同 | 同人 |
| 田邊アスピリン | 三〇〇〇 | 同 | 田邊五兵衛商店 |
| 藤澤アドース錠 | 二〇〇〇 | 同 | 藤澤友吉商店 |
| 鹽野アスピリン | 二〇〇〇 | 同 | 鹽野義商店 |
| ヒナテツールパスタ | 三〇〇 | 同 | 大日本製藥株式會社 |
| ネラセキサノール | 三〇〇 | 同 | 同人 |
| ミレバール | 三〇〇 | 同 | 同人 |
| ウエルパス | 三〇〇 | 同 | 丸石製藥株式會社 |
| 丸石アスピリン | 五〇 | 同 | 同人 |
| 喘咳液 | 九〇 | 同 | 同人 |
| 呼吸器丸 | 一〇〇〇 | 同 | 丹平商會 |
| アスター | 五〇〇 | 同 | 同人 |
| ウキタミン | 二五〇〇 | 同 | 浮田五龍圓藥房 |
| ウキタ感冒錠 | 二五〇〇 | 同 | 同人 |
| 健胃固腸丸 | 二〇〇〇 | 同 | 谷同榮堂 |
| 六神丸 | 一〇〇〇 | 奈良 | 今中佐次郎 |
| 風藥頓服 | 一〇〇〇 | 同 | 同人 |



| | | | |
|---|---|---|---|
| セキトメ | 一〇〇〇 | 奈良 | 今中佐次郎 |
| 腹痛頓藥 | 一〇〇〇 | 同 | 同人 |
| 赤王腹藥 | 一〇〇〇 | 同 | 同人 |
| 義斉丹 | 八〇〇 | 同 | 同人 |
| 高名清神丸 | 二〇〇〇 | 大阪 | 高名榮次郎 |
| 大學目藥 | 五〇〇 | 同 | 川口參天堂 |
| 健胃粉 | 一一四八 | 京都 | 同朋社（足利淨圓取扱） |
| 健胃粉 | 六〇〇 | 大阪 | 小井井玄道 |
| 仁丹 | 二五〇〇 | 大阪 | 石井井重助 |
| 無名藥 | 二〇〇 | 滋賀 | 森島蓮玄 |
| ボプラ | 五〇〇 | 京都 | 五島法住 |
| 健胃粉 | 二二四 | 兵庫 | 葛野枯骨 |
| 玉丹 | 四五 | 三重 | 森文佺 |
| はらはら藥 | 二〇〇 | 大阪 | 上西春天堂 |
| 感冒藥 | 二〇〇 | 同 | 和田魁眞堂 |
| 衛生綿 | 五〇 | 同 | 山本三生 |
| 仁丹 | 二〇〇〇 | 同 | 森下仁丹株式會社 |
| 仁丹 | 五〇〇 | 兵庫 | 松井成服 |

施藥に就いては嚢に大阪支部の薮間惠辨、故岩本諦圓兩氏の努力によつて多数の募集あり、京都支部又募集に努められ支那水害に際して彼地に送り多大の感謝されたことは既報の如くであり、今回で二回目である。

**○龍藏一切經寄贈豫約**　本會がこれまで同願會に寄せたる好意には深く感ぜられたものと見え、それに報ゆるしるしとして龍藏一切經を贈ることを夏蓮居居士は林理事長の北京寄舍を訪れ「昨晚與王克敏先生言定將在柏林寺存版之大藏經印刷全部贈與」と約された。この龍藏板本は北京柏林寺に藏されてあるが刷り上げるには數月を要するのでこの贈付を受くるのは今秋位になるであらう。

龍藏版は清朝の勅修で、世宗雍正十三年（一七三五）より高宗乾隆三年（一七三八）の四年を要し、北藏版を新に加へた總數七三五函七八三八卷であり、我國では明治廿二年の故西太后より西本願寺に一部贈られたると一昨年天津市長より東本願寺に贈られたるがこの度本會が更に一本を受くるとせば、日華佛教の親善を事實化する表象として本會の欣幸とする所である。

**○本會の支那側會員**　本會は昨夏以來中國名士入會されたる四十九名につき顧問又は特別會員に推薦して囑託

状を出した、その主なる人々は、王克敏（臨時政府委員長）唐仰杜（山東省長）靳雲鵬（前國務總理）王揖唐（臨時政府内政部總長）江朝宗（北京前市長）陸宗輿（前駐日全權公使）朱桂山（濟南市長）周家彥（青島市助役）傅宗耀（上海市長）高冠吾（南京市長）郭曾基（吳縣知事）季聖一（蘇州覺社長）印光、倓虛、隆定等の僧俗諸氏である。

**○幹部會**　二月五日午後三時本會事務所に於いて幹部會を開いた。出席者は禿氏、寺本、吉畔、信ヶ原、五島、田中、藤堂、高尾、中井、足利、大西、林、塚本等の諸氏で、林幹事長より同願會總會の狀況を詳細報告し本會との聯絡提携に就ての所感を陳述された。

近く來朝する同願會の一行を迎ふる對策を協議し、怨親平等の追悼會同願念佛會の修行等が提案された。

**○同願會一行來朝**　同願會訪日觀察團は劉六皆氏を團長として外十一名が、二月廿九日來朝され、三月一日二日京都滯在それより永平寺、身延山、東京、鎌倉、名古屋、奈良、大和、高野山、大阪等を巡歴することになり、本會も京都滯在中に一行を迎へる。

**○同願念佛共修**　同願念佛會は毎月滿月を期して念佛を修するのであるが、淨土宗各寺院に於いては既に實行されて居り、本會の中井玄道、足利淨圓兩氏は同願會の此の會に贊せられ、本會も兩氏の主唱に依つて二月廿二日午前六時半圓山兒童博物館に於いて修行した。なほ各地に此會の分會を設置して共修を希望されてゐる。

**○日華怨親平等追悼會**　在洛中の同願會一行と共に、本會、佛聯、佛教護國團合同して三月一日午後三時知恩院大殿に於いて日華兩國陣歿者追悼會を嚴修し、多數の參列者があつた。

**○同願會訪日團念佛共修**　三月三日午前十時、洛東鹿ヶ谷法然院に於いて同願會訪日團一行を迎へ念佛會を共修し、後座談會を催し、齋餐を共にし、多數の參會者があり精神的に結ばれた意義ある會合であつた。



## 編輯後記

☆人と人と眞の睦みは、同信同願同行。假令言語通ぜずとも至誠に通ず。至誠にして動かざるは人にあらず。同信同願同行の念珠をつなぐは至誠の糸のみ。

☆支那居々士の念佛は有名である。念佛者としての支氏こそ親みが一層深い。滿月を期して共修しやうと云ふ境地、まさに寂滅樂に遊ぶ。

☆月を眺めて遙か大陸から三笠山を想ひ懷郷の情に囚へし家郷仲間、月を見て姑し故郷を思ふ野線の勇士月こそ何かしら因縁境を樂ずる。

☆小學兒童の都見學。男の子も女の子にも赤い運動帽を被らせたのが居た。赤帽小學園の指導者の苦心が窺はれる。

☆眸の大きい少年が一人車中の座席をしめた。此の溌剌たる少年が成育する頃東亞の動きは？　佛教は？などと考へる。少年は大きな眸を窓外に向けてゐた。明るい感覺である。

☆玉稿を各方面から送つて頂いたのでそれは次號へ。更に御惠投を歡迎する。（全）


**東亞宗教事情**（隔月發行）

第八號

昭和十五年三月五日　印刷納本
昭和十五年三月十五日　發行

定價　金拾五錢（送料二錢）
一ケ年分　金壹圓（送料共）

京都市東山區林下町四四三
編輯兼發行人　日華佛教研究會
右代表　三田全信

京都市東山區祇園町南側六〇
印刷人　豊田英太郎

京都市東山區祇園町南側六〇
印刷所　豊田愛山堂印刷部

京都市東山區林下町四四三
發行所　**日華佛教研究會**
電話祇⑥〇〇三八
振替大阪一〇〇七九六

## 日華佛教研究會　（昭和九年七月創立）

我邦と支那とは、同教同文、共に佛道を信じて宿縁久且つ深し、時に消長免れざることありと雖、同朋の情誼は恒に渝ることなし。特に刻下非常時局の進展、將に新東亜建設の段階に入らんとす、此時同信佛教徒は更に心から提携、聯絡相共に無上正眞道を求め、眞俗相應じて聖業に貢献する所あらんと欲す。冀くば大方の諸君子、此の趣旨を詳諒し進んで入會加盟せられんことを切望す。

### 會　則（摘要）

一、本會ハ日華佛教研究會ト稱ス

二、本會ハ日華兩國佛教徒互ニ聯絡シ無上正眞道ヲ求ムルヲ以テ目的トス

三、本會ハ本部ヲ京都ニ置キ支部ヲ適當ノ地ニ置ク

四、本會ハ左ノ事業ヲ行フ

1、日華兩國ノ學者ニ依リ交換講座ヲ開ク

2、日華兩國ノ佛教書ヲ飜譯シ新刊書ヲ交換ス

3、日華兩國ノ佛教界ノ事業ヲ相互ニ紹介ス

4、日華兩文ノ佛教雜誌ヲ發行シテ會員ニ頒ツ

5、其他日華兩國ノ佛教徒ノ聯絡ト提携親善ニ必要ナル事項

五、本會ノ會員ヲ左ノ三種ニ分ツ

正會員ハ年額金五圓、賛助會員ハ年額三圓、特別會員ハ一時金百圓以上ヲ醵出スルモノトス

正會員特別會員ニハ研究年報及雜誌「東亞宗教事情」ヲ頒チ賛助會員ニハ雜誌「東亞宗教事情」ヲ頒ツ

六、本會ニ會長一名、幹事長一名、主事一名、幹事若干名、顧問及ビ評議員各若干名ヲ置ク任期ハスベテ三年トシ會員總會ニ於テ選擧ス

七、本會ハ毎年一回會員總會ヲ開キ事務及會計ノ報告ヲ爲ス

八、本會ノ經費ハ會員ノ醵出金其他ノ寄附金ヲ以テ之ヲ支辨ス

**日　華　佛　教　研　究　會**

京都・東山・林下町四四三
電話祇園⑥三一八番
振替大阪一〇〇七九六番

**東　京　支　部**

東京・小金井町西養・幡隨院内

**大　阪　支　部**

大阪・天王寺・逢坂一心寺内
電話天王寺三八七番

# 東亞佛教研究

第九號

日華佛教研究會發行

# 新國民政府の成立を祝し、中國佛教徒に與ふ

あゝ待望の和平の日は来た。それにしても我々の平和を念願する日の如何に長かつたことよ。中國佛教徒諸君よ。この日あるは偶然ではない。そこには奔放、猜疑、鬪爭、殺戮、殘忍といふ傷ましい人生の諸相の蔭に隱れた正しい平和への苦鬪の幾十年のあつたことを忘れてはならぬ。その正しい念願がかなつて漸く東亞新秩序建設の基礎としての南京還都を見るに至つた。我等はこの好機を逸しては再び東亞の和平の日を望むことができないのである。手を握つて起たう。胸襟を開き、互に尊敬し合つて。

率直に言へば中日關係には猜疑を除いて爭ふ理由は一つもない。この意味に於いて信と平和を標榜する佛の教には深い尊敬を拂はねばならぬ。我々は同じ佛教といふ乳に育てられた兄弟ではないか。然も同じ東亞の家を平和にもりたてゝゆくやうに生れ乍らにして決定づけられてゐる。政治に經濟に文化に、精神的にも物質的にも。さうだ、英米が何だ、ソ聯が何だ。彼等は悉く東亞の干渉者侵略者にしかすぎない。さうだ我々は今やそのことに目覺めたのだ。我々は早く、一刻も早く東亞の和平を建設して共同の利益を享受すると共に、また目覺めない同胞の迷夢を覺ましてやらうではないか。共同の敵を防がうではないか。

## 目　次

# 華北佛教徒訪日視察團に贈る語

## （同願會における講演）

——夏　蓮　居——

本日は華北佛教徒訪日視察團結成の第二日であります。蓮居は同願會理事長として此度東渡する同願諸君に對して謹んで聊か意見を供獻いたします。

今日の程序の豫定によりますれば蓮居から同願會成立の經過及び將來の方針を概括的に說明しなければなりませんが、此の二點は既に同願會特刊及び第一回顧問年最に於ける私の挨拶の內に話したことで、已に諸君に分贈してありますから今日再び述べません。今は單に視察團の東渡に對する希望に就て二三の言葉を供養致します。

吾々は本日、此の大殿に齊集し、皆が揃つて肅立して一同十分に敬虔な態度を表現し、且つ毎日一同が此處に來つて禮佛發願を續け、皆が出發の日に到つてこれを止めます。何の爲に斯かる隆重の儀式を行ふのでありませうか、是は吾々佛教視察團の精神が、其他の遊覽團體とは其性質を異にせることを表現するもので、須く諸佛の化身は恭敬に從つて生じ、一切の福德は恭敬に從つて集るといふことを知らなければなりません。若稍もして輕慢に渉るならば即ち自他兼利の大願に相應し得ないのであります。所謂「因地不眞、果招迂曲」であります。

吾々視察團の此度の東渡には二種の任務を負ふて居ります。第一は自己の精神を發揚すること、第二は他人の長所を攝取すること。前者は鑑眞大師を標準と爲し、後者は空海大師を模範とすべきであります。第一に自己の精神を發揚するに、何故に鑑眞大師を標準と爲すべきか、各位も知らるゝ通り日本の佛法は中國から輸入したもので、當時は交通が不便で木船、布帆種々驚濤駭浪を經過したことは如何に困難であつたでせう。而も吾々の祖師大德方は險阻を避けず、艱難を辭せず、偏に千萬曆折を歷て遂に能く其の大願を達成されました。就中特に鑑眞大師を推して千古に冠絕すと爲すは當時大師が東渡を志し、佛法を宏揚する爲に、海を涉り陸に登り、屢々失敗に遇ふも大師の志の堅きこと鋼の如く、終始本願を捨てず、五度目に至つて年既に六十九、雙眼竟に失明し、終に日本の國土を踐んで中國に在りし戒律を完全に傳ふと共に、日本の經典に於ける譯方の錯誤を是正されました。それだから上は帝后より下士庶に至るまで拿體欽服せざるはなく、是れに由て蔚然一の教派をなし、今に至るまで千有餘載、依然として全國民に崇敬せられ、決して大師が中國人であるからとて差別視されることはなかつたのであります。諸人が大師に對してこれ程までに傾倒した所以は全く鑑眞大師の至誠に感じたからであつて、此の樣な歸仰は決して自然に取得せられるものではありません。

諸君は佛道の素養を有つて居られるが、今回の集團的東渡には要ず菩提心及び救世宏願を抱いて、無條件自發的に中國古德の偉大なる精神を繼承して居られるであらう。吾々は行くにも徒らに行くものでなく、歸るにも空しく歸るものではない。是非とも行くに携ふる所があり、歸るに得る所が有らねばならぬ。同時に隣邦の朝野上下に一個の視察團として空前の印象を與へねばならぬ。斯くて此の行に意義があるのである。

吾々が携へて行くものは何であるか。それは蓮居が平素諄々として講述したことで、要するに東亞の永久的平和を奠定せんとせば、須らく先づ同信同願して、然る後に能く共存共榮し得るといふことである。

中日事變發生の原因は固より複雜であります。但し吾々が正直にこれを論ずるならば、大部分は彼我の間に深刻な了解を持たなかつたからであります。それ故に東亞永遠の和平を建立せんと要望するならば、是非とも先づ利害を共同にするの觀念を有ち、以て同信同願の基礎を樹立すべきであります。但し同願する前に先づ同信すべく、同信する前に更に一つの最要なる條件があります。即ち互に見ゆるに誠を以てし、心口一如虚僞の言を爲さず、斯くして初めて深刻な了解と相互の認識結果を得るのであります。手袋を脱がないで握手しては固より眞摯な情義を表はすことが出來ない。縱ひ手袋を脱いだにしても手が何處に在るか、又指と掌の位置を明瞭に知らなくては、或は腕を握り、肘を掣し、甚だしきに至つては袖を牽く等の事があつては、矢張り間違に因つて猜疑を生じます。今回の視察團が注意すべきは此點であります。

第二に他人の長所を攝取するには、何故に空海大師を模範とすべきか、抑々日本の空海大師は當時中國の唐朝へ渡來されるにも種々の挫折を受け盡し、種々の艱險を嘗められたことは鑑眞大師の苦行と相等しく、中國に來つて僅かに十八個月の内に、有らゆる密教の大法を完全に傳承して歸られました。今日に至るも尚ほ吾々が日本に保留さるゝ一部の「東密」を我國密教再興の導線となし得ることは、惟に佛教のみが國界と種族の限界を打破する一の鐵證と見ることが出來ます。同時に空海大師も亦、中國の有らゆる詩文、書畫、各種の藝術一切の文化を悉く持ち歸つて、以て日本文化の基礎を造成されました。我が視察團の今回の東渡も正に此の精神を模倣すべきであります。所謂「賢を見ては齊しからんことを思ふ」「善を以て寶とす」で、凡そ以つて吾々を益すべく、以つて吾々の缺點を補ふに足るならば、吾々の觀摩に供し、吾々の改善に供する事柄は、宗教たると文化たるとを論ぜず、縱令空海大師の如く思ふ存分にこれを持ち歸ることが出來なくても、英を擷り實を取つて滿載して歸られたい。唯、日本を觀察することは、專ら種々の新施設を見るばかりでなく、其根本的な文化上に着眼することを要します。私は常に「日本の長所は全く物質的な文明に在るのではなくて、舊來の道德的精神の基礎の鞏固なるに在る」と云つて居ります。中國の方は漸次物質的に

落伍したことが其衰微を來した一の原因ではあるが、然し根本的病源は寧ろ東洋固有の文化並に信念の上に絶大な動搖を發生したことに在ると思ひます。吾々は此の意義を了解して持つて行くものは廢物でなく、持つて歸るものも糟粕でなく、一般視察團と同じからざる所以は正に此處に在るのであります。

現今、自己を救ひ、他人を救ひ、東亞を救ひ世界を救ふ爲には唯だ共同して佛法を宏揚する一途有るのみで、これが何れの政策よりも有効であります。此れ決して一人の私言ではなく、實に一般憂深思遠、卓識高見の士が新舊を問はず、共に確認する所の肯定的見解であります。故に吾々は大慈悲、大智慧、大無畏的な精神に基いて、一致して前途に邁進しなければならぬ。所謂信も此處に在り、願も此處に在る。大慈悲は即ち仁、大智慧は即ち智、大無畏は即ち勇である。何を以て仁と爲すか、普て一切の有情に對して怨親平等に苦を抜き樂を與ふ。何を以て智と爲すか、人の見る能はざる所を能く徹見し、人の疎略にする所を能く注重する。何を以て勇となすか、他人が敢て發し得ない議論を能く發し、他人の負ひ得ざる責任を能く負ふ。綜合して云へば即ち自發的、無條件なる絶對平等的な菩提心であります。

以上の言詞を總括して繰返して云へば、即ち(一)隣邦の優點を吸收するには空海大師を以て模範と爲すを要し、(二)自己の長所を發揚するには鑑眞大師を奉じて標準と爲すを要す。而して最も肝要なことは、吾々の視線を遠大な處に放ち、些細な處に着眼せず、努めて取長に重點を置き、求短に偏することを避けたい。由來生噛りの支那通や日本通が往々小處から推敲し、悪い處を研究して、大處の利害と好處の效益を疎略にした爲に、推遷沿變、屢々誤解を生んで彼此の間に却て深刻な了解と隔意なき融和とが出來なかつたのであります。彼此の深刻な了解を得んとするに最も肝要なことは、即ちの一の「眞誠」であります。吾々の此行は日本の文化、宗教の一切の長所を出來るだけ吸收すること。同時に我が中國固有の精神で未だ日本に於て發見されてゐない處をも出來るだけ日本に供献することでありま

六

す。今日迄に中國に渡来し、又は日本に赴いた観察團は絡繹として絶えないが、其の中に能く細心に體察し、懇懃に訪問して、幾分かでも其眞象、實情を得たものも固より有るにはあるが、但し多數は日程に限られ、儀禮に拘はられ精神と時間の大半は舶車と宴會の中に消耗されて、来るも行くも匆々として其勞を償ふことすら出来ず、談話の機會が有つても、唯僅かに幾何の口號や標語（スローガン）を述べるに過ぎず、爲に自由に意見を交換し、眞誠を披瀝する暇がありません。斯かる有様は御互に同感であらうと思ふ。此れ乃ち御互に深刻に了解、認識が有り得ない最大の原因であるから、今は先づ是れから矯正すべきであります。

吾々は佛敎の團體であるから、努めて正大光明であり、慈悲を本願とし眞心を道場として遠慮なく意見を披瀝供献すべきであります。惜むらくは今回の渡日が發案されてから出發の日までの期間が餘り短かく、一切の籌備が十分に出来ず、而も行程表に規定する所の觀察方面が餘りに多く、滯留の時間が甚だ少いから、恐らく御互に意見を交換する機會も十分な餘裕が有りますまい。但し談話の機會を得たならば吾々は純粋な中國の立場に立つて物を言はなければなりません。固より妄りに自ら尊大振つたり、亦自ら卑屈であつてもいけない。必ず眞話を述べ、以て相互に研究の興趣を引起して自他俱利な效果を收むべきである。然らざれば寧ろ緘口して何も話さない方が良いので、自ら欺き人を欺く門面話を言ふことは不可であります。

蓮居は年耳順に近く、飽閱滄桑、佛法に歸依して三十載、海外より歸來し閉戶潛修、世務を謝絶して十餘年世間一切の榮利に於て何の希求も無く、自己の見解に於ても亦遷就しやうと思ひません。今日述べたことは平素蘊蓄する所の一片質直心に基いて、毫も隱飾すること無く、坦率に吐露しましたので、一は則ち是れ同願各位に對して裨益する所あらんと想ひ、一は則ち是れ過般日本顧問團諸願友が北京へ来られた時に十分暢談する機會を得ず、甚だ遺憾であつたから、諸同願が今回隣邦の人士に面會される時に、此の精神に基いて蓮居が平素抱く所の信念と意志を代つて轉達して頂く爲であります。又本團團員は僧俗を論ぜず、孰れも將来法門の棟樑であつて、均しく上求下化の責任を負ふて居られる。團長劉六皆居士は海軍中將として曾つて次長となり、吳佩孚將軍の股肱であつて、人格も氣質も夙に社會から欽仰され、蓮居とは事變後初めて相識したのでありますが、然し其心地の光明、言行を苟しくもせざるを見て深く末法には得難い人物と認めて居ります。蓋し必ずや眞人格が有つて然る後能く眞佛徒たり得るのであります。此度公推せられて本團を領導して東渡するに人を得たことを慶すべしであります。

同願各位が此の全世界に於ける風雲變幻の時に際し、一齊に隣邦を觀察されるが、其關係する所は甚だ重い。一切時、一切處に起心動念、一刹那の間でも正念と菩提心を忘失してはならぬ。決して譏嫌を貽さず、遺憾を留めず、法門生色の爲め、佛徒增榮の爲めたるを期せられたい。

蓮居は煩絮を憚らず再三叮嚀に、殆んど涕を垂れてまで述べるは、是れ同願各位が誠信相感ずる底の心理、正大光明な態度を抱かれんことを渴望するもので、「去くに所携有り、歸るに所得有る」を期するのであります。此は本團ばかりではなく、此れに續いて行く何れの團體も、佛敎徒も非佛敎徒も亦均しく此の態度を抱いて光明の路に到達し、永く平和の基を奠めんことを希ひます。

終りに蓮居が再び私の觀察團に對する三願を掲出しますれば、（一）觀察團の到る處に吉祥圓滿ならざることなきを願ふ。（二）凡て觀察團を見る人は共に良好の印象を得て絲毫も缺感無きことを願ふ。（三）觀察團一行たるや個人の往復圓滿ばかりではなく、無數に慈悲の種子を撒布して、戰禍を速かに銷滅せしめんことを願ふ。吾々は誠虔に佛日永く輝き、法輪常に轉ぜんことを祈禱すると共に、無量壽經に謂ふ所の「天下和順、日月清明。風雨以時、災厲不起。國富民安、兵戈無用。崇德興仁、務修禮讓。强不臨弱、各得其所。」の文句を同聲に齊唱しませう。最後に吾々は再び吉祥偈を和聲同誦して中日兩國及び世界有情が同じく佛光に浴し、共に覺路に登らんことを敬祈しませう。

願晝吉祥夜吉祥　　晝夜六時恒吉祥
一切時中吉祥者　　願諸三寶吉祥護

佛歷二千九百六十七年上元節講於
北京嘉祝寺內佛敎同願會臨時辦公處

（柴田玄鳳譯）

七

# 支那回教の過去と現在

佛教專門學校教授　角野達堂

## 一

佛教及び基督教と相並んで世界三大宗教の一に數へられる回教は、西紀五七一年、廣漠たる沙漠地帯に住むアラビヤ民族のうちから生れ出た、マホメットの創唱せる宗教である。沙漠のような不毛の地に住む種族は互の團結を固めて自己の生活の資料やその地盤を確保しなければ到底生存してゆけない。自分の利益のためには他の者と爭ひ之を排斥するといふ傾向に流れ易くなるのが自然である。だからアラビヤ民族は、惡く言へば、利己的、排他的、鬪爭的であると同時にお互ひ同志の團結は極めて固いといふ特長をも持つてゐる。回教がアラビヤ人の民族發展に伴つて廣く世界的に擴つてからも、この沙漠民族的な性質が色々な形をなして現はれてゐる。「劍とコーラン」だとか「鬪爭宗教」だとかいふ回教の代名詞は、回教徒の跳梁に惱まされた基督教徒の悲鳴にも似た證言であるとしても、こんなに言はれる理由が無いわけではない。又「汎回教運動」といふ言葉が示すように、現在でも全世界三億の回教徒が一丸となつて團結する日の到來することを理想として夢見てゐるのである。だから所詮異教徒とは完全には融け合はない。支那回教徒もこの例に漏れず、本來の支那民族たる漢人とはどうしても折合ひが好くならないのである。それにも拘らず支那回教徒は四千萬內外の人口を擁して支那各地に散在し、漢人社會のうちに隱然たる勢力を維持してゐる。一體どうして彼等は支那へ入り込み、どんな過程を經て現在にまで發展して來たのであらうか。

## 二

回教渡來の時期に就ては、古來、隋の開皇年間說・唐の武德年間說・同貞觀二年說・同六年說・同永徽二年說等色々あつて一定し難い。然し永徽二年(西紀六五一年)には當時隆盛であつた大食人(アラビヤ人・ペルシヤ人)のサラセン帝國と唐朝(高宗)との間に修交關係が結ばれたのは事實であるから、これより少し前頃から回教を奉ずる大食人が支那へ往來してゐたと想像することが出來る。當時大食人の交通路には海路と陸路とがあつた。海路を來た大食人はペルシヤ灣を出て印度・マレー群島等を經、南支那の沿岸殊に廣東へ集つた。その頃廣東に建てられた懷聖寺は支那回教寺院の濫觴と稱せられる。然し海路から傳つた回教は居留大食人の宗教として信奉されただけであつて一般支那人には大した影響を與へなかつた。それよりも陸路をつたつて來た回教の力が重要である。

マホメットが、永らく多くの部族に分れて抗爭を續けてゐたアラビヤ民族の宗教的政治的統一運動に成功してから、その勢力は忽ち四隣を壓し、回教徒は中央亞細亞を經て支那新疆省との境あたりまでおしよせて來た。大食國と初めて交りを結んだ唐高宗の次の中宗の時には四千人の回教徒が都の長安(今の西安)にゐたといふ。其後、西紀七五五年、安祿山が亂を起した際玄宗は回兵五千名の力を借りて之を平定し、鎮定後も國內に居住せしめたと傳へる。

九世紀の中頃になつてトルコ系の回鶻といふ種族が新疆へ移住して來た。回鶻人は間もなく回教に改宗した。これから後回教は、回鶻人と漢人とが接觸するうちに徐々に支那へ着實な根を下ろすようになつたのである。普通に回教とは回鶻人の宗教といふ意味であると說明されるのは之に基く。更に十世紀の末頃になつて、中央亞細亞から新疆省、甘肅省一帶にかけてカラハン國が起つた。カラハン國人もやはりトルコ系で回教を奉じた。今日、支那において最も多く回教徒の居住する地方として知られてゐるのは、この新疆・甘肅・青海・寧夏・陝西の所謂西北邊疆であつて、多かれ少なかれ皆トルコ系の血をひいてゐるものとみられる。これ等の回教徒は更に山西・河北・山東諸省を經て滿洲へ延び、その一部は南方支那の方へも流れて海路から渡來した者と後には混住するようになつたらしい。そして邊疆から內地へ向ふにつれて次第に漢人化してしまつて現在では見分けがつかなくなつてゐる位ひではあるが、それでもなほ、注意深く觀察する人は、彼等のうちに異國人的な風貌がかすかに殘つてゐることを感ずることが出來るといふ。こんなにまで回教を支那へ定着せしめたものは元の王朝であつた。

## 三

元即ち蒙古族の支那征服は十三世紀から始まつた。蒙古族は文化の低い遊牧人種だつたので、文化程度の高い漢民族の統治には相當手を燒いた。そこで支配者たる蒙古人と被支配者たる漢族との間に色目人（西域人）をおいて中介的役割をなさしめた。色目人とは西北方より支那へやつて來た外國人の謂で、實際はアラビヤ人殊にペルシヤ人が多く、勿論回教徒であつた彼等は所謂アラビヤ文明、即ち天文・曆數・醫學等の新知識を輸入して元朝の優遇を受け、高位顯官をあてがはれた。賽典赤贍思丁や札馬魯丁、阿老瓦丁、奥都剌合蠻等著名な色目人に乏しくない。就中、賽典赤は元の太祖に從つて度々戰功をたて、世祖の時特に望まれて邊陬の要地雲南省に派遣せられ、其地に善政を施して德化を永く後世に輝やかした。現在でも雲南省は西北邊疆と共に回教徒の一番澤山ゐる地方であるが、それには賽典赤の餘德が與つて力あつたものと言はねばならぬ。

このような事情のもとに元代になつて回教徒は支那内地の隅々まで行き亙り、漢人社會のうちに介在するようになつたのである。

## 四

やがて元が滅んで明が興ると共に事情は一變する。明は漢民族の王朝であるから、色目人はもはや元朝の時のように優遇されなくなつたのみならず、むしろ厄介者として非常な壓迫を受けねばならなかつた。漢民族は同化力の强いことでは比類稀な民族である。明朝は一面回教徒の勢力を削ぐことに努めつゝ、他方その旺盛な同化力を以て支柱を失つた色目人を段々と漢化せしめたのである。これまでの回教は漢人種から見れば、單なる異國人の宗教に過ぎなかつたのであるが、色目人が漢化せらるゝにつれて漸やくその宗教までも漢民族のうちに吸集消化されるやうになつた。こゝからほんとうの支那的な回教が出來上つてきたのである。その傾向の最初の代表者は明末の王岱輿であつた。

王岱輿もやはり色目人の子孫であると傳へられてゐるが、その思想の中心を示すものは漢民族本來の思想である儒教であつた。著書には正教眞詮及び淸眞大學の二書がある。この書物は儒教を中心とし、それに道家や佛教の思想を加へて回教を解釋したものであつて、漢文で書かれた回教書物としては最古のものに屬する。

一〇

現存する支那回教文献は全部で三百餘冊知られてゐるが、王岱輿以前のものは殆んど無いと考へてもよい。唐の高宗が大食國と誼を通じたのが永徽二年（西紀六五一年）で、正教眞詮の序文は明毅宗帝の崇禎十五年（西紀一六四二年）となつてゐるから、其間約一千年の月日が經つてゐる。純粹の支那回教が出來上るまでにはこんなに長い歩みを要したのであつた。

## 五

王岱輿と同じ傾向の人で、支那回教々義の大成者として不朽の名を垂れたのは淸初康熙・雍正帝頃の劉介廉（劉智）である。その教義は現在に至るまで支那回教徒の指導原理となつてゐる程である。淸朝は滿洲人の建てた國であるから、回教徒にとつては明朝の時のやうなことはなかつた。劉智の外にも馬注・孫可庵・伍子先等同時代には多くの回教學者が現はれて、回教の文運盛んなること實に古今未曾有であつた。これ等の人々は儒教を以て回教を解釋したのであるから回儒と呼ばれる。

然し回教文化興隆の現象は主として内地回教徒の事であつて、邊疆地方の情勢は之とは全然趣を異にした。中でも新疆省は住民のほとんど全部が回教徒であつて支那での別天地である。淸朝になつてからしばしば此の新疆回教徒は反亂を起すやうになつた。淸初乾隆帝の時既に亂れたが、この時は間もなく平定された。道光年間より再び亂れ始め、新疆から甘肅・陝西にかけての一帶及び南方の雲南省でも回教徒が蜂起し散々に淸朝を苦しめた。彼等は團結力强く而も勇猛此上なく回勇或は回匪として恐れられ、淸朝は遂に之を鎭定することも能はざるうちに滅びてしまつたのである。而して此等の亂の起つた原因は、淸朝並に漢人との軋轢、回教徒相互の不和、ロシアの新疆侵略等がその重なるものであつた。

一方、淸朝初期における回儒の華やかな活動はその當座だけで一時中止の形であつたが、道光年間に馬復初の如き有名な學者が現はれて回教の文化運動に乘り出してから再び活氣を呈して來たのである。更に下つて光緒年間に馬萬福は回教の聖地メッカ留學の新知識を以て新々教の一派を開き新鮮な空氣を回教徒の中へ注入した。又かの王浩然は回教師範學堂を北京に創設して本格的な宗教々育に乘り出したのである。かうして回教は漸く近代的な脚光を浴びるようになつて來た。

## 六

一一

民國となつてからも回教徒の文化運動は依然として續けられたが、然し一般に回教徒の文化程度は漢人に比較してみても大變に低い。少數の知識人や武將や金持連の外は社會的氣勢上らず、經濟的にも貧弱である。そこで漢人は頻回々と呼んで之を輕蔑し差別待遇する。加ふるに回教徒はその宗教から由來する特別の生活形式―例へば豚を食べない―を持つてゐるので、どうしても漢回兩民は折合ひがよくない。勢ひ回教徒はその團結性を利用して屢々漢人と抗爭する。民國政府は壓迫と宣撫との兩刀を使つて對策に腐心したが、必ずしも思ふやうには効果が上らなかつた。

殊に我々の注意すべきは新疆方面の回教徒である。この地方には早くからロシアの手が延びて來てゐたが、近時共產主義の魔手は益々深刻巧妙に行き亘つて、無智な回教徒を引きずり込みつゝあるのである。勿論、支那回教徒の總てが盲目なのではない。旣に中國回教聯合會は北京に設立せられ、反共和平救國を唱へて新政府と歩調を合せ、我が東亞新秩序建設の大業に協力參加することを聲明して、世界全回教徒の一致團結の運動に着々その歩を進めてゐるのである。我等は先づ彼等と固く握手することが必要であらう。それにはもつと深く且つ廣く回教を認識せなければならぬ。亞細亞から歐羅巴にかけての回教文化圈の大きさが回教徒の眞價の威大さを教へてくれるのである。（一五、一、廿七）

華北佛教徒訪日視察團共修念佛記念撮影
於洛東鹿ヶ谷法然院
昭和十五年三月三日



# 近代中國佛教の情況と民國以來の實情

日東留學沙門 釋誠慧

佛教の支那に於ける各時代の宗派の沿革と興亡とは、消長各々その環境の不同と原因とがあるが、然も其の根本原因は必ずかゝつて其の各時代に於ける寺院の住職と佛教々團の善し悪しに因るものである。これ即ち所謂「人よく道を弘む。道の人に弘まるに非ず」と言はるる所以である。遠きものは我等論ぜず。茲に明清二朝以來のことに就いて述ぶれば、支那の佛教は明の萬曆以前に於いては頗ぶる疲弊してゐたのである。即ち一人の聖教に通じ、人天の師表となるべき高僧すら容易に求めることができなかつたのである。然るに萬曆に至るや、明末ではあるが、却つて非常に多くの高僧が輩出した。いまその中、佛法を弘揚し、衆生を利益せる有名なものを擧ぐれば、教門に於いては天台に幽溪あり藕益あり、華嚴に蓮池あり雪浪ありといつた具合で、みな教相と觀心に精進し、宗義を弘めた。宗門即ち禪宗の大德には天童あり磐山あり壽昌あり博山あり紫柏等あつて、大いに宗風を振ひ、天下に法を弘めた。律宗には慧雲あり見月等あつて、威儀を整ひ、戒律を盛んにして、ウパリ、大迦葉に譬へられてゐる。淨土宗は、蓮池藕益の努力提唱に依つて禪淨並修の風を生じ、虎に角を附けたやうな具合で猛烈に念佛が修行せられ、當時の佛教界の一異彩をなした。清朝に至り、玉琳、木陳、憨樸、圓悟、續体、寄禪、月霞、諦閑等の上人に依つて禪淨教律各々その精微を盡し、各々その専門の勝義を以て佛教を弘め、各々一代の盛況を致したのである。

以上は近世支那佛教の五百年來の歷史を觀察したものに過ぎない。若し之を詳しく論究したならば、唐宋のことを以てしなければならぬ。或は唐宋元の佛教に就いても論及すべきであらう。此等の以前のことは、學者の見方に依つて色々な結論もあるであらうが、私の見る所では要するに印度佛教との交涉である飜譯事業以外に出ることができなかつたと思ふ。元の佛教は蒙藏の喇嘛的佛教に逆もどりをしてしまつて、奇行異裝、支那の文化燦爛たる佛教は非常に衰へ、且つ危險に陷つた。此に依つて、我等は支那の佛教を次のやうに言ふことができる。隋唐以前は專らこれ受動的印度佛教攝取時代である。隋唐宋元の佛教は印度佛教を消化し、之を發揚した時代である。併し乍らこの時代に於いても未だ印度西藏との交涉から離れ切ることができなかつた。明清にあつては全く支那佛教獨立の時代と言ふことができる。たゞこの時期に於いては、各宗の傳承の上に於いては、前代と比較して著しく衰微してゐることが認められる。

清朝の末期から民國の初めにかけて陸續として現れた人物として、華嚴に月霞あり、天台に諦閑あり、禪宗に寄禪、冶開等があり、淨土敎に印光等があつて其人に乏しくない。民國以來、世情一變し、社會も文化も滔々として新しい傾向に走つたので、その佛敎に對する影響の及ぼす所、慘澹言語に絕するものがあるが、いまはその實情は略することとしたい。



上來簡略した所の最近の支那佛教の情勢の大要では、その衰退と興隆のあとが、充分その意を盡すことができないであらうが、併し之を一口に言へば、革命以來驚天動地の大沒落があつたといふことである。其故佛教界に於いても太虛、興慈、圓瑛、印光等の數人の大敎護持の巨匠あり、その外尙ほ相當有名な人々も多數あるにはあつたけれども、併し廟堂に立つ政治家の國策の變遷に對しては、到底護持に萬全を期することができなかつたのである。其故支那佛教の受けた大衝動は、所謂蔣介石政權の共產主義採用後にあるとも言ふことができる。卽ち其は社會の進步と制度の革新、國際關係(耶蘇敎)の上に立脚するものであつて、卽ち佛敎に對し三箇條の恐るべき高壓的手段を提出したのである。

第一は迷信打破といふことであつて、此に依つて佛敎を迷信なりとする態度であつて、此を學校敎育に及ぼし、佛敎を排斥し、キリスト敎を鼓吹する指令を發し、キリスト敎を利用し、キリスト敎の主義に則り、キリスト敎の制度を採用して敎育方針を設けたことである。

第二は寺院を官廳等の如き公共の場所として法律を公布し、往來頻繁な場所にある寺院は悉く之を占據して役所や公共用の建物を設け、又寺院の財產等を占領して當然の如く考へるに至つたのであつて、其の橫暴なことは到底述べることはできない。今その一例を擧げて言へば、江蘇省常州にある天寧寺は、支那第一の金持の寺であつて、年々とれるところの米は一般の僧侶はもとより、朝山行脚僧に至るまで悉くその所用を給して餘りがあるといふ支那の一大穀倉である。また敎團護持の海檣叢林として支那の江南一帶の最も大切な叢林となつてゐるのであつて、誠に萬人の仰ぐ所であつた。然るに共產黨が行はれるやうになつてからは此を橫領して傍若無人、日夜工夫を凝して彼の木佛の血を吞んだのである。その後幾年ならずして、彼等共產黨は國民黨に併吞せられ、その勢は稍々衰微した。併し今日尙ほこの寺は海檣とは言つてゐるが雲水達に對する施食供養に於いて充分でないのである。

第三は佛敎々團の寄附募集を禁止したことである。卽ち彼等は佛敎々團を目して社會寄生蟲であり、革命共產主義の障碍物一阿片なりと言つてゐるのである。このやうな境遇に置かれた佛敎々團が、經濟的に困しむといふことは當然なことである。其故あらゆる古い建物や殿堂等が澤山腐敗したけれども、金がないから維持もできなければ、さうかと言つて毀すこともできないのである。それで寺院が修繕するにしても、新造されるにしても、其は絕對にできない相談である。其故佛敎々團は經濟上の苦しみから生活の苦しみに堪えず、漸次墮落の深海に沈んで行つたことは理の當然である。かくて一般の僧侶はお經を讀んで生活することを考へ、常に唯だ生活のことに心が奪はれて菩提を求むることを知らず、お經を讀むのを商賣と考へるやうになつた。そして佛學方面のことに關しては、實に研究する機會さへなくなつたのである。生活問題に汲々として夜も尙ほ足らざるものゝ如くである。末法の姿であり、暗の中を步いてゐるものといふべきで、光明の大道には出づべくもない。刹那の問題に捉はれて、根幹を知らざるものである。かくの如き狀態を續けつゝ生死得達の日は何時やつてくることであらうか。あゝ情ない哉である。

以上の三ケ條を見れば、蔣介石政權のなす所は、人が生れてその母の苦しみを忘れ、果物を食ひ盡して樹を切るにひとしく、大恩を忘却せる亂暴なやり方であり、眞實を欺き佛祖を滅す大惡魔と言ふことができよらう。今や佛教はその災ひを受けたのである。然るに此のことがあつて、支那の僧侶達は一體何をしたであらうかといふに、彼等はたゞ氣を掩ひ、聲を殺して佛の言葉を繰り返したばかりである。云はく「私達は坐禪しませう。」曰く「どんなことがあつても默つてゐなさい。色々なことを言ふと煩惱が起る。」そして彼等はたゞ内に深く禪定に入り、共産主義の総滅を待つたのである。その結末はどうなつたか。それは一昨年の七月七日の朝、曉の黎明を破つて蘆溝橋の事件が突發したのではないか。暗夜に燈とはこのことである。忽然光りが顯はれたのである。若し蘆溝橋の事件が發生しなかつたならば支那の佛教は依然として昔の支那佛教であつたらう。そして天の光を仰ぐことができなかつたであらう。民國二十五年以前の支那は、日本佛教に對して完全に認識を缺いてゐた。彼等はたゞかういふことを聞いて知つてゐたに過ぎない。即ち「日本の佛教は非常に隆盛である。而して國民は皆道徳を以て根本精神としてゐる」と。又支那の一般の僧侶は實に日本の佛教徒の來つて保護せんことを願つてゐた。我等の總べての生命はたゞ共産治下にあつた。だからこの目的に達することができなかつただけである。今日この日あり、彌陀如來の慈眼の纔かに開いた心地がする。自然的接近する機會を得ることができて相當認識も深くなつたやうな氣がする。あゝ驚くべし、又如何に慘であつたことよ。又今は如何に幸福であらう。顧みれば天地隔世の感がある。今やこの無二の好機がやつて來てゐる。我等僧侶は決して今迄のやうに消極的態度であつてはいけない。宜しく佛教の精神に則り、大法を輝かし、力を協せ、共同一致して新東亞の樂土を建設しなければならない。大乘佛教を一丸とし、來つて人民を保護し、教導しなければならぬ。舊來の道德を益々盛んにし、惡魔の迷夢を拂はねばならぬ。かくてこそ新東亞の永遠の平和統一が新たにされるのである。

道德の人には必ず善き報がある。
無道の人は根のない草の如く終に生える事ができぬ
皆よくこの理に順つて力を盡して合作すれば、
東亞の鐵城は永遠にして窮まりがないであらう。

（釋誠豊敬つて題す）

一六

# 佛教同願會々則

佛教同願會の成立、組織、事業、役員等に就ては、前號佛教同會特輯號に掲載致しましたが同會會則は掲載洩れとなつて居りましたので邦譯して前號の補促として掲載する事に致しました、

## 佛教同願會々則

### 第一章　總　則

第一條　本會ハ佛教同願會ト稱ス

第二條　本會ハ大乘佛教ヲ研究シ佛教精神ヲ發揚シ一般ニ佛教ノ大衆化ヲ圖リ以テ永遠ナル世界ノ平和ヲ期スヲル目的トス

第三條　本會ノ事務所ハ之ヲ中華民國北京ニ置ク

### 第二章　會　務

第四條　本會ノ會務左ノ如シ

一、佛法ヲ弘揚シ教義ヲ宣傳スルコト

二、佛教々育ヲ辨理スルコト

三、救濟慈善事業ヲ辨理スルコト

四、佛教ノ各寺廟ヲ指導シ法物名勝古蹟ヲ保存スルコト

五、其ノ他興隆又ハ改革スヘキ事項

### 第三章　會　員

第五條　凡ソ世界ノ篤信ナル佛教家ハ本會ノ會員二人以上ノ紹介ニ由リ理事會ノ審査認可ヲ經テ本會ノ會員タルコトヲ得

第六條　本會ノ會員ヲ分ツテ名譽會員、基本會員、普通會員ノ三種トス　會員ハ入會時ニ其ノ種類ヲ自ラ選フコトヲ得ルモ理事會ハ其ノ審査變更ノ權ヲ有ス

第七條　會員ハ會費ヲ納入スル義務アリ　名譽會員ハ年十二圓　基本會員ハ年元圓　普通會員ハ年三圓ヲ一時ニ納入スルモノトス

第八條　會員ニシテ退會セントスルトキハ其ノ理由ヲ

一七

述ヘ理事會ノ認可ヲ得タル後退會スルコトヲ得

第九條　會員ニシテ會則ニ違反シ或ハ其ノ他ノ不法行爲アリタル者ハ會員大會ノ議決ニ依リ之ヲ除名ス

第十條　會員ニシテ退會シ又ハ除名セラレタル者ハ本會ノ財産ニ對シ之カ請求權ヲ有セス　退會シ又ハ除名セラルヽ以前ニ負擔スヘキ費用ハ責任ヲ以テ之ヲ辨償スヘシ

## 第四章　組　織

第十一條　本會ニハ會長一人副會長一人ヲ置キ會務ヲ綜理ス　會長副會長ハ會員大會ニ於テ之ヲ選擧ス

第十二條　本會ニハ理事ヲ設ケ會務ヲ辨理ス　理事一人副理事長二人常務理事四人乃至六人理事若干名、凡テ會員大會ニ於テ之ヲ選擧ス

第十三條　本會ニハ評議委員會ヲ設ケ本會進行ノ事件ヲ評議ス　評議長一人副評議長二人評議員若干名　凡テ會員大會ニ於テ之ヲ選擧ス

第十四條　理事會ニ秘書一人乃至三人ヲ置ク　理事長ノ推薦ニ依リ會長之ヲ任用ス　秘書ハ理事會ノ通常進行ノ事件及ヒ會長理事長ノ交辨事務ヲ掌理ス

第十五條　理事會ニ左ノ各組ヲ設ク

一、總務組
二、法務組
三、弘化組
四、文教組
五、調査組
六、救濟組
七、交際組

第十六條　理事會ノ各組ニ組長一人ヲ設ケ各組事務ヲ分掌セシム其ノ事務ノ繁雜ナル組ニハ副組長一人ヲ設クルコトヲ得　組長、副組長ハ常務理事會ノ推薦ニ依リ會長之ヲ任用ス　理事會ニ幹事若干人ヲ設ク、幹事ハ各組々長ノ推薦ニ依リ理事長之ヲ任用ス

第十七條　總務組ノ職掌左ノ如シ

一、文件ノ收發分配作製保管ニ關スル事項
二、會務ノ公布及ヒ印信ノ保管ニ關スル事項
三、人事ノ進退ニ關スル事項
四、統計ノ編成及ヒ報告ニ關スル事項
五、會計及庶務ニ關スル事項
六、其ノ他各組ノ主管ニ屬セサル事項

第十八條　法務組ノ職掌左ノ如シ

一、法會ノ修建及ヒ一切ノ法儀ニ關スル事項
二、律儀ヲ整肅ニシ戒德ヲ嚴護スルニ關スル事項



三、書疏記述及ヒ編纂物ヲ作製スルニ關スル事項
四、寺廟ノ組織及ヒ僧尼制度ノ研究ト改進トニ關スル事項

第十九條　弘化組ノ職掌左ノ如シ

一、佛法ヲ宣講シ弘化ヲ勸善スルニ關スル事項
二、經論ノ繙譯ニ關スル事項
三、經論法物ノ流通ニ關スル事項

第二十條　文教組ノ職掌左ノ如シ

一、各種教育ノ興辦ニ關スル事項
二、圖書ノ搜集及ヒ管理ニ關スル事項
三、經論法物ノ研究及保存ニ關スル事項
四、寺廟古蹟及ヒ金石碑銘ノ保護ニ關スル事項

第二十一條　調査組ノ職掌左ノ如シ

一、各地ノ佛教狀況ノ調査ニ關スル事項
二、佛教經典、法物、寺廟及ヒ古跡ノ調査ニ關スル事項
三、臨時ノ調査ニ關スル事項

第二十二條　救濟組ノ職掌左ノ如シ

一、濟貧救災ニ關スル事項
二、育幼養老ニ關スル事項
三、衛生醫藥ニ關スル事項
四、臨時ノ掩亡ニ關スル事項

第二十三條　交際組ノ職掌左ノ如シ

一、交際ニ關スル事項
二、招待ニ關スル事項

第二十四條　評議委員會ニハ秘書一人或ハ二人ヲ置ク　評議長ノ推薦ニ依リ會長之ヲ任用ス、秘書ハ評議委員會及ヒ各項ノ所當事件ヲ掌理ス

第二十五條　評議委員會ノ議決事項左ノ如シ

一、會長副會長ノ交議セル事項
二、理事會ノ選議セル事項

第二十六條　議決事項ハ出席評議員過半數ノ同意ヲ以テ之ヲ決ス、可否同數ナルトキハ評議長ニ於テ之ヲ決ス

第二十七條　議決事項ハ評議委員會ノ秘書ニ依リ議決案ヲ作成シ、會長、副會長ニ呈シテ決定セル後、之ヲ理事會ノ執行ニ移ス

第二十八條　議決記錄ハ評議委員會秘書ノ指定セル事員ニ依リ辨理シ之ヲ當案ニ編列シテ保存スヘシ

第二十九條　理事會ノ辨事細則及ヒ評議委員會ノ議事細則ハ別ニ之ヲ定ム

## 第五章　大　會

第三十條　本會ノ會員大會ハ毎年一回之ヲ開ク、理事會ニ於テ定期ニ之ヲ招集ス

第三十一條　會員大會ヲ開ク時ハ會長ヲ以テ主席トス會長出席スルコト能ハサルトキハ副會長又ハ理事長之ヲ代理ス

第三十二條　會員大會ヲ招集スルコト困難ナル時ハ、理事會ニ由テ會員代表ノ大會ヲ開クコトヲ得

第三十三條　會員代表大會ニ於ケル代表者ノ選派規定ハ別ニ之ヲ定ム

第三十四條　會員大會又ハ會員代表大會開カル、時ハ理事會ハ專員ヲ派遣シテ會務ヲ辦理シ、經過及ヒ收支狀況等ヲ大會ニ報告ス

## 第六章　經　費

第三十五條　本會ノ經費ハ會員ノ年費ヲ除クノ外ニ隨時之ヲ募集スルコトヲ得

第三十六條　本會ニシテ重大事業ヲ興スヘキ時ハ別ニ補助費ヲ請願スルコトヲ得

第三十七條　本會ハ理事會ノ推薦セル常務理事及理事三人及五人ヲシテ基金及ヒ募集ノ款項ヲ公同ニ保管セシム

## 第七章　分　會

第三十八條　本會ハ必要アルトキハ各國及ヒ中國各省市ニ分會ヲ設クルコトヲ得

第三十九條　本會ノ各分會ハ本部ノ監督指導ヲ受クヘキモノトス

第四十條　各分會ノ組織大綱ハ別ニ之ヲ定ム

## 第八章　附　則

第四十一條　本會ノ規程ニシテ仍盡サヽルモノアルトキハ會員大會ニ於テ之ヲ改修ス

第四十二條　本會ノ期程ハ公布ノ日ヨリ之ヲ施行ス

## 佛教同願會經費保管委員會規程

第一條　佛教同願會ハ本會ノ經常臨時ノ各費ヲ保管センカ爲メ本會々則第三十七條ノ規定ニ依リ特ニ經費保管委員會ヲ設ク

第二條　保管委員會ハ專ラ經常臨時ノ各費ノ保管及ヒ支出ノ責ヲ負フ本會理事會ノ推薦ニ依リ委員五人ヲ設ケ內一人ヲ主任委員トス

第三條　保管委員會ハ經常臨時各費ノ出納及經理ニ對シテ主任及ヒ委員二人以上ノ同意ヲ經テ之ヲ爲スヘシ

第五條　保管委員會ハ毎月一回之ヲ開ク、但シ必要アル時ハ臨時會議ヲ開クコトヲ得

第六條　保管委員會ハ毎月々末決算表ヲ作成シ理事會ニ報告ス

第七條　本規程ハ本會常務理事會議決報告シ會長認定ノ日ヨリ施行ス

▲天理教では四月より優秀な大陸の青少年を毎年北、中、南支及び滿洲蒙疆から各一名づゝ五名選抜、天理中學に留學、興亞精神を体得せしめる事となつた。

▲大陸の宣撫官養成の爲從來天台智山、豊山、淨土、日蓮の五宗派合同經營になる興亞行道養成所と兩本願寺共同經營になる同種のものがあつたが最近此の兩者が合流提携して、一段と有力化する事となつた。

▲既報の劉永謙氏を團長とする華北佛教徒訪日視察團は、三月十日晴の帝都入りを爲し、宮城遙拜、明治神宮參拜、八日は午前十時より増上時大殿に於て大島法主導師の下に我陣沒英靈並に中國陣沒殉難者の怨親平等の追悼會が盛大に營まれた。

▲右視察團は東京に引續き、鎌倉、名古屋、奈良、大和、高野山等各地の見學視察に寸暇も無き有樣であつたが豫期以上の成果を得て廿一日大阪を最後として歸國した。

▲華南日華佛教研究協會では第二回大會を廣東支那寺大佛寺に去る二月十八日開催、日華佛徒合力で廣東に佛學院を建設することゝなつた。

▲アラビヤの一角にある夢の國イエーメンでは宗教大臣アル・キブシー宗教大臣を我國に特派、回教を日本の公認宗教にして貰ひたいと熱心に運動し、又我國との貿易文化交流を増進す可く三年間に亘つて諸方面と接衝を重ねた甲斐ありて愈々日本イエーメン協會が設立される事となり、去三月十一日夜九段の軍人會館に於て、盛大且つ歴史的な發會式を擧げた。因みに名譽會長はキブシー宗教大臣、會長には林銑十郎大將が就任した。

▲西本願寺從軍僧森賢成氏は南支汕頭に小學校を經營し、戰爭の爲失學兒童救濟に活躍する事となつた。

▲淨土宗では最近法然主義に集る人々を以て滿洲に移民村を建設す可く教學部調査課等に於いて研究を重ね、關係官民の權威者に參集を請ひ具体化を計ることゝなつた。

▲華北佛教徒に續き更に釋隆定師を團長とする中支青年僧一行九名は三月卅一日入洛以來黃檗山を始め、延暦寺に詣で、知恩院華頂會館に宿泊の上、市內各所を訪問視察、四日は午後三時より華頂會館にて日華佛研、佛護團、佛聯支部、出張所の四團体主催で歡迎會を開催、挨拶座談會あり和氣靄々裡に五時終了

▲更に晴の帝都入りを爲した中支青年僧一行は四月八日芝公園妙定院にて彼我の佛教徒の交驩會を催した。それより鎌倉、名古屋、伊勢神宮、大和を經て大阪に入り更に再び京都各方面の視察を爲し、廿五日神戸發龍田丸にて歸國した。

▲汪精衛氏を主席とする中央政府には篤信の佛教徒王揖唐氏がその考試院長に就任した。同氏は日華佛教研究會の顧問であり、佛教同願會の副會長なり。日華佛教研究會幹事長林彥明氏とは親交の間柄である。

▲通州事件當時冀東自治政府の責任者であつた殷汝耕氏が施主となり四月十七日午後一時より東京淨土宗大本山增上寺で、大島徹水師を導師として通州事件遭難者慰靈法要が營まれた。

▲滿蒙のラマ青年僧を招致して訓育に當つてゐる淨土宗知恩院に對して、今般第一回招致のラマ僧歸國に際し、蒙古聯合自治政府首席德王より懇篤な感謝狀が本山に送られ本山は面目を施してゐる。

▲西藏、蒙古兩語に精通の谷大出身六學徒は、蒙古の最奥地に挺身、ラマ僧と如法の生活を爲し、その間に蒙古の人情風俗を研究する爲め、選ばれて四月九日午前九時二分京都驛發にて北途に上つた。

▲北京金光日語學校の華人男女學生十四名は福富院長引率の下に三月廿六日憧れの日本の地を踏み、金光の靈地詣り大阪、東京、橿原神宮、伊勢神宮に參拜四月七日京都に入り古社寺を巡歷訪問、九日保津川下りを行ひ、神戸に向ひ湊川神社に參拜、同市二泊の後十一日榮前丸にて歸國した。

▲曹洞宗では今度新首都南京に新寺を建立する事となり南京總領事に向け近く認可を申請する事となつた。

▲日支兩黄檗宗の提携に乘り出さんとする黄檗宗では、單に黄檗僧に限らず廣く一般僧侶も招く事となり、中支方面より僧侶を選抜す可く興亞院が其の人選につとめ先づ第一回は五名位を留學せしめる事となつた。

▲日本基督教青年會同盟の大陸に於ける活動は目覺ましきものがあるが、去る四月十四日、南京に南京日本基督教青年會の發會式を擧げ、當日南京堀總領事の祝辭、南京市長高冠吾氏等の挨拶等もあり盛會であつた。

▲曹洞宗と東本願寺は皇紀二千六百年並に新中國建設記念に新上海に甍を列べて興亞の大殿堂を築く事となつた。

▲西本願寺で巧、法二上人法要に北支石家莊の實業家劉序臣、于炳麟、劉維軒、劉名璠等の一行が四月十九日參詣、法要後特に歸敬式を受け興亞則景を誓いた。

▲大阪外國語學校では最近の趨勢に鑑み特に東方諸國語に力を注ぎ、昨年より支那語部を二クラスに增やしてゐたが、今年度より更にアラビヤ語部を新設する事となり、更に從來の極く表面的斷片的な宗教事情の教授をもつと組織的に授ける事となり卒業生の便宜を計る事となつた。

# 興亞に祈る

編輯子

○汪精衛氏を首席とする新中央政府は目出度く誕生した。兩國の歷史的交驩放送を耳にして感じた事は、崇高な大理想に眞摯な歩みをつゞけて來た兩國民に對する言ひ知れぬ信頼と感謝の情ではなかつたか。疑雲は一掃された。赫々たる光明は東亞の空に輝き初めた。

× × ×

○日華兩國民が支那事變程崇高正大なる理念を目指して動いた事は蓋し千古未曾有であらう。正に戰爭觀念の大いなる變革であり、世界の思想潮流はかくして東亞の天地より美しく流れ初めねばならぬ。

× × ×

○亞米利加の海軍某少將は支那事變は日本の世界制覇の第一歩であると、八紘一宇の大理想も歐米人の眼からは斯く誤解されるかもわからぬ。世界の制覇と世界の光被、相似て而も相隔たる事千萬里。

× × ×

○支那事變は東亞に於ける舊き歐羅巴的世界の崩壞を意味し、手近には東亞諸國の植民地からの解放である。即ちかゝる歐羅巴的世界の構造に對して、新しい世界的世界の秩序構成の原理が無ければならないであらう。その原理は西洋的な權力支配の原理を越えた道義的人格的な大乘佛教に說く大乘精神で無ければならないであらう。

× × ×

○「慈心相向、佛眼相看」合掌して御互に拜めばそれで十分だ。拜めたら餘他の一切は末節枝葉の問題である。手を合せて見よ、そこには一切の差別的我執の世界は消え去るであらう。

× × ×

○今度の事變も日華兩國民の「共業所感」と考へる北京同願會では自國のみならず日本佛教徒に呼びかけて、

共修念佛して業障消滅を祈願せん事を勸めてゐた處日本佛教徒間にも漸次共修念佛の機運勃興して、今や日本全國津々浦々に至るまで道俗の參加が期待されるに至つた。天災人禍を共業の所感、即ち現在過去にお互が爲せる業の報と見る事は人間的社會に於ける最も深い反省であり、又最も至純な懺悔思想もこれから生れる。

× × ×

○一本のマッチはシユーと擦つた刹那に、パアーと光りを發するが一本のマッチが火を噴いた刹那に軸木の一本はすたる。ローソクも自らをとかし盡す事に依つて黑闇の世界を照らす。東亞の天地に光明が輝やく爲には自我を燒き盡して大我の光明たらん幾多の人士を必要とする事は言ふまでも無い事であらう。

× × ×

○十九世紀を頂點として西洋科學文明は自ら內的崩壞の危機に直面し、東洋精神に依り、新らしく西洋文明をも包括して行かうとする世界的秩序構成の原理の確立は吾等東洋人に興へられた使命であり、課題であらう。

× × ×



○歐羅巴の天地は暗澹としてその科學戰の激烈さは地域の接近せるに依りてその深刻の度を加へその慘禍は言語に絕するものがあらう。人類が發明した科學器械は自らを又傷つける道具となる。科學が發達すればする程、死傷の程度が大きく且つ速かになるであらう恐ろしい事である。ひたすら皇國并に東亞の天地の平安を祈るのみ。

## 本會ニュース

**○中華民國新中央政府に對して祝電**　汪精衛氏を首席とする新中央政府南京還都慶祝盛典が四月廿六日擧行せられるにあたり本會より汪精衛氏宛その還都を祝し東亞平和の確立を望む旨の祝電を發し又祝辭をも贈つた。

**○中支青年僧歡迎會**　杭州日華佛教會長蔣隆定氏を團長とする中支青年僧一行を迎へた本會は四月四日午後三時より華頂會館に於て佛護團佛聯支部同出張所四團体主催で歡迎會を開催挨拶座談會等あり和氣靄々裡に五時終了した。

**○本部幹事會**　四月廿日午後三時より本會本部に於て幹部の出席を請ひ中華民國新中央政府の成立に對する祝賀方法に就き種々協議する所があつた

## 編輯後記

★夏蓮居氏の「華北佛教徒訪日祝祭團に贈る話」は必讀に値する大論文である。夏氏の熱烈なる信念、高邁なる識見は隨處に橫溢して容易に得難き論文である。熟讀玩味せられたし。

★夏氏は其論文の中に「自己を救ひ、他人を救ひ、東亞を救ひ、世界を救ふ爲には唯共同して佛法を宏揚する一途あるのみで、これが何れの政策よりも有効である」と、斯かる大信念に住して廣く世界に呼びかける人士が日本佛教徒の中に果して幾人あるか！

★廣く皆樣より玉稿を期待します。皆樣の眼は耳は口は常に東亞に向けられてゐる。そこに意見が出ないはづはないどし〳〵御投稿を期待します。

★本號は編輯子が慣れぬ爲不手際ばかりを暴露した事と思ひます。次號よりもつと充實させたいと考へてゐます。御鞭撻をこふ。

★牧田諦亮氏、富永覺夢氏の玉稿は紙面の都合上次號に讓る事としました、おことわり申上げます。（智）


東亞宗教事情（隔月發行）

第九號

昭和十五年五月五日印刷納本
昭和十五年五月十五日發行

定價金拾五錢（送料二錢）
一ケ年分金壹圓（送料共）

京都市東山區林下町四四三
編輯兼發行人　日華佛教研究會
右代表　三田全信

京都市東山區祇園町南側六〇
印刷人　豐田英太郎

京都市東山區祇園町南側六〇
印刷所　豐田愛山堂印刷部

京都市東山區林下町四四三
發行所　日華佛教研究會
電話祇⑥〇〇三八
振替大阪一〇〇七九六

## 日華佛教研究會

（昭和九年七月創立）

我邦と支那とは、同敎同文、共に佛道を信じて宿縁久且つ深し、時に消長免れざることありと雖、同朋の情誼は恒に渝ることなし。特に刻下非常時局の進展、將に新東亞建設の段階に入らんとす、此時同信佛敎徒は更に心から提携、聯絡相共に無上正眞道を求め、眞俗相應じて聖業に貢獻する所あらんと欲す。冀くば大方の諸君子、此の趣旨を幷襄し進んで入會加盟せられんことを切望す。

### 會則（摘要）

一、本會ハ日華佛敎研究會ト稱ス

二、本會ハ日華兩國佛敎徒互ニ聯絡シ無上正眞道ヲ求ムルヲ以テ目的トス

三、本會ハ本部ヲ京都ニ置キ支部ヲ適當ノ地ニ置ク

四、本會ハ左ノ事業ヲ行フ

1、日華兩國ノ學者ニ依リ交換講座ヲ開ク

2、日華兩國ノ佛敎書ヲ飜譯シ新刊書ヲ交換ス

3、日華兩國ノ佛敎界ノ事業ヲ相互ニ紹介ス

4、日華兩文ノ佛敎雜誌ヲ發行シテ會員ニ頒ツ

5、其他日華兩國ノ佛敎徒ノ聯絡ト提携親善ニ必要ナル事項

五、本會ノ會員ヲ左ノ三種ニ分ツ

正會員ハ年額金五圓、贊助會員ハ年額三圓、特別會員ハ一時金百圓以上ヲ醵出スルモノトス

正會員特別會員ニハ研究年報及雜誌「東亞宗敎事情」ヲ頒チ贊助會員ニハ雜誌「東亞宗敎事情」ヲ頒ツ

六、本會ニ會長一名、幹事長一名、主事一名、幹事若干名、顧問及ビ評議員各若干名ヲ置ク任期ハスベテ三年トシ會員總會ニ於テ選擧ス

七、本會ハ每年一回會員總會ヲ開キ事務及會計ノ報告ヲ爲ス

八、本會ノ經費ハ會員ノ醵出金其他ノ寄附金ヲ以テ之ヲ支辨ス

**日華佛敎研究會**

京都・東山・林下町四四三
電話 祇園⑥三 八番
振替 大阪 一〇〇七九六番

東京支部
東京・小金井町西案・幡隨院內

大阪支部
大阪・天王寺・逢坂一心寺內
電話 天王寺 三八七番

第十號

**日華佛教研究會發行**

# 新東亞宗教の確立

東洋文化と西洋文化とはその本質を異にした二大文化系統なる事は誰も異論の無い事であらう。誰かこんな譬喩を以てその特質を述べてゐたが蓋し適切だと思ふ。

「歐羅巴の眞理は顏色が惡るい。そして研究室や學者の深窓のランプの臭ひがする。しかるに一般に東洋の眞理は常に生々として血色がよい。それは東洋人の思想は腹から出たものであるからだ」又西洋文明は「疲らす」文明である。隨つて此の文明に依つて生を規定されてゐる民族は疲れる運命に置かれてゐると。疲れる文明とはその性格が「對立的」「抗爭的」であり、隨つてそこには東洋文化の本質と考へられる「調和」「融合」「歸一」としての「大らかさ」「安らかさ」的性格が見られない。かゝる宿命的性格に依り西洋に於ては到底東洋の及びもつかぬ複雜緻密なる絢爛たる物質科學文明の花が開き東洋に於てはその文化は正にその對蹠的に宗教的道德的性格に導いたのである。見よ主なる宗教は皆アジアに興起せるを。隨つてかゝる東西兩文化は共に獨特なる價値を有するものであり、各々に共通た價値標準を以つて何れの文化が優れてゐるか劣つてゐるかと言ふ事は言はれないものでなければならぬ。ヴインデルバントの如く世界の哲學はギリシヤ哲學と獨逸哲學とのみ考へ、印度の思辨哲學も支那日本の佛教哲學も支那の儒教哲學をも無視せんとする如き或はヘーゲルの如く東洋文化を未發展の段階にあるものであり此も發展すれば彼等の文化と同じものにならざるを得ぬと考へるが如き正に彼等の不遜と自負の外何物でもない。今こそ我等は彼等の不遜と自負とを知らさねばならぬ。我等東洋人は謙虛に西洋科學文明をも學んだ。而も東洋的情神はこの我等の肉體を脈々として流れる東洋の兒だ。この二個の異れる精神的財寶を繼げる東洋の子我等はこの相反ける二つの流れの上に立つて統合し相結び、相補ひて新らしい宗教的文化を創造し、兩者共に新らしい光に浴せしめるは我等東亞宗教人に課せられたる使命であり課題である。東亞新秩序構成卽世界新秩序建設の歷史的榮光に輝くこの時に當り東亞宗教人に課せられた使命こそ重且大であらう。

目次

# 古代支那人の死者に對する恐怖

東方文化研究所員　森　三　樹　三　郎

古代の支那人が人間の生死といふ現象について、どのやうな考へを持つてゐたかは餘りハッキリしてゐない。それは文獻が斷片的である上に、その解釋もまちまちであるところから來てゐる。しかしそれらの諸說を綜合してみると、大體の見當が附かないわけではない。

まづ人間が生れて次第に物心がついて來ると、この幼い心の働きは『魄』と呼ばれる。この魄は成人した後にも存續するものであつて、これは主として精神活動の低い方面、肉體の生理活動を司るものである。そののち相當の年齡に達すると、魄のほかに『魂』ができ始める。これは精神活動の中でも高等な役割をもつてゐるものである。

ところで人が死んだ場合には、魂の方は天に昇つて『神』となるが、魄の方は肉體とともに地下に行つて『鬼』になる。つまり人間の魂魄は死後に神と鬼に兩分されるわけである。もつとも鬼神と言はれる場合には、普通にはこのやうな區別はなく、單に死人の『たましひ』といふ意味に用ひられてゐるが、嚴密に言へば對立した性質をもつたものである。天へ昇る神が高等な性質をもち、地へ下る鬼が神に比べて低い性質のものであることは申すまでもない。

では何故に支那人は死後の靈が二つに分裂するものと考へるやうになつたのであらうか。生きてゐる人間の精神の働きに高等なものと低級な部分とがあることは普通に認められてゐることでもあるし、格別に不思議なことでもないが、死後までも『たましひ』を上下の二つに分裂させるのは少し奇妙に思はれる。しかしこれは支那人が死者に對して抱いてゐる觀念を分析してみると、實は甚だもつともな次第であることがわかるのである。

一家の內に死人があつた場合に、それを悲嘆し哀哭するのは元より人情の自然であるが、一方に於いて何か無氣味なもの、不吉なものを感ずることは古代民族に共通な現象であると言つてよい。これはひとり古代支那に限られたことでないことは、わが國の古神道が死者を穢れたものとして忌みきらつたことからも知ることが出來よう。死といふ現象が人間にとつて恐るべく避くべきものである以上、たとへそれが自分の生みの親であつたとしても、その死骸に對して一種の薄氣味惡さを感じることは文化人でさへも全的に否定することはできまい。まして直情徑行の傾向の强い古代人が、死者を恐るべきものと感じるのは極めて自然なことである。ことに傳染病の流行する場合などには、この本能的な死體嫌惡の感情は合理的な根據をさへ與へられる。わが國でも古くには死者と同居することを嫌つて、新しい住居を他所に求める習慣があつたが、古代支那の喪禮の規定にも、家內に死者を出した時には屋敷內の一隅に粗末な小屋を設けて服喪者はこゝに一定の期間を過さなければならぬことが見えてゐる。このやうな習慣は元來死者を忌避するところから生じたものと見るほかはない。また天子諸侯が臣下の喪を弔ふために出かける場合には、巫祝に桃茢を持たせて行く習慣があつた。桃茢といふのは、桃の木の棍棒と茢（葦で作つた帚）といふ意味であつて、この二つで死骸に附きまとつてゐる惡氣を祓ふのである。死者に對して甚だ無禮な仕打ちであると言はなければならないが、この場合は臣下に對するものであるから特に許されてゐるのである。したがつてこれは極端な例であることは認めなければならないが、しかし程度の差こそあれ、古代支那人が死者に對して畏怖の念を持つてゐたことは此のことによつても明白に見られる。

唐の憲宗の時、當時法門寺の護國眞身塔にあつた佛骨を宮中に迎へたことがあつたが、韓退之はこれに對して有名な論佛骨表を奉つて、天子にあるまじき行爲として非難した事實がある。その論佛骨表の中でも、『中國では諸侯が弔ふ場合には、巫祝が桃茢をもつて死骸の不祥を祓ふのを禮としてゐたのである。然るに今天子たる人が桃茢も持たずに朽穢の佛骨などを迎へられるのは以つての外のことである』といふ意味の言葉が見える。支那固有の通念からすれば、韓退之の言ふやうに死者の骨などはけがらはしいものであつた。

この桃茢については少しく說明を要する。茢の方は葦で作つた帚であるが、これは塵を掃くやうに惡氣を

四

帝を棄てるといふ、極めて他愛のない酒落のやうな呪術思想から來てゐるに過ぎない。では桃の棒が何故に不祥の氣を祓ふ力をもつてゐるかと言ふと、これは古代から現代に至るまで、支那人が桃に對して抱いてゐる深い愛好の念から來てゐるのである。福祿長壽と桃とは切つても切られぬ關係に置かれてゐるもので、仙人が桃を持つてゐる圖などは普通に見受けられるものである。このやうに桃に神秘的な靈力を認めるだけではなく、これに附隨していろ／＼の說話が見出される。古事記に、伊邪那岐命が黃泉の國に行かれた伊邪那美命に追はれ給ふて、坂本に到つたとき桃の實を三つとつて黃泉軍の神々に投げつけて擊退された話があるが、これは恐らく支那神話の影響によるものではないかと思はれる。桃太郎が鬼を退治するといふ說話も、これと無關係のものではなからう。

それはさておいて、支那人が死者を鬼と呼んで或る程度の恐怖感をもつてゐたことは疑ふことのできない事實である。ことにその死者が非業の最後を遂げたやうな場合には、さま／＼の祟りをするものとして大いに恐れられた。特に流行病の原因はこれらの浮ばれぬ鬼の祟りにあると考へられ、死靈をなだめるために種々の努力が拂はれた。非業の死をとげないまでも、その死者の靈を祭る子孫のない場合も祟りをする。鬼も生人と同じやうに食物を供へられないと生活ができないものと考へられてゐたからである。だから死者を祭ることは、子孫の繁榮を祈るといふ積極的な目的のために必要であるばかりでなく、祟りを受けぬやうにといふ消極的な動機からも要求せられるのである。

このやうに鬼は恐るべき一面を持つてゐる。それは、現在の子孫から絕えず祭祀の禮を要求し、食物の供進を命ずるものである。このやうな考へ方はひとり支那民族に特有なものではない。民族學の研究は此の現象が原始民族一般に共通であることを敎へる。こゝから祖先崇拜の起源を說明するものとして死靈恐怖說が生れる。この說によると祖先崇拜といふ習俗は、もともと死者を恐怖するところから出發したものだといふことになる。論者によると、墓石のやうなものも單に死體のある場所を示す役を持つてゐるだけではなくて、死者の亡靈がさまよひ出て祟りをしないやうに、重い物をのせて脫出を防ぐ目的から作られたものであると說明する人もある。

たしかに死靈崇拜の心理の一部には、かやうな恐怖感が働いてゐることは認めなければならない。しかし祖先崇拜の起原が全く此のやうな死靈恐怖から始まつてゐると說明するのは、少しどうかと思はれる。いくら古代の支那人であるからと言つて、現在の生みの親の死といふ悲劇的な場面に直面して、恐怖の念ばかりにとらはれるとは考へられない。そこには最も親愛なものを失つた悲哀の感情と追慕の念が強く働くはずである。これは文明人であると原始人であるとを問はず共通した心理でなければならない。祖先崇拜の起源を死靈恐怖とする考へ方は、古代人や原始人を餘り特殊なものに考へ過ぎて、現代人の心理から必要以上に引き離してしまつた嫌ひが多分にある。

大局から見れば、祖先崇拜といふ信仰の出發點は、やはり死者に對する哀惜の情にあるとしなければならないであらう。だが一面に於いては、さきに述べたやうに死者に對する恐怖の念があることも否定することはできない。そこで同一のものに對して、愛着と恐怖といふ矛盾した感情を持たねばならないことになる。支那人もこの感情の矛盾には氣がついてゐたものと思はれる。鬼と神との區別は、この事實の存在を裏書きするものでなくてはならぬ。死後の魂魄を、惠みだけを垂れる『神』と、時によつては生者に祟つたり危害を加へたりする『鬼』とに分裂して考へれば、この矛盾した感情の說明は與へられるのではないか。支那人が死者の靈を鬼と神に二分して考へたのは正しく此の理由によるものであらう。死者の『神』は、われらに慈愛にみちた加護を與へるが、『鬼』の力は時に惡意をもつて祟る恐ろしい性質をもつたものである。

しかし前にも一言したやうに、普通に『鬼神』として並稱される場合には、このやうな對立した觀念はないと言つてよい。その場合には單に死者の靈魂といふほどの意味に用ひられてゐる。言ひ換へれば、鬼に對する恐怖の念は薄れきつてゐるのである。その理由にはいろ／＼のことが擧げられるであらう。遠い昔の祖先の靈などは、時間を隔てゝゐるだけに、現實の生々しい死骸の觀念との聯想を絕たれて、恐怖といふ側面は著しく稀薄になつて來ることも其の理由の一つであらう。また一方では文化の進步とともに、死者に對する哀惜といふ一面だけが、道德的な見地から強調せられるやうになり、死者に對する恐怖といふやうな原始的な感情が次第に克服されるやうになつたことも重大な理由として擧げなければなるまい。

五

このやうに考へて來ると、死者に對する恐怖の感情は、言はば野蠻人の感情であり、全く意味のないもののやうに思はれるかも知れない。しかし簡單にさう斷定できるものであらうか。たとへば流行病などが生じた場合などを考へて見ると、衞生思想を持ち合はせぬ未開人が死骸を恐れることは尤も至極なことであり、死骸に近寄らぬことは疫病に對する本能的な防禦であるとも考へられよう。だがそれは未だ些細なことでしかない。原始人の死者に對する恐怖の感情は、社會的に重大な役割を果してゐることを見逃してはならぬ。それは外でもなく、死者への恐怖が殺人の防止に甚だ有效であることである。フレーザーは世界各地の未開人が死者を甚だしく恐れることを述べ、特に變死した人間の亡靈が恐るべき復讐をするものと考へられ、そのために殺人の行爲が大いに制禦されてゐる事實を力說してゐる。殊に原始社會では、加害者一人が復讐されることは少く、大低の場合は其の加害者の屬する集團全體が復讐の對象となるので、殺人者に對する制裁も重大なものになつて來る。

支那の經典の中にも、非業の死を遂げたものが加害者に復讐することを說いたものは尠くない。墨子の明鬼篇などもその好い例であらう。その中の一、二の例をあげると、周の宣公は臣下の杜伯といふ者を罪なきにも拘らず殺害したが、杜伯は死際に『わが君は罪なき己れを殺し給ふ。われ死すとも必ず三年の内に吾が君をして思ひ知らせずにはおかぬ』と恨んで死んだが、その後三年經つて、宣王が獵に出たとき、杜伯の鬼が白馬素車に乘り、朱色の衣冠を帶び、朱弓朱矢をとつて宣王を追つて、遂にこれを車中に殺したといふ。また燕の簡公は臣下の莊子儀を殺したが、のち簡公がお祭見物に出かけたとき、莊子儀の亡靈が現れて朱杖で簡公を毆り殺したといふ。この話は、死靈の祟りといふことのほかに、支那人のもつ君臣觀があらはれてゐて興味深いが、とにかく無辜の者を殺した結果は、たとへそれが君主であつても死者の復讐を受けねばならぬと考へてゐることが判るのであつて、これが妄りなる殺人を防止することに役立つてゐることは疑ひのないところである。

このやうに死者に對する恐怖の感情は、未開社會に於いては十分の存在理由を持つてゐたものである。ただそれは意識的にその效果を認めて行はれてゐたものではなく、言はば本能的に殺人行爲の抑止に役立つて



ゐたに過ぎない。殺人行爲が非道德的なものとして一般に理解されるやうになれば、いたづらなる死者への恐れは全く無用の長物となる。文化人の間に死者に對する恐怖の感情が極めて稀薄にしか殘つてゐないのは、不斷の道德觀念の進化による賜物にほかならない。

### 不良分子の渡支制限

事變以來大陸渡航の邦人中には事變を機會に一擾千金を夢み或はどさくさまぎれの金儲けを目的とする不良分子があり興亞聖業の障碍となつて居つた事は心あるものの夙に憂ふるところであつたが今回興亞院會議の決議に基き閣議に於て支那渡航者に嚴重な制限を加へるに至つた事は寧ろ遲きに失した位で欣快の情に堪えぬところである。我等は此と共に既航の大陸不良分子にも充分の警策あらんことを切望するものである。大陸渡航者殊に宗敎人に於ては大陸に骨を埋める底の一大覺悟を以て言葉の高く且つ正しい意味に於ける〝無所得〟の眞實淸淨業に捨命精進せねばならぬ。大陸に於ける佛敎各宗の合同一致がやかましく叫ばれてゐるが此等の合同運動を妨げるものは宗派獨自のドグマではなく寧ろ宗派人の〝人間性〟に在る。宗派の分立にあらずして宗派人の對立意識である。勿論宗派人には諸種の原因複雜な條件ありて對立意識を持たざるを得なくなる事を敢へて無視せんとするものではないが、此等の有漏の諸條件をも生かして無漏眞實淸淨業たらしめるのは宗派人の〝無所得〟の精神のみなる事を強く銘記せねばならぬ。

# 西王母と其の傳說

東方文化研究所員
春日禮智

## 一

支那に於ける神仙思想の一に西王母傳說がある。神仙思想は支那特有の民俗信仰であつて、先づ一種の宗教と言つても差支がないであらう。西王母は女仙であつて、道家の思想と最も深い關係があり、その像は繪ともなつて、可成り一般に知られてゐるが、それが最も盛んに行はれたのは漢より六朝に至る間である。

西王母の名はもとは支那の西方にあつた地名で、神格ではなかつた。淮南子地形訓に「西王母は流沙の瀕に在り」と言ひ、山海經の海內北經にも「崑崙墟の北にあり」とし、爾雅には「觚竹、北戶、西王母、日下、之を四荒といふ」と言つてゐる。

然るにその後崑崙が西方の名山になると共に、西王母も亦此に住み、西方を支配する神格として登場するに至つた。同じ山海經の大荒西經に「大山あり、名づけて崑崙の丘といふ。（中略）人あり、名づけて西王母といふ」とあるものが此で、更に西山經になると「是れ（玉山）西王母の居る所なり。西王母は其の狀人の如く、豹尾虎齒、善く嘯く。蓬髮にして勝を戴く」とも言ひ、尙書緯帝命驗には「王母の國は西荒にあり。凡そ道を得、書を受くる者は皆王母に崑崙の闕に朝す」といふやうになつた。かくて司馬相如の大人賦にいふ「吾乃ち目のあたり西王母を睹る。皬然白首、勝を戴き穴處す。亦幸するに三足の鳥あり、之が使となる」に至つては實にはつきりとした人格である。

## 二

西王母傳說の完成は後漢より六朝にかけてであるが、その起源は戰國時代に溯り、淮南子覽冥訓にも「羿、不死の藥を西王母に請ふ。姮娥竊みて以て月に奔る」と、その不老不死の藥を持つてゐることを記してゐる。列子卷三に依れば、昔周の穆王の時西極の國から變幻自在の一化人がやつて來た。王は喜んで之に敬事し、歡待至らざるなき有樣であつたが、どうしてもその化人を滿足させることができなかつた。次に今度は化人が王を執へて空中天に飛び、金銀寶玉の贅美を盡した化人の宮に連れて行つたのであるが、餘りの面白さ美しさに思はずも數十年の日月を過してしまつた。忽ち覺めて見ると王は群臣との酒宴中で、未だ酒肴も暖まらぬ間の事であつた。かくて王は忘然自失すること三月、やがて又化人に牽ゐられ、八駿に跨り、造父の御者を連れて崑崙の阿に至つた。その時の狀を列子には次の如く述べてゐる。

「別日、崑崙の丘に登り、以て黃帝の宮を觀て之を封じ、以て後世を治す。遂に西王母を賓し、瑤池の上に觴す。西王母、王の爲に謠ふ。王之に和す。その辭哀焉、迺ち日の入らんとする所を觀る」と。

穆天子傳は如上の事實を簡單に記したのみである。

## 三

西王母の傳說と最も關係の深いのは漢の武帝である。武帝が神仙を好んだことは今更言ふまでもないが、彼が元封元年七月七日夜西王母と會したといふ記事は博物志卷八に最も要領よく記されてゐる。

「漢の武帝、仙道を好み、名山大澤を祭祀して、以て神仙の道を求む。時に西王母使を遣して白鹿に乘じ、帝に當に來るべきことを告げしむ。乃ち帳を九華殿に供へ、以て之を待つ。七月七日夜漏七刻、王母紫雲車に乘じて殿西に至る。南面東向し、頭上に七種の青氣を戴く、鬱々として雲の如し。三青鳥あり。鳥大の如し。母の旁に侍せしむ。時に九微の燈を設け、帝東面西向す。王母七桃を索む。大なること彈丸の如し。五枚を以て帝に與へ、母二枚を食す。帝桃を食し、輙ち核を以て膝前に著す。母曰く「此の核を取りて何せんとするや」と。帝曰く「此の桃は甘美なり。之を種ゑんと欲す」と。母笑つて曰く「此の桃は三千年に一たび實を生ず」と。唯帝、母と對坐し、其の從者も皆進むを得ず。時に東方朔竊かに殿の南廂朱鳥牖中より母を窺ふ。母之を顧みて帝に謂つて曰く「此の牖より窺ふ小兒、嘗つて三たび來つて吾が此の桃を盜む」と。帝乃ち大いに之を怪しむ。此に由りて世人方朔を神仙なりと謂へり。

こゝに西王母と關係の深い桃が出てゐる。漢武內傳の記事は更に詳細で、元封元年正月甲子帝が嵩山を祀り、四月戊辰承華殿に於いて東方朔董仲舒等と閒居してゐた時、忽然として美しい玉女が現はれて帝の求仙得道の志を賞で、七月七日王母降臨の事を豫告してゐる。その傳は文體富麗、あらゆる修飾語を使つて王母を莊嚴せんとしてゐることが明瞭に看取される。

七月七日に到り、乃ち宮掖を修除し、坐を大殿に設け、紫羅を以て地に薦き、百和の香を燔き、雲錦の幃を張り、九光の燈を燃し、玉門の棗を列ね、蒲萄の醴を酌み、宮監の香果を天宮の饌と爲す。

といひ、更に西王母のことを叙して、

九色の班龍に駕す。別に五十の天仙あり。側近の鸞輿皆長丈餘、同じく綵旄の節を執り、金剛の靈璽を佩ぶ。天眞の冠を戴き、殿下に住す。王母たゞ二侍女に扶けられて殿を上る。侍女は年十六、七なるべし。青綾の褂を服し、容眸盼を流す。神姿清發、眞に美人なり。王母は殿の東より上り、東向して坐す。黃金の褡襹を著し、文采鮮明、光儀淑穆たり。靈飛の大綬を帶び、腰に分景の劍を佩ぶ。頭上には太華髻あり。太眞晨嬰の冠を戴く。玄璚鳳文の舃を履む。之を視れば年三十ばかり。短を修め、中を得、天姿掩藹、容顏絕世、眞に靈人なり。

とあり、文綵紙面に溢れてゐるが、併し西王母の神格は次第に人間に近くなり、人間と交涉ある神仙として性格附けられて來てゐることが知られるであらう。



## 四

西王母傳は漢武との交涉に於いてそのクライマックスに達する。こゝで西王母は歷史的性格が附與されると共に、西方女神としての存在は遂に之に對する東方東皇公なるものを案出するに至つた。吳越春秋に「東郊を立てて以て陽を祭り、名づけて東皇公といふ。西郊を立てて以て陰を祭り、名づけて西王母といふ」といひ、諾皐記に「西王母は姓楊、諱回、崑崙の西北隅を治す。丁丑の日を以て死す。一に婉姈といふ」とあるものがそれで、列仙全傳一には、

西王母は即ち龜臺の金母なり。西華至妙の氣を以て化して伊川に生る。姓緱（一に何に作り一に楊に作る）諱回、字婉姈、一字太眞、西方に配位す。東王公と共に二氣を理む。天地を調成し、萬品を陶鈞す。

等と言ふに至つては全く道家の神となり終つてゐる。

尙ほこゝに一言すべきは、西王母の所居たる崑崙の山であるが、崑崙はもと蘭州より敦煌に至る閒にある地名であつたが、それが次第に誇張せられて、神異經になると、

崑崙の山に銅柱あり。其の高さ天に入る。所謂天柱なり。圍三千里、周圓削るが如し。下に回屋あり。六百丈。仙人の九府之に治す。上に大鳥あり。名づけて希有といふ。南向して左翼を張れば東王公を覆ひ、右翼は西王母を覆ふ。背上小處羽なきこと一萬九千里、西王母歲ごとに翼上に登りて東王公に之くなり。

とあり、海內十洲記には「崑崙は西海の戌地、北海の亥地にあり、岸を去ること十三萬里（中略）咸陽此を去る四十六萬里、山高平地三萬六千里。上に三角あり、方廣萬里、形偃盆に似たり。下狹くして上廣し」とも言つて、あらゆる空想を逞しくしてゐる。

## 五

以上で明らかなる如く、西王母は西方崑崙山に居る女仙であり、東皇公と共に陰陽二氣を司り、桃や棗を持つてゐて時に不老不死の藥も持つてゐる。歷史的には周の穆王の時に降臨して穆天子傳となり、漢の武帝の時には武帝と何事かを語らつて漢武內傳となつてゐる。これらはもとより支那人の空想であつて一も事實として認むべきものはないが、由來人間は空想を好み空想は傳說を生み、傳說は遂に事實化されて宗敎的形態まで發展することは東西古今比々皆然りと言つてよい。この意味に於いて西王國の傳說が次第に發展して遂に道家の思想に薰育せられ、道家の神仙と化したことに就いては何等の不思議はない。終りに漢の桓驎撰と傳ふる西王母傳一卷を引いて、この物語を総ることとする。

西王母は九靈太妙龜山の金母なり。一に太虛九光龜臺の金母元君と號す。乃ち西華の至妙、洞陰の極尊なり。むかし道氣凝寂、湛體無爲、將に玄功を啓迪し、萬物を化生せんと欲するや、先づ東華至眞の氣を以て化して木公を生ず。木公は碧海のほとり、蒼靈の墟に生じ、以て陽和の氣を主り、東方を理む。亦號して東王公といふ。又西華至妙の氣を以て化して金母を生ず。金母は神州伊川に生ず。その姓侯氏、

生れながらにして飛翔し、以て元龍の神を主る。妙莽の中に玄奧し、大道醇精の氣を分ち、氣を結んで形をなし、東王公と共に二氣を理めて天地を育養し萬物を陶鈞す。柔順の本、極陰の元となる。位西方に配す。母群品を養ひ、天上天下三界十方女子の登仙する者、道を得る者みんな隸する所なり。居る所の宮闕は龜山にあり。春山西那の都、崑崙の圃、閬風の苑たり。城千里あり。玉樓十二、瓊華の闕、光碧の堂、九層の玄室、紫翠の丹房あり。左に瑤池を帶び、右に翠水を環らす。其の山の下は弱水九重、洪濤萬丈、飈車羽輪に非ざれば到るべからざるなり。所謂王闕天に疊び、綠臺霄を承くるもの、青琳の宇、朱紫の房なり。連琳綵帳、明月四朗、華勝を戴き、虎章を佩ぶ。左に仙女を侍らしめ、右に羽童を侍らしむ。寶蓋映を沓み、羽旛庭を蔭ふ。軒砌の下、植うるに白環の樹を以てす。丹剛の林、空青萬條、瑤幹千尋なり。風なくして神籟自ら韻く。琅々然として皆九奏八會の音なり。神州は崑崙の東南にあり。故に爾雅に「西王母日下」といふは是なり。又「王母は蓬髮、華勝を戴き、虎齒善く嘯く」といふは、此乃ち王母の使、金方白虎の神にして、王母の眞形には非ざるなり。元始天王授くるに方天元統龜山九光の籙を以てし、萬靈を制召し、眞聖を統括し、盟を監し、信を證し、諸天の羽儀、天尊上聖、朝晏の會を總べしむ。考校の所、王母皆臨訣す。上清の寶經、三洞の玉書、凡そ授度する所、みな關領する所なり。黃帝、蚩尤の暴威を討ち、未だ禁ぜざる所あり。而して蚩尤幻變、多方より風を徵し雨を召し、烟を吹き霧を噴く。師衆大いに迷ふ。帝太山の阿に歸息し昏然として憂ひ寢む。王母使者を遣し、玄狐の裘を披せ、符を以て帝に授けて曰く、「太一前に在り。天一後に在り。之を得る者は勝ち、戰へば克つ」と。符は廣さ三寸、長さ一尺なり。青瑩玉の如く、丹血文をなす。佩符旣に畢り、王母乃ち一婦人の人首鳥身なるものに命じ、帝にいはしめて曰く、「我は九天玄女なり。帝に授くるに三宮五意陰陽の畧、太一遁甲六壬步斗の術、陰符の機、靈寶五符五勝の文を以てす」と。遂に蚩尤に中冀に克ち、神農の後を翦り、楡罔を阪泉に誅し、天下大いに定まり、上谷の涿鹿に都す。又數年、王母使を遣す。白虎の神白鹿に乘じ、帝の庭に集り、授くるに地圖を以てす。其の後虞舜位を嬗す。王母使を遣し、舜に白玉の琯を授く。舜位に即く。又地圖を授く。遂に黃帝の九州を廣めて十有二州となす。王母又使を遣し、舜に白玉の琯を授く。之を吹けば以て八風を和す。尙書帝驗期の曰く、「王母の國は西荒にあり。昔茅盈字叔申、王褒字子登、張道陵字輔漢、および九聖七眞、凡そ道を得、書を授くる者は皆王母に崑陵の闕に朝す。時に叔申道陵は太上道君に侍し、九蓋の車に乘じ、飛虬の軌を控き、積石の峯を越え、弱流の津を濟り、白水に浮び、黑波を凌え、顧眄倏忽、王母に闕下に詣る。子登は淸齋三月、王母授くるに瓊華寶曜七晨素經を以てす。茅君は西城よりす。王君、白玉龜臺に詣り、王母に朝謁し、長生の道を求めて曰く、「盈、不肖の軀を以て、龍鳳の年を慕ふ。朝菌の脆を以て積朔の期を求む」と。王母その勤志を愍み、之に告げて曰く、「吾昔の師元始天王及び皇天扶桑帝君我に授くるに玉佩金璫二景纏煉の道を以てし、上は太極を行ひ、下は十方を造る。月を濯ぎ、日を咀み、天門に入り、名づけて玄眞の經といふ。今以て爾に授く。宜しく勤修すべし」と。因りて西城王君に敕し、一一解釋して以てこれに授けしむ。又周の穆王の時、八駿に命じて、七華の士と造父をして御たらしめ、西のかた崑崙に登つて王母を賓す。穆王、白珪重錦を持して以て王母のために壽す。事具さに周穆王傳にあり。漢の武帝元封元年七月七日の夜に至り、漢宮に降る。語漢武內傳に在り。此にまた載せず。

以上は西王母傳の全譯である。西王母傳は漢代の製作と稱せられるが恐らく六朝以後のものであらう。こゝでは可成り新しい資料もはいつてゐて、西王母傳說の集大成とも見られるが、人間の空想に限りのない限り、此でこの傳說が終止符を打つたやうにも思はれない。今はむつかしい考證やら、決定し難い歷史的硏究を試みることをやめ、簡單に西王母傳說の性格を描寫することに依つて、この物語りを総ることとしたい。

# 湯嶋聖堂に檜楷兩樹の献木

日華佛教研究會幹事長
林　彦明大僧正談

去る五月十三日東京湯嶋の聖堂に孔子手植の檜樹と子貢手植の楷樹との實生を献木した。その顚末のあらましを此に述ぶるであらう。此事たる斯道顯揚の上に於ても、民心粛清の點に於ても、影響する所決して鮮少でないと思ふ。

今から六年前の七月三日に日華佛教研究會の訪華團一行十一名が山東省曲阜の孔子廟と孔子林（墓）とに參拜したことがある。その孔子廟や孔子林の事は儒教に心を寄せて居る人は、皆な知つて居る所であるが、顚末の順序として一往槪說するであらう。山東省曲阜は孔子の生れた舊蹟で、其處に廟も墓も儼存して居る。云はゞ儒教の本廟本山とも稱すべき聖地である。濟南から津浦線に乘つて約五時間餘で曲阜車站（驛）に着く、それから日本里程五里餘で曲阜城外の孔子廟に達す。その規模の堂々たる王宮の如く、その建物の多くは明時代に改築され、淸朝になつても歷代の帝王意を用ゐて崇敬怠らず、特に近頃になつては國民政府も修理に努むることになつて、構造すべてが立派で、極彩色が施され輪奐燦然たる宮殿風である。その正面の大殿堂は高さ十三間、間口二十三間、奧行十四間餘の

大成殿と稱せらるゝ本廟で、此れに孔子木像を正面に祀り、至聖先師孔子神位と題したる位牌を前に置き、その兩側に復聖（顏回）宗聖（曾子）述聖（子思）亞聖（孟子）の木像と位牌が祀られ、其の隣には十二哲の神位が置かれ、又た孔子五代の祖先と四聖の父母位牌が祀られてある。そして其正面の前机には種々の祭具や樂器が備へられ、實に森嚴、思はず人をして低頭拜跪せしめらる。此の外に數多の建物があり、門が七つもあり、孔子の故井や魯壁も保存され、又た明清の帝王の勅碑も澤山に建てられてある。

その構内の東南に聖公宿所と云つて、孔子裔孫一族の大邸宅がある。此處に第七十七代の孔德成を始め多數の一族が住居してゐる。此れが衍聖公府と稱されて居るのである。我等一行はこの孔家の執事長である孔令儁（字鱶叔）氏に案内されて、徧く全部を拜觀することを得た。

拜観の際大成殿の階前に出づると、其處に孔子手植の檜と石柱に銘記されてある大樹の鬱蒼たるを見た。一行は之には痛く感慨に打たれた。二千四百餘年後の今に至つて、孔子手植の樹があるとは實に奇蹟である。尤もその青々と茂つて居る樹の背後に、化石同樣になつて居る大樹が存して居る。これが孔子の植ゑられたる元木で、今生ひ茂つて居るのはその蘖であらう。吾等一行は此の聖樹を見ては低回去るに忍びず、せめては此の檜の種子を持ち歸り、その實生を東京湯嶋の聖堂に献木して、曲阜參拜の記念に供したいと考へた。そこでその種子の割愛を孔氏に請ふた。孔氏は深く其の志に感動され、秋季成熟を俟て送付すべく約された。此れが檜樹の種子を得るに至つた由緣である。

それから更に孔子林（墓）に參拜した、孔子林は曲阜城の北約十二丁餘の所に在つて、周圍は一里、面積約六十萬坪、丈餘の煉瓦塀が周らされ、宛然一城廓をなして居る宏大なる墓所である。そして孔子の冢は高さ百二十尺周圍百尺餘の丘陵で、其の前に「大聖至聖文宣天」と刻したる石碑が建てられてある。其の横に伯魚（泗水侯）その前に子思（沂水侯）の墓がある。我等一行は孔子の墓前に整列威儀を正して焚香禮拜、般若心經一卷を合誦し之を法樂に供した。恐くは孔子の墓前で日本僧侶が讀經法樂したことは、之れが嚆矢であつたらう。我等は衷心愉悦禁じかたく夫子も喜んで之を納受されたことゝ惟はれた。

孔子の冢の傍に、子貢が心喪六年を修めた時に、築室したと云ふ遺蹟が保存されてありその前約十歩餘の處に子貢手植の楷樹が是れ亦た青々と生ひ茂つて居る。その前に楷亭と稱ふる小亭があつて詩碑が建てられてある。其の詩は、

不辨何季植、殘碑留至今、共看獨樹影、猶見古人心、閲二歷風霜一盡、蒼茫天地陰、經ニ過築室處一、千戢一霑襟　江左施閏章題

（閏章は尙白、愚山と號す清の鴻儒、康熙二十二年に歿す）

實に千戢二千歳の後此の子貢の遺蹟を過ぎ、其記念樹を見ては襟を霑さずには居られない、子貢は他の門人が三年の心喪を終へて歸り去りたるに、彼れは更に三年修めたと云ふ師德を追慕せる至誠至情には感激感動せざるを得ない。そこで此處でもその楷樹の種子を與へられんことを孔氏に請ふた。以上これで參拜の記事は終りである。

その年を越へて翌夏昭和十一年五月六日、孔令儁氏は約束通り檜楷兩樹の種子を澤山に

送り寄せられた。それに左の手簡があつた。

彥明先生雅鑒、前奉尊片、索檜楷兩樹之種、玆收檢一包付郵寄、至祈　査收惟檜樹之種、皮厚種植出芽甚慢、有至年餘方出、此望留意、爲荷專此、孟夏敬頌　大綏　弟令儁頓首　五月六日

これに對しては返書を出してその厚意を謝した。

靈叔先生道鑒、昨接琅函、敬悉一々、承　賜樹種、亦奉收、拜領之餘、銘感無似、謹遵古敎、珍護培植、將來綠霧纖々、籍懷聖德於闕里、淸蔭冉々、永傳佳話於扶桑、是皆公之厚賜矣、復希諒忱敬頌　時祺諸惟　垂照不宣　沙門彥明再拜　昭和十一年五月廿九日

此の寄贈を受けた種子は、五ケ所に手別けして蒔くことにした。果して孔氏の注意の如く檜樹は慢々で中々發芽が遲い、楷樹は其年の內に芽を發したが檜樹は二年目に漸く一ケ處に五本發芽したが、其外では遂に出なかつた。五本の檜樹の發芽したのは、尾州大府の文化農園であつた、それが今年になつては移植に適すべく三尺餘に生長した。

そこで彌々その檜樹と小金井幡隨院にて發芽生長したる楷樹とを湯嶋の聖堂に獻木することに定め。今春一月聖堂の經營管理に任じて居る財團法人斯文會にその諒解を求めた。斯文會では早速理事會を開いて快く容認され、非常の好意を以て最適當の地をその敷地に充てられた。それで五月十三日午後三時關係者一同立會の上で、杏壇の前庭に向つて右に檜樹左に楷樹を植ゑたのである。その時の立會者は日華佛敎研究會代表林彥明、同東京支部長神林禮堂、同幹事神林周道、同高瀨孝仁、大府文化農園主高瀨金左衞門、斯文會理事

山口察常、同中山久四郎、聖堂管理主任濱野知三郎の諸氏であつた。

此の献木は前述の如く、元來孔氏の寄贈された種子の實生であつて、尋常一樣有り觸れた樹とは選を異にして居る。そしてその時既に孔家寄贈の献木と云ふことに孔氏の承認を得て居る所から、日華佛教研究會は其紹介の勞を取つたことにした。斯くすることが聖堂献木として最も意義深きことゝ考へたのである。そこで斯文會長德川家達公爵よりは左の書面を孔氏と本會に寄せられた。

謹啓時下初夏清新之候愈々御佳勝に被爲在候段奉賀候陳者先年貴台より敝國林彥明僧正に御寄託被成候貴聖廟柏樹の種子幸に發芽後無事に成長致し既に數尺にも達し候に付同僧正より貴府の名を以て當大成殿へ寄進せられ日前之を殿前に植ゑ献木の式を相營み候茲に謹みて御厚志を感謝仕候此の木の長大を致すと共に益々聖德を仰ぎ又遠く聖廟を憶ひ會員修爲の目標と致すべく候　敬具

昭和十五年五月二十四日

財團法人　斯文會會長公爵　德　川　家　達

衍聖公府　孔靈叔先生台鑒

（別通）

謹啓時下愈々御淸勝奉賀候陳者過日は態々御來堂之上衍聖公府より當聖堂へ寄進にかゝる柏樹及楷樹を御献木相成候段誠に感謝に堪へざる所に候種實よりこれまでに育養せられ候御苦心御察し申上候この記念すべき聖樹の成長と共に會員一同之を仰ぎ益々儒風の宣揚に力むべく候尙衍聖公付へは別紙の如く禮狀差出置候御含被下度不取敢右御禮迄如斯御座候　敬具

五月廿四日

財團法人　斯文會々長公爵　德　川　家　達

林　彥　明　殿



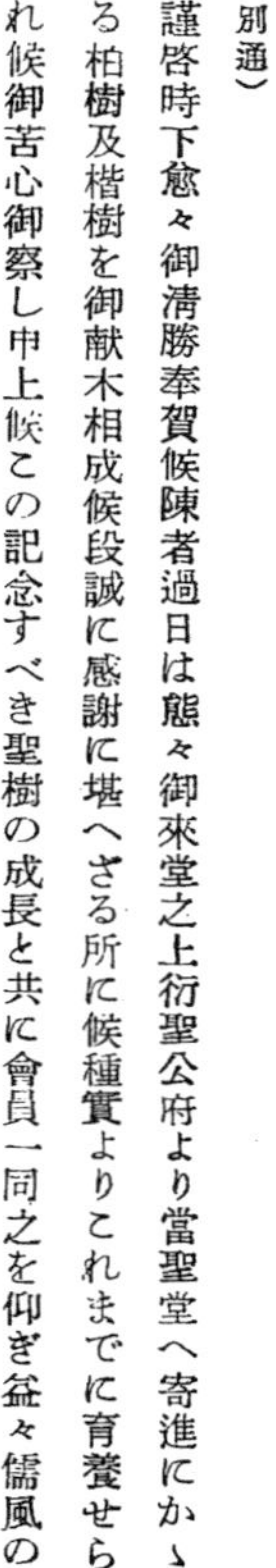

げに聖樹此の記念すべき献木が我が日本聖堂に成育繁茂せんか、我が邦の儒風に影響を及ぼすもの尠からざるべしと余輩は信ず。——抑も我が國體の精華たる忠信孝悌の大道、今日の如く結實發揮するに至りたるは、孔孟の教に哺育助長された成果であること今更云ふまでなし。今や日華兩國が精神的にも道德的にも提携握手せんとする機運に直面しては先づ以て孔聖崇拜、儒風宣揚に專心精進すべきであらう。此は天下識者の一人として異存なき信念であると云はざるを得ない。我等は此に思を致し主として佛教に依つて同信誘掖すると共に、之と駢行して儒教に依つて相共に世道人心を肅淸扶導するところあらんと欲す、之が聖堂献木を念願したる主旨である。吾等と志を同ふする諸君子、一たびは湯嶋聖堂に參拜して、その廣前に植ゑたる檜樹と楷樹を見て、彌々盛に生長繁茂せんことを隨喜されよ。（以上は此の献木に直接關係せられたる林幹事長談話の要領を筆記したのである）。

註、子貢六年心喪の事、孟子卷三、縢文公上に出てゐる。

昔者孔子沒、三年之外、門人治レ任將レ歸、入揖二於子貢一、相嚮而哭、皆失レ聲、然後歸、子貢反築二室於場一、獨居三年、然後歸。

# 北京の寺
## —廣濟寺—

富永覺夢

北京の寺の中で、最も完備し、且つ活動して居るのは廣濟寺である。外に古刹名刹は多いが、その大半は衰微頽敗して居る。只この寺だけは經壇樓殿、煥然として目を驚かす。

寺は西城四牌樓羊市大街の北側に在る。即ち宮城の西方に在る。行つて見ると汚い街通りに一向小さな門があるので、聊か案外に思ふて、門を入るとそこは庭で、右側に小學校があつて、子供がツイ／＼と飛び廻つて居る。弘慈佛學校と民衆小學校とは、この寺の經營するところである。

寺はもと金代の創建に係り、その後明の天順年間に重修したものだ。名を弘慈廣濟寺と賜はつたが、清朝に在りては、康熙に敕修あり、帝の御製の碑文や扁額等があつた。民國十三年に曹汝霖や陸宗輿等が、鉅資を捐集して重ねて修葺を加へたが、惜しいことには二十三年に、火を發して、殿宇數十間、烏有に歸した。しかし今や重ねて修建して、大雄寶殿は儼然として金碧を輝かして居る。かく幾度か修建改築し來つたのは、檀越の歸依の篤きを知るとともに、寺僧亦た德望ある者の住したるに因るのであらう。

大雄寶殿の横に、大きな建物があつて、入口から中をのぞいて見て、異樣の感にうたれた。この薄ぐらい建物の中には、一面に蓆が敷かれてあり、その上にアンペラを敷いて多くの人が蠢いて居る。多くは女でそれも老人か、又は幼い子供を抱へた母親である。五六人が一つの輪をなして居るのもあれば、その横には二三人、仲よく對坐して居る。それらは一家族なのであらう。横には椀や布團や茶碗や箱が雜然と置かれ、起つ者、話す者、動く者、それ／＼勝手にウヨ／＼して居る。しかし笑ふ者は一人も無く、陰氣な空氣が立ちこめて居る。眞中に桶が二つ三つ置かれて、それを二三人の婦人がとり卷き、大きな鉢の中に薄い粥をすくひあげて居る。見るから不味さうな粥だ。蒼い顏をして髮がゾロ／＼下つた女がそれを持つて、子供の寢て居るところへ、纏足の小さな足でヨチ／＼と歩いて行く。

百五十人程居るが、これらは皆天津の大洪水の罹災民ださうである。

正面に、五十歳位の僧が居て、何やら帳面に記して居り、その横には佛像が拜せられる。二三歳ぐらいの子供が、急にワン／＼と啼き出すと、その僧は急に筆を擲つて、子供の傍に走りより、子供の顏をのぞき込んで何やら言ふてすかして居る。堂内に一種の臭氣がムーツとこもつて居る。これが冬になつたら如何にすることであらう。

ここを過ぎて、更に行くと、一番奧の佛殿で、微妙な讀經の聲がする。正面の入口から拜して見ると、觀音樣の前に六人の僧が三人宛二列に並び、讀經して居る。その左右に、右方には男子、左方には女子が起つて、僧の經に合して唱へては、叩頭して居る。その節調が日本にては曾つてきいたことのない和らかな響を持つて居るので、覺えず頭が下るやうな氣がした。すると一人の若い僧が、予の傍に近よつて、一尺もある長い線香に火を點じて、予に進めてくれた。香を獻ぜよといふのであらう。

境内は、支那の寺院に似ず割合に清らかである。たゞ火災後、年を經て居ないので、未だ幽邃の致は更にない。この寺には以前有名なる鐵樹があつたさうだが、これ亦た火に遭ふて灰となつた。とにかく窮民を救ひ學校を經營して居るので、僧達も皆忙しさうに、キビ／＼と働き廻つて居た。

北京にては先づ指を第一に屈す可き寺院であらう。

# 東亞宗教の動き

○東本願寺が四十年前に創設した金陵東文學堂の出身要人が幹部となり更に南京太平路沙塘灣九號光明庵內に金陵女子技藝學院を同本願寺が創設五月一日開校式を擧行した。

○東京佛教青年會サンガ・アソカでは日華佛教徒の同願念佛會共修運動に參加し毎月滿月の夜を期して表町の光雲寺に道場を開設する事となつた。

○大谷大學教授鈴木大拙博士及故ビアトリス夫人共著英文〃禪學入門〃が今度ドイツ心理學者H・チンマ氏に依り獨譯され此が可成り廣く讀まれてゐることは歐洲に於ける禪思想研究熱の昂揚として注目に價する。

○天津日本租界福島街の東本願寺別院內に大陸では嚆矢とも言ふ可き〃興亞家庭塾〃が男子部女子部に分れ開塾され心身の鍛錬と德性の涵養と職業上必須なる知識を注入せんとするものでその成果は各方面から注目されてゐるが將來は姑娘も共に入塾せしめる計劃であるとのこと。

○北京佛教同願會副會長、日華佛教研究會顧問王揖唐氏は王克敏氏の後任として華北政務委員長の要職に就かれ、すばらしい外交的手腕を發揮して日華共榮の「樂土華北」建設に活躍される事となつた。

○印度に於ける有力佛教團体マハボデーソサエテイ（大菩提會）の機關誌マハボデーの報ずるところに依れば支那臨一の名僧と稱せられてゐる太虚法師が蔣介石の命を受け昨年來ビルマ、印度泰國らを歴訪これらを糾合一大抗日佛教運動を展開しこの猛運動が奏功して多額の現金藥品の募集に成功せる由。

○知恩院第一回招致のラマ僧は留學課程三年を終へその終了式を知恩院內待面所に於て五月九日午前九時より擧行、五月十五日右のラマ僧は黑龍丸にて伊藤現芳師引率の下に歸國した。

○日本基督教青年會同盟特派として中支に於て日華基督教青年の協力運動に參加多くの寄與をなした京都の未包敏夫氏の語るところに依れば支那インテリ層も最近は建設協力に傾く態度を示し又第三國のデマ宣教師はミッション本部より引上を命ぜられてゐるとのこと。

○金光教では先きに北京日語學校訪日視察團が非常な好成績をあげたのに鑑み更に同教經營上海忠信小學校關係華人教師等を以て訪日團を組織今秋來朝することゝなつた。

○今回蘇州留日同學會に依り省立中學に



日語專修社が開設されることになつた。因に蘇州日語學校はこれで佛教基督教立の二校と共に三校となつた。

○滿洲國興安局では知恩院に三ケ年の留學課程を終へ歸國したラマ僧の內地派遣の功果實績に鑑み更に第二回留學生を各方面の廟より廿七名選拔五月廿二日新京を出發、同廿六日神戸に入港來朝した。右廿七名の中十五名は知恩院であとの十二名は高野山、比叡山に留學することゝなつた。

○滿洲支那蒙古方面に皇軍慰問並に教況視察に赴き五月廿七日歸京した西本願寺執行梅原眞隆氏の談に依れば中華民國新政府外交部長褚民誼氏は佛教に布教權を認める意圖を言明せるよし。

○北京の名刹興安門の廣化寺では興亞の大業に協力し日華親善の實を擧げる可く五萬坪の寺有地を開放、凡ゆる社會施設を行ふことゝなり、なほこの擧を知つた吳佩孚將軍未亡人は三萬圓の寄附を申出た。

○知恩院では第二回招致の滿州國青年ラマ僧十五名の外蒙古聯合政府民生部より選拔の蒙古側五名が七月初旬來朝した。猶知恩院には英の嚴重監視を逃れビルマから留學生一名が外務省、國際佛協の委託で來朝することゝなつた。

○黃檗宗本山では北京の念佛同願會に對し中支に日華親善の僧團を始めることゝなり、鎭江附近の金山寺住職仁山氏を中心とし話がすゝめられ印、泰兩國僧侶の加盟も求めるとのこと。

○日華佛教研究會では既報の如く汪精衞氏新中央政府南京遷都祝典に際し汪氏に祝賀電報を打電したが更に祝賀文を成文、過日歸任の楓田閑正氏に寄託したがその祝賀文は日本佛教徒の立場を鮮明にすると共に今後の兩國の協力並に提携は佛教を以てするより以外にはないといつたもので布教權問題の云々されてゐるときにこの祝賀文は誠に意義深いものがある。

○西本願寺揚州研究生海野昇雄氏はその大陸に於ける研究と體驗から基本的な日支語の教科書「日語教本」を編纂されてゐることは近來の快事として全支教陣の統制に大いに資する所があらう。

○高楠順次郎故小野玄妙兩博士に依つて企てられてゐたが小野氏の急逝に依り頓挫した如く思はれてゐた「增廣四庫全書」の刊行は日支協力の文化事業として愈〻具体化することゝなつた。

○國際佛教協會では同會の持つ特別の研究網をたぐつて「東南亞細亞佛教事情報告」の編纂に着手、南方佛教事情の最初の綜合紹介を行ふことゝなつた。

○去る六月十六日正午中國國民政府外交部長褚民宜氏及南京特別市政府市長高冠吾氏は各個人の資格にて在南京日華兩國僧侶を鷄鳴寺景陽樓に招じ佛教徒としての懇談をなし褚民宜氏の挨拶、日本佛教聯合會長藤井草宣氏の答辭あり各歡を盡し和氣靄々裡に日華佛教徒の親善提携を誓つて有意義であつた。

○日華佛教聯盟南京總會では兩國佛教徒が主催する行事法會を有意義ならしめる爲兩國經典（共通經典）の交喚教授を爲し週一回以上此が練習を爲すと。

## 於我國同願念佛會

近時之事變回轉、日華兩國民之間、大乘正認識爲確立東亞和平、眞在協力熱心的思索、誠不可不謂預想以上的收獲。然百丈之竿頭一步而進、一日早望平和之到來、盼其如願者、則兩國的國民不可不一致念願耳。於此意味在前臘北京夏蓮居々士之提唱、發起同願念佛會、實不可不謂極有意義之良事。其後於我國淨土宗總本山知恩院亦同願始之、次後京都市圓山公園佛教兒童博物館同朋會之諸士及吾們日華佛教研究會、自去春二月協定每月十五日於圓月之夜開催同願念佛會、而求有緣諸士來集。由其徵求全國之贊成者、凡於諸方既開成同願念佛會者、畧例如次。

一、京都市東山知恩院阿彌陀堂
二、日本淨土宗各大本山及門末寺院
三、京都市圓山公園佛教兒童博物館
四、東京市表町光雲寺東京佛教青年會サンガ・アツカ
五、大阪市西區新町四丁目佛教會館
六、豐中市岡町超光寺會館
七、神戸市灘區篠原北町恭默庵
八、德島縣鞆奥町善覺寺
九、札幌市南十二條西十三丁目以衆教社
一〇、大阪市天王寺區生玉前町法音寺
一一、鹿兒島縣志布町金剛寺

以上之外迄今未經吾人入手通信恐之甚有。我們想之若以佛教除去、然日華兩國的精神合結者、恐其不得有之。且可謂非但日華兩國、就是超出國境、在世界上的正義與邁進和平的實踐者、我信我們大乘佛教以外無之。於此意義我們念願自他的幸福、共唱功德無量南無阿彌陀佛、誠不可不謂意義的深奥也。因於知恩院同願念佛教修之法事略於如次。



一、香偈　一、三寶禮　一、四奉請　一、歎佛偈　一、懺悔
一、十念　一、彌陀經　一、攝益文　一、念佛會　一、總回向文
一、四弘誓願　一、三唱禮　一、送佛偈

又佛教兒童博物館々長中井玄道氏爲導師、本會幹事長林彥明大僧正以下會員、知恩院尼衆道場諸尼僧、日本留之滿蒙喇嘛僧亦合志參。

實行同願念佛之唱讃順行例如次。

（導師獨唱）
一、人身受け難し、今已に受く。佛法聞き難し、今已に聞く。此の身今生に向つて度せずんば、更に何れの生に向つてか此の身を度せん。大衆諸共に三寶に歸依したてまつるべし。

（一同合唱）
一、自ら佛に歸依したてまつる。當に願くば衆生と共に大道を体解して無上意を發さん。自ら法に歸依したてまつる。當に願くば衆生と共に、深く經藏に入りて智慧海の如くならん。自ら僧に歸依したてまつる。當に願くば衆生と共に、大衆を統理して一切無碍ならん。

（導師獨唱）
一、衆生無邊なり。誓つて度せんことを願ふ。煩惱無盡なり。誓つて斷ぜんことを願ふ。法門無量なり。誓つて學ばんことを願ふ。佛道無上なり。誓つて成ぜんことを願ふ。

一、共修念佛三十分。

（導師獨唱）　　（一同合唱）
一、願くば此の功德を以て、平等に一切に施し、同じく菩提心を發して、安樂國に往生せん。

我們非但日本、而北京早經中華全國各地佛教一致、我等的趣意贊成、同願同修、共修念佛之切望不得所止也。

## 編輯後記

○世界は滔々として狂瀾怒濤疾風迅雷の殺戮鬪爭戰が展開し、焦躁混亂の暗黒時代を現出し力と武器のみが最高のよりどころとなつた。誰か此の混亂の中に理性と智慧の光を認める事が出來ようか。めぐるましきまでに變轉する世界の趨勢は一日〳〵の事件が世界史の一頁〳〵に記錄されねばならぬ。

×　×

○唯獨り東洋のみ最高の智慧と理性の光が戰ひを照導してゐると考へたい。又事實斯く考へねばならぬ。否更に斯く行動せねばならぬ。この意味に於て本會が逸早く數年前より巣迎の諸隣邦と佛教提携を叫んで東亞に働らきかけてゐるのは正しくかゝる意味に於て世の光たらんが爲めである。

×　×

○本誌も細々乍ら第十回の誕生を迎へる事が出來ました。それと共に愈々責任の重大なるを痛感するものである。本號には林大僧正、東方文化研究所の森、春日兩氏及富永氏の興味深き玉稿を賜はりました。厚く感謝申上げます。

×　×

○いよいよ三伏の夏だ。内地の暑さにつけ大陸の炎熱下に身命を賭して働らかれる皇軍出征將士に感謝の誠を捧げたい。それと共に銃後の我々も精一杯に頑張らねばならぬ。

東亞宗教事情（隔月發行）
第十號

昭和十五年七月五日　印刷納本
昭和十五年七月十五日　發行

定價　金拾五錢（送料三錢）
一ケ年分　金壹圓（送料共）

京都市東山區林下町四四三
編輯 發行人　日華佛教研究會
右代表　三田全信

京都市東山區祇園町南側六〇
印刷人　豊田莢太郎

京都市東山區祇園町南側六〇
印刷所　豊田愛山堂印刷部

京都市東山區林下町四四三
發行所　日華佛教研究會
電話祇⑥〇〇三八
振替大阪一〇〇七九六

# 日華佛教研究會（昭和九年七月創立）

我邦と支那とは、同敎同文、共に佛道を信じて宿緣久且つ深し、時に消長免れざることありと雖、同朋の情誼は恒に渝ることなし。特に剣下非常時局の進展、將に新東亞建設の段階に入らんとす、此時同信佛敎徒は更に心から提携、聯絡相共に無上正眞道を求め、眞俗相應じて聖業に貢献する所あらんと欲す。冀くば大方の諸君子、此の趣旨を贊襄し進んで入會加盟せられんことを切望す。

## 會　則（摘要）

一、本會ハ日華佛敎研究會ト稱ス

二、本會ハ日華兩國佛敎徒互ニ聯絡シ無上正眞道ヲ求ムルヲ以テ目的トス

三、本會ハ本部ヲ京都ニ置キ支部ヲ適當ノ地ニ置ク

四、本會ハ左ノ事業ヲ行フ

1、日華兩國ノ學者ニ依リ交換講座ヲ開ク

2、日華兩國ノ佛敎書ヲ飜譯シ新刊書ヲ交換ス

3、日華兩國ノ佛敎界ノ事業ヲ相互ニ紹介ス

4、日華兩文ノ佛敎雜誌ヲ發行シテ會員ニ頒ツ

5、其他日華兩國ノ佛敎徒ノ聯絡ト提携親善ニ必要ナル事項

五、本會ノ會員ヲ左ノ三種ニ分ツ

正會員ハ年額金五圓、贊助會員ハ年額三圓、特別會員ハ一時金百圓以上ヲ醵出スルモノトス

正會員特別會員ニハ研究年報及雜誌「東亞宗敎事情」ヲ頒チ贊助會員ニハ雜誌「東亞宗敎事情」ヲ頒ツ

六、本會ニ會長一名、幹事長一名、主事一名、幹事若干名、顧問及ビ評議員各若干名ヲ置ク任期ハスベテ三年トシ會員總會ニ於テ選擧ス

七、本會ハ每年一回會員總會ヲ開キ事務及會計ノ報告ヲ爲ス

八、本會ノ經費ハ會員ノ醵出金其他ノ寄附金ヲ以テ之ヲ支辦ス


**日華佛敎研究會**

京都・東山・林下町四四三
電話祇園⑥三八番
振替大阪一〇〇七九六番

**東京支部**

東京・小金井町西裏・幡隨院內

**大阪支部**

大阪・天王寺・逢坂一心寺內
電話天王寺三八七番

# 龍谷大学アジア仏教文化研究叢書　刊行の辞

龍谷大学は、寛永十六年（一六三九）に西本願寺の阿弥陀堂北側に創設された「学寮」を淵源とする大学です。その後、明治維新を迎えると学制の改革が行われ、学寮も大教校と名を変え、さらに真宗学庠、大学林、仏教専門学校、仏教大学と名称を変更し、大正十一年（一九二二）に今の「龍谷大学」となりました。

その間、三七〇余年もの長きにわたって仏教の研鑽が進められ、龍谷大学は高い評価を得てまいりました。そして平成二十七年四月、本学の有する最新の研究成果を国内外に発信するとともに仏教研究の国際交流の拠点となるべき新たな機関として、本学に「龍谷大学世界仏教文化研究センター」が設立されました。龍谷大学アジア仏教文化研究センターは、そのような意図のもと設立された世界仏教文化研究センターの傘下にある研究機関です。

世界仏教文化研究センターが設立されるにあたって、その傘下にあるアジア仏教文化研究センターは、文部科学省の推進する「私立大学戦略的研究基盤形成支援事業」に、「日本仏教の通時的・共時的研究―多文化共生社会における課題と展望―」と題する研究プロジェクト（平成二十七年度～平成三十一年度）を申請し、採択されました。

本研究プロジェクトは、龍谷大学が三七〇余年にわたって研鑽し続けてきた日本仏教の成果を踏まえ、これをさらに推進し、日本仏教を世界的視野から通時的共時的にとらえるとともに、日本仏教が直面する諸課題を多文化共生の文脈で学際的に追究し、今後の日本仏教の持つ意義を展望するものです。このような研究のあり方を有機的に進めるため、本研究プロジェクトでは通時的研究グループ（ユニットA「日本仏教の形成と展開」、ユニットB「近代日本仏教と国際社会」）と共時的研究グループ（ユニットA「現代日本仏教の社会性・公益性」、ユニットB「多文化共生社会における日本仏教の課題と展望」）の二つに分け、基礎研究等に基づく書籍の刊行や講演会等による研究成果の公開などの諸事業を推進していくことになりました。

このたび刊行される『資料集・戦時下「日本仏教」の国際交流』第Ⅲ期「中国仏教との提携」は、右のような研究プロジェクトの成果の一つであり、第Ⅱ期「南方仏教圏との交流」に次ぐ「龍谷大学アジア仏教文化研究叢書」の第四号となります。今後とも、世界仏教文化研究センターの傘下にあるアジア仏教文化研究センターが、日本仏教をテーマとして国内外に発信する諸成果に、ご期待いただければ幸いです。

平成二十九年九月一日

龍谷大学アジア仏教文化研究センター
センター長　楠　淳證

## 編者紹介

中西直樹（なかにし　なおき）
1961 年生まれ。龍谷大学文学部教授、仏教史学専攻
主要編著
『仏教海外開教史の研究』（不二出版、2012 年）
『植民地台湾と日本仏教』（三人社、2016 年）
『令知会と明治仏教』（不二出版、2017 年）

林　行夫（はやし　ゆきお）
1955 年生まれ。龍谷大学文学部教授、文化人類学専攻
主要編著
『＜境域＞の実践宗教―大陸部東南アジア地域と宗教のトポロジー』（京都大学学術出版会、2009 年）
『新アジア仏教史 04―スリランカ・東南アジア』（佼成出版社、2011 年）
『衝突と変奏のジャスティス』（青弓社、2016 年）

吉永進一（よしなが　しんいち）
1957 年生まれ。舞鶴工業高等専門学校教授、宗教学専攻
主要編著
『Religion and Psychotherapy in Modern Japan』（Routledge、2015 年）
『仏教国際ネットワークの源流―海外宣教会 (1888 年～ 1893 年 ) の光と影』（三人社、2015 年）
『近代仏教スタディーズ』（法藏館、2016 年）

大澤広嗣（おおさわ　こうじ）
1976 年生まれ。文化庁文化部宗務課専門職、宗教学専攻
主要編著
『戦時下の日本仏教と南方地域』（法藏館、2015 年）
『仏教をめぐる日本と東南アジア地域―アジア遊学 196―』（勉誠出版、2016 年）
「アメリカ施政下の沖縄における宗教制度―琉球政府の施策と行政―」（『武蔵野大学仏教文化研究所紀要』第 32 号、2016 年）

（龍谷大学アジア仏教文化研究叢書4）
編集復刻版　資料集・戦時下「日本仏教」の国際交流　第Ⅲ期　中国仏教との提携（第6巻・第7巻）

2017年9月1日　第1刷発行
揃定価（本体46,000円＋税）
第7巻 ISBN978-4-8350-7866-3
第Ⅲ期（全2冊　分売不可　セット ISBN978-4-8350-7864-9）

編　者　龍谷大学アジア仏教文化研究センター
「戦時下「日本仏教」の国際交流」研究班（G1・UB・S2）
中西直樹(代表)・林行夫・吉永進一・大澤広嗣
発行者　小林淳子
発行所　不二出版
東京都文京区向丘1-2-12
TEL 03（3812）4433
印刷所　富士リプロ
製本所　青木製本
乱丁・落丁はお取り替えいたします。